# 1000 BLITZREZEPTE

## Schnelle Kochideen für jede Gelegenheit

NGV

Foodfotografie:
S. 565, 574, 577, 587, 581, 597 oben, 614 und 618: Food Fotografie Michael Brauner, Karlsruhe
S. 70 oben, 103, 109 unten, 191, 250, 252 unten, 253, 267, 272, 275, 284, 289 oben, 295, 309 unten, 315, 318, 330, 331 oben, 336 unten, 337, 338, 342, 344, 356, 366, 442, 445 oben, 455, 457, 461, 465, 466, 469 unten, 471, 472, 475 unten, 477, 479 unten, 480 oben, 483, 484, 486 unten, 489 oben, 491, 493, 494, 496 oben, 497, 498, 499 beide: Studio Klaus Arras, Köln
Alle übrigen Fotos: TLC-Fotostudio

Coverfoto: StockFood/Louise Lister

Gesamtherstellung: Naumann & Göbel Verlagsgesellschaft mbH, Köln

ISBN 978-3-625-12896-0

www.naumann-goebel.de

*Inhaltsverzeichnis*

### ***Abkürzungen***

*Abb. = Abbildung*
*ca. = zirka*
*cl = Zentiliter*
*cm = Zentimeter*
*E = Eiweiß*
*El = Esslöffel*
*F = Fett*
*FP = Fertigprodukt*
*g = Gramm*
*i. Tr. = in der Trockenmasse*
*kcal = Kilokalorien*
*kg = Kilogramm*
*KH = Kohlenhydrate*
*kJ = Kilojoule*
*l = Liter*
*Min. = Minuten*
*ml = Milliliter*
*mm = Millimeter*
*Msp. = Messerspitze*
*Std. = Stunde*
*TK = tiefgekühlt*
*Tl = Teelöffel*
*Ø = Durchmesser*

### ***Maße***

*1 Tl = 5 ml*
*1 El = 10 ml*
*1 Tasse = 150 ml*
*1 l = 1000 ml*
*1/2 l = 500 ml*
*1/4 l = 250 ml*
*1/8 l = 125 ml*
*1 cl = 0,01 l = 10 ml*

### ***Backofentemperaturen***

*Die Backofentemperaturen beziehen sich auf den Elektroherd mit Ober- und Unterhitze. Falls Sie mit Umluft arbeiten, reduzieren Sie die Temperatur um 20 °C.*

***Gasherd mit 9 Stufen zu Elektroherd mit Ober- und Unterhitze***

*Stufe 1 – 140 °C*
*Stufe 2 – 150 °C*
*Stufe 3 – 170 °C*
*Stufe 4 – 180 °C*
*Stufe 5 – 190 °C*
*Stufe 6 – 200 °C*
*Stufe 7 – 220 °C*
*Stufe 8 – 230 °C*
*Stufe 9 – 250 °C*

***Gasherd mit 6 Stufen zu Elektroherd mit Ober- und Unterhitze***

*Stufe 1 – 150 °C*
*Stufe 2 – 180 °C*
*Stufe 3 – 220 °C*
*Stufe 4 – 230 °C*
*Stufe 5 – 240 °C*
*Stufe 6 – 250 °C*

# Snacks & kleine Gerichte

## Speckpfannkuchen mit Feldsalat *(oben)*

Für 4 Portionen

***Speckpfannkuchen***
8 Eier
ca. 200 g Mehl
200 ml Milch
Mineralwasser
Salz
Pfeffer
250 g durchwachsener Speck
4 El Butterschmalz

***Feldsalat***
1 1/2 Tl Senf
3 El Weißweinessig
Salz
Pfeffer
4–5 El Sonnenblumenöl
1 Prise Zucker
200 g Feldsalat

**1.** Die Eier trennen. Die Eigelbe mit dem Mehl und der Milch vermischen und so viel Mineralwasser zugeben, dass ein flüssiger Teig entsteht. Die Eiweiße zu steifem Schnee schlagen und portionsweise mit dem Teig mischen. Mit Salz und Pfeffer würzen.

**2.** Den Speck in feine Würfel schneiden und in der Pfanne auslassen. 1 El Speck und das ausgetretene Fett aufheben, die restlichen Speckwürfel unter den Teig mischen. In einer Pfanne nacheinander je 1 El Butterschmalz erhitzen und insgesamt 4 Pfannkuchen backen und warm stellen.

**3.** Aus dem Senf, Essig, Salz, Pfeffer, Speckfett, Sonnenblumenöl und Zucker ein Dressing herstellen. Den Feldsalat verlesen, putzen, waschen und trocken schütteln. In eine Schüssel geben und das Dressing darübergeben. Den restlichen Speck über den Salat streuen. Die Speckpfannkuchen mit Feldsalat servieren.

*Zubereitungszeit: ca. 20 Minuten (plus Garzeit)*
*Pro Portion ca. 522 kcal/2192 kJ*
*33 g E, 25 g F, 39 g KH*

## Chorizo-Kichererbsen auf Brot *(rechts oben)*

Für 4 Portionen

6 El Olivenöl
2 El Sherryessig
Salz
Pfeffer
250 g Chorizo
1 Zwiebel
400 g Kichererbsen (aus der Dose)
2–3 El Petersilie
Brot zum Anrichten

**1.** 5 El Olivenöl mit dem Sherryessig verrühren, mit Salz und Pfeffer würzen.

**2.** Die Wurst häuten, in dünne Scheiben schneiden und die Scheiben halbieren. Die Zwiebel schälen und fein hacken.

**3.** Restliches Öl erhitzen, Zwiebel darin anbraten, Wurst etwa 3 Minuten langsam mitbraten. Herausnehmen, in die Olivenölmischung geben und vermengen.

**4.** Die Kichererbsen abtropfen lassen, waschen und mit Küchenpapier abtrocknen. Die Hälfte der Kichererbsen mit einer Gabel zerdrücken, anschließend alle Kichererbsen mit dem Wurstgemisch vermengen.

**5.** Mit Salz und Pfeffer abschmecken. Die Petersilie waschen, trocken schütteln und klein hacken, anschließend zu den anderen Zutaten geben und damit vermischen. 2 Teelöffel der Masse jeweils auf ein Brotstückchen geben.

*Zubereitungszeit: ca. 20 Minuten*
*Pro Portion ca. 535 kcal/2247 kJ*
*20 g E, 41 g F, 23 g KH*

## *Brotspieße mit Knoblauchgarnelen*

*(unten)*

Für 4 Portionen

8 Stangen grüner Spargel
Salz
8 dünne Scheiben Serranoschinken
1 Knoblauchzehe
8 Scheiben Bauernbrot
8 küchenfertige Gambas
4 El kalt gepresstes Olivenöl
1 El Sherryessig
8 schwarze Oliven
2 El Kapern

**1.** Den Spargel putzen, waschen und halbieren, anschließend in etwas Salzwasser etwa 1 Minute kochen lassen, herausnehmen und abtropfen lassen. Den Schinken der Länge nach halbieren, die Spargelstangen darin einrollen und in Stücke schneiden. Den Knoblauch schälen und halbieren.

**2.** Die Brotscheiben in einer Pfanne ohne Fett goldgelb rösten, anschließend mit dem Knoblauch einreiben und in etwa 2,5 x 2,5 cm große Würfel schneiden.

**3.** Brotwürfel im Wechsel mit dem Spargel und den Gambas auf Holzspieße stecken. Den Backofengrill einschalten. Die Spieße auf ein Backblech legen und alles mit etwas Öl bestreichen. Unter dem heißen Grill von beiden Seiten etwa 4 Minuten grillen lassen.

**4.** Die Spieße herausnehmen und mit dem restlichen Öl und dem Essig beträufeln. Mit den entsteinten Oliven in Ringen und Kapern garnieren und servieren.

*Zubereitungszeit: ca. 30 Minuten*
*Pro Portion ca. 293 kcal/1229 kJ*
*16 g E, 13 g F, 28 g KH*

## *Eierschwammerl in Rahm* *(rechts)*

Für 4 Portionen

500 g frische Pfifferlinge
1 Zwiebel
1 Knoblauchzehe
2 Frühlingszwiebeln
2 El Butter
Salz
Pfeffer
200 ml Sahne
2 El frisch gehackter Schnittlauch

**1.** Die Pilze putzen, waschen und trocken tupfen. Größere Pilze klein schneiden. Die Zwiebel und Knoblauchzehe schälen und hacken. Die Frühlingszwiebeln putzen, waschen und in dünne Ringe schneiden.

**2.** Die Butter in einer Pfanne erhitzen und die Zwiebel mit dem Knoblauch darin glasig dünsten. Die Frühlingszwiebeln und die Pilze zugeben und unter Rühren ca. 7 Minuten schmoren.

**3.** Die Pilze mit Salz und Pfeffer würzen und die Sahne unterrühren. Kurz erhitzen und den Schnittlauch unterheben. Mit frischem Brot servieren.

*Zubereitungszeit: ca. 20 Minuten (plus Schmorzeit)*
*Pro Portion ca. 210 kcal/882 kJ*
*3 g E, 19 g F, 4 g KH*

## *Quark mit Paprikaschoten* *(links)*

Für 4 Portionen

2 grüne Paprikaschoten
3 El Sonnenblumenöl
250 g Magerquark
Salz
Pfeffer
1/2 Tl Paprikapulver

**1.** Die Paprikaschoten putzen, waschen, halbieren und die Kerne herauslösen. Die Paprikaschoten hacken.

**2.** Das Öl in einer Pfanne erhitzen und die gehackten Paprikaschoten darin unter Rühren 6–7 Minuten schmoren. Den Quark hinzufügen, gut verrühren und bei geringer Temperatur alles weitere 2 Minuten schmoren. Mit Salz, Pfeffer und Paprikapulver abschmecken.

**3.** Warm servieren und dazu frisches Fladenbrot reichen.

*Zubereitungszeit: ca. 10 Minuten*
*(plus Schmorzeit)*
*Pro Portion ca. 98 kcal/412 kJ*
*9 g E, 4 g F, 5 g KH*

## Feine Brühe mit Ei

*(ohne Abb.)*

Für 4 Portionen

4 Knoblauchzehen
2 El Öl
250 ml Pilzfond aus dem Glas
750 ml Geflügelfond aus dem Glas
Paprikapulver edelsüß
Salz
4 Eier
1 El trockener Sherry
4 Scheiben Toastbrot
Kräuter zum Garnieren, z. B. Schnittlauchröllchen

**1.** Die Knoblauchzehen schälen und hacken. Das Öl in einem Topf erhitzen und den Knoblauch darin andünsten.

**2.** Den Knoblauch mit dem Pilzfond und dem Geflügelfond ablöschen. Die Suppe mit Paprikapulver würzen. Alles erhitzen.

**3.** Leicht gesalzenes Wasser erhitzen. Die Eier aufschlagen und nacheinander vorsichtig in das siedende Wasser gleiten lassen.

**4.** Die Suppe mit Salz und Sherry abschmecken. Die Brotscheiben im Toaster goldbraun toasten.

**5.** Die Toastscheiben auf Teller verteilen. Die Brühe und jeweils 1 gestocktes Ei dazugeben und die Suppe mit Schnittlauchröllchen bestreut servieren.

*Zubereitungszeit: ca. 20 Minuten*
*Pro Portion ca. 401 kcal/1684 kJ*
*35 g E, 22 g F, 3 g KH*

## Heißer Ziegenkäse auf Salat *(oben)*

Für 4 Portionen

3 Stiele Thymian
3 Stiele Rosmarin
1 Knoblauchzehe
8 El Olivenöl
8 Baguettescheiben
8 Ziegenfrischkäsetaler (à ca. 40 g)
1 Bund Rucola
1 Kopfsalat
200 g Kirschtomaten
2 El Weißweinessig
Salz
Pfeffer
50 g schwarze Oliven ohne Stein

**1.** Kräuter waschen und trocknen, zusammen mit der geschälten Knoblauchzehe fein hacken, in 4 El Olivenöl kurz andünsten. Brotscheiben zugeben und goldgelb braten. Auf ein Blech legen. Die Käsetaler daraufsetzen.

**2.** Rucola und Salat putzen und waschen, Tomaten putzen, waschen und halbieren. Essig, etwas Salz und Pfeffer mit 4 El Öl verschlagen.

**3.** Käsetaler unterm Grill überbacken. Salatzutaten, Oliven und Sauce mischen, mit den Käsetalern anrichten und sofort servieren.

*Zubereitungszeit: ca. 25 Minuten*
*Pro Portion ca. 508 kcal/2134 kJ*
*17 g E, 40 g F, 11 g KH*

## Gefüllte Palatschinken *(unten)*

Für 4 Portionen

120 g Mehl
3 Eier
Salz
400 ml Milch
100 ml Sahne
3 El Butterschmalz
200 g Ricotta
Pfeffer
frisch geriebene Muskatnuss
1 El frisch gehackte Petersilie
2 El geriebener Bergkäse
30 g Butter

**1.** Das Mehl in eine Schüssel sieben und die Eier hineinrühren. Salz, Milch und Sahne zugeben und alles zu einem dünnflüssigen Teig verrühren.

**2.** Das Butterschmalz in einer Pfanne erhitzen und nacheinander aus dem Teig dünne Palatschinken braten.

**3.** Den Ricotta mit Salz, Pfeffer, Muskat würzen und die Petersilie unterrühren. In jeden Palatschinken etwas angemachten Ricotta geben, zusammenrollen und mit geriebenem Käse bestreuen.

**4.** Die Butter schmelzen und über die Palatschinken träufeln. Heiß servieren.

*Zubereitungszeit: ca. 15 Minuten (plus Bratzeit)*
*Pro Portion ca. 470 kcal/1974 kJ*
*20 g E, 30 g F, 28 g KH*

## Kohlrabirohkost mit Apfel *(rechts oben)*

Für 4 Portionen

2 Kohlrabis
3 Äpfel
1 Zitrone
300 g Magerquark
Saft von 1/2 Orange
Salz
Pfeffer
Muskatnuss
2 El Olivenöl
2 El Schnittlauchröllchen zum Servieren

**1.** Kohlrabi waschen, schälen und in dünne Scheiben schneiden. Die Äpfel waschen, schälen, die Kerngehäuse entfernen und das Fruchtfleisch in dünne Scheiben schneiden. Kohlrabi und Äpfel in einer Schüssel mischen, die Zitrone auspressen und den Saft unterheben.

**2.** Magerquark mit Orangensaft, Salz, Pfeffer, 1 Prise Muskatnuss und Olivenöl verrühren und über die Rohkost geben. Mit Schnittlauchröllchen bestreuen und servieren.

*Zubereitungszeit: ca. 20 Minuten*
*Pro Portion ca. 154 kcal/647 kJ*
*12 g E, 3 g F, 17 g KH*

## Blätterteig mit Schafskäse *(unten)*

Für 8 Stück

1 Tomate
100 g aufgetauter Spinat
150 g Schafskäse
Pfeffer
1/2 Tl Paprikapulver edelsüß
300 g Blätterteig aus dem Kühlregal
Mehl für die Arbeitsfläche
1 Eigelb

**1.** Die Tomate waschen, trocknen, den Stielansatz entfernen und das Fruchtfleisch in Streifen schneiden.

**2.** Spinat mit den Tomatenstreifen, dem zerdrückten Schafskäse, etwas Pfeffer und dem Paprikapulver mischen. Den Blätterteig auf einer bemehlten Arbeitsplatte ausrollen und 8 Kreise (etwa 12 cm Durchmesser) ausstechen. Eigelb mit etwas Wasser verquirlen und den Teig damit bestreichen. Je 2 El Füllung auf eine Hälfte der Teigkreise geben. Die andere Teighälfte darüberklappen, Rand andrücken.

**3.** Ofen auf 200 °C (Umluft 180 °C) vorheizen. Die Teigtaschen auf ein mit angefeuchtetem Backpapier ausgelegtes Backblech legen und etwa 20 Minuten backen.

*Zubereitungszeit: ca. 10 Minuten (plus Backzeit)*
*Pro Portion ca. 217 kcal/907 kJ*
*5 g E, 16 g F, 11 g KH*

# Schöberlsuppe mit Schinken *(oben)*

Für 4 Portionen

50 g Butter
100 g gekochter Schinken
3 Eier
Salz
3 El Mehl
Sahne
Fett für die Form
1 l Gemüsebrühe
2 El frisch gehackter Dill

**1.** Den Backofen auf 200 °C (Umluft 180 °C) vorheizen. Die Butter in einer Schüssel schaumig rühren. Den Schinken würfeln.

**2.** Die Eier trennen. Die Eigelbe nacheinander zur Butter geben und unterrühren. Salz und Mehl und so viel Sahne zugeben, dass ein cremiger Teig entsteht. Die Eiweiße steif schlagen und zuletzt mit dem Schinken unter den Teig heben.

**3.** Eine Auflaufform einfetten, den Teig gut 2 cm hoch darin verteilen und glatt streichen. Im Ofen etwa 10 Minuten backen, bis er fest geworden ist.

**4.** Den Teig in Würfel schneiden und in die erhitzte Gemüsebrühe geben. Mit Dill bestreut servieren.

*Zubereitungszeit: ca. 20 Minuten (plus Backzeit)*
*Pro Portion ca. 207 kcal/869 kJ*
*11 g E, 17 g F, 1 g KH*

## Kartoffel-Lauch-Canapés
*(links)*

Für 4 Portionen

3 dicke Kartoffeln
2–3 Stangen Lauch
Salz
frisch gemahlener Pfeffer
etwas Cayennepfeffer
1/2 El Crème double
etwas Zitronensaft
12 Scheiben Baguette
50 g roter Kaviar
Dill zum Garnieren

**1.** Die Kartoffeln schälen, waschen und fein würfeln. Den Lauch putzen, waschen und sehr klein schneiden.

**2.** Je 6 El Kartoffel- und Lauchwürfelchen in wenig Salzwasser etwa 5 Minuten sehr weich garen. Anschließend abgießen, abtropfen lassen und auf Küchenpapier abtrocknen.

**3.** Die Kartoffel- und Lauchwürfelchen in eine Schüssel geben und mit Salz, Pfeffer und Cayennepfeffer abschmecken. Die Crème double hinzugeben und die Mischung damit binden.

**4.** Die Kartoffel-Lauch-Creme mit einigen Tropfen Zitronensaft pikant abschmecken, dann dick auf die Baguettescheiben streichen und mit dem Kaviar und einem Fähnchen Dill garnieren.

*Zubereitungszeit: ca. 25 Minuten*
*Pro Portion ca. 134 kcal/568 kJ*
*6 g E, 3 g F, 19 g KH*

## Grüner Spargel mit Schinken *(links unten)*

Für 6 Portionen

ca. 1 kg grüner Spargel
(etwa 24 Stangen)
Salz
Zucker
1 El Butter
12 Scheiben Schinken
1 Bund Petersilie
2 El Akazienhonig
3 El Traubenkernöl
1 El Aceto Balsamico

**1.** Die Spargelstangen putzen und im unteren Drittel schälen. In einem großen Topf Wasser mit Salz, etwas Zucker und der Butter zum Kochen bringen und die Spargelstangen darin etwa 10–15 Minuten bissfest garen.

**2.** Aus dem Topf nehmen, abschrecken und abtropfen lassen. Je 2 Spargelstangen in 1 Scheibe Schinken wickeln. Auf einer Platte dekorativ anrichten.

**3.** Aus Petersilie, Honig, Traubenkernöl und Aceto Balsamico im Mixer eine Sauce herstellen und zu den Spargelröllchen reichen.

*Zubereitungszeit: ca. 15 Minuten*
*(plus Kochzeit)*
*Pro Portion ca. 46 kcal/195 kJ*
*5 g E, 1 g F, 4 g KH*

## Englisches Frühstück

*(oben)*

Für 4 Portionen

1 El Öl
8 Würstchen,
z. B. Nürnberger Rostbratwürstchen
8 Scheiben Frühstücksspeck
4 Eier
4 Tomaten

**1.** Das Öl in einer Pfanne erhitzen und die Würstchen darin von allen Seiten gut anbraten. Die Würstchen aus der Pfanne nehmen und warm stellen.

**2.** Den Frühstücksspeck im Bratfett knusprig braten. Aus der Pfanne nehmen und abtropfen lassen.

**3.** Die Eier in die Pfanne geben und 4 Spiegeleier braten. Die Tomaten waschen, Stielansätze entfernen und die Tomaten in Scheiben schneiden.

**4.** Würstchen, Speck, Eier und Tomatenscheiben auf Tellern anrichten und mit gerösteten Brotscheiben servieren.

*Zubereitungszeit: ca. 20 Minuten (plus Bratzeit)*
*Pro Portion ca. 318 kcal/1331 kJ*
*23 g E, 24 g F, 2 g KH*

## Tex-Mex-Wraps mit Avocado *(rechts oben)*

Für 4 Portionen

2 Tomaten
1 gelbe Paprikaschote
1 Stange Staudensellerie
2 kleine reife Avocados
2 El Zitronensaft
2 El Joghurt
3 El gehackte Koriander- oder glatte Petersilienblätter
Salz
schwarzer Pfeffer aus der Mühle
4 Tortillas (FP)

**1.** Die Tomaten waschen, den Stielansatz entfernen und Tomaten würfeln. Die Paprikaschote putzen, waschen, halbieren, entkernen und fein würfeln. Staudensellerie putzen, waschen und ebenfalls klein würfeln.

**2.** Die Avocados schälen, längs halbieren und vom Kern befreien. 1 Avocado fein würfeln, die andere mit dem Zitronensaft und dem Joghurt fein zerdrücken.

**3.** Das Avocadopüree mit den Avocadowürfeln, den Gemüsewürfeln und den gehackten Kräutern locker vermischen und mit etwas Salz und schwarzem Pfeffer abschmecken.

**4.** Die Tortillas nach Packungsangabe in einer Pfanne ohne Fett leicht erwärmen und mit der Gemüsemischung füllen. Die Tortillas fest aufrollen und schräg durchschneiden. In dekorativen Gläsern aufrecht stehend servieren.

*Zubereitungszeit: ca. 25 Minuten*
*Pro Portion ca. 388 kcal/1630 kJ*
*7 g E, 28 g F, 29 g KH*

4. Die Spießchen auf einem Grill langsam grillen und immer wieder mithilfe des Rosmarinzweiges mit der Öl-Essig-Mischung beträufeln.

5. Die gegarten Aalstücke in einem tiefen Teller anrichten und mit dem Fruchtsaftgemisch übergießen. Mit Salz, Ingwer und Kardamom bestreuen und lauwarm servieren. Dazu schmeckt frisch gebackenes Brot.

*Zubereitungszeit: ca. 15 Minuten (plus Grillzeit)*
*Pro Portion ca. 855 kcal/3591 kJ*
*40 g E, 68 g F, 68 g KH*

## Aalspießchen mit Dressing *(rechts)*

Für 4 Portionen

1 1/2 kg küchenfertig gehäutete Aale
ca. 20 frische Lorbeerblätter
100 ml Weinessig
2 El Öl
1/4 Tl gemahlener Pfeffer
1/4 Tl gemahlene Nelken
1/4 Tl gemahlener Zimt
1/4 Tl gemahlener Ingwer
1 Zweig Rosmarin
3 Orangen
2 Zitronen
2–3 El Granatapfelsaft
Salz
Ingwer
Kardamom

1. Die gehäuteten Aale in Stücke schneiden und im Wechsel mit Lorbeerblättern auf Spießchen stecken.

2. Den Essig mit Öl, Pfeffer, Nelken, Zimt und Ingwer verrühren und den Rosmarinzweig hineinlegen.

3. Die Orangen und die Zitronen auspressen und mit dem Granatapfelsaft verrühren.

**3.** Die Eier verquirlen, mit Salz und Pfeffer würzen und jeweils zur Hälfte in die beiden Pfannen geben. Bei schwacher Hitze stocken lassen. Mit Schnittlauchröllchen bestreut servieren.

*Zubereitungszeit: ca. 20 Minuten (plus Zeit zum Stocken)*
*Pro Portion ca. 326 kcal/1365 kJ*
*18 g E, 13 g F, 29 g KH*

## Grüne Spargelsuppe

*(ohne Abb.)*

Für 4 Portionen

300 g grüner Spargel
250 g Romanesco
(grüner Blumenkohl)
250 g Zuckerschoten
1 l Kalbsfond
Salz
Pfeffer aus der Mühle
100 g Crème fraîche
Petersilie zum Garnieren



## Eierpfanne mit Kartoffeln und Gemüse *(oben)*

Für 4 Portionen

600 g gegarte Kartoffeln
400 g Tomaten
800 g Zucchini
4 El Öl
6 Eier, Salz
Pfeffer
Schnittlauchröllchen zum
Bestreuen

**1.** Die Kartoffeln pellen und in Scheiben schneiden. Die Tomaten und Zucchini putzen, waschen, trocknen und in Scheiben schneiden.

**2.** In 2 Pfannen je 2 El Öl erhitzen, die Kartoffeln und das Gemüse darauf verteilen.

**1.** Den Spargel putzen und im unteren Drittel schälen. Den Romanesco putzen, waschen und die einzelnen Röschen abtrennen. Anschließend die Zuckerschoten putzen und waschen.

**2.** Den Kalbsfond in einen Topf geben und zum Kochen bringen. Das Gemüse hineingeben und 5–8 Minuten darin garen. Mit Salz und Pfeffer würzen.

**3.** Die Suppe auf 4 Suppenteller verteilen und jeweils mit einem Klecks Crème fraîche und Petersilie garnieren.

*Zubereitungszeit: ca. 20 Minuten*
*(plus Garzeit)*
*Pro Portion ca. 162 kcal/681 kJ*
*8 g E, 8 g F, 11 g KH*

**Tipp:** Statt Kalbsfond können Sie für eine vegetarische Variante auch Gemüsefond verwenden.

## Möhren-Apfel-Aufstrich mit Hüttenkäse *(links unten)*

Für 4 Portionen

2 Äpfel
2 Tl Zitronensaft
2 Möhren
150 g Hüttenkäse
50 ml Sahne
Salz
Pfeffer
1 Kistchen Kresse

**1.** Die Äpfel waschen, schälen, halbieren, das Kerngehäuse entfernen und die Äpfel reiben. Anschließend sofort mit dem Zitronensaft beträufeln. Die Möhren schälen und ebenfalls reiben.

**2.** Den Hüttenkäse mit den Äpfeln und Möhren mischen. Die Sahne steif schlagen und unter die Möhren-Apfel-Hüttenkäse-Masse rühren. Mit Salz und Pfeffer abschmecken. Mit einem Kistchen Kresse bestreuen und mit frischem Vollkornbrot servieren.

*Zubereitungszeit: ca. 15 Minuten*
*Pro Portion ca. 154 kcal/644 kJ*
*8 g E, 6 g F, 15 g KH*

## Schmorgurken mit Speck *(oben)*

Für 4 Portionen

1 kg Gemüsegurken (Senfgurken)
100 g Speck
2 El Butter
1 El Zucker
5 El Mehl
250 ml Milch
Salz
Pfeffer
1 El Weinessig

**1.** Die Gurken schälen und mit einem Löffel die Kerne entfernen. Gurken in 2 cm dicke Stücke schneiden. Den Speck würfeln.

**2.** Butter in einem Topf schmelzen, den Speck darin auslassen und den Zucker hineinrühren. Kurz bräunen lassen, dann das Mehl dazugeben und anschwitzen. Die Gurken in die Mehlschwitze rühren und mit der Milch auffüllen.

**3.** Das Gurkengemüse abgedeckt etwa 15 Minuten dämpfen, dann mit Salz, Pfeffer, Essig und evtl. noch etwas Zucker abschmecken. Dazu frische Kartoffeln reichen.

*Zubereitungszeit: ca. 25 Minuten*
*Pro Portion ca. 173 kcal/725 kJ*
*9 g E, 9 g F, 12 g KH*

## Rösti mit Rucolasalat

*(unten)*

Für 4 Portionen

**Rösti**

1 kg Kartoffeln
Salz
Pfeffer
4 El Öl

**Rucolasalat**

400 g Rucola
1 gelbe Paprikaschote
3 El Sherryessig
4 El Olivenöl
Salz
Pfeffer
2 Weißbrotscheiben
3 El Butter

**1.** Die Kartoffeln am besten am Vortag waschen, in der Schale in kochendem Salzwasser etwa 20 Minuten garen, dann abgießen und abkühlen lassen. Anschließend die Kartoffeln pellen und reiben.

**2.** Die Kartoffeln mit Salz und Pfeffer würzen. Das Öl in einer Pfanne erhitzen und nacheinander aus den Kartoffeln dünne Fladen backen.

**3.** Für den Salat die Rucolablätter waschen, trocken schütteln und nach Bedarf zerkleinern. Die Paprikaschote waschen, entkernen und in kleine Würfel schneiden. Mit dem Rucola in einer Schüssel mischen. Aus Sherryessig und Olivenöl, Salz und Pfeffer ein Dressing bereiten und über den Salat geben. Die Weißbrotscheiben entrinden, würfeln und in der heißen Butter in einer Pfanne goldgelb rösten. Etwas abkühlen lassen und vor dem Servieren über den Salat geben.

*Zubereitungszeit: ca. 20 Minuten (plus Garzeit)*
*Pro Portion ca. 223 kcal/936 kJ*
*5 g E, 5 g F, 37 g KH*

## Frittata mit Gemüse

*(rechts oben)*

Für 4 Portionen

200 g Möhren
400 g Zucchini
3 Schalotten
1 Knoblauchzehe
1 El Rosmarinnadeln
4 Eier
3 El Sahne
2 El frisch geriebener Parmesan
Salz
Pfeffer
2 El Olivenöl

**1.** Die Möhren putzen und schälen, die Zucchini putzen, waschen, trocknen, die Schalotten schälen und alles reiben. Mit der geschälten und zerdrückten Knoblauchzehe in einer Schüssel mischen.

**2.** Die Rosmarinnadeln waschen, trocknen, hacken und unterheben. Die Eier mit der Sahne und dem Parmesan verrühren und mit Salz und Pfeffer würzen. Ebenfalls zum Gemüse geben.

**3.** Das Öl in einer Pfanne erhitzen. Aus dem Gemüseteig runde Fladen formen und im heißen Öl von beiden Seiten knusprig braten. Aus der Pfanne nehmen und auf Küchenpapier abtropfen lassen. Sofort servieren.

*Zubereitungszeit: ca. 20 Minuten (plus Bratzeit)*
*Pro Portion ca. 185 kcal/773 kJ*
*11 g E, 12 g F, 5 g KH*

## Salatsuppe mit Lachsstreifen *(unten)*

Für 4 Portionen

400 g Kopfsalat
1 Zwiebel
1 El Butter
3 El Haferflocken
500 ml Gemüsebrühe
1 Tl Zitronensaft
1 Prise Zucker
Salz
Pfeffer
Cayennepfeffer
Muskat
60 ml Sahne
100 g geräucherter Lachs
3 El fein gehackter Dill
zum Servieren

**1.** Den Kopfsalat putzen, waschen, trocken schleudern und klein schneiden. Die Zwiebel schälen und hacken. Butter in einem Topf zerlassen und die Zwiebel darin anschwitzen. Dann die Haferflocken dazugeben und mitbraten. Den Kopfsalat zugeben und die Gemüsebrühe angießen. Alles aufkochen.

**2.** Zitronensaft und Zucker in die Suppe geben und alles mit Salz, Pfeffer, Cayennepfeffer und Muskat abschmecken. Die Suppe pürieren, dann erneut erhitzen. Die Sahne steif schlagen, den Lachs in dünne Scheiben schneiden. Die Sahne unter die Suppe heben, den Lachs unterrühren, alles auf Teller verteilen und mit Dill bestreut servieren.

*Zubereitungszeit: ca. 20 Minuten*
*Pro Portion ca. 136 kcal/571 kJ*
*7 g E, 9 g F, 6 g KH*

## Grünkernbratlinge mit Lauch *(oben)*

Für 4 Portionen

200 g Grünkernschrot
400 ml Gemüsebrühe
1 Zwiebel
1 Knoblauchzehe
1 Lauchstange
3 El Rapsöl
2 Eier
1/2 Tl Curry
Salz
Pfeffer

**1.** Den Grünkernschrot in der kochenden Gemüsebrühe aufkochen, vom Herd nehmen und 10 Minuten quellen lassen.

**2.** Die Zwiebel und die Knoblauchzehe schälen und hacken. Die Lauchstange putzen, waschen und in dünne Ringe schneiden.

**3.** 1 El Rapsöl erhitzen. Zwiebel, Knoblauchzehe und Lauchstange darin unter Rühren dünsten.

**4.** Das Gemüse mit dem Grünkern, den Eiern, Curry, Salz und Pfeffer vermengen und zu einem glatten Teig verarbeiten. Aus dem Teig 8 Bratlinge formen und im restlichen erhitzten Rapsöl von beiden Seiten knusprig braten.

*Zubereitungszeit: ca. 15 Minuten*
*(plus Zeit zum Quellen und Braten)*
*Pro Portion ca. 127 kcal/533 kJ*
*5 g E, 3 g F, 17 g KH*

## Knoblauchgarnelen am Spieß *(unten)*

Für 4 Portionen

5 Knoblauchzehen
1/2 Bund Petersilie
24 große, geschälte Garnelen
3 El Olivenöl
1 getrocknete rote Chilischote
100 ml Gemüsebrühe

**1.** Den Backofen auf 200 °C vorheizen. Knoblauch schälen und fein hacken. Petersilie waschen, trocken schütteln und ebenfalls fein hacken. Garnelen waschen und abtropfen lassen, eventuell vorher entdarmen.

**2.** Das Öl erhitzen und Knoblauch darin anbraten. Die Chilischote zerbröseln und zufügen. Petersilie 2 Minuten unter Rühren mitbraten.

**3.** Garnelen zugeben und die Gemüsebrühe angießen. Im Backofen bei 200 °C etwa 15 Minuten garen lassen. In jede Garnele ein Holzspießchen stecken und Garnelen in dem Sud servieren. Dazu passt Weißbrot.

*Zubereitungszeit: ca. 10 Minuten*
*(plus Garzeit)*
*Pro Portion ca. 695 kcal/2919 kJ*
*122 g E, 20 g F, 6 g KH*

## Brokkolisuppe mit Croûtons *(rechts)*

Für 4 Portionen

1 kg Brokkoliröschen
750 ml Gemüsebrühe
Salz
Pfeffer
Muskat
2 Weißbrotscheiben
3 El Butter
Crème fraîche

**1.** Die Brokkoliröschen putzen, waschen und in Gemüsebrühe etwa 10 Minuten garen. Dann pürieren und mit Salz, Pfeffer und Muskat abschmecken.

**2.** Die Weißbrotscheiben entrinden, würfeln und in der heißen Butter goldbraun rösten.

**3.** Die Suppe auf Teller verteilen. Mit je 1 Klecks Crème fraîche und den Croûtons servieren.

*Zubereitungszeit: ca. 20 Minuten*
*Pro Portion ca. 173 kcal/727 kJ*
*9 g E, 8 g F, 14 g KH*

## Paprika-Erbsen-Eintopf *(ohne Abb.)*

Für 4 Portionen

250 g Erbsen (TK)
2 rote Paprikaschoten
2 Zwiebeln
2 El Butter
Salz
Pfeffer aus der Mühle
Chilipulver
8 El Polentamehl (Maisgrieß)
200 ml Weißwein
500 ml Gemüsebrühe
4 Baguettescheiben
100 g gehobelter Parmesan
250 g Salami Milano
1 Bund Schnittlauch

**1.** Die Erbsen nach Packungsanweisung auftauen lassen und beiseitestellen. Die Paprikaschoten waschen, halbieren, die Kerne entfernen und die Paprika in Streifen schneiden.

**2.** Die Zwiebeln schälen und in Würfel schneiden. Die Butter in einem Topf erhitzen und die Paprikastreifen und die Zwiebelwürfel darin andünsten. Mit Salz, Pfeffer und Chilipulver würzen. Den Backofen auf 200 °C (Umluft 180 °C) vorheizen.

**3.** Das Polentamehl unter das Gemüse rühren und mit dem Wein und der Gemüsebrühe angießen. Alles ca. 7 Minuten ziehen lassen.

**4.** Die Brotscheiben mit dem Parmesan belegen und im Backofen auf der mittleren Schubleiste ca. 8 Minuten überbacken.

**5.** Inzwischen die Salami in Scheiben schneiden. Den Schnittlauch waschen, trocken schütteln und in Röllchen schneiden.

**6.** Die Erbsen und die Salami zur Suppe geben und alles ca. 2 Minuten ziehen lassen. Die Suppe auf Tellern anrichten, die Brotscheiben darauflegen und mit Schnittlauch bestreuen.

*Zubereitungszeit: ca. 20 Minuten*
*Pro Portion ca. 487 kcal/2239 kJ*
*19 g E, 16 g F, 50 g KH*

## *Lachs mit Dill-Senf-Sauce*
*(rechts)*

Für 4 Portionen

5 El süßer Senf
4 El Essig
3 El Zucker
1 Tl Salz
1/2 Tl Pfeffer
200 ml Speiseöl
2 Bund frisch gehackter Dill
300 g marinierter Lachs

**1.** Senf, Essig, Zucker und Gewürze in einer Schale mischen.

**2.** Alles gut durchrühren, bis sich der Zucker vollständig gelöst hat.

**3.** Das Öl unter stetigem Umrühren tropfenweise zugeben. Zuletzt den Dill untermischen und die Sauce bis zum Servieren kühl stellen. Lachs mit der Sauce servieren.

*Zubereitungszeit: ca. 15 Minuten*
*Pro Portion ca. 320 kcal/1344 kJ*
*29 g E, 23 g F, 1 g KH*

## *Klößchensuppe*
*(ohne Abb.)*

Für 4 Portionen

4 rohe Bratwürste
2 Zwiebeln
200 g Waldpilze
4 El Öl
Salz
Pfeffer aus der Mühle
frisch geriebene Muskatnuss
Paprikapulver
750 ml Kalbsfond
200 ml Gemüsebrühe
20 ml trockener Sherry
600 g Farmer-Gemüse (TK)
1/2 Bund Petersilie

**1.** Die Bratwurst aus der Haut drücken. Die Zwiebeln schälen und fein hacken.

**2.** Die Pilze waschen, trocknen und ebenfalls klein hacken. Das Ganze mit dem Öl zu einer Masse kneten und mit Salz, Pfeffer, Muskat und Paprikapulver kräftig würzen. Aus der Masse Klößchen formen.

**3.** Den Kalbsfond mit der Gemüsebrühe und dem Sherry in einen Topf geben und erhitzen. Das Gemüse zugeben und darin bei milder Hitze 15–20 Minuten garen lassen. Die Klößchen ca. 10 Minuten vor Ende der Garzeit zugeben und gar ziehen lassen.

**4.** Die Petersilie waschen, trocknen und die Blättchen in Streifen schneiden. Die Suppe auf Tellern anrichten und mit Petersilie garniert servieren.

*Zubereitungszeit: ca. 20 Minuten*
*Pro Portion ca. 520 kcal/2177 kJ*
*28 g E, 42 g F, 4 g KH*

## *Rösti mit Lachs*
*(rechts oben)*

Für 4 Portionen

3 El Crème fraîche
2 El geschlagene Sahne
Salz
Zitronensaft
800 g festkochende Kartoffeln
Pfeffer
Öl zum Braten
500 g gebeizter Wildlachs
Schnittlauchröllchen
zum Garnieren

**1.** Die Crème fraîche mit der Sahne vermischen und mit Salz und Zitronensaft abschmecken. Beiseitestellen.

**2.** Die Kartoffeln schälen, waschen, raspeln, ausdrücken, salzen und pfeffern. Aus den Kartoffelraspeln mit den Händen 10 cm große Fladen formen und in reichlich heißem Öl goldbraun

und knusprig braten. Herausnehmen und abtropfen lassen. Warm stellen.

**3.** Jeweils 2–3 hauchdünne Scheiben Wildlachs aufeinanderlegen und die Rösti damit belegen. Einen Klecks Zitronencreme daraufgeben und mit Schnittlauchröllchen garniert servieren.

*Zubereitungszeit: ca. 20 Minuten (plus Bratzeit)*
*Pro Portion ca. 421 kcal/1764 kJ*
*35 g E, 17 g F, 31 g KH*

## Strammer Max *(unten)*

Für 4 Portionen

4 Scheiben Bauernbrot
40 g Butter
4 Scheiben gekochter Schinken
2 El Öl
4 Eier
Salz
Pfeffer
1/2 Bund Schnittlauch
2 Gewürzgurken

**1.** Die Brotscheiben mit Butter bestreichen und mit gekochtem Schinken belegen.

**2.** Das Öl in einer Pfanne erhitzen und nacheinander 4 Spiegeleier braten. Mit Salz und Pfeffer würzen. Die Spiegeleier heiß auf die Schinkenscheiben legen.

**3.** Den Schnittlauch waschen, trocken schütteln und in Röllchen schneiden. Die Gewürzgurken in Scheiben oder fächerförmig schneiden. Den Strammen Max mit Schnittlauchröllchen und Gewürzgurken garnieren und sofort servieren.

*Zubereitungszeit: ca. 10 Minuten (plus Bratzeit)*
*Pro Stück ca. 350 kcal/1470 kJ*
*16 g E, 21 g F, 21 g KH*

## Kräutermuffins mit Frischkäse *(rechts)*

Für 12 Stück

2 Eier
120 ml Rapsöl
200 g Joghurt
1/2 Tl Salz
200 g Weizenvollkornmehl
200 g Weizenmehl (Type 405)
2 Tl Backpulver
1 Tl Natron
25 g TK-Kräutermischung
12 Papierförmchen
12 Tl Kräuterfrischkäse

**1.** Die Eier mit Rapsöl, Joghurt und Salz zu einer glatten Masse verrühren. Das Weizenvollkornmehl und Weizenmehl mit Backpulver und Natron mischen und zusammen mit der Kräutermischung zu der Eiermischung geben.

**2.** Ofen auf 180 °C (Umluft 160 °C) vorheizen. Die Papierförmchen in ein Muffinblech setzen und insgesamt etwa 2/3 des Teiges hineingeben. Auf jeden Muffin 1 Tl Kräuterfrischkäse geben und mit dem restlichen Teig auffüllen. Im Ofen etwa 25 Minuten backen.

*Zubereitungszeit: ca. 15 Minuten (plus Backzeit)*
*Pro Portion ca. 224 kcal/937 kJ*
*5 g E, 12 g F, 22 g KH*

## Sandwich mit Rucola
*(links)*

Für 4 Portionen

50 g Doppelrahmfrischkäse
100 g Hüttenkäse
50 g Crème fraîche
80 g frisch geriebener Parmesan
4 eingelegte getrocknete Tomaten
2 El schwarze Oliven, entsteint
1/2 Bund Petersilie

Salz
Pfeffer
8 Scheiben Sandwichbrot
50 g Rucola

**1.** Den Doppelrahmfrischkäse mit Hüttenkäse und Crème fraîche in einer Schüssel mischen. Den frisch geriebenen Parmesan dazugeben. Die getrockneten Tomaten und die Oliven hacken. Die Petersilie waschen, trocken schütteln und die Blättchen ebenfalls hacken. Alles zum Hüttenkäse geben, gut vermengen und mit Salz und Pfeffer würzen.

**2.** 4 Scheiben Sandwichbrot mit der Paste bestreichen. Rucola waschen, trocken schütteln und auf den Sandwiches verteilen. Mit den restlichen Sandwichbrotscheiben belegen und diagonal durchschneiden.

*Zubereitungszeit: ca. 15 Minuten*
*Pro Portion ca. 141 kcal/592 kJ*
*7 g E, 9 g F, 7 g KH*

## Spieße mit Fisch und Meeresfrüchten

*(rechts)*

Für 4 Portionen

175 g küchenfertiger Tintenfisch
12 geschälte Garnelen
200 g Lachsfilet
3 El Mehl
75 ml Sojasauce
75 ml trockener Weißwein
1 Stück frischer Ingwer (ca. 1 cm)
2 El Öl
Zitronenachtel zum Servieren

**1.** 8 Holzspieße in kaltes Wasser legen. Den Tintenfisch sorgfältig waschen und in mundgerechte Stücke schneiden. Die Garnelen eventuell noch entdarmen, waschen und abtropfen lassen.

**2.** Das Lachsfilet ebenfalls in mundgerechte Würfel schneiden. Tintenfischstücke, Garnelen und Lachsstücke im Wechsel auf die Spieße stecken und in Mehl wenden.

**3.** Die Sojasauce mit dem Wein in einen Topf geben. Den Ingwer schälen und dazureiben. Die Sauce zum Kochen bringen.

**4.** Das Öl in einer Pfanne erhitzen. Die Spieße darin bei mittlerer Hitze von beiden Seiten etwa 3–5 Minuten goldbraun anbraten. Die Sauce hinzufügen und in der Pfanne karamellisieren lassen. Die Spieße mit Sauce und Zitronenachteln servieren.

*Zubereitungszeit: ca. 20 Minuten*
*Pro Portion ca. 455 kcal/1911 kJ*
*79 g E, 10 g F, 10 g KH*

**Tipp:** Für diese Spieße können Sie jede Art von Fisch und Meeresfrüchten nehmen. Sehr gut schmecken auch kleine Tintenfische.

## *Grießklößchensuppe*

*(unten)*

Für 4 Portionen

1 El Butter
1 Ei
Salz
100 g Hartweizengrieß
Muskatnuss
1 l Fleischbrühe
1/2 Bund Schnittlauch

**1.** Die weiche Butter, das Ei und etwas Salz schaumig rühren. Den Grieß hineinrühren und einen weichen Grießteig herstellen. Mit Muskat würzen. Die Fleischbrühe in einem Topf aufkochen.

**2.** Mit angefeuchteten Händen kleine Klößchen formen und in die kochende Fleischbrühe geben. Etwa 10–15 Minuten bei geringer Temperatur köcheln lassen, bei ausgeschaltetem Herd noch etwas nachziehen lassen.

**3.** Den Schnittlauch waschen, trocken schütteln und in feine Röllchen schneiden. Die Grießklößchensuppe mit Schnittlauch bestreut servieren.

*Zubereitungszeit: ca. 15 Minuten (plus Kochzeit)*
*Pro Portion ca. 125 kcal/525 kJ*
*4 g E, 4 g F, 17 g KH*

## *Kokossuppe*

*(ohne Abb.)*

Für 4 Portionen

600 g Entenbrustfilet ohne Haut
3 Knoblauchzehen
2 Schalotten
100 g Austernpilze
100 g Schlangenbohnen
1 frisches Stück Ingwer (3 cm)
1 frisches Stück Korianderwurzel (3 cm)
2 Kaffirlimetten
1 Limette
1 rote Peperoni
3 El Erdnussöl
400 ml Asiafond
500 ml Kokosmilch
1 El grüne Currypaste (FP)
Thai-Basilikum zum Garnieren

**1.** Das Fleisch waschen, trocknen und in Streifen schneiden. Die Knoblauchzehen schälen und fein hacken. Die Schalotten schälen und in Würfel schneiden. Die Austernpilze putzen, waschen und falls nötig in Stücke schneiden.

**2.** Die Bohnen waschen, trocknen und klein schneiden. Den Ingwer schälen und reiben. Die Korianderwurzel schälen und in Scheiben schneiden.

**3.** Die Kaffirlimetten schälen und die Schale fein hacken. Die Limette so schälen, dass die weiße Haut entfernt wird. Die einzelnen Filets herausschneiden. Die Peperoni waschen, längs halbieren, entkernen und in Streifen schneiden.

**4.** Das Öl in einem Wok erhitzen und das Fleisch mit dem Knoblauch und den Schalotten darin anbraten. Nach ca. 4 Minuten die Pilze und die Bohnen dazugeben. Ingwer, Korianderwurzel, Kaffirlimetten, Limettenfilets und Peperoni dazugeben und alles kurz braten.

**5.** Asiafond, Kokosmilch und ca. 300 ml Wasser angießen und alles bei milder Hitze ca. 6 Minuten ziehen lassen. Das Ganze mit der Currypaste abschmecken. Das Thai-Basilikum waschen, trocknen und die Blättchen abzupfen. Die Suppe in Schälchen anrichten und mit Basilikum garniert servieren.

*Zubereitungszeit: ca. 25 Minuten*
*Pro Portion ca. 553 kcal/2325 kJ*
*40 g E, 22 g F, 10 g KH*

## Rühreier mit Speck und Würstchen
*(oben)*

Für 4 Portionen

8 kleine Bratwürste
1 El Öl
150 g Schinkenspeck
10 Eier
240 ml Sahne
Salz
Pfeffer
2 El Butter
frisch gehackte Petersilie
zum Bestreuen

**1.** Die Bratwürste im erhitzten Öl in einer Pfanne von beiden Seiten braun braten. Den Schinkenspeck würfeln. Die Eier mit der Sahne verquirlen und mit Salz und Pfeffer würzen.

**2.** Die Butter in einer Pfanne erhitzen und die Speckwürfel darin knusprig braten. Die Eimasse zugeben und unter Rühren stocken lassen. Zuletzt die Würstchen unter das Rührei heben und mit Petersilie bestreut servieren.

*Zubereitungszeit: ca. 15 Minuten*
*Pro Portion ca. 797 kcal/3339 kJ*
*45 g E, 68 g F, 1 g KH*

## Matjeshäppchen mit Paprika *(unten)*

Für 4 Portionen

4 leicht gesalzene Matjesfilets
1/4 gelbe Paprikaschote
1 Schalotte
1 El Naturjoghurt
2 El saure Sahne
1 El Chilisauce
1–2 Tl Zitronensaft
Salz
Pfeffer
Zucker
1/2 Kästchen Kresse
2 El Butter
4 Scheiben Weißbrot

**1.** Die Matjesfilets kurz waschen, abtrocknen und in mundgerechte Stücke schneiden. Die Paprikaschote putzen, entkernen, waschen und in feine Würfel schneiden. Die Schalotte schälen und in feine Ringe hobeln. Paprikawürfel und Schalottenringe mit dem Joghurt, der sauren Sahne und der Chilisauce vermischen. Sauce mit Zitronensaft, Salz, Pfeffer und Zucker pikant abschmecken.

**2.** Die Kresse waschen und trocken schütteln. Die Butter in einer Pfanne aufschäumen lassen und das Weißbrot darin von beiden Seiten goldbraun braten. Herausnehmen und abkühlen lassen.

**3.** Weißbrot diagonal in Dreiecke schneiden und mit etwas Sauce bestreichen. Matjesstücke darauf anrichten und die restliche Sauce darauf verteilen. Mit der Kresse garnieren und servieren.

*Zubereitungszeit: ca. 15 Minuten*
*(plus Bratzeit)*
*Pro Portion ca. 360 kcal/1512 kJ*
*22 g E, 26 g F, 10 g KH*

# Gemüseeintopf mit saurer Sahne

*(oben)*

Für 4 Portionen

3 Zwiebeln
250 g Möhren
je 2 gelbe und grüne Paprikaschoten
200 g Zucchini
200 g Stangenbohnen
3 El Rapsöl
750 ml Gemüsebrühe
400 g Tomaten
1 Bund Thymian
150 g saure Sahne

**1.** Die Zwiebeln schälen, die Möhren schaben, die Paprikaschoten putzen, waschen und entkernen, die Zucchini putzen und waschen, die Stangenbohnen ebenfalls putzen und waschen. Alles klein schneiden und im Rapsöl unter Rühren andünsten.

**2.** Die Gemüsebrühe angießen und 10 Minuten abgedeckt köcheln. Die Tomaten waschen, Stielansätze entfernen, das Fruchtfleisch würfeln. Den Thymian waschen, trocken schütteln und hacken.

**3.** Tomaten und Thymian zu dem Eintopf geben und aufkochen. Zuletzt die saure Sahne unterrühren und servieren.

*Zubereitungszeit: ca. 20 Minuten (plus Garzeit)*
*Pro Portion ca. 162 kcal/678 kJ*
*7 g E, 7 g F, 15 g KH*

## Schinken-Spargel-Röllchen *(rechts)*

Für 4 Portionen

1 kg weißer Spargel
Salz
Zucker
1 El Butter
8 Scheiben gekochter Schinken
Schnittlauchstängel
zum Garnieren
Kräuterremoulade (FP)
zum Servieren

**1.** Den Spargel waschen, schälen, die holzigen Enden abschneiden und die Stangen in kochendem Salzwasser mit etwas Zucker und der Butter etwa 20 Minuten garen. Abgießen und abtropfen lassen.

**2.** Je 2 Spargelstangen in 1 Scheibe gekochten Schinken wickeln und so 8 Schinkenröllchen herstellen. Mit Schnittlauchstängeln zusammenbinden. Schinken-Spargel-Röllchen mit einer Kräuterremoulade servieren.

*Zubereitungszeit: ca. 10 Minuten*
*(plus Zeit zum Kochen)*
*Pro Portion ca. 150 kcal/630 kJ*
*17 g E, 7 g F, 6 g KH*

## Schwimmkrebse mit Currysauce und Koriander *(links unten)*

Für 4 Portionen

12 Schwimmkrebse
4 El Pflanzenöl
1 El gelbe Currypaste
1 El Palmzucker
4 El Austernsauce
2 El Fischsauce
2 Dosen Kokosmilch (à 400 ml)
5 Blätter Koriander
1 El Kokosraspel

**1.** Die Schwimmkrebse gründlich unter fließendem Wasser abspülen, gut abtrocknen und anschließend halbieren.

**2.** Das Öl im Wok erhitzen und die Krebse darin scharf anbraten. Danach die Currypaste, den fein gehackten Palmzucker, die Austern- und Fischsauce darübergeben und anrösten.

**3.** Mit der Kokosmilch aufgießen und köcheln lassen, bis die Krebse richtig rot sind.

**4.** In feine Streifen geschnittene Korianderblätter in die Sauce geben und mit Kokosraspeln bestreut servieren.

*Zubereitungszeit: ca. 20 Minuten*
*Pro Portion ca. 232 kcal/970 kJ*
*17 g E, 15 g F, 7 g KH*

## *Bagels mit Lachs und Frischkäse*

*(unten)*

Für 4 Stück

4 Bagels mit Sesam
1 Bund Dill
150 g Frischkäse
8 Scheiben Räucherlachs
1 Zwiebel

**1.** Die Bagels aufschneiden und im Backofen goldgelb toasten. Den Dill waschen, trocken tupfen, hacken und mit dem Frischkäse mischen.

**2.** Die unteren Bagelhälften mit dem Frischkäse bestreichen und mit je 2 Lachsscheiben belegen. Die Zwiebel schälen und in Ringe schneiden. Die Ringe auf die Lachsscheiben legen und alles mit den oberen Bagelhälften abdecken.

*Zubereitungszeit: ca. 15 Minuten*
*Pro Portion ca. 240 kcal/1008 kJ*
*7 g E, 12 g F, 24 g KH*

## *Rettichsuppe*

*(ohne Abb.)*

Für 4 Portionen

400 g Rettich
1 Bund Radieschen mit Blättern
3 El Sesamöl
3 El Chilisauce
1 l Gemüsefond
Salz
Cayennepfeffer
Senfpulver
Knoblauchpulver
250 g Crabmeat aus der Dose
100 ml Sahne

**1.** Den Rettich waschen, schälen und in Streifen schneiden. Die Radieschen waschen und in Stifte schneiden. Die Hälfte der Radieschenblätter waschen und klein schneiden.

**2.** Das Öl in einem Topf erhitzen und den Rettich und die klein geschnittenen Radieschenblätter darin andünsten.

**3.** Die Chilisauce unterrühren und alles mit dem Gemüsefond angießen. Ca. 7 Minuten köcheln lassen. Mit Salz, Pfeffer, Senf- und Knoblauchpulver würzen. Das Crabmeat unterrühren und darin erwärmen. Die Sahne dazugeben und servieren.

*Zubereitungszeit: ca. 25 Minuten*
*Pro Portion ca. 344 kcal/1439 kJ*
*17 g E, 26 g F, 12 g KH*

## *Eier-Knoblauchbrot nach kastilischer Art*

*(rechts oben)*

Für 4 Portionen

6–8 Scheiben spanisches Landbrot
2 Knoblauchzehen
4 Eier
Salz
Pfeffer
Olivenöl zum Braten

**1.** Die Brotscheiben je nach Größe halbieren. Den Knoblauch schälen und die Knoblauchzehen in hauchdünne Scheiben hobeln.

**2.** Die Eier mit Salz und Pfeffer verquirlen, die Knoblauchscheiben hinzufügen und unterheben.

**3.** Etwas Olivenöl in einer Pfanne erhitzen. Die Brotscheiben in die Eimasse tauchen, sodass sie von allen Seiten gut bedeckt sind.

**4.** Brotscheiben im heißen Öl von beiden Seiten goldbraun braten. Herausnehmen, abtropfen lassen und warm servieren.

*Zubereitungszeit: ca. 15 Minuten*
*Pro Portion ca. 212 kcal/888 kJ*
*11 g E, 8 g F, 23 g KH*

## *Frühlingsrollen mit Hackfleisch* *(unten)*

Für 4 Portionen

je 1 rote und gelbe Paprikaschote
150 g Champignons
100 g Glasnudeln
2 El Öl
100 g Rinderhackfleisch
1 Bund frisch gehackter Koriander
1 Tl frisch geriebener Ingwer
2 El Sojasauce
Salz
Pfeffer
8 Teigblätter für Frühlingsrollen
1 Eiweiß
1 l Frittieröl

**1.** Die Paprikaschoten putzen, waschen, trocknen, entkernen und in dünne Streifen schneiden. Die Champignons putzen, feucht abreiben und fein würfeln. Die Glasnudeln in einer Schüssel mit kochendem Wasser übergießen und 5 Minuten ziehen lassen. Dann abgießen.

**2.** Das Öl erhitzen und die Paprikastreifen mit den Pilzen und dem Hackfleisch darin unter Rühren braten. Die abgetropften Glasnudeln, Koriander, Ingwer und Sojasauce zugeben und mit Salz und Pfeffer abschmecken.

**3.** Die Teigblätter auslegen und die Ränder mit verquirltem Eiweiß bestreichen. Die Füllung darauf verteilen und die Teigblätter zusammenrollen, Nahtstelle ebenfalls einstreichen. Das Frittieröl in einem hohen Topf oder einer Fritteuse erhitzen und die Frühlingsrollen darin knusprig ausbacken. Auf Küchenpapier abtropfen lassen und mit einem Dip servieren.

*Zubereitungszeit: ca. 20 Minuten*
*(plus Zeit zum Ziehen und Frittieren)*
*Pro Portion ca. 251 kcal/1050 kJ*
*9 g E, 19 g F, 10 g KH*

## Gemüsefrittata

*(oben)*

Für 4 Portionen

2 Schalotten
1 Knoblauchzehe
4 El Öl
2 Stangen Staudensellerie
1 Lauchstange
je 1 rote und grüne Paprikaschote
Salz
Pfeffer
6 Eier
3 El Milch
2 El frisch gehackte Petersilie

**1.** Die Schalotten und die Knoblauchzehe schälen und hacken. 3 El Öl erhitzen und Schalotten und Knoblauch darin schmoren.

**2.** Den Staudensellerie und die Lauchstange putzen, waschen und in dünne Ringe schneiden. Die Paprikaschoten putzen, waschen, entkernen und würfeln. Sellerie, Lauch und Paprika zugeben und 4 Minuten mitschmoren. Mit Salz und Pfeffer würzen. Vom Herd nehmen, etwas abkühlen lassen.

**3.** Die Eier, mit der Milch und der frisch gehackten Petersilie verrührt, unter die Gemüsemischung heben. 1 El Öl in der Pfanne erhitzen und die Eier-Gemüse-Mischung darin etwa 4 Minuten stocken lassen und goldbraun braten. Wenden und weitere 3 Minuten braten.

*Zubereitungszeit: ca. 15 Minuten (plus Garzeit)*
*Pro Portion ca. 283 kcal/1185 kJ*
*13 g E, 23 g F, 7 g KH*

## Lachs mit Honig-Dill-Sauce

*(unten)*

Für 4 Portionen

1 Bund Dill
2 Eigelb
2 El Zucker
6 Tl mittelscharfer Senf
6 Tl flüssiger Honig
2 El Sahne
2 El Zitronensaft
Salz
Pfeffer
300 g marinierter Lachs

**1.** Dill waschen, trocknen und fein hacken. Die Eigelbe gut verquirlen und mit Zucker, Senf, Honig und Sahne mischen.

**2.** Die Sauce mit dem Zitronensaft süß-sauer abschmecken. Nach Geschmack salzen und pfeffern.

**3.** Zuletzt den Dill untermischen und die Sauce bis zum Servieren kühl stellen. Den Lachs mit der Sauce servieren.

*Zubereitungszeit: ca. 10 Minuten*
*Pro Portion ca. 318 kcal/1333 kJ*
*31 g E, 14 g F, 16 g KH*

## *Marokkanische Suppe* *(ohne Abb.)*

Für 4 Portionen

2 Packungen
Tomatencremesuppe (FP)
500 g Lammhackfleisch
Salz
Pfeffer
Knoblauchpulver
Chilipulver
1 El Öl
1 rote Zwiebel
300 g Zucchini
250 g weiße Bohnen aus der Dose
100 g Couscous

**1.** Die Tomatencremesuppe in einen Topf geben und erwärmen. Das Hackfleisch mit Salz, Pfeffer, Knoblauch und Chilipulver würzen und aus der Masse kleine Bällchen formen.

**2.** Das Öl erhitzen und die Bällchen darin ca. 5 Minuten braten. Die Zwiebel schälen, in Würfel schneiden und dazugeben.

**3.** Die Zucchini putzen, waschen, in Würfel schneiden und ebenfalls zu den Bällchen geben. Die Bohnen in einem Sieb abtropfen lassen.

**4.** Die Bällchen mit der Zwiebel und der Zucchini unter die Tomatensuppe rühren. Die Bohnen und das Couscous dazugeben und 8 Minuten in der Suppe ziehen lassen. Mit Salz und Pfeffer würzen.

*Zubereitungszeit: ca. 20 Minuten*
*Pro Portion ca. 415 kcal/1740 kJ*
*37 g E, 10 g F, 43 g KH*

## *Gefüllte Salatröllchen mit Mortadella*

*(unten)*

Für 4 Portionen

60 g Mortadella
10 schwarze Oliven ohne Stein
50 g Schafskäse
Salz
Pfeffer
1/2 Bund Basilikum
8 große Blätter Römersalat
(oder 16 kleine)
2 El Olivenöl

**1.** Die Mortadella in Streifen schneiden. Die Oliven hacken, den Schafskäse würfeln. Mit Oliven und Mortadellastreifen mischen, mit Salz und Pfeffer würzen. Basilikum waschen, trocken schütteln, die Blättchen von den Stängeln zupfen und fein hacken. Mit der Füllung mischen.

**2.** Die Salatblätter waschen, trocken tupfen und auslegen. Kleine Blätter überlappend auslegen. Die Füllung auf die Salatblätter verteilen, zusammenrollen und feststecken. Das Olivenöl erhitzen und die Salatröllchen darin bei geringer Temperatur von allen Seiten etwa 5 Minuten andünsten. Dazu Brot reichen.

*Zubereitungszeit: ca. 20 Minuten*
*(plus Zeit zum Dünsten)*
*Pro Portion ca. 257 kcal/1079 kJ*
*6 g E, 24 g F, 3 g KH*

## Tintenfisch vom Grill
*(oben)*

Für 4 Portionen

600 g küchenfertige Tintenfische
1 Bund Petersilie
4 Knoblauchzehen
2 El Olivenöl
1 El Zitronensaft
Salz
schwarzer Pfeffer

**1.** Tintenfische waschen, abtrocknen und in Stücke schneiden. Die Petersilie waschen, trocken schütteln und klein hacken. Den Knoblauch schälen und klein hacken. Mit der Petersilie vermischen und beiseitestellen.

**2.** Einen Grillrost erhitzen, anschließend mit Alufolie bespannen und mit etwas Olivenöl bestreichen. Die Tintenfische darauf verteilen und etwa 5 Minuten grillen, bis sie sich rötlich färben.

**3.** Zwischendurch wenden und mit dem restlichen Öl bestreichen. Sobald sie leicht gebräunt sind, anrichten.

**4.** Tintenfische mit dem Zitronensaft beträufeln und kräftig mit Salz und Pfeffer würzen. Mit Petersilien-Knoblauch-Mischung bestreuen und servieren. Dazu passen gegrillte Kartoffeln.

*Zubereitungszeit: ca. 15 Minuten*
*(plus Grillzeit)*
*Pro Portion ca. 184 kcal/773 kJ*
*24 g E, 7 g F, 5 g KH*

**Tipp:** Für dieses Rezept können Sie auch tiefgefrorene Tintenfische verwenden. Lassen Sie diese etwas antauen und verdoppeln Sie die Grillzeit.

## Cremige Kürbissuppe mit Ingwer *(rechts oben)*

Für 4 Portionen

1 Zwiebel
1 El Butter
500 g Hokkaidokürbis
2 Möhren
1 l Gemüsebrühe
Salz
Pfeffer
Muskat
gemahlener Ingwer
geröstete Mandelblättchen und Crème fraîche zum Garnieren

**1.** Die Zwiebel schälen und hacken. In der heißen Butter andünsten. Den Hokkaidokürbis waschen, trocknen, entkernen und würfeln. Die Möhren putzen, schälen und ebenfalls würfeln. Kürbis und Möhrenwürfel zu der Zwiebel geben und mitschmoren.

**2.** Die Gemüsebrühe angießen, alles aufkochen und etwa 15 Minuten köcheln lassen. Die Suppe anschließend pürieren und mit Salz, Pfeffer, Muskat

2. Die Orange heiß abwaschen, abtrocknen und mit einem Zestenreißer etwas von der Schale abziehen. Die Datteln mit dem Käse und der Orangenschale füllen, mit etwas Cayennepfeffer und Salz bestreuen.

3. Jede Dattel mit 1 Scheibe Speck umwickeln und mit 1 Zweig Rosmarin feststecken. Die Datteln auf ein Backblech setzen, mit etwas Öl beträufeln und im vorgeheizten Backofen 10 Minuten backen.

4. Die heißen Datteln mit Zitronensaft beträufeln, mit rotem Pfeffer bestreuen und warm servieren.

*Zubereitungszeit: ca. 15 Minuten (plus Backzeit)*
*Pro Portion ca. 400 kcal/1680 kJ*
*18 g E, 19 g F, 39 g KH*

und gemahlenem Ingwer abschmecken. Mit gerösteten Mandelblättchen und Crème fraîche garniert servieren.

*Zubereitungszeit: ca. 15 Minuten (plus Kochzeit)*
*Pro Portion ca. 222 kcal/932 kJ*
*5 g E, 17 g F, 10 g KH*

## Gefüllte Datteln mit Speck *(rechts)*

Für 4 Portionen

12 frische Datteln
125 g milder Ziegenkäse
1 unbehandelte Orange
1 Prise Cayennepfeffer
Meersalz
12 kleine Scheiben Speck
12 Stiele Rosmarin
2 El Öl
3 El Zitronensaft
rote Pfefferkörner

1. Den Backofen auf 180 °C vorheizen. Die Datteln entkernen und der Länge nach etwas einschneiden. Den Käse in 12 Stücke teilen.

## *Thunfischtoast mit Tomaten* *(rechts)*

Für 4 Portionen

4 Scheiben Toastbrot
4 Tl Butter
Thunfisch aus der Dose,
im eigenen Saft
3 Tomaten
4 Scheiben Käse
frisch gehackte Petersilie
zum Bestreuen

**1.** Das Toastbrot rösten, abkühlen lassen, mit Butter bestreichen und auf ein mit Backpapier ausgelegtes Backblech legen. Ofen auf 225 °C (Umluft 200 °C) vorheizen.

**2.** Thunfisch abtropfen lassen. Die Tomaten waschen, trocknen, Stielansätze entfernen und 2 der Früchte in Scheiben, 1 in Achtel schneiden. Thunfisch und Tomatenscheiben auf den Toastbroten verteilen. Mit je 1 Scheibe Käse bedecken und im Ofen überbacken. Die Toasts mit Tomatenachteln belegt und Petersilie bestreut servieren.

*Zubereitungszeit: ca. 10 Minuten (plus Zeit zum Überbacken)*
*Pro Portion ca. 354 kcal/1483 kJ*
*14 g E, 27 g F, 12 g KH*

## *Tomatencremesuppe*

*(unten)*

Für 4 Portionen

10 Fleischtomaten
1 Salatgurke
200 ml Gemüsebrühe
Salz
120 g Suppennudeln,
z. B. Sternchennudeln
1 kleines Bund glatte Petersilie
200 g Tomatenmark
aus der Dose
Pfeffer aus der Mühle
Zucker
Paprikapulver edelsüß
200 g Crème fraîche

**1.** Die Tomaten waschen, kreuzweise einritzen, mit kochendem Wasser überbrühen, kurz abschrecken und die Haut abziehen. Den Stielansatz herausschneiden.

**2.** Die Gurke schälen. Erst in ca. 3 cm dicke Scheiben, dann in Würfel schneiden.

**3.** Die Brühe in einem Topf erwärmen. Die Tomaten und die Gurkenwürfel hineingeben und ca. 15 Minuten kochen lassen.

**4.** In einem zweiten Topf Salzwasser erhitzen und die Nudeln darin nach Packungsanweisung kochen, anschließend abgießen.

**5.** Die Petersilie waschen, trocken schütteln und fein hacken. Die Tomaten und die Gurken mit dem Schneidstab des Handrührers pürieren. Das Tomatenmark unterrühren. Mit Salz, Pfeffer, Zucker und dem Paprikapulver abschmecken.

**6.** Die Petersilie, die Crème fraîche und die Nudeln unterrühren. Etwas Petersilie und 4 El Crème fraîche zum Garnieren beiseitestellen.

**7.** Die Suppe auf Tellern anrichten und jeweils mit einem Klecks Crème fraîche und Petersilienblättchen garniert servieren.

*Zubereitungszeit: ca. 20 Minuten*
*Pro Portion ca. 339 kcal/1424 kJ*
*8 g E, 16 g F, 35 g KH*

**Tipp:** Sehr gut schmeckt auch Paprikacremesuppe. Häuten Sie die Paprika, indem Sie die ganzen Schoten auf einem Backblech auf der 2. Einschubleiste von oben unter dem heißen Grill rösten, bis die Haut Blasen wirft, dabei einmal wenden. Schoten herausnehmen, mit einem Küchentuch bedecken und anschließend häuten.

## *Power-Drink mit Gemüse* *(oben)*

Für 4 Gläser

1 Bund Dill
1 Salatgurke
400 ml Tomatensaft
200 ml Möhrensaft
1 El Olivenöl
Tabasco zum Abschmecken

**1.** Den Dill waschen, trocken schütteln, einige Dillzweige beiseitelegen, den restlichen Dill von den Stielen zupfen und fein hacken. Die Salatgurke schälen, putzen und in grobe Stücke schneiden. Einige dickere Scheiben als Deko beiseitelegen.

**2.** Die Gurkenstücke mit Dill, Tomatensaft, Möhrensaft und Olivenöl pürieren. Den Drink mit Tabasco würzen und auf 4 Gläser verteilen. Mit Dill und Gurkenscheiben dekorieren.

*Zubereitungszeit: ca. 10 Minuten*
*Pro Portion ca. 73 kcal/307 kJ*
*1 g E, 5 g F, 4 g KH*

## *Meerestopf*

*(rechts)*

Für 4 Portionen

3 Schalotten
6 Knoblauchzehen
100 ml Olivenöl
1/4 Bund Salbei
1 zerbröseltes Lorbeerblatt
je 2 Tl Pimentpulver
und Meersalz
1 El geschroteter Pfeffer
4 El Zitronensaft
500 g TK-Meeresfrüchte
(aufgetaut)
1 l Fischfond
500 g Seefischfilet
200 g Shrimps aus dem
Kühlregal
5 El Tomatenmark
1 Bund Petersilie

**1.** Die Schalotten und den Knoblauch schälen und fein hacken. Das Öl erhitzen, die Zwiebeln mit dem Knoblauch darin andünsten.

**2.** Salbei waschen, trocknen, fein hacken und dazugeben. Alles mit dem Lorbeerblatt, Pimentpulver, Meersalz und Pfeffer abschmecken.

**3.** Den Zitronensaft unterrühren und die aufgetauten Meeresfrüchte dazugeben. Nach ca. 6 Minuten alles mit Fischfond angießen. Das Fischfilet waschen, trocknen, in Würfel schneiden und dazugeben.

**4.** Alles bei milder Hitze ziehen lassen. Anschließend die Shrimps dazugeben und alles mit Tomatenmark würzen.

**5.** Die Petersilie waschen, trocknen, in Streifen schneiden und kurz vor dem Servieren unter die Suppe rühren.

*Zubereitungszeit: ca. 20 Minuten*
*Pro Portion ca. 535 kcal/2239 kJ*
*54 g E, 28 g F, 6 g KH*

## *Buttermilchwaffeln mit Dinkel* *(rechts unten)*

Für 4 Portionen

125 g weiche Butter
4 Eier
250 g Dinkelmehl
2 Tl Backpulver
350 ml Buttermilch
50 g Zucker
1 Prise Salz
Zucker und Zimt oder Früchtequark
zum Servieren
Fett für das Waffeleisen

**1.** Die Butter mit den Eiern schaumig schlagen. Das Dinkelmehl mit dem Backpulver mischen und abwechselnd mit der Buttermilch unter die Eimasse rühren. Zum Schluss den Zucker und das Salz in den Teig rühren und das Waffeleisen aufheizen.

**2.** Das Waffeleisen einfetten und aus dem Teig nach und nach goldgelbe Waffeln backen. Fertige Waffeln gegebenenfalls im Ofen warm halten. Mit Zucker und Zimt oder Früchtequark servieren.

*Zubereitungszeit: ca. 15 Minuten*
*(plus Zeit zum Backen)*
*Pro Portion ca. 308 kcal/1294 kJ*
*8 g E, 16 g F, 30 g KH*

# Frischkäseaufstrich mit Oliven *(rechts)*

Für 4 Portionen

125 g Frischkäse
75 g Joghurt
100 g schwarze Oliven
ohne Stein
1 Knoblauchzehe
1 Bund Basilikum
Pfeffer
1 Tl Sesam
Salz

**1.** Den Frischkäse mit dem Joghurt in eine Schüssel geben und glatt rühren. Die Oliven hacken, die Knoblauchzehe schälen und fein hacken, beides zum Frischkäse geben.

**2.** Das Basilikum waschen, trocken schütteln und die Blättchen hacken. Ebenfalls unter die Frischkäsemasse heben und alles mit Pfeffer würzen.

**3.** Sesam in einer Pfanne ohne Fett rösten und im Mörser mit etwas Salz zu einer Paste zerreiben. Unter den Aufstrich heben. Dazu Mehrkornbaguette reichen.

*Zubereitungszeit: ca. 15 Minuten (plus Röstzeit)*
*Pro Portion ca. 234 kcal/983 kJ*
*5 g E, 20 g F, 7 g KH*

## *Knoblauchsalsa mit Oliven und Kapern*

*(links oben)*

Für 4 Portionen

1/2 Knolle Knoblauch
Salz
30 g grüne Oliven
100 g Kapern (aus dem Glas)
ca. 500 ml kalt gepresstes Olivenöl
4 Eigelb
frisch gemahlener schwarzer Pfeffer
etwas Zitronensaft

**1.** Den Knoblauch schälen, in Zehen teilen und mit etwas Salz mit einem Pürierstab zerkleinern. Die Oliven entsteinen und dazugeben. Die Kapern abtropfen lassen und ebenfalls hinzufügen.

**2.** Alles mit so viel kalt gepresstem Olivenöl pürieren, bis es eine cremige Konsistenz hat.

**3.** Das Eigelb dazugeben und alles kräftig mixen, bis die Masse sich gut verbunden hat. Mit Salz, frisch gemahlenem Pfeffer und etwas Zitronensaft abschmecken.

**4.** Im Kühlschrank ist die Sauce 3–4 Tage haltbar. Sie schmeckt besonders gut zu gegrillten Fleisch- oder Fischspießchen oder zu Gemüsesticks. Auch geröstetes Weißbrot oder Baguette passt gut dazu.

*Zubereitungszeit: ca. 10 Minuten*
*Pro Portion ca. 673 kcal/2825 kJ*
*4 g E, 72 g F, 5 g KH*

## Grünkohlsuppe mit Kartoffeln *(links unten)*

Für 4 Portionen

750 g Grünkohl
Salz
350 g Kartoffeln
3 Möhren
1 Zwiebel
1 Knoblauchzehe
3 El Butter
1 l Gemüsebrühe
Pfeffer
geriebene Muskatnuss
4 El Crème fraîche

**1.** Den Grünkohl putzen, waschen, harte Rippen herausschneiden, Blätter in kochendem Salzwasser 2 Minuten blanchieren, abgießen.

**2.** Die Kartoffeln und die Möhren schälen und würfeln. Die Zwiebel und die Knoblauchzehe schälen und fein hacken. Die Butter erhitzen und Zwiebel und Knoblauch darin glasig schmoren. Das Gemüse zugeben und kurz mitschmoren.

**3.** Die Gemüsebrühe angießen und alles 15 Minuten garen. Die Hälfte der Suppe entnehmen, pürieren und wieder unterheben. Mit Salz, Pfeffer und Muskat abschmecken. Die Suppe auf Teller verteilen und pro Teller 1 El Crème fraîche daraufgeben.

*Zubereitungszeit: ca. 15 Minuten (plus Garzeit)*
*Pro Portion ca. 270 kcal/1130 kJ*
*12 g E, 13 g F, 23 g KH*

## Traisentaler Fleischaufstrich
*(unten)*

Für 4 Portionen

1 Brötchen
150 ml Milch
1 Ei
200 g Bratenreste
3 gekochte Kartoffeln
1 El Senf
1 El Kapern aus dem Glas
1 Zwiebel
50 g frisch geriebener Emmentaler
Salz
Pfeffer
Paprikapulver
Petersilie zum Garnieren

**1.** Das Brötchen in der erwärmten Milch 15 Minuten einweichen. Das Ei hart kochen. Die Bratenreste würfeln. Die Kartoffeln schälen und würfeln.

**2.** Das Brötchen ausdrücken und mit den Bratenresten und den Kartoffeln pürieren. Das Ei schälen und zerdrücken. Mit dem Senf verrühren. Die Kapern hacken. Die Zwiebel schälen und fein reiben.

**3.** Die Zutaten mit dem Fleisch-Kartoffel-Püree vermischen und mit Salz, Pfeffer und Paprikapulver abschmecken. Mit Petersilie garniert zu frischem Bauernbrot servieren.

*Zubereitungszeit: ca. 20 Minuten (plus Einweich- und Kochzeit)*
*Pro Portion ca. 350 kcal/1470 kJ*
*25 g E, 13 g F, 32 g KH*

## *Lachs mit Vinaigrette*

*(unten)*

Für 4 Portionen

1 Zwiebel
1/2 Bund gemischte Kräuter
2 El Weißweinessig
2 El Olivenöl
Salz
Pfeffer
300 g marinierter Lachs

**1.** Die Zwiebel sehr fein hacken. Die Kräuter waschen, trocken schütteln und ebenfalls fein hacken oder im Mixer zerkleinern.

**2.** Essig, Öl, Zwiebel und Kräuter miteinander verrühren und mit Salz und Pfeffer würzen.

**3.** Lachsscheiben mit Vinaigrette servieren.

*Zubereitungszeit: ca. 10 Minuten*
*Pro Portion ca. 258 kcal/1082 kJ*
*28 g E, 16 g F, 1 g KH*

## *Indische Rühreier*

*(rechts oben)*

Für 4 Portionen

5 Schalotten
je 2 grüne und rote Chilischoten
je 1 Tl Kardamom-, Kreuzkümmel-, Schwarzkümmel- und Kurkumapulver
5 El Butter
5 El passierte Tomaten
10 Eier
150 ml Mineralwasser
3 El frisch gehackte Korianderblättchen

**1.** Die Schalotten schälen und fein hacken. Die Chilischoten längs halbieren, entkernen, waschen und in Streifen schneiden. Schalotten und Chilis mit dem Kardamom-, Kreuzkümmel-, Schwarzkümmel- und Kurkumapulver würzen. Die Butter erhitzen und alles ca. 4 Minuten darin braten.

**2.** Die passierten Tomaten mit den Eiern und dem Mineralwasser verquirlen und die Korianderblättchen unterheben. Das Ganze zu den Gewürzen geben und so lange rühren, bis die Masse stockt.

**3.** In einer Schüssel anrichten und servieren. Dazu passen Linsenwaffeln.

*Zubereitungszeit: ca. 20 Minuten*
*Pro Portion ca. 300 kcal/1260 kJ*
*17 g E, 24 g F, 6 g KH*

# *Schafskäseaufstrich mit Oliven und Kräutern*

*(unten)*

Für 4 Portionen

250 g Schafskäse
4 El frisch gehackter Dill
1 El frisch gehackter Kerbel
1 El Schnittlauchröllchen
8 Knoblauchzehen
10 schwarze Oliven
ohne Stein
Saft von 1/2 Zitrone
5 El Olivenöl
2 El Milch

**1.** Den Schafskäse in einer Schüssel mit einer Gabel zerdrücken. Dill, Kerbel und Schnittlauchröllchen waschen, trocknen und unter den Käse unterheben.

**2.** Die Knoblauchzehen schälen und fein hacken. Die Oliven hacken und mit dem Zitronensaft und dem Olivenöl mischen. Alles unter die Schafskäsecreme rühren, zuletzt die Milch unterrühren. Den Schafskäseaufstrich mit geröstetem Fladenbrot oder Baguette servieren.

*Zubereitungszeit: ca. 10 Minuten*
*Pro Portion ca. 335 kcal/1407 kJ*
*12 g E, 27 g F, 10 g KH*

## *Fischsuppe mit Knoblauch und Dill*

*(oben)*

Für 4 Portionen

2 Bund Suppengrün
3 El Butter
1 l Fisch- oder Hühnerbrühe
500 g weißes Fischfilet
2 El Essig
Salz
Pfeffer
2 Knoblauchzehen
1 Bund Dill

**1.** Das Suppengrün waschen, trocknen, putzen, nach Bedarf schälen und würfeln. In der heißen Butter andünsten. Die Fisch- oder Hühnerbrühe angießen und alles 7 Minuten köcheln lassen.

**2.** Das Fischfilet waschen, trocken tupfen und in mundgerechte Stücke schneiden. Mit Essig beträufeln und 5 Minuten stehen lassen. Dann trocken tupfen und in der Suppe 3 Minuten garen. Mit Salz und Pfeffer würzen. Die Knoblauchzehen schälen, zerdrücken und in die Suppe geben, den Dill waschen, trocken schütteln, hacken und ebenfalls in die Suppe geben. Dazu schmeckt geröstetes Weißbrot oder frisches Baguette.

*Zubereitungszeit: ca. 15 Minuten*
*(plus Koch- und Ziehzeit)*
*Pro Portion ca. 155 kcal/651 kJ*
*25 g E, 4 g F, 3 g KH*

## Wirsingtopf mit Walnüssen

*(links)*

Für 4 Portionen

1 Zwiebel
2 Möhren
2 El Öl
750 g Wirsing
200 g rote Linsen
750 ml Gemüsebrühe
Salz
Pfeffer
2 El Essig
1 El Speisestärke
3 El gehackte Walnüsse

**1.** Die Zwiebel und die Möhren schälen und in Würfel bzw. Scheiben schneiden. Das Öl in einem Topf erhitzen und Zwiebel und Möhren darin andünsten.

**2.** Den Wirsing putzen, waschen, die harten Strünke an den Blättern entfernen und die Blätter in Streifen schneiden. Zu Zwiebel und Möhren geben und kurz mitschmoren. Die roten Linsen zugeben, die Gemüsebrühe angießen und alles etwa 10 Minuten köcheln. Mit Salz, Pfeffer und dem Essig abschmecken.

**3.** Die Speisestärke in etwas Wasser anrühren und den Eintopf damit binden. Die gehackten Walnüsse unterheben und servieren.

*Zubereitungszeit: ca. 20 Minuten (plus Garzeit)*
*Pro Portion ca. 355 kcal/1486 kJ*
*19 g E, 12 g F, 35 g KH*

## Kartoffel-Gemüse-Rösti mit Joghurtsauce

*(links unten)*

Für 6–8 Stück

4 mittelgroße Kartoffeln
2 Möhren
1 Zucchini
3 Zwiebeln
50 g Knollensellerie
Salz
Pfeffer
1 Tl Thymianblättchen
3 El Butterschmalz
1 Knoblauchzehe
250 g Joghurt
4 El Crème fraîche

**1.** Die Kartoffeln schälen, die Möhren schaben. Die Zucchini putzen und waschen, 2 Zwiebeln und den Knollensellerie schälen. Alles reiben und mit Salz, Pfeffer und den Thymianblättchen würzen. Aus der Masse 6–8 Rösti formen. Das Butterschmalz erhitzen und die Rösti darin knusprig goldbraun braten.

**2.** Die dritte Zwiebel und die Knoblauchzehe schälen und hacken. Die Rösti mit einer Sauce aus dem Joghurt, der Crème fraîche, Salz, Pfeffer sowie den Zwiebel- und Knoblauchwürfeln servieren.

*Zubereitungszeit: ca. 30 Minuten*
*Pro Stück ca. 130 kcal/544 kJ*
*4 g E, 3 g F, 19 g KH*

## Rührei mit Lachsstreifen *(rechts)*

Für 4 Portionen

8 Eier
2 El Sojasauce
Salz
Cayennepfeffer
2 El frisch gehackter Dill
3 Frühlingszwiebeln
200 g geräucherter Lachs
3 El Öl
Korianderblättchen zum Garnieren

**1.** Die Eier mit der Sojasauce, etwas Salz, Cayennepfeffer und dem frisch gehackten Dill verquirlen. Die Frühlingszwiebeln putzen, waschen, trocknen und in Ringe schneiden. Den geräucherten Lachs in Streifen schneiden.

**2.** Das Öl in einer Pfanne erhitzen und die Frühlingszwiebeln darin andünsten. Die verquirlten Eier und die Lachsstreifen hinzufügen und alles garen, bis die Eier zu stocken beginnen.

**3.** Das Rührei mit Korianderblättchen garniert servieren. Dazu frisches Vollkornbrot mit Butter reichen.

*Zubereitungszeit: ca. 15 Minuten (plus Garzeit)*
*Pro Portion ca. 317 kcal/1331 kJ*
*26 g E, 19 g F, 7 g KH*

## Ofenkartoffeln mit grüner Sauce

*(rechts unten)*

Für 4 Portionen

750 g neue Kartoffeln
Kräutersalz
Pfeffer
2 El Olivenöl
1–2 Bund Kräuter für grüne Sauce
2 hart gekochte Eier
2 Gewürzgurken
300 g saure Sahne
150 g Joghurt
1 Tl Senf
1 El Zitronensaft
Salz
Fett für das Blech

**1.** Die Kartoffeln gut bürsten, in Spalten schneiden und auf ein gefettetes Backblech setzen. Im Ofen bei 200 °C (Umluft 180 °C) etwa 20 Minuten backen. Mit Kräutersalz und Pfeffer bestreuen und mit dem Olivenöl beträufeln.

**2.** Die Kräuter waschen, trocken schütteln und fein hacken. Die Eier pellen und hacken, die Gewürzgurken hacken. Die saure Sahne mit dem Joghurt, den Eiern, den Gewürzgurken, dem Senf, dem Zitronensaft, Salz und Pfeffer verrühren. Die Ofenkartoffeln mit der grünen Sauce servieren.

*Zubereitungszeit: ca. 15 Minuten (plus Backzeit)*
*Pro Portion ca. 282 kcal/1181 kJ*
*7 g E, 11 g F, 33 g KH*

## *Labskaus mit Corned Beef* *(rechts)*

Für 4 Portionen

400 g Kartoffeln
150 ml Gemüsebrühe
5–10 El warme Milch
Salz
Pfeffer
geriebene Muskatnuss
2 rote Zwiebeln
500 g Corned Beef
2 El Butter
4 Eier
400 g Rote-Bete-Scheiben aus dem Glas
4 Gewürzgurken

**1.** Die Kartoffeln schälen, würfeln und in der Gemüsebrühe 10 Minuten garen. Dann mit genügend warmer Milch cremig pürieren, mit Salz, Pfeffer und Muskat würzen.

**2.** Die roten Zwiebeln schälen und hacken. Das Corned Beef würfeln. Die Butter erhitzen und Zwiebeln und Corned Beef darin anbraten. Die Mischung unter das Kartoffelpüree heben.

**3.** Aus den Eiern Spiegeleier braten. Das Labskaus mit den Spiegeleiern auf Tellern verteilen. Die Rote-Bete-Scheiben abtropfen lassen. Die Gewürzgurken in Scheiben schneiden und mit den Rote-Bete-Scheiben zum Labskaus reichen.

*Zubereitungszeit: ca. 15 Minuten (plus Gar- und Bratzeit)*
*Pro Portion ca. 332 kcal/1390 kJ*
*31 g E, 11 g F, 24 g KH*

## Möhrencremesuppe mit Frühkartoffeln
*(rechts oben)*

Für 4 Portionen

1 1/2 Bund junge Möhren
350 g Frühkartoffeln
2 El Butter
1 Tl Vollrohrzucker
750 ml Gemüsebrühe
Salz
Pfeffer
100 g Crème fraîche
5 El Weißwein
3 Frühlingszwiebeln
100 ml Sahne

**1.** Die Möhren schälen und in Scheiben schneiden, die Kartoffeln schälen, waschen und würfeln. Die Butter erhitzen und die Möhren und die Kartoffeln mit dem Vollrohrzucker darin andünsten. Die Gemüsebrühe angießen und abgedeckt etwa 15 Minuten köcheln. Alles pürieren und mit Salz und Pfeffer abschmecken.

**2.** Die Crème fraîche mit dem Weißwein glatt rühren und in die nicht mehr kochende Suppe geben. Die Frühlingszwiebeln putzen, waschen und in Ringe schneiden. Die Sahne steif schlagen. Die Suppe mit den Frühlingszwiebelringen und mit Sahneklecksen garniert servieren.

*Zubereitungszeit: ca. 30 Minuten*
*Pro Portion ca. 290 kcal/1214 kJ*
*4 g E, 21 g F, 18 g KH*



## Mozzarellasticks mit Kräutern *(oben)*

Für ca. 20 Stück

2 Eier
250 g Paniermehl
je 1 El getrockneter Oregano
und getrocknetes Basilikum
1 El frisch gehackte Petersilie
1/2 Tl Knoblauchsalz
150 g Mehl
30 g Speisestärke
3 Mozzarella (à 150 g)
500 ml Öl zum Frittieren

**1.** Die Eier in einer Tasse verquirlen und mit 50 ml Wasser in einer Schüssel verrühren. In einer zweiten Tasse Paniermehl, Kräuter und Knoblauchsalz, in einer dritten Mehl und Speisestärke miteinander mischen.

**2.** Den Mozzarella gut abtropfen lassen, trocken tupfen und in dicke Stifte schneiden. Das Öl in einem großen Topf oder der Fritteuse auf 170 °C erhitzen.

**3.** Die Käsestifte zuerst in die Eimischung tauchen, dann in das Paniermehl und zuletzt im Mehl wenden.

**4.** Im heißen Öl in etwa 30 Sekunden goldbraun frittieren, auf Küchenpapier abtropfen lassen und servieren. Dazu schmeckt eine rote Tomatensalsa.

*Zubereitungszeit: ca. 20 Minuten*
*Pro Stück ca. 50 kcal/209 kJ*
*1 g E, 2 g F, 4 g KH*

**Tipp:** Ganz nach Geschmack können Sie auch andere Kräuter verwenden, z. B. Kräuter der Provence oder lediglich eine Sorte.

## *Gemüserösti mit Räucherlachs* *(unten)*

Für 4 Portionen

500 g Kartoffeln
400 g junge Möhren
400 g Zucchini
3 Eier
160 g Joghurt
Currypulver
Salz
Pfeffer
Speiseöl zum Braten
1 Limette
200 g geräucherter Lachs
in Scheiben

**1.** Kartoffeln schälen, waschen und reiben. Möhren und Zucchini putzen, waschen und grob raspeln.

**2.** Geriebene Kartoffeln und Gemüseraspel mit Eiern und 100 g Joghurt verrühren und mit Curry, Salz und Pfeffer abschmecken.

**3.** Aus dieser Masse portionsweise in heißem Speiseöl Rösti braten, dabei einmal wenden, damit sie auf beiden Seiten goldbraun werden. Auf Küchenpapier abtropfen lassen.

**4.** Die Limette auspressen, es sollten sich etwa 4 Tl Saft ergeben, und den Saft mit dem restlichen Joghurt verrühren. Die Rösti mit den Lachsscheiben anrichten und mit dem Dip servieren.

*Zubereitungszeit: ca. 20 Minuten*
*Pro Portion ca. 315 kcal/1323 kJ*
*22 g E, 12 g F, 26 g KH*

## Curry-Zwiebelsuppe

*(unten)*

Für 4 Portionen

8 Schalotten
4 El Sesamöl
2 El Mehl
550 ml Gemüsebrühe
75 ml helle Sojasauce
250 ml ungesüßte Kokosmilch
Salz
Pfeffer
2 El grüne Currypaste
1 Stängel Zitronengras

**1.** Die Schalotten schälen und in Ringe schneiden. Das Öl in einem Topf erhitzen und die Zwiebeln darin glasig dünsten.

**2.** Das Mehl einrühren und alles mit der Gemüsebrühe angießen. Die Sojasauce und die Kokosmilch einrühren. Alles mit Salz, Pfeffer und der Currypaste abschmecken.

**3.** Das Zitronengras waschen, trocknen, den weißen Teil fein hacken und unterrühren. Die Suppe bei milder Hitze ca. 8 Minuten köcheln lassen. Anschließend auf Tellern anrichten und mit Reiscrackern servieren.

*Zubereitungszeit: ca. 30 Minuten*
*Pro Portion ca. 382 kcal/1606 kJ*
*9 g E, 27 g F, 8 g KH*

## Tortilla mit Gemüse

*(rechts oben)*

Für 4 Portionen

1 grüne Paprikaschote
1 Gemüsezwiebel
300 g Tomaten
2 kleine Kartoffeln
3 El Olivenöl
1 Bund glatte Petersilie
8 Eier
100 ml Gemüsebrühe
Salz
Pfeffer

**1.** Die Paprikaschote putzen, waschen, entkernen und in Streifen schneiden, die Gemüsezwiebel schälen und in Ringe schneiden. Die Tomaten waschen, von den Stielansätzen befreien und achteln.

**2.** Die Kartoffeln schälen und fein reiben. Das Olivenöl erhitzen, Zwiebel und Paprika darin andünsten. Kartoffeln zugeben und 3 Minuten mitschmoren, die Tomaten unterheben.

**3.** Die Petersilie waschen, trocken schütteln und hacken. Die Eier mit der Petersilie und der Gemüsebrühe verquirlen, mit Salz und Pfeffer abschmecken und über das Gemüse gießen.

**4.** Abgedeckt etwa 8 Minuten stocken lassen. In 4 Teile schneiden und heiß servieren.

*Zubereitungszeit: ca. 15 Minuten*
*(plus Garzeit)*
*Pro Portion ca. 280 kcal/1172 kJ*
*18 g E, 17 g F, 12 g KH*

## *Kressetopf*

*(unten)*

Für 4 Portionen

200 g Schweinefilet
3 El Sojasauce
2 El Fünf-Gewürz-Pulver
2 El Sesamöl
2 El eingelegter Ingwer
je 500 ml Asia- und Gemüsefond
250 ml Reiswein
350 g Brunnenkresse
3 Eier

**1.** Das Schweinefilet waschen, trocknen und in Würfel schneiden. Die Sojasauce mit dem Fünf-Gewürz-Pulver mischen und das Fleisch damit einreiben.

**2.** Das Öl erhitzen und die Fleischwürfel darin ca. 5 Minuten braten. Den Ingwer dazugeben und weitere 4 Minuten braten.

**3.** Anschließend den Fond und den Reiswein angießen. Die Brunnenkresse waschen, trocknen, fein hacken und dazugeben.

**4.** Die Suppe ca. 8 Minuten bei milder Hitze ziehen lassen. Die Eier verquirlen, in die heiße, aber nicht mehr kochende Suppe geben und stocken lassen. Dann vorsichtig umrühren.

**5.** Die Suppe auf Tellern anrichten und servieren.

*Zubereitungszeit: ca. 25 Minuten*
*Pro Portion ca. 271 kcal/1134 kJ*
*40 g E, 5 g F, 16 g KH*

## *Grüne Joghurtsuppe mit Walnüssen*

*(unten)*

Für 4 Portionen

2 Bund Frühlingszwiebeln
5 El Butterschmalz
1 kg Blattspinat
je 1 Bund Petersilie, Minze, Koriandergrün und frischer Bockshornklee
150 g gehackte Walnüsse
1 l Gemüsefond
Salz
Pfeffer
800 g Naturjoghurt
1–2 Tl frisch geriebene Muskatnuss

**1.** Die Frühlingszwiebeln putzen, waschen, trocknen, in Ringe schneiden und im erhitzten Butterschmalz glasig anschwitzen.

**2.** Den Spinat und die Kräuter waschen und grob hacken. Mit den gehackten Nüssen zu den Zwiebeln geben und etwa 4 Minuten schmoren.

**3.** Den Gemüsefond angießen und die Suppe mit Salz und Pfeffer abschmecken. Bei milder Hitze etwa 10 Minuten garen.

**4.** Die Suppe vom Herd nehmen und den Joghurt einrühren, auf Teller verteilen und mit Muskatnuss bestreuen.

*Zubereitungszeit: ca. 15 Minuten (plus Garzeit)*
*Pro Portion ca. 195 kcal/817 kJ*
*12 g E, 2 g F, 32 g KH*

## *Sandwich mit Radicchio und Ei*
*(links oben)*

Für 8 Stück

1 Ei
2 Scheiben gekochter Schinken
1 Kästchen Gartenkresse
1/4 Kopf Radicchio
50 g Mascarpone
100 g Magerquark
Salz, Pfeffer
8 Scheiben Mehrkorntoastbrot

**1.** Das Ei in etwa 10 Minuten hart kochen, abschrecken und pellen. Den Schinken und das hart gekochte Ei fein würfeln.

**2.** Die Gartenkresse mit einer Schere vom Wurzelballen schneiden. Die Radicchioblätter waschen, trocken schleudern und in feine Streifen schneiden. Alles zusammen in eine Schüssel geben, mit Mascarpone und Quark vermengen und mit Salz und Pfeffer abschmecken.

**3.** Die Hälfte der Brotscheiben mit dem Dip bestreichen. Die anderen Brotscheiben darauflegen und leicht andrücken. Die Brote diagonal durchschneiden und je 2 Hälften in Folie einpacken, so lassen sie sich sicher transportieren.

*Zubereitungszeit: ca. 25 Minuten*
*Pro Stück ca. 131 kcal/550 kJ*
*7 g E, 4 g F, 15 g KH*

## *Pellkartoffeln mit Kräuterquark*
*(links)*

Für 4 Portionen

1 kg Quark
250 ml Sahne
Salz, Pfeffer
1 Bund Petersilie
1 Bund Schnittlauch
1/2 Bund Liebstöckel
1/2 Bund Kerbel
1 kg Kartoffeln

**1.** Den Quark mit der Sahne verrühren, bis er schön cremig ist. Quark mit Salz und Pfeffer würzen.

**2.** Die Kräuter waschen, trocken schütteln und fein hacken oder wiegen. Die Kräuter unter den Quark mischen. Den Quark 20 Minuten ziehen lassen, dann nochmals kräftig mit Salz und Pfeffer abschmecken.

**3.** Die Kartoffeln waschen und in der Schale in kochendem Salzwasser etwa 20 Minuten garen. Dann abgießen und mit dem Kräuterquark servieren.

*Zubereitungszeit: ca. 10 Minuten*
*(plus Kochzeit)*
*Pro Portion ca. 375 kcal/1575 kJ*
*36 g E, 19 g F, 13 g KH*

## *Fladenbrot mit buntem Gemüse*

*(oben)*

Für 1 Portion

1 junge Möhre
1/2 Zucchini
25 g Prinzessbohnen
25 g Sellerie
Salz
Pfeffer
2 El Olivenöl
1/2 El Naturjoghurt
1/2 Tl Senf
1 Tl Essig
je 1 Tl frisch gehackter Kerbel und frisch gehackte Petersilie
1/4 Fladenbrot
einige Salatblätter

**1.** Das Gemüse putzen, waschen, Sellerie schälen und alles in feine Streifen schneiden. In kochendem Salzwasser etwa 5 Minuten blanchieren. Abgießen, abtropfen und abkühlen lassen.

**2.** Die restlichen Zutaten zu einem Dressing verrühren und über das abgekühlte Gemüse geben. In das Fladenbrot eine Tasche schneiden und Salatblätter sowie das Gemüse hineinfüllen.

*Zubereitungszeit: ca. 20 Minuten*
*Pro Portion ca. 677 kcal/2843 kJ*
*22 g E, 15 g F, 110 g KH*

## *Avocadosuppe*

*(rechts oben)*

Für 4 Portionen

400 g Hähnchenbrustfilet
125 ml Madeira
1 l Geflügelfond
6 Knoblauchzehen
3 rote Chilischoten
2 Avocados
2 El Zitronensaft
1 Bund Koriandergrün
Salz
Pfeffer
Schmand zum Garnieren nach Belieben

**1.** Die Hähnchenbrustfilets waschen, trocknen und in Streifen schneiden. Mit dem Madeira beträufeln.

**2.** Den Fond kurz aufkochen lassen und das Fleisch darin ca. 5 Minuten bei milder Hitze ziehen lassen. In der Zwischenzeit die Knoblauchzehen schälen und fein hacken.

**3.** Die Chilischoten waschen, längs halbieren, entkernen und in Streifen schneiden. Knoblauch und Chilischoten in die Brühe geben und ca. 5 Minuten ziehen lassen.

**4.** Die Avocados halbieren, entkernen, schälen und in Scheiben schneiden. Mit dem Zitronensaft beträufeln. Koriander waschen, trocknen und die Blättchen abzupfen.

**5.** Die Avocadoscheiben in die Suppe geben und so lange ziehen lassen, bis die Scheiben oben schwimmen.

**6.** Mit Salz und Pfeffer würzen. Alles mit Koriander bestreuen und eventuell mit einem Klecks Schmand garnieren.

*Zubereitungszeit: ca. 25 Minuten*
*Pro Portion ca. 271 kcal/1134 kJ*
*40 g E, 5 g F, 16 g KH*

**3.** Weißkohl und Möhren zu der Speck-Zwiebel-Mischung geben und mit Salz, Pfeffer und Paprikapulver würzen. Die Gemüsebrühe angießen und 12 Minuten garen.

**4.** Das Mett mit dem Ei und dem Paniermehl mischen, zu Bällchen formen und 5 Minuten vor Ende der Garzeit in die Suppe geben. Die Petersilie waschen, trocken schütteln, hacken und über den Eintopf streuen.

*Zubereitungszeit: ca. 15 Minuten*
*(plus Garzeit)*
*Pro Portion ca. 370 kcal/1549 kJ*
*23 g E, 26 g F, 9 g KH*

## *Weißkohleintopf mit Mettbällchen*

*(rechts)*

Für 4 Portionen

150 g durchwachsener Speck
1 Zwiebel
800 g Weißkohl
250 g Möhren
Salz
Pfeffer
Paprikapulver
750 ml Gemüsebrühe
250 g Mett
1 Ei
2 El Paniermehl
1/2 Bund Petersilie

**1.** Den Speck würfeln und in einem Topf auslassen. Die Zwiebel schälen und hacken und im Bratfett andünsten.

**2.** Den Weißkohl putzen, waschen, den Strunk entfernen und die Blätter in Streifen schneiden. Die Möhren schälen und in Scheiben schneiden.

## Nudeltoast mit Salami und Schinken

*(oben)*

Für 2 Portionen

1/2 Zwiebel
50 g feine Salami
50 g gekochter Schinken
100 g gegarte Spaghetti
5 gefüllte grüne Oliven
1 El Butter oder Margarine
1 El Tomatenmark
Salz
1 Prise Knoblauchsalz
Pfeffer
1/2 Tl Oregano
1 El gehackte Petersilie
60 g geriebener Emmentaler
4 Scheiben Toastbrot
Oliven und Tomatenketchup zum Garnieren

**1.** Die Zwiebel schälen und fein würfeln. Die Salami und den Schinken in kleine Würfel schneiden. Die Spaghetti grob hacken. Die Oliven fein hacken.

**2.** Das Fett in einer Pfanne erhitzen. Die Zwiebelwürfel darin andünsten. Salami, Schinken und Spaghetti dazugeben und mitdünsten.

**3.** Die Oliven, das Tomatenmark, etwas Salz und die Gewürze unter die Nudeln mischen. Zuletzt die Petersilie und die Hälfte des Käses unterheben.

**4.** Die Toastbrotscheiben toasten, auf ein Backblech legen und die Nudelmasse darauf verteilen. Mit dem restlichen Käse bestreuen.

**5.** Die Toastscheiben unter dem vorgeheizten Grill 4–5 Minuten überbacken. Den Nudeltoast vor dem Servieren mit halbierten Oliven und Tomatenketchup verzieren.

*Zubereitungszeit: ca. 15 Minuten (plus Backzeit)*
*Pro Portion ca. 590 kcal/2480 kJ*
*30 g E, 27 g F, 62 g KH*

## Gemüse-Curry
*(links)*

Für 4 Portionen

2 rote Paprikaschoten
1 Bund Frühlingszwiebeln
280 g Bambussprossen
aus der Dose
200 g Wasserkastanien
5–6 El Sesamöl
600 g Chinesisches
Pfannengemüse (FP)
250 ml Gemüsebrühe
3–4 El Currypulver
1/2 Bund Koriandergrün
zum Garnieren

**1.** Die Paprikaschoten putzen, waschen, entkernen und in Streifen schneiden.

**2.** Die Frühlingszwiebeln putzen, waschen und in Ringe schneiden. Die Bambussprossen und die Kastanien auf ein Sieb geben und gut abtropfen lassen.

**3.** Das Öl im Wok erhitzen und das geputzte Gemüse zusammen mit dem Pfannengemüse unter Rühren ca. 4–5 Minuten anbraten.

**4.** Die Brühe dazugießen und alles ca. 8–10 Minuten schmoren lassen. Das Currypulver einrühren und das Gemüse-Curry mit Koriandergrün garniert servieren.

*Zubereitungszeit: ca. 20 Minuten*
*Pro Portion ca. 193 kcal/810 kJ*
*4 g E, 7 g F, 28 g KH*

## Türkische Almsuppe
*(links unten)*

Für 4 Portionen

250 g Reis
Salz
60 g Mehl
350 g Naturjoghurt
2 Eier
1,5 l Fleischbrühe
2 El frische Minze
10 g Butter
1 Tl Paprikapulver
4 El Olivenöl

**1.** Den Reis waschen, in 2 l Salzwasser zum Kochen bringen und ca. 10–15 Minuten köcheln lassen.

**2.** Das Mehl mit dem Joghurt und den Eiern in eine Schüssel geben und glatt rühren. Die Fleischbrühe erwärmen und mit der Joghurtmischung verrühren.

**3.** Den Reis vom Herd nehmen, überschüssiges Wasser abgießen und den Reis kurz abkühlen lassen. Reis mit der Joghurt-Ei-Brühe vermischen und alles noch einmal kurz aufkochen lassen. Mit Salz abschmecken.

**4.** Die Minze waschen und trocken schütteln. Anschließend in Streifen schneiden. Die Butter in einer Pfanne erhitzen und die Minzestreifen darin kurz schwenken.

**5.** Das Paprikapulver mit dem Olivenöl verrühren. Die Suppe mit Paprikaöl beträufeln, mit Minze bestreuen und servieren.

*Zubereitungszeit: ca. 25 Minuten*
*Pro Portion ca. 623 kcal/2615 kJ*
*33 g E, 25 g F, 66 g KH*

## Tomaten-Canapés
*(rechts unten)*

Für 4 Portionen

12 Scheiben Vollkornbrot
80 g Röstzwiebelbutter
300 g Pizzatomaten (aus der Dose)
200 g Frischkäse
4 El saure Sahne
1/2 Bund Frühlingszwiebeln
1/2 Bund Petersilie
1/2 Bund Basilikum
Salz
Pfeffer
5 El geriebener Pecorino
Kresse zum Garnieren
Butter für die Förmchen

**1.** Aus dem Brot 12 Kreise von ca. 10 cm Durchmesser ausstechen. Tarteletteförmchen mit etwas Butter ausstreichen. Den Backofen auf 170 °C (Umluft 150 °C) vorheizen.

**2.** Die Brotkreise von beiden Seiten mit etwas zerlassener Röstzwiebelbutter bestreichen und in die Förmchen drücken. Portionsweise ca. 15 Minuten braun backen. Anschließend abkühlen lassen und das Brot vorsichtig aus den Förmchen nehmen. Pizzatomaten, Frischkäse und saure Sahne verrühren. Die Frühlingszwiebeln putzen, waschen und in feine Ringe schneiden. Die Kräuter waschen, trocknen und fein hacken. Frühlingszwiebeln und Kräuter unter den Käse rühren und alles mit Salz und Pfeffer abschmecken.

**3.** Die Masse auf die Brote streichen. Die Brote in eine flache, feuerfeste Form setzen und mit dem Käse bestreuen. Alles im Backofen auf der mittleren Einschubleiste ca. 6 Minuten goldbraun backen. Mit Kresse garniert servieren.

*Zubereitungszeit: ca. 30 Minuten*
*Pro Portion ca. 366 kcal/1538 kJ*
*13 g E, 18 g F, 34 g KH*



## Dicke Tomatensuppe
*(oben)*

Für 4 Portionen

2 Zwiebeln
1 kg frische Tomaten
3 El Öl
500 ml Kalbsfond
abgeriebene Schale von
1/2 unbehandelten Zitrone
Salz
Pfeffer aus der Mühle
2 El Speisestärke
2 cl Gin
1/4 Bund Thymian
150 g saure Sahne

**1.** Die Zwiebeln schälen und in Würfel schneiden. Die Tomaten waschen, halbieren, den Stielansatz entfernen, in Spalten und anschließend in Würfel schneiden.

**2.** Das Öl in einem Topf erhitzen und die Zwiebeln darin andünsten. Die Tomaten dazugeben und alles ca. 3 Minuten ziehen lassen.

**3.** Das Ganze mit dem Kalbsfond angießen. Die Zitronenschale dazugeben. Mit Salz und Pfeffer würzen. Ca. 5 Minuten bei milder Hitze garen lassen.

**4.** Die Speisestärke mit etwas Wasser anrühren und unter die Suppe rühren. Kurz aufkochen lassen und dann bei milder Hitze cremig rühren. Mit Salz, Pfeffer und Gin abschmecken.

**5.** Den Thymian waschen, trocknen und die einzelnen Blättchen abzupfen. Die Suppe auf Tellern anrichten und mit je einem Klecks saurer Sahne und Thymian garniert servieren.

*Zubereitungszeit: ca. 20 Minuten*
*Pro Portion ca. 254 kcal/1065 kJ*
*7 g E, 15 g F, 16 g KH*

## *Wirsingsuppe mit Kochwürstchen*

*(rechts)*

Für 4 Portionen

1 Zwiebel
1 El Butterschmalz
500 g Wirsing
1,25 l Gemüsebrühe
4 Kochwürste
Salz
Pfeffer
150 g Frischkäse
4 El Senf

**1.** Die Zwiebel schälen und hacken. Das Butterschmalz erhitzen und die Zwiebel darin glasig schmoren.

**2.** Den Wirsing putzen, waschen und in Streifen schneiden. Zu der Zwiebel geben und mitschmoren.

**3.** Die Gemüsebrühe und die in Stücke geschnittenen Kochwürste hinzufügen und alles etwa 10 Minuten köcheln. Mit Salz und Pfeffer abschmecken.

**4.** Die Suppe auf Teller verteilen. Den Frischkäse und den Senf verrühren und jeweils einen Klecks auf die Suppe geben.

*Zubereitungszeit: ca. 15 Minuten (plus Garzeit)*
*Pro Portion ca. 340 kcal/1424 kJ*
*13 g E, 28 g F, 7 g KH*

## *Bier-Wurstsuppe*
*(unten)*

Für 4 Portionen

4 Laugenstangen
8 Scheiben Bauernbrot
500 ml Bockbier
400 g Zungenwurst
2 Zwiebeln
2 Knoblauchzehen
2 El Butterschmalz
1 El geriebener Majoran
1 l Rinderfond
500 ml Gemüsebrühe
1 Tl Kümmelkörnchen
150 g Sauerkraut
Salz
Pfeffer
200 g Schmand
Kräuter zum Garnieren

**1.** Die Laugenstangen und das Brot in kleine Würfel schneiden. In eine Schüssel geben und mit dem Bier begießen. Ca. 10 Minuten ziehen lassen.

**2.** Inzwischen die Zungenwurst in Würfel schneiden. Die Zwiebeln schälen und ebenfalls würfeln. Die Knoblauchzehen schälen und fein hacken.

**3.** Butterschmalz erhitzen und die Wurst mit den Zwiebeln und dem Knoblauch darin andünsten. Majoran unterrühren und ca. 3 Minuten braten.

**4.** Das Brot mit einer Gabel zerdrücken. Den Fond erhitzen und das Brot dazugeben. Die Kümmelkörnchen, das ausgedrückte Sauerkraut und die Wurstpfanne unterrühren. Mit Salz und Pfeffer würzen und alles ca. 8 Minuten bei milder Hitze ziehen lassen.

**5.** Alles in Suppentassen füllen und mit einem Klecks Schmand und einigen Kräutern garniert servieren.

*Zubereitungszeit: ca. 20 Minuten*
*Pro Portion ca. 473 kcal/1985 kJ*
*15 g E, 31 g F, 25 g KH*

## *Kreolischer Kürbistopf* *(oben)*

Für 4 Portionen

500 g eingelegter Kürbis aus dem Glas
2 Zwiebeln
1 Möhre
2 grüne Peperoni
1 Knoblauchzehe
2 El Öl
1 l Rinderfond
1 Msp. Kreuzkümmelpulver
1 Msp. Korianderpulver
1 Msp. Ingwerpulver
3 El Hot Salsa (FP)
2 Thymianzweige
1/4 Bund Petersilie
100 ml Sahne
2 El Crème fraîche

**1.** Den Kürbis in einem Sieb abtropfen lassen. Die Zwiebeln schälen und in Würfel schneiden. Die Möhre schälen und in Scheiben schneiden.

**2.** Die Peperoni waschen, halbieren, die Kerne entfernen und in Streifen schneiden. Die Knoblauchzehe schälen und fein hacken.

**3.** Das Öl in einem Topf erhitzen und den Kürbis mit dem restlichen Gemüse und dem Knoblauch darin andünsten.

**4.** Alles mit dem Rinderfond angießen und mit den Gewürzen und der Hot Salsa kräftig abschmecken. Ca. 8 Minuten köcheln lassen.

**5.** Inzwischen den Thymian und die Petersilie waschen und trocknen. Vom Thymian die einzelnen Blättchen abzupfen. Die Petersilie fein hacken.

**6.** Die Suppe pürieren. Die Sahne, die Crème fraîche und die Kräuter unterrühren und alles nochmals mit den Gewürzen abschmecken.

*Zubereitungszeit: ca. 25 Minuten*
*Pro Portion ca. 288 kcal/1208 kJ*
*10 g E, 20 g F, 14 g KH*

## Rohkost mit Dip
*(oben)*

Für 1–2 Portionen

1 Stange Staudensellerie
1 Zucchini
1/2 rote Paprikaschote
1/4 Salatgurke
2 Möhren
1 Chicoréestaude

***Dip***
50 g Crème fraîche
1 El Zitronensaft
1 El frisch geriebener Meerrettich
1/2 Tl Honig
Salz
Pfeffer
1 El frisch gehackte gemischte Kräuter

**1.** Das Gemüse putzen, Möhren und Gurke schälen, das übrige Gemüse waschen, Paprika entkernen, Gemüse in schmale Streifen schneiden. Chicorée halbieren und vom bitteren Kern befreien. In einzelne Blätter teilen.

**2.** Für den Dip Crème fraîche und Zitronensaft glatt rühren, Meerrettich und Honig unterrühren. Mit Salz und Pfeffer abschmecken und mit Kräutern bestreuen.

*Zubereitungszeit: ca. 20 Minuten*
*Pro Portion ca. 172 kcal/722 kJ*
*5 g E, 8 g F, 16 g KH*

## Bohnensuppe
*(ohne Abb.)*

Für 4 Portionen

600 g grüne Bohnen
1 Bund Basilikum
2 El Erdnussöl
100 g Bacon bits
150 g Tomatenstücke (FP)
3 El Sojasauce
2 El Hoisin-Sauce
750 ml Gemüsebrühe
2 Knoblauchzehen
Salz, Pfeffer
Kreuzkümmelpulver

**1.** Die Bohnen unter fließendem kalten Wasser waschen, von den Stielen befreien und halbieren.

**2.** Das Basilikum waschen, trocknen und in Streifen schneiden. Das Öl im Wok erhitzen und den Bacon darin auslassen. Die Bohnen, das Basilikum und die Tomatenstücke dazugeben.

**3.** Alles mit Sojasauce und Hoisin-Sauce abschmecken. Nach ca. 4 Minuten alles mit der Gemüsebrühe angießen. Die Knoblauchzehen schälen und dazupressen. Das Ganze bei milder Hitze ca. 5 Minuten ziehen lassen.

**4.** Vor dem Servieren alles mit Salz, Pfeffer und Kreuzkümmelpulver abschmecken.

*Zubereitungszeit: ca. 20 Minuten*
*Pro Portion ca. 244 kcal/1023 kJ*
*3 g E, 14 g F, 13 g KH*

## Gefüllter Lachs mit Krebsfleisch *(unten)*

Für 4 Portionen

12 Salatblätter, z. B. grüner Salat, Radicchio oder Lollo rosso
150 ml Sahne
1 El Zitronensaft
4 Tl Meerrettich (aus dem Glas)
350 g Krebsfleisch
Salz
Pfeffer
8 Scheiben Räucherlachs
einige Dillzweige

**1.** Die Salatblätter waschen, gut trocken tupfen und auf 4 Teller verteilen.

**2.** Die Sahne steif schlagen, mit Zitronensaft abschmecken und mit dem Meerrettich mischen.

**3.** Das Krebsfleisch unter die Meerrettichsahne heben und mit Salz und Pfeffer abschmecken.

**4.** Die Krebsfleischmischung auf den Lachsscheiben verteilen, diese zusammenrollen und mit Zahnstochern feststecken. Auf Teller verteilen und mit Dill garnieren.

*Zubereitungszeit: ca. 20 Minuten*
*Pro Portion ca. 240 kcal/1009 kJ*
*25 g E, 15 g F, 3 g KH*

## Mozzarella in Kartoffelkruste
*(rechts oben)*

Für 4 Portionen

200 g Mozzarella
2 Äpfel
300 g Kartoffeln
je 1 El Majoran- und Thymianblättchen
2 Tl Zitronensaft
2 Eigelb
1 El Kartoffelstärke
Salz
Pfeffer
2 Eier
5 El Mehl
2 El Speiseöl

**1.** Den Mozzarella abtropfen lassen und in Scheiben schneiden. Äpfel und Kartoffeln schälen, die Kartoffeln waschen und beides fein raspeln.

**2.** Die Majoran- und Thymianblättchen waschen, trocken tupfen, fein hacken und mit Zitronensaft, Eigelb und Kartoffelstärke unter die Apfel-

Kartoffel-Masse rühren. Alles mit Salz und Pfeffer abschmecken.

**3.** Die Eier verquirlen. Die Mozzarellascheiben zuerst in Mehl, anschließend in Ei wenden und mit der Kartoffelmasse belegen.

**4.** Die panierten Mozzarellascheiben im erhitzten Öl ca. 10 Minuten goldbraun braten. Am besten mit einem knackigen Blattsalat servieren.

*Zubereitungszeit: ca. 30 Minuten*
*Pro Portion ca. 419 kcal/1755 kJ*
*19 g E, 24 g F, 30 g KH*

## *Kalte Gemüsesuppe mit Gurke, Paprika und Möhre* *(unten)*

Für 4 Portionen

2 Salatgurken
2 grüne Paprikaschoten
2 Möhren
3 Stangen Staudensellerie
4 Frühlingszwiebeln
300 ml Tomatensaft
50 ml Olivenöl
Salz, Pfeffer
Tabasco

**1.** Die Salatgurken schälen, halbieren, Kerne entfernen. Die Paprikaschoten waschen, trocknen und entkernen, die Möhren schälen. Das Gemüse würfeln. Den Staudensellerie putzen, waschen, trocknen und klein schneiden. Die Frühlingszwiebeln putzen, waschen und zerkleinern.

**2.** Alle Zutaten im Mixer pürieren, dann mit dem Tomatensaft und Olivenöl verrühren. Mit Salz, Pfeffer und Tabasco abschmecken.

**3.** Die Suppe nach Wunsch mit gerösteten Brotwürfeln servieren.

*Zubereitungszeit: ca. 20 Minuten*
*Pro Portion ca. 208 kcal/871 kJ*
*5 g E, 13 g F, 14 g KH*

3. Die Eier mit dem Käse gut verrühren. Das Gemüse dazugeben, alles vermischen und die Masse mit Salz und Pfeffer würzen.

4. Die Margarine in einer großen Pfanne erhitzen. Die Gemüse-Eier-Masse hineingeben und bei schwacher Hitze stocken lassen. Dabei immer wieder zusammenschieben, damit sie flockig wird.

5. Das fertige Rührei auf den Brotscheiben anrichten, mit Schnittlauch bestreuen und sofort servieren.

*Zubereitungszeit: ca. 20 Minuten*
*Pro Portion ca. 223 kcal/936 kJ*
*16 g E, 13 g F, 22 g KH*



## Rührei mit Zucchini und Paprika *(oben)*

Für 2 Portionen

1 Zucchini
250 g rote Paprikaschoten
1 El Öl
3 Eier
1 El geriebener Käse
Salz
Pfeffer
1 El Margarine
2 Scheiben Vollkornbrot
1 El Schnittlauchröllchen

1. Die Zucchini putzen, waschen und in kleine Würfel schneiden. Die Paprikaschoten halbieren, entkernen, waschen und ebenfalls würfeln.

2. Das Öl erhitzen und das Gemüse 5–6 Minuten darin dünsten, auf einem Sieb abtropfen und abkühlen lassen.

## Hühnersuppe

*(links unten)*

Für 4 Portionen

2 große marinierte Hühnerkeulen mit Haut
3 El Öl
1 Bund Frühlingszwiebeln
1 Zimtstange (2 cm)
3 Sternanis
4 Kardamomkapseln
3 Nelken
1 l Asiafond
200 ml Kokosmilch
2 Stängel Zitronengras
50 g Mie-Nudeln
Salz
1 Bund Koriander

**1.** Die Hühnerkeulen mit der Marinade im heißen Öl anbraten. Die Frühlingszwiebeln putzen, waschen, in Stücke schneiden und mit Zimt, Sternanis, Kardamomkapseln und Nelken zum Fleisch geben.

**2.** Das Ganze mit dem Asiafond und der Kokosmilch angießen. Das Zitronengras putzen, waschen, knoten und dazugeben. Alles bei milder Hitze ca. 15 Minuten ziehen lassen.

**3.** Inzwischen die Mie-Nudeln in etwas heißem Salzwasser ca. 3 Minuten einweichen. Den Koriander waschen, trocknen und die Blättchen abzupfen.

**4.** Die Keulen aus der Suppe nehmen, kurz abkühlen lassen und das Fleisch von den Knochen schneiden. Das Fleisch und die abgegossenen Nudeln in die Suppe geben und alles mit Korianderblättchen garniert servieren.

*Zubereitungszeit: ca. 30 Minuten*
*Pro Portion ca. 391 kcal/1638 kJ*
*40 g E, 22 g F, 10 g KH*

## Muschelsuppe

*(links)*

Für 4 Portionen

600 ml Fischfond
600 g marinierte Herz- oder Venusmuscheln aus dem Glas
Salz
Pfeffer
2 Eigelb
1 Chilischote
1/4 Bund Petersilie
1 El Krebsbutter

**1.** Den Fischfond in einem Topf erhitzen. Die Muscheln mit der Marinade in den Fond geben. Alles bei geringer Hitze 6 Minuten ziehen lassen.

**2.** Die Suppe dann mit Salz und Pfeffer abschmecken. Das Eigelb in einer Schüssel verrühren und in die Suppe gleiten lassen. Die Chilischote waschen, trocknen, fein hacken und unter die Suppe rühren.

**3.** Die Petersilie waschen, trocknen und fein hacken. Die Suppe mit der Krebsbutter verfeinern. Dann in Teller füllen und mit der Petersilie garniert servieren.

*Zubereitungszeit: ca. 20 Minuten*
*Pro Portion ca. 190 kcal/795 kJ*
*28 g E, 7 g F, 5 g KH*

## Aufstrich mit Quark Liptauer Art *(unten)*

Für 4 Portionen

250 g Butter
250 g Quark
1 Zwiebel
8 Kapern aus dem Glas
1/2 Tl Sardellenpaste
1 Tl Senf
Salz
1/2 Tl edelsüßes Paprikapulver
2 El saure Sahne
1 El Bier
2 El frisch gehackte gemischte Kräuter

**1.** Die Butter mit dem Quark in einer Schüssel schaumig schlagen. Die Zwiebel schälen und fein hacken. Die Kapern ebenfalls hacken.

**2.** Zwiebel, Kapern, Sardellenpaste und Senf mit der Butter-Quark-Mischung verrühren und mit Salz und Paprikapulver würzen.

**3.** Sahne und Bier zu der Mischung geben und glatt rühren. Die Kräuter untermischen. Mit frischem Baguette servieren.

*Zubereitungszeit: ca. 15 Minuten*
*Pro Portion ca. 537 kcal/2255 kJ*
*10 g E, 53 g F, 5 g KH*



## Erbsensuppe mit Petersilie *(oben)*

Für 4 Portionen

125 ml Gemüsebrühe
20 g Butter
300 g TK-Erbsen oder 400 g frische Erbsen
125 ml Milch
Salz, Pfeffer
geriebene Muskatnuss
1/2 Bund Petersilie
4 El Crème fraîche

**1.** Die Gemüsebrühe mit der Butter aufkochen und die Erbsen darin etwa 5 Minuten garen. 3 El Erbsen beiseitestellen, die übrigen pürieren.

**2.** 750 ml Wasser mit der Milch mischen und das Erbsenpüree hineingeben. 5 Minuten köcheln lassen, mit Salz, Pfeffer und Muskat abschmecken. Die beiseitegestellten Erbsen in die Suppe geben und erneut aufkochen.

**3.** Die Petersilie waschen, trocken schütteln, hacken und unter die Suppe rühren. Die Suppe auf Teller verteilen und mit je einem Klecks Crème fraîche servieren.

*Zubereitungszeit: ca. 15 Minuten*
*(plus Kochzeit)*
*Pro Portion ca. 128 kcal/536 kJ*
*6 g E, 6 g F, 11 g KH*

# Salate

**1.** Den Salat waschen, putzen, trocken schleudern und die Blätter in kleine Stücke zupfen. Die Möhren putzen, schälen und in Stifte, die geputzte Paprikaschote entkernen, waschen, trocknen und in Würfel schneiden. Die Kirschtomaten waschen, trocknen, putzen und halbieren. Das Gemüse auf Teller verteilen.

**2.** Das Fleisch waschen, trocknen und in Streifen schneiden. Im heißen Öl von allen Seiten etwa 3 Minuten braten, sodass es noch rosa ist. Die Pfanne vom Herd nehmen, das Fleisch salzen und pfeffern, das Basilikum einrühren. Auf das Gemüse legen.

**3.** Aus den restlichen Zutaten ein Dressing bereiten und über den Salat geben. Noch warm servieren.

*Zubereitungszeit: ca. 30 Minuten*
*Pro Portion ca. 194 kcal/815 kJ*
*16 g E, 9 g F, 11 g KH*



## Rindfleischsalat mit feinem Dressing

*(oben)*

Für 4 Portionen

1 großer Kopfsalat
2 Möhren
1 gelbe Paprikaschote
150 g Kirschtomaten
200 g Steakfleisch
1 El Öl
Salz
Pfeffer
2 El frisch gehacktes Basilikum
75 g Naturjoghurt
50 ml Buttermilch
3 El frisch geriebener Parmesan
3 El fein gehackte Zwiebel
3 El Mayonnaise
2 El frisch gehackte Petersilie
1 El Weißweinessig
1 zerdrückte Knoblauchzehe

## Salat mit Seezunge, Lachs und Seeteufel

*(links)*

Für 8 Portionen

8 Seezungenfilets
500 g Lachsfilet
500 g Seeteufelfilet
Salz
4 1/2 El Zitronensaft
4 El Butter
Pfeffer
einige Salatblätter (z.B. Frisée)
4 El Rapsöl
2 El Sherry-Essig
1 rote Chilischote
8 Champignons

**1.** Fisch salzen und mit der Hälfte vom Zitronensaft beträufeln. Butter in einer Pfanne erhitzen und die Fischfilets darin etwa 3 Minuten braten. Würzen und beiseitestellen.

**2.** Salatblätter in mundgerechte Stücke zupfen und auf einer Platte anrichten. Rapsöl mit Sherry-Essig und restlichem Zitronensaft mischen. Chilischote putzen und klein hacken. Unter das Dressing rühren.

**3.** Champignons feucht abreiben und in dünne Scheiben schneiden. Mit dem Dressing mischen und mit Salz und Pfeffer abschmecken. Fisch auf den Salatblättern anrichten, anschließend Pilze mit Dressing darübergeben.

*Zubereitungszeit: ca. 25 Minuten (plus Bratzeit)*
*Pro Portion ca. 222 kcal/935 kJ*
*34 g E, 9 g F, 1 g KH*

## Tortellini-Thunfisch-Salat *(links unten)*

Für 4 Portionen

500 g Tortellini
1 kleine Zwiebel
4 El Oliven ohne Stein
4 Fleischtomaten
2 gelbe Paprikaschoten
150 g Thunfisch naturell
4 El Rotweinessig
4 El Olivenöl
Salz
Pfeffer

**1.** Die Tortellini bissfest garen. Abgießen, abschrecken, abkühlen und abtropfen lassen. In eine Schüssel geben.

**2.** Die Zwiebel schälen und hacken, die Oliven in Scheiben schneiden. Die Tomaten waschen, trocknen, die Stielansätze entfernen und jede Tomate einritzen. Mit kochendem Wasser überbrühen, häuten und das Fruchtfleisch würfeln. Paprikaschoten waschen, putzen, entkernen und würfeln. Den Thunfisch abtropfen lassen und dann mit einer Gabel zerpflücken. Alles zu den Tortellini geben.

**3.** Aus Rotweinessig, Olivenöl, Salz und Pfeffer ein Dressing bereiten und über die Salatzutaten gießen. Vor dem Servieren erneut abschmecken.

*Zubereitungszeit: ca. 20 Minuten (plus Zeit zum Kochen)*
*Pro Portion ca. 564 kcal/2360 kJ*
*17 g E, 44 g F, 23 g KH*

## Scharfer Gurkensalat

*(links)*

Für 4 Portionen

1 Salatgurke
etwas Salz
1 Knoblauchzehe
2 getrocknete Chilischoten
1 El dunkler Essig
1 El Sojasauce
1 Tl Sesamöl

**1.** Die Gurke waschen, längs halbieren und die Kerne entfernen. In Streifen schneiden. Salzen und in einer Schüssel 10 Minuten ziehen lassen, dann in einem Sieb gut abtropfen lassen.

**2.** Knoblauch und Chilischoten fein hacken, mit dem Essig und der Sojasauce vermischen und über die Gurkenstreifen geben. Mit etwas Sesamöl besprenkeln und alles gut vermischen.

*Zubereitungszeit: ca. 10 Minuten*
*(plus Zeit zum Ziehen)*
*Pro Portion ca. 24 kcal/101 kJ*
*1 g F, 2 g KH, 1 g E*

## Reissalat mit grünen Bohnen *(unten)*



Für 4 Portionen

500 g grüne Bohnen
2 Zwiebeln
200 g Reis
50 ml Olivenöl
Salz
20 g Butter
Paprikapulver

**1.** Die Bohnen putzen, waschen und klein schneiden. Die Zwiebeln schälen und fein würfeln. Den Reis waschen und abtropfen lassen.

**2.** Das Öl in einem Topf erhitzen und die Zwiebeln darin andünsten. Den Reis zugeben und unter Rühren kurz mitschmoren. 400 ml Wasser angießen, die Bohnen zugeben und alles bei geringer Temperatur garen. Nach 5 Minuten Kochzeit 1/2 Tl Salz zufügen.

**3.** Die Butter in einem Topf schmelzen, das Paprikapulver einrühren. Die abgetropften Bohnen und den Reis in eine Schüssel füllen und mit der Paprikabutter beträufeln. Warm oder kalt servieren.

*Zubereitungszeit: ca. 20 Minuten*
*(plus Kochzeit)*
*Pro Portion ca. 363 kcal/1525 kJ*
*7 g E, 17 g F, 45 g KH*

## *Knödelsalat mit Parmesan* *(oben)*

Für 4 Portionen

5 Semmelknödel vom Vortag
2 El Butter
1 Radicchio
100 g Rucola
100 g Eichblattsalat
4 El Weißweinessig
4 El Olivenöl
2 El Kresseblättchen
Salz
Pfeffer
Parmesan zum Garnieren

**1.** Die Semmelknödel in gleichmäßige Scheiben von 1 cm Dicke schneiden. Die Butter in einer Pfanne erhitzen und die Knödelscheiben darin von beiden Seiten goldbraun braten.

**2.** Die Blätter vom Radicchio zupfen, alle Salatblätter waschen und trocken schütteln. Auf Tellern anrichten. Aus Essig, Öl, Kresse, Salz und Pfeffer eine Vinaigrette bereiten und über den Salat geben.

**3.** Die Knödelscheiben auf den Salat legen und Parmesan darüberhobeln.

*Zubereitungszeit: ca. 20 Minuten (plus Bratzeit)*
*Pro Portion ca. 522 kcal/2192 kJ*
*17 g E, 26 g F, 53 g KH*

## *Hummercocktail mit Spargel auf Salat*

*(unten)*

Für 8 Portionen

500 g grüner Spargel
Salz
500 g Kirschtomaten
150 g Mayonnaise
3 El Ketchup
3 cl Cognac
3 El Tomatensaft
1 Tl Tabasco
Pfeffer, Zucker
75 ml Sahne
1/2 Bund frisch gehackter Kerbel
ca. 1,2 kg gekochtes Hummerfleisch in Scheiben
6 bis 8 Salatblätter
1 Hand voll Petersilienblätter

**1.** Spargel putzen und das untere Drittel schälen. In 4 cm große Stücke schneiden und in Salzwasser bissfest garen. Kirschtomaten waschen und vierteln.

**2.** Mayonnaise mit Ketchup, Cognac und Tomatensaft verrühren und mit Tabasco, Pfeffer, Zucker und Salz abschmecken. Sahne steif schlagen und mit dem Kerbel unter die Mayonnaise heben. Hummerfleisch mit Spargel, Tomaten und Dressing mischen.

**3.** Salatblätter waschen und trocknen. Portionsschälchen damit auslegen und den Cocktail hineingeben. Mit Petersilie dekorieren.

*Zubereitungszeit: ca. 25 Minuten*
*Pro Portion ca. 214 kcal/898 kJ*
*17 g E, 14 g F, 5 g KH*

## *Sellerie-Trauben-Salat* *(unten)*

Für 4 Portionen

300 g Staudensellerie
150 g blaue Weintrauben
30 g Kürbiskerne
1 Bund Dill
100 g Joghurt
2 El Zitronensaft
Kräutersalz
Pfeffer
1/2 Tl edelsüßes Paprikapulver
1 Prise Zucker
2 El Kresse

**1.** Staudensellerie waschen, trocknen, putzen, entfädeln und in dünne Streifen schneiden. Die Weintrauben waschen, trocknen, halbieren und entkernen. Die Kürbiskerne in einer Pfanne ohne Öl anrösten. Alles miteinander vermischen.

**2.** Den Dill waschen, trocken schütteln und hacken. Mit Joghurt, Zitronensaft, Kräutersalz, Pfeffer, Paprikapulver und Zucker mischen und ein Dressing bereiten. Dressing mit den Salatzutaten vermengen. Die Kresse waschen, trocken tupfen und den Salat mit Kresse bestreut servieren.

*Zubereitungszeit: ca. 20 Minuten*
*Pro Portion ca. 109 kcal/458 kJ*
*4 g E, 5 g F, 11 g KH*

## *Bandnudelsalat mit gemischten Kräutern*

*(rechts oben)*

Für 4 Portionen

200 g dünne Bandnudeln
Salz
1 Bund gemischte Kräuter
100 g Crème fraîche
50 ml Sahne
2 El Öl
Pfeffer
4 Salatherzen

**1.** Die Bandnudeln nach Packungsanweisung in ausreichend Salzwasser bissfest garen. Die Kräuter waschen, trocken schütteln, die Blättchen hacken und 2/3 davon mit der Crème fraîche, der Sahne und der Hälfte des Öls verrühren. Mit Salz und Pfeffer abschmecken.

**2.** Nudeln abgießen, abtropfen lassen, mit 1 El Öl, den restlichen Kräutern, Salz und Pfeffer verrühren. Die Salatherzen waschen, trocknen, putzen und klein schneiden. Nudelsalat auf Tellern anrichten, die Salatherzen darauf verteilen und mit dem Kräuterdressing beträufeln.

*Zubereitungszeit: ca. 30 Minuten*
*Pro Portion ca. 318 kcal/1336 kJ*
*8 g E, 15 g F, 37 g KH*

## Frischer Nudelsalat

*(unten)*

Für 4 Portionen

250 g Spaghetti
Salz
100 g Kirschtomaten
1 gelbe Paprikaschote
150 g Emmentaler
4 Stangen Staudensellerie
100 g italienische Kräuter (TK)
125 ml Olivenöl
4 El Apfelessig
Pfeffer
Paprikapulver

**1.** Die Nudeln nach Packungsanweisung in leicht gesalzenem Wasser bissfest garen. Die Tomaten waschen, halbieren und in schmale Spalten schneiden. Die Paprika waschen, längs halbieren, entkernen und in Streifen schneiden. Den Käse ebenfalls in Streifen schneiden.

**2.** Nach Ende der Kochzeit die Nudeln in einem Sieb abgießen und abschrecken. Anschließend gut abtropfen und abkühlen lassen. Die Selleriestangen putzen, waschen und in Stücke schneiden.

**3.** Die Nudeln mit dem Gemüse in eine Schüssel geben und vermengen. Die aufgetauten Kräuter mit dem Öl und dem Obstessig verrühren. Mit Salz, Pfeffer und Paprika kräftig abschmecken.

**4.** Die Sauce über die Salatzutaten geben, vermengen und ca. 10 Minuten durchziehen lassen. Den Salat auf Tellern anrichten und servieren.

*Zubereitungszeit: ca. 30 Minuten*
*Pro Portion ca. 631 kcal/2651 kJ*
*8 g E, 6 g F, 14 g KH*

## *Grüner Pastasalat*

*(rechts)*

Für 4 Portionen

250 g Gabelspaghetti
Salz
100 g Zuckerschoten
1 rote Paprika
1 Bund Frühlingszwiebeln
1/2 Bund Dill
1/2 Bund Basilikum
1 Bund glatte Petersilie
4 El Joghurt
4 El Sahne
1 El Meerrettich
Pfeffer

**1.** Die Nudeln nach Packungsanweisung in reichlich Salzwasser bissfest garen.Die Zuckerschoten waschen, die Enden abschneiden und die Schoten im kochenden Wasser kurz blanchieren. In ein Sieb gießen, unter kaltem Wasser abschrecken und abtropfen lassen.

**2.** Die Paprika putzen, waschen, halbieren, entkernen und klein schneiden. Die Frühlingszwiebeln putzen, waschen und in feine Ringe schneiden. Die Kräuter waschen, trocknen und fein hacken.

**3.** Die Nudeln abgießen und abtropfen lassen. Den Joghurt mit Sahne und Meerrettich verrühren. Mit Salz und Pfeffer abschmecken.

**4.** Das Dressing mit dem Gemüse vermischen. Die Nudeln unterheben und den Salat lauwarm servieren.

*Zubereitungszeit: ca. 30 Minuten*
*Pro Portion ca. 255 kcal/1071 kJ*
*10 g E, 2 g F, 48 g KH*

## *Sojasprossensalat*

*(links unten)*

Für 4 Portionen

500 g Sojasprossen
Salz
2 El helle Sojasauce
1 El Reisweinessig
2 El Sesamöl
2 Frühlingszwiebeln

**1.** Die Sojasprossen gründlich waschen und abtropfen lassen. In 1l kochendem Salzwasser 1 Minute blanchieren, abgießen, kalt abschrecken und abtropfen lassen.

**2.** Aus der Sojasauce, dem Reisweinessig, Sesamöl und etwas Salz ein Dressing bereiten und in einer Schüssel mit den Sprossen vermengen. Die Frühlingszwiebeln putzen, waschen, trocknen und in Ringe schneiden. Unterheben und servieren.

*Zubereitungszeit: ca. 15 Minuten*
*Pro Portion ca. 101 kcal/424 kJ*
*8 g E, 5 g F, 7 g KH*

## *Basilikumsalat mit Zuckerschoten*

*(oben)*

Für 4 Portionen

300 g Zuckerschoten
Salz
300 g Möhren
25 g Pinienkerne
2 große Bund Basilikum
2 Knoblauchzehen
2 El Aceto balsamico
Zucker
6 El Olivenöl

**1.** Die Zuckerschoten putzen und 2 Minuten in etwas kochendem Salzwasser blanchieren. Die Möhren putzen, waschen, schälen und in dünne Scheiben schneiden.

**2.** Die Pinienkerne in einer Pfanne ohne Fett goldbraun rösten. Basilikum waschen, trocknen und Blätter abzupfen.

**3.** Für die Vinaigrette den Knoblauch schälen und durch die Presse drücken. Mit Aceto balsamico, Salz und 1 Prise Zucker verrühren. Das Öl unterrühren.

**4.** Die vorbereiteten Zutaten mit der Vinaigrette vermengen und auf Tellern anrichten. Mit Baguette servieren.

*Zubereitungszeit: ca. 30 Minuten*
*Pro Portion ca. 213 kcal/890 kJ*
*4 g E, 18 g F, 9 g KH*

## *Rucolasalat mit kalter Entenbrust*

*(oben)*

Für 6 Portionen

4 marinierte Entenbrüste mit Haut
2 El Olivenöl, Salz, Pfeffer
24 schwarze Oliven ohne Stein
100 g Rucolasalat
50 g gehobelter Parmesan
Vinaigrette (FP)

**1.** Entenbrüste auf der Hautseite diagonal einschneiden. 2 El Öl erhitzen und die Entenbrüste darin von beiden Seiten braten. Würzen und Oliven darübergeben. Alles weitere 5 Minuten garen. Mit den Oliven in Frischhaltefolie abkühlen lassen.

**3.** Das Fleisch in 1 cm dicke Scheiben schneiden und mit den Oliven auf Rucolablättern anrichten, Parmesan und Vinaigrette darübergeben.

*Zubereitungszeit: ca. 20 Minuten (plus Garzeit)*
*Pro Portion ca. 438 kcal/1840 kJ*
*22 g E, 37 g F, 1 g KH*



## *Griechischer Bauernsalat* *(unten)*

Für 4 Portionen

400 g Tomaten
1 Salatgurke
250 g rote Zwiebeln
300 g grüne Paprikaschoten
100 g schwarze Oliven
4 El Olivenöl
3 El Weinessig
Salz, Pfeffer
200 g Schafskäse
1/2 Tl Oregano, getrocknet
1 Bund glatte Petersilie
1 El Paprikaflocken, getrocknet

**1.** Die Tomaten waschen, trocknen, putzen und achteln, die Salatgurke waschen, putzen, schälen und würfeln. Zwiebeln schälen und in Ringe schneiden. Die Paprikaschoten waschen, putzen, entkernen und würfeln. Das Gemüse mit 100 g schwarzen Oliven mischen.

**2.** Aus dem Olivenöl, Weinessig, Salz und Pfeffer ein Dressing bereiten und den Salat damit mischen. Den Schafskäse würfeln und mit dem Oregano unterheben. Petersilie waschen, trocken schütteln und die Blättchen hacken. Mit den Paprikaflocken zum Salat geben und alles etwas durchziehen lassen.

*Zubereitungszeit: ca. 15 Minuten (plus Zeit zum Ziehen)*
*Pro Portion ca. 371 kcal/1554 kJ*
*12 g E, 31 g F, 11 g KH*

## Löwenzahnsalat mit Speck *(unten)*

Für 4 Portionen

500 g junger Löwenzahn
3 Frühlingszwiebeln
150 g geräucherter Speck
1 El Öl
3 El Weißweinessig
Salz
Pfeffer

**1.** Den Löwenzahn verlesen, waschen und abtropfen lassen. Die Frühlingszwiebeln putzen, waschen und in dünne Ringe schneiden. Den Speck klein würfeln und in einer Pfanne knusprig ausbacken.

**2.** Aus dem Öl, Essig, Salz und Pfeffer eine Salatsauce bereiten. Löwenzahn, Zwiebeln und Speck in eine Schüssel geben und mit dem Dressing beträufeln. Mit frischem Baguette servieren.

*Zubereitungszeit: ca. 30 Minuten*
*Pro Portion ca. 144 kcal/603 kJ*
*10 g E, 5 g F, 14 g KH*

## Artischockensalat mit Schinken *(oben)*

Für 4 Portionen

250 g Artischockenherzen aus dem Glas
4 Tomaten
25 g getrocknete Tomaten in Öl
25 g schwarze Oliven
50 g Parmaschinken
2 El Kräuteressig
3 El Olivenöl
1 Knoblauchzehe
1/2 Tl Senf
Salz
Pfeffer
Zucker
1 El frisch gehacktes Basilikum zum Servieren

**1.** Die Artischockenherzen abtropfen lassen und vierteln. Tomaten waschen, trocknen, putzen und achteln. Die eingelegten Tomaten in Streifen schneiden, die schwarzen Oliven entsteinen und halbieren. Den Parmaschinken in Streifen schneiden und alles miteinander mischen.

**2.** Kräuteressig mit Olivenöl verrühren. Die Knoblauchzehe schälen und hineinpressen, Senf, Salz, Pfeffer und Zucker nach Geschmack unterrühren und das Dressing über den Salat geben. Mit Basilikum bestreut servieren.

*Zubereitungszeit: ca. 20 Minuten*
*Pro Portion ca. 114 kcal/479 kJ*
*6 g E, 7 g F, 6 g KH*

## Spinatsalat mit Hühnchen und Parmaschinken

*(rechts unten)*

Für 4 Portionen

200 g junger Spinat
75 g Radicchio
50 g Champignons
250 g gekochtes Hühnchenfleisch
50 g Parmaschinken
3 El Olivenöl
2 El Orangensaft
2 El weißer Aceto balsamico
Salz
Pfeffer

**1.** Den Spinat waschen, trocken schleudern und putzen (es sollten ca. 125 g geputzter Spinat verwendet werden). Den Radicchio waschen, trocken schleudern, putzen und in Streifen schneiden. Die Champignons putzen, feucht abreiben und in Scheiben schneiden. Mit Spinat und Radicchio mischen.

**2.** Das Hühnchenfleisch und den Parmaschinken in Streifen schneiden und unterheben. Olivenöl mit Orangensaft, weißem Balsamico, Salz und Pfeffer verrühren und über den Salat geben.

*Zubereitungszeit: ca. 20 Minuten*
*Pro Portion ca. 127 kcal/533 kJ*
*19 g E, 5 g F, 1 g KH*

## Körnersalat mit Gemüse und Linsen

*(oben)*

Für 4 Portionen

100 g am Vortag eingeweichte Weizenkörner
500 ml Gemüsebrühe
100 g rote Linsen
250 g Staudensellerie
1/2 Bund Frühlingszwiebeln
1 El Öl
4 El Kräuteressig
Salz, Pfeffer
Zucker
5 El Sojaöl
Salatblätter zum Anrichten

**1.** Die Weizenkörner abgießen und in der kochenden Gemüsebrühe etwa 30 Minuten garen. Die roten Linsen in ein Sieb geben, abspülen und nach 18 Minuten zu den Körnern geben.

**2.** Den Staudensellerie und die Frühlingszwiebeln waschen, trocknen, putzen und fein würfeln. Beides im heißen Öl andünsten. Mit dem Kräuteressig ablöschen und mit Salz, Pfeffer und etwas Zucker würzen. Das Sojaöl unterrühren und alles mit den abgekühlten Weizenkörnern und Linsen mischen. Den Körnersalat auf Salatblättern anrichten und servieren.

*Zubereitungszeit: ca. 30 Minuten*
*Pro Portion ca. 260 kcal/1092 kJ*
*10 g E, 11 g F, 31 g KH*

## *Bunter Salat mit Kichererbsen*

*(rechts)*

Für 4 Portionen

1 Römersalat
4 Tomaten
100 g Champignons
1 Bund Radieschen
400 g abgetropfte Kichererbsen aus der Dose
2 Frühlingszwiebeln
1 Knoblauchzehe
2 Scheiben Weißbrot
1 El Butter
4 El Gemüsebrühe
1 Tl Senf
2 El Weißweinessig
4 El Olivenöl
Saft von 1/2 Zitrone

**1.** Den Römersalat putzen, waschen und in mundgerechte Stücke zupfen. Die Tomaten waschen, Stielansätze entfernen und achteln. Die Champignons putzen, abreiben und in Scheiben schneiden.

**2.** Die Radieschen waschen und in Scheiben schneiden. Alles mit den abgetropften Kichererbsen mischen.

**3.** Die Frühlingszwiebeln putzen, waschen und in Ringe schneiden, die Knoblauchzehe schälen und hacken.

**4.** Das Weißbrot in Würfel schneiden. Die Butter in einer Pfanne erhitzen und die Brotwürfel darin goldgelb rösten.

**5.** Frühlingszwiebeln, Knoblauch, Gemüsebrühe, Senf, Weißweinessig, Olivenöl und den Zitronensaft mischen und über die Salatzutaten geben. Mit den Croûtons bestreuen.

*Zubereitungszeit: ca. 25 Minuten*
*Pro Portion ca. 161 kcal/674 kJ*
*7 g E, 6 g F, 18 g KH*

**2.** Die Zucchini waschen und mit dem Kugelausstecher kleine Kugeln ausstechen. Die Oliven und die Silberzwiebeln abtropfen lassen.

**3.** Die Oliven in Scheiben schneiden. Das Olivenöl mit dem Essig und dem Senf verrühren und die Vinaigrette mit Salz und Pfeffer kräftig abschmecken. Nach Geschmack etwas Zucker dazugeben.

**4.** Den Feldsalat waschen, trocknen und auf Teller verteilen. Die Kartoffeln pellen und in Scheiben schneiden. Alle vorbereiteten Zutaten auf dem Salat anrichten und mit Vinaigrette beträufelt servieren.

*Zubereitungszeit: ca. 15 Minuten*
*(plus Kochzeit)*
*Pro Portion ca. 287 kcal/1205 kJ*
*8 g E, 15 g F, 21 g KH*

## Kartöffelchen-Salat mit Wachteleiern

*(oben)*



Für 4 Portionen

400 g kleine Kartoffeln
300 g junge Möhren
aus der Dose
12 gekochte Wachteleier
aus dem Glas
150 g Zucchini
100 g schwarze Oliven
aus dem Glas
100 g Silberzwiebeln
aus dem Glas
3 El Olivenöl
3 El Aceto balsamico
1 Tl Senf
Salz
Pfeffer
Zucker
100 g Feldsalat

**1.** Die Kartoffeln schälen, waschen und in Salzwasser 15 Minuten köcheln lassen. Die Möhren und die Wachteleier abtropfen lassen. Die Wachteleier pellen und in Scheiben schneiden.

## Feldsalat mit Champignons

*(links unten)*

Für 4 Portionen

200 g braune Champignons
1 El Zitronensaft
1 El Butterschmalz
Salz
Pfeffer
1/2 Bund Petersilie
1 Knoblauchzehe
150 g Feldsalat
2 El Himbeeressig
4 El Sonnenblumenöl
2 El Kürbiskerne

**1.** Die Champignons putzen, feucht abreiben und halbieren, mit dem Zitronensaft beträufeln. Das Butterschmalz erhitzen und die Champignons darin unter Rühren 2 Minuten schmoren. Mit Salz und Pfeffer würzen.

**2.** Die Petersilie waschen, trocknen und hacken, die Knoblauchzehe schälen, zerdrücken und zusammen mit der Petersilie unter die Champignons heben.

**3.** Den Feldsalat putzen, waschen und in einer Schüssel mit einem Dressing aus dem Himbeeressig, dem Sonnenblumenöl, Salz und Pfeffer mischen. Die Kürbiskerne in einer Pfanne ohne Fett anrösten.

**4.** Den Feldsalat mit den Pilzen und den gerösteten Kürbiskernen anrichten.

*Zubereitungszeit: ca. 20 Minuten*
*Pro Portion ca. 98 kcal/410 kJ*
*2 g E, 8 g F, 1 g KH*

## Nudel-Spargel-Salat

*(unten)*

Für 4 Portionen

200 g Bandnudeln
1 Tl Öl
Salz
200 g geräucherte Putenbrust
1 Dose Spargelstücke
100 g Joghurt-Salatcreme
Pfeffer
Paprikapulver
1 Bund Zitronenmelisse

**1.** Die Nudeln in Stücke brechen, zusammen mit dem Öl in kochendes Salzwasser geben und nach Packungsanweisung bissfest garen. Anschließend abgießen, mit kaltem Wasser abschrecken und abtropfen lassen.

**2.** Die Putenbrust in Streifen schneiden. Den Spargel abgießen, dabei das Spargelwasser auffangen, und abtropfen lassen.

**3.** Die Salatcreme mit etwas Spargelwasser verrühren und mit Salz, Pfeffer und Paprikapulver würzen. Die Salatzutaten in die Sauce geben, gut vermischen und durchziehen lassen.

**4.** Den Salat anrichten. Die Zitronenmelisse waschen, die Blättchen von den Stängeln zupfen und über den Salat streuen.

*Zubereitungszeit: ca. 15 Minuten*
*Pro Portion ca. 307 kcal/1280 kJ*
*19 g E, 9 g F, 37 g KH*

## *Tomaten-Eier-Salat*

*(unten)*

Für 4 Portionen

500 g Tomaten
1 Zwiebel
1 Bund Schnittlauch
5 hart gekochte Eier
Saft von 1 Zitrone
3 El Sonnenblumenöl
Senf
Salz, Pfeffer
2 El frisch gehackter Kerbel zum Garnieren

**1.** Die Tomaten waschen, die Stielansätze entfernen, Früchte mit kochendem Wasser überbrühen, häuten, entkernen und das Fruchtfleisch würfeln. Die Zwiebel schälen und hacken.

**2.** Den Schnittlauch waschen, trocken tupfen und in Röllchen schneiden. Die Eier schälen und achteln. 4 Eier in einer Schüssel mit den Tomaten, der Zwiebel und dem Schnittlauch mischen.

**3.** Zitronensaft, Sonnenblumenöl, Senf, Salz und Pfeffer verrühren und über den Salat geben. Mit dem restlichen geachtelten Ei und dem frisch gehackten Kerbel garniert servieren.

*Zubereitungszeit: ca. 30 Minuten*
*Pro Portion ca. 197 kcal/827 kJ*
*12 g E, 13 g F, 8 g KH*

## *Chicoree mit Orangen und Nüssen* *(rechts unten)*

Für 4 Portionen

4 Blutorangen
1/2 Tl Zucker
2 El Traubenkernöl
Salz
Pfeffer
8 Chicoréestauden
4 El gehackte Walnüsse
4 Walnüsse

**1.** Die Blutorangen filetieren, dabei den Saft auffangen. Den aufgefangenen Saft im Mixer mit dem Zucker und dem Traubenkernöl schaumig rühren. Mit Salz und Pfeffer würzen.

**2.** Die Chicoréestauden putzen, Außenblätter beiseitelegen, restliche Blätter in Streifen schneiden.

**3.** Außenblätter durch die Marinade ziehen und auf 4 Tellern anrichten. Chicoréestreifen mit der Marinade mischen und auf die Blätter geben. Die gehackten Walnüsse darüberstreuen. Mit je 1 Walnusskern und den Blutorangenfilets garniert servieren.

*Zubereitungszeit: ca. 20 Minuten*
*Pro Portion ca. 119 kcal/498 kJ*
*2 g E, 8 g F, 6 g KH*

## *Fenchelsalat mit Orangen*
*(rechts)*

Für 4 Portionen

2 Fenchelknollen
2 unbehandelte Orangen
1 1/2 El Weißweinessig
6 El Olivenöl
Salz, Pfeffer
1 El gehackte Walnüsse

**1.** Den Fenchel putzen, waschen und die äußeren Blätter entfernen. Das Fenchelgrün abschneiden und fein hacken. Die Fenchelknollen in dünne Streifen schneiden.

**2.** Die Orangen heiß abwaschen, schälen und die weißen Innenhäutchen mit einem Messer entfernen. Orangen filetieren, Kerne entfernen und den Saft auffangen.

**3.** Schale von 1 Orange in dünne Streifen schneiden und in etwas kochendem Wasser etwa 4 Minuten blanchieren. Dann abgießen.

**4.** Orangenfilets, Fenchelstreifen und Orangenschalen auf einem Teller anrichten. Aus Orangensaft, Essig, Olivenöl, Salz und Pfeffer eine Salatsauce rühren und über den Salat geben. Zuletzt mit den gehackten Nüssen bestreuen. Mit Fenchelgrün dekorieren und servieren.

*Zubereitungszeit: ca. 30 Minuten*
*Pro Portion ca. 302 kcal/1270 kJ*
*5 g E, 26 g F, 12 g KH*

## Tomatensalat mit Rucola *(oben)*

Für 4 Portionen

500 g reife Tomaten
2 Bund Rucola
1 Zwiebel
3 El Aceto Balsamico
6 El Olivenöl
Salz
Pfeffer
50 g Parmesan

**1.** Die Tomaten waschen, von den Stielansätzen befreien und in Scheiben schneiden. Den Rucola waschen, putzen, die dicken Stiele entfernen. Blätter in Streifen schneiden.

**2.** Die Zwiebel schälen und fein hacken. Tomaten, Rucola und Zwiebeln auf Tellern anrichten.

**3.** Aus Aceto Balsamico, Olivenöl, Salz und Pfeffer eine Marinade rühren und über den Salat geben. Nach Belieben Parmesan darüberhobeln.

*Zubereitungszeit: ca. 20 Minuten*
*Pro Portion ca. 178 kcal/750 kJ*
*7 g E, 15 g F, 5 g KH*

## Artischockensalat
*(ohne Abb.)*

Für 4 Portionen

350 g Artischockenböden (aus der Dose)
400 g Romana-Salat
5 Eiertomaten
100 g gehobelter Parmesan
1/4 Bund Dill
1/4 Bund Petersilie
2 getrocknete Tomaten in Öl
1 Knoblauchzehe
1 El Kapern
6 schwarze Oliven ohne Stein
2 El Aceto balsamico
75 ml Olivenöl
1 Prise Zucker
Pfeffer
20 g Trüffel (aus dem Glas)

**1.** Die Artischockenböden in einem Sieb abtropfen lassen und in Stücke schneiden.

**2.** Den Romana-Salat putzen, waschen, trocken schleudern und in Stücke zupfen. Die Tomaten putzen, waschen, halbieren und in schmale Spalten schneiden.

**3.** Den Parmesan mit den Salatzutaten in eine Schüssel geben und alles mischen.

**4.** Die Kräuter waschen, trocknen und fein hacken. Die Kräuter mit den Tomaten, der geschälten Knoblauchzehe, Kapern und Oliven im Mixer pürieren. Essig und Öl dazugeben und zu einer glatten Paste verrühren. Mit Zucker und Pfeffer abschmecken.

**5.** Den Trüffel in dünne Scheiben schneiden. Die Salatzutaten auf Tellern anrichten und mit der Sauce beträufeln. Mit den Trüffelscheiben garniert servieren.

*Zubereitungszeit: ca. 20 Minuten*
*Pro Portion ca. 244 kcal/1024 kJ*
*5 g E, 22 g F, 8 g KH*

## Fenchelsalat mit frischen Feigen

*(oben)*

Für 4 Portionen

2 Fenchelknollen
3 Feigen
1 Apfel
50 g Walnusskerne
75 g saure Sahne
1 El Limettensaft
1 Tl Tomatenketchup
Salz
Pfeffer
2 El Rapsöl
3 Zweige Dill

**1.** Die Fenchelknollen halbieren, von der Außenschale befreien und in dünne Streifen schneiden. Die Schale der Feigen streifenförmig abschälen, das Fruchtfleisch in Streifen schneiden. Fenchel und Feigen mischen.

**2.** Den Apfel schälen, entkernen und reiben. Die Walnüsse hacken. Den Apfel mit den gehackten Walnüssen, der sauren Sahne, dem Limettensaft, dem Tomatenketchup, Salz, Pfeffer und dem Rapsöl zu einem Dressing verrühren und über den Salat geben. Dill waschen, trocknen, hacken und über den Salat streuen.

*Zubereitungszeit: ca. 20 Minuten*
*Pro Portion ca. 112 kcal/469 kJ*
*3 g E, 7 g F, 6 g KH*

## Tortellini-Salat

*(unten)*

Für 4 Portionen

250 g Tortellini
Salz
150 g Erbsen (TK)
200 g Ananas aus der Dose
200 g Champignons aus der Dose
150 g Mais aus der Dose
je 1/2 kleine rote und grüne Paprikaschote
1 Schalotte
2–3 El Kräuteressig
4 El Sonnenblumenöl
Pfeffer
1 El gemischte TK-Salatkräuter
Paprika und Petersilie zum Garnieren

**1.** Die Tortellini in kochendes Salzwasser geben und nach Packungsanweisung bissfest garen. Dann abgießen, mit kaltem Wasser abschrecken und abtropfen lassen. Die TK-Erbsen nach Packungsanweisung kochen, ebenfalls abschrecken, abtropfen und erkalten lassen.

**2.** Die Ananas in kleine Stücke und die Champignons in Scheiben schneiden. Den Mais kalt abspülen und abtropfen lassen. Die Paprikaschoten putzen, entkernen, waschen, ein paar Streifen beiseite legen, den Rest würfeln. Die Schalotte schälen und in feine Ringe schneiden.

**3.** Alle vorbereiteten Zutaten mischen. Den Essig mit dem Öl, Salz, Pfeffer und den Kräutern verrühren und über die Salatzutaten gießen. Alles gut vermischen und durchziehen lassen.Den Salat anrichten und mit Paprikaspalten und Petersilie garnieren.

*Zubereitungszeit: ca. 20 Minuten*
*Pro Portion ca. 596 kcal/2490 kJ*
*17 g E, 23 g F, 68 g KH*

## *Bohnensalat mit Frühlingszwiebeln*

*(unten)*

Für 4 Portionen

je 150 g schwarze Bohnen, Kichererbsen und weiße Bohnen aus der Dose
80 ml Aceto balsamico
3 eingelegte grüne Peperoni
1 Eigelb
1 El gemahlener Kreuzkümmel
1 Tl Salz
2 Knoblauchzehen
100 ml Rapsöl
100 ml Olivenöl
1/2 Bund Frühlingszwiebeln
Pfeffer

**1.** Die Bohnen und Kichererbsen in ein Sieb geben, unter fließendem Wasser abspülen und gut abtropfen lassen.

**2.** Den Essig, die abgetropften Peperoni und das Eigelb im Mixer pürieren. Mit Kreuzkümmel und Salz würzen. Die Knoblauchzehen schälen und in den Mixer geben. Nach und nach die beiden Ölsorten zugießen und cremig rühren.

**3.** Bohnen und Kichererbsen in eine Schüssel geben und das Dressing unterheben. Die Frühlingszwiebeln waschen, putzen und in dünne Ringe schneiden. Über den Salat geben und alles nochmals mit Salz und Pfeffer abschmecken. Nach Belieben heiß oder kalt servieren.

*Zubereitungszeit: ca. 25 Minuten*
*Pro Portion ca. 505 kcal/2121 kJ*
*11 g E, 43 g F, 20 g KH*

## *Salat mit Mairüben, Fenchel und Möhren*

*(links oben)*

Für 4 Portionen

3 El Sonnenblumenöl
2 El Weißweinessig
Salz
Pfeffer
1 Tl Honig
je 1 El gehackter Schnittlauch, Dill und gehackte Petersilie
400 g Mairüben
1 Fenchelknolle
300 g Möhren
4 Blätter Eisbergsalat
gehacktes Fenchelgrün

**1.** Aus dem Sonnenblumenöl, dem Weißweinessig, Salz, Pfeffer, dem Honig und den Kräutern ein Dressing rühren und beiseitestellen.

**2.** Die Mairüben und die Fenchelknolle putzen. Die Möhren schaben. Die Fenchelknolle putzen und in dünne Scheiben schneiden, die Möhren und die Mairüben reiben.

**3.** 4 Teller mit je 1 Eisbergsalatblatt auslegen, die Rohkost darauf anrichten. Das Dressing über das Gemüse geben. Mit gehacktem Fenchelgrün bestreut servieren.

*Zubereitungszeit: ca. 25 Minuten*
*Pro Portion ca. 73 kcal/305 kJ*
*2 g E, 2 g F, 9 g KH*

## *Bauernsalat auf griechische Art*

*(unten)*

Für 4 Portionen

1 Salatgurke
300 g Tomaten
je 1 gelbe und grüne Paprikaschote
2 Zwiebeln
100 g schwarze Oliven
1 Knoblauchzehe
4 El Rotweinessig
6 El Olivenöl
Salz
Pfeffer
1 El frisch gehackter Oregano
300 g Schafskäse

**1.** Die Salatgurke schälen, halbieren, entkernen und in Scheiben schneiden. Die Tomaten waschen, vom Stielansatz befreien und achteln.

**2.** Die Paprikaschoten putzen, waschen, entkernen und in Streifen schneiden. Die Zwiebeln schälen und in dünne Ringe schneiden. Das Gemüse in einer Schüssel mit den Oliven mischen.

**3.** Die Knoblauchzehe schälen und zerdrücken. Aus der Knoblauchzehe, dem Rotweinessig, dem Olivenöl, Salz, Pfeffer und dem frisch gehackten Oregano ein Dressing bereiten und über den Salat gießen.

**4.** Den Schafskäse würfeln und über den Salat geben. Salat mit frischem Baguette servieren.

*Zubereitungszeit: ca. 25 Minuten*
*Pro Portion ca. 405 kcal/1696 kJ*
*16 g E, 31 g F, 14 g KH*

## *Avocadosalat mit Champignons*
*(rechts)*

Für 4 Portionen

2 reife Avocados
Saft von 1 Limette
6 El Weißweinessig
Salz
Pfeffer
1 Prise getrockneter Oregano
4 El Walnussöl
100 g Champignons
2 El Limettensaft
100 g Cocktailtomaten
1 Schalotte

**1.** Die Avocados schälen, entkernen und in dünne Scheiben schneiden. Mit dem Saft von 1 Limette beträufeln. Aus dem Weißweinessig, Salz, Pfeffer, Oregano und dem Walnussöl ein Dressing rühren und die Avocados mit der Hälfte davon begießen. Mit Alufolie abdecken und im Kühlschrank 10 Minuten marinieren.



**2.** Die Champignons putzen, feucht abreiben und in Scheiben schneiden, dann mit 2 El Limettensaft beträufeln. Die Cocktailtomaten waschen und halbieren. Die Schalotte schälen und hacken.

**3.** Champignons, Tomaten und Schalotte mischen, das restliche Dressing darübergeben. Die Avocadoscheiben darauf anrichten.

*Zubereitungszeit: ca. 15 Minuten*
*(plus Marinierzeit)*
*Pro Portion ca. 302 kcal/1264 kJ*
*3 g E, 32 g F, 2 g KH*

## *Blattsalate mit Limettendressing*
*(rechts unten)*

Für 4 Portionen

1 Kopf Eichblattsalat
1 Kopf Lollo Rosso
100 g Brunnenkresse
2 Frühlingszwiebeln
150 g Joghurt
1 Tl Senf
3 El Weißweinessig
Saft von 1 Limette
Salz
Pfeffer
4 El Mandelblättchen

**1.** Den Eichblattsalat und den Lollo Rosso putzen, waschen, trocken schleudern und in mundgerechte Stücke zupfen. Die Brunnenkresse putzen, waschen, trocken schütteln und mit den Salaten in eine Schüssel geben.

**2.** Die Frühlingszwiebeln putzen, waschen und fein hacken. Aus Joghurt, Senf, den Frühlingszwiebeln, Weißweinessig, Limettensaft, Salz und Pfeffer ein Dressing rühren. Die Salate damit beträufeln und die Mandelblättchen darüberstreuen.

*Zubereitungszeit: ca. 20 Minuten*
*Pro Portion ca. 73 kcal/307 kJ*
*3 g E, 4 g F, 5 g KH*

## *Mozzarellasalat auf römische Art*

*(links)*

Für 4 Portionen

200 g in Öl eingelegte getrocknete Tomaten
1/4 Bund Basilikum
1/4 Bund Petersilie
1 1/2 El Kapern
1 El Aceto balsamico
150 ml abgetropftes Tomatenöl
1 Knoblauchzehe
Pfeffer
100 g gemischte Salatblätter (z. B. Rucola, Blattspinat oder Feldsalat)
500 g Büffel-Mozzarella

**1.** Die Tomaten abtropfen lassen, das Öl dabei auffangen. Die Tomaten in einen Mixbecher geben. Die Kräuter waschen, trocken schütteln und hinzufügen. Die Kapern mit Wasser abbrausen, abtropfen lassen und ebenfalls hinzufügen.

**2.** Den Essig mit dem Tomatenöl hinzufügen und alles glatt pürieren. Den Knoblauch schälen, dazupressen und mit dem Tomaten-Kräuter-Püree verrühren. Mit Pfeffer pikant abschmecken.

**3.** Die Salatblätter waschen, abtrocknen und auf Tellern anrichten. Den Mozzarella in Scheiben schneiden oder würfeln und auf die Salatblätter legen. Das Tomatendressing darüberträufeln und sofort servieren.

*Zubereitungszeit: ca. 15 Minuten*
*Pro Portion ca. 340 kcal/1428 kJ*
*25 g E, 25 g F, 3 g KH*

**Tipp:** Diesen Salat können Sie auch gut unterwegs zubereiten, z.B. auf der Arbeit. Bereiten Sie einfach das Dressing zu Hause vor und vermischen die Salatblätter und den Mozzarella erst kurz vor dem Verzehr damit.

2. Die Schwarzwurzeln und die Kapern in einem Sieb abtropfen lassen. Die Kapern anschließend fein hacken. Die Schwarzwurzeln mit den Kapern zu den Kräutern geben. Die Sahne unterheben und alles mit Salz und Pfeffer abschmecken.

3. Den Reis abgießen, kurz auskühlen lassen und ebenfalls unterheben. Schmeckt warm oder kalt.

*Zubereitungszeit: ca. 20 Minuten*
*Pro Portion ca. 250 kcal/1050 kJ*
*17 g E · 38 g F · 45 g KH*

90

## Reissalat mit Schwarzwurzeln

*(oben)*

Für 4 Portionen

4 Tassen Naturreis
1 l Gemüsebrühe
1 Bund Petersilie
1 Bund Estragon
125 ml Olivenöl
300 g Schwarzwurzeln (Dose)
1 El Kapern
150 g saure Sahne
Salz
Pfeffer

1. Den Reis nach Packungsanweisung in der Gemüsebrühe zubereiten. Die Kräuter waschen, trocknen und fein hacken. Das Olivenöl mit den Kräutern verrühren.

## Bunter Blattsalat mit Trauben und Käse

*(oben)*

Für 4 Portionen

250 g Friséesalat
250 g Eichblattsalat
200 g Zucchini
100 g Vollkorntoast
2 El Butter
Salz
Pfeffer
200 g Butterkäse
100 g blaue Weintrauben
250 g Kirschtomaten
1 El Senf
3 El Aceto balsamico
6 El Olivenöl

**1.** Die Salate putzen, waschen, trocken schleudern und die Blätter in mundgerechte Stücke zupfen. Die Zucchini waschen, putzen und in Scheiben schneiden. Das Toastbrot würfeln.

**2.** Die Butter in einer Pfanne erhitzen und die Zucchinischeiben darin andünsten. Mit Salz und Pfeffer würzen, herausnehmen und abkühlen lassen. Die Brotwürfel im Bratfett anrösten.

**3.** Den Käse in Streifen schneiden, die Weintrauben waschen, abtrocknen und halbieren. Kerne entfernen. Die Tomaten waschen, trocknen und halbieren.

**4.** Aus Senf, Salz, Pfeffer, Aceto balsamico und Olivenöl ein Dressing bereiten und die Salatzutaten in einer Schüssel damit mischen. Mit den gerösteten Brotwürfeln garniert servieren.

*Zubereitungszeit: ca. 30 Minuten*
*Pro Portion ca. 350 kcal/1470 kJ*
*16 g E, 23 g F, 19 g KH*

## Feldsalat mit Sellerie und Schinken

*(links unten)*

Für 4 Portionen

150 g Feldsalat
200 g Knollensellerie
100 g roher Schinken
4 El Himbeeressig
6 El Olivenöl
Salz
Pfeffer
20 g Sonnenblumenkerne

**1.** Den Feldsalat putzen, waschen und trocken schütteln. Den Sellerie schälen, in schmale Stifte schneiden und mit dem Feldsalat mischen. Den Schinken in Streifen schneiden.

**2.** Aus dem Himbeeressig, dem Olivenöl, Salz und Pfeffer ein Dressing bereiten und über den Salat geben. Den Schinken unterheben. Die Sonnenblumenkerne in einer Pfanne ohne Fett anrösten und darüberstreuen.

*Zubereitungszeit: ca. 20 Minuten*
*Pro Portion ca. 126 kcal/527 kJ*
*2 g E, 10 g F, 2 g KH*

## Löwenzahnsalat mit Croutons *(unten)*

Für 4 Portionen

400 g frischer Löwenzahn
1 mittelgroßer Kopf Eichblattsalat
80 g geräucherter Speck
in dünnen Streifen
1 El Olivenöl
2 Scheiben Vollkornbrot
4 El Kräuteressig
1 El Olivenöl
Salz
Pfeffer

**1.** Den Löwenzahn putzen, waschen und harte Stiele entfernen. Den Eichblattsalat putzen, waschen, trocken schleudern und die Blätter klein zupfen.

**2.** Den geräucherten Speck in einer Pfanne auslassen. Das Olivenöl zugeben. Das Vollkornbrot würfeln, zum Speck geben und knusprig rösten.

**3.** Aus dem Kräuteressig, dem Olivenöl, Salz und Pfeffer eine Marinade rühren. Die Blattsalate mit der Marinade mischen und auf Teller verteilen. Mit dem Speck und den Croûtons garnieren.

*Zubereitungszeit: ca. 15 Minuten (plus Bratzeit)*
*Pro Portion ca. 151 kcal/632 kJ*
*7 g E, 4 g F, 18 g KH*

## Wurstsalat mit Mais
*(oben)*



Für 4 Portionen

3 Senfgurken aus dem Glas
200 g Babymaiskolben
aus dem Glas
1 Gemüsezwiebel
300 g Fleischwurst
1 El Instant-Gemüsebrühe
125 ml Himbeeressig
125 ml Sonnenblumenöl
1 Tl Salz
1/4 Tl Pfeffer
1/2 Bund Petersilie

**1.** Die Gurken und den Mais in einem Sieb abtropfen lassen und dann in mundgerechte Stücke schneiden. Die Zwiebel schälen und fein würfeln. Die Fleischwurst von der Pelle befreien und erst in Scheiben, dann in Streifen schneiden. Alle Zutaten in eine Schüssel geben.

**2.** Die Instant-Brühe in 125 ml kochendem Wasser auflösen und abkühlen lassen. Essig, Öl, Brühe, Salz und Pfeffer verrühren und mit den Salatzutaten mischen. Die Petersilie waschen, trocken schütteln, fein hacken und den Salat damit bestreuen.

*Zubereitungszeit: ca. 20 Minuten*
*Pro Portion ca. 302 kcal/1268 kJ*
*12 g E, 25 g F, 7 g KH*

## Gurkensalat mit Joghurtsauce

*(unten)*

Für 4 Portionen

2 große Salatgurken
Salz
500 g Joghurt
1–2 Knoblauchzehen
1 El Olivenöl
1 El Essig
1 Tl Minze
1 Bund gehackter frischer Dill

**1.** Die Gurken schälen und in kleine Würfel schneiden. Die Gurkenwürfel in ein Sieb geben und mit Salz bestreuen, sodass die entstehende Flüssigkeit abtropfen kann.

**2.** Den Joghurt mit so viel Wasser verrühren, dass er weder zu dick noch zu flüssig ist, sondern schön cremig.

**3.** Die Knoblauchzehen schälen und mit etwas Salz zerdrücken.

**4.** Die abgetropften Gurken in einer Schüssel mit den restlichen Zutaten mischen.

*Zubereitungszeit: ca. 20 Minuten*
*Pro Portion ca. 184 kcal/736 kJ*
*5 g E, 15 g F, 7 g KH*

## Panzanella

*(oben)*

Für 4 Portionen

150 g altbackenes Weißbrot
125 ml Gemüsebrühe
1 Zwiebel
1 Knoblauchzehe
200 g Tomaten
200 g Salatgurke
1 Bund Basilikum
2 El weißer Aceto balsamico
4 El Olivenöl
Salz
Pfeffer
2 El frisch gehobelter Parmesan

**1.** Das Brot würfeln, in der kalten Gemüsebrühe 15 Minuten einweichen. Zwiebel und Knoblauch schälen und fein hacken. Die Tomaten häuten, entkernen und würfeln. Die Gurke schälen und würfeln. Das Basilikum waschen, trocken schütteln und in Streifen schneiden, einige Blättchen für die Dekoration zurückbehalten.

**2.** Aus weißem Balsamico, Öl, Salz und Pfeffer ein Dressing bereiten. Das Brot aus der Brühe nehmen. Mit den übrigen Zutaten mischen, mit dem Dressing übergießen und mit Parmesan bestreuen.

*Zubereitungszeit: ca. 20 Minuten*
*Pro Portion ca. 173 kcal/724 kJ*
*5 g E, 7 g F, 22 g KH*

## Chicoréesalat mit Käse und Ei

*(unten)*

Für 4 Portionen

4 Chicoréestauden
2 Tomaten
100 g Appenzeller
2 hart gekochte Eier
3 El Olivenöl
Saft von 1 Zitrone
1 Tl Senf
Salz
Pfeffer
Zucker
2 El Schnittlauchröllchen

**1.** Chicorée putzen, halbieren, vom bitteren Kern befreien und in Viertel schneiden. Tomaten waschen, vom Stielansatz befreien und mit dem Appenzeller würfeln. Hart gekochte Eier achteln.

**2.** Olivenöl mit dem Zitronensaft, Senf, Salz, Pfeffer und Zucker nach Geschmack verrühren. Chicorée in Gläsern anrichten. Tomaten- und Käsewürfel und die Eiachtel darauflegen und mit der Sauce beträufeln. Mit 2 El Schnittlauchröllchen bestreut servieren.

*Zubereitungszeit: ca. 20 Minuten*
*Pro Portion ca. 195 kcal/819 kJ*
*11 g E, 15 g F, 3 g KH*

## Spinatsalat mit Roter Bete und Mandeln

*(rechts oben)*

Für 4 Portionen

600 g frischer junger Blattspinat
400 g Rote Bete
2 Äpfel
2 Schalotten
250 ml Möhrensaft
3 El Aceto balsamico
6 El Traubenkernöl
Salz
Pfeffer
20 g Mandelblättchen

**1.** Den Blattspinat putzen, waschen und harte Stiele entfernen. Die Rote Bete schälen, in dünne Stifte schneiden (dabei am besten Küchenhandschuhe benutzen, da Rote Bete sehr stark färbt), die Äpfel schälen, entkernen und reiben.

**2.** Die Schalotten schälen und hacken, mit dem Möhrensaft, dem Aceto balsamico, dem Traubenkernöl, Salz und Pfeffer zu einem Dressing rühren.

**3.** Den Spinat mit der Hälfte des Dressings begießen und auf Teller verteilen. Restliche Marinade mit Äpfeln und Roter Bete mischen und auf dem Spinat anrichten. Die Mandelblättchen in einer Pfanne ohne Fett rösten und über den Salat streuen. Mit Vollkornbrot oder Baguette servieren.

*Zubereitungszeit: ca. 30 Minuten*
*Pro Portion ca. 272 kcal/1139 kJ*
*6 g E, 18 g F, 18 g KH*

2. Die Stielansätze der Tomaten kreuzweise einritzen, in kochendem Wasser blanchieren, abschrecken und häuten. Anschließend entkernen und das Fruchtfleisch würfeln. Mit den Grapefruitfilets, Avocadowürfeln und Eichblattsalat mischen.

3. Aus dem Zitronensaft, Honig, Olivenöl, Salz und Pfeffer ein Dressing rühren und den Salat damit beträufeln.

4. Die Petersilie waschen, trocken schütteln, hacken und den Salat damit bestreut servieren.

*Zubereitungszeit: ca. 20 Minuten*
*Pro Portion ca. 483 kcal/2029 kJ*
*5 g E, 35 g F, 32 g KH*



## Avocadosalat mit Grapefruit *(rechts)*

Für 4 Portionen

4 rosa Grapefruits
2 Avocados
1 Eichblattsalat
4 Tomaten
Saft von 3 Zitronen
3 El Honig
6 El Olivenöl
Salz
Pfeffer
1/2 Bund Petersilie

1. Die Grapefruits schälen und filetieren. Die Avocados schälen, halbieren, den Kern entfernen und das Fruchtfleisch würfeln. Den Eichblattsalat waschen, putzen, trocken schleudern und zerkleinern.

## *Griechischer Salat mit Artischocken*

*(unten)*

Für 4 Portionen

1 Kopfsalat
1 Tomate
1 kleine Salatgurke
1 mittelgroße Zwiebel
375 g weiße Bohnen aus der Dose
350 g Artischockenherzen aus dem Glas
75 g Schafskäse
2 Knoblauchzehen
1 El getrockneter Oregano
5 El Joghurtdressing (FP)

**1.** Den Salat waschen, trocken schleudern und in mundgerechte Stücke zupfen. Die Tomate waschen, den Stielansatz entfernen und das Fruchtfleisch würfeln.

**2.** Die Gurke schälen und in Würfel schneiden. Die Zwiebel schälen und in dünne Ringe schneiden.

## *Spargelsalat mit Eiern* *(oben)*

Für 4 Portionen

750 g weißer Spargel
Salz
2 hart gekochte Eier
4 Radieschen
4 Frühlingszwiebeln
2 El Weißweinessig
3 El Sonnenblumenöl
1 Tl Feigensenf
Pfeffer
2 El frisch gehackte Petersilie

**1.** Den Spargel waschen, Stielenden entfernen und den Spargel schälen. Spargel in Stücke schneiden und in kochendem Wasser mit etwas Salz etwa 12–15 Minuten garen. Herausnehmen und abtropfen lassen.

**2.** Die hart gekochten Eier pellen und fein würfeln. Die Radieschen und die Frühlingszwiebeln putzen, waschen, die Radieschen in Scheiben, die Frühlingszwiebeln in dünne Ringe schneiden.

**3.** Die Salatzutaten in einer Schüssel mischen und mit einem Dressing aus dem Weißweinessig, dem Sonnenblumenöl, dem Feigensenf, Salz und Pfeffer verrühren. Mit der frisch gehackten Petersilie bestreut servieren.

*Zubereitungszeit: ca. 15 Minuten (plus Garzeit)*
*Pro Portion ca. 146 kcal/611 kJ*
*9 g E, 7 g F, 9 g KH*

**3.** Die Bohnen und Artischockenherzen abgießen und abtropfen lassen. Den Feta zerkrümeln. Die Knoblauchzehen schälen und fein hacken.

**4.** Alle Salatzutaten in einer Schüssel vermischen. Oregano und Dressing verrühren und unter den Salat heben.

**5.** Den Salat dekorativ auf Salatblättern anrichten und servieren.

*Zubereitungszeit: ca. 15 Minuten*
*Pro Portion ca. 400 kcal/1674 kJ*
*20 g E, 8 g F, 74 g KH*

**Tipp:** Dieser Salat eignet sich gut zum Mitnehmen. Dann sollten Sie allerdings das Dressing getrennt transportieren und erst kurz vor dem Verzehr über den Salat geben. Oder Sie mischen alle Zutaten bis auf die Kopfsalatblätter direkt mit dem Dressing und geben die Salatblätter erst kurz vor dem Essen dazu, damit sie nicht aufweichen.

## Chefsalat mit Huhn

*(rechts)*

Für 4 Portionen

1/2 Eisbergsalat
2 Frühlingszwiebeln
2 El Sherryessig
6 El Olivenöl
Salz
Pfeffer
225 g gekochter Schinken
225 g gekochtes Hühnchenfleisch
100 g Gouda
je 1 El frisch gehackte Petersilie, Basilikum und Koriander
2 Tomaten
8 schwarze Oliven

**1.** Den Eisbergsalat waschen, putzen, trocken schleudern und die Blätter klein zupfen. Die Frühlingszwiebeln putzen, waschen und hacken und mit dem Eisbergsalat in einer Schüssel vermischen.

**2.** Aus Sherryessig, Olivenöl, Salz und Pfeffer ein Dressing rühren und die Hälfte davon über den Salat geben. Den gekochten Schinken, gekochtes Hühnchenfleisch und Gouda in Streifen auf den Salat geben. Restliches Dressing darübergießen.

**3.** Mit den gehackten Kräutern bestreuen. Die Tomaten waschen, Stielansätze entfernen und in Scheiben schneiden. Den Salat damit und mit den Oliven garnieren.

*Zubereitungszeit: ca. 20 Minuten*
*Pro Portion ca. 385 kcal/1617 kJ*
*35 g E, 25 g F, 5 g KH*

## *Eisbergsalat mit Tomaten und Käse*

*(rechts)*

Für 4 Portionen

200 Eisbergsalat
2 Frühlingszwiebeln
4 Tomaten
100 g Gouda
1 Nektarine
150 g saure Sahne
Saft von 1 Orange
1/2 Tl Zitronensaft
Zucker nach Geschmack
Salz
Pfeffer
Zitronenzesten zum Garnieren

**1.** Den Eisbergsalat waschen, putzen, trocken schleudern und in Streifen schneiden. Die Frühlingszwiebeln waschen, putzen und in Ringe schneiden, Tomaten waschen und achteln. Den Gouda in Würfel schneiden. Die Nektarine waschen, den Stein entfernen und würfeln. Alle Salatzutaten in einer Schüssel mischen.

**2.** Aus saurer Sahne, Orangen- und Zitronensaft, Zucker, Salz und Pfeffer ein Dressing rühren und über den Salat geben. Mit Zitronenzesten garniert servieren.

*Zubereitungszeit: ca. 20 Minuten*
*Pro Portion ca. 201 kcal/ 844 kJ*
*10 g E, 12 g F, 13 g KH*

## *Spinatsalat mit Speck*

*(rechts unten)*

Für 4 Portionen

500 g frischer Blattspinat
2 Frühlingszwiebeln
4 Scheiben Frühstücksspeck
4 El Weißweinessig
3 Tl Zucker
1/4 Tl Salz
1/8 Tl Pfeffer

**1.** Den Spinat gründlich waschen, putzen und trocken schleudern. Die Zwiebeln putzen, waschen, trocknen und in feine Ringe schneiden.

**2.** Den Speck in einer beschichteten Pfanne knusprig braten. Essig, Zucker, Salz und Pfeffer in die Pfanne geben, erhitzen und rühren, bis der Zucker sich aufgelöst hat. Pfanne vom Herd nehmen.

**3.** Spinat und Zwiebeln zur heißen Speckmischung geben. So lange rühren, ca. 1 – 2 Minuten, bis der Spinat zusammenfällt.

**4.** Den Spinat-Speck-Salat auf Tellern anrichten und noch warm servieren.

*Zubereitungszeit: ca. 20 Minuten*
*Pro Portion ca. 65 kcal/272 kJ*
*3 g E, 3 g F, 8 g KH*

## Chinakohlsalat mit Zuckererbsen

*(rechts)*

Für 4 Portionen

150 g Zuckererbsen
Salz
400 g Chinakohl
1 kleiner Radicchio
225 g Mais aus der Dose
1/2 Bund Radieschen
1 rote Zwiebel
2 El frisch geriebener Ingwer
4 El Obstessig
2 El Pflanzenöl
1 1/2 Tl Chiliöl
1 Tl Zucker

**1.** Die Zuckererbsen waschen, putzen und in kochendem Salzwasser etwa 1 Minute blanchieren. Abgießen und abtropfen lassen. Den Chinakohl und Radicchio putzen, waschen, trocken schleudern und in Streifen schneiden.

**2.** Den Mais abtropfen lassen. Die Radieschen waschen, putzen und in Scheiben, die Zwiebel schälen und in Ringe schneiden. Das Gemüse mit den abgekühlten Zuckererbsen und dem Ingwer mischen.

**3.** Aus den restlichen Zutaten ein Dressing bereiten und den Salat damit verrühren.

*Zubereitungszeit: ca. 30 Minuten*
*Pro Portion ca. 260 kcal/1092 kJ*
*8 g E, 5 g F, 44 g KH*

## *Ananas-Salat mit Radieschen*
*(oben)*

Für 4 Portionen

400 g Radieschen
200 g Ananasfruchtfleisch
2 Tomaten
Salz
Pfeffer
60 g Alfalfasprossen
3 El Weißweinessig
4 El Sonnenblumenöl
1 Prise Cayennepfeffer
2 El Schnittlauchröllchen

**1.** Die Radieschen waschen, putzen, trocken tupfen und in Scheiben schneiden. Das Ananasfruchtfleisch würfeln. Die Tomaten waschen, Kerne und Stielansätze entfernen und würfeln. Die Alfalfasprossen waschen, trocknen und alles in einer großen Schüssel vermengen.

**2.** Aus Essig, Sonnenblumenöl, Salz, Pfeffer und Cayennepfeffer ein Dressing bereiten, über den Salat geben und gut vermengen. Mit Schnittlauchröllchen bestreut servieren.

*Zubereitungszeit: ca. 20 Minuten*
*Pro Portion ca. 104 kcal/437 kJ*
*2 g E, 6 g F, 11 g KH*

## *Spinatsalat mit Joghurt* *(unten)*

Für 4 Portionen

1 kg Blattspinat
4 Knoblauchzehen
6 El Olivenöl
Salz
schwarzer Pfeffer
200 g Vollmilchjoghurt
Saft von 1/2 Zitrone

**1.** Den Spinat verlesen, putzen, waschen und abtropfen lassen. Den Knoblauch schälen und zerdrücken. 3 El Öl in einem großen Topf erhitzen und den Knoblauch darin andünsten. Den Spinat dazugeben und bei geringer Hitze zusammenfallen lassen. Spinat noch etwa 4 Minuten dünsten, dann mit Salz und Pfeffer würzen.

**2.** Den Joghurt mit Zitronensaft und dem restlichen Olivenöl verrühren. Spinat in eine Schüssel geben und mit dem Joghurt mischen. Dazu Fladenbrot reichen.

*Zubereitungszeit: ca. 25 Minuten*
*Pro Portion ca. 243 kcal/1020 kJ*
*8 g E, 21 g F, 5 g KH*

## *Rote-Bete-Salat mit Äpfeln* *(ohne Abb.)*

Für 4 Portionen

800 g Rote Bete
6 Äpfel
2 El Zitronensaft
2 El Frutilose
300 g saure Sahne
Salz
Pfeffer
4 El gehackte Mandeln

**1.** Die Rote Bete schälen und in feine Stifte schneiden (dabei möglichst Küchenhandschuhe verwenden, da Rote Bete stark färbt). Die Äpfel schälen, entkernen und grob reiben. Mit dem Zitronensaft beträufeln und mit den Rote-Bete-Stiften mischen.

**2.** Den Salat mit der Frutilose süßen, die saure Sahne unterheben. Mit Salz und Pfeffer abschmecken. Die gehackten Mandeln unterheben und den Salat auf Tellern anrichten.

*Zubereitungszeit: ca. 20 Minuten*
*Pro Portion ca. 280 kcal/1172 kJ*
*6 g E, 11 g F, 36 g KH*

## *Zucchinisalat mit Cashewkernen*

*(oben)*

Für 4 Portionen

4 Zucchini (ca. 800 g)
Salz, Pfeffer
10 El Olivenöl
4 Tomaten
2 Frühlingszwiebeln
1 Bund Thymian
100 g Cashewkerne
1 Kopf Radicchio
4 El Aceto balsamico

**1.** Die Zucchini waschen, putzen und in Scheiben schneiden. Salzen und pfeffern. 3 El Öl in einer Pfanne erhitzen und Zucchini kurz darin anbraten. Dann aus der Pfanne nehmen und abtropfen lassen.

**2.** Tomaten am Stielansatz kreuzweise einritzen und mit kochendem Wasser überbrühen.

**3.** Anschließend häuten, von Stielansätzen und Kernen befreien und das Fruchtfleisch würfeln.

**4.** Die Frühlingszwiebeln waschen, putzen und in Ringe schneiden. Den Thymian waschen, trocken schütteln, hacken, einige Blättchen beiseitelegen.

**5.** Die Cashewkerne in einer Pfanne ohne Fett rösten. Den Radicchio waschen, putzen und die Blätter auf Tellern verteilen. Zucchinischeiben und Tomatenwürfel mit den Frühlingszwiebeln darauflegen.

**6.** Aus Thymian, restlichem Olivenöl, Balsamico, Salz und Pfeffer ein Dressing bereiten und über den Salat geben. Die Cashewkerne darüberstreuen. Mit Thymianblättchen garniert servieren. Dazu Knoblauchbaguette reichen.

*Zubereitungszeit: ca. 30 Minuten*
*Pro Portion ca. 315 kcal/1323 kJ*
*9 g E, 24 g F, 16 g KH*

1. Den Staudensellerie putzen, waschen und in dünne Scheiben schneiden. Die Tomaten waschen, Stielansätze entfernen und das Fruchtfleisch würfeln. Die Champignons putzen, feucht abreiben und in Scheiben schneiden. Staudensellerie und Tomaten mit dem Zitronensaft in eine Schüssel geben.

2. Den Hüttenkäse mit dem zerdrückten Ziegenkäse und der Sahne mischen. Mit dem Kräuteressig, dem Honig, Salz, Pfeffer, Cayennepfeffer und dem frisch geriebenen Ingwer verrühren und über den Salat geben.

*Zubereitungszeit: ca. 20 Minuten*
*Pro Portion ca. 207 kcal/867 kJ*
*11 g E, 11 g F, 11 g KH*

## Staudenselleriesalat mit Käsedressing

*(oben)*

Für 4 Portionen

400 g Staudensellerie
4 Tomaten
100 g Champignons
Saft von 1/2 Zitrone
200 g Hüttenkäse
30 g Ziegenkäse
100 ml Sahne
3 El Kräuteressig
1 Tl Honig
Salz
Pfeffer
Cayennepfeffer
1/4 Tl frisch geriebener Ingwer

## Fitmachersalat mit Sprossen

*(unten)*

Für 2 Portionen

100 g krauser Endiviensalat
1/2 Bund Radieschen
100 g Mungobohnensprossen
2 El Sonnenblumenkerne
1/4 Bund Schnittlauch
1/4 Bund Petersilie
2 El Kräuteressig
Salz
Pfeffer
3 El Rapsöl

1. Den Endiviensalat putzen, waschen, trocken schleudern und in feine Streifen schneiden. Die Radieschen putzen, waschen und in hauchdünne Scheiben schneiden.

2. Die Sprossen in kochendem Wasser blanchieren und abtropfen lassen. Die Sonnenblumenkerne in einer beschichteten Pfanne ohne Zugabe von Fett goldgelb rösten und auf einem Teller auskühlen lassen.

3. Die Kräuter waschen und trocken tupfen. Den Schnittlauch in feine Röllchen schneiden. Die Petersilie von den Stielen zupfen und die Blättchen fein hacken. Essig mit dem Salz und Pfeffer verrühren und anschließend das Öl darunterschlagen.

4. Die Salatzutaten in eine Schüssel geben. Die Marinade daruntermischen und den Salat nochmals abschmecken.

*Zubereitungszeit: ca. 25 Minuten*
*Pro Portion ca. 152 kcal/638 kJ*
*5 g E, 12 g F, 3 g KH*

## Garnelensalat mit frischer Mango

*(links)*

Für 4 Portionen

1 große feste Mango
7 rote Thai-Zwiebeln
3 Knoblauchzehen
100 g Ingwerwurzel
5 rote Chilischoten
2 Korianderzweige
300 g rohe ungeschälte Garnelen ohne Kopf
3 El Fischsauce

**1.** Die Mango schälen, in dünne Scheiben schneiden, dann fein würfeln. Zwiebeln und Knoblauch schälen und ebenfalls in feine Würfel schneiden. Den Ingwer schälen und in sehr feine Streifen schneiden.

**2.** Chilischoten waschen, halbieren und die Kerne und Stielansätze entfernen. Den Koriander waschen, trocken tupfen und zusammen mit den Chilis hacken.

**3.** Die Garnelen waschen, aus der Schale lösen und die Därme entfernen. 1,5 l Wasser in einem Topf zum Kochen bringen, die Garnelen 1 Minute darin garen, dann abgießen und abtropfen lassen.

**4.** Zwiebeln, Knoblauch und Chilis mit der Fischsauce verrühren. Mango, Garnelen und Ingwer hinzufügen und vermengen. In Portionsschälchen füllen und mit Koriander bestreut servieren.

*Zubereitungszeit: ca. 20 Minuten*
*Pro Portion ca. 117 kcal/491 kJ*
*2 g F, 12 g KH, 24 g E*

## *Rucola-Kartoffel-Salat mit Erbsen und Speck*

*(unten)*

Für 4 Portionen

200 g Rucola
4 gekochte Kartoffeln mit Schale
100 g Erbsen aus der Dose
1 Knoblauchzehe
4 El Sonnenblumenöl
6 El Weißweinessig
Salz, Pfeffer
100 g Räucherspeck
4 Scheiben Frühstücksspeck

**1.** Rucola waschen, trocken schütteln und in Streifen schneiden. Die Kartoffeln schälen und in Würfel schneiden.

**2.** Die Erbsen abtropfen lassen. Die Knoblauchzehe schälen und hacken. Zutaten in eine Schüssel geben.

**3.** Öl, Essig und Gewürze verrühren und über den Salat geben. Den Speck würfeln und mit den Scheiben in einer Pfanne auslassen. Zuletzt über den Salat geben.

*Zubereitungszeit: ca. 20 Minuten*
*(plus Bratzeit)*
*Pro Portion ca. 215 kcal/903 kJ*
*9 g E, 7 g F, 25 g KH*

## *Früchtetraum mit Gorgonzola*

*(rechts oben)*

Für 4 Portionen

200 g Gorgonzola
6–7 El Sahne
1–2 El Milch
4 El Walnüsse
400 g Pflaumen
200 g Birnen
etwas Zimt

**1.** Den Gorgonzola mit einer Gabel zerdrücken. Die Sahne zugeben und zu einer cremigen Masse rühren. Eventuell etwas Milch zugeben. Käsemasse in einen Spritzbeutel geben und in den Kühlschrank legen.

**2.** Die Walnüsse hacken, in einer Pfanne ohne Fett etwa 4 Minuten goldbraun rösten. Die gewaschenen Pflaumen entsteinen und vierteln. Die Birnen schälen, entkernen und das Fruchtfleisch vierteln. Das Obst auf 4 Desserttellern anrichten.

**1.** Den Chicorée putzen, waschen, den bitteren Strunk keilförmig herausschneiden und die Stauden in ca. 2 cm breite Streifen schneiden. Die Grapefruits schälen, dabei die weiße Innenhaut entfernen. Die Filets vorsichtig zwischen den Trennhäuten herauslösen und mit dem Chicorée in einer Schüssel mischen. Die Mandarinen in einem Sieb gut abtropfen lassen. Den Saft auffangen. Mandarinen unter den Salat heben.

**2.** Honig, Senf, Paprikamark und 70 ml Mandarinensaft verrühren. Mit Salz, Tabasco und Worcestersauce abschmecken. Über den Salat geben und gut unterrühren.

*Zubereitungszeit: ca. 30 Minuten*
*Pro Portion ca. 134 kcal/563 kJ*
*3 g E, 1 g F, 25 g KH*

**3.** Die Käsemasse in großen Klecksen auf das Obst spritzen. Die Walnüsse darüberstreuen und alles mit etwas Zimt bestäuben.

*Zubereitungszeit: ca. 25 Minuten*
*Pro Portion ca. 310 kcal/1302 kJ*
*12 g E, 21 g F, 18 g KH*

## Chicoréesalat mit Mandarinen-Honig-Dressing *(rechts)*

Für 4 Portionen

4 Chicoréestauden (ca. 500 g)
2 rosa Grapefruits
175 g Mandarinenfilets aus der Dose
2 El Honig
1 Tl Senf
2 El Paprikamark
Salz
Tabasco
Worcestersauce

## *Avocadosalat mit Früchten* *(unten)*

Für 4 Portionen

200 g Brombeeren
3 Avocados
2 El Zitronensaft
200 g Champignons
2 El Distelöl
Salz
Zitronenpfeffer
150 g Cocktailtomaten
4 El Grapefruitsaft
3 El Bananensaft
3 El Grenadine
3 pürierte Kiwis
6 El Kürbiskernöl
125 ml Gemüsebrühe
Pfeffer

**1.** Die Brombeeren waschen und trocknen. Die Avocados halbieren, entkernen, schälen und in schmale Spalten schneiden. Mit dem Zitronensaft beträufeln.

**2.** Die Champignons putzen, waschen, trocknen und halbieren. Das Distelöl in einer Pfanne erhitzen und die Champignons darin andünsten. Mit Salz und Zitronenpfeffer würzen. Die Tomaten putzen, waschen, halbieren, zu den Pilzen geben und ca. 3 Minuten ziehen lassen. Aus der Pfanne nehmen und abkühlen lassen.

**3.** Die Brombeeren und die Avocadospalten unterheben. Die Saftmischung mit dem Kiwipüree, dem Kürbiskernöl und der Gemüsebrühe mischen. Mit Salz und Pfeffer abschmecken. Die Sauce über den Salat geben und mit Kiwischeiben garniert servieren.

*Zubereitungszeit: ca. 25 Minuten*
*Pro Portion ca. 390 kcal/1639 kJ*
*6 g E, 40 g F, 5 g KH*

## Fenchel-Möhren-Salat *(links oben)*

Für 4 Portionen

3 mittelgroße Fenchelknollen
4 Möhren
3 El Zitronensaft
2 El Kräuteröl
4 Scheiben Vollkorntoast, gewürfelt
200 g Kefir
2 El Milch
1–2 Tl Tomatenmark
1 El süßer Senf
100 g Feta-Käse
Salz
Pfeffer
1/2 Bund Basilikum

**1.** Den Fenchel putzen, waschen und nicht zu fein hobeln. Die Möhren putzen, waschen, schälen und ebenfalls hobeln. Fenchel und Möhren mischen und mit 2 El Zitronensaft beträufeln.

**2.** Das Kräuteröl in einer Pfanne erhitzen, die Brotwürfel knusprig braun rösten und anschließend auf Küchenpapier abtropfen lassen. Für die Sauce den Kefir mit Milch, Tomatenmark und Senf verrühren. Den Käse zerbröseln und unterrühren. Mit Salz, Pfeffer und 1 El Zitronensaft abschmecken. Das Basilikum waschen, trocknen und in Streifen schneiden.

**3.** Das Gemüse mit der Sauce vermischen, auf Tellern anrichten und mit Basilikumstreifen und Croûtons garniert servieren.

*Zubereitungszeit: ca. 35 Minuten*
*Pro Portion ca. 288 kcal/1210 kJ*
*13 g E, 15 g F, 23 g KH*

## Garnelensalat mit Sprossen

*(oben)*

Für 4 Portionen

350 g Sojabohnensprossen
2 El Sesamsamen
1 Bund Brunnenkresse
16 gekochte große Krabben
2 El Sojasauce
1 El Reiswein
1 El Essig
1 El Sesamöl
Salz, Pfeffer
Honig nach Geschmack

**1.** Die Sojabohnensprossen in kochendem Wasser 30 Sekunden blanchieren, abgießen und eiskalt abschrecken. Abkühlen lassen.

**2.** Die Sesamsamen in einer Pfanne ohne Fett goldbraun rösten. Die Brunnenkresse waschen, trocken schütteln und zerpflücken. Mit den Sojasprossen, Krabben und dem Sesam mischen.

**3.** Aus Sojasauce, Reiswein, Essig, Sesamöl, Salz, Pfeffer und Honig ein Dressing rühren und über den Salat geben. Gut durchrühren und servieren.

*Zubereitungszeit: ca. 20 Minuten*
*Pro Portion ca. 223 kcal/937 kJ*
*34 g E, 6 g F, 8 g KH*

## *Erbsensprossensalat mit Tomaten*

*(oben)*

Für 4 Portionen

200 g Erbsensprossen
2 El Butter
Kräutersalz
Pfeffer
1 Tl getrockneter Majoran
250 g Tomaten
1 Zwiebel
50 g Schafskäse
4 El Weißweinessig
3 El Sonnenblumenöl
2 El gehacktes Basilikum

**1.** Die Erbsensprossen waschen und trocknen. Butter in einer Pfanne erhitzen und die Sprossen etwa 2 Minuten darin andünsten. Mit Kräutersalz, Pfeffer und getrocknetem Majoran würzen und abkühlen lassen.

**2.** Tomaten waschen, vom Stielansatz befreien und würfeln. Zwiebel schälen, hacken und mit den Sprossen und Tomaten mischen. Schafskäse darüberbröckeln.

**3.** Weißweinessig und Sonnenblumenöl verrühren und über den Salat geben. Mit Basilikum bestreut servieren.

*Zubereitungszeit: ca. 20 Minuten*
*Pro Portion ca. 127 kcal/533 kJ*
*6 g E, 9 g F, 5 g KH*



## *Rote-Bete-Salat mit Meerrettich*

*(unten)*

Für 1–2 Portionen

150 g Rote Bete
1/2 Apfel
Saft von 1/2 Zitrone
1 El Sahnemeerrettich
1 El Rotweinessig
3 El Pflanzenöl
1/2 El Senf
Salz, Pfeffer
1 El Sonnenblumenkerne

**1.** Rote Bete und Apfel schälen, Rote Bete reiben, Apfel würfeln und mit Zitronensaft beträufeln. In eine Schüssel geben, dabei aber einige Apfelstücke zum Garnieren zurückbehalten.

**2.** Meerrettich, Essig, Öl, Senf und Gewürze zu einem Dressing verrühren und den Salat damit vermischen.

**3.** Sonnenblumenkerne ohne Fett rösten und mit den restlichen Apfelstücken über den Salat streuen.

*Zubereitungszeit: ca. 20 Minuten*
*Pro Portion ca. 205 kcal/861 kJ*
*3 g E, 13 g F, 16 g KH*

## Gurkensalat mit Erdnüssen *(unten)*

Für 4 Portionen

3 Salatgurken
100 g gesalzene Erdnüsse
1 Zwiebel
3 Knoblauchzehen
2 El Erdnussöl
Sojasauce
Austernsauce
Salz und Pfeffer

**1.** Die Gurken waschen, schälen und längs vierteln. Die Kerne entfernen und die Gurken fein raspeln. Die Erdnüsse im Mörser klein stoßen und unter die Gurken mischen. Die Zwiebel schälen und in sehr feine Würfel schneiden. Ebenfalls untermengen.

**2.** Die Knoblauchzehen schälen, fein hacken und in dem Erdnussöl goldbraun braten. Über den Gurkensalat geben und vorsichtig mit Soja- und Austernsauce und den Gewürzen abschmecken.

*Zubereitungszeit: ca. 25 Minuten*
*Pro Portion ca. 180 kcal/756 kJ*
*8 g E, 12 g F, 8 g KH*

## Pastasalat mit Meeresfrüchten *(oben)*

Für 4 Portionen

400 g mittelgroße Conchiglie
250 g Mayonnaise
3 El fein gehackter Estragon
1 El fein gehackte, glatte Petersilie
Cayennepfeffer
1 Tl frischer Zitronensaft
4 Radieschen
1 kleine rote Paprika
1 kg gekochte Schalentiere (Scampi, Hummer, Krebs in beliebiger Kombination), in mundgerechte Stücke zerteilt
Salz, Pfeffer

**1.** Die Pasta in einem großen Topf mit sprudelndem Salzwasser bissfest kochen. Abtropfen lassen, in eine große Schüssel geben und 1–2 El Mayonnaise unterziehen. Auf Zimmertemperatur abkühlen lassen und gelegentlich umrühren.

**2.** Den Estragon mit Petersilie, Cayennepfeffer und Zitronensaft in einer Schüssel mit der restlichen Mayonnaise gut verrühren. Radieschen putzen, waschen und in dünne Scheiben schneiden. Paprika putzen, waschen und in Julienne schneiden.

**3.** Die Meeresfrüchte mit den Radieschen und der Paprika an die Pasta geben und mit Salz und Pfeffer abschmecken. Die Estragonmayonnaise unterrühren. Abdecken und vor dem Servieren kühl stellen. Falls der Salat zu trocken ist, noch etwas Zitronensaft oder Mayonnaise unterrühren.

*Zubereitungszeit: ca. 30 Minuten*
*Pro Portion ca. 598 kcal/2512 kJ*
*23 g E, 24 g F, 71 g KH*

## Kresseteller
*(unten)*

Für 4 Portionen

200 g Brunnenkresse
100 g Feldsalat
3 El Rosinen
1 Baby-Ananas
1 Orange
1 rosa Grapefruit
3 El Pinienkerne
4 El Ananassaft
2 El Obstessig
4 El Traubenkernöl
Salz

**1.** Die Brunnenkresse waschen, trocknen und die Blättchen abzupfen. Den Feldsalat putzen, waschen und trocknen. Die Rosinen in etwas Wasser einweichen.

**2.** Die Baby-Ananas schälen und in Würfel schneiden. Die Orange und die Grapefruit schälen, sodass auch die weiße Haut entfernt ist und die einzelnen Filets herausschneiden.

**3.** Die Pinienkerne in einer Pfanne ohne Fett anrösten. Alle Zutaten bis auf die Pinienkerne in eine Schüssel geben und mischen.

**4.** Für die Marinade den Ananassaft mit dem Obstessig und dem Traubenkernöl verrühren und mit Salz und Pfeffer abschmecken. Den Salat damit beträufeln und mit den Pinienkernen garniert servieren.

*Zubereitungszeit: ca. 25 Minuten*
*Pro Portion ca. 260 kcal/1092 kJ*
*4 g E, 14 g F, 25 g KH*



## Geflügelsalat mit Spargel und Pilzen
*(rechts oben)*

Für 4 Portionen

Fleisch von 1/2 gekochten Hühnchen
100 g Spargelköpfe aus dem Glas
125 g Champignons
1 Scheibe Ananas
1 Apfel
4 El Salatcreme
75 g Joghurt
Salz
Pfeffer
1 Tl Currypulver
1 Prise Zucker
1 El Obstessig

**1.** Das Fleisch fein würfeln. Die Spargelköpfe in einem Sieb abtropfen lassen. Champignons putzen und in Scheiben schneiden, die Ananasscheibe würfeln.

**1.** Gemüse waschen und putzen. Die Gemüsegurken schälen und fein würfeln. Von den Tomaten die Stielansätze entfernen und würfeln. Die Paprikaschote entkernen und würfeln, die Frühlingszwiebeln in dünne Ringe schneiden. Die Salatzutaten mit den gehackten Kräutern mischen.

**2.** Den Knoblauch schälen und fein hacken. Mit dem Limettensaft, Olivenöl, Salz und Pfeffer verrühren und über den Salat geben. 2 Pittabrote toasten, in Stücke brechen und über den Salat streuen.

*Zubereitungszeit: ca. 25 Minuten*
*Pro Portion ca. 428 kcal/1798 kJ*
*5 g E, 32 g F, 29 g KH*

**2.** Den Apfel waschen, schälen, entkernen und würfeln und die Zutaten miteinander vermischen.

**3.** Salatcreme mit Joghurt, Salz, Pfeffer, Currypulver, Zucker und Obstessig verrühren und über den Salat geben.

*Zubereitungszeit: ca. 20 Minuten*
*Pro Portion ca. 130 kcal/546 kJ*
*11 g E, 4 g F, 12 g KH*

## Gemüsesalat libanesischer Art

*(rechts)*

Für 4 Portionen

2 kleine Gemüsegurken
3 Tomaten
1 grüne Paprikaschote
3 Frühlingszwiebeln
je 4 El frisch gehackte Minze, Petersilie und Koriander
3 Knoblauchzehen
Saft von 3 Limetten
125 ml Olivenöl
Salz, Pfeffer
2 Pitabrote

# Rigatoni-Lachs-Salat

*(unten)*

*Für 4 Portionen*

2 El Mandelblättchen
500 g Brokkoli
3 Petersilienstängel
250 ml trockener Weißwein
Salz
3 Scheiben von 1 unbehandelten Zitrone
300 g Lachsfilet
300 g Rigatoni
100 g Butter
2 g Safranpulver
Pfeffer

**1.** Die Mandelblättchen in einer Pfanne unter häufigem Rühren ohne Fett anrösten, herausnehmen und zur Seite stellen. Den Brokkoli waschen, in Röschen zerteilen, die Stiele schälen und in kleine Stücke schneiden.

**2.** Petersilie waschen und mit dem Wein, 125 ml Wasser, 1 Tl Salz und Zitronenscheiben aufkochen. Gleichzeitig für die Nudeln 3 l kräftig gesalzenes Wasser zum Kochen bringen. Das Lachsfilet waschen, in den Weinsud geben und zugedeckt bei milder Hitze ca. 7 Minuten gar ziehen lassen.

**3.** Die Nudeln im Salzwasser bissfest kochen. Nach ca. 4 Minuten Garzeit die Brokkolistiele und nach weiteren 2 Minuten die Röschen zu den Nudeln geben und mitgaren. Die Nudel-Brokkoli-Mischung in ein Sieb gießen, abschrecken und abtropfen lassen.

**4.** Den Lachs aus dem Sud heben und in größere Stücke zerteilen. Den Sud durch ein Sieb gießen und auffangen.Die Butter aufschäumen und mit der Schaumkelle die weiße Molke abschöpfen. Den Fischsud angießen, das Safranpulver unter Rühren darin auflösen und die Sauce bei starker Hitze um etwa ein Drittel einkochen lassen. Vom Herd nehmen und etwas abkühlen lassen.

**5.** Anschließend über die Nudel-Brokkoli-Mischung geben und so lange vermengen, bis die Nudeln gleichmäßig gelb gefärbt sind. Die Lachsstücke vorsichtig unterheben und mit Salz und Pfeffer abschmecken. Den Salat mit Mandelblättchen bestreut lauwarm servieren.

*Zubereitungszeit: ca. 30 Minuten*
*Pro Portion ca. 605 kcal/2541 kJ*
*28 g E, 31 g F, 44 g KH*

## Gurkensalat mit Forelle *(links oben)*

Für 4 Portionen

3 Salatgurken
Salz
125 ml Sahne
Pfeffer
1 Msp. Cayennepfeffer
Saft von 1 Zitrone
4 geräucherte Forellenfilets

**1.** Die Salatgurken waschen und trocknen. 1 Gurke schälen und entkernen und mit etwas Salz pürieren.

**2.** Die Sahne steif schlagen, unter das Gurkenpüree heben und mit Pfeffer, Cayennepfeffer und dem Zitronensaft abschmecken.

**3.** Die zweite Salatgurke schälen, fein hobeln und unter die Sauce heben. Die Forellenfilets in Rauten schneiden und zum Gurkensalat geben.

**4.** Die letzte Salatgurke in dünne Scheiben schneiden. Auf den Tellerrändern anrichten und den Salat daraufgeben.

*Zubereitungszeit: ca. 20 Minuten*
*Pro Portion ca. 222 kcal/932 kJ*
*19 g E, 13 g F, 6 g KH*

## Rote-Bete-Schüssel
*(unten)*

Für 4 Portionen

800 g Rote-Bete-Kugeln aus dem Glas
300 g Mais aus dem Glas
200 g Erbsen aus der Dose
3 hart gekochte Eier
100 ml Walnussöl
4 El Sherry-Essig
1 Knoblauchzehe
100 g Perlzwiebeln
2 El Kapern
1 El Zitronensaft
Salz, Pfeffer, 1 Tl Zucker
2 Bund Petersilie
100 g saure Sahne

**1.** Die Rote Bete in einem Sieb abtropfen lassen. Anschließend in Scheiben schneiden. Mais und Erbsen abtropfen lassen. Erbsen, Mais und Rote-Bete-Scheiben in eine Schüssel geben. Die Eier pellen, halbieren, das Eigelb zerdücken und das Eiweiß in Würfel schneiden. Das Eigelb mit dem Öl und dem Essig verrühren. Die Knoblauchzehe schälen und dazupressen.

**2.** Die Zwiebeln und die Kapern abtropfen lassen und zur Sauce geben. Mit Zitronensaft, Salz, Pfeffer und Zucker abschmecken. Die Petersilie waschen, trocknen, in Streifen schneiden und mit der sauren Sahne unter das Dressing rühren. Salat und Sauce auf Tellern anrichten, mit Eiweißwürfeln bestreuen und servieren.

*Zubereitungszeit: ca. 30 Minuten*
*Pro Portion ca. 634 kcal/2662 kJ*
*18 g E, 31 g F, 71 g KH*

## Gourmet-Friseesalat nach französischer Art *(rechts oben)*

Für 4 Portionen

150 g gehackte Walnüsse
1 El Dijon-Senf
1 El Rotweinessig
2 El Walnussöl
Salz
Pfeffer
400 g Friséesalat
2 Birnen
250 g Gorgonzola

**1.** Die Walnusskerne in einer Pfanne ohne Fett rösten. Den Senf mit dem Rotweinessig und dem Walnussöl verrühren und mit Salz und Pfeffer abschmecken.

**2.** Den Friséesalat waschen, trocknen und in mundgerechte Stücke teilen. Die Birnen waschen, schälen, halbieren, Kerngehäuse entfernen und Fruchtfleisch würfeln.

**3.** Den Gorgonzola in Streifen schneiden. Die Salatzutaten mischen, auf Teller verteilen und mit der Sauce beträufeln.

*Zubereitungszeit: ca. 25 Minuten*
*Pro Portion ca. 609 kcal/2559 kJ*
*5 g E, 14 g F, 6 g KH*

## Krebssalat mit Eiern
*(oben)*

Für 4 Portionen

4 Eier
1/4 rote Paprikaschote
450 g gekochtes Krebsfleisch
225 g Mayonnaise
5 El geschlagene Sahne
2 Tl Worcestersauce
1 Tl gehackter Dill
2 El Chilisauce
2 El gehackte Zwiebel
Salz
Cayennepfeffer
einige Salatblätter
4 Tomaten
8 Artischockenherzen
2 El frisch gehackter Koriander

**1.** Die Eier hart kochen, abschrecken und beiseitestellen. Die Paprikaschote waschen, entkernen und fein hacken. Mit Krebsfleisch, Mayonnaise, geschlagener Sahne, Worcestersauce, Dill, Chilisauce, gehackter Zwiebel, Salz und Cayennepfeffer mischen und pikant abschmecken.

**2.** Die Salatblätter auf Tellern verteilen und den Salat darauf anrichten. Die Eier schälen und achteln, die Tomaten waschen und achteln. Eier, Tomaten und Artischockenherzen auf dem Salat anrichten. Mit Koriander bestreut servieren.

*Zubereitungszeit: ca. 20 Minuten*
*Pro Portion ca. 675 kcal/2835 kcal*
*33 g E, 66 g F, 9 g KH*

## *Rohkostsalat mit Walnuss-Vinaigrette*

*(unten)*

Für 4 Portionen

150 g Möhren
150 g Staudensellerie
2 Romana-Salatherzen
1 Apfel (150 g)
4 El Weißweinessig
6 El Öl
3 El Walnussöl
Salz
Pfeffer
1/2 Tl Zucker
50 g Walnusskerne
4 Stiele glatte Petersilie

**1.** Möhren waschen, schälen und schräg in dünne Scheiben schneiden. Staudensellerie waschen, schälen, die Fäden abziehen und die Stangen ebenfalls schräg in dünne Scheiben schneiden. Das helle Grün hacken und beiseitelegen.

**2.** Romana-Salat putzen, waschen und trocken schleudern. Apfel waschen, vierteln, entkernen und in feine Spalten schneiden, mit 1 El Essig mischen.

**3.** Öl und Walnussöl mit 3 El Essig, Salz, Pfeffer und Zucker zu einer Vinaigrette verrühren.

**4.** Walnusskerne in einer beschichteten Pfanne ohne Fett goldbraun rösten. Die Petersilie waschen, trocknen, Blätter abzupfen und grob hacken. Apfelspalten, Gemüse und Romana-Salat auf einer Platte anrichten und mit der Vinaigrette beträufeln. Vorsichtig mischen und mit Walnusskernen, Petersilie und Selleriegrün garnieren.

*Zubereitungszeit: ca. 30 Minuten*
*Pro Portion ca. 485 kcal/2037 kJ*
*26 g E, 39 g F, 9 g KH*

## Mango-Sternfrucht-Salat mit Ingwer

*(oben)*

Für 4 Portionen

4 Sternfrüchte
2 Mangos
1 Frühlingszwiebel
15 g frisch geriebener Ingwer
2 El Limoncello
(italienischer Zitronenlikör)
4 El Zitronensaft
1 Tl süßer Senf
1 Tl gehackter Koriander
Salz
Pfeffer

**1.** Die Sternfrüchte waschen und in dünne Scheiben schneiden. Die Mangos schälen, entsteinen und würfeln. Die Frühlingszwiebel waschen, putzen und in feine Ringe schneiden. Obst und Zwiebeln in einer Schüssel mischen.

**2.** Den Ingwer mit Limoncello, Zitronensaft, süßem Senf und gehacktem Koriander verrühren und mit Salz und Pfeffer pikant abschmecken. Über die Früchte geben und servieren.

*Zubereitungszeit: ca. 20 Minuten*
*Pro Portion ca. 123 kcal/517 kJ*
*3 g E, 1 g F, 24 g KH*



## Maissalat mit Bohnensprossen

*(unten)*

Für 4 Portionen

1 rote Paprikaschote
250 g Maiskörner
aus der Dose
100 g Spargelspitzen
aus dem Glas
3 Frühlingszwiebeln
250 g Adzukibohnensprossen
1 Tomate
4 El Obstessig
8 El Sonnenblumenöl
1 Tl Senf
Salz
Pfeffer

**1.** Die Paprikaschote waschen, entkernen und würfeln. Mais und Spargel in einem Sieb abtropfen lassen und anschließend mit den Paprikawürfeln mischen. Die Frühlingszwiebeln waschen, putzen, fein hacken und mit den Adzukibohnensprossen darunter mischen.

**2.** In einem Topf Wasser zum Kochen bringen. Die Tomate am Stielansatz einritzen, im kochenden Wasser blanchieren und abschrecken. Anschließend häuten, entkernen und fein pürieren. Das Tomatenpüree mit Obstessig, Sonnenblumenöl, Senf, Salz und Pfeffer verrühren und das Dressing über den Salat geben.

*Zubereitungszeit: ca. 20 Minuten*
*Pro Portion ca. 114 kcal/478 kJ*
*4 g E, 6 g F, 11 g KH*

## Shrimpscocktail mit Mandarinen

*(rechts)*

Für 4 Portionen

300 g geschälte Shrimps
1 El Zitronensaft
200 g Mandarinen aus der Dose
150 g Feldsalat
200 g Austernpilze
2 El Öl
100 g Mungobohnensprossen aus der Dose
10 El Gewürzketchup
6 El Schmand
2 El Olivenöl
Salz
Pfeffer
1/2 Tl Paprikapulver
4 Blätter Lollo Rosso

**1.** Die Shrimps waschen, trocken tupfen und in einer Schüssel mit dem Zitronensaft beträufeln. Mandarinen abtropfen lassen, Feldsalat putzen.

**2.** Die Austernpilze putzen und in Stücke schneiden. In einer Pfanne das Öl erhitzen und die Pilze unter Rühren 3 Minuten schmoren. Die Bohnensprossen abtropfen lassen. Die Salatzutaten zu den Shrimps geben.

**3.** Ketchup mit Schmand, Olivenöl und Gewürzen verrühren und über den Salat geben. Diesen dann auf den Lollo-Rosso-Blättern anrichten.

*Zubereitungszeit: ca. 25 Minuten*
*Pro Portion ca. 217 kcal/911 kJ*
*18 g E, 9 g F, 15 g KH*

## Zucchinisalat mit Rosinen und Oliven

*(unten)*

Für 4 Portionen

2 El Sherry
2 El Sherry-Essig
4 El Olivenöl
1 Tl Senf
Salz
Pfeffer
100 g Rosinen
150 g Schafskäse
200 g schwarze Oliven ohne Stein
500 g Zucchini
1 Lollo Rosso
1 El frische Oreganoblättchen

**1.** Aus Sherry, Essig, Öl, Senf, Salz und Pfeffer ein Dressing rühren. Die Rosinen heiß waschen, den Käse zerbröckeln und die Oliven in Scheiben schneiden. Alles mit dem Dressing mischen.

**2.** Die Zucchini putzen, waschen, trocknen, vierteln und in Scheiben schneiden. Lollo Rosso in Blätter teilen, eine Platte damit auslegen. Zucchinisalat darauf verteilen und die Salatsauce darübergeben. Mit Oreganoblättchen garniert servieren.

*Zubereitungszeit: ca. 20 Minuten*
*Pro Portion ca. 388 kcal/1630 kJ*
*10 g E, 28 g F, 22 g KH*

## Pflücksalat mit Ziegenkäse

*(unten)*

Für 4 Portionen

600 g Pflücksalat
100 g Walnüsse
1/2 Bund Schnittlauch
100 ml Traubensaft
1/2 Tl Senf
1 El Aceto balsamico
2 El Walnussöl
1 El Traubenkernöl
Salz
Pfeffer
200 g Ziegenkäse

**1.** Den Pflücksalat waschen, putzen, trocken schleudern und zerteilen. Die Walnüsse hacken. Den Schnittlauch waschen, trocken schütteln und in Röllchen schneiden. Mit Salat und Walnüssen mischen.

**2.** Traubensaft mit Senf, Aceto balsamico, Walnussöl, Traubenkernöl, Salz und Pfeffer zu einem Dressing verrühren und über den Salat geben. Den Ziegenkäse entrinden, in Streifen schneiden, in einer Pfanne erwärmen und zum Salat geben.

*Zubereitungszeit: ca. 30 Minuten*
*Pro Portion ca. 370 kcal/1554 kJ*
*19 g E, 28 g F, 11 g KH*

## Gemüsesalat mit Palmherzen

*(oben)*

Für 4 Portionen

je 200 g Palmherzen und Bambussprossen aus der Dose
650 g Paksoi
Salz
4 Zwiebeln
2 Knoblauchzehen
7 El Sesamöl

125 ml Gemüsebrühe
200 g Rettich
2 Noriblätter
8 El Sojasauce
6 El Zitronensaft
8 El süßer Reiswein
5 El Gemüsefond
1 El Fünf-Gewürz-Pulver
Pfeffer

**1.** Palmherzen und Bambussprossen in einem Sieb gut abtropfen lassen. Den Paksoi waschen, putzen und in Streifen schneiden. In kochendem Salzwasser 3 Minuten blanchieren und abtropfen lassen. Die Zwiebeln schälen und würfeln, den Knoblauch schälen und zerdrücken.

**2.** 4 El Öl in einer Pfanne erhitzen und Zwiebeln und Knoblauch andünsten. Abgetropfte Palmherzen und Bambussprossen klein schneiden und zu den Zwiebeln geben. Die Gemüsebrühe angießen, den Rettich schälen, würfeln und hinzufügen. Die Noriblätter in einer Pfanne anrösten.

**3.** Sojasauce, Zitronensaft, Reiswein, restliches Sesamöl, Gemüsefond und Fünf-Gewürz-Pulver verrühren und mit Salz und Pfeffer abschmecken.

**4.** Den Paksoi zum Pfannengemüse geben und erwärmen. Alles auf Teller verteilen und mit der Sauce beträufeln. Die Noriblätter klein zupfen und über den Salat streuen.

*Zubereitungszeit: ca. 30 Minuten*
*Pro Portion ca. 184 kcal/773 kJ*
*5 g E, 13 g F, 10 g KH*

## *Insalata Caprese*

*(oben)*

Für 4 Portionen

4 große Tomaten
300 g Büffelmozzarella
1 Bund Basilikum
Salz, Pfeffer
6 El Olivenöl

**1.** Die Tomaten waschen, die Stielansätze entfernen und die Tomaten in Scheiben schneiden.

**2.** Den Mozzarella abtropfen lassen und ebenfalls in Scheiben schneiden. Das Basilikum waschen, trocken schütteln und die Blättchen von den Stängeln zupfen. Tomaten und Mozzarella abwechselnd auf einer großen Platte anrichten und die Mozzarellascheiben je mit einem Basilikumblatt belegen.

**3.** Den Salat mit Salz und frisch gemahlenem schwarzen Pfeffer würzen. Das Olivenöl darüberträufeln.

*Zubereitungszeit: ca. 20 Minuten*
*Pro Portion ca. 370 kcal/1554 kJ*
*15 g E, 33 g F, 3 g KH*

## Romanasalat mit Tomaten und Oliven

*(oben)*

Für 4 Portionen

500 g Eiertomaten
1 Kopf Romanasalat
150 g grüne, mit Mandeln gefüllte Oliven
1 Gemüsezwiebel
2 El Crème fraîche
1 Tl Senf
2 El Rotweinessig
Salz, Pfeffer
2 El Olivenöl
2 El Distelöl

**1.** Die Tomaten an den Stielansätzen kreuzweise einritzen, in kochendem Wasser kurz blanchieren und abschrecken. Anschließend häuten, von den Stielansätzen und Kernen befreien und würfeln. Den Romanasalat putzen, waschen, trocken schleudern und in 3 cm breite Streifen schneiden.

**2.** Die Oliven in Scheiben schneiden, die Gemüsezwiebel schälen und in dünne Ringe schneiden. Alle Zutaten miteinander vermischen. Aus Crème fraîche, Senf, Rotweinessig, Salz, Pfeffer und den Ölen ein Dressing rühren und den Salat damit vermengen.

*Zubereitungszeit: ca. 30 Minuten*
*Pro Portion ca. 187 kcal/785 kJ*
*5 g E, 16 g F, 6 g KH*

## Nudelsalat mit Räucherlachs

*(rechts unten)*

Für 4 Portionen

200 g Muschelnudeln
Salz
150 g Erbsen (TK)
1 El Öl
2 Eier
200 g Räucherlachs
150 g Vollmilchjoghurt
150 g Crème fraîche
1 Tl abgeriebene Schale einer unbehandelten Zitrone
3 El Zitronensaft
Pfeffer
Zucker
1/2 Bund Dill

**1.** Die Muschelnudeln in reichlich Salzwasser nach Packungsanweisung kochen und abkühlen lassen. Erbsen 2 Minuten vor Ende der Garzeit dazugeben, mitkochen, abgießen und mit Öl mischen. Die Eier 10 Minuten kochen, abschrecken, pellen und sechsteln. Den Lachs in breite Streifen schneiden, aufrollen.

**2.** Joghurt, Crème fraîche, Zitronenschale und -saft verrühren und mit Salz, Pfeffer und 1 Prise Zucker würzen. Die Nudeln mit Erbsen, Eiern, Lachs und der Sauce verrühren und kurz durchziehen lassen. Mit gehacktem Dill bestreut servieren.

*Zubereitungszeit: ca. 30 Minuten*
*Pro Portion ca. 490 kcal/2054 kJ*
*25 g E, 24 g F, 44 g KH*

## Gemüsesalat mit Peperoni *(links)*

Für 4 Portionen

1 Zucchini
1/2 Salatgurke
4 rote Zwiebeln
4 Tomaten
2 eingelegte milde Peperoni
100 g Staudensellerie
100 g Mais aus der Dose
1/2 Bund Kresse
1/2 Bund Basilikum
100 g Joghurt
250 ml Buttermilch
gemahlener Kreuzkümmel
Nelkenpulver
Knoblauchpulver
Salz
Pfeffer

**1.** Die Zucchini waschen, trocknen, putzen und in Scheiben schneiden. Die Salatgurke heiß abwaschen, trocknen und in dünne Scheiben schneiden. Die Zwiebeln schälen und in dünne Ringe schneiden.

**2.** Die Tomaten waschen, von den Stielansätzen befreien und in Scheiben schneiden. Die Peperoni abtropfen lassen und fein hacken. Den Staudensellerie waschen und putzen und in Stücke schneiden. Den Mais abtropfen lassen. Die Kräuter waschen, trocken schütteln und das Basilikum hacken.

**3.** Aus Joghurt, Buttermilch, den Gewürzen, Salz und Pfeffer ein Dressing bereiten. Die Salatzutaten in einer Schüssel mit dem Dressing mischen, das Basilikum unterheben und mit Kresse garniert servieren.

*Zubereitungszeit: ca. 25 Minuten*
*Pro Portion ca. 122 kcal/512 kJ*
*8 g E, 3 g F, 15 g KH*

## *Chicoréesalat mit Trauben und Melone*

*(oben)*

Für 4 Portionen

2 Chicoréestauden
400 g grüne Trauben
1 Mango
1/2 Honigmelone
100 g getrocknete Datteln
250 ml Buttermilch
5 El Grappa
2 El Crème double
3 El Mangosaft
Zitronenpfeffer
je 1 Prise Kardamom- und Nelkenpulver
50 g gehackte Pekannüsse
Blüten zum Garnieren

**1.** Den Chicorée waschen, halbieren, den bitteren Strunk herausschneiden, die Blätter in Streifen schneiden. Die Trauben gründlich waschen, halbieren und entkernen.

**2.** Die Mango schälen, halbieren, das Fruchtfleisch in Spalten vom Kern schneiden.

**3.** Die Melone entkernen und das Fruchtfleisch mit einem Kugelausstecher herauslösen. Die Datteln vom Kern befreien und in Streifen schneiden. Die Früchte und den Chicorée in einer Schüssel mischen.

**4.** Die Buttermilch mit dem Grappa, der Crème double und dem Mangosaft verrühren und mit den Gewürzen abschmecken. Über den Salat geben und mit den Pekannüssen und Blüten garniert servieren.

*Zubereitungszeit: ca. 30 Minuten*
*Pro Portion ca. 305 kcal/1281 kJ*
*6 g E, 11 g F, 44 g KH*

# Artischockensalat mit Trüffeln *(links unten)*

Für 4 Portionen

350 g Artischockenböden (aus der Dose)
400 g Romana-Salat
5 Eiertomaten
100 g gehobelter Parmesan
1/4 Bund Dill
1/4 Bund Petersilie
2 getrocknete Tomaten in Öl
1 Knoblauchzehe
1 El Kapern
6 schwarze Oliven ohne Stein
2 El Aceto balsamico
75 ml Olivenöl
1 Prise Zucker
Pfeffer
20 g Trüffel (aus dem Glas)

**1.** Die Artischockenböden in einem Sieb abtropfen lassen und in Stücke schneiden. Den Romana-Salat putzen, waschen, trocken schleudern und in Stücke zupfen. Die Tomaten putzen, waschen, halbieren und in schmale Spalten schneiden. Den Parmesan mit den Salatzutaten in eine Schüssel geben und alles mischen.

**2.** Die Kräuter waschen, trocknen und fein hacken. Die Kräuter mit den Tomaten, der geschälten Knoblauchzehe, Kapern und Oliven im Mixer pürieren. Essig und Öl dazugeben und zu einer glatten Paste verrühren. Mit Zucker und Pfeffer abschmecken.

**3.** Den Trüffel in dünne Scheiben schneiden. Die Salatzutaten auf Tellern anrichten und mit der Sauce beträufeln. Mit den Trüffelscheiben garniert servieren.

*Zubereitungszeit: ca. 20 Minuten*
*Pro Portion ca. 244 kcal/1024 kJ*
*5 g E, 22 g F, 8 g KH*

# Eisbergsalat mit Zitronenmelisse *(oben)*

Für 4 Portionen

1 Eisbergsalat
Saft von 1/2 Zitrone
Salz
Pfeffer
1 Tl Honig
200 ml Sahne
1/2 Bund Zitronenmelisse
einige Pfefferminzblättchen
einige Kirschtomaten zum Garnieren

**1.** Den Eisbergsalat putzen, waschen, trocken schleudern, die Blätter in mundgerechte Stücke zupfen und auf Teller verteilen.

**2.** Den Zitronensaft mit Salz, Pfeffer und dem Honig verrühren, dann die Sahne hinzufügen. Die Melisse und die Pfefferminzblättchen waschen, trocken schütteln, fein hacken und unter das Dressing heben.

**3.** Das Dressing über den Eisbergsalat geben. Die Kirschtomaten waschen, halbieren und den Salat damit garnieren.

*Zubereitungszeit: ca. 30 Minuten*
*Pro Portion ca. 176 kcal/740 kJ*
*2 g E, 15 g F, 7 g KH*

## Salat mit Gänsebrust
*(unten)*

Für 4 Portionen

200 g Maronen aus der Dose
2 El Butter
400 g geräucherte Gänsebrust
2 Äpfel
2 Frühlingszwiebeln
100 g Mayonnaise
1 El Zitronensaft
4 El Sahne
2 El Dickmilch
Salz
Pfeffer

**1.** Die Maronen in einem Sieb abtropfen lassen. Die Butter in einer Pfanne erhitzen und die Maronen darin 3 Minuten anschmoren. Herausnehmen und in eine Schüssel geben.

**2.** Die Gänsebrust in Würfel schneiden. Die Äpfel waschen, schälen, entkernen und grob reiben. Die Frühlingszwiebeln putzen, waschen und hacken. Mit Äpfeln und der Gänsebrust zu den Maronen geben und vermischen.

**3.** Die Mayonnaise mit Zitronensaft, Sahne und Dickmilch verrühren und mit Salz und Pfeffer abschmecken. Über den Salat geben, gut vermengen und servieren.

*Zubereitungszeit: ca. 20 Minuten*
*Pro Portion ca. 533 kcal/2239 kJ*
*26 g E, 36 g F, 27 g KH*



## Bunter Salat nach portugiesischer Art
*(rechts oben)*

Für 4 Portionen

2 große feste Tomaten
2 grüne Paprika
3 Möhren
1 Gemüsezwiebel
1 Ei
1 Bund Petersilie
5 Radieschen
1 Kopfsalat
1 El frisch gehackter Dill
5 El Öl
5 El Essig
Salz, Pfeffer

**1.** Die Tomaten waschen, vom Stielansatz befreien und in Scheiben schneiden. Die Paprikaschoten putzen, waschen, entkernen und in Streifen schneiden. Die Möhren waschen, schälen und reiben.

**2.** Die Gemüsezwiebel schälen und in dünne Ringe schneiden. Das Ei hart kochen, pellen und in Scheiben schneiden. Petersilie waschen, trocknen, Blätter abzupfen und hacken. Radieschen putzen, waschen und in Scheiben schneiden. Den Kopfsalat waschen, trocken schleudern und die Blätter zerpflücken. Das Gemüse in eine Salatschüssel geben.

**3.** Aus den restlichen Zutaten eine Salatsauce rühren, darübergießen und unterrühren. Mit Ei-Scheiben belegen und mit Petersilie bestreuen.

*Zubereitungszeit: ca. 20 Minuten*
*Pro Portion ca. 113 kcal/474 kJ*
*4 g E, 7 g F, 6 g KH*

## Zucchinisalat mit Melone *(rechts)*

Für 4 Portionen

2 eingelegte milde rote Peperoni
1 Cantaloupemelone
1/2 Zucchini
1/2 Schlangengurke
Saft von 1 Zitrone
125 g Naturjoghurt
2 El Pflanzenöl
2 El frisch gehackte, gemischte Kräuter
Salz, Pfeffer

**1.** Die Peperoni in einem Sieb abtropfen lassen. Die Melone schälen, die Kerne entfernen und das Fruchtfleisch würfeln. Die Zucchini waschen, putzen und in Würfel schneiden. Die Gurke ebenfalls waschen und würfeln.

**2.** Zutaten in eine Schüssel geben und mit etwas Zitronensaft beträufeln. Die abgetropften Peperoni in Ringe schneiden und unterheben.

**3.** Aus Joghurt, Öl, dem restlichen Zitronensaft, Kräutern, Salz und Pfeffer ein Dressing rühren und den Salat damit überziehen. Gut durchrühren und servieren.

*Zubereitungszeit: ca. 20 Minuten*
*Pro Portion ca. 73 kcal/307 kJ*
*2 g E, 4 g F, 6 g KH*

2. Mozzarella abtropfen lassen, in Scheiben schneiden und dazugeben. Olivenöl mit Aceto balsamico, dem frisch gehackten Basilikum, Salz und Pfeffer verrühren und über den Salat geben.

*Zubereitungszeit: ca. 25 Minuten*
*Pro Portion ca. 363 kcal/1525 kJ*
*13 g E, 31 g F, 7 g KH*

## Frühlingssalat mit Mozzarella und Avocado *(oben)*

Für 4 Portionen

200 g gemischter, küchenfertiger Blattsalat
2 Frühlingszwiebeln
1 rote Paprikaschote
1 Avocado
Zitronensaft
4 gewürfelte Tomaten
200 g Mozzarella
6 El Olivenöl
2 El Aceto balsamico
2 El frisch gehacktes Basilikum
Salz, Pfeffer

1. Den Blattsalat waschen und trocken schleudern. Die Frühlingszwiebeln waschen, trocknen, putzen und in Ringe schneiden. Die Paprikaschote waschen, trocknen, putzen, entkernen und in Streifen schneiden. Die Avocado schälen, den Kern entfernen und das Fruchtfleisch in Scheiben schneiden. Mit etwas Zitronensaft beträufeln und mit den anderen Salatzutaten mischen.



## Schlemmersalat mit Ingwer *(unten)*

Für 4 Portionen

1 Honigmelone
250 g Kirschen
250 g Himbeeren
250 g Pfirsiche
100 g Erdbeeren
50 g kandierter Ingwer
100 g gehackte Mandeln
100 ml Sahne
100 g Crème fraîche
1/4 Tl Vanillemark
2 Tl Honig
1 El Rum
1/4 Tl Ingwerpulver

1. Die Honigmelone schälen, entkernen und würfeln. Kirschen waschen und entsteinen, Himbeeren waschen und verlesen. Pfirsiche schälen, den Stein entfernen und das Fruchtfleisch würfeln, die Erdbeeren waschen und putzen, große Exemplare halbieren.

2. Den kandierten Ingwer fein würfeln. Obst und Ingwer mit den gehackten Mandeln mischen und auf Teller verteilen.

3. Sahne mit Crème fraîche, Vanillemark, Honig, Rum und Ingwerpulver verrühren und das Obst mit dem Dressing beträufeln.

*Zubereitungszeit: ca. 20 Minuten*
*Pro Portion ca. 408 kcal/1714 kJ*
*9 g E, 29 g F, 28 g KH*

## Spinatsalat mit Brie und Pfirsichen

*(oben)*

Für 4 Portionen

500 g frischer Spinat
2 El Sesam
200 g Brie
2 Pfirsiche
3 El Zitronensaft
Salz
Pfeffer
Muskat
4 El Rapsöl

**1.** Den Spinat putzen, die dicken Stiele dabei entfernen, waschen, trocken schleudern und in Streifen schneiden. Den Sesam in einer Pfanne ohne Fett rösten. Den Brie in Würfel schneiden. Die Pfirsiche waschen, häuten, den Stein entfernen, das Fruchtfleisch in Spalten schneiden und mit etwas Zitronensaft beträufeln.

**2.** Den restlichen Zitronensaft mit Salz, Pfeffer und Muskat verrühren, das Rapsöl zugeben und glatt rühren. Kräftig abschmecken. Spinat, Sesam, Briewürfel und Pfirsichspalten mit dem Dressing mischen und auf Tellern anrichten.

*Zubereitungszeit: ca. 20 Minuten*
*Pro Portion ca. 315 kcal/1323 kJ*
*12 g E, 28 g F, 3 g KH*

## Wurstsalat mit Radieschen

*(unten)*

Für 4 Portionen

400 g Lyoner
200 g Emmentaler
1 Zwiebel
1 Bund Radieschen
2 Frühlingszwiebeln
125 ml Rapsöl
6 El Weißweinessig
Salz
Pfeffer
1/2 Bund Schnittlauch
1 Tl gehackter Majoran

**1.** Die Lyoner pellen und in Scheiben schneiden, den Emmentaler in dünne Streifen schneiden. Die Zwiebel schälen und in dünne Ringe schneiden. Die Radieschen waschen, putzen und in Scheiben schneiden. Mit Wurst, Käse und Zwiebeln mischen.

**2.** Die Frühlingszwiebeln waschen, putzen, fein hacken und mit Rapsöl, Weißweinessig, Salz und Pfeffer verrühren. Über den Wurstsalat geben.

**3.** Den Schnittlauch waschen, trocken schütteln und in Röllchen schneiden. Den Salat mit den Schnittlauchröllchen und dem Majoran garniert servieren.

*Zubereitungszeit: ca. 20 Minuten*
*Pro Portion ca. 498 kcal/2092 kJ*
*28 g E, 42 g F, 3 g KH*

## Paprikasalat mit Ei und Blauschimmelkäse

*(unten)*

Für 4 Portionen

je 1 gelbe, grüne und rote Paprikaschote
1 Zwiebel
8 hart gekochte Eier
4 El Olivenöl
Saft von 2 Zitronen
Salz
Pfeffer
1 Tl gehackter Thymian
100 g Blauschimmelkäse

**1.** Paprikaschoten waschen, entkernen und würfeln. Die Zwiebel schälen und grob zerkleinern. Hart gekochte Eier schälen, würfeln und mit Paprika- und Zwiebelstücken mischen.

**2.** Aus Olivenöl, Zitronensaft, Salz, Pfeffer und gehacktem Thymian ein Dressing bereiten und den Salat damit beträufeln. Blauschimmelkäse zerkrümeln und darüberstreuen.

*Zubereitungszeit: ca. 20 Minuten*
*Pro Portion ca. 382 kcal/1604 kJ*
*23 g E, 27 g F, 10 g KH*

## Pfirsich-Rucola-Salat mit Cashewkernen

*(oben)*

Für 4 Portionen

500 g gemischte Blattsalate
100 g Rucola
150 g roher Schinken
250 g Pfirsiche aus der Dose
6 El Olivenöl
3 El Essig
Salz
Pfeffer
Cashewkerne zum Garnieren

**1.** Die Blattsalate putzen, waschen, trocken schütteln und klein zupfen. Den Rucola waschen und trocknen. Den Schinken in schmale, lange Streifen schneiden.

**2.** Die Pfirsiche in einem Sieb abtropfen lassen und in schmale Spalten schneiden.

**3.** Das Öl mit dem Essig verrühren und mit Salz und Pfeffer würzen. Die Salatzutaten in eine Schüssel geben und mit der Salatsauce beträufeln. 5 Minuten ziehen lassen.

**4.** Salat auf Tellern anrichten und mit Cashewkernen garniert servieren.

*Zubereitungszeit: ca. 20 Minuten*
*Pro Portion ca. 195 kcal/819 kJ*
*10 g E, 10 g F, 15 g KH*

# Pasta

2. Die Schalotten schälen und fein hacken. Den Himbeeressig mit 5–6 El der Spargelbrühe, dem Senf, der Zitronenschale und den Kräutern verrühren. Mit Salz, Pfeffer und Zucker würzen. Die Schalotten dazugeben und unterrühren.

3. Die Marinade warm stellen. Inzwischen Nudeln nach Packungsanweisung zubereiten. Die Safranfäden mit dem Öl verrühren und die heißen Nudeln darunterheben.

4. Die Nudeln portionsweise auf Tellern anrichten, die halbierten Spargelstangen daraufgeben und mit der heißen Marinade beträufeln. Sofort servieren.

*Zubereitungszeit: ca. 30 Minuten*
*Pro Portion ca. 546 kcal/2296 kJ*
*17 g E, 17 g F, 60 g KH*



## Spargel auf Bandnudeln *(oben)*

Für 4 Portionen

1,5 kg grüner Spargel
1 l Gemüsefond
5 Schalotten
5 El Himbeeressig
2 El süßer Senf
1–2 El abgeriebene Schale einer unbehandelten Zitrone
2 El fein gewiegte Küchenkräuter, z. B. Petersilie, Schnittlauch, Kerbel
Salz
Pfeffer
Zucker
300 g breite Bandnudeln
1–2 Msp. Safranfäden
2–3 El Olivenöl

1. Den Spargel waschen und im unteren Drittel schälen. Die holzigen Enden abschneiden. Den Fond erhitzen und den Spargel darin bei milder Hitze ca. 8 Minuten garen.

## Käsetortellini mit Antipasti

*(links)*

Für 4 Portionen

400 g frische grüne Tortellini mit Käsefüllung
Salz
250 g geschälte Tomaten (aus der Dose)
200 g eingelegte gemischte Antipasti
200 g pikanter gehobelter Hartkäse
1–2 Tropfen Mandelaroma
Pfeffer
gerebelter Salbei
100 g Mandelblättchen
Butterflöckchen
Fett für die Form

**1.** Die Tortellini nach Packungsanweisung in Salzwasser garen. Den Backofen auf 200 °C (Umluft 180 °C) vorheizen.

**2.** Die Tomaten mit der Flüssigkeit, den Antipasti, dem Käse und dem Mandelaroma unter Rühren erhitzen, bis der Käse leicht anfängt zu schmelzen. Mit Salz, Pfeffer und Salbei würzen.

**3.** Eine flache, ofenfeste Form einfetten und die Tortellini in der Form verteilen. Das Tomatengemüse darübergeben, alles mit Mandelblättchen bestreuen und die Butterflöckchen darauf verteilen. Im vorgeheizten Backofen auf der oberen Einschubleiste ca. 5–6 Minuten überbacken.

*Zubereitungszeit: ca. 25 Minuten*
*Pro Portion ca. 841 kcal/3533 kJ*
*28 g E, 61 g F, 20 g KH*

## Spaghettini mit Kürbissauce

*(links unten)*

Für 4 Portionen

500 g Spaghettini
400 g Kürbis
1 rote Paprikaschote
20 g Sesamsamen
40 g Butter
1–2 El Currypulver (mild)
50 ml Gemüsebrühe
200 ml Sahne
1 El Zitronensaft
1 Prise Zucker
Salz, Pfeffer
1 Bund glatte Petersilie

**1.** Die Nudeln nach Packungsanweisung zubereiten. Kürbis schälen und das Fruchtfleisch auf der Haushaltsreibe in Streifen hobeln. Die Paprika vierteln, entkernen, waschen und fein würfeln. Sesamsamen in einer Pfanne ohne Fett rösten, herausnehmen.

**2.** Butter in einer Pfanne zerlassen, Currypulver und Paprikawürfel kurz darin andünsten. Brühe und Sahne zugießen, aufkochen lassen, die Kürbisraspel zugeben und offen 3 Minuten kochen. Mit Zitronensaft, Zucker, Salz und Pfeffer würzen.

**3.** Die Petersilie waschen, trocken schütteln, grob hacken und mit dem Sesam unterheben.

*Zubereitungszeit: ca. 30 Minuten*
*Pro Portion ca. 643 kcal/2692 kJ*
*17 g E, 29 g F, 78 g KH*

**Tipp:** Für diese Sauce eignet sich das aromatische Fleisch des Muskatkürbis oder das eher nussige des beliebten Hokkaidokürbis. Dieser hat den Vorteil, dass er nicht geschält zu werden braucht.

## Conchiglie mit Gemüsesauce *(unten)*

Für 4 Portionen

4 kleine Zucchini
2 kleine Auberginen
Salz
150 g frische Champignons
1 Bund Petersilie
1 Knoblauchzehe
3–4 El Olivenöl
2 Tl Oregano
Pfeffer
500 g Conchiglie (Muschelnudeln)
frisch geriebener Parmesan

**1.** Zucchini und Auberginen waschen, die Stielenden abschneiden, das Gemüse in etwa 0,5 cm dicke Scheiben schneiden und mit Salz bestreuen.

**2.** Die Champignons putzen, waschen, mit Küchenkrepp sorgfältig trocken tupfen und in dünne Scheiben schneiden. Zucchini und Auberginen ebenfalls sorgfältig trocken tupfen.

**3.** Die Petersilie waschen, grobe Stiele entfernen und den Rest klein hacken. Die Knoblauchzehe schälen, hacken und mit der Messerbreitseite zerdrücken.

**4.** Olivenöl in einer Pfanne erhitzen, Knoblauch und Petersilie kurz andünsten, danach die Zucchini-, Auberginen- und Pilzscheiben hinzufügen. Kurz anbraten, mit Oregano, Salz und Pfeffer würzen und bei schwacher Hitze unter Umrühren langsam garen.

**5.** Inzwischen Nudeln nach Packungsanweisung in reichlich Salzwasser bissfest garen. Das Gemüse nochmals abschmecken, mit den abgegossenen, gut abgetropften Nudeln in eine vorgewärmte Schüssel geben, miteinander mischen und mit Parmesan servieren.

*Zubereitungszeit: ca. 30 Minuten*
*Pro Portion ca. 545 kcal/2289 kJ*
*21 g E, 10 g F, 92 g KH*

## Tortellini-Gratin mit Gemüse

*(rechts oben)*

Für 4 Portionen

500 g Tortellini
Salz
400 g Zucchini
3 El Butter
2 Knoblauchzehen
3 Eier
250 ml Milch
100 g frisch geriebener Parmesan
Pfeffer
frisch geriebene Muskatnuss

**1.** Die Tortellini in kochendem Salzwasser nach Packungsanleitung bissfest garen. In ein Sieb schütten und gut abtropfen lassen. Den Backofen auf 220 °C (Umluft 200 °C) vorheizen.

**2.** Die Zucchini waschen, vom Stielansatz befreien und auf der Gemüsereibe mittelfein raspeln. In einer Pfanne 2 El Butter erhitzen und die Zucchiniraspel darin 5 Minuten bei starker Hitze anbraten. Den Knoblauch schälen, dazudrücken und das Gemüse salzen.

**3.** Eine Auflaufform mit der restlichen Butter einfetten. Die Zucchiniraspel auf dem Boden verteilen und die Tortellini daraufgeben.

**4.** Die Eier mit der Milch verquirlen, den Parmesan untermischen und mit Salz, frisch gemahlenem Pfeffer und Muskat würzen. Diese Mischung

gleichmäßig über das Gratin gießen. Auf der mittleren Schiene des Backofens 15 Minuten gratinieren, bis die Oberfläche goldbraun geworden ist.

*Zubereitungszeit: ca. 15 Minuten (plus Garzeit)*
*Pro Portion ca. 720 kcal/3024 kJ*
*33 g E, 24 g F, 92 g KH*

## Grüne Nudeln mit Salbei und Tomaten

*(unten)*

Für 4 Portionen

1 kg Tomaten
6 Knoblauchzehen
3 Schalotten
2 El Olivenöl
Salz
Pfeffer
500 g grüne Bandnudeln
1 kleiner Zweig Rosmarin
100 g Butter
20 frische Salbeiblätter, fein gehackt
100 g Parmesan am Stück

**1.** Die Tomaten waschen, Stielansätze entfernen, kreuzweise einritzen, mit kochendem Wasser überbrühen, entkernen und häuten und das Fruchtfleisch in grobe Stücke schneiden.

**2.** 2 Knoblauchzehen schälen und in feine Scheiben schneiden. Die Schalotten schälen, fein würfeln und mit den Knoblauchscheiben im heißen Olivenöl andünsten. Die Tomatenwürfel dazugeben und alles bei milder Hitze 20 Minuten köcheln lassen. Mit Salz und Pfeffer würzen.

**3.** Die Nudeln in reichlich kochendem Salzwasser bissfest garen. Die restlichen Knoblauchzehen schälen und in Scheiben schneiden. Den Rosmarin waschen, die Rosmarinnadeln vom Stängel streifen und grob hacken. Die Butter erhitzen, die Knoblauchscheiben, den Rosmarin und die Salbeiblätter dazugeben, einmal aufschäumen lassen.

**4.** Die Nudeln auf vorgewärmten Tellern mit der Tomatensauce anrichten und den Parmesan frisch darüberreiben oder -hobeln. Zuletzt die heiße Salbeibutter über alles gießen und servieren.

*Zubereitungszeit: ca. 30 Minuten*
*Pro Portion ca. 723 kcal/3037 kJ*
*27 g E, 26 g F, 94 g KH*

## *Knusprige Nudelnester* *(rechts)*

Für 4 Portionen

Salz
300 g Spaghetti
500 g Flaschentomaten
100 g Rucola
150 g gekochter Schinken
2 Knoblauchzehen
1 El Olivenöl
Pfeffer
1 Tl Paprikapulver rosenscharf
250 g Fontina
Butter für die Form

**1.** In ausreichend kochendem Salzwasser die Spaghetti bissfest garen. Anschließend in einem Sieb abgießen, abschrecken und gut abtropfen lassen.

**2.** Die Tomaten waschen, Stielansätze entfernen, kreuzweise einritzen, mit kochendem Wasser überbrühen, häuten, halbieren, entkernen und das Fruchtfleisch fein würfeln. Den Rucola putzen, waschen, trocknen und in feine Streifen schneiden. Den gekochten Schinken würfeln. Den Knoblauch schälen und fein hacken.

**3.** Den Backofen auf 200 °C (Umluft 180 °C) vorheizen. Das Öl erhitzen und den Schinken darin kurz anbraten. Tomaten, Rucola und Knoblauch dazugeben und kurz mitbraten. Mit Salz, frisch gemahlenem Pfeffer und Paprika würzen.

**4.** Eine feuerfeste Form mit Butter einstreichen und darin aus den Nudeln kleine Nester formen. In die Nudelnester das Tomatengemüse füllen. Den Käse in Würfel schneiden und darüberstreuen. Auf der mittleren Einschubleiste überbacken, bis der Käse geschmolzen ist.

*Zubereitungszeit: ca. 30 Minuten*
*Pro Portion ca. 582 kcal/2447 kJ*
*35 g E, 24 g F, 55 g KH*

## *Pappardelle mit Geflügellebersauce*
*(unten)*

Für 4 Portionen

500 g Pappardelle
500 g Geflügelleber
300 g Champignons
2 kleine rote Chilischoten
8 große Salbeiblätter
1 unbehandelte Orange
1 Tl Zucker
2 Knoblauchzehen
140 ml Olivenöl
Salz
20 Basilikumblätter
1 El Aceto balsamico

**1.** Die Nudeln nach Packungsanweisung zubereiten. Die Geflügelleber waschen, Sehnen und Bindegewebe entfernen und in mundgerechte Stücke schneiden. Die Champignons abreiben, putzen und vierteln. Die Chilischoten halbieren, entkernen, waschen und das Fruchtfleisch fein würfeln. Die Salbeiblätter waschen, trocknen und in feine Streifen schneiden.

**2.** Die Orangenschale dünn abschälen und in sehr feine Streifen schneiden. Den Zucker bei milder Hitze goldbraun schmelzen und die Orangenschale darin weich dünsten. Knoblauch schälen. Orangenschale, Chiliwürfel, die Hälfte des Olivenöls, Salbei, durchgepressten Knoblauch und Salz verrühren.

**3.** Die Champignons in 4 El Olivenöl bei starker Hitze ca. 1 Minute andünsten, dann salzen und mit dem Olivenölgemisch verrühren. Die Basilikumblätter waschen, trocknen und bis auf einige Blätter grob zerzupfen.

**4.** Die Geflügelleber trocken tupfen, im restlichen Olivenöl bei starker Hitze 2 Minuten braten, salzen und mit dem Aceto balsamico ablöschen.

**5.** Die Nudeln abgießen und gut abtropfen lassen. Die Champignonmischung mit den Nudeln, der Geflügelleber und dem Basilikum mischen, eventuell mit Salz nachwürzen und mit restlichem Basilikum garnieren.

*Zubereitungszeit: ca. 30 Minuten*
*Pro Portion ca. 902 kcal/3771 kJ*
*47 g E, 37 g F, 86 g KH*

## Linguine mit Balsam-Linsen *(oben)*

Für 4 Portionen

400 g Linguine
Salz
1 Lauchstange
1 Knoblauchzehe
1 El Olivenöl
530 g Linsen (Abtropfgewicht) aus der Dose mit Suppengrün
200 ml Gemüsebrühe
80 g getrocknete Tomaten
4 El Aceto balsamico
Pfeffer
Kirschtomaten zum Servieren

**1.** Die Linguine in kochendem Salzwasser nach Packungsanweisung bissfest garen. Lauch putzen, waschen, trocknen und in Ringe schneiden. Knoblauchzehe schälen und hacken. Das Öl in einer Pfanne erhitzen und beides darin andünsten.

**2.** Linsen, Gemüsebrühe und die klein geschnittenen getrockneten Tomaten zugeben. Aceto balsamico unterrühren und alles mit Salz und Pfeffer würzen. Die Mischung etwa 5 Minuten köcheln.

**3.** Die Mischung mit den abgetropften Linguine anrichten und mit Kirschtomaten garniert servieren.

*Zubereitungszeit: ca. 20 Minuten*
*(plus Kochzeit)*
*Pro Portion ca. 505 kcal/2121 kJ*
*21 g E, 6 g F, 87 g KH*

3. Den Schnittlauch waschen, trocken schütteln und hacken. Die Hälfte davon mit den Kürbiswürfeln unter die Sauce heben und kurz erwärmen. Die andere Hälfte über die Sauce streuen. Sauce mit den abgetropften Nudeln anrichten und servieren.

*Zubereitungszeit: ca. 30 Minuten*
*Pro Portion ca. 96 kcal/401 kJ*
*3 g E, 2 g F, 10 g KH*



## Penne mit süß-saurer Sauce *(oben)*

Für 4 Portionen

500 g Penne Rigate
3 El Olivenöl
1 Zwiebel
1 Knoblauchzehe
700 g Kürbisfleisch
125 ml trockener Weißwein
75 ml kräftige Gemüsebrühe
Salz
Pfeffer
1 Tl Zucker
1/2 Tl Ingwerpulver
2 El Crème fraîche
2 El Zitronensaft
1 Bund Schnittlauch

1. Die Nudeln nach Packungsanweisung zubereiten. Das Olivenöl erhitzen. Zwiebel und Knoblauchzehe schälen und würfeln und im Öl glasig schmoren. Das gewürfelte Kürbisfleisch zugeben und unter Rühren etwa 3 Minuten schmoren. Den Weißwein und die Gemüsebrühe angießen, mit Salz, Pfeffer, Zucker und Ingwerpulver würzen und weitere 15 Minuten schmoren.

2. Nach 7 Minuten etwa 4 El Kürbiswürfel herausnehmen und beiseitestellen. Restlichen Kürbis pürieren, Crème fraîche unterrühren, die Sauce mit Zitronensaft abschmecken und nach Bedarf salzen.

## Makkaroni mit Olivenpaste *(rechts oben)*

Für 4 Portionen

400 g Makkaroni, Salz
75 g in Kräuter eingelegte grüne Oliven
4 Sardellenfilets in Öl
1 Knoblauchzehe
6 El Olivenöl
1 El Cognac
1 El Zitronensaft
1 Tl gerebelter Oregano
Pfeffer
500 g Fleischtomaten
200 g Artischockenherzen (aus dem Glas)

1. Die Nudeln nach Packungsanweisung garen. Danach abgießen und abtropfen lassen. Die Oliven halbieren und entsteinen. Die Sardellen gründlich abspülen und trocknen. Die Knoblauchzehe schälen. Oliven, Sardellen und Knoblauch mit 2 El Olivenöl fein pürieren. Weitere 2 El Olivenöl mit Cognac, Zitronensaft und Oregano verrühren und mit dem Oliven-Sardellen-Püree vermengen. Mit Salz und Pfeffer abschmecken.

2. Die Tomaten waschen, Stielansätze entfernen, kreuzweise einritzen, mit kochendem Wasser überbrühen, häuten, entkernen und das Fruchtfleisch würfeln. Die Artischockenherzen abtropfen lassen und vierteln.

3. Das restliche Olivenöl in einer Pfanne erhitzen und darin die Tomaten kurz anschwitzen. Dann die Artischocken untermengen und mit Salz und Pfeffer würzen.

4. Nudeln mit dem Gemüse vermischen und bei schwacher Hitze kurz erwärmen. Sofort servieren und die Olivenpaste dazureichen.

*Zubereitungszeit: ca. 30 Minuten*
*Pro Portion ca. 510 kcal/2142 kJ*
*35 g E, 8 g F, 74 g KH*

## Pasta mit Parmesan und brauner Butter

*(unten)*

Für 4 Portionen

400 g breite Bandnudeln
Salz
100 g Parmesan am Stück
150 g Butter

1. Die Teller vorwärmen. Die Nudeln nach Packungsanweisung in reichlich Salzwasser kochen.

2. Den Parmesan reiben. Die Butter in einer Pfanne zerlassen und hellbraun werden lassen.

3. Die Bandnudeln in einem Sieb abtropfen lassen und mit der heißen Butter mischen. Sofort auf den heißen Tellern anrichten und mit dem Parmesan bestreuen.

*Zubereitungszeit: ca. 20 Minuten*
*Pro Portion ca. 828 kcal/3466 kJ*
*24 g E, 43 g F, 86 g KH*

# Spaghetti mit Käsesauce *(unten)*

Für 4 Portionen

400 g Spaghetti
Salz
1 Zwiebel
1 El Butter oder Margarine
1 El Mehl
375 ml Milch
50 g Gruyère
50 g Gouda
50 g Parmesan
Pfeffer aus der Mühle
frisch geriebene Muskatnuss
50 g Pinienkerne
1 El Thymianblätter

**1.** Die Spaghetti in reichlich Salzwasser nach Packungsanweisung kochen, abgießen und gut abtropfen lassen.

**2.** Die Zwiebel schälen und in sehr feine Würfel schneiden. Die Butter oder Margarine in einem Topf erhitzen und die Zwiebelwürfel darin glasig dünsten. Mit Mehl bestäuben und anschwitzen lassen. Die Milch dazugießen und gut verrühren. 5 Minuten bei schwacher Hitze kochen lassen, dabei mehrmals umrühren.

**3.** Gruyère, Gouda und 40 g Parmesan fein raspeln, in die Sauce geben und bei milder Hitze unter ständigem Rühren schmelzen lassen. Mit Salz, Pfeffer und Muskat kräftig würzen.

**4.** Die Pinienkerne in einer Pfanne ohne Fett leicht anrösten. Die Spaghetti mit der Käsesauce mischen und anrichten. Mit Pinienkernen, restlichem gehobelten Parmesan und den Thymianblättchen bestreuen.

*Zubereitungszeit: ca. 30 Minuten*
*Pro Portion ca. 695 kcal/2913 kJ*
*30 g E, 30 g F, 77 g KH*

## *Spinatravioli mit Salbeibutter*

*(links oben)*

Für 4 Portionen

400 g Ravioli (mit Spinat und Ricotta)
Salz
2 El frische Salbeiblättchen
100 g Butter
Pfeffer
40 g Parmesan am Stück

**1.** Die Ravioli nach Packungsanweisung in kochendem Salzwasser garen, dann abgießen. Inzwischen die Salbeiblättchen waschen, trocknen und in feine Streifen schneiden. Die Butter in einer Pfanne zerlassen. Den Salbei in der Butter erhitzen, dabei darauf achten, dass er nicht zu dunkel wird und verbrennt.

**2.** Die abgegossenen Ravioli mit der Salbeibutter mischen, mit Salz und Pfeffer leicht abschmecken. Den Parmesan darüberreiben und die Ravioli sofort servieren.

*Zubereitungszeit: ca. 10 Minuten (plus Kochzeit)*
*Pro Portion ca. 868 kcal/3634 kJ*
*45 g E, 37 g F, 85 g KH*

**Tipp:** Sie können selbstverständlich auch Ravioli mit einer anderen Füllung verwenden. Steinpilz passt sehr gut zu Salbei, aber auch Ravioli mit Fleischfüllung eignen sich für dieses schnelle Rezept.

## *Bandnudeln mit Hähnchen-Paprika-Ragout* *(oben)*

Für 4 Portionen

1 rote und 1 grüne Paprikaschote
1 Bund Kerbel
350 g Hähnchenbrustfilet
2 El Öl
20 g Butter
125 ml Geflügelbrühe
1 Knoblauchzehe
1–2 Tl Paprikapulver
1 Tl gerebelte Kräuter der Provence
400 g Bandnudeln
Salz
50 g frisch geriebener Parmesan
Cayennepfeffer

**1.** Die Paprikaschoten vierteln, waschen, putzen und mit der Hautseite nach oben im 200 °C heißen Backofen so lange erhitzen, bis die Haut Blasen wirft. Dann herausnehmen, abkühlen lassen, die Haut abziehen und Fruchtfleisch sehr fein würfeln.

**2.** Den Kerbel waschen, trocknen und die Blättchen abzupfen. Das Hähnchenbrustfilet in 2 x 2 cm große Würfel schneiden.

**3.** Das Hähnchenfleisch im heißen Öl 2 Minuten kräftig braten, herausnehmen und warm stellen. Die Butter in der Pfanne erhitzen, die Paprikawürfel dazugeben, kurz andünsten und mit der Brühe ablöschen.

**4.** Die Knoblauchzehe schälen. Paprikapulver, durchgepressten Knoblauch und die Kräuter der Provence dazugeben und 2 Minuten offen kochen lassen.

**5.** Inzwischen Bandnudeln in reichlich Salzwasser bissfest kochen, abgießen und noch heiß mit 30 g Parmesan und dem Hähnchenfleisch unter die Sauce mischen. Mit Salz und Cayennepfeffer pikant würzen. Mit Kerbel und dem restlichen Parmesan bestreuen.

*Zubereitungszeit: ca. 30 Minuten*
*Pro Portion ca. 686 kcal/2870 kJ*
*41 g E, 18 g F, 88 g KH*

## *Bandnudeln Mexiko-Art* *(unten)*

Für 4 Portionen

500 g grüne Bandnudeln
2 El Butter
1 Zwiebel
1 Knoblauchzehe
1/2 grüne Peperoni
12 Basilikumblättchen
900 g geschälte und in Stücke geschnittene Tomaten aus der Dose
250 g abgetropfter Mais aus der Dose
1 Tl Thymian
Salz
Pfeffer
frisch geriebener alter Gouda nach Belieben

**1.** Die Nudeln nach Packungsanweisung zubereiten. Die Butter schmelzen. Die Zwiebel schälen, hacken und in der Butter glasig schmoren. Die Knoblauchzehe schälen und hacken, die Peperoni entkernen, waschen und fein würfeln. Knoblauch und Peperoni kurz mitschmoren.

**2.** Die Basilikumblättchen waschen, trocknen und in Streifen schneiden. Die Tomaten aus der Dose, den Mais aus der Dose und die Basilikumblättchen zugeben und alles etwa 20 Minuten köcheln, bis die Sauce eine sämige Konsistenz hat. Mit Thymian, Salz und Pfeffer abschmecken. Die Sauce nach Belieben mit frisch geriebenem alten Gouda bestreuen.

*Zubereitungszeit: ca. 30 Minuten*
*Pro Portion ca. 505 kcal/2114 kJ*
*16 g E, 17 g F, 71 g KH*

## *Tagliatelle mit Parmaschinken und Parmesan*

*(rechts oben)*

Für 4 Portionen

200 g Parmaschinken
1 Frühlingszwiebel
1 Bund Basilikum
500 g reife Tomaten
30 g Butter
2 El Olivenöl
400 g Tagliatelle
Salz
100 g frisch geriebener Parmesan
schwarzer Pfeffer (a. d. Mühle)

**1.** Den Parmaschinken in 1 cm breite Streifen schneiden. Die Frühlingszwiebel putzen, waschen und fein würfeln, nur das Weiße verwenden.

**2.** Das Basilikum waschen und trocken schütteln. Etwas Basilikum beiseitelegen, die anderen Basilikumblätter zerpflücken. Die Tomaten waschen, vierteln, Stielansätze entfernen und das Fruchtfleisch in mittelgroße Würfel schneiden. Butter und Olivenöl in einer Pfanne erhitzen. Die Frühlingszwiebelwürfel darin glasig dünsten.

**3.** Inzwischen Tagliatelle in reichlich Salzwasser nach Packungsanweisung bissfest garen. Schinkenstreifen zu den Frühlingszwiebeln geben und mischen. Leicht erwärmen.

**4.** Tagliatelle abgießen. In eine große Schüssel Nudeln mit Tomatenwürfeln, Schinken-Zwiebel-Mischung, Basilikum und etwas Parmesan schichten. Mit Pfeffer würzen, gut vermengen und mit restlichem Basilikum garnieren. Geraspelten Parmesan dazureichen.

*Zubereitungszeit: ca. 30 Minuten*
*Pro Portion ca. 779 kcal/3255 kJ*
*33 g E, 37 g F, 71 g KH*

**1.** Die Nudeln nach Packungsanweisung zubereiten. Das Wildschweinfleisch abspülen, trocknen und durch den Fleischwolf drehen. Möhre und Knollensellerie schälen, Möhre in Scheiben schneiden, den Sellerie würfeln. Die Lauchstange putzen, waschen und in Ringe schneiden.

**2.** Das Butterschmalz erhitzen und die Speckwürfel darin auslassen. Die Gemüsezwiebel schälen, grob würfeln und ebenfalls in dem Butterschmalz glasig schmoren. Das Wildschweinfleisch zugeben und von allen Seiten kräftig anbraten. Das Gemüse zugeben und alles gut vermischen.

**3.** Die Trockenpflaumen würfeln und mit Rotwein und Wildfond zum Fleisch geben. Mit Tomatenmark, gerebeltem Thymian, Salz, Pfeffer und Pimentpulver abschmecken und etwa 15 Minuten bei mittlerer Hitze schmoren. Mit den Nudeln servieren.

*Zubereitungszeit: ca. 30 Minuten*
*Pro Portion ca. 668 kcal/2796 kJ*
*21 g E, 49 g F, 28 g KH*



## Rigatoni mit Wildschweinsauce

*(rechts)*

Für 4 Portionen

500 g Rigatoni
250 g Wildschweinfleisch
1 Möhre
1 Knollensellerie
1 Lauchstange
1 El Butterschmalz
100 g Speckwürfel
1 Gemüsezwiebel
30 g Trockenpflaumen
250 ml trockener Rotwein
125 ml Wildfond
1 El Tomatenmark
1 El gerebelter Thymian
Salz
Pfeffer
1 Tl Pimentpulver

## Grüne Bandnudeln mit Lamm-geschnetzeltem

*(oben)*

Für 4 Portionen

500 g Lammrückenfilet
3 El Öl
Salz
Pfeffer (a. d. Mühle)
1 Zwiebel
1 Knoblauchzehe
250 ml Gemüsebrühe
250 ml Sahne
100 g rote Linsen
2 El heller Saucenbinder
350 g grüne Bandnudeln
1 Bund Schnittlauch
1–2 Tl Zitronensaft

**1.** Das Lammfilet waschen, in Streifen schneiden und im Öl anbraten. Mit Salz und Pfeffer würzen, herausnehmen.

**2.** Die Zwiebel und den Knoblauch schälen und fein würfeln. Beides im Bratfett andünsten. Die Gemüsebrühe und die Sahne darin aufkochen. Die Linsen dazugeben und offen bei mittlerer Hitze 8 Minuten kochen lassen. Den Saucenbinder einrühren und die Sauce aufkochen.

**3.** Innzwischen Bandnudeln nach Packungsanweisung in reichlich Salzwasser bissfest kochen. Den Schnittlauch waschen, trocknen, in feine Röllchen schneiden und mit dem Fleisch zur Sauce geben. Mit Salz, Pfeffer und Zitronensaft würzen. Mit den Nudeln servieren.

*Zubereitungszeit: ca. 30 Minuten*
*Pro Portion ca. 900 kcal/3768 kJ*
*42 g E, 47 g F, 77 g KH*

## Penne mit Pizza-Sauce

*(links unten)*

Für 4 Portionen

500 g Penne Rigate
2 Zwiebeln
1 Knoblauchzehe
1 El Olivenöl
100 g Salami
350 g Tomatenwürfel mit Kräutern (FP)
1 Tl gerebelter Oregano
Salz
Pfeffer
1/2 Bund Basilikum
100 g geriebener Mozzarella

**1.** Die Nudeln nach Packungsanweisung zubereiten. Die Zwiebeln und die Knoblauchzehe schälen und hacken. Das Olivenöl erhitzen und Zwiebeln und Knoblauch darin glasig schmoren.

**2.** Die Salami würfeln und zu der Zwiebel-Knoblauch-Mischung geben, mit den Tomatenwürfeln ablöschen, aufkochen, mit Oregano, Salz und Pfeffer würzen und bei milder Hitze etwa 10 Minuten köcheln.

**3.** Basilikum waschen, trocken schütteln und in Streifen schneiden. Sauce mit Basilikum und geriebenem Mozzarella bestreuen. Die abgegossenen und abgetropften Nudeln mit der Sauce anrichten und servieren.

*Zubereitungszeit: ca. 30 Minuten*
*Pro Portion ca. 313 kcal/1310 kJ*
*16 g E, 14 g F, 31 g KH*

## Zucchini-Bandnudel-Auflauf *(oben)*

Für 4 Portionen

500 g Zucchini
1 Zwiebel
1 Knoblauchzehe
250 g gekochter Schinken
200 g Bandnudeln
200 g rote Bandnudeln
Salz
1 El Butter
Pfeffer
80 g Parmesan
30 g Mandelblättchen
Butter für die Form

**1.** Die Zucchini putzen, waschen, erst quer und dann längs halbieren und mit dem Küchenhobel in feine Scheiben hobeln. Die Zwiebel und die Knoblauchzehe schälen und fein hacken. Schinken würfeln.

**2.** Nudeln nach Packungsanweisung in ausreichend kochendem Salzwasser bissfest kochen, abgießen und abtropfen lassen. Die Butter schmelzen, die Zwiebelwürfel darin glasig dünsten, Schinken zugeben und mit anbraten. Die Zucchini zufügen und mitdünsten. Die Knoblauchwürfel darüberstreuen und mit dem Gemüse vermengen. Mit Salz und Pfeffer würzen.

**3.** Eine feuerfeste Form einfetten und die Bandnudeln einfüllen. Darüber das Zucchinigemüse schichten. Den Käse darüberreiben und gleichmäßig verteilen. Unter dem Grill goldbraun überbacken.

**4.** Die Mandeln in einer beschichteten Pfanne ohne Fettzugabe hellgelb rösten und kurz vor dem Servieren über den Auflauf streuen.

*Zubereitungszeit: ca. 30 Minuten*
*Pro Portion ca. 593 kcal/2489 kJ*
*36 g E, 18 g F, 71 g KH*

## *Fadennudeln mit Safransauce* *(rechts)*

Für 4 Portionen

500 g Fadennudeln
200 g Seelachsfilet
etwas Zitronensaft
2 Zwiebeln
3 Knoblauchzehen
1 Peperoni
2 El Olivenöl
3 El Tomatenmark
100 ml Weißwein
500 ml Fischfond (FP)
Salz
Pfeffer
Currypulver
1 Döschen Safran
300 g aufgetaute TK-Frutti di mare
1 Bund Petersilie

**1.** Die Nudeln nach Packungsanweisung zubereiten. Das Seelachsfilet in Stücke schneiden und mit Zitronensaft beträufeln.

**2.** Zwiebeln und Knoblauch schälen, Zwiebeln in Ringe schneiden, Knoblauch klein hacken. Die Peperoni entkernen, waschen und würfeln.

**3.** Das Olivenöl erhitzen und die Zwiebeln darin andünsten. Knoblauch und Peperoni sowie Tomatenmark mitschmoren. Mit Weißwein und Fischfond ablöschen und aufkochen lassen. Mit Salz, Pfeffer, Curry und Safran würzen.

**4.** Frutti di mare und die Fischstücke in die Sauce geben und 5 Minuten schmoren.

**5.** Petersilie waschen, trocken schütteln und klein hacken und über die Sauce geben. Mit den Nudeln anrichten und servieren.

*Zubereitungszeit: ca. 30 Minuten*
*Pro Portion ca. 545 kcal/2281 kJ*
*31 g E, 12 g F, 73 g KH*

## *Bunte Gemüsespaghetti* *(rechts unten)*

Für 4 Portionen

2 Möhren
1 Zucchini
500 g Spaghetti
Salz
1 unbehandelte Zitrone
2 Knoblauchzehen
1/2 Bund Basilikum
1 reife Avocado
3 El Olivenöl
1 El Cognac
Pfeffer
150 g Schmand

**1.** Die Möhren schälen, Zucchini putzen, waschen und trocknen. Beides längs in Scheiben, dann in feine Streifen schneiden.

**2.** Die Nudeln in reichlich kochendem Salzwasser bissfest garen, anschließend abgießen und abtropfen lassen.

**3.** Die Zitrone mit heißem Wasser abspülen, trocknen und die Schale mit dem Zestenreißer dünn abhobeln. Den Knoblauch schälen und in feine Würfel schneiden. Basilikum waschen, trocknen und fein hacken. Die Avocado halbieren und den Stein entfernen. Danach das Fleisch herauslösen und mit einer Gabel zerdrücken.

**4.** Das Öl erhitzen und die Knoblauchwürfel darin anschwitzen. Die Möhrenstreifen und nach etwa 2 Minuten die Zucchinistreifen zugeben. Kurz dünsten, mit Cognac ablöschen und das Avocadofleisch zugeben. Mit Salz und Pfeffer abschmecken und mit Schmand verfeinern. Die Nudeln unter die Gemüsesauce mengen und auf vorgewärmten Tellern anrichten. Mit Basilikum und Zitronenzesten garnieren und sofort servieren.

*Zubereitungszeit: ca. 30 Minuten*
*Pro Portion ca. 585 kcal/2457 kJ*
*18 g E, 15 g F, 92 g KH*

## *Penne mit grünem Spargel* *(rechts)*

Für 4 Portionen

1 Bund Frühlingszwiebeln
2 El Olivenöl
400 g Pizzatomaten (a. d. Dose)
Salz, Pfeffer
500 g grüner Spargel
400 g Penne
1/2 Bund Basilikum
1 El Butter
4 El frisch geriebener Parmesan

**1.** Die Frühlingszwiebeln putzen, waschen und in Röllchen schneiden. Das Olivenöl in einem Topf erhitzen und die Frühlingszwiebeln darin glasig anschwitzen. Die Tomaten zugeben und bei mittlerer Temperatur etwa 7 Minuten köcheln, bis die Sauce etwas eindickt. Mit Salz und Pfeffer abschmecken.

**2.** Den Spargel waschen, das Stielende entfernen und den Spargel im unteren Drittel schälen. Den Spargel in Stücke von etwa 4 cm Länge schneiden und in kochendem Salzwasser bissfest garen. Herausnehmen und abtropfen lassen.

**3.** Inzwischen Nudeln im kochenden Spargelwasser bissfest garen. Das Basilikum waschen, trocken schütteln und Blättchen in Streifen schneiden.

**4.** Die Butter in die Sauce geben, Spargel und Basilikum unterheben und abschmecken. Die Sauce noch etwa 3 Minuten köcheln. Spaghetti mit der Spargelsauce anrichten und mit Parmesan bestreut servieren.

*Zubereitungszeit: ca. 30 Minuten*
*Pro Portion ca. 423 kcal/1775 kJ*
*14 g E, 19 g F, 49 g KH*

## *Mie Goreng mit Garnelen* *(ohne Abb.)*

Für 4 Portionen

400 g Chinesische Gemüsemischung (TK)
450 g Bami-Nudeln (FP)
2 El Butter
250 g Garnelen
2 Knoblauchzehen
Salz
Pfeffer
Paprikapulver

**1.** Die Gemüsemischung nach Packungsanweisung auftauen lassen. Die Nudeln nach Packungsanweisung zubereiten. Die Butter in einer Pfanne erhitzen und die Gemüsemischung darin andünsten. Die Garnelen dazugeben. Die Knoblauchzehen schälen und dazupressen. Alles mit Salz, Pfeffer und Paprikapulver abschmecken.

**2.** Die Nudeln abgießen und abschrecken. Anschließend zum Gemüse geben und alles noch einmal mit Salz, Pfeffer und Paprikapulver abschmecken. Alles auf Tellern anrichten und servieren.

*Zubereitungszeit: ca. 20 Minuten*
*Pro Portion ca. 314 kcal/1317 kJ*
*21 g E, 9 g F, 38 g KH*

## *Linguine mit Brokkoli-Pistazien-Creme* *(oben)*

Für 4 Portionen

500 g Brokkoli
Salz
1 Schalotte
2 El Olivenöl
400 ml Gemüsebrühe
150 g Crème fraîche
100 g Pistazien
Pfeffer
1 El Zitronensaft
2 El Kapern
400 g grüne Linguine

**1.** Den Brokkoli putzen, waschen und in Röschen teilen. Die Röschen in kochendem Salzwasser ca. 5 Minuten bissfest garen. Anschließend abgießen, abschrecken und abtropfen lassen. Die Schalotte schälen und fein würfeln. Die Würfel im erhitzten Öl glasig dünsten. Ein Viertel der Brokkoliröschen grob hacken und zu der Schalotte geben.

**2.** Gemüsebrühe und Crème fraîche einrühren. Die Hälfte der Pistazien fein mahlen und dazugeben. Alles kurz aufkochen lassen, vom Herd nehmen und pürieren. Mit Salz, Pfeffer und Zitronensaft abschmecken. Den restlichen Brokkoli und die Hälfte der Kapern dazugeben, alles mischen und erneut erwärmen.

**3.** Inzwischen Nudeln nach Packungsanweisung in reichlich Salzwasser bissfest garen. Abgießen und abtropfen lassen. Mit der Sauce mischen, auf Tellern anrichten und mit restlichen Kapern und den restlichen, grob gehackten Pistazien garniert servieren.

*Zubereitungszeit: ca. 30 Minuten*
*Pro Portion ca. 680 kcal/2856 kJ*
*22 g E, 31 g F, 78 g KH*

## Makkaroni mit Artischockensauce
*(links)*

Für 4 Portionen

500 g Makkaroni
12 kleine frische Artischocken
2 El Zitronensaft
Salz
600 g Tomaten
3 Zwiebeln
1 Knoblauchzehe
2 Möhren
2 Stangen Staudensellerie
2 El Olivenöl
125 ml Gemüsebrühe
Pfeffer

**1.** Die Makkaroni nach Packungsanweisung zubereiten. Die Artischocken von Stielen, harten Blättern, Spitzen und Heu befreien und in 1 El Zitronensaft legen. Anschließend mit 1 weiteren El Zitronensaft in reichlich Salzwasser etwa 15 Minuten garen. Danach abgießen und vierteln.

**2.** Die Tomaten waschen, kreuzweise einritzen und den Stielansatz entfernen, mit kochendem Wasser überbrühen, häuten, entkernen und würfeln.

**3.** Zwiebeln und Knoblauch schälen und klein hacken. Die Möhren schälen, den Staudensellerie putzen und waschen, dann beides würfeln.

**4.** Das Olivenöl erhitzen und Zwiebeln, Knoblauch, Möhren und Sellerie darin etwa 3–5 Minuten andünsten. Tomatenwürfel und Gemüsebrühe zugeben, mit Salz und Pfeffer abschmecken und abgedeckt etwa 10 Minuten köcheln. Die Artischocken zur Sauce geben. Die Nudeln abgießen und abtropfen lassen und mit der Sauce anrichten.

*Zubereitungszeit: ca. 30 Minuten*
*Pro Portion ca. 393 kcal/1645 kJ*
*9 g E, 4 g F, 68 g KH*

## Bandnudeln mit Paprikagarnelen
*(links unten)*

Für 4 Portionen

200 g rote Paprika
1 Zwiebel
1 Knoblauchzehe
1 El Butter
75 ml Weißwein
200 ml Hummerfond
Salz, Pfeffer
Paprikapulver
2 El Crème fraîche
200 g küchenfertige Garnelen
1 El Chiliöl
300 g grüne Bandnudeln
1/2 Bund Oregano

**1.** Die Paprika halbieren, putzen, waschen und fein würfeln. Zwiebel und Knoblauchzehe schälen und fein würfeln. Die Butter erhitzen und alles unter Rühren ca. 3–5 Minuten anschwitzen.

**2.** Mit Weißwein und Hummerfond ablöschen und bei milder Hitze ca. 2–4 Minuten schmoren. Mit Salz, Pfeffer und Paprikapulver abschmecken und mit Crème fraîche verfeinern.

**3.** Die Garnelen waschen, trocknen, mit Salz und Pfeffer würzen und im Chiliöl von allen Seiten kräftig anbraten. In die Sauce geben und ca. 3 Minuten ziehen lassen.

**4.** Inzwischen Nudeln nach Packungsanweisung in kochendem Salzwasser bissfest garen. Oregano waschen, trocknen, Blättchen abzupfen und in feine Streifen schneiden. Die Nudeln herausnehmen, abgießen und abtropfen lassen. Auf Tellern anrichten und mit der Paprika-Garnelen-Sauce begießen. Das Ganze mit dem Oregano bestreut servieren.

*Zubereitungszeit: ca. 30 Minuten*
*Pro Portion ca. 360 kcal/1512 kJ*
*20 g E, 5 g F, 55 g KH*

## *Penne mit Krebsen*
*(unten)*

Für 4 Portionen

24 Flusskrebse (TK), aufgetaut
100 g Schalotten
35 g Butter
3 Tl Currypulver
1 El Honig
150 ml Weißwein
400 g geschälte Tomaten (a. d. Dose)
500 ml Sahne
Salz, Cayennepfeffer
40 g Rosinen
70 g Pinienkerne
1 El Olivenöl
400 g Penne
1 kleines Bund Basilikum

**1.** Die Schwänze der Flusskrebse mit einer leichten Drehung von den Körpern lösen. Die Schwanzschalen aufbrechen, das Fleisch am Rücken entlang einschneiden, den Darm entfernen und das Krebsfleisch kalt stellen.

**2.** Die Schalotten schälen und würfeln, mit den Krebskörpern und -schalen bei starker Hitze in der Butter anrösten. Curry zügig unterrühren. Honig, 100 ml Weißwein und Tomaten mit ihrem Saft dazugeben, 5 Minuten einkochen lassen. Mit Sahne auffüllen, mit Salz und Cayenne würzen und bei milder Hitze 10 Minuten köcheln lassen.

**3.** Die Rosinen in dem restlichen Weißwein kochen, bis die ganze Flüssigkeit verdampft ist. Die Pinienkerne im Olivenöl unter Wenden goldbraun braten. Die Penne nach Packungsanweisung in reichlich Salzwasser bissfest garen und abtropfen lassen.

**4.** Die Sauce durch ein feines Sieb passieren und die Rückstände gut ausdrücken. Die Rosinen, die Krebsschwänze und die Penne mit der Sauce mischen und erhitzen. Basilikum waschen, trocknen und die Blätter abzupfen. Alles mit Basilikum und den Pinienkernen bestreuen.

*Zubereitungszeit: ca. 30 Minuten*
*Pro Portion ca. 1151 kcal/4815 kJ*
*35 g E, 62 g F, 105 g KH*

## *Überbackene Spaghettini mit Paprika* *(rechts unten)*

Für 4 Portionen

je 2 rote, grüne und gelbe Paprikaschoten
2 Knoblauchzehen
400 g Mozzarella
1/2 Bund Thymian
3 El Olivenöl
1 Tl abgeriebene Schale einer unbehandelten Zitrone
Salz
Pfeffer
300 g Spaghettini

**1.** Die Paprikaschoten waschen, trocknen, putzen und in kleine Würfel schneiden. Den Knoblauch schälen und zerdrücken. Den Mozzarella in Scheiben schneiden.

**2.** Den Thymian waschen, trocknen, die Blättchen abzupfen und grob hacken. 2 El Öl in einer großen Pfanne erhitzen. Die Paprikaschoten darin bei mittlerer Hitze unter Rühren kräftig anbraten.

**3.** Knoblauch, die halbe Menge Thymian und die Zitronenschale untermischen, mit Salz und Pfeffer abschmecken und in eine große Schüssel geben. Den Backofen auf 250 °C (Umluft 220 °C) vorheizen. Inzwischen Nudeln in reichlich Salzwasser nach Packungsanweisung bissfest garen. Anschließend abgießen, abtropfen lassen und mit den Paprikaschoten mischen.

**4.** Alles in eine ofenfeste Form geben, mit dem Mozzarella belegen, mit dem restlichen Thymian bestreuen und dem restlichen Öl beträufeln. Die Nudeln in den heißen Ofen schieben und 8–10 Minuten überbacken, bis der Käse zerlaufen und leicht gebräunt ist.

*Zubereitungszeit: ca. 20 Minuten (plus Garzeit)*
*Pro Portion ca. 603 kcal/2533 kJ*
*31 g E, 26 g F, 59 g KH*

## Grüne Nudeln mit scharfer Tomatensauce *(links)*

Für 4 Portionen

500 g grüne Nudeln
1 Möhre
1 Zwiebel
1 Stange Staudensellerie
1 El Olivenöl
etwa 4 El Rotwein
500 g pürierte Tomaten aus der Dose
2 getrocknete rote Chilischoten
Salz
Pfeffer
2 Tl gehackter Oregano

**1.** Die Nudeln nach Packungsanweisung zubereiten. Die Möhre und die Zwiebel schälen und fein hacken. Den Staudensellerie putzen, waschen und ebenfalls hacken. Das Olivenöl erhitzen und Möhre, Zwiebel und Staudensellerie darin unter Rühren etwa 10 Minuten schmoren. Den Rotwein zugeben und einkochen lassen.

**2.** Die pürierten Tomaten mit Flüssigkeit sowie die Chilischoten hinzufügen und die Mischung mit Salz und Pfeffer würzen. Aufkochen und bei mittlerer Hitze etwa 15 Minuten köcheln. Die Sauce mit dem gehackten Oregano abschmecken. Vor dem Servieren die Chilischoten entfernen.

*Zubereitungszeit: ca. 30 Minuten*
*Pro Portion ca. 337 kcal/1410 kJ*
*11 g E, 5 g F, 58 g KH*

## *Orecchiette mit Zwiebelsauce* *(rechts)*

Für 4 Portionen

500 g Orecchiette
2 El Olivenöl
100 g Bacon bits
4 Frühlingszwiebeln
150 ml trockener Weißwein
150 ml Gemüsebrühe
1 Knoblauchzehe
Salz
Pfeffer
2 Tl gerebelter Rosmarin
60 g Schmelzkäse
1 Bund glatte Petersilie

**1.** Die Nudeln nach Packungsanweisung zubereiten. Das Olivenöl erhitzen und die Bacon bits darin auslassen. Die Frühlingszwiebeln putzen, waschen, in Ringe schneiden und dazugeben, etwa 2 Minuten andünsten.

**2.** Weißwein und Gemüsebrühe angießen, die Knoblauchzehe schälen und dazupressen, mit Salz, Pfeffer und Rosmarin abschmecken und weitere 3 Minuten abgedeckt bei milder Hitze dünsten.

**3.** Den Schmelzkäse hinzufügen und unter Rühren schmelzen. Die Petersilie waschen, trocken schütteln, hacken und unterrühren.

*Zubereitungszeit: ca. 30 Minuten*
*Pro Portion ca. 225 kcal/942 kJ*
*22 g E, 10 g F, 80 g KH*

## *Spaghettini mit Spinat* *(links)*

Für 4 Portionen

300 g frischer Spinat
3 rote Chili
4 Knoblauchzehen
400 g Spaghettini
Salz
150 ml Olivenöl
50 g Sesamsamen
Pfeffer

**1.** Den Spinat putzen, waschen und trocknen. Die Chili putzen, waschen, halbieren und entkernen. Die Schoten in kleine Würfel schneiden. Die Knoblauchzehen schälen und fein hacken.

**2.** Die Spaghettini nach Packungsanweisung in kochendem Salzwasser bissfest garen.

**3.** Das Öl in einer Pfanne erhitzen und die Chiliwürfel darin anbraten. Die Knoblauchwürfel dazugeben und unter Rühren glasig anschwitzen. Den Sesam dazugeben und unter Rühren ca. 2 Minuten braten. Den Spinat hineingeben und zusammenfallen lassen.

**4.** Die Nudeln abgießen, mit kaltem Wasser abschrecken und gut abtropfen lassen. In der Spinatmischung wenden und mit Salz und Pfeffer abschmecken. Auf Pasta-Tellern anrichten und servieren.

*Zubereitungszeit: ca. 25 Minuten*
*Pro Portion ca. 373 kcal/1564 kJ*
*14 g E, 3 g F, 70 g KH*

**Tipp:** Die Sesamsaat gibt dem Gericht die besondere Note. Falls jedoch kein Sesam zur Hand ist, rösten Sie Pinienkerne.

## Nudeln al Burro

*(ohne Abb.)*

Für 4 Portionen

650 g Bandnudeln aus dem Kühlregal
800 ml Kalbsfond
4 El Trüffelöl
100 g Trüffelbutter
100 ml Sahne
100 g gehobelter Parmesan
Salz
Pfeffer
20 g Trüffel

**1.** Die Nudeln nach Packungsanweisung in dem Kalbsfond zubereiten. Das Trüffelöl dazugeben.

**2.** Die Butter schmelzen lassen und die Sahne und den Käse einrühren. Mit Salz und Pfeffer würzen.

**3.** Die Nudeln in ein Sieb gießen, abschrecken und auf vorgewärmte Teller geben. Mit der Butter begießen und alles mit gehobeltem Trüffel garniert servieren.

*Zubereitungszeit: ca. 20 Minuten*
*Pro Portion ca. 871 kcal/3646 kJ*
*30 g E, 55 g F, 59 g KH*

## Tagliatelle mit Petersilien-Mandel-Pesto *(unten)*

Für 4 Portionen

1 Bund Petersilie
1 Bund Basilikum
2 Knoblauchzehen
50 g gehackte Mandeln
2 El geriebener Pecorino
2 El Öl
1/2 getrocknete Chili
125 ml Brühe
400 g Tagliatelle
Salz

**1.** Petersilie und Basilikum waschen, trocken schütteln, die Blättchen von den Stielen zupfen und fein hacken. Kräuter, geschälte Knoblauchzehen und Mandeln im Mixer hacken. Pecorino, Öl und zerbröselte Chili zufügen, kurz durchmixen. Brühe hinzufügen und abschmecken.

**2.** Inzwischen Nudeln in gesalzenem Wasser nach Packungsanweisung kochen. Abgießen, dabei ca. 100 ml Nudelwasser auffangen. Pesto unter die Nudeln mischen. Eventuell etwas Nudelwasser unterrühren.

*Zubereitungszeit: ca. 30 Minuten*
*Pro Portion ca. 458 kcal/1924 kJ*
*16 g E, 12 g F, 70 g KH*

## Tagliatelle mit Paprikasauce und Tintenfisch

*(rechts oben)*

Für 4 Portionen

500 g schwarze Tagliatelle
3 gelbe Paprikaschoten
200 g Tomaten
2 Basilikumzweige
2 Knoblauchzehen
400 g TK-Tintenfische, aufgetaut
2 El Olivenöl
2 Lorbeerblätter
Salz
Pfeffer
1–2 El Zitronensaft

**1.** Die Nudeln nach Packungsanweisung zubereiten. Die Paprikaschoten vierteln, waschen, putzen und mit der Hautseite nach oben im 200 °C heißen Backofen so lange erhitzen, bis die Haut Blasen wirft. Dann herausnehmen, in einem Frühstücksbeutel schwitzen und abkühlen lassen. Anschließend die Haut abziehen und das Fruchtfleisch in Streifen schneiden.

**2.** Die Tomaten waschen, kreuzweise einritzen, Strunk entfernen, mit kochendem Wasser überbrühen, häuten, entkernen und würfeln. Die Basilikumzweige waschen, trocknen und grob hacken. Die Knoblauchzehen schälen und fein hacken. Die Tintenfische in Stücke schneiden.

**3.** Das Olivenöl erhitzen, Tintenfische, Knoblauch und Lorbeerblätter zugeben und alles bei großer Hitze etwa 5 Minuten braten. Tomaten und Paprika mitschmoren. Würzen und mit dem Zitronensaft abschmecken. Zum Schluss das Basilikum darüberstreuen.

*Zubereitungszeit: ca. 30 Minuten*
*Pro Portion ca. 383 kcal/1603 kJ*
*26 g E, 8 g F, 51 g KH*



## Spaghettini mit Klößchensauce *(oben)*

Für 4 Portionen

1 Knoblauchzehe
2 Zwiebeln
1 rote Chilischote
1 El Olivenöl
1 große Dose Pizzatomaten
Salz, Pfeffer
rosenscharfes Paprikapulver
150 g Lammhackfleisch
150 g Rinderhackfleisch
1 Ei, 2 El Paniermehl
Cayennepfeffer
400 g Spaghettini
100 g Erbsen (TK)
1/2 Bund Salbei
100 g Schafskäse

**1.** Die Knoblauchzehe und die Zwiebeln schälen und in feine Würfel schneiden. Die Chilischote putzen, waschen, halbieren, entkernen und in feine Würfel schneiden. Das Öl erhitzen und alles darin unter Rühren kurz anschwitzen. Die Pizzatomaten mit der Flüssigkeit dazugeben und mit Salz, Pfeffer und Paprikapulver kräftig abschmecken. Die Sauce zugedeckt bei milder Hitze ca. 10 Minuten schmoren lassen.

**2.** Die beiden Hackfleischsorten mischen. Ei und Paniermehl unterkneten und das Ganze mit Salz, Cayennepfeffer und Paprikapulver scharf abschmecken. Aus dem Fleischteig kleine Klößchen formen und in der Tomatensauce ca. 10 Minuten gar ziehen lassen.

**3.** Die Spaghettini in ausreichend kochendem Salzwasser bissfest garen. Die Erbsen ca. 5 Minuten vor Ende der Garzeit zu den Klößchen geben.

**4.** Den Salbei waschen, trocknen und fein hacken. Die Nudeln abgießen, mit kaltem Wasser abschrecken und mit der Sauce anrichten. Das Ganze mit Salbei und geraspeltem Schafskäse bestreut servieren.

*Zubereitungszeit: ca. 30 Minuten*
*Pro Portion ca. 620 kcal/2604 kJ*
*38 g E, 17 g F, 77 g KH*

Paprikastreifen bei leichter Hitze darin weich schmoren. Die Penne nach Packungsanweisung in Salzwasser bissfest garen.

**3.** Die Kapern zu den Paprikastreifen geben. Ein paar Minuten mitschmoren lassen. Die fein gehackten Basilikum- und Minzeblätter hinzufügen und mit Salz abschmecken. Die Nudeln abgießen und gut abtropfen lassen. In die Pfanne mit dem Paprikagemüse geben.

**4.** Das restliche Öl hinzufügen, alles miteinander vermischen und bei leichter Hitze noch 1–2 Minuten erwärmen. Mit frisch gemahlenem Pfeffer bestreut servieren.

*Zubereitungszeit: ca. 30 Minuten*
*Pro Portion ca. 450 kcal/1890 kJ*
*18 g E, 19 g F, 73 g KH*



## Penne mit gelber Paprika, Kapern und Sardellen *(rechts)*

Für 4 Portionen

500 g gelbe Paprikaschoten
2 Knoblauchzehen
6 El Olivenöl
12 gewässerte Sardellenfilets
400 g Penne
Salz
2 El Kapern
einige frische Basilikum- und Minzeblätter
frisch gemahlener Pfeffer

**1.** Die Paprikaschoten halbieren, waschen und im heißen Backofen erhitzen, bis die Haut platzt und sich abziehen lässt. Die geschälten Paprikaschoten in feine Streifen schneiden. Die Knoblauchzehen schälen und fein hacken.

**2.** Die Hälfte des Olivenöls in einer Pfanne erhitzen und den Knoblauch, die gehackten Sardellen und die

## Spaghetti mit Lachs und Zitronensauce

*(unten)*

Für 4 Portionen

400 g Spaghetti
Salz
300 g Lachsfilet
1 Bund Dill
4 Eigelb
abgeriebene Schale von
1 unbehandelten Zitrone
1 El Zitronensaft
4 El Weißwein
1 Tl Zucker
Pfeffer
120 g Butter

**1.** Spaghetti in reichlich kochendem Salzwasser nach Packungsanweisung garen.

**2.** Den Lachs in Streifen, dann in mundgerechte Stücke schneiden. Den Dill waschen, trocken schütteln und fein hacken.

**3.** Eigelb mit Zitronenschale und -saft, Weißwein, Zucker, Salz und Pfeffer in einem Topf mit dem Schneebesen verrühren. Dann bei milder Hitze zu einer dicklichen Creme aufschlagen.

## Farfalle mit Klößchen und Käsesauce *(oben)*

Für 4 Portionen

300 g Brokkoli
300 g Möhren
400 ml Gemüsebrühe
200 g Kalbsbrät
3 El Öl
1 Zwiebel
200 g Mascarpone
1 El heller Saucenbinder
Salz, Pfeffer
1 El Zitronensaft
2 Bund Kerbel
350 g Farfalle



**1.** Den Brokkoli und die Möhren putzen. Möhren schälen und fein würfeln, Brokkoli waschen, in kleine Röschen teilen. Brokkoli und Möhren in der Brühe zugedeckt bei mittlerer Hitze 5–6 Minuten kochen. Abgießen und dabei die Brühe auffangen.

**2.** Das Kalbsbrät mit feuchten Händen zu kleinen Klößen formen. Die Klöße im heißen Öl 2 Minuten goldbraun anbraten, dann herausnehmen.

**3.** Die Zwiebel schälen, fein würfeln und im Bratfett andünsten. 250 ml von der Brühe abmessen. Mit dem Mascarpone und dem Saucenbinder zur Zwiebel geben, mit einem Schneebesen verrühren und aufkochen lassen. Mit Salz, Pfeffer und Zitronensaft würzen.

**4.** Den Kerbel verlesen, waschen, trocknen und hacken, mit den Klößen und dem Gemüse in die Sauce geben und erhitzen.

**5.** Inzwischen Nudeln in reichlich Salzwasser nach Packungsanweisung bissfest garen, abtropfen lassen und mit der Käsesauce anrichten.

*Zubereitungszeit: ca. 30 Minuten*
*Pro Portion ca. 709 kcal/2970 kJ*
*25 g E, 37 g F, 68 g KH*

**4.** Die eiskalte Butter in Würfel schneiden und nach und nach unter die Sauce rühren. Den Dill unterziehen, die Sauce eventuell nachwürzen.

**5.** Spaghetti abgießen und tropfnass in den Topf zurückgeben. Lachsstücke unter die Nudeln mischen und darin vorsichtig 3 Minuten schwenken. Nudeln mit der Sauce servieren.

*Zubereitungszeit: ca. 30 Minuten*
*Pro Portion ca. 706 kcal/2953 kJ*
*27 g E, 43 g F, 44 g KH*

## Makkaroni Diabolo

*(ohne Abb.)*

Für 4 Portionen

450 g Makkaroni
4 rote Chilischoten
100 g Zwiebel-Knoblauch-Mischung (TK)
100 g Italienische Kräutermischung (TK)
1 El Chiliöl, 3 El Erdnussöl
200 g Tomato al gusto mit Kräutern (FP)
Salz, Cayennepfeffer
500 ml Gemüsefond (FP)
125 ml Rotwein
1–2 El Kapern
2–3 El Schmand
Chilisauce nach Geschmack

**1.** Die Makkaroni nach Packungsanweisung zubereiten. Die Chilischoten putzen, waschen, halbieren und entkernen. In kleine Würfel schneiden.

**2.** Die Chiliwürfel zusammen mit der Zwiebel-Knoblauch- und der Kräutermischung im erhitzten Chili- und Erdnussöl ca. 4–6 Minuten braten. Mit Tomato al gusto angießen und alles mit Salz und Cayennepfeffer würzen.

**3.** Den Fond, den Rotwein und die Kapern dazugeben und alles zusammen bei milder Hitze ca. 8–10 Minuten schmoren.

**4.** Die Sauce mit dem Schmand verfeinern und nach Geschmack mit Chilisauce nachwürzen. Die Nudeln abgießen und zusammen mit der Sauce anrichten und servieren.

*Zubereitungszeit: ca. 20 Minuten*
*Pro Portion ca. 510 kcal/2142 kJ*
*22 g E, 15 g F, 83 g KH*

## Bandnudeln mit Spinat und Gorgonzola *(oben)*

Für 4 Portionen

8 Zwiebeln
50 g Butter
500 g Blattspinat (TK)
400 g Bandnudeln
Salz
125 ml Sahne
2 El Weißwein
150 g Gorgonzola
Pfeffer
frisch geriebene Muskatnuss

**1.** Zwiebeln schälen, würfeln und in der Butter glasig dünsten. Spinat unaufgetaut zugeben und zugedeckt bei milder Hitze 10 Minuten dünsten, dabei mehrmals umrühren.

**2.** Die Nudeln in ausreichend kochendem Salzwasser nach Packungsanweisung garen.

**3.** Sahne, Weißwein und die Hälfte des Gorgonzolas zum Spinat geben und das Ganze mit dem Schneidstab des Handrührers pürieren.

**4.** Die Sauce kräftig mit Salz, Pfeffer und Muskat abschmecken. Die abgetropften Nudeln mit der Sauce und dem restlichen, in Würfel geschnittenen Gorgonzola servieren.

*Zubereitungszeit: ca. 30 Minuten*
*Pro Portion ca. 679 kcal/3838 kJ*
*83 g E, 31 g F, 71 g KH*

## Muschelnudeln mit Garnelen in Orangensauce *(unten)*

Für 4 Portionen

400 g küchenfertige Riesengarnelen
40 g Krebspaste
1 Zwiebel
1 El Mehl
250 ml Sahne
250 ml Weißwein
400 g Muschelnudeln
Salz
1 Bund Dill
1 El sehr fein geschnittene Orangenschale einer unbehandelten Orange
125 ml Orangensaft
Pfeffer

**1.** Die Garnelen abspülen und gut trocken tupfen. Anschließend in der zerlassenen Krebspaste von jeder Seite ca. 1 Minute braten, dann mit einer Schaumkelle aus der Pfanne nehmen.

**2.** Die Zwiebel schälen, in feine Würfel schneiden und im Bratfett andünsten. Mit Mehl bestäuben und kurz anschwitzen. Die Sahne und den Wein dazugießen. Alles 10 Minuten bei milder Hitze köcheln lassen. Die Muschelnudeln nach Packungsanweisung in reichlich Salzwasser bissfest garen.

**3.** Die Garnelen in die Sauce geben und 2 Minuten garen. Dill waschen, trocknen, etwas zum Garnieren beiseitelegen, den Rest hacken. Gehackten Dill mit Orangenschale und Orangensaft in die Sauce geben. Salzen und pfeffern.

**4.** Die Muschelnudeln abtropfen lassen. Mit der Orangensauce anrichten. Mit dem restlichen Dill garnieren.

*Zubereitungszeit: ca. 30 Minuten*
*Pro Portion ca. 718 kcal/3004 kJ*
*34 g E, 31 g F, 69 g KH*



## Pappardelle mit Artischockenherzen *(rechts oben)*

Für 4 Portionen

2 Knoblauchzehen
2–3 getrocknete Chili
100 ml Olivenöl
1 Dose Artischockenherzen
4 Zweige Thymian
1/2 Bund Basilikum
100 g getrocknete Tomaten in Öl
400 g Pappardelle
50 g Pinienkerne
Salz
50 g Parmesan

**1.** Knoblauch schälen und fein hacken. Chilischoten zerbröseln. Mit 1 El Olivenöl in eine Pfanne geben und 2–3 Minuten anschwitzen. Vom Herd nehmen und mit dem restlichen Olivenöl mischen, 2 El davon abnehmen.

**2.** Die Artischockenherzen in einem Sieb abtropfen lassen und halbieren. Thymian und Basilikum waschen, trocknen, Blättchen abzupfen und hacken, getrocknete Tomaten würfeln. Pappardelle nach Packungsanweisung garen, abgießen, abschrecken und abtropfen lassen. Pinienkerne in einer beschichteten Pfanne ohne Fett goldbraun rösten.

**3.** In einer Pfanne die 2 El Olivenöl erhitzen, die Artischockenherzen dazugeben und 4–5 Minuten von allen Seiten anbraten. Tomaten und Nudeln zugeben und 2 Minuten mit anschwitzen. Knoblauchöl und Pinienkerne untermischen, mit Salz abschmecken. Mit Basilikum, Thymian und frisch geriebenem Parmesan servieren.

*Zubereitungszeit: ca. 30 Minuten*
*Pro Portion ca. 809 kcal/3398 kJ*
*21 g E, 45 g F, 80 g KH*

fleisch würfeln. Die Morcheln aus dem Wasser nehmen, gut abspülen und abtropfen lassen.

**3.** Die Butter in einer Pfanne erhitzen und die Morcheln mit der Zwiebel und den Tomaten darin andünsten. Salzen und pfeffern.

**4.** Die Leber waschen, trocken tupfen und würfeln. Anschließend zu den Pilz-Tomaten geben und ca. 8 Minuten mitdünsten. Salzen und pfeffern.

**5.** Die Leber herausnehmen und warm stellen. Pilzfond angießen und die Sauce sämig einkochen lassen. Bresaola in Streifen schneiden und unter die Sauce rühren. Die abgetropften Nudeln mit der Sauce und der Leber anrichten. Mit Parmesan servieren.

*Zubereitungszeit: ca. 30 Minuten*
*Pro Portion ca. 778 kcal/3268 kJ*
*41 g E, 29 g F, 75 g KH*

## *Spaghettini mit Morchelsauce*

*(rechts)*

Für 4 Portionen

500 g Spaghettini
20 g getrocknete Morcheln
Salz
1 Zwiebel
4 Tomaten
4 El Butter
Pfeffer aus der Mühle
350 g Putenleber
100 ml Pilzfond
4 Scheiben Bresaola (luftgetrocknetes Rindfleisch)
70 g geriebener Parmesan

**1.** Die Nudeln nach Packungsanweisung zubereiten. Die Morcheln in lauwarmem Wasser einweichen. Die Zwiebel schälen und würfeln.

**2.** Die Tomaten waschen, kreuzweise einritzen, mit kochendem Wasser überbrühen, häuten und das Frucht-

## Penne mit Scampi

*(unten)*

Für 4 Portionen

16 frische Scampi oder Garnelen in der Schale
10 Pfefferkörner
1 Möhre
1 Selleriestange
1 kleine Zwiebel
Salz
100 g Rotbarbenfilet
2 Stängel Petersilie
5 El Olivenöl
1 Knoblauchzehe
2 El gehackte Petersilie
weißer Pfeffer
400 g Penne
2 große Blätter Sauerampfer
30 g Butter

**1.** Die Scampi oder Garnelen gründlich waschen, vorsichtig aus den Schalen lösen und den Darm entfernen. Die ausgelösten Schalen mit dem Pfeffer, dem geputzten, klein geschnittenen Gemüse und 1 Prise Salz vermischen, mit Wasser bedecken und 15 Minuten kochen lassen. Die Brühe durch ein feines Sieb geben.

## Makkaroni in Gorgonzolasauce

*(oben)*

Für 4 Portionen



150 g Gorgonzola
250 ml Sahne
Salz
Pfeffer
Zucker
150 g Parmaschinken in Scheiben
400 g Makkaroni
1 Bund Petersilie

**1.** Die Rinde des Gorgonzola entfernen, Käse würfeln und die Würfel bei schwacher Hitze in einem weiten Topf schmelzen lassen. Anschließend die Sahne einrühren, mit Salz, Pfeffer und Zucker würzen und ca. 3–5 Minuten unter Rühren einkochen lassen.

**2.** Parmaschinken halbieren und in der Käsesauce erwärmen. Inzwischen Makkaroni nach Packungsanweisung garen. Die Petersilie waschen, trocknen und fein hacken. Makkaroni mit der Gorgonzolasauce anrichten und mit der Petersilie bestreut servieren.

*Zubereitungszeit: ca. 25 Minuten*
*Pro Portion ca. 905 kcal/3801 kJ*
*35 g E, 46 g F, 87 g KH*

**Tipp:** Wenn Sie es im Geschmack eher sanft mögen, verwenden Sie den Gorgonzola dolce, der mit Mascarpone gemischt ist.

**2.** Die Brühe erneut zum Kochen bringen und das Rotbarbenfilet mit der Petersilie darin 3 Minuten ziehen lassen. Petersilienstängel entfernen, Brühe und Fisch im Mixer pürieren. Die Scampi in Stücke schneiden.

**3.** Das Öl in einer großen Pfanne erhitzen, die Knoblauchzehe schälen und fein hacken. Anschließend hellgelb braten, die gehackte Petersilie und die Scampi hinzufügen und kurz durchrösten. Salzen und pfeffern.

**4.** Inzwischen Nudeln nach Packungsanweisung in reichlich Salzwasser bissfest garen. Anschließend abgießen und abtropfen lassen. Etwas Nudelwasser auffangen.

**5.** Die Penne in die Pfanne mit den Scampi geben. Das Fischpüree hinzufügen und, wenn nötig, mit etwas Nudelkochwasser geschmeidig machen. Bei leichter Hitze alles gründlich miteinander vermischen. Zuletzt den fein geschnittenen Sauerampfer und die Butter in Flöckchen mit dem Pastagericht vermischen. Sofort in heiße Teller füllen und auftragen.

*Zubereitungszeit: ca. 30 Minuten*
*Pro Portion ca. 565 kcal/2373 kJ*
*29 g E, 17 g F, 72 g KH*

## Spaghetti mit Auberginen und Tomaten *(oben)*

Für 4 Portionen

500 g Auberginen
3 El Olivenöl
2 Knoblauchzehen
400 g Tomaten
300 g Spaghetti
Salz
5 El frisch geriebener Parmesan
Basilikum zum Servieren

**1.** Die Auberginen putzen, waschen, trocknen und in kleine Würfel schneiden. Das Olivenöl in einer Pfanne erhitzen und die Auberginen darin gut anbraten. Knoblauchzehen schälen, hacken, zugeben und mitbraten.

**2.** Die Tomaten waschen, trocknen, putzen, häuten, entkernen und hacken. Zu den Auberginen hinzufügen und 5 Minuten mitschmoren. Dann mit einer Gabel zerdrücken. Die Mischung weitere 10 Minuten köcheln.

**3.** Inzwischen Spaghetti nach Packungsanweisung bissfest garen. Die abgetropften Nudeln zu dem Auberginen-Tomaten-Gemüse geben, mit Salz abschmecken. Mit frisch geriebenem Parmesan bestreuen und mit Basilikum garniert servieren.

*Zubereitungszeit: ca. 15 Minuten*
*(plus Kochzeit)*
*Pro Portion ca. 357 kcal/1499 kJ*
*13 g E, 7 g F, 57 g KH*

## Bandnudeln mit Lauchcreme

*(ohne Abb.)*

Für 4 Portionen

500 g Bandnudeln
1 1/2 l Steinpilz-Hefebrühe
2 Stangen Lauch
200 g Champignons
2 El Sesamöl
60 ml Hühnerbrühe
Salz
Pfeffer
Kardamompulver
Ingwerpulver
250 g Joghurt

**1.** Die Nudeln nach Packungsanweisung in der Steinpilz-Hefebrühe garen. Den Lauch putzen, waschen und in Ringe schneiden.

**2.** Die Champignons putzen, waschen und in Scheiben schneiden. Das Öl in einer Pfanne erhitzen und den Lauch und die Pilze darin ca. 10 Minuten dünsten.

**3.** Die Hühnerbrühe dazugeben und alles mit Salz, Pfeffer, Kardamom- und Ingwerpulver würzen. Anschließend das Ganze mit dem Schneidstab des Handrührgerätes pürieren.

**4.** Den Joghurt unterrühren und erwärmen. Die Nudeln abgießen und mit der Pilzcreme servieren.

*Zubereitungszeit: ca. 20 Minuten*
*Pro Portion ca. 583 kcal/2449 kJ*
*21 g E, 32 g F, 49 g KH*

## *Makkaroni mit Pfifferlingsauce* *(oben)*

Für 4 Portionen

2 Zwiebeln
100 g durchwachsener Speck
500 g frische Pfifferlinge
400 g Makkaroni
Salz
2 El Öl
25 g Butter
150 g Crème fraîche
Pfeffer
1 Bund Schnittlauch
2 El Majoranblätter

**1.** Die Zwiebeln schälen und fein würfeln. Den Speck in schmale Streifen schneiden. Die Pfifferlinge putzen und, wenn nötig, kurz in stehendem Wasser waschen: Sie sollen sich aber nicht mit Wasser vollsaugen. Die größeren Pilze halbieren. Die Makkaroni in Salzwasser nach Packungsanweisung kochen, in ein Sieb geben und abtropfen lassen.

**2.** Das Öl in einer Pfanne erhitzen und die Speckstreifen darin kross ausbraten. Anschließend mit einer Schaumkelle herausnehmen. Die Butter im Bratfett zerlassen. Zwiebelwürfel und Pfifferlinge darin unter Rühren so lange braten, bis die Flüssigkeit vollständig verdampft ist.

**3.** Die Crème fraîche und den gebratenen Speck zu den Pfifferlingen geben und erwärmen. Mit Salz und Pfeffer würzen. Den Schnittlauch waschen, trocknen und in feine Röllchen schneiden, die Majoranblätter hacken. Schnittlauchröllchen und 1 El gehackten Majoran unter die Pilze rühren. Die abgetropften Nudeln unterheben und das Ganze mit 1 El Majoran bestreuen.

*Zubereitungszeit: ca. 30 Minuten*
*Pro Portion ca. 590 kcal/2478 kJ*
*20 g E, 24 g F, 72 g KH*

**Tipp:** Statt der Pfifferlinge können Sie auch Champignons, Austernseitlinge, Maronen oder Steinpilze verwenden. Wenn Sie den Bacon weglassen, haben Sie ein schönes vegetarisches Hauptgericht.

## *Hühnerleber mit Penne*

*(rechts unten)*

Für 4 Portionen

350 g Hühnerleber
500 g Penne, Salz
1 Zwiebel
2 Knoblauchzehen
50 g Butter
2 El geriebene Schale
einer unbehandelten Orange
2 Lorbeerblätter
120 ml Rotwein
2 El Tomatenmark
2 El Sahne, Pfeffer

**1.** Die Leber waschen. Sehnen und Bindegewebe entfernen. Jede Leber in mundgerechte Stücke teilen. Die Penne in reichlich Salzwasser nach Packungsanweisung bissfest kochen. Abtropfen lassen und warm halten. Zwiebel und Knoblauch schälen, Zwiebel würfeln.

**2.** Die Butter in einer Pfanne zerlassen und die Zwiebel weich dünsten. Knoblauch dazupressen, Leber, Orangenschale und Lorbeerblätter zugeben und 3 Minuten unter Rühren

dünsten. Die Hühnerleber aus der Pfanne heben und den Rotwein, das Tomatenmark und die Sahne unterrühren. Köcheln lassen, bis die Sauce reduziert und eindickt.

**3.** Lorbeerblätter entfernen. Dann die Hühnerleber wieder in die Pfanne geben und kurz aufwärmen. Mit Salz und Pfeffer aus der Mühle abschmecken. Die Sauce über die Pasta geben und servieren.

*Zubereitungszeit: ca. 15 Minuten*
*(plus Garzeit)*
*Pro Portion ca. 720 kcal/3010 kJ*
*33 g E, 20 g F, 90 g KH*

## *Spaghetti mit frischen Kräuterseitlingen* *(links)*

Für 4 Portionen

450 g Spaghetti
Salz
250 g Kräuterseitlinge
1 Zweig Rosmarin
Pfeffer
80 g Butter
75 g Parmesan
2 El kalt gepresstes Rapsöl

**1.** Die Spaghetti in reichlich kochendem Salzwasser nach Packungsanweisung bissfest kochen, dann abgießen, ca. 2 El Wasser auffangen und Spaghetti abtropfen lassen.

**2.** Die Pilze putzen, sauber bürsten, wenn nötig auch waschen und sofort wieder trocknen und die Pilzhüte in hauchdünne Scheiben schneiden.

**3.** Den Rosmarin waschen, trocken schütteln, die Nadeln vom Stiel zupfen und klein hacken.

**4.** Die heißen, abgetropften Nudeln mit Rosmarin, Salz, Pfeffer, der Butter und etwa 2 El von dem Nudelwasser vermischen. Den Parmesan dazureiben, unterrühren und auf vorgewärmten Tellern anrichten.

**5.** Die Pilzscheiben darüberstreuen, das Öl darüberträufeln und sofort servieren.

*Zubereitungszeit: ca. 10 Minuten*
*(plus Garzeit)*
*Pro Portion ca. 648 kcal/2720 kJ*
*22 g E, 27 g F, 78 g KH*

**Tipp:** Sie können die Kräuterseitlinge auch durch Champignons ersetzen. Schmackhafter und edler wird das Gericht durch die Verwendung von frischen Steinpilzen.

## Penne mit wildem Spargel *(rechts)*

Für 4 Portionen

500 g wilder oder grüner Spargel
1 Zwiebel
50 g roher Schinken
40 g Butter
1/4 getrocknete Chilischote
300 g Penne
Salz
200 ml Sahne
1 El Tomatenmark
Pfeffer
1/2 Bund Petersilie

**1.** Wilden Spargel waschen und den unteren Teil entfernen. Grünen Spargel waschen, Enden abschneiden, im unteren Drittel schälen und in schräge Stücke schneiden. Geschälte Zwiebel und den Schinken in Würfel schneiden.

**2.** Die Butter in einer großen Pfanne erhitzen und die Schinken- und Zwiebelwürfel darin anbraten. Den Spargel sowie die Chilischote hineingeben und mit anbraten. Die Nudeln nach Packungsanweisung in kochendem Salzwasser bissfest kochen.

**3.** Sahne und Tomatenmark zum Gemüse geben und etwas einkochen lassen. Sobald die Sauce cremig ist, die abgetropften Penne dazugeben, mit Salz und Pfeffer würzen und alles vorsichtig miteinander vermischen. Noch einmal kurz erwärmen und zum Schluss mit gehackter Petersilie bestreuen.

*Zubereitungszeit: ca. 30 Minuten*
*Pro Portion ca. 495 kcal/2079 kJ*
*16 g E, 22 g F, 57 g KH*

## Bandnudeln mit Rinderfilet und Mascarponesauce

*(unten)*

Für 4 Portionen

100 g Walnusskerne
750 g Lauch
500 g Rinderfilet
250 g Mascarpone
Salz
3 El Aceto balsamico
2 Eigelb
4 El Öl
weißer Pfeffer
500 g breite Bandnudeln

**1.** Die Walnusskerne grob hacken. Den Lauch putzen und waschen, das Weiße und Hellgrüne in ca. 1/2 cm breite Ringe schneiden.

**2.** Das Rinderfilet waschen, trocknen, zuerst in 1/2 cm dicke Scheiben und dann in Streifen schneiden.

**3.** Für die Sauce den Mascarpone in einen Topf geben. Salz und Aceto balsamico mit dem Schneebesen unterrühren. Die Mischung erwärmen und das Eigelb unterschlagen, dabei die Sauce erhitzen, aber nicht kochen, damit das Eigelb nicht stockt.

**4.** Das Öl auf 2 Pfannen verteilen und erhitzen. In der einen Pfanne die Filetstreifen portionsweise 1–2 Minuten sehr heiß braten. In der anderen Pfanne den Lauch ca. 4–5 Minuten unter Wenden braten, dann die Walnüsse untermischen. Fleisch und Lauch salzen und pfeffern.

**5.** Inzwischen Bandnudeln nach Packungsanweisung in reichlich Salzwasser bissfest garen, anschließend abtropfen lassen.

**6.** Die Nudeln mit dem Lauch und den Filetstreifen mischen und die Mascarponesauce darüber verteilen.

*Zubereitungszeit: ca. 30 Minuten*
*Pro Portion ca. 799 kcal/3341 kJ*
*36 g E, 43 g F, 62 g KH*

## Spaghettini mit Gemüse-Käse-Sauce *(ohne Abb.)*

Für 4 Portionen

200 g Kirschtomaten
100 g Zuckerschoten
1 El Butter
300 g Spaghettini
Salz
1 El Öl
150 g Sahne
200 ml trockener Weißwein
150 g Blauschimmelkäse
(z. B. Gorgonzola)
1 Bund Petersilie
1 Tl Zitronensaft
Pfeffer aus der Mühle
Chilipulver

**1.** Die Tomaten waschen und halbieren. Die Zuckerschoten putzen, waschen und in Stücke schneiden.

**2.** Die Butter in einem Topf erhitzen, Zuckerschoten darin andünsten. Die Spaghettini in kochendem Salzwasser mit dem Öl nach Packungsanweisung bissfest garen.

**3.** Die Sahne in einem Topf mit dem Weißwein aufkochen. Den Käse grob zerkleinern und in der Sauce schmelzen lassen.

**4.** Die Petersilie waschen, trocken schütteln und fein hacken. Zusammen mit den Tomaten zu den Zuckerschoten geben. Die Käsesauce mit Salz, Zitronensaft, Pfeffer und etwas Chilipulver abschmecken. Die Nudeln abgießen, mit dem Gemüse und der Käsesauce auf Tellern anrichten.

*Zubereitungszeit: ca. 20 Minuten*
*Pro Portion ca. 632 kcal/2646 kJ*
*19 g E, 30 g F, 59 g KH*

## Nudeln mit Lachs und Rucola *(unten)*

Für 4 Portionen

175 g Dinkelmakkaroni
Salz
250 g Wildlachsfilet
Pfeffer
2 El Zitronensaft
1 El Butter
1 Schalotte
200 ml Sahne
1 Bund Rucola
50 g Parmesan am Stück

**1.** Die Dinkelmakkaroni in ausreichend kochendem Salzwasser nach Packungsanweisung garen. Das Wildlachsfilet waschen, trocken tupfen und in dünne Streifen schneiden. Mit Salz, Pfeffer und Zitronensaft würzen.

**2.** Butter in einer Pfanne zerlassen. Die Schalotte schälen, hacken und darin andünsten. Die Nudeln abgießen, abtropfen lassen und zu der Schalotte geben. Die Sahne angießen und die Lachsstreifen unterheben. 5 Minuten bei geringer Temperatur köcheln lassen. Mit Salz und Pfeffer abschmecken.

**3.** Rucola waschen, trocken schleudern und putzen. Den Parmesan hobeln. Die Pasta auf Teller verteilen und mit Rucola und Parmesan garniert servieren.

*Zubereitungszeit: ca. 30 Minuten*
*Pro Portion ca. 467 kcal/1961 kJ*
*23 g E, 26 g F, 33 g KH*

## *Spätzle mit Hackfleischbällchen*

*(rechts)*

Für 4 Portionen

2 Zwiebeln
50 g Champignons
200 g Rinderhackfleisch
1/2 Bund frisch gehackte Petersilie
1 El frisch geriebener Pecorino
2 El Tomatenmark
Salz
Pfeffer
1/4 Tl Rosenpaprika
1 Knoblauchzehe
3 El Öl
1 Dose Tomaten (400 g)
400 g Spätzle
Basilikum zum Garnieren

**1.** Zwiebeln schälen und hacken. Pilze putzen und hacken. Das Hackfleisch mit 1 Zwiebel, Pilzen, Kräutern, Käse und Tomatenmark mischen und mit Salz, Pfeffer und Paprika abschmecken. Aus der Masse kleine Bällchen formen und in 1 El heißem Öl braten. Warm stellen.

**2.** Knoblauch schälen und hacken. Mit der zweiten Zwiebel im restlichen heißen Öl dünsten. Tomaten mit Saft hinzufügen, zerkleinern und abschmecken.

**3.** Inzwischen Spätzle nach Packungsanweisung bissfest garen. Abgießen und mit der Sauce mischen. Auf Teller geben, die Hackbällchen darauf verteilen und mit Basilikum garniert servieren.

*Zubereitungszeit: ca. 30 Minuten*
*Pro Portion ca. 513 kcal/2155 kJ*
*25 g E, 13 g F, 74 g KH*

## *Bandnudeln mit Zitronensauce*

*(rechts unten)*

Für 4 Portionen

1 unbehandelte Zitrone
4–6 Salbeiblätter
6 El Olivenöl
2 El Mehl
250 ml Milch
250 ml Gemüsebrühe
400 g Bandnudeln
Salz
125 ml Sahne
2 Eigelb
Pfeffer
Zitronenscheiben zum Garnieren
Salbeiblätter zum Garnieren

**1.** Zitrone heiß abspülen. Zitronenschale mit dem Zestenreißer abziehen oder dünn abschälen und in Streifen schneiden. Zitrone auspressen.

**2.** Salbeiblätter waschen, trocknen und in feine Streifen schneiden. Im heißen Öl 2–3 Minuten frittieren. Mit der Schaumkelle herausnehmen. Mehl in dem Öl andünsten, unter Rühren 4 El Zitronensaft, die Hälfte der Zitronenschale, Milch und Brühe zugießen. Die Sauce unter Rühren 10 Minuten köcheln lassen.

**3.** Nudeln nach Packungsanweisung in kochendem Salzwasser garen. Sahne mit Eigelb verquirlen, in die heiße Sauce rühren und nicht mehr kochen lassen. Die Sauce mit Salz und Pfeffer abschmecken.

**4.** Nudeln abgießen und mit der Sauce anrichten. Mit Zitronenscheiben, Salbeistreifen und -blättern garniert servieren.

*Zubereitungszeit: ca. 25 Minuten*
*Pro Portion ca. 696 kcal/2909 kJ*
*18 g E, 33 g F, 76 g KH*

## *Spaghetti mit Paprika, Tomaten und Gorgonzola*
*(rechts)*

Für 4 Portionen

500 g Tomaten oder geschälte Tomaten aus der Dose
3 gelbe Paprikaschoten
2 El Olivenöl
4 fein gehackte Knoblauchzehen
400 g Spaghetti, Salz
1 Prise gerebelter Oregano
1 Prise Chilipulver
1 Frühlingszwiebel
150 g Gorgonzola
80 g frisch geriebener Parmesan

**1.** Frische Tomaten waschen, kreuzweise einritzen, Strunk entfernen, überbrühen, häuten, entkernen und das Fruchtfleisch in Stücke schneiden. Die Paprika waschen, entkernen und in Streifen schneiden.

**2.** Olivenöl in einer großen Pfanne erhitzen, Knoblauch darin kurz anbraten. Paprikastreifen zufügen, unter Rühren 5 Minuten braten und salzen. Spaghetti in kochendem Salzwasser nach Packungsanweisung bissfest garen.

**3.** Tomatenstücke zu den Paprikastreifen geben und mit Oregano und Chili würzen. Die Sauce 8–10 Minuten einkochen, ab und zu umrühren und mit Salz würzen. Frühlingszwiebel putzen, waschen und in Ringe schneiden.

**4.** In einer vorgewärmten Schüssel die abgetropften, heißen Spaghetti mit dem zerbröselten Gorgonzola vermischen. Die Paprika-Tomaten-Sauce dazugeben, alles gut vermischen und mit der Frühlingszwiebel garnieren. Zuletzt den Parmesan darüberstreuen.

*Zubereitungszeit: ca. 30 Minuten*
*Pro Portion ca. 643 kcal/2701 kJ*
*29 g E, 25 g F, 75 g KH*

## Tagliatelle mit Frischkäse-Brokkoli-Sauce *(links)*

Für 4 Portionen

600 g Brokkoli
600 ml Gemüsebrühe
1 Zwiebel
1 El Butter
300 g Bandnudeln
Salz
100 g Kräuterfrischkäse
50 g frisch geriebener Parmesan
Pfeffer

**1.** Den Brokkoli putzen, waschen, in kleine Röschen teilen, den Strunk schälen und würfeln. Die Röschen 4 Minuten in der Brühe garen. Dann abgießen und die Brühe auffangen.

**2.** Zwiebel schälen und fein würfeln, mit den Brokkoliröschen im zerlassenen Fett andünsten, mit 500 ml von der Brühe ablöschen und zugedeckt 8 Minuten garen.

**3.** Nudeln in ausreichend kochendem Salzwasser nach Packungsanweisung bissfest garen.

**4.** Den Brokkoli in der Brühe pürieren. Frischkäse und 30 g geriebenen Parmesan unterrühren, gewürfelten Brokkolistrunk zugeben und nochmals aufkochen. Mit Salz und Pfeffer abschmecken, mit den abgetropften Nudeln, grob gemahlenem Pfeffer und dem restlichen Parmesan anrichten.

*Zubereitungszeit: ca. 25 Minuten (plus Garzeit)*
*Pro Portion ca. 482 kcal/2024 kJ*
*20 g E, 20 g F, 55 g KH*

## Penne mit Zucchini und Ricotta *(unten)*

Für 4 Portionen

400 g Penne
1 kg kleine Zucchini
Salz
4 Knoblauchzehen
1 Bund Basilikum
2–3 El Olivenöl
350 g Ricotta
Pfeffer
40 g frisch geriebener Parmesan

**1.** Die Penne nach Packungsanweisung garen. Die Zucchini putzen, waschen, in kochendem Salzwasser etwa 2 Minuten blanchieren, abgießen, abschrecken und in 1 cm dicke Scheiben schneiden. Die Knoblauchzehen schälen und fein hacken. Das Basilikum waschen, trocken schütteln und in Streifen schneiden.

**2.** Das Olivenöl erhitzen und die Zucchinischeiben etwa 1 Minute darin anschmoren. Den Knoblauch dazugeben. Die Zucchini mit den abgegossenen Nudeln, Basilikum und Ricotta mischen, mit Salz und Pfeffer würzen. Mit Parmesan bestreut servieren.

*Zubereitungszeit: ca. 15 Minuten*
*Pro Portion ca. 658 kcal/2755 kJ*
*25 g E, 26 g F, 80 g KH*

## Penne mit Auberginen-Hackfleisch *(ohne Abb.)*

Für 4 Portionen

500 g Penne
Salz
5 Zwiebeln
2 Knoblauchzehen
100 g Auberginen
250 g Lammhackfleisch
Pfeffer aus der Mühle
Paprikapulver
3 El Butter
1 Bund Basilikum
100 ml Sahne
80 g geriebener Parmigiano Reggiano
Öl zum Schwenken

**1.** Die Nudeln in reichlich Salzwasser ca. 15 Minuten al dente kochen. Die Zwiebeln schälen und in Würfel schneiden. Die Knoblauchzehen schälen und durchpressen. Die Auberginen putzen, waschen und in Würfel schneiden.

**2.** Das Hackfleisch mit Salz, Pfeffer und Paprikapulver kräftig abschmecken. Die Butter in einer Pfanne erhitzen und das Fleisch darin anbraten. Die Zwiebeln, den Knoblauch und die Auberginenwürfel dazugeben. Alles nochmals mit Salz und Pfeffer würzen und ca. 7 Minuten ziehen lassen.

**3.** Das Basilikum waschen, trocken schütteln und in Streifen schneiden. Die Sahne mit dem Käse und dem Basilikum verrühren und unter die Hack-Gemüse-Mischung heben. Die Nudeln abgießen und in etwas Öl schwenken. Anschließend mit der Sauce auf Tellern anrichten und servieren.

*Zubereitungszeit: ca. 30 Minuten*
*Pro Portion ca. 840 kcal/3528 kJ*
*35 g E, 52 g F, 59 g KH*

## Spaghetti Carbonara
*(unten)*

Für 4 Portionen

50 g durchwachsener Speck
100 g gekochter Schinken
1 Knoblauchzehe
2 El Butter
400 g Spaghetti, Salz
40 g Parmesan
40 g Pecorino
3 Eier
100 ml Sahne
Pfeffer

**1.** Speck und Schinken in kleine Würfel schneiden. Den Knoblauch schälen und fein hacken. Die Butter in einer Pfanne erhitzen und den Speck darin schmoren. Knoblauch zugeben und etwa 3 Minuten mitschmoren.

**2.** Die Spaghetti in kochendem Salzwasser bissfest garen, abgießen und abtropfen lassen. Die Nudeln zum Speck in die Pfanne geben und alles gut verrühren.

**3.** Parmesan und Pecorino fein reiben. Die Eier mit der Sahne und der Hälfte der beiden Käsesorten verquirlen und mit Salz und Pfeffer würzen. Den gekochten Schinken unterheben. Diese Mischung zu den Spaghetti geben und alles gut verrühren, bis die Eier zu stocken beginnen. Den restlichen Käse unter die Spaghetti heben und sofort servieren.

*Zubereitungszeit: ca. 20 Minuten*
*(plus Garzeit)*
*Pro Portion ca.703 kcal/2951 kJ*
*31 g E, 33 g F, 70 g KH*

## Bandnudeln mit Pilz-Lauch-Sauce

*(unten)*

Für 4 Portionen

2 Stangen Lauch
250 g Pilze nach Wahl
250 g schmale Bandnudeln
Salz
2 El Butter
Pfeffer aus der Mühle
1 Msp. Cayennepfeffer
125 ml trockener Weißwein
250 ml Sahne
frisch geriebene Muskatnuss
100 g frisch geriebener Parmesan

**1.** Den Lauch putzen, waschen und in feine Ringe schneiden. Die Pilze putzen, waschen und trocknen. Die Pilzköpfe von den Stielen trennen und die Köpfe in schmale Streifen, die Stiele in dünne Scheiben schneiden.

**2.** Die Nudeln nach Packungsanweisung in reichlich Salzwasser bissfest garen. Anschließend abgießen, abtropfen lassen und warm stellen.

**3.** Die Butter in einer großen Pfanne erhitzen. Lauch und Pilze bei starker Hitze unter ständigem Rühren 5 Minuten dünsten. Mit Salz, Pfeffer und Cayennepfeffer würzen. Den Weißwein und die Sahne angießen und die Sauce 6–8 Minuten köcheln lassen. Dann mit Muskatnuss abschmecken.

**4.** Die Nudeln unter die Sauce mischen, auf vorgewärmten Tellern anrichten und den Parmesan dazureichen.

*Zubereitungszeit: ca. 25 Minuten*
*Pro Portion ca. 583 kcal/2449 kJ*
*21 g E, 32 g F, 49 g KH*



## Spaghetti mit Pesto und feinem Fischfilet

*(rechts oben)*

Für 4 Portionen

100 g Pinienkerne
130 ml Olivenöl
3 geschälte Knoblauchzehen
50 g Basilikumblätter
50 g geriebener Parmesan
Salz, Pfeffer
400 g Spaghetti
250 g Tomaten
400 g Meerwolf-, Heilbutt- oder Schollenfilet
Basilikum zum Garnieren

**1.** Die Pinienkerne mit 100 ml Olivenöl, dem Knoblauch und den gewaschenen Basilikumblättern im Mixer pürieren. Den Parmesan unter das Pesto mengen, salzen und pfeffern.

**2.** Die Spaghetti nach Packungsanweisung bissfest garen. Dann abgießen, unter fließendem Wasser abschrecken, abtropfen lassen und 1 El Olivenöl unterheben.

**3.** Die Tomaten waschen, kreuzweise einritzen, mit kochendem Wasser überbrühen, häuten, entkernen und das Fruchtfleisch fein würfeln. Die Fischfilets mit Salz und Pfeffer würzen und im restlichen Olivenöl beidseitig goldbraun braten.

**4.** Die Spaghetti erhitzen, gut mit dem Pesto vermischen, auf Tellern anrichten und mit Tomatenwürfeln bestreuen. Auf jede Portion ein gebratenes Fischfilet legen. Mit Basilikum garnieren.

*Zubereitungszeit: ca. 30 Minuten*
*Pro Portion ca. 859 kcal/3590 kJ*
*49 g E, 47 g F, 74 g KH*

## *Nudeln mit Füllung*

*(unten)*

Für 4 Portionen

20 große Muschelnudeln
1 Bund Frühlingszwiebeln
3 Knoblauchzehen
3 El Olivenöl
500 g Flusskrebsfleisch
350 g Spargelspitzen aus der Dose
je 1/2 Bund Basilikum
und Petersilie
100 g geriebener Parmesan
Salz
Pfeffer
150 ml Gemüsebrühe
Butter für die Form

**1.** Die Nudeln nach Packungsanweisung zubereiten. Die Frühlingszwiebeln putzen, waschen und in schmale Ringe schneiden. Die Knoblauchzehen schälen und fein hacken.

**2.** Das Öl erhitzen und die Frühlingszwiebeln mit dem Knoblauch darin andünsten. Das Flusskrebsfleisch dazugeben. Spargel abtropfen lassen und zu den Frühlingszwiebeln geben.

**3.** Die Kräuter waschen, trocknen und fein hacken. Mit dem Parmesan verrühren. Alles mit Salz und Pfeffer würzen. Den Backofen auf 180 °C (Umluft 160 °C) vorheizen.

**4.** Die Nudeln abgießen und mit der Masse füllen. Eine ofenfeste Form mit Butter ausstreichen und die Nudeln einfüllen. Mit der Gemüsebrühe angießen. Die Kräutermischung darauf verteilen. Das Ganze im Backofen auf der mittleren Einschubleiste ca. 15 Minuten überbacken.

*Zubereitungszeit: ca. 15 Minuten (plus Backzeit)*
*Pro Portion ca. 739 kcal/3090 kJ*
*36 g E, 28 g F, 80 g KH*

**2.** Die Knoblauchzehe schälen und hacken. Zusammen mit Tomatenmark, Ketchup, Kapern und Olivenöl pürieren, mit Salz, Pfeffer und Zucker würzen.

**3.** Die Chilischote putzen, waschen, entkernen und fein hacken. Unter das Püree rühren. Die Petersilie waschen, trocken schütteln und die Blättchen hacken. Die heißen Nudeln und Erbsen mit der Chilisauce, den schwarzen Oliven und der Petersilie mischen und den Parmesan darüberhobeln.

*Zubereitungszeit: ca. 15 Minuten*
*(plus Kochzeit)*
*Pro Portion ca. 510 kcal/2142 kJ*
*22 g E, 15 g F, 83 g KH*



## Penne all'arrabbiata

*(oben)*

Für 4 Portionen

400 g Penne
Salz
300 g TK-Erbsen, aufgetaut
1 Knoblauchzehe
30 g Tomatenmark
1 El Ketchup
2 Tl Kapern
2 El Olivenöl
Pfeffer
1 Prise Zucker
1 rote Chilischote
1/2 Bund Petersilie
80 g schwarze Oliven ohne Stein
40 g Parmesan

**1.** Penne in Salzwasser bissfest garen. 2 Minuten vor Ende der Garzeit die Erbsen zu den Nudeln geben. Alles abgießen und abtropfen lassen.

## Spaghetti mit Pesto
*(links)*

Für 4 Portionen

1 El Pinienkerne
1 1/2 Bund Basilikum
1 Knoblauchzehe
Salz
3 El Parmesan
60 ml Olivenöl
Pfeffer
500 g Spaghetti

**1.** Die Pinienkerne in einer Pfanne ohne Fett anrösten. Die Basilikumblätter abzupfen, waschen und trocknen. Den Knoblauch schälen und alles grob hacken.

**2.** Basilikum, Knoblauch, Salz und Pinienkerne im Mixer zu einer Paste verarbeiten. Parmesan und Olivenöl dazurühren, mit Pfeffer würzen.

**3.** Die Spaghetti in reichlich Salzwasser nach Packungsanweisung bissfest garen. Mit dem Pesto vermischen und servieren. Eventuell etwas von dem Nudelkochwasser dazugeben, sollte das Gericht zu trocken sein.

*Zubereitungszeit: ca. 30 Minuten*
*Pro Portion ca. 518 kcal/2176 kJ*
*17 g E, 11 g F, 86 g KH*

**Tipp:** Pesto gibt es in zahlreichen Variationen. Für ein Brunnenkressepesto beispielsweise ersetzen Sie das Basilikum durch Brunnenkresse. Mit Petersilie und gehackten Mandeln anstatt Basilikum und Pinienkernen wird ein Petersilien-Mandel-Pesto daraus. Getrocknete Tomaten, vorher in heißem Wasser eingeweicht, machen aus dem Grundrezept ein fruchtiges Tomatenpesto.

## Bandnudeln Funghi
*(links unten)*

Für 4 Portionen

500 g Champignons
2 Knoblauchzehen
1 Zwiebel
Salz
400 g Bandnudeln
2 El Butter
2 Tl rosenscharfes Paprikapulver
250 ml Gemüsebrühe
125 g Schmand
Pfeffer
2 El Zitronensaft
1 Bund Petersilie

**1.** Die Pilze putzen und in Scheiben schneiden. Knoblauch und Zwiebel schälen und fein würfeln. In einem großen Topf etwa 3 l Wasser mit 1 Prise Salz aufkochen und die Nudeln darin nach Packungsanweisung bissfest garen.

**2.** In einer großen Pfanne die Butter schmelzen und die Zwiebelwürfel darin glasig dünsten. Knoblauchwürfel dazugeben. Anschließend die Pilze hinzufügen und bei mittlerer Hitze etwa 5 Minuten braten. Mit Paprika würzen. Gemüsebrühe angießen und bei starker Hitze um die Hälfte reduzieren lassen. Mit Schmand verfeinern und mit Salz, Pfeffer und Zitronensaft abschmecken.

**3.** Die Petersilie waschen, trocknen und fein hacken. Die Hälfte davon unter die Pilzsauce rühren. Die Bandnudeln abgießen, abtropfen lassen und auf vorgewärmten Tellern anrichten. Die Sauce darübergeben und alles mit Petersilie bestreut servieren.

*Zubereitungszeit: ca. 30 Minuten*
*Pro Portion ca. 475 kcal /1995 kJ*
*17 g E, 13 g F, 71 g KH*

## Pasta mit Sardinen

*(oben)*

Für 4 Portionen

8 filetierte Sardinen
1 Fenchelknolle
2 Knoblauchzehen
1/2 rote Chilischote
4 El Olivenöl
350 g Linguine
Salz
abgeriebene Schale von 1 unbehandelten Zitrone
1 El Zitronensaft
2 El geröstete Pinienkerne
3 El frisch gehackte Petersilie
Pfeffer

**1.** Die Sardinenfilets waschen, trocknen und grob hacken. Den Fenchel putzen, waschen und in dünne Scheiben hobeln. Knoblauch schälen und in dünne Scheiben schneiden. Chilischote waschen, trocknen, entkernen und fein würfeln.

**2.** 2 El Olivenöl erhitzen, Knoblauch und Chiliwürfel hinzufügen und dünsten. Anschließend den Fenchel zugeben, weitere 5 Minuten dünsten und dann die Sardinen untermischen. Weitere 4 Minuten garen.

**3.** Inzwischen Nudeln nach Packungsanweisung in reichlich Salzwasser bissfest garen. Abgießen und abtropfen lassen. Zitronenschale und -saft, Pinienkerne, Petersilie, Salz und Pfeffer unter die Sardinen mischen. Mit dem restlichen Öl zur Pasta geben und vorsichtig vermengen.

*Zubereitungszeit: ca. 30 Minuten*
*Pro Portion ca. 458 kcal/1917 kJ*
*23 g E, 12 g F, 62 g KH*

## Gefüllte Muschelnudeln

*(rechts oben)*

Für 4 Portionen

20 große Muschelnudeln
700 g Lachsfilet
Zitronensaft
Salz
Pfeffer
200 g Staudensellerie
4 Schalotten
2 El Kapern
4 El Olivenöl
3 El Pesto (FP)
5 El Fischfond

**1.** Die Muschelnudeln nach Packungsanweisung zubereiten. Den Fisch waschen, trocknen, in kleine Stücke schneiden, mit Zitronensaft beträufeln und mit Salz und Pfeffer würzen. Sellerie putzen, waschen und in Stücke schneiden. Die Schalotten schälen und würfeln. Die Kapern abtropfen lassen.

**2.** Das Öl erhitzen und die Fischstücke darin andünsten. Staudensellerie, Schalotten und Kapern dazugeben und alles mit Salz und Pfeffer würzen. Das Pesto unterrühren. Mit dem Fischfond angießen und weitere 4 Minuten ziehen lassen.

**3.** Die Nudeln abgießen und mit der Fischmasse füllen. Alles auf Tellern anrichten und servieren.

*Zubereitungszeit: ca. 25 Minuten*
*Pro Portion ca. 706 kcal/2953 kJ*
*27 g E, 43 g F, 44 g KH*

150 g Crème fraîche
frische Kräuter zum Garnieren
Butter für die Form

**1.** Die Entenbrustfilets waschen, trocknen und die Haut kreuzweise einschneiden. Den Backofen auf 160 °C (Umluft 140 °C) vorheizen. Mit Salz und Pfeffer kräftig würzen.

**2.** Butterschmalz erhitzen und die Entenbrustfilets darin von beiden Seiten ca. 5 Minuten braten. Eine ofenfeste Form mit Butter ausstreichen und die Entenbrustfilets mit der Hautseite nach oben hineinlegen.

**3.** Die Nudeln nach Packungsanweisung garen. Das Basilikum waschen, trocknen, in Streifen schneiden und über das Fleisch streuen. Fond und Marsala angießen und alles im Backofen auf der mittleren Einschubleiste ca. 15 Minuten garen. Kurz vor Ende der Garzeit den Grill dazuschalten, sodass die Haut schön kross wird.

**4.** Die Nudeln abgießen und auf Teller verteilen. Das Fleisch in Scheiben schneiden und über die Nudeln geben. Mit Kräutern garniert servieren.

*Zubereitungszeit: ca. 30 Minuten (plus Garzeit)*
*Pro Portion ca. 640 kcal/2688 kJ*
*24 g E, 19 g F, 90 g KH*

## Bandnudeln mit Pfifferlingcreme

*(ohne Abb.)*

Für 4 Portionen

500 g Vollkornbandnudeln
1 1/2 l Steinpilz-Hefebrühe
1 Stange Lauch
300 g Pfifferlinge
2 El Sesamöl
60 ml Gemüsebrühe
Salz
Pfeffer
250 g Joghurt

**1.** Die Nudeln nach Packungsanweisung in der Brühe garen. Den Lauch putzen, waschen und in Ringe schneiden.

**2.** Die Pfifferlinge putzen, waschen und in Scheiben schneiden. Das Öl in einer Pfanne erhitzen und den Lauch und die Pilze darin ca. 10 Minuten dünsten.

**3.** Die Gemüsebrühe dazugeben und alles mit Salz und Pfeffer würzen. Anschließend das Ganze mit dem Schneidstab des Handrührgerätes pürieren.

**4.** Den Joghurt unterrühren und erwärmen. Die Nudeln abgießen und mit der Pilzcreme servieren.

*Zubereitungszeit: ca. 20 Minuten*
*Pro Portion ca. 583 kcal/2449 kJ*
*21 g E, 32 g F, 49 g KH*

## Entenbrust in Marsala *(unten)*

Für 4 Portionen

2 Entenbrustfilets mit Haut
Salz, Pfeffer
4 El Butterschmalz
350 g Spaghetti
1/2 Bund Basilikum
125 ml Entenfond
200 ml Marsala
3 El Tomatenmark

4. Die gekochten Spaghetti zu den Garnelen in die Pfanne geben. Die Petersilie hinzufügen und alles bei leichter Hitze gründlich miteinander vermischen. Zum Schluss mit frisch gemahlenem Pfeffer bestreuen.

*Zubereitungszeit: ca. 30 Minuten*
*Pro Portion ca. 503 kcal/2113 kJ*
*26 g E, 11 g F, 71 g KH*

## Chili-Makkaroni nach sizilianischer Art *(unten)*

Für 4 Portionen

4 rote Chilis
1 Zwiebel
1 Knoblauchzehe
2 El fein gewiegte italienische Kräuter, z. B. Rosmarin, Salbei, Basilikum
1 El Chiliöl
3 El Erdnussöl
200 g Pizzatomaten
Salz
Cayennepfeffer
500 ml Gemüsebrühe

## Spaghetti mit Garnelen und Paprikaschoten

*(oben)*



Für 4 Portionen

250 g küchenfertige Garnelen
1 kleine Zwiebel
1/2 gelbe Paprikaschote
6 El Olivenöl
Salz
400 g Spaghetti
50 ml Weißwein
1 El gehackte Petersilie
weißer Pfeffer

**1.** Die Garnelen waschen und trocknen. Die geschälte Zwiebel in Würfel, die geputzte und gewaschene Paprikaschote in feine Streifen schneiden. 3 El Öl erhitzen, die Zwiebelwürfel darin glasig braten und die Paprikastreifen hineingeben. Salzen und bei leichter Hitze weich dünsten.

**2.** Die Nudeln nach Packungsanweisung in reichlich Salzwasser bissfest garen. Anschließend abgießen und abtropfen lassen. Etwas Nudelwasser auffangen.

**3.** Das restliche Öl in einer großen Pfanne erhitzen, die Garnelen kurz darin anbraten, den Wein angießen, salzen und bei starker Hitze 3 Minuten kochen lassen. Die gedünsteten Paprikastreifen hinzufügen und kurz durchkochen lassen.

5 El roter Traubensaft
1 El Apfelessig
2 El Kapern, 3 El Schmand
Chilisauce (FP) nach Geschmack
500 g Makkaroni

**1.** Die Chilis putzen, halbieren, entkernen, waschen und in kleine Würfel schneiden.

**2.** Zwiebel und Knoblauch schälen und fein würfeln. Die Chiliwürfel zusammen mit der Zwiebel, dem Knoblauch und den Kräutern im erhitzten Chili- und Erdnussöl braten, bis die Zwiebel glasig ist. Die Pizzatomaten angießen und alles mit Salz und Cayennepfeffer würzen.

**3.** Die Brühe, den Traubensaft, den Apfelessig und die Kapern dazugeben und alles zusammen bei milder Hitze ca. 10 Minuten schmoren.

**4.** Die Sauce mit Schmand verfeinern und nach Geschmack mit der Chilisauce nachwürzen. Inzwischen Nudeln nach Packungsanweisung zubereiten und mit der Sauce anrichten.

*Zubereitungszeit: ca. 15 Minuten (plus Schmorzeit)*
*Pro Portion ca. 636 kcal/2671 kJ*
*15 g E, 15 g F, 81 g KH*

## Penne mit Fenchelcreme

*(oben)*

Für 4 Portionen

200 g Penne
2 Fenchelknollen
200 g Süßkartoffeln aus dem Glas
3–4 El Olivenöl
Salz, Pfeffer
Anis-, Nelken- und Pimentpulver
500 ml Gemüsefond (FP)
4–5 El Schmand
100 g geriebener Appenzeller
Fett für die Form

**1.** Die Nudeln nach Packungsanweisung zubereiten. Die Fenchelknollen putzen, waschen und zusammen mit dem Grün fein hacken. Die Kartoffeln in ein Sieb geben und gut abtropfen lassen. In Würfel schneiden.

**2.** Das Öl erhitzen und das Gemüse darin ca. 10 Minuten schmoren. Mit einer Gabel zerdrücken und mit den Gewürzen kräftig abschmecken. Den Gemüsefond dazugeben und alles zusammen bei milder Hitze ca. 2–3 Minuten schmoren. Den Schmand unterheben.

**3.** Den Backofen auf 220 °C (/Umluft 200 °C) vorheizen. Eine flache feuerfeste Form einfetten. Die Nudeln in der Form verteilen und die Fenchelcreme darüber geben. Das Ganze mit dem Käse bestreuen und auf der oberen Einschubleiste ca. 5–6 Minuten überbacken.

*Zubereitungszeit: ca. 30 Minuten*
*Pro Portion ca. 293 kcal/1229 kJ*
*18 g E, 17 g F, 17 g KH*

## *Penne mit Frühlingsgemüsesauce*
*(rechts)*

Für 4 Portionen

500 g Penne Rigate
4 junge Möhren
200 g Brokkoliröschen
Salz
200 g TK-Erbsen
200 g Champignons
6 El trockener Weißwein
2 El frisch gehackter Kerbel
Pfeffer
300 g Naturjoghurt
1 El frisch geriebener Parmesan

**1.** Die Nudeln nach Packungsanweisung zubereiten. Die Möhren putzen, schälen und in dünne Streifen schneiden. Die Brokkoliröschen und die Möhrenstreifen in kochendem Salzwasser etwa 5–7 Minuten garen, herausnehmen und die TK-Erbsen in dem Wasser 3–4 Minuten köcheln. Abgießen und abtropfen lassen.

**2.** Die Champignons putzen, abreiben, in Viertel schneiden und mit dem Weißwein und dem Kerbel unter Rühren etwa 10–12 Minuten schmoren, mit Salz und Pfeffer abschmecken. Mit dem Gemüse mischen und erhitzen.

**3.** Den Naturjoghurt mit dem Gemüse und den abgegossenen Nudeln mischen und das Ganze mit dem frisch geriebenen Parmesan bestreuen.

*Zubereitungszeit: ca. 30 Minuten*
*Pro Portion ca. 500 kcal/2093 kJ*
*23 g E, 7 g F, 88 g KH*

## *Tagliatelle mit Räucherlachs* *(rechts unten)*

Für 4 Portionen

400 g schwarze Tagliatelle
Salz
3 Zweige Dill
500 ml Sahne
4 cl Noilly Prat
Cayennepfeffer
Pfeffer
400 g Räucherlachs

**1.** Die Nudeln nach Packungsanweisung in reichlich Salzwasser bissfest garen. Abgießen und abtropfen lassen. Den Dill waschen und trocknen, 2 Zweige grob hacken.

**2.** Die Sahne mit dem Wermut und dem Dillzweig sämig einkochen lassen. Dillzweig entfernen und die Sauce mit Salz, Cayennepfeffer und schwarzem Pfeffer abschmecken. Den Räucherlachs in Scheiben schneiden und mit dem gehackten Dill unter die Sauce mischen. Nudeln mit Sauce mischen und servieren.

*Zubereitungszeit: ca. 30 Minuten*
*Pro Portion ca. 855 kcal/3591 kJ*
*35 g E, 47 g F, 73 g KH*

## *Tortellini mit Käsesauce* *(rechts)*

Für 4 Portionen

350 g Tortellini
Salz
1 Zwiebel
4 Salbeiblättchen
je 50 g Mozzarella, Gorgonzola, Brie und Gouda
2 El Butter
100 ml Sahne
Pfeffer
150 g Cocktailtomaten

**1.** Die Nudeln nach Packungsanweisung in Salzwasser bissfest garen. Anschließend in einem Sieb abgießen und abtropfen lassen. Die Zwiebel schälen und fein hacken. Salbei waschen, trocknen und in feine Streifen schneiden. Käse in grobe Stückchen zerteilen.

**2.** 1 El Butter in einem großen Topf zerlassen und die Zwiebelwürfel darin glasig anschwitzen. Die Sahne angießen. Den Käse zugeben und unter ständigem Rühren bei schwacher Hitze langsam schmelzen lassen. Sauce mit Salz und Pfeffer abschmecken.

**3.** Die Tomaten waschen, trocknen und halbieren. In einer Pfanne die restliche Butter schmelzen. Die Tomaten und den Salbei kurz darin dünsten und mit Salz und Pfeffer würzen.

**4.** Die Nudeln auf vorgewärmten Tellern anrichten, Sauce darübergießen, die Tomaten daraufgeben und servieren.

*Zubereitungszeit: ca. 30 Minuten*
*Pro Portion ca. 320 kcal/1344 kJ*
*15 g E, 25 g F, 9 g KH*

## *Cannelloni nach Gärtnerinnen-Art*
*(rechts)*

Für 4 Portionen

500 g Blattspinat
100 g roher, mild gesalzener Schinken
125 g Mozzarella
1 Zweig Oregano
2 Knoblauchzehen
150 g Ricotta
Salz, Pfeffer aus der Mühle
200 g Cannelloni
1 Eigelb
50 g geriebener Pecorino
5 El Olivenöl
80 g Béchamelsauce (FP)
Butter für die Form

**1.** Den Spinat waschen und abtropfen lassen. Den Schinken in Streifen schneiden. Den Mozzarella abtropfen lassen und in Würfel schneiden.

**2.** Oregano waschen, trocken schütteln und fein hacken. Die Knoblauchzehen schälen und durchpressen. Ricotta und Mozzarella mit dem Spinat, dem Schinken, dem Oregano und dem Knoblauch mischen. Mit Salz und Pfeffer kräftig abschmecken. Den Backofen auf 250 °C (Umluft 220 °C) vorheizen.

**3.** Die Cannelloni mit der Spinat-Schinken-Füllung füllen. Anschließend eine ofenfeste Form gleichmäßig mit Butter ausstreichen. Die Cannelloni in die Form legen. Das Eigelb mit dem Pecorino, dem Öl und der Béchamelsauce verquirlen und die Mischung über den Nudeln verteilen. Mit Salz und Pfeffer würzen. Auf der mittleren Einschubleiste goldgelb backen.

*Zubereitungszeit: ca. 15 Minuten (plus Backzeit)*
*Pro Portion ca. 703 kcal/2955 kJ*
*38 g E, 32 g F, 52 g KH*

## *Spaghetti mit Tomatenpesto* *(links)*

Für 4 Portionen

100 g getrocknete Tomaten
Salz
50 g Mandeln
60 g Pinienkerne
80 g geriebener Parmesan
1/2 Bund Petersilie
1 Bund Basilikum
Pfeffer
Zucker
1–2 El Aceto balsamico
400 g Spaghetti

**1.** Die Tomaten in etwas Salzwasser ca. 5 Minuten kochen. Herausnehmen, abtropfen lassen und 150 ml Kochwasser beiseitestellen. Mandeln und Pinienkerne in einer Pfanne ohne Fett goldbraun rösten. Mit Tomaten und Parmesan im Mixer fein pürieren, das Tomatenwasser nach und nach dazugießen.

**2.** Die Petersilie und das Basilikum waschen, trocknen, fein hacken und unter das Pesto mischen. Mit Salz, Pfeffer, Zucker und Aceto balsamico abschmecken.

**3.** Inzwischen Spaghetti bissfest garen. Abgießen, mit kaltem Wasser abschrecken und abtropfen lassen. Die Nudeln mit dem Pesto mischen, anrichten und servieren.

*Zubereitungszeit: ca. 25 Minuten*
*Pro Portion ca. 605 kcal/2541 kJ*
*25 g E, 24 g F, 70 g KH*

## *Grüne Bandnudeln mit Parmaschinken in Sellerie-Käse-Sauce* *(links)*

Für 4 Portionen

500 g Knollensellerie
Salz
3 El Zitronensaft
250 g breite grüne Bandnudeln
100 ml Milch
100 ml Sahne
75 g Gorgonzola
frisch gemahlener Pfeffer
geriebene Muskatnuss
75 g Parmaschinken in dünnen Scheiben
100 g entsteinte schwarze Oliven

**1.** Den Sellerie schälen, waschen und grob würfeln. Reichlich Wasser mit Salz und 2 El Zitronensaft in einem großen Topf zum Kochen bringen. Den Sellerie zugeben, erneut aufkochen und zugedeckt bei mittlerer Hitze in etwa 10 Minuten weichkochen.

**2.** Mit einer Schaumkelle herausnehmen, das Kochwasser für die Nudeln wieder auf die Kochstelle setzen. Aufkochen und die Nudeln darin nach Packungsanweisung bissfest garen.

**3.** Sellerie mit Milch, Sahne und Gorgonzola in einem zweiten Topf unter Rühren aufkochen. Anschließend pürieren. Die Sauce erhitzen, aber nicht mehr aufkochen. Mit dem restlichen Zitronensaft, Salz, Pfeffer und Muskat würzen.

**4.** Die Nudeln abgießen, kurz abtropfen lassen und ganz heiß mit der Sauce mischen. Auf vorgewärmten Tellern verteilen. Die Schinkenscheiben in Streifen zupfen und mit den Oliven auf den Nudeln anrichten.

*Zubereitungszeit: ca. 30 Minuten*
*Pro Portion ca. 445 kcal/1869 kJ*
*19 g E, 19 g F, 49 g KH*

## *Currypasta* *(ohne Abb.)*

Für 4 Portionen

300 g Muschelnudeln
Salz
2–3 El Chiliöl
1 El scharfes Currypulver
1 Mango
2–3 getrocknete Chilis
3 Frühlingszwiebeln
1/2 Tl Zitronenpfeffer
250 ml Gemüsebrühe
1/4 Bund Koriandergrün
2–3 El Cashewkerne

**1.** Die Nudeln in kochendem Salzwasser bissfest garen. Anschließend abgießen, mit kaltem Wasser abschrecken und gut abtropfen lassen.

**2.** Das Chiliöl erhitzen und das Currypulver darin anrösten. Die Mango schälen, vom Kern lösen und das Fruchtfleisch in Würfel schneiden.

**3.** Die Chilischoten im Mörser zerdrücken. Die Frühlingszwiebeln putzen, waschen und in Ringe schneiden.

**4.** Frühlingszwiebeln zusammen mit den Chilischoten und den Mangowürfeln zu dem angeschwitzten Currypulver geben. Alles zusammen kurz anrösten und mit dem Zitronenpfeffer würzen. Die Gemüsebrühe dazugießen und einmal kurz aufkochen.

**5.** Das Koriandergrün waschen, trocken schleudern und fein hacken. Die Cashewkerne ebenfalls fein hacken. Beides zu der Currymasse geben. Die fertigen Nudeln darin wieder erwärmen, anschließend auf Tellern anrichten.

*Zubereitungszeit: ca. 20 Minuten*
*Pro Portion ca. 599 kcal/2516 kJ*
*19 g E, 25 g F, 67 g KH*

## *Bandnudeln mit Pilzsauce* *(unten)*

Für 4 Portionen

500 g Bandnudeln
2 El Butter
2 Knoblauchzehen
1 Zwiebel
500 g Champignons
Paprikapulver
Safran
250 ml Gemüsebrühe
125 g Crème fraîche
Salz, Pfeffer
2 El Zitronensaft
1 Bund Petersilie

**1.** Die Nudeln nach Packungsanweisung zubereiten. Die Butter erhitzen. Die Knoblauchzehen schälen und würfeln. Die Zwiebel schälen und in Würfel schneiden. Knoblauch und Zwiebel in der Butter andünsten.

**2.** Die Champignons putzen, abreiben und in Scheiben schneiden. Zu Zwiebel und Knoblauch geben und etwa 5 Minuten braten. Mit Paprikapulver und Safran würzen.

**3.** Die Gemüsebrühe angießen und bei starker Hitze zur Hälfte einkochen. Die Crème fraîche einrühren und mit Salz, Pfeffer und Zitronensaft abschmecken.

**4.** Die Petersilie waschen, trocken schütteln und klein hacken. Die Hälfte unter die Sauce rühren, die andere Hälfte darüberstreuen.

*Zubereitungszeit: ca. 30 Minuten*
*Pro Portion ca. 475 kcal/1988 kJ*
*17 g E, 13 g F, 71 g KH*

## Salbeinudeln

*(oben)*

Für 4 Portionen

150 g würziger Hartkäse
200 g Bandnudeln, Salz
10 frische Salbeiblätter
2 El Butter
Pfeffer

**1.** Den Käse reiben. Die Nudeln nach Packungsanweisung in reichlich Salzwasser bissfest garen. Abgießen und abtropfen lassen.

**2.** Die Salbeiblätter waschen, trocknen und in Streifen schneiden. Die Butter in einer Pfanne erhitzen und den Salbei darin anrösten.

**3.** Bandnudeln zum Salbei geben und kurz darin schwenken. In einer vorgewärmten Schüssel mit dem geriebenen Käse mischen. Mit schwarzem Pfeffer bestreut servieren.

*Zubereitungszeit: ca. 25 Minuten*
*Pro Portion ca. 328 kcal/1378 kJ*
*18 g E, 12 g F, 35 g KH*

## Orecchiette mit dicken Bohnen

*(unten)*

Für 4 Portionen

500 g Dicke-Bohnen-Kerne (TK)
Salz
200 g Pancetta in dünnen Scheiben (gepökelter italienischer Bauchspeck)
3 Knoblauchzehen
2 Bund Rucola
200 g Schafskäse
400 g Orecchiette
1 El Olivenöl
Pfeffer

**1.** Bohnenkerne 6 Minuten in Salzwasser kochen, abgießen, abschrecken und abtropfen lassen. Die Kerne aus den Häuten drücken.

**2.** Pancetta grob würfeln, Knoblauch schälen und durch eine Presse geben. Rucola putzen, waschen und trocken schleudern, Blätter in mundgerechte Stücke zupfen. Schafskäse zerbröseln.

**3.** Die Orecchiette nach Packungsanweisung in reichlich kochendem Salzwasser bissfest garen. Pancetta im Öl knusprig ausbraten, Bohnenkerne und Knoblauch dazugeben und mit Salz und Pfeffer würzen.

**4.** Die Orecchiette abgießen und in einer Schüssel mit den restlichen Zutaten vermischen. Mit grob gemahlenem Pfeffer bestreut servieren.

*Zubereitungszeit: ca. 30 Minuten*
*Pro Portion ca. 649 kcal/2720 kJ*
*42 g E, 21 g F, 71 g KH*

## Spaghettini mit Shiitake-Sauce

*(oben)*

Für 4 Portionen

500 g Spaghettini
1 El Butter
100 g geräucherter Speck
1 Zwiebel
500 g Shiitakepilze
Salz
Pfeffer
250 ml Sahne
1/2 Bund glatte Petersilie

**1.** Die Nudeln nach Packungsanweisung zubereiten. Die Butter erhitzen. Den geräucherten Speck würfeln und darin braten. Die Zwiebel schälen, hacken, zugeben und mitdünsten.

**2.** Die Shiitakepilze putzen, waschen und in Scheiben schneiden, zugeben und unter Rühren schmoren. Mit Salz und Pfeffer würzen und etwa 5 Minuten bei milder Hitze köcheln.

**3.** Die Sahne in die Pilzsauce rühren. Die Petersilie waschen, trocken schütteln und hacken. Die Hälfte davon unterheben, die andere Hälfte über die Sauce streuen.

*Zubereitungszeit: ca. 30 Minuten*
*Pro Portion ca. 592 kcal/2478 kJ*
*22 g E, 23 g F, 71 g KH*

## Penne mit Tomaten-Thunfisch-Sauce *(unten)*

Für 4 Portionen

400 g Penne
Salz
2 Zwiebeln
1–2 Knoblauchzehen
2–3 getrocknete Chili

3 El Öl
1 große Dose geschälte Tomaten
50 g schwarze Oliven
50 g Kapern
Pfeffer
1 El Zucker
1 Bund glatte Petersilie
2 Dosen Thunfisch

**1.** Die Nudeln in reichlich kochendem Salzwasser nach Packungsanweisung garen. Zwiebeln und Knoblauch schälen und fein würfeln. Chili fein hacken. Zwiebeln im heißen Öl glasig dünsten. Knoblauch und Chili dazugeben und andünsten.

**2.** Tomaten mit der Flüssigkeit zugeben und offen ca. 10 Minuten einkochen lassen. Oliven entsteinen und mit den abgetropften Kapern in die Sauce geben. Mit Salz, Pfeffer und Zucker abschmecken.

**3.** Petersilie waschen, trocknen und fein hacken. Thunfisch abtropfen lassen und grob zerteilen. Beides vor dem Servieren unter die Sauce mischen und mit den Nudeln anrichten.

*Zubereitungszeit: ca. 30 Minuten*
*Pro Portion ca. 739 kcal/3090 kJ*
*36 g E, 28 g F, 80 g KH*

## Nudeln mit Brokkoli

*(oben)*

Für 4 Portionen

400 g Brokkoli
1 El Mandelblättchen
1 Zwiebel
200 g Gorgonzola
400 g Hörnchennudeln
Salz
1 El Olivenöl
125 ml Sahne
Pfeffer
Muskat
1 Kästchen Kresse

**1.** Den Brokkoli putzen, waschen und in Röschen teilen. Die Mandelblättchen in einer Pfanne ohne Fett rösten. Die Zwiebel schälen und in Würfel schneiden. Den Gorgonzola in Stücke brechen.

**2.** Die Nudeln in reichlich kochendem Salzwasser bissfest garen. In einem zweiten Topf die Brokkoliröschen in kochendem Salzwasser ca. 2–3 Minuten blanchieren. Beides abgießen, mit kaltem Wasser abschrecken und gut abtropfen lassen.

**3.** Das Öl erhitzen und die Zwiebelwürfel darin glasig anschwitzen. Die Sahne dazugeben und aufkochen lassen. Die Gorgonzolastückchen zur Sauce geben und darin bei milder Hitze schmelzen lassen. Die Sauce mit Salz, Pfeffer und Muskat abschmecken. Brokkoli und Nudeln dazugeben.

**4.** Alles zusammen vorsichtig erwärmen. Die Kresse vom Beet schneiden, waschen, trocknen und die Nudeln mit Kresse und Mandeln garniert sofort servieren.

*Zubereitungszeit: ca. 30 Minuten*
*Pro Portion ca. 610 kcal/2565 kJ*
*22 g E, 37 g F, 49 g KH*

## Nudeln mit Tomatengemüse und Lachs *(oben)*

Für 4 Portionen

100 g Rucola
50 g durchwachsener Speck
3 Sardellenfilets
400 g Cocktailtomaten
4 Schalotten
2 Knoblauchzehen
350 g Lachsfilet ohne Haut
2 El Olivenöl
Salz
300 g Linguine oder
Spaghetti
Pfeffer

**1.** Den Rucola verlesen, waschen und trocknen. Die kleinen Blättchen ganz lassen, die großen in Stücke zupfen oder grob zerkleinern. Rucola auf 4 Teller verteilen. Den Speck in kleine Würfel schneiden. Die Sardellen kalt abspülen, damit sie nicht zu salzig sind, trocken tupfen und fein hacken.

**2.** Die Tomaten waschen, trocknen und vierteln. Das innere Fruchtfleisch mit den Kernen herausschneiden und grob hacken. Den Rest der Tomaten so belassen. Die Schalotten und den Knoblauch schälen und fein würfeln. Den Fisch kalt abspülen, trocken tupfen und in 1–2 cm große Würfel schneiden.

**3.** Das Öl in einer großen Pfanne erhitzen. Den Speck darin bei mittlerer Hitze langsam knusprig braten. Die Nudeln nach Packungsanweisung al dente kochen. Schalotten und Knoblauch zum Speck geben und glasig dünsten. Die Fischwürfel zugeben und etwa 2 Minuten braten. Alles in eine große, vorgewärmte Schüssel geben.

**4.** Die Tomatenviertel mit dem gehackten Fruchtfleisch und die Sardellen in die Pfanne geben und kurz aufkochen. Zum Lachs in die Schüssel geben. Die abgetropften Nudeln mit Lachs und Tomatengemüse vermischen. Auf dem Salat anrichten, mit Pfeffer würzen und sofort servieren.

*Zubereitungszeit: ca. 30 Minuten*
*Pro Portion ca. 463 kcal/1945 kJ*
*32 g E, 12 g F, 56 g KH*

## Grüne Bandnudeln mit Pilzsauce

*(rechts oben)*

Für 4 Portionen

750 g Champignons
800 g Zwiebeln
150 g durchwachsener Speck
1 El Öl
400 g grüne Bandnudeln
Salz
400 g Crème fraîche
1/4 l Brühe
Pfeffer a. d. Mühle
1 Bund Basilikum
50 g Parmesan am Stück

**1.** Champignons waschen, trocknen, putzen und in Scheiben schneiden. Zwiebeln schälen, halbieren und in Scheiben schneiden.

**2.** Den Speck in feine Streifen schneiden und im Öl in einer Pfanne auslassen. Zwiebeln zugeben und glasig dünsten. Die Champignons zugeben und so lange dünsten, bis die Flüssigkeit verdampft ist.

**3.** Die Nudeln in ausreichend kochendem Salzwasser nach Packungsanweisung garen. Crème fraîche und die Brühe zu den Pilzen geben und 5 Minuten kochen lassen, dann mit Salz und Pfeffer kräftig abschmecken.

**4.** Basilikum waschen, trocknen, hacken und vor dem Servieren unter die Sauce geben. Parmesan darüberhobeln und servieren.

*Zubereitungszeit: ca. 30 Minuten*
*Pro Portion ca. 850 kcal/3552 kJ*
*27 g E, 48 g F, 73 g KH*

## *Spargel auf Pappardelle* *(ohne Abb.)*

Für 4 Portionen

300 g Pappardelle
(breite Bandnudeln)
1 1/2 kg grüner Spargel
1 l Gemüsefond (FP)
5 Schalotten
5 El Himbeeressig
2 El süßer Senf
2 El abgeriebene Zitronenschale
Salz, Pfeffer, Zucker
2 El 8-Kräuter-Mischung (TK)
1 Döschen Safranfäden
3 El Olivenöl

**1.** Die Nudeln nach Packungsanweisung zubereiten. Den Spargel waschen und am unteren Drittel schälen. Den Fond erhitzen und den Spargel darin bei milder Hitze ca. 8 Minuten garen.

**2.** Die Schalotten schälen und fein hacken. Den Himbeeressig mit 5–6 El der Spargelbrühe, dem Senf, der Zitronenschale, den Gewürzen und Kräutern in einen Topf geben und erwärmen. Die Schalotten dazugeben und unterrühren.

**3.** Die Safranfäden mit dem Öl verrühren und die fertigen Nudeln darunter heben. Die Nudeln portionsweise auf Tellern anrichten, die halbierten Spargelstangen daraufgeben und mit der heißen Marinade beträufeln. Sofort servieren.

*Zubereitungszeit: ca. 25 Minuten*
*Pro Portion ca. 495 kcal/2079 kJ*
*16 g E, 22 g F, 57 g KH*

## *Bandnudeln mit Kohlrabi und Pesto*

*(unten)*

Für 1–2 Portionen

1 Kohlrabi
2 Möhren
200 g Vollkornbandnudeln
Salz
1 El Bärlauchpesto (FP)

**1.** Die Kohlrabi putzen, schälen und in Stücke schneiden. Die Möhren ebenfalls putzen, schälen und in ca. 3 cm lange Streifen schneiden.

**2.** Die Vollkornbandnudeln mit dem Gemüse etwa 8–10 Minuten in kochendem Salzwasser garen.

**3.** Alles abgießen und etwas Kochwasser auffangen. Das Bärlauchpesto mit ca. 2 El Kochwasser verrühren und die Nudeln in einer Pfanne darin schwenken.

*Zubereitungszeit: ca. 15 Minuten*
*(plus Garzeit)*
*Pro Portion ca. 95 kcal/399 kJ*
*4 g E, 2 g F, 12 g KH*

## *Teriyaki-Nudeln*
*(oben)*

Für 4 Portionen

250 g Rigatoni
1 Bund Frühlingszwiebeln
250 g Austernpilze
250 g Zuckerschoten
250 g Mungobohnensprossen
4 El Sesamöl
100 g Wasserkastanien
250 ml Asiafond (FP)
125 ml Reiswein
125 ml Teriyaki-Sauce (FP)
Salz
Pfeffer
Ingwer- und Senfpulver

**1.** Die Nudeln nach Packungsanweisung al dente garen. Abgießen, mit kaltem Wasser abschrecken und gut abtropfen lassen. Anschließend warm stellen.

**2.** Die Frühlingszwiebeln putzen, waschen, trocknen und in dünne Ringe schneiden. Die Austernpilze waschen, trocknen und in Stücke schneiden. Die Zuckerschoten putzen, waschen, trocknen und die Stielansätze abschneiden. Die Bohnensprossen abbrausen und trocknen. Das Sesamöl erhitzen und das Gemüse darin ca. 6–8 Minuten braten.

**3.** Die Wasserkastanien in ein Sieb geben und gut abtropfen lassen. Anschließend halbieren und zusammen mit Fond, Reiswein und Teriyaki-Sauce zum Gemüse geben. Alles zusammen bei milder Hitze ca. 2–3 Minuten garen. Mit den Gewürzen kräftig abschmecken und die Nudeln unterheben. Anrichten und servieren.

*Zubereitungszeit: ca. 25 Minuten*
*Pro Portion ca. 423 kcal/1775 kJ*
*14 g E, 19 g F, 49 g KH*

## *Spaghetti aglio e olio* *(links unten)*

Für 4 Portionen

400 g Spaghetti
Salz
5 Knoblauchzehen
1 Bund glatte Petersilie
1/2 frische Peperoni
60 ml extra natives Olivenöl
1 getrocknete Chili
Pfeffer

**1.** Die Spaghetti nach Packungsanweisung in Salzwasser bissfest kochen.

**2.** Den Knoblauch schälen und in dünne Scheiben schneiden. Die Petersilie waschen, trocknen und fein hacken, 1 El Petersilie beiseitestellen. Die Peperoni waschen, entkernen und in kleine Würfel oder feine Streifen schneiden.

**3.** Das Öl in einer Pfanne langsam erhitzen und die Peperoni darin 2 Minuten anbraten. Den Knoblauch hinzufügen und ca. 1 Minute mitbraten. Den Knoblauch aber nicht bräunen, sonst wird er bitter. Die Chili zerbröseln und hinzufügen.

**4.** Die Spaghetti in einem Sieb abtropfen lassen und mit der Petersilie zu den anderen Zutaten geben. Alles gut vermengen, mit Salz und Pfeffer würzen und mit der restlichen Petersilie garnieren.

*Zubereitungszeit: ca. 20 Minuten*
*Pro Portion ca. 493 kcal/2070 kJ*
*13 g E, 18 g F, 70 g KH*

## *Penne mit Sardellen*

*(unten)*

Für 4 Portionen

400 g Penne
Salz
1 Zwiebel
2 Knoblauchzehen
6 Sardellenfilets
2 El Olivenöl
1 Dose geschälte Tomaten
Pfeffer
1/2 Bund Petersilie
100 g schwarze Oliven ohne Stein
100 g gehobelter Pecorino
Basilikumblättchen zum Garnieren

**1.** Die Penne nach Packungsanweisung in kochendem Salzwasser bissfest garen. Zwiebel und Knoblauchzehen schälen und würfeln.

**2.** Die Sardellenfilets klein schneiden. Das Öl erhitzen und die Zwiebel- und Knoblauchwürfel unter Rühren ca. 3–5 Minuten darin anschwitzen.

**3.** Die Sardellenfilets und die Tomaten mit der Flüssigkeit dazugeben und das Ganze mit Salz und Pfeffer würzen. Ca. 8 Minuten bei mittlerer Hitze einkochen lassen. Dabei die Tomaten zerdrücken. Die Petersilie waschen, trocken schütteln und fein hacken.

**4.** Die Oliven in Scheiben schneiden. Zur Sauce geben und erwärmen. Mit der fein gehackten Petersilie vermischen. Die Penne mit der Sauce anrichten. Mit Pecorino bestreuen und mit Basilikumblättchen garniert servieren.

*Zubereitungszeit: ca. 30 Minuten*
*Pro Portion ca. 750 kcal/3150 kJ*
*53 g E, 19 g F, 88 g KH*

## *Spaghetti al pomodoro*

*(unten)*

Für 4 Portionen

400 g Spaghetti
Salz
1–1,5 kg reife Fleischtomaten
2 Schalotten
1 kleines Stück Chilischote
Pfeffer
6 El Olivenöl
12 frische Basilikumblättchen
200 g Mozzarella

**1.** Die Spaghetti in Salzwasser nach Packungsanweisung bissfest garen. Die Tomaten waschen, kreuzweise einritzen, Strunk entfernen, mit kochendem Wasser überbrühen, häuten, entkernen und das Fruchtfleisch in Würfel schneiden.

**2.** Die Schalotten schälen und würfeln, die Chili entkernen und in feine Streifen schneiden. Alles miteinander vermischen, mit Salz und Pfeffer würzen und das Olivenöl hinzugeben. Die Basilikumblättchen waschen, trocknen und in Streifen schneiden. Alles zu den Tomaten geben.

**3.** Den Mozzarella in 2 cm große Würfel schneiden. Die Spaghetti abgießen und gut abtropfen lassen. In einen Kochtopf geben. Mit den Tomaten und den Mozzarellawürfeln vermischen. Bei leichter Hitze unter Wenden 2–3 Minuten erhitzen, bis der Mozzarella zu schmelzen beginnt.

*Zubereitungszeit: ca. 30 Minuten*
*Pro Portion ca. 553 kcal/2315 kJ*
*25 g E, 16 g F, 76 g KH*

## *Tortellini mit Pilz-Sauce* *(rechts oben)*

Für 4 Portionen

500 g Tortellini
Salz
180 g Champignons
1 kleine ungespritzte Zitrone
60 g Butter
1 Knoblauchzehe, zerdrückt
320 ml Sahne
eine Prise Muskat
3 El frisch geriebener Parmesan
Pfeffer

**1.** Die Tortellini in einem großen Topf mit reichlich Salzwasser bissfest kochen. Abtropfen lassen, wieder in den Topf geben und warm halten. Die Pilze putzen und in feine Scheiben schneiden. Die Zitronenschale abreiben.

**2.** Die Butter in einem Topf zerlassen und die Pilze 2 Minuten bei mittlerer Hitze dünsten. Den Knoblauch, die Sahne, die geriebene Zitrone und den Muskat zugeben, dann mit schwarzem Pfeffer aus der Mühle abschmecken. Den Parmesan unterrühren und die Sauce 3 Minuten köcheln lassen.

**3.** Die Sauce an die Pasta gießen und vorsichtig vermengen. Die Pasta auf Teller geben und mit etwas Pfeffer bestreuen.

*Zubereitungszeit: ca. 25 Minuten*
*Pro Portion ca. 610 kcal/2570 kJ*
*17 g E, 50 g F, 50 g KH*

# *Fettuccine mit Speck*
*(unten)*

Für 4 Portionen

100 g frischer durchwachsener Speck
1 Zwiebel
1 Knoblauchzehe
3 El Olivenöl
150 ml Fleischbrühe
1 El frisch gehackte Petersilie
Salz
Pfeffer
4 Basilikumblätter
400 g Fettuccine
100 g frisch gehobelter Pecorino

**1.** Den Speck in kleine Würfel schneiden. Zwiebel und Knoblauch schälen und fein hacken. Das Öl in einer Pfanne erhitzen und den Speck darin gut anbraten. Zwiebel und Knoblauch zugeben und 2 Minuten mitschmoren.

**2.** Fleischbrühe und Petersilie dazugeben und mit Salz und Pfeffer würzen. Die Mischung bei geringer Temperatur zur Hälfte einkochen lassen.

**3.** Die Basilikumblätter waschen, trocken schütteln und fein hacken. Nach der Reduzierung in die Sauce rühren.

**4.** Inzwischen Fettuccine in kochendem Salzwasser bissfest garen, abgießen, abschrecken und abtropfen lassen. Auf Teller verteilen, die Specksauce darübergeben und mit Käse bestreuen.

*Zubereitungszeit: ca. 20 Minuten (plus Garzeit)*
*Pro Portion ca. 678 kcal/2840 kJ*
*48 g E, 52 g F, 6 g KH*

## Spaghetti mit Brunnenkresse-Pesto

*(unten)*

Für 4 Portionen

1 Bund Brunnenkresse
40 g Pinienkerne
50 g Parmesan
Pfeffer
8 El Olivenöl
400 g Spaghetti
Salz

**1.** Kresse waschen und trocknen. Die Blätter von den Stielen zupfen und zusammen mit den Pinienkernen sehr fein hacken. Parmesan fein reiben. Die Kressemischung mit Pfeffer und 30 g geriebenem Parmesan verrühren. Das Öl nach und nach in die Mischung rühren, bis sie dickflüssig ist.

**2.** Die Spaghetti nach Packungsanweisung kochen, abgießen und abtropfen lassen. Portionsweise auf tiefe Teller verteilen und auf jede Portion gut 1 El Pesto geben. Nach Belieben mit dem restlichen Parmesan bestreuen und servieren.

*Zubereitungszeit: ca. 30 Minuten*
*Pro Portion ca. 659 kcal/2755 kJ*
*21 g E, 31 g F, 69 g KH*



## Farfalle mit Steinpilzen

*(oben)*

Für 4 Portionen

400 g Farfalle
Salz
500 g Steinpilze
4 El Butter
1/2 Bund Frühlingszwiebeln
250 ml Sahne
200 ml Gemüsebrühe
Pfeffer

**1.** Die Farfalle in kochendem Salzwasser bissfest garen.

**2.** Die Steinpilze putzen, feucht abreiben und in mundgerechte Stücke schneiden. Die Butter erhitzen und die Steinpilze darin andünsten. Die Frühlingszwiebeln putzen, waschen, in Ringe schneiden, zugeben und 2 Minuten mitschmoren.

**3.** Die Sahne und die Gemüsebrühe angießen und etwa 10 Minuten köcheln. Mit Salz und Pfeffer abschmecken. Die abgetropften Farfalle mit der Steinpilzsauce servieren.

*Zubereitungszeit: ca. 15 Minuten*
*(plus Garzeit)*
*Pro Portion ca. 600 kcal/2512 kJ*
*18 g E, 26 g F, 72 g KH*

# Blitzrezepte mit Fleisch

1. Zwiebel, Knoblauch und Ingwer schälen und fein hacken. Das Öl in einer Pfanne erhitzen und alles unter Rühren andünsten. Brokkoliröschen abspülen, abtropfen lassen und hinzufügen, etwas salzen und alles 4 Minuten unter Rühren schmoren.

2. Das Rindfleisch waschen, trocken tupfen und in dünne Streifen schneiden. Zum Gemüse geben. Die Shiitakepilze putzen, feucht abreiben und klein schneiden. Zusammen mit der Sojasauce und der Gemüsebrühe ebenfalls hinzufügen und 5 Minuten mitschmoren.

3. Mit Salz, Pfeffer und etwas Zucker abschmecken. Inzwischen die Bandnudeln nach Packungsanweisung bissfest garen und dazureichen.

*Zubereitungszeit: ca. 20 Minuten (plus Schmor- und Kochzeit)*
*Pro Portion ca. 530 kcal/2323 kJ*
*29 g E, 11 g F, 77 g KH*



## Bandnudeln mit Rindfleischstreifen
*(oben)*

Für 4 Portionen

1 Zwiebel
1 Knoblauchzehe
2 cm Ingwer
2 El Öl
400 g Brokkoliröschen
Salz
250 g Rindfleisch
150 g Shiitakepilze
1 El Sojasauce
75 ml Gemüsebrühe
Pfeffer
Zucker
400 g Bandnudeln

## Fasanenbrust mit Okras *(links)*

Für 4 Portionen

400 g Fasanenbrust ohne Knochen
Salz, Cayennepfeffer
Kreuzkümmel- und Korianderpulver
Paprikapulver
4–5 El Sesamöl
300 g Okraschoten aus der Dose
2 Schalotten
2 Knoblauchzehen
1 Stück frischer Ingwer (2–3 cm)
200 g Tomatenwürfel aus der Dose
250 ml ungesüßte Kokosmilch
1/2 Bund Koriandergrün

**1.** Die Fasanenbrust waschen, trocknen und in dünne Scheiben schneiden. Die Fleischscheiben mit den Gewürzen einreiben.

**2.** Das Öl im Wok erhitzen und die Fleischscheiben darin portionsweise kräftig anbraten. Herausnehmen und warm stellen. Inzwischen die Okraschoten in ein Sieb geben und gut abtropfen lassen. Danach in Ringe schneiden. Schalotten, Knoblauchzehen und Ingwer schälen und fein hacken.

**3.** Das Gemüse in dem verbliebenen Bratfett unter Rühren ca. 3–4 Minuten braten. Das Fleisch, die Tomatenwürfel und die Kokosmilch dazugeben und alles weitere 3–4 Minuten bei milder Hitze schmoren lassen. Herausnehmen, anrichten und mit Koriandergrün bestreut servieren.

*Zubereitungszeit: ca. 20 Minuten*
*Pro Portion ca. 495 kcal/2073 kJ*
*68 g E, 21 g F, 11 g KH*

## Chilischnitzel mit Knoblauch *(links unten)*

Für 4 Portionen

4 Hähnchenschnitzel
Salz, Pfeffer
4 Knoblauchzehen
1 rote Chilischote
2 El Butterschmalz
150 ml Weißwein
100 ml Sahne
Chiliöl

**1.** Die Schnitzel klopfen und mit Salz und Pfeffer würzen. Knoblauch schälen und fein hacken. Chili putzen, waschen, entkernen und ebenfalls fein hacken.

**2.** Butterschmalz in einer Pfanne erhitzen und Knoblauch und Chili darin anschwitzen. Die Schnitzel dazugeben und von beiden Seiten etwa 4–5 Minuten braten.

**3.** Wein und Sahne angießen und alles noch 6–7 Minuten köcheln lassen, bis die Sauce etwas eingekocht ist. Die Chilischnitzel mit der Sauce servieren und nach Belieben mit etwas Chiliöl aromatisieren. Dazu Pommes frites und Salat reichen.

*Zubereitungszeit: ca. 15 Minuten*
*(plus Brat- und Garzeit)*
*Pro Portion ca. 305 kcal/1281 kJ*
*36 g E, 13 g F, 3 g KH*

## *Hähnchenspieße mit Gemüse* *(unten)*

Für 4 Portionen

500 g Hähnchenbrustfilet
Salz
Pfeffer
2 El Olivenöl
1 Zucchini
2 Zwiebeln
1 El Kümmelkörner
1 El getrockneter Majoran
4 kleine Tomaten
8 Scheiben Bauchspeck

**1.** Das Hähnchenfleisch waschen, trocken tupfen, in mundgerechte Würfel schneiden und in einer Schüssel mit Salz und Pfeffer würzen. Das Olivenöl dazugeben und alles gut vermengen.

**2.** Die Zucchini waschen, trocknen, putzen und in 8 etwa 2 cm dicke Scheiben schneiden. Die Zwiebeln schälen, in Spalten schneiden und mit Kümmel und Majoran mischen.

**3.** Die Tomaten waschen, trocken tupfen und die Stielansätze entfernen. Den Speck in Würfel schneiden. Das Fleisch abwechselnd mit Zucchinischeiben, Zwiebelspalten und Bauchspeck auf Grillspieße stecken. Auf jedes Spießende 1 Tomate stecken.

**4.** Die Spieße auf dem offenen Grill oder unter dem Backofengrill von jeder Seite etwa 10 Minuten grillen. Dazu schmeckt geröstetes Baguette.

*Zubereitungszeit: ca. 10 Minuten (plus Grillzeit)*
*Pro Portion ca. 468 kcal/1961 kJ*
*42 g E, 29 g F, 7 g KH*

## *Hamburger*

*(rechts oben)*

Für 4 Portionen

600 g Rinderhack
50 g Haferflocken
Ketchup
2 El Milch
1 El Dijonsenf
1 Ei
Rauchsalz
Pfeffer
1/2 Tl getrockneter Oregano
2 El Öl
1 Zwiebel
4 Hamburger-Brötchen
2 El Butter

1. Das Rinderhack mit Haferflocken, 2 El Ketchup, Milch, Senf und Ei zu einem Teig vermengen und gut durchkneten. Mit Salz, Pfeffer und Oregano kräftig würzen.

2. Aus dem Teig 4 gleich große Fleischfladen formen. Das Öl in einer Pfanne erhitzen und die Fladen darin von beiden Seiten gut anbraten, dann bei geringerer Temperatur etwa 7 Minuten garen.

3. Zwiebel schälen und in Ringe schneiden. Kurz vor Ende der Garzeit auf die Burger legen und kurz mitgaren. Brötchen halbieren und mit Butter bestreichen. Dann unter dem Grill rösten.

4. In je 1 Brötchen 1 Fleischburger hineinlegen, mit Zwiebelringen belegen und mit Ketchup servieren. Nach Belieben mit Tomatenscheiben und Salatblättern dekorieren.

*Zubereitungszeit: ca. 15 Minuten (plus Bratzeit)*
*Pro Portion ca. 533 kcal/2237 kJ*
*37 g E, 28 g F, 34 g KH*

## Kalbsschnitzel Holstein *(unten)*

Für 4 Portionen

4 Kalbsschnitzel
Salz
Pfeffer
4 El Butterschmalz
2 Scheiben Weißbrot
30 g Butter
4 Scheiben Räucherlachs
8 Ölsardinen (Dose)
8 Sardellenfilets (Dose)
16 g Kaviar
4 Eier
2 Gewürzgurken

1. Die Schnitzel flach klopfen und mit Salz und Pfeffer würzen. Das Butterschmalz in einer Pfanne erhitzen und die Schnitzel darin von beiden Seiten etwa 3–4 Minuten braten. Aus der Pfanne nehmen und warm stellen.

2. Die Brotscheiben entrinden und in der heißen Butter von beiden Seiten rösten. Jede Scheibe anschließend in 4 Dreiecke schneiden. Die Räucherlachsscheiben halbieren.

3. Jede Brotecke mit einem Stück Räucherlachs, 1 Ölsardine, 1 Sardellenfilet und Kaviar belegen. Aus den Eiern im Bratfett Spiegeleier braten. Schnitzel mit je 1 Ei belegen. Mit den belegten Brotecken und Gurkenscheiben auf Tellern anrichten.

*Zubereitungszeit: ca. 20 Minuten (plus Bratzeit)*
*Pro Portion ca. 587 kcal/2465 kJ*
*53 g E, 34 g F, 16 g KH*

## *Lammkotelett mit Kürbis* *(rechts)*

Für 4 Portionen

3 El Olivenöl
4 Lammkoteletts (à 100 g)
Salz
Pfeffer
4 Zwiebeln
400 g Kürbis
300 ml Sahne
2 El frisch gehackter Rosmarin

**1.** Das Olivenöl erhitzen und die Lammkoteletts darin von jeder Seite etwa 3 Minuten braten. Mit Salz und Pfeffer würzen.

**2.** Die Zwiebeln schälen und achteln, den Kürbis schälen, entkernen und würfeln. Zwiebeln und Kürbis zu den Koteletts geben und unter Rühren 5 Minuten mitschmoren. Die Sahne angießen und alles weitere 5 Minuten garen.

**3.** Mit dem frisch gehackten Rosmarin bestreut servieren. Dazu Ofenkartoffeln reichen.

*Zubereitungszeit: ca. 15 Minuten (plus Brat- und Garzeit)*
*Pro Portion ca. 280 kcal/1172 kJ*
*5 g E, 26 g F, 6 g KH*

## *Nasi Rames* *(links)*

Für 4 Portionen

400 g 5-Minuten-Reis
800 g Hähnchenbrustfilet
Salz
Pfeffer
Chilipulver
4 El Erdnussöl
200 ml Ketchup
6 El Erdnussbutter
Speisestärke
1 rote Chilischote
200 g Frühlingszwiebeln
2 El Butter

**1.** Den Reis nach Packungsanweisung zubereiten. Das Fleisch waschen, trocknen, in Würfel schneiden und mit Salz, Pfeffer und Chilipulver würzen. Das Öl erhitzen und die Fleischwürfel darin ca. 6 Minuten braten.

**2.** Anschließend mit dem Ketchup und etwas Wasser angießen. Die Erdnussbutter einrühren und alles ca. 6 Minuten ziehen lassen. Eventuell mit etwas Speisestärke andicken.

**3.** Inzwischen die Chilischote waschen, längs halbieren, entkernen und in kleine Stücke schneiden. Die Frühlingszwiebeln putzen, waschen und fein hacken.

**4.** Den Reis abgießen. Die Butter erhitzen und den Reis mit dem Gemüse darin andünsten. Alles mit Salz, Pfeffer und Chilipulver abschmecken. Dazu passen ein Rohkostsalat und Krupuk.

*Zubereitungszeit: ca. 20 Minuten*
*Pro Portion ca. 429 kcal/1796 kJ*
*15 g E, 21 g F, 45 g KH*

## Rehfilet mit Aprikosen *(rechts)*

Für 4 Portionen

1 kg Rehfilet
1 kleine Zwiebel
1 Knoblauchzehe
100 ml Olivenöl
250 ml Rinderbrühe
100 ml Bier
300 g Mini-Maiskolben
3 El Honig
3 El Aprikosenmarmelade
200 g Aprikosen
200 g Beeren gemischt, z. B. Stachelbeeren und Boysenbeeren

**1.** Das Filet waschen, trocken tupfen und in grobe Würfel schneiden. Die Zwiebel und den Knoblauch schälen und klein hacken.

**2.** Das Öl in einem Topf erhitzen und Zwiebel mit dem Knoblauch darin glasig andünsten. Filetwürfel darin kräftig anbraten. Die Rinderbrühe und das Bier dazugießen. Alles köcheln lassen und die Flüssigkeit um etwa 1/3 einkochen.

**3.** Inzwischen die Maiskolben putzen, waschen und abtrocknen. Anschließend der Länge nach halbieren. Den Honig mit der Aprikosenmarmelade in einer Pfanne erhitzen. Die Maiskolben darin rundherum glasieren, etwas ziehen lassen.

**4.** Die Aprikosen und die Beeren putzen, waschen und abtrocknen. Aprikosen halbieren und vom Stein lösen. Das Obst anschließend zu den Maiskolben in die Pfanne geben und ebenfalls darin glasieren. Das Fleisch anrichten und die Maiskolben mit den Früchten darüber verteilen. Dazu passt Naan.

*Zubereitungszeit: ca. 30 Minuten*
*Pro Portion ca. 742 kcal/3116 kJ*
*65 g E, 21 g F, 69 g KH*

## Cordon bleu *(oben)*

Für 4 Portionen

4 Schweineschnitzel
Salz
Pfeffer
4 Scheiben gekochter Schinken
4 Scheiben Emmentaler
4 El Mehl
2 Eier
100 g Paniermehl
3 El Butterschmalz

**1.** Schnitzel klopfen und mit Salz und Pfeffer würzen. Die Schnitzel zur Hälfte einschneiden und aufklappen. Jedes Schnitzel mit einer Scheibe Schinken und einer Käsescheibe belegen, zusammenklappen und Schnitzel gegebenenfalls mit Zahnstochern verschließen.

**2.** Mehl, verquirlte Eier und Paniermehl auf 3 verschiedene Teller geben und die Schnitzel nacheinander darin wenden.

**3.** Das Butterschmalz in einer Pfanne erhitzen und die Schnitzel darin von beiden Seiten etwa 5 Minuten goldbraun braten. Mit frischem Salat servieren.

*Zubereitungszeit: ca. 20 Minuten*
*(plus Bratzeit)*
*Pro Portion ca. 400 kcal/1680 kJ*
*42 g E, 15 g F, 22 g KH*

## Berliner Frikassee
*(unten)*

Für 4 Portionen

1 gekochtes Huhn
250 ml Geflügelfond
250 ml Weißwein
3 El Zitronensaft
100 g Cornichons
aus dem Glas
5 gekochte Eier
250 g Flusskrebsfleisch
Salz
Pfeffer
frisch geriebene Muskatnuss
2 El Saucenbinder

**1.** Das Fleisch von den Knochen lösen und die Haut entfernen. Das Fleisch in Würfel schneiden. Zusammen mit dem Fond und dem Weißwein in einen Topf geben und ca. 3 Minuten ziehen lassen.

**2.** Den Zitronensaft unterrühren. Die Cornichons in einem Sieb abtropfen lassen und anschließend in Scheiben schneiden.

**3.** Die Eier pellen, halbieren und das Eiweiß in Würfel schneiden. Das Eiweiß mit etwas heißer Brühe verrühren. Zusammen mit den Cornichons und dem Flusskrebsfleisch zum Frikassee geben. Mit Salz, Pfeffer und Muskat würzen. Alles mit etwas Saucenbinder andicken. Dazu passt Reis. Diesen mit Eigelb bestreuen.

*Zubereitungszeit: ca. 25 Minuten*
*Pro Portion ca. 565 kcal/2373 kJ*
*30 g E, 46 g F, 3 g KH*

## Hähnchenschnitzel mit Gemüsefüllung
*(rechts)*

Für 4 Portionen

1 Zwiebel
1 Knoblauchzehe
1 Möhre
1 gelbe Paprikaschote
1 kleine Zucchini
4 El Pflanzenöl
1 El Curry
1/2 Tl Cayennepfeffer
1 El Honig, Salz
4 Hähnchenschnitzel
100 ml Sahne
100 ml Gemüsebrühe

**1.** Zwiebel und Knoblauch schälen und hacken. Das Gemüse putzen, waschen bzw. schälen und in sehr feine Würfel schneiden. 2 El Öl in einer Pfanne erhitzen und Zwiebel, Knoblauch und Gemüse darin andünsten. Unter Rühren etwa 3 Minuten schmoren. Gewürze und Honig unterrühren.

**2.** Die Schnitzel flach klopfen und salzen. Auf jedes Schnitzel 1 El Gemüsefüllung geben. Die Schnitzel zusammenklappen und feststecken.

**3.** Schnitzel in restlichem erhitzten Öl von jeder Seite etwa 3 Minuten braten. Aus der Pfanne nehmen. Bratfond mit Sahne und Brühe aufkochen und einreduzieren lassen. Restliches Gemüse und die Schnitzel wieder hinzufügen und weitere 5 Minuten schmoren. Gemüseschnitzel mit der Sauce servieren. Dazu passt Reis.

*Zubereitungszeit: ca. 20 Minuten*
*(plus Schmor- und Bratzeit)*
*Pro Portion ca. 320 kcal/1344 kJ*
*38 g E, 14 g F, 8 g KH*

## Nackensteaks mit Zwiebeln *(unten)*

Für 4 Portionen

4 rote Zwiebeln
2 El Milch
3 El Mehl
Salz
Pfeffer aus der Mühle
1 Tl Kreuzkümmel
4 Schweinenackensteaks
(à ca. 200 g)
Chilipulver
4 El Öl

**1.** Die Zwiebeln schälen, in Ringe schneiden, mit Milch beträufeln. Das Mehl mit Salz, Pfeffer und Kreuzkümmel mischen und die Zwiebelringe darin wenden.

**2.** Das Fleisch mit Salz, Pfeffer und Chilipulver würzen. 2 El Öl in einer großen Pfanne erhitzen und die Steaks darin von jeder Seite ca. 5 Minuten braten.

**3.** Das restliche Öl in einer weiteren Pfanne erhitzen und die Zwiebelringe darin unter Rühren knusprig braun braten. Das Fleisch mit den Zwiebeln auf Tellern anrichten. Dazu passt Kartoffelpüree.

*Zubereitungszeit: ca. 20 Minuten*
*Pro Portion ca. 671 kcal/2819 kJ*
*16 g E, 61 g F, 3 g KH*

## Schnitzel auf Toast mit Champignons

*(unten)*

Für 4 Portionen

4 Schweineschnitzel
Salz
Pfeffer
4 El Mehl
2 Eier
100 g Paniermehl
8 Scheiben Vollkorntoast
3 El Butterschmalz
2 Frühlingszwiebeln
150 g Champignons
4 El Sahne
150 g frisch geriebener Emmentaler
Fett für das Blech

**1.** Die Schweineschnitzel waschen, trocknen und flach klopfen. Mit Salz und Pfeffer würzen und in der Mitte quer halbieren. Alle Schnitzel nacheinander zuerst im Mehl, dann in den verquirlten Eiern und zum Schluss in Paniermehl wenden.

**2.** Vollkorntoast auf ein gefettetes Backblech legen. Schnitzel in einer Pfanne in 2 El erhitztem Butterschmalz von jeder Seite etwa 5 Minuten braten. Dann herausnehmen, abtupfen und auf die Toastscheiben legen.

**3.** Ofen auf 200 °C (Umluft 180 °C) vorheizen. Die Frühlingszwiebeln putzen, waschen, trocknen und in Ringe schneiden. Die Champignons putzen, feucht abreiben und in Scheiben schneiden.

**4.** Im Schnitzel-Bratfett restliches Schmalz erhitzen und die Frühlingszwiebeln mit den Champignons anbraten. Würzen und mit der Sahne mischen. Auf den Schnitzeln verteilen und mit dem Emmentaler bestreuen. Im Ofen etwa 10 Minuten überbacken.

*Zubereitungszeit: ca. 15 Minuten (plus Zeit zum Braten und Backen)*
*Pro Portion ca. 698 kcal/2927 kJ*
*53 g E, 25 g F, 65 g KH*

## Wirsing-Koteletts

*(rechts oben)*

Für 4 Portionen

4 Schweinekoteletts
500 g Wirsing
1 rote Paprikaschote
1 gelbe Paprikaschote
100 g Staudensellerie
1 Zwiebel
Salz
Pfeffer aus der Mühle
50 g Butter
1 Knoblauchzehe
2 Eier
4 El Schmand
2 El Paniermehl

**1.** Mit einem spitzen Messer eine Tasche in jedes Kotelett schneiden. Das Gemüse putzen, waschen und in kleine Stücke schneiden. Die Zwiebel schälen, fein würfeln und mit dem Gemüse mischen. Die Koteletts mit Salz

## *Bistecca Fiorentina*

*(unten)*

Für 4 Portionen

4 Rindersteaks mit Knochen
(à etwa 400 g)
Salz
Pfeffer

**1.** Die Steaks waschen und trocken tupfen. Auf einem offenen Grill oder unter dem Backofengrill etwa 5 Minuten grillen, bis sie eine schöne Kruste haben. Die Steaks wenden und von der anderen Seite knusprig grillen. Innen sollen sie noch blutig sein.

**2.** Fleisch salzen und pfeffern. Heiß mit frischem Brot und gemischtem grünen Salat servieren.

*Zubereitungszeit: ca. 15 Minuten*
*Pro Portion ca. 295 kcal/1235 kJ*
*44 g E, 13 g F, 1 g KH*

und Pfeffer würzen und mit einem Teil des Gemüses füllen. Mit Holzspießen fixieren.

**2.** Backofen auf 200 °C vorheizen. 40 g Butter in einer Pfanne erhitzen, die Koteletts darin von beiden Seiten ca. 8 Minuten anbraten. Warm stellen. Inzwischen die Knoblauchzehe pellen und durchpressen. Die Eier mit dem Schmand verrühren. Den Knoblauch unterrühren.

**3.** Eine ofenfeste Form mit der restlichen Butter ausstreichen. Das restliche Gemüse hineingeben und mit der Schmandmasse übergießen. Mit Salz und Pfeffer würzen. Das Ganze im Backofen ca. 10 Minuten backen. Das Gemüse mit dem Fleisch auf Tellern anrichten und servieren.

*Zubereitungszeit: ca. 20 Minuten*
*(plus Backzeit)*
*Pro Portion ca. 432 kcal/1814 kJ*
*28 g E, 32 g F, 9 g KH*

## *Hähnchenroulade mit Pesto* *(oben)*

Für 4 Portionen

4 Hähnchenschnitzel
150 g Pesto aus dem Glas
2 El Olivenöl
125 ml Gemüsebrühe

**1.** Die Hähnchenschnitzel waschen, trocknen und flach klopfen. Mit Pesto bestreichen und zusammenrollen. Die Rouladen mit Holzstäbchen feststecken.

**2.** Das Olivenöl in einer Pfanne erhitzen und die Hähnchenrouladen darin von allen Seiten gut anbraten. Die Gemüsebrühe angießen und die Röllchen etwa 12 Minuten garen.

**3.** Die Rouladen aus der Pfanne nehmen, in Scheiben schneiden und servieren. Dazu passt Salat.

*Zubereitungszeit: ca. 10 Minuten (plus Bratzeit)*
*Pro Portion ca. 212 kcal/888 kJ*
*37 g E, 4 g F, 4 g KH*

## *Gefüllte Kalbsschnitzel mit Tomaten und Sherry* *(unten)*

Für 4 Portionen

4 dünne Kalbsschnitzel
Salz
Pfeffer
4 Scheiben Parmaschinken
8 Basilikumblättchen
2 El Olivenöl
2 Schalotten
370 g Tomatenstücke aus der Dose
5 El Sherry
Zucker

**1.** Die Kalbsschnitzel waschen, trocken tupfen, mit Salz und Pfeffer würzen und mit je 1 Scheibe Parmaschinken belegen. Die Basilikumblättchen waschen, trocken tupfen und je 2 Basilikumblättchen auf 1 Schnitzel legen. Die Schnitzel zusammenrollen und feststecken.

**2.** Olivenöl in einer Pfanne erhitzen und die Schnitzel darin anbraten. Die Schalotten schälen und hacken, 2 Minuten mitschmoren. Die Tomatenstücke aus der Dose zugeben, abgedeckt etwa 15 Minuten schmoren.

**3.** Den Sherry einrühren, die Sauce weiterköcheln. Mit Salz, Pfeffer und Zucker abschmecken. Dazu Bandnudeln servieren.

*Zubereitungszeit: ca. 15 Minuten (plus Brat- und Garzeit)*
*Pro Portion ca. 355 kcal/1491 kJ*
*33 g E, 6 g F, 37 g KH*

## Hackfleischpfanne mit Chinakohl *(links)*

Für 4 Portionen

1 Knoblauchzehe
je 1 rote und gelbe Paprikaschote
1/2 Bund Frühlingszwiebeln
400 g Chinakohl
3 El Öl
400 g gemischtes Hackfleisch
Salz
Pfeffer
edelsüßes Paprikapulver
5 El Sojasauce
1/2 Bund Koriander

**1.** Die Knoblauchzehe schälen und hacken. Die Paprikaschoten putzen, waschen, entkernen und würfeln. Die Frühlingszwiebeln putzen, waschen und schräg in Stücke schneiden. Den Chinakohl putzen, waschen und in Streifen schneiden.

**2.** Das Öl in einer Pfanne oder einem Wok erhitzen und das Hackfleisch darin 5 Minuten krümelig braten. Knoblauch, Paprika und Frühlingszwiebeln zugeben und unter Rühren mitschmoren. Den Chinakohl unterheben und 2 Minuten mitschmoren. Mit Salz, Pfeffer, Paprikapulver und der Sojasauce abschmecken.

**3.** Den Koriander waschen, trocken schütteln, hacken und unter die Hackfleischpfanne heben.

*Zubereitungszeit: ca. 15 Minuten (plus Bratzeit)*
*Pro Portion ca. 302 kcal/1264 kJ*
*21 g E, 21 g F, 5 g KH*

den und öfter mit Knoblauchbutter bestreichen. Nach dem Grillen mit Salz und Pfeffer würzen. Kalbsröllchen mit einem frischen Salat servieren.

*Zubereitungszeit: ca. 15 Minuten*
*(plus Grillzeit)*
*Pro Portion ca. 244 kcal/1024 kJ*
*30 g E, 13 g F, 1 g KH*

**Tipp:** Zu den Kalbsröllchen passt sehr gut ein Joghurt-Knoblauch-Dip.

## Lammchops mit exotischen Gewürzen

*(rechts oben)*

Für 4 Portionen

1/2 Tl Kardamompulver
1/2 Zimtstange
2 Knoblauchzehen
1 Tl schwarze Pfefferkörner
1/2 Tl frisch geriebene Muskatnuss
1/2 Tl Chilipulver
8 Lammchops
3 El Olivenöl
1 Tl Zitronensaft
Chicorée, Strauchtomaten und 4 El Alfalfa zum Garnieren



## Kalbsröllchen Saltimbocca *(oben)*

Für 4 Portionen

8 dünne Kalbsschnitzel
1 El Kapern aus dem Glas
2 Tl Sardellenpaste (Fertigprodukt)
50 g Parmaschinken in Scheiben
8 Salbeiblätter
4 El weiche Knoblauchbutter
Salz
Pfeffer
Öl für den Grillrost

**1.** Die Kalbsschnitzel waschen und trocken tupfen. Auf einer Arbeitsfläche dünn klopfen. Die Kapern abtropfen lassen und hacken. Anschließend mit der Sardellenpaste verrühren.

**2.** Die Kalbsschnitzel auslegen und mit Kapern-Sardellen-Creme einstreichen. Darauf 1 Scheibe Parmaschinken und 1 Salbeiblatt legen. Die Schnitzel zusammenrollen und mit Holzspießen feststecken.

**3.** Den Grill einölen und die Kalbsröllchen darauflegen. Mit etwas Knoblauchbutter bestreichen und etwa 15 Minuten grillen. Dabei mehrmals wen-

**1.** Das Kardamompulver, die Zimtstange und die geschälten Knoblauchzehen in einen Mörser geben. Pfefferkörner, Muskatnuss und Chilipulver dazugeben und alles ganz fein zerstoßen. Das Fleisch mit der Gewürzmischung bestreichen.

**2.** Das Öl in einer Pfanne erhitzen und die Lammchops darin ca. 5 Minuten braten. Mit dem Zitronensaft beträufeln und das Ganze weitere 3 Minuten ziehen lassen.

**3.** Den Chicorée waschen, trocknen und die Blättchen lösen. Die Tomaten waschen, trocknen und in Spalten schneiden. Chicorée, Tomaten und Alfalfa mit den Lammchops auf Tellern anrichten und servieren. Dazu passt Fladenbrot.

*Zubereitungszeit: ca. 20 Minuten*
*Pro Portion ca. 265 kcal/1113 kJ*
*44 g E, 10 g F, 4 g KH*

## *Paniertes Schnitzel*
*(unten)*

Für 4 Portionen

4 Schweineschnitzel
Salz
Pfeffer
4 El Mehl
2 Eier
100 g Paniermehl
3 El Pflanzenöl
2 unbehandelte Zitronen

**1.** Die Schnitzel unter Folie sehr flach klopfen und mit Salz und Pfeffer würzen. Mehl, verquirlte Eier und Paniermehl auf 3 verschiedene Teller verteilen. Die Schnitzel nacheinander in Mehl, Eiern und Paniermehl wenden.

**2.** Das Öl in einer Pfanne erhitzen und die Schnitzel darin von beiden Seiten etwa 4–5 Minuten braten, bis die Panade goldbraun ist.

**3.** Zitronen heiß abwaschen und in Scheiben schneiden. Die Schnitzel mit Zitronenscheiben und Kartoffelecken servieren.

*Zubereitungszeit: ca. 20 Minuten*
*(plus Bratzeit)*
*Pro Portion ca. 362 kcal/1520 kJ*
*35 g E, 9 g F, 31 g KH*

## Schnitzel mit Möhrenkruste *(unten)*

Für 4 Portionen

4 Hähnchenschnitzel
Salz
Pfeffer
1 Bund Schnittlauch
150 g Möhren
50 g Paniermehl
50 g Mehl
2 El Pflanzenöl
1 Ei
6 El Butterschmalz
1/2 unbehandelte Orange

**1.** Schnitzel klopfen und mit Salz und Pfeffer würzen. Schnittlauch waschen, trocken schütteln und in Röllchen schneiden. Möhren schälen und reiben.

**2.** Schnittlauch und Möhren mit dem Paniermehl mischen und auf einen Teller geben. Mehl und das mit dem Öl verquirlte Ei auf 2 weitere Teller geben.

**3.** Die Schnitzel zuerst im Mehl, dann im Ei und zuletzt in der Möhren-Schnittlauch-Panade wenden. Butterschmalz erhitzen und Schnitzel von beiden Seiten 4 Minuten braten.

**4.** Orange heiß waschen und in Scheiben schneiden. Die Schnitzel mit den Orangenscheiben servieren.

*Zubereitungszeit: ca. 20 Minuten (plus Bratzeit)*
*Pro Portion ca. 355 kcal/1491 kJ*
*41 g E, 10 g F, 24 g KH*

## Asia-Filet *(links oben)*

Für 4 Portionen

750 g Schweinefilet
50 g Ingwer
4 Knoblauchzehen
3 rote Chilischoten
5 Tomaten
2 El Sesamöl
2 El Sonnenblumenöl
1 Dose Ananaswürfel
4 El Reisessig
4 El Sojasauce
4 cl Sherry
2 El Zucker
250 ml Geflügelbrühe
2 Tl Maisstärke

**1.** Das Fleisch waschen, trocknen und in gleichmäßige Streifen schneiden. Den Ingwer schälen und in sehr feine Scheiben schneiden. Den Knoblauch schälen und durchpressen.

**2.** Die Chilischoten waschen, halbieren, entkernen und in Streifen schneiden. Die Tomaten waschen, kreuzweise einschneiden, kurz in siedendes Wasser tauchen, abschrecken und schälen. Anschließend in Würfel schneiden. Sesam- und Sonnenblumenöl im Wok erhitzen und das Fleisch darin anbraten.

**3.** Ingwer, Knoblauch und Chilis dazugeben und mitbraten. Die Tomatenwürfel und die Ananasstücke ebenfalls unterrühren und kurz mitbraten. Essig, Sojasauce, Sherry und Zucker dazugeben. Mit 3/4 der Brühe angießen und alles ca. 3 Minuten ziehen lassen. Die Stärke mit der restlichen Brühe verrühren, alles gleichmäßig zum Fleisch geben. Weitere 3 Minuten ziehen lassen. Anschließend alles in Schälchen anrichten und servieren. Dazu passt Reis.

*Zubereitungszeit: ca. 20 Minuten*
*Pro Portion ca. 563 kcal/2357 kJ*
*35 g E, 25 g F, 9 g KH*

## Putengeschnetzeltes mit Gemüse *(unten)*

Für 4 Portionen

4 Putenschnitzel (à ca. 125 g)
2 El Butterschmalz
Salz
Pfeffer
1 El Mehl
1 Bund Suppengrün
200 ml Gemüsebrühe
200 ml Sahne
3–4 El Noilly Prat
1/2 Bund Schnittlauch

**1.** Die Putenschnitzel in Streifen schneiden. Das Butterschmalz erhitzen und die Fleischstreifen darin rundherum braten und mit Salz und Pfeffer würzen. Das Mehl darüberstreuen und anschwitzen.

**2.** Das Suppengrün putzen, nach Bedarf waschen oder schälen und alles würfeln, dann zum Fleisch geben und kurz mitschmoren. Die Gemüsebrühe und die Sahne angießen und etwa 10 Minuten köcheln. Mit Salz, Pfeffer und Noilly Prat abschmecken.

**3.** Den Schnittlauch waschen, trocken schütteln, in Röllchen schneiden und über das Putengeschnetzelte streuen. Dazu passen Nudeln.

*Zubereitungszeit: ca. 15 Minuten*
*(plus Brat- und Garzeit)*
*Pro Portion ca. 490 kcal/2052 kJ*
*38 g E, 19 g F, 38 g KH*

## Geflügelpäckchen

*(unten)*

Für 4 Portionen

3 Schalotten
2–3 Stängel Majoran
200 g Geflügelleber
300 g Wildentenbrust
2 El Reiswein
2 El Sojasauce
100 g Rosinen
1 Tl Zitronenpfeffer
je 1/2 Tl Nelken-,
Anis- und Ingwerpulver
3–4 El Sesamöl
8–10 kleine Wirsingblätter
500 ml Geflügelfond (FP)
250 ml Portwein
5 El Hühnerbrühe (FP)
100 ml Mangosaft
4 El Tomatenketchup
1 Tl Chiliöl
Salz
1 Tl Zucker
1 El Maisstärke



**1.** Die Schalotten schälen und fein würfeln. Den Majoran waschen, trocknen und die Blättchen von den Stielen zupfen.

**2.** Die Geflügelleber und die Wildentenbrust waschen, trocknen und in feine Würfel schneiden. Den Reiswein mit der Sojasauce, den Rosinen, dem Zitronenpfeffer und den Gewürzen mischen. Die Schalottenwürfel zusammen mit den Majoranblättchen und den Fleischwürfeln in die Marinade geben und ca. 10 Minuten ziehen lassen.

**3.** Das Öl im Wok erhitzen und die Mischung darin unter Rühren ca. 3–5 Minuten anbraten. Herausnehmen und leicht abkühlen lassen. Inzwischen die Wirsingblätter putzen, waschen, kurz in kochendem Wasser blanchieren, mit kaltem Wasser abschrecken, gut abtropfen lassen und auf einer Arbeitsfläche ausbreiten.

**4.** Die Fleisch-Gemüse-Mischung auf die Blätter verteilen und diese zu kleinen Päckchen zusammenfalten. Mit Küchengarn umwickeln und in einen Bambuskorb legen. Den Geflügelfond mit dem Portwein mischen und im Wok zum Kochen bringen. Den Bambuskorb einsetzen und die Wirsingpäckchen hineinlegen. Im Dampf ca. 10–15 Minuten garen.

**5.** In der Zwischenzeit die Hühnerbrühe mit Mangosaft, Ketchup, Öl, Salz, Zucker und Maisstärke verrühren. Die Mischung unter Rühren zum Kochen bringen. Die Geflügelpäckchen mit der Sauce anrichten und servieren. Dazu passt Polenta.

*Zubereitungszeit: ca. 30 Minuten*
*Pro Portion ca. 752 kcal/3149 kJ*
*50 g E, 21 g F, 51 g KH*

## Kalbsschnitzel Amerika *(oben)*

Für 4 Portionen

4 Kalbsschnitzel
Salz
Pfeffer
50 g Mehl
2 Eier
100 g Paniermehl
5 El Butterschmalz
8 Scheiben Frühstücksspeck
30 g Butter

**1.** Die Kalbsschnitzel klopfen und würzen. Mehl, verquirlte Eier und Paniermehl auf 3 verschiedenen Tellern verteilen.

**2.** Die Schnitzel nacheinander in Mehl, Eiern und Paniermehl wenden. Das Butterschmalz in einer Pfanne erhitzen und die Schnitzel darin von beiden Seiten etwa 5 Minuten braten. Aus der Pfanne nehmen und warm stellen.

**3.** Den Frühstücksspeck im Bratfett von beiden Seiten schön knusprig braten. Anschließend je 2 Speckscheiben auf ein Schnitzel legen. Butter schmelzen und über die Speck-Schnitzel geben. Dazu passt grüner Salat.

*Zubereitungszeit: ca. 20 Minuten (plus Bratzeit)*
*Pro Portion ca. 515 kcal/2163 kJ*
*37 g E, 28 g F, 28 g KH*

## Lammschnitzel mit Minzjoghurt *(unten)*

Für 4 Portionen

2 Knoblauchzehen
300 g Sahnejoghurt
2 El Olivenöl
2 El frisch gehackte Minzeblättchen
Salz
8 kleine Lammschnitzel
Pfeffer
50 g Paniermehl
4 Toastscheiben
abgeriebene Schale von 1 unbehandelten Zitrone
4 El Mehl
2 Eier
3 El Pflanzenöl

**1.** Die Knoblauchzehen schälen und fein hacken. Knoblauch mit dem Sahnejoghurt, Olivenöl und der Minze mischen und mit Salz abschmecken.

**2.** Die Schnitzel mit Salz und Pfeffer würzen. Das Paniermehl auf einen Teller geben und die Toastscheiben dazukrümeln. Panade mit der Zitronenschale mischen.

**3.** Mehl und verquirltes Ei auf 2 weitere Teller geben. Die Lammschnitzel in Mehl, Ei und Paniermehlmischung wenden und im heißen Öl von beiden Seiten etwa 3 Minuten braten. Mit dem Minzjoghurt servieren.

*Zubereitungszeit: ca. 20 Minuten (plus Bratzeit)*
*Pro Portion ca. 307 kcal/1289 kJ*
*9 g E, 15 g F, 32 g KH*

## Perlhuhnstreifen
*(unten)*

Für 4 Portionen

800 g Perlhuhnbrustfilet
3 El Zitronensaft
je 1/2 El Ingwer-, Nelken- und Anispulver
4 El Butter
3 Kiwis
250 g Papaya
2 Bananen
100 g Mandarinen (aus der Dose)
100 g Ananaswürfel aus der Dose
100 ml Rotwein
1 El Orangenschalenaroma
4 El Schmand

**1.** Die Perlhuhnbrustfilets waschen, trocknen und in Streifen schneiden. Mit dem Zitronensaft beträufeln und mit dem Ingwer-, Nelken- und Anispulver bestreuen. Alles ca. 5 Minuten ziehen lassen.

**2.** Die Butter erhitzen und das Fleisch darin ca. 10 Minuten braten. Anschließend herausnehmen und warm stellen. Inzwischen Kiwis, Papaya und Bananen schälen und in Scheiben schneiden.

## Mini-Geflügelrouladen
*(oben)*

Für 4 Portionen

300 g Putenschnitzel
200 g Surimi (Krebsfleischimitat)
3 Scheiben gekochter Schinken
1/2 Bund Koriandergrün
1–2 El scharfer Senf
3–4 El Erdnussöl
Salz, Cayennepfeffer
Pimentpulver
125 ml Asiafond (FP)
3 Frühlingszwiebeln
2–3 El Mirin (süßer Reiswein)
2–3 El helle Sojasauce
1 Tl Maisstärke



**1.** Die Putenschnitzel waschen, trocknen, halbieren und das Fleisch klopfen, bis es schön dünn ist. Das Surimi und den gekochten Schinken fein hacken. Das Koriandergrün waschen, trocknen und ebenfalls fein hacken. Anschließend mit dem Surimi und dem Schinken mischen.

**2.** Die Fleischscheiben mit Senf bestreichen und die Schinken-Krebs-Masse daraufstreichen. Zusammenrollen und mit Hölzchen feststecken.

**3.** Das Öl im Wok erhitzen und die Rouladen darin von allen Seiten anbraten. Mit Salz, Cayennepfeffer und Pimentpulver würzen und den Fond angießen. Alles ca. 6–7 Minuten bei milder Hitze schmoren.

**4.** Die Frühlingszwiebeln putzen, waschen und in feine Ringe schneiden. Zusammen mit dem Mirin dazugeben und weitere 3–4 Minuten garen.

**5.** Die Sojasauce mit der Maisstärke verrühren und unter Rühren dazugeben. Die Rouladen mit der Sauce anrichten und servieren. Dazu passen Mie-Nudeln.

*Zubereitungszeit: ca. 30 Minuten*
*Pro Portion ca. 356 kcal/1431 kJ*
*23 g E, 18 g F, 24 g KH*

**3.** Die Mandarinen und die Ananaswürfel in einem Sieb abtropfen lassen. Den Saft auffangen. Das Obst zusammen mit je 2 El Mandarinen- und Ananassaft in dem Bratfond ca. 2 Minuten schmoren.

**4.** Den Rotwein angießen. Orangenschalenaroma und Schmand unterrühren und darin erwärmen. Das Obst portionsweise auf Teller verteilen und die Fleischstreifen darauf anrichten. Dazu passt Reis.

*Zubereitungszeit: ca. 25 Minuten*
*Pro Portion ca. 442 kcal/1850 kJ*
*27 g E, 23 g F, 29 g KH*

## *Gefüllte Fleischröllchen*

*(oben)*

Für 4 Portionen

100 g gekochter Schinken
100 g Zwiebel-Knoblauch-Mischung (TK)
100 g 8-Kräuter-Mischung (TK)
100 g Shiitakepilze
100 g Schafskäse
2–3 El Sesamöl
Salz
Pfeffer
400 g sehr dünne Kalbs- oder Schweineschnitzel
2–3 El Sahnemeerrettich
4–5 El Erdnussöl
250–500 ml Asiafond (FP)
Hoisin-Sauce (FP) zum Anrichten

**1.** Den Schinken in feine Würfel schneiden und mit der Zwiebel-Knoblauch- und Kräutermischung vermengen. Die Pilze putzen und in kleine Würfel schneiden. Den Schafskäse zerbröseln und mit dem Sesamöl, den Pilzen und den Schinkenwürfeln mischen. Die Mischung mit Salz und Pfeffer würzen.

**2.** Die Schnitzel waschen, trocknen und der Länge nach halbieren. Auf einer Arbeitsfläche ausbreiten und dünn mit dem Meerrettich bestreichen. Die Schinkenmischung daraufstreichen und die Schnitzel aufrollen. Mit kleinen Holzspießchen befestigen. Das Öl im Wok erhitzen und die Röllchen darin rundherum scharf anbraten.

**3.** Die Röllchen herausnehmen und den Wok säubern. Den Asiafond in den Wok geben und die Fleischröllchen in einen Bambuskorb legen. Den Korb in den Wok setzen und die Fleischröllchen ca. 15–20 Minuten dämpfen. Die Fleischröllchen mit Hoisin-Sauce anrichten und servieren. Dazu passt grünes Gemüse.

*Zubereitungszeit: ca. 15 Minuten (plus Garzeit)*
*Pro Portion ca. 308 kcal/1291 kJ*
*31 g E, 18 g F, 5 g KH*

## Lamm mit Zucchinigemüse

*(unten)*

Für 4 Portionen

2 El Olivenöl
400 g Lammfilet
4 mittelgroße Zucchini
250 ml Gemüsebrühe
4 El Tomatenmark
Salz
Pfeffer
1 El Kräuter der Provence
4 El Crème fraîche

**1.** Das Olivenöl erhitzen. Das Lammfilet waschen, trocken tupfen und im heißen Öl von beiden Seiten 3 Minuten braten.

**2.** Die Zucchini putzen, waschen, in Scheiben schneiden und zum Fleisch geben. 2 Minuten unter Rühren mitschmoren. Das Fleisch aus der Pfanne nehmen und warm stellen.

**3.** Die Gemüsebrühe, das Tomatenmark, die Gewürze und Kräuter zu den Zucchini geben und weitere 3 Minuten schmoren. Die Crème fraîche unterrühren.

**4.** Das Fleisch aufschneiden und mit dem Zucchinigemüse auf Teller geben. Dazu frisches Weißbrot reichen.

*Zubereitungszeit: ca. 10 Minuten*
*(plus Bratzeit)*
*Pro Portion ca. 167 kcal/699 kJ*
*32 g E, 12 g F, 5 g KH*

## Kalbsschnitzel mit Schinken und Ananas

*(rechts oben)*

Für 4 Portionen

8 kleine Kalbsschnitzel
Salz
Pfeffer
4 Scheiben gekochter Schinken
4 Scheiben Ananas
4 Gewürzgurken
4 El Pflanzenöl

**1.** Die Kalbsschnitzel flach klopfen und mit Salz und Pfeffer würzen. Auf 4 Schnitzel jeweils 1 Scheibe Schinken und 1 Scheibe Ananas legen.

**2.** Die Gewürzgurken in Längsscheiben schneiden und auf die Ananas legen. Die restlichen 4 Schnitzel darauflegen und mit Holzstäbchen zusammenstecken.

**3.** Das Öl in einer Pfanne erhitzen und die Schnitzel darin 4 Minuten braten. Vorsichtig wenden und von der anderen Seite auch 4 Minuten braten. Mit Salat servieren.

*Zubereitungszeit: ca. 15 Minuten*
*(plus Bratzeit)*
*Pro Portion ca. 237 kcal/995 kJ*
*31 g E, 10 g F, 4 g KH*

**2.** Aus dem Hackfleischteig 4 Frikadellen formen und im restlichen Paniermehl wenden. Im heißen Butterschmalz von beiden Seiten etwa 10 Minuten braten.

**3.** Salatgurke schälen, Radieschen putzen und beides in Scheiben schneiden. Das Toastbrot toasten. Jedes Brot mit einem Salatblatt belegen, darauf die Kräutermayonnaise verteilen. Jeweils 1 Frikadelle darauflegen und mit Gurken- und Radieschenscheiben dekorieren. Quark und Crème fraîche miteinander verrühren und mit Salz und Pfeffer würzen. Als Dip zu den Kräuterfrikadellen reichen.

*Zubereitungszeit: ca. 20 Minuten (plus Bratzeit)*
*Pro Portion ca. 653 kcal/2743 kJ*
*38 g E, 38 g F, 40 g KH*

## Kräuterfrikadellen-toast *(rechts)*

Für 4 Portionen

- 2 Schalotten
- 1/2 Bund gemischte Kräuter der Saison
- 500 g gemischtes Hackfleisch
- 125 g Ricotta
- 1 El Senf
- 1 Ei
- 80 g Paniermehl
- Salz
- Pfeffer
- 3 El Butterschmalz
- 1/2 Salatgurke
- 1/2 Bund Radieschen
- 4 Scheiben Vollkorntoast
- 4 Friséesalatblätter
- 4 El Kräutermayonnaise
- 125 g Speisequark
- 150 g Kräuter-Crème fraîche

**1.** Schalotten schälen und würfeln. Kräuter waschen, trocken schütteln und fein hacken. Das Hackfleisch mit Schalotten, Ricotta, Senf, Kräutern, Ei und 40 g Paniermehl mischen und mit Salz und Pfeffer würzen.

## Schnitzel in Marsalasauce *(oben)*

Für 4 Portionen

4 Schweineschnitzel
Salz
Pfeffer
4 El Mehl
3 El Butterschmalz
75 ml Marsala
50 ml Fleischbrühe

**1.** Die Schnitzel flach klopfen. Mit Salz und Pfeffer einreiben und im Mehl wenden. Das Butterschmalz in einer Pfanne erhitzen und die Schnitzel darin von beiden Seiten etwa 4 Minuten braten. Aus der Pfanne nehmen und warm stellen.

**2.** Den Bratensaft mit Marsala und der Brühe ablöschen und um ein Drittel einkochen lassen. Die Schnitzel anrichten und mit der Marsalasauce servieren. Dazu schmecken Nudeln.

*Zubereitungszeit: ca. 10 Minuten (plus Bratzeit)*
*Pro Portion ca. 572 kcal/2404 kJ*
*41 g E, 33 g F, 28 g KH*



## Angemachtes Tatar
*(unten)*

Für 4 Portionen

4 Zwiebeln
4 El Kapern
4 Salzgurken
500 g frisch durchgedrehtes mageres Rinderhack
Salz, Pfeffer
1 Tl edelsüßes Paprikapulver
4 frische Eier
4 El frisch geschnittener Schnittlauch
Sesamöl
Sojasauce

**1.** Die Zwiebeln schälen und fein hacken. Kapern und Salzgurken ebenfalls hacken. Pro Portion 125 g Rindertatar auf einen Teller geben und mit Salz, Pfeffer und Paprikapulver würzen.

**2.** Auf das Tatar 1 rohes Ei schlagen. Je ein Viertel gehackte Zwiebeln, Kapern, Gurken und Schnittlauch am Rand des Tellers dekorativ platzieren.

**3.** Öl und Sojasauce dazustellen. Jeder macht sich das Tatar nach seinem Geschmack an.

*Zubereitungszeit: ca. 15 Minuten*
*Pro Portion ca. 398 kcal/1672 kJ*
*34 g E, 26 g F, 7 g KH*

nen und in Streifen schneiden. Die Knoblauchzehen schälen und durchpressen.

**2.** Das Öl in einer Pfanne erhitzen und die Bratwürstchen darin ca. 5 Minuten braten. Zwiebeln, Paprikastreifen und Knoblauch dazugeben und alles mit Zitronensaft, Salz, Pfeffer und Paprikapulver würzen.

**3.** Die Kräuter dazugeben. Alles ca. 5 Minuten weiterschmoren lassen. Dann das Gemüse auf Teller verteilen und die in Stücke geschnitterne Bratwurst darauf anrichten.

*Zubereitungszeit: ca. 20 Minuten*
*Pro Portion ca. 450 kcal/1890 kJ*
*12 g E, 41 g F, 6 g KH*

## *Bratwurstsalat* *(oben)*

Für 4 Portionen

3 rote Zwiebeln
je 3 rote, gelbe und grüne Paprikaschoten
2 Knoblauchzehen
1 El Olivenöl
4 Geflügelbratwürstchen
2 El Zitronensaft
Salz, Pfeffer
Paprikapulver
je 2 El gehacktes Basilikum, Oregano und gehackte Petersilie

**1.** Die Zwiebeln schälen und in Ringe schneiden. Die Paprikaschoten putzen, waschen, längs halbieren, entker-

## *Lammschnitzel mit Kräuterpanade* *(unten)*

Für 4 Portionen

8 Lammschnitzel
Salz
Pfeffer
4 El Mehl
2 Eier
4 El frisch gehackte Kräuter (z. B. Thymian, Majoran, Petersilie)
100 g Paniermehl
3 El Pflanzenöl

**1.** Die Lammschnitzel mit Salz und Pfeffer würzen. Mehl und verquirlte Eier auf 2 Teller geben. Die Kräuter mit dem Paniermehl mischen und ebenfalls auf einen Teller geben.

**2.** Die Schnitzel nacheinander in Mehl, Eiern und Kräuterpaniermehl wenden und im heißen Öl von jeder Seite etwa 2–3 Minuten braten. Die Kräuterschnitzel mit einem Rucola-Tomaten-Salat servieren.

*Zubereitungszeit: ca. 25 Minuten*
*(plus Bratzeit)*
*Pro Portion ca. 402 kcal/1688 kJ*
*50 g E, 12 g F, 22 g KH*

# Lammchops mit Sprossen *(unten)*

Für 4 Portionen

8 Lammchops
1/2 Tl Kardamompulver
1/2 Zimtstange (ca. 3 cm)
2 Knoblauchzehen
1 Tl schwarze Pfefferkörner
1/2 Tl frisch geriebene Muskatnuss
1/2 Tl Chilipulver
3 El Olivenöl
1 Tl Zitronensaft
Chicorée, Strauchtomaten und 4 El Alfalfasprossen zum Garnieren

**1.** Das Fleisch waschen, trocknen und beiseitestellen. Das Kardamompulver, die Zimtstange und die geschälten Knoblauchzehen in einen Mörser geben. Pfefferkörner, Muskatnuss und Chilipulver dazugeben und alles ganz fein zerstoßen. Das Fleisch mit der Gewürzmischung bestreichen.

**2.** Das Öl in einer Pfanne erhitzen und die Lammchops darin ca. 5 Minuten braten. Mit dem Zitronensaft beträufeln und weitere 3 Minuten garen lassen.

**3.** Inzwischen den Chicorée waschen, trocknen und die Blätter lösen. Die Tomaten putzen, waschen, trocknen und in Spalten schneiden.

**4.** Chicorée, Tomaten und Alfalfasprossen mit den Lammchops auf Tellern anrichten und servieren. Dazu passt Naan.

*Zubereitungszeit: ca. 20 Minuten*
*Pro Portion ca. 265 kcal/1113 kJ*
*44 g E, 10 g F, 4 g KH*

## *Sizilianisches Rinderfilet* *(links oben)*

Für 4 Portionen

800 g Rinderfilet
Salz
Pfeffer aus der Mühle
2 Zwiebeln
300 ml Gemüsefond
100 g Fünf-Minuten-Reis
2 El Butter
150 g Steinpilze
100 g Bel Paese
2 Eigelb
Butter für die Form

**1.** Das Fleisch waschen, trocken tupfen und in 8 Scheiben schneiden. Etwas flach klopfen. Mit Salz und Pfeffer würzen. Den Backofen auf 250 °C vorheizen.

**2.** Die Zwiebeln schälen und in Würfel schneiden. Den Gemüsefond zum Kochen bringen und den Reis darin nach Packungsanweisung garen. Die Butter in einer Pfanne erhitzen und das Fleisch darin von beiden Seiten anbraten. Herausnehmen und abtropfen lassen.

**3.** Eine ofenfeste Form mit Butter ausstreichen und das Fleisch in die Form legen. Die Steinpilze kurz mit kaltem Wasser abbrausen, abtropfen lassen und in Scheiben schneiden. Das verbliebene Bratfett erhitzen und die Pilzscheiben mit den Zwiebeln darin andünsten. Den Käse reiben.

**4.** Den Reis abgießen. Die Eigelbe verquirlen und mit dem Reis vermischen. Pilze, Zwiebeln und Reis auf die Fleischscheiben legen und mit dem Käse bestreuen. Das Fleisch im Backofen auf der mittleren Einschubleiste ca. 10 Minuten überbacken. Das Fleisch auf Tellern anrichten und servieren.

*Zubereitungszeit: ca. 20 Minuten (plus Backzeit)*
*Pro Portion ca. 451 kcal/1889 kJ*
*25 g E, 34 g F, 7 g KH*

## *Schnitzel mit Kräuterkruste* *(links)*

Für 4 Portionen

450 g Schweinefilet
Salz
Pfeffer
4 El Mehl
2 Eier
je 1/2 Bund frisch gehackte Petersilie und frisch gehackter Liebstöckel
1 El gerebelter Oregano
1 El frisch gehacktes Basilikum
3 El Butterschmalz

**1.** Das Filet in 12 Scheiben schneiden. Unter Frischhaltefolie legen und flach klopfen. Die Schnitzel mit Salz und Pfeffer würzen und im Mehl wenden.

**2.** Die Eier verquirlen. Die Kräuter auf einem Teller miteinander mischen. Die Fleischscheiben zuerst in den Eiern, dann in den Kräutern wenden.

**3.** Das Butterschmalz in einer Pfanne erhitzen und die Schnitzel darin auf jeder Seite etwa 6 Minuten braten. Dazu passt Kartoffelgratin.

*Zubereitungszeit: ca. 20 Minuten (plus Bratzeit)*
*Pro Portion ca. 270 kcal/1134 kJ*
*23 g E, 17 g F, 4 g KH*

## Schweine-geschnetzeltes mit Erbsen und Ananas

*(oben)*

Für 4 Portionen

700 g Schweinefilet
1 Zwiebel
2 El Butter
150 g TK-Erbsen
150 g Ananasstücke aus der Dose
Salz
Pfeffer
1 El Currypulver
125 ml Gemüsebrühe
100 ml Sahne
1/2 Bund Petersilie

**1.** Das Schweinefilet in Streifen schneiden. Die Zwiebel schälen und in Ringe schneiden. Die Butter in einer Pfanne erhitzen und die Fleischstreifen darin unter Rühren anbraten. Die Zwiebelringe hinzufügen und 3 Minuten mitschmoren.

**2.** Die gefrorenen Erbsen und die abgetropften Ananasstücke zugeben. Mit Salz, Pfeffer und Curry würzen. Die Gemüsebrühe und Sahne angießen, alles etwa 10 Minuten schmoren und die Flüssigkeit um 1/3 einkochen lassen. Die Petersilie waschen, trocknen, hacken und darüberstreuen.

*Zubereitungszeit: ca. 15 Minuten (plus Brat- und Garzeit)*
*Pro Portion ca. 360 kcal/1507 kJ*
*43 g E, 14 g F, 15 g KH*

## Kalbsröllchen mit Paprikarahm

*(ohne Abb.)*

Für 4 Portionen

4 dünne Kalbsschnitzel
Salz
Pfeffer aus der Mühle
Zitronenpfeffer
5 El Butter
2 rote Zwiebeln
200 g gelbe Paprikastreifen
2 Knoblauchzehen
1 kleine Chilischote
100 ml Rotwein
150 g Schmand

**1.** Das Fleisch waschen, trocknen, mit Salz, Pfeffer und Zitronenpfeffer würzen, anschließend aufrollen und mit Holzspießchen befestigen. 3 El Butter in einer Pfanne erhitzen und die Kalbsschnitzel darin ca. 5 Minuten braten. Die Zwiebeln schälen und würfeln.

**2.** Kalbsröllchen herausnehmen und warm stellen. Das verbliebene Fett erhitzen, die restliche Butter dazugeben, die Zwiebeln und Paprikastreifen darin andünsten. Die Knoblauchzehen schälen und dazupressen. Die Chilischote waschen, trocknen, fein hacken und zu den Paprikastreifen geben.

**3.** Alles mit dem Rotwein angießen und weitere 4 Minuten ziehen lassen. Den Schmand unter die Sauce rühren und alles mit Salz, Pfeffer und Zitronenpfeffer abschmecken. Die Kalbsröllchen mit der Sauce servieren. Dazu passen grüne Bandnudeln.

*Zubereitungszeit: ca. 20 Minuten*
*Pro Portion ca. 376 kcal/1577 kJ*
*23 g E, 28 g F, 5 g KH*

## Coq au vin *(unten)*

Für 4 Portionen

300 g Zwiebeln
800 g Hähnchenbrustfilet
3 El Öl
300 g Champignons
Salz
Pfeffer
Paprikapulver
500 ml Weißwein
Speisestärke zum Andicken

**1.** Die Zwiebeln schälen und in Ringe schneiden. Das Fleisch waschen, trocknen und in Würfel schneiden. Das Öl erhitzen und die Zwiebeln mit den Fleischwürfeln darin ca. 6 Minuten braten.

**2.** Inzwischen die Champignons putzen, waschen, in Scheiben schneiden und dazugeben. Alles mit Salz, Pfeffer und Paprikapulver würzen.

**3.** Das Ganze mit dem Weißwein angießen und alles bei milder Hitze ca. 6 Minuten ziehen lassen. Eventuell alles mit etwas Speisestärke andicken und mit Petersilie garniert servieren. Zum Coq au vin frisches Baguette servieren.

*Zubereitungszeit: ca. 20 Minuten*
*Pro Portion ca. 585 kcal/2457 kJ*
*37 g E, 41 g F, 9 g KH*

## Schnitzel-Ananas-Toast *(oben)*

Für 4 Portionen

8 kleine Hähnchenschnitzel
Salz, Pfeffer, 2 Eiweiß
je 50 g gehackte Pistazien und Walnüsse
3 El Butterschmalz
4 Scheiben Graubrot
8 Scheiben Ananas (aus der Dose)
8 Salatblätter (Frisée)
16 Mandarinenfilets
100 g Amarenakirschen (aus dem Glas)
150 ml Sahne

**1.** Die Schnitzel klopfen und würzen. Eiweiß verquirlen. Pistazien und Nüsse mischen und auf einen Teller geben.

**2.** Die Schnitzel mit Eiweiß einpinseln und in der Pistazien-Walnuss-Mischung wenden. Das Butterschmalz in einer Pfanne erhitzen und die Schnitzel darin von beiden Seiten 4–5 Minuten braten. Aus der Pfanne nehmen und warm stellen.

**3.** Das Brot in wenig Fett rösten. Die Ananasscheiben im Bratfett 2 Minuten braten. Die Salatblätter waschen und trocken schütteln. Auf je eine halbe geröstete Brotscheibe zuerst 1 Salatblatt, dann 1 Ananasscheibe und 1 Hähnchenschnitzel legen. Zuletzt je 2 Mandarinenfilets auf die Schnitzel geben.

**4.** Die Amarenakirschen mit Saft in einem Topf erwärmen und pürieren. Die Sahne unterrühren und einmal aufkochen. Die Sauce nach Belieben pikant abschmecken.

*Zubereitungszeit: ca. 15 Minuten (plus Bratzeit)*
*Pro Portion ca. 662 kcal/2780 kJ*
*45 g E, 32 g F, 46 g KH*

## Reis-Gemüse-Pfanne mit Huhn *(unten)*

Für 4 Portionen

500 g Hühnerbrust
3 El Butterschmalz
Salz
Pfeffer
je 1 gelbe und rote Paprikaschote
250 g Lauch
2 Zwiebeln
300 g frische Erbsen
750 ml Gemüsebrühe
250 g Schnellkochreis
Paprikapulver

**1.** Die Hühnerbrust in dünne Streifen schneiden. Das Butterschmalz erhitzen und die Hühnerbrust von beiden Seiten 2 Minuten braten, salzen und pfeffern.

## Gefüllte Nudeln mit Lammhack *(oben)*

Für 4 Portionen

16 große Muschelnudeln zum Füllen
6 Schalotten
4 Knoblauchzehen
3 El Olivenöl
500 g Lammhackfleisch
3 El rote Currypaste
je 1 Tl Nelken- und Ingwerpulver
3 El Tomatenmark
200 g Gouda
Butter für die Form

**1.** Die Nudeln nach Packungsanweisung garen. In der Zwischenzeit die Schalotten schälen und in kleine Würfel schneiden. Die Knoblauchzehen schälen und durchpressen. Den Backofen auf 180 °C vorheizen.

**2.** Das Olivenöl erhitzen und die Zwiebeln mit dem Knoblauch darin andünsten. Das Hackfleisch dazugeben und die Currypaste unterrühren. Nelken-, Ingwerpulver und das Tomatenmark dazugeben. Alles ca. 8 Minuten schmoren lassen.

**3.** Eine ofenfeste Form mit Butter ausstreichen. Die Nudeln abgießen und abtropfen lassen. Den Gouda in Streifen schneiden. Das Fleisch in die Nudeln füllen und in die Form setzen.

**4.** Alles mit dem Käse bestreuen und im Backofen auf der mittleren Einschubleiste ca. 5 Minuten überbacken, bis der Käse zerläuft.

*Zubereitungszeit: ca. 30 Minuten*
*Pro Portion ca. 570 kcal/2394 kJ*
*41 g E, 39 g F, 15 g KH*

**2.** Die Paprikaschoten putzen, waschen, entkernen und würfeln. Den Lauch putzen, waschen und in Ringe schneiden. Die Zwiebeln schälen und in Ringe schneiden. Paprika, Lauch, Zwiebeln und die Erbsen 3 Minuten mitschmoren. Die Gemüsebrühe angießen.

**3.** Den Schnellkochreis unterrühren und 5–10 Minuten quellen lassen. Die Pfannenmischung mit Salz, Pfeffer und Paprikapulver abschmecken und servieren.

*Zubereitungszeit: ca. 15 Minuten (plus Brat- und Garzeit)*
*Pro Portion ca. 515 kcal/2156 kJ*
*41 g E, 9 g F, 64 g KH*

## *Zitronen-Kalbsschnitzel*

*(rechts)*

Für 4 Portionen

4 Kalbsschnitzel
Salz
Pfeffer
1 große unbehandelte Zitrone
100 g Mehl
2 Eier
100 g Paniermehl
30 g Butterschmalz
125 ml Sahne
3 El Sojasauce

**1.** Die Schnitzel flach klopfen und mit Salz und Pfeffer würzen.

**2.** Die Zitrone heiß abwaschen, Schale dünn abreiben, restliche Schale bis zu den weißen Häuten abschneiden. Zitronenfruchtfleisch in Scheiben schneiden. Auf jedes Kalbsschnitzel 1 Zitronenscheibe legen, Fleisch zusammenklappen und feststecken.

**3.** Mehl, verquirlte Eier und Paniermehl auf 3 Teller verteilen und die Schnitzel darin nacheinander wenden. Butterschmalz in einer Pfanne erhitzen und die Schnitzel darin von beiden Seiten 4–5 Minuten braten.

**4.** Sahne, Sojasauce und abgeriebene Zitronenschale hinzufügen und alles noch weitere 5 Minuten köcheln. Abschmecken. Dazu passen Bratkartoffeln und gedünstete Erbsenschoten.

*Zubereitungszeit: ca. 20 Minuten (plus Brat- und Garzeit)*
*Pro Portion ca. 310 kcal/1302 kJ*
*27 g E, 19 g F, 4 g KH*

## Tomatenschnitzel mit Schinken *(unten)*

Für 4 Portionen

4 Fleischtomaten
100 g roher Schinken
70 g Paniermehl
70 g frisch geriebener Parmesan
1 El frisch gehacktes Basilikum
Pfeffer
2 Eier, Mehl
250 ml Pflanzenöl

**1.** Die Tomaten waschen, von den Stielansätzen befreien und in etwa 1 cm dicke Scheiben schneiden. Die Scheiben mit dem Schinken umwickeln.

**2.** Das Paniermehl mit Käse, Basilikum, Salz und Pfeffer mischen. Die Eier verquirlen. Das Mehl auf einen Teller geben.

**3.** Die Tomatenschnitzel nacheinander in Mehl, Eiern und Paniermehl wenden und im heißen Öl auf jeder Seite etwa 1 Minute schwimmend frittieren. Dazu passt Reis und ein pikanter Kräuterquark.

*Zubereitungszeit: ca. 20 Minuten (plus Frittierzeit)*
*Pro Portion ca. 323 kcal/1357 kJ*
*13 g E, 23 g F, 17 g KH*

## Knusprige Ente
*(oben)*



Für 4 Portionen

180–200 g Vollkornmehl
1 El Walnussöl
4–5 El Milch
2–3 Eier
Salz
125 ml Portwein
100 g Kokosraspel
2 Babyananas
800 g Entenbrustfilet
Erdnussöl zum Frittieren

**1.** Das Mehl mit Öl, Milch, Eiern, Salz, Portwein und Kokosraspeln zu einem glatten Teig verrühren. Die Babyananas schälen, vierteln und den Strunk entfernen.

**2.** Das Entenfilet waschen, trocknen und in Würfel schneiden. Ausreichend Erdnussöl im Wok erhitzen.

**3.** Die Fleischwürfel und die Ananasviertel durch den Teig ziehen und portionsweise ca. 6–8 Minuten ausbacken. Herausnehmen, auf Küchenpapier abtropfen lassen und warm halten. Dazu passen ein Chili- und ein Mayonnaise-Dip.

*Zubereitungszeit: ca. 20 Minuten*
*Pro Portion ca. 996 kcal/4170 kJ*
*71 g E, 66 g F, 28 g KH*

## *Hähnchen in Cream-Sherry* *(unten)*

Für 4 Portionen

500 g Hähnchenfilet
250 g Champignons
4 El Olivenöl
150 ml Cream-Sherry
150 ml Sahne
1 1/2 El Zitronensaft
Salz
Pfeffer
Petersilie zum Garnieren

**1.** Das Hähnchenfilet in kleine Würfel schneiden. Die Champignons putzen, sauber bürsten und vierteln.

**2.** Das Hähnchenfilet in heißem Olivenöl unter Rühren etwa 5 Minuten braten lassen. Die zerkleinerten Champignons dazugeben und etwa 2 Minuten mitbraten lassen. Den Sherry und die Sahne dazugießen, aufkochen und etwa 1 Minute durchkochen lassen.

**3.** Die Petersilie waschen, trocken schütteln und klein hacken. Mit Zitronensaft, Salz und Pfeffer abschmecken. Alles mit der Petersilie bestreuen und mit Brot servieren.

*Zubereitungszeit: ca. 20 Minuten*
*(plus Garzeit)*
*Pro Portion ca. 400 kcal/1680 kJ*
*33 g E, 24 g F, 3 g KH*

## *Wiener Schnitzel klassisch* *(oben)*

Für 4 Portionen

8 Kalbsschnitzel (à 100 g)
Salz
Pfeffer
100 g Mehl
3 Eier
1 El Milch
100 g Paniermehl
70 ml Öl
1 unbehandelte Zitrone
8 Sardellenfilets
16 Kapern

**1.** Die Kalbsschnitzel waschen, trocknen, sehr flach klopfen, mit Salz und Pfeffer würzen. Mehl auf einen Teller geben. Auf einem 2. Teller die Eier mit Milch verquirlen. Das Paniermehl auf einen 3. Teller geben.

**2.** Die Kalbsschnitzel der Reihe nach zuerst in Mehl wenden, dann in den Eiern und zuletzt im Paniermehl wälzen, bis es gut am Fleisch haftet.

**3.** Das Öl in einer Pfanne erhitzen und nacheinander die Schnitzel darin von beiden Seiten je 3 Minuten braten.

**4.** Aus der Pfanne nehmen und auf Küchenpapier abtropfen lassen. Die Zitrone heiß abwaschen und in Scheiben schneiden.

**5.** Die Wiener Schnitzel mit Zitronenscheiben, Sardellen und Kapern garniert servieren. Dazu passt Kartoffelsalat.

*Zubereitungszeit: ca. 20 Minuten*
*(plus Bratzeit)*
*Pro Portion ca. 695 kcal/2919 kJ*
*58 g E, 33 g F, 40 g KH*

## Lammbratlinge mit Salbeijoghurt

*(unten)*

Für 4 Portionen

350 g Lammhackfleisch
1 Zwiebel
4 El Paniermehl
1 Ei
1 El frisch gehackter Salbei
Salz
Pfeffer
Paprikapulver
2 El Olivenöl
4 El Joghurt
1 Tl getrockneter Salbei
100 g Salatgurke
1/2 Bund Petersilie

**1.** Das Hackfleisch in eine Schüssel geben. Die Zwiebel schälen, hacken und zugeben. Mit Paniermehl und dem Ei zu einem glatten Fleischteig verarbeiten. Mit Salbei, Salz, Pfeffer und Paprikapulver würzen. Aus der Masse 8 Bratlinge formen.

**2.** Das Olivenöl in einer Pfanne erhitzen und die Bratlinge darin von beiden Seiten 8 Minuten braten. Den Joghurt mit getrocknetem Salbei verrühren. Die Gurke schälen und würfeln. Unter den Joghurt heben. Mit Salz und Pfeffer würzen.

**3.** Die Petersilie waschen, trocken schütteln und fein hacken. Die Lammbratlinge mit dem Joghurt und gehackter Petersilie garniert servieren.

*Zubereitungszeit: ca. 20 Minuten (plus Bratzeit)*
*Pro Portion ca. 216 kcal/907 kJ*
*28 g E, 8 g F, 6 g KH*



## Putenragout mit Kokos

*(rechts oben)*

Für 4 Portionen

600 g Putenbrustfilet
1 rote Paprikaschote
250 g Frühlingszwiebeln
1 Bund Basilikum
400 ml ungesüßte Kokosmilch
1 El rote Currypaste
2 El Sojasauce
1 El Zucker

**1.** Das Putenbrustfilet waschen, trocknen und in schmale Streifen schneiden. Die Paprikaschote waschen, halbieren, entkernen und in Streifen schneiden.

**2.** Die Frühlingszwiebeln putzen, waschen und in 5 cm lange Stücke schneiden. Das Basilikum waschen und trocknen. Die Blätter von den Stielen zupfen und davon die Hälfte fein hacken. Die restlichen Blätter zur Dekoration beiseitelegen.

**3.** Die Kokosmilch im Wok aufkochen, die Currypaste unterrühren und alles

ca. 1 Minute köcheln lassen. Ab und zu umrühren. Das vorbereitete Gemüse und Fleisch dazugeben und weitere 3 Minuten köcheln lassen. Gehacktes Basilikum, Sojasauce und Zucker dazugeben und abschmecken.

**4.** Das Putenragout auf Tellern anrichten und mit den restlichen Basilikumblättern garniert servieren. Gemüse anrichten und mit Fenchelgrün garniert servieren. Dazu passt Reis.

*Zubereitungszeit: ca. 15 Minuten*
*Pro Portion ca. 387 kcal/1620 kJ*
*29 g E, 16 g F, 8 g KH*

## Scharfes Curry

*(links)*

Für 4 Portionen

600 g ausgelöstes Schweinekotelett
5–6 El Sesamöl
100 g Zwiebel-Knoblauch-Mischung (TK)
125 ml Gemüsefond
1 El Pflaumensauce (FP)
2 El grüne Currypaste
1–2 El Pinienkerne

**1.** Das Fleisch waschen, trocknen und in feine Würfel schneiden. Das Öl im Wok erhitzen und das Fleisch darin unter Rühren scharf anbraten. Herausnehmen und warm stellen.

**2.** Die Zwiebel-Knoblauch-Mischung, den Gemüsefond, die Pflaumensauce und die Currypaste in das verbliebene Bratfett geben und bei milder Hitze ca. 2–3 Minuten köcheln lassen.

**3.** Das Fleisch dazugeben und ca. 6–7 Minuten schmoren lassen. Die Pinienkerne in einer Pfanne ohne Fett rösten. Das Curry anrichten und mit den Pinienkernen bestreut servieren. Dazu passt Basmati-Reis.

*Zubereitungszeit: ca. 20 Minuten*
*Pro Portion ca. 780 kcal/3264 kJ*
*33 g E, 16 g F, 5 g KH*

## Zucchinischnitzel mit Schinken *(oben)*

Für 4 Portionen

750 g Zucchini, 2 Eier
Salz, Pfeffer
150 g gekochter Schinken
2 Spritzer Tabasco
120 g gehackte Sesamkörner
50 g Mehl
100 ml Öl zum Braten

**1.** Die Zucchini putzen, waschen und längs in etwa 1 cm dicke Scheiben schneiden. Würzen und mit gekochtem Schinken belegen. Die Eier verquirlen und mit Salz, Pfeffer, Tabasco würzen. Eier, Sesam und Mehl auf getrennte Teller verteilen.

**2.** Die Zucchinischnitzel nacheinander in Mehl, Eiern und Sesam wenden. Das Öl in einer Pfanne erhitzen und die Zucchinischnitzel darin von beiden Seiten knusprig braten. Dazu passt Reis.

*Zubereitungszeit: ca. 25 Minuten*
*Pro Portion ca. 402 kcal/1688 kJ*
*13 g E, 31 g F, 16 g KH*

## Rindfleisch mit Pflaumen und Pilzen
*(unten)*

Für 4 Portionen

500 g Rinderfilet
2 cm Ingwerwurzel, 2 El Öl
je 1 rote und grüne Paprikaschote
100 g Champignons
6 Pflaumen
250 ml Pflaumensaft
2 El Zitronensaft
2 El Sojasauce
1 El Speisestärke
1/4 Tl Zimtpulver
1/4 Tl Senfpulver
1 El abgeriebene Schale von
1 unbehandelten Orange

1. Das Rinderfilet waschen, trocken tupfen und in schmale Streifen schneiden. Ingwer schälen und reiben. 1 El Öl in einem Wok erhitzen und beides 3 Minuten unter Rühren braten, dann herausnehmen.

2. Die Paprikaschoten waschen, trocknen, putzen, entkernen und würfeln. Die Champignons putzen, feucht abreiben und in Scheiben schneiden. Die Pflaumen waschen, trocknen, halbieren und entkernen.

3. Restliches Öl im Wok erhitzen und das Gemüse mit den Pilzen darin ca. 3 Minuten schmoren. Die Pflaumen zugeben und alles weitere 2 Minuten schmoren.

4. Pflaumensaft mit Zitronensaft, Sojasauce und Speisestärke verrühren und in den Wok geben. Mit Zimtpulver, Senfpulver und Orangenschale würzen und aufkochen. Die Sauce sämig kochen. Rindfleisch und Ingwer zugeben, erhitzen und servieren. Dazu schmeckt Reis.

*Zubereitungszeit: ca. 20 Minuten*
*(plus Brat- und Kochzeit)*
*Pro Portion ca. 292 kcal/1226 kJ*
*29 g E, 8 g F, 23 g KH*

## Entenkeulen in fruchtiger Sauce

*(links)*

Für 4 Portionen

4–6 Entenkeulen
Salz
Pfeffer
1 Zwiebel
4 Knoblauchzehen
2 Möhren
1 unbehandelte Orange
1 El Butterschmalz
1 Tl Mehl
1 Lorbeerblatt
1 getrocknete Chilischote
500 ml trockener Weißwein
175 g grüne Oliven
Zucker
1 El Weinessig

1. Den Backofen auf 225 °C (Umluft 200 °C) vorheizen. Die Entenkeulen salzen und pfeffern. Die Zwiebel und den Knoblauch schälen und fein hacken. Die Möhren schälen und in Scheiben schneiden. Die Orange heiß abwaschen, abtrocknen und in Scheiben schneiden.

2. Entenkeulen in heißem Butterschmalz anbraten. Zwiebel, Knoblauch und Möhren kurz mitbraten. Alles mit Mehl bestäuben. Lorbeerblatt, Chilischote und Orangenscheiben dazugeben. Im vorgeheizten Backofen etwa 20 Minuten knusprig braten. Den Wein angießen und etwa 20 Minuten weitergaren.

3. Oliven entkernen und in Scheiben schneiden. Lorbeerblatt, Chilischote und Orangenscheiben aus dem Bräter nehmen. Sauce um 1/3 einkochen, Oliven darin erwärmen. Sauce mit Salz, Pfeffer, Zucker und Essig abschmecken. Die Keulen damit anrichten.

*Zubereitungszeit: ca. 10 Minuten*
*(plus Bratzeit)*
*Pro Portion ca. 558 kcal/2342 kJ*
*28 g E, 40 g F, 13 g KH*

## *Bœuf Stroganoff*
*(unten)*

Für 4 Portionen

600 g Rinderfilet
3 El Öl
10 g Butter
Salz
Pfeffer
300 g kleine Champignons
2 Zwiebeln
3 Gewürzgurken
200 ml Rinderbrühe
2 Tl scharfer Senf
4 El Crème fraîche
1 El Stärke

**1.** Das Rinderfilet waschen, trocken tupfen und quer zur Faser in dünne Streifen schneiden. Im heißen Öl und der Butter portionsweise kurz anbraten. Mit Salz und Pfeffer würzen. Herausnehmen, warm stellen.

**2.** Die Champignons putzen, feucht abreiben und in Scheiben schneiden. Die Zwiebeln schälen und hacken. Beides im Bratfett andünsten. Gewürzgurken klein schneiden und zugeben, die Rinderbrühe angießen und den scharfen Senf einrühren. Alles etwas einkochen lassen.

**3.** Crème fraîche mit Stärke verrühren und die kochende Sauce damit binden. Fleisch hinzufügen und erwärmen. Abschmecken und mit Reis servieren.

*Zubereitungszeit: ca. 20 Minuten*
*(plus Brat- und Kochzeit)*
*Pro Portion ca. 174 kcal/731 kJ*
*8 g E, 12 g F, 6 g KH*

## *Rumpsteaks mit Zwiebeln*
*(ohne Abb.)*

Für 4 Portionen

4 Rumpsteaks à 180 g
Pfeffer aus der Mühle
Salz
8 Zwiebeln
3 El Mehl
4 El Butter
50 ml Weißwein
Petersilie zum Garnieren

**1.** Das Fleisch waschen, trocknen und würzen. Den Fettrand mit einem Messer einschneiden, damit sich das Fleisch beim Braten nicht wölbt. Die Zwiebeln schälen, in Ringe schneiden und anschließend in dem Mehl wenden.

**2.** Die Butter in einer Pfanne erhitzen und das Fleisch darin von allen Seiten ca. 6 Minuten braten (das Fleisch ist dann „medium"). Je nach Geschmack die Garzeit verlängern oder verkürzen.

**3.** Anschließend herausnehmen und etwas ruhen lassen. Die Zwiebelringe im Bratensaft rösten und mit dem Weißwein aromatisieren, mit den Steaks anrichten und mit der Petersilie garnieren. Dazu passt grüner Salat.

*Zubereitungszeit: ca. 20 Minuten*
*Pro Portion ca. 431 kcal/1805 kJ*
*44 g E, 21 g F, 14 g KH*

## Rehsteak mit Feigen und Feigenkonfitüre
*(oben)*

Für 4 Portionen

4 Rehsteaks (à 100 g)
2 El Butterschmalz
Salz
Pfeffer
200 ml Weißwein
3 El Feigenkonfitüre
150 ml Sahne
2 Feigen

**1.** Die Rehsteaks waschen und trocken tupfen. Im heißen Butterschmalz von beiden Seiten etwa 3 Minuten braten. Mit Salz und Pfeffer würzen und warm stellen.

**2.** Den Bratfond mit dem Weißwein ablöschen, die Feigenkonfitüre einrühren und alles etwas einkochen lassen. Die Sahne zugeben und die Sauce mit Salz und Pfeffer abschmecken.

**3.** Die Feigen waschen und in Scheiben schneiden. Die Steaks mit jeweils 1/2 in Scheiben geschnittenen Feige belegen und die Sauce dazureichen. Dazu schmecken Bratkartoffeln.

*Zubereitungszeit: ca. 20 Minuten*
*(plus Brat- und Kochzeit)*
*Pro Portion ca. 320 kcal/1344 kJ*
*23 g E, 17 g F, 8 g KH*

## Putenröllchen mit Pesto *(unten)*

Für 4 Portionen

4 Putenschnitzel
150 g Pesto (aus dem Glas)
2 El Olivenöl
125 ml Gemüsebrühe
einige Basilikumblättchen

**1.** Die Schnitzel ganz flach klopfen und mit dem Pesto bestreichen. Schnitzel zusammenrollen und mit einem Holzstäbchen feststecken.

**2.** Das Öl in einer Pfanne erhitzen und die Putenröllchen darin von allen Seiten gut anbraten. Die Brühe angießen und die Röllchen weitere 12 Minuten köcheln, bis sie gar sind.

**3.** Die Röllchen nach Belieben in Scheiben schneiden und mit Basilikum garniert servieren. Dazu frisches Brot und Salat reichen.

*Zubereitungszeit: ca. 15 Minuten*
*(plus Brat- und Garzeit)*
*Pro Portion ca. 212 kcal/890 kJ*
*37 g E, 4 g F, 4 g KH*

**Tipp:** Pesto können Sie auch wunderbar selbst zubereiten und dabei mit den unterschiedlichsten Kräutern und Gewürzen experimentieren.

## *Gefüllte Putenchops*

*(unten)*

Für 4 Portionen

8 Putenchops (à 100 g)
Salz
Pfeffer
2 El frisch geriebener Ingwer
je 8 Scheiben Kochschinken
und Appenzeller Käse
3 El Butterschmalz

**1.** Die Putenchops waschen, trocknen und mit Salz und Pfeffer würzen. Jeweils mit einem scharfen Messer eine Tasche in die Fleischstücke schneiden und auch von innen mit Salz und Pfeffer würzen.

**2.** Die Taschen mit dem Ingwer ausstreichen und mit jeweils 1 Scheibe Kochschinken und Käse auslegen.

**3.** Alles mit Holzspießen fixieren. Butterschmalz erhitzen und das Fleisch darin von allen Seiten ca. 8 Minuten braten. Dazu einen gemischten Salat servieren.

*Zubereitungszeit: ca. 20 Minuten*
*Pro Portion ca. 622 kcal/2605 kJ*
*58 g E, 39 g F, 1 g KH*

**Variation:** Beim Füllen der Putenchops sind Ihrer Fantasie keine Grenzen gesetzt. Probieren Sie es doch einmal mit einer Frischkäsecreme. Dazu 200 g Champignons und 3 Frühlingszwiebeln in 3 El Öl anbraten und mit 250 g Frischkäse vermischen. Die Creme in die Taschen füllen und wie beschrieben zubereiten.

## *Hähnchen in Ingwer*

*(oben)*

Für 4 Portionen

400 g Hähnchenbrustfilet
1 Stück frischer Ingwer (3 cm)
3 Knoblauchzehen
3–4 El Sesamöl
Salz
Pfeffer
Ingwer- und Korianderpulver
3 El Gewürz-Ketchup
4 cl trockener Sherry
2 cl Pflaumenschnaps
1/2 Bund Koriandergrün
Tabasco

**1.** Das Hähnchenbrustfilet waschen, trocknen und in feine Streifen schneiden. Den Ingwer schälen und fein reiben. Die Knoblauchzehen schälen und in feine Würfel schneiden.

**2.** Das Öl im Wok erhitzen und die Fleischstreifen mit dem Ingwer und den Knoblauchwürfeln unter Rühren ca. 5–6 Minuten anbraten. Mit Salz, Pfeffer, Ingwer- und Korianderpulver würzen.

**3.** Ketchup, Sherry und Pflaumenschnaps in den Wok geben und weitere 3–5 Minuten bei milder Hitze garen. Den Koriander waschen, trocknen und die Blättchen abzupfen.

**4.** Das Hähnchen mit Tabasco verfeinern und mit Koriander garniert servieren. Dazu passt Krupuk.

*Zubereitungszeit: ca. 20 Minuten*
*Pro Portion ca. 410 kcal/1719 kJ*
*31 g E, 27 g F, 11 g KH*

## Gemüsepfanne mit Rindfleisch *(rechts)*

Für 4 Portionen

600 g Rindfleisch
1/2 Bund Frühlingszwiebeln
2 Knoblauchzehen
3 El Öl
1/2 Salatgurke
2 Möhren
250 ml Fleischbrühe
4 El Crème fraîche
2 Tl Meerrettich
Salz
Pfeffer
1 Paket gemischte TK-Kräuter

**1.** Das Rindfleisch in Streifen schneiden. Die Frühlingszwiebeln putzen, waschen und in Ringe schneiden. Die Knoblauchzehen schälen und hacken.

**2.** Das Öl in einer Pfanne erhitzen und die Rindfleischstreifen darin unter Rühren braten. Frühlingszwiebeln und Knoblauch hinzufügen und mitschmoren. Die Salatgurke und die Möhren schälen und würfeln. Zum Fleisch geben und kurz mitdünsten.

**3.** Die Fleischbrühe angießen und alles etwa 10 Minuten schmoren. Die Crème fraîche und den Meerrettich unterrühren und mit Salz und Pfeffer abschmecken. Die Kräuter unterheben. Dazu passt Kartoffelpüree.

*Zubereitungszeit: ca. 15 Minuten*
*(plus Brat- und Garzeit)*
*Pro Portion ca. 340 kcal/1424 kJ*
*34 g E, 20 g F, 4 g KH*

## Rindersteaks mit frittierten Zwiebelringen

*(rechts oben)*

Für 4 Portionen

2 El Butterschmalz
4 Rindersteaks (à 180 g)
2 Zwiebeln
100 g Mehl
500 ml Frittieröl
Salz

**1.** Das Butterschmalz in einer großen gusseisernen Pfanne sehr heiß werden lassen. Die Steaks darin von beiden Seiten etwa 2–3 Minuten braten, sodass das Fleisch innen noch rosa ist. Fertige Steaks aus der Pfanne nehmen und im Ofen warm halten.

**2.** Die Zwiebeln schälen und in sehr dünne Ringe schneiden. Zwiebelringe in dem Mehl wenden.

**3.** Das Frittierfett in einem hohen Topf oder der Fritteuse auf ca. 160 °C erhitzen und die Zwiebelringe darin etwa 10 Minuten frittieren. Mit dem Schaumlöffel herausholen und auf Küchenpapier abtropfen lassen. Nach Geschmack salzen. Steaks mit den Zwiebeln und Salat servieren.

*Zubereitungszeit: ca. 10 Minuten (plus Brat- und Frittierzeit)*
*Pro Portion ca. 593 kcal/2489 kJ*
*43 g E, 38 g F, 19 g KH*

## Mariniertes Kaninchen mit Kartoffelkuchen

*(oben)*

Für 4 Portionen

1 Kaninchenrücken ohne Knochen
2 El Weißweinessig
5 El Olivenöl
Salz
Pfeffer
2 El Crème fraîche
4 große Kartoffeln
Sonnenblumenöl

**1.** Den Kaninchenrücken waschen, trocken reiben und quer in dünne Scheiben schneiden. Mit dem Fleischklopfer flach klopfen und auf einer Platte anrichten.

**2.** Essig, Olivenöl, Salz und Pfeffer gut verquirlen und über die Kaninchenscheiben geben. Die Crème fraîche dekorativ darüber verteilen.

**3.** Die Kartoffeln schälen, grob reiben und mit Salz und Pfeffer würzen. Aus dem Teig kleine Kuchen formen und im heißen Sonnenblumenöl goldbraun ausbacken. Zum marinierten Kaninchen reichen.

*Zubereitungszeit: ca. 20 Minuten (plus Bratzeit)*
*Pro Portion ca. 477 kcal/2003 kJ*
*33 g E, 24 g F, 30 g KH*

# Schnitzel mit Kürbis-Kartoffel-Püree *(unten)*

Für 4 Portionen

4 Putenschnitzel
Salz
Pfeffer
3 El Öl
150 ml Weißwein
150 ml Sahne
Speisestärke
nach Bedarf
1 Päckchen
Kartoffelpüree (FP)
250 ml Gemüsebrühe
100 g Kürbiswürfel
aus dem Glas
2 El Crème fraîche

**1.** Die Putenschnitzel klopfen, mit Salz und Pfeffer würzen. Das Öl erhitzen und die Putenschnitzel darin von beiden Seiten etwa 4–5 Minuten braten. Aus der Pfanne nehmen und warm stellen.

**2.** Den Bratfond mit dem Weißwein ablöschen, etwas einkochen lassen. Die Sahne einrühren. Nach Bedarf mit Speisestärke binden und abschmecken.

**3.** Das Kartoffelpüree nach Packungsanweisung mit der Gemüsebrühe zubereiten. Die Kürbiswürfel aus dem Glas mit 2 El Sud und der Crème fraîche unter das Püree rühren und mit Salz und Pfeffer abschmecken. Mit den Putenschnitzeln und der Sauce servieren.

*Zubereitungszeit: ca. 15 Minuten (plus Brat- und Garzeit)*
*Pro Portion ca. 352 kcal/1474 kJ*
*37 g E, 17 g F, 4 g KH*

## Saltimbocca alla romana *(oben)*

Für 4 Portionen

4 Kalbsschnitzel (à 125 g)
4 große Salbeiblätter
4 Scheiben luftgetrockneter Schinken
2 El Butterschmalz
3 El trockener Weißwein
125 ml Fleischbrühe
Salz, Pfeffer

**1.** Das Fleisch flach klopfen. Die Salbeiblätter waschen und trocken schütteln. Jedes Kalbsschnitzel mit 1 Salbeiblatt und 1 Scheibe Schinken belegen und diese mit 1 Zahnstocher feststecken.

**2.** Das Butterschmalz in einer Pfanne schmelzen und die Saltimbocca darin von beiden Seiten jeweils 4 Minuten braten. Dann aus der Pfanne nehmen und warm stellen.

**3.** Den Bratensaft mit dem Wein ablöschen, Fleischbrühe zugießen und die Sauce um ein Drittel einkochen lassen. Mit Salz und Pfeffer abschmecken. Saltimbocca anrichten und mit der Sauce servieren. Dazu Nudeln reichen.

*Zubereitungszeit: ca. 20 Minuten (plus Bratzeit)*
*Pro Portion ca. 230 kcal/964 kJ*
*32 g E, 11 g F, 1 g KH*



## Lamm mit grünem Pfeffer *(unten)*

Für 4 Portionen

500 g Lammfleisch aus der Keule
10 große Pfefferblätter
4 El Pflanzenöl
1 Tl Currypulver
1 Tl Fünf-Gewürz-Mischung
je 2 gelbe, grüne und rote Paprika, in Rauten
2 El frischer grüner Pfeffer

**1.** Das Lammfleisch waschen, trocken tupfen und in kleine Würfel schneiden.

**2.** 2 Pfefferblätter in sehr feine Streifen schneiden. Das Pflanzenöl im Wok erhitzen, die Lammfleischwürfel darin kurz und scharf anbraten. Mit Curry und Fünf-Gewürz-Mischung bestäuben und herausnehmen.

**3.** Die Paprika im Wok von allen Seiten scharf anbraten, mit 200 ml Wasser ablöschen. Dann die Pfefferkörner zugeben und die Flüssigkeit fast verkochen lassen. Die angebratenen Lammfleischwürfel wieder zugeben und die Pfefferblätter-Streifen unterrühren.

*Zubereitungszeit: ca. 25 Minuten*
*Pro Portion ca. 451 kcal/1889 kJ*
*25 g E, 34 g F, 7 g KH*

## *Meerrettich-Schnitzel* *(rechts)*

Für 4 Portionen

4 Schweineschnitzel
Salz
Pfeffer
50 g Sahnemeerrettich aus dem Glas
100 g Mehl
2 Eier
200 g Paniermehl
3 El Butterschmalz

**1.** Die Schnitzel zwischen Folie flach klopfen, halbieren und würzen. Anschließend die Schnitzel großzügig mit dem Meerrettich bestreichen und im Mehl wenden.

**2.** Die Eier auf einem Teller mit 3 El warmem Wasser verquirlen. Das Paniermehl ebenfalls auf einen Teller geben. Die Schnitzel zuerst im Ei, dann im Paniermehl wenden.

**3.** Das Butterschmalz in einer Pfanne erhitzen und die Schnitzel von beiden Seiten goldbraun backen. Dazu passen Salat und Preiselbeerkompott.

*Zubereitungszeit: ca. 20 Minuten (plus Bratzeit)*
*Pro Portion ca. 497 kcal/2087 kJ*
*39 g E, 12 g F, 56 g KH*

## *Prasselfleisch* *(unten)*

Für 4 Portionen

400 g Schweinefilet
2 El Maisstärke
3 El Butterschmalz
Salz
Pfeffer
125 ml Sahne
125 ml Fleischbrühe
1 El frisch gehackter Kerbel

**1.** Das Filet waschen, trocken tupfen und in dünne Scheiben schneiden. Die Scheiben mit der Maisstärke überziehen.

**2.** Das Butterschmalz in einer Pfanne erhitzen und die Fleischscheiben darin unter Wenden ca. 2 Minuten von jeder Seite braten. Das Fleisch mit Salz und Pfeffer würzen.

**3.** Sahne und Brühe angießen und etwas einkochen lassen. Die Sauce abschmecken und das Prasselfleisch mit Kerbel bestreut servieren. Dazu frisches Brot oder Salat reichen. Als Hauptgericht mit Nudeln servieren.

*Zubereitungszeit: ca. 20 Minuten (plus Bratzeit)*
*Pro Portion ca. 295 kcal/1239 kJ*
*24 g E, 19 g F, 5 g KH*

## *Zürcher Geschnetzeltes*
*(unten)*

Für 4 Portionen

500 g Kalbsnuss
150 g Champignons
2 Schalotten
40 g Butter
2 El Öl
Salz
Pfeffer
125 ml Sahne
3 El Cognac
Zitronensaft
2 El frisch gehackte Petersilie

**1.** Die Kalbsnuss waschen, trocken tupfen und in kleine Streifen schneiden. Die Pilze putzen, feucht abreiben und in Scheiben schneiden. Die Schalotten schälen und würfeln.

**2.** Die Butter in einem Bräter erhitzen, dann das Öl zugeben und erhitzen. Die Schalotten und Pilze darin 1 Minute dünsten. Dann das Geschnetzelte hinzufügen und unter Rühren etwa 4 Minuten garen. Mit Salz und Pfeffer abschmecken.

**3.** Die Sahne und den Cognac angießen und einmal aufkochen. Mit Zitronensaft abschmecken, die Petersilie unterheben. Zürcher Geschnetzeltes mit Reis servieren.

*Zubereitungszeit: ca. 20 Minuten (plus Bratzeit)*
*Pro Portion ca. 865 kcal/3633 kJ*
*27 g E, 82 g F, 3 g KH*

## Putensteaks mit Zwiebelgemüse und Curry *(links oben)*

Für 4 Portionen

4 Putensteaks
Salz
Pfeffer
je 1 Prise Cayennepfeffer und Curry
2 El Olivenöl
400 g Gemüsezwiebeln
2 El Tomatenmark
8 El Weißwein
1 Tl getrockneter Oregano
2 Tomaten
2 El frisch gehackter Kerbel

**1.** Die Putensteaks waschen, trocken tupfen und mit Salz, Pfeffer, je 1 Prise Cayennepfeffer und Curry würzen. Das Olivenöl in einer Pfanne erhitzen und die Steaks von beiden Seiten 4 Minuten braten. Aus der Pfanne nehmen und warm stellen.

**2.** Die Gemüsezwiebeln schälen und in dünne Scheiben schneiden. Im verbliebenen Bratfett schmoren, dann Tomatenmark und Weißwein zugeben und alles ca. 4 Minuten köcheln. Mit dem getrockneten Oregano würzen und mit Salz, Pfeffer und Curry abschmecken.

**3.** Die Tomaten waschen, trocknen, Stielansätze entfernen, Fruchtfleisch würfeln und einrühren, dann alles mit frisch gehacktem Kerbel bestreut zusammen mit den Putensteaks servieren.

*Zubereitungszeit: ca. 20 Minuten (plus Bratzeit)*
*Pro Portion ca. 231 kcal/970 kJ*
*38 g E, 4 g F, 7 g KH*

## Lammkoteletts mit Rosmarin *(unten)*

Für 4 Portionen

8 kleine Lammkoteletts
3 El Olivenöl
50 g Butter
einige Stiele Rosmarin
2 Knoblauchzehen
Salz
Pfeffer

**1.** Die Lammkoteletts waschen, mit Küchenpapier abtrocknen. Das Olivenöl zusammen mit der Butter in einer weiten Pfanne erhitzen, bis es anfängt zu rauchen.

**2.** Die Lammkoteletts in dem heißen Fett bei starker Hitze etwa 5 Minuten anbraten. Lammkoteletts wenden und die zweite Seite ebenfalls etwa 5 Minuten braten.

**3.** Inzwischen den Rosmarin waschen, trocken schütteln und die Nadeln von den Stielen zupfen. Rosmarin zu dem Fleisch in die Pfanne geben und 5 Minuten mitbraten lassen.

**4.** Den Knoblauch schälen, in das heiße Bratfett pressen und damit verrühren. Lammkoteletts noch einmal darin wenden, salzen, pfeffern und anrichten.

*Zubereitungszeit: ca. 15 Minuten*
*Pro Portion ca. 605 kcal/2541 kJ*
*51 g E, 45 g F, 1 g KH*

## Rindfleisch-Souvlaki
*(rechts)*

Für 4 Portionen

600 g Rinderfilet
1 Zucchini
8 Scheiben magerer Bauchspeck
1 Zwiebel
2 Knoblauchzehen
1 El Limettensaft
je 1 Tl getrockneter Oregano und Thymian
6 El Olivenöl
Pfeffer
Salz

**1.** Das Fleisch waschen, trocken tupfen und in 8 Stücke schneiden. Die Zucchini putzen, waschen und längs in 8 dünne Scheiben hobeln. Jedes Fleischstück zuerst mit 1 Scheibe Zucchini, dann mit 1 Scheibe Speck umwickeln.



**2.** Die Zwiebel und die Knoblauchzehen schälen und fein würfeln. Den Limettensaft mit den Kräutern, Zwiebel- und Knoblauchwürfeln sowie dem Olivenöl verrühren und würzen.

**3.** Die Fleischstücke auf Spieße stecken. Mit der Limettenmarinade einstreichen und auf dem heißen Grill etwa 10 Minuten unter Wenden garen. Mit Brotspießen und Salat servieren.

*Zubereitungszeit: ca. 20 Minuten (plus Grillzeit)*
*Pro Portion ca. 267 kcal/1121 kJ*
*36 g E, 12 g F, 1 g KH*

## Putengulasch mit Sauerkraut und Schmand *(rechts unten)*

Für 4 Portionen

1 Zwiebel
2 El Butterschmalz
450 g fertig gewürztes Putengulasch
500 g Sauerkraut
Salz
Pfeffer
1 Tl Zucker
1 Tl edelsüßes Paprikapulver
125 ml Gemüsebrühe
4 El Schmand

**1.** Die Zwiebel schälen und hacken und im heißen Butterschmalz glasig schmoren. Das fertig gewürzte Putengulasch zugeben und unter Rühren anbraten.

**2.** Das Sauerkraut zugeben und alles mit Salz, Pfeffer, Zucker und edelsüßem Paprikapulver würzen. Die Gemüsebrühe angießen und alles 15 Minuten schmoren. Schmand unterheben und erneut abschmecken. Mit Salzkartoffeln servieren.

*Zubereitungszeit: ca. 15 Minuten (plus Brat- und Schmorzeit)*
*Pro Portion ca. 234 kcal/983 kJ*
*29 g E, 10 g F, 5 g KH*

## Hähnchenfilet in Sherry

*(rechts)*

Für 4 Portionen

600 g Hähnchenfilet
Salz
Pfeffer
1–2 El Mehl
2 El Olivenöl
250 ml trockener Sherry
125 ml Hühnerbrühe
2 Knoblauchzehen
1 Zweig Thymian
75 g mit Paprika gefüllte Oliven

**1.** Das Hähnchenfilet in etwa 3 x 3 cm große Würfel schneiden. Salzen, pfeffern und rundherum in etwas Mehl wenden. Das Olivenöl erhitzen und das Fleisch darin portionsweise rundherum anbraten, herausnehmen und beiseitestellen.

**2.** In der Pfanne den Sherry mit der Gemüsebrühe angießen und aufkochen lassen. Den Knoblauch schälen und dazupressen. Den Thymian waschen und dazugeben, Sauce offen auf 1/3 einkochen lassen.

**3.** Das Fleisch wieder in die Pfanne zurückgeben und etwa 10 Minuten mitköcheln lassen. Die Oliven in Scheiben schneiden und 5 Minuten in der Fleischpfanne erhitzen. Die Hähnchen mit Bauernbrot servieren.

*Zubereitungszeit: ca. 15 Minuten (plus Garzeit)*
*Pro Portion ca. 255 kcal/1071 kJ*
*36 g E, 5 g F, 3 g KH*

## *Rumpsteak mit Champignons* *(unten)*

Für 4 Portionen

4 Rumpsteaks (à 150 g)
2 El Öl
Salz, Pfeffer
100 g Champignons
3 Zwiebeln
100 g Kirschtomaten
frisch gehackte Petersilie zum Bestreuen

**1.** Die Rumpsteaks waschen, trocken tupfen und im sehr heißen Öl 2–3 Minuten von jeder Seite braten. Mit Salz und Pfeffer würzen, herausnehmen und in Alufolie wickeln.

**2.** Die Champignons putzen, feucht abreiben und in Scheiben schneiden. Die Zwiebeln schälen und hacken. Die Champignons im Bratfett 4 Minuten braten. Nach 2 Minuten die Zwiebeln zugeben und mitschmoren. Mit Salz und Pfeffer würzen.

**3.** Die Kirschtomaten waschen, putzen und halbieren. Zu der Pilz-Zwiebel-Masse geben und kurz mitschmoren. Den Fleischsaft der Steaks zum Gemüse geben und die Steaks mit dem Gemüse anrichten. Mit gehackter Petersilie bestreuen. Dazu Baguette reichen.

*Zubereitungszeit: ca. 20 Minuten (plus Garzeit)*
*Pro Portion ca. 322 kcal/1352 kJ*
*47 g E, 9 g F, 11 g KH*

## *Putensteaks mit Bratkartoffeln* *(oben)*

Für 4 Portionen

750 g gegarte Kartoffeln
50 g Margarine
Salz
4 Putensteaks
Pfeffer
edelsüßes Paprikapulver
1 Dose Mais (240 g)

**1.** Gegarte Kartoffeln pellen und in Scheiben schneiden. 40 g Margarine in einer Pfanne erhitzen und die Kartoffelscheiben darin knusprig goldbraun braten. Mit Salz würzen.

**2.** Die Putensteaks waschen, trocken tupfen. Restliche Margarine in einer Pfanne erhitzen und die Putensteaks darin von jeder Seite etwa 4 Minuten braten. Mit Salz und Pfeffer würzen.

**3.** Die Bratkartoffeln mit Paprikapulver würzen, den Mais abtropfen lassen und kurz mitbraten. Putensteaks mit den Bratkartoffeln anrichten.

*Zubereitungszeit: ca. 20 Minuten (plus Koch- und Bratzeit)*
*Pro Portion ca. 462 kcal/1936 kJ*
*46 g E, 7 g F, 75 g KH*

## *Lammburger mit Ziegenkäse* *(oben)*

Für 4 Portionen

3 Schalotten
2 Knoblauchzehen
2 El Öl
700 g Lammhackfleisch
1 El frisch gehackter Rosmarin
1 El frisch gehackter Thymian
25 g gehackte Pinienkerne
Salz, Pfeffer
4 Scheiben Ziegenrolle
4 Ciabatta-Brötchen
4 Friséesalatblätter
2 Tomaten

**1.** Schalotten und Knoblauch schälen, hacken, in 1 El heißem Öl dünsten. Mit Hackfleisch, Kräutern und Pinienkernen mischen und würzen. Burger formen, mit Öl bestreichen und 5 Minuten von jeder Seite grillen.

**2.** Auf jeden Lammburger 1 Scheibe Käse legen und mitgrillen. Brötchen rösten. Mit Salat und Tomatenscheiben belegen und die Lammburger daraufsetzen. Mit der oberen Brötchenhälfte abdecken und servieren.

*Zubereitungszeit: ca. 15 Minuten (plus Schmor- und Grillzeit)*
*Pro Portion ca. 370 kcal/1554 kJ*
*54 g E, 13 g F, 10 g KH*

## *Hähnchen mit Chorizo und Paprika* *(unten)*

Für 4 Portionen

400 g Hähnchenfilet
100 g Chorizo
3 Paprikaschoten
1 Bund Thai-Schnittknoblauch
1 unbehandelte Orange
4 El Olivenöl
Salz
Pfeffer

**1.** Das Hähnchenfilet und die Chorizo in kleine Würfel schneiden. Die Paprikaschoten waschen, halbieren, entkernen und in dünne Streifen schneiden.

**2.** Den Schnittknoblauch waschen, trocken schütteln und mit der Küchenschere in feine Röllchen schneiden. Die Orange waschen, abtrocknen und die Schale dünn abreiben. 1/2 Orange auspressen.

**3.** In einer Schüssel das Hähnchenfleisch mit Wurstwürfeln, Paprika, 2/3 des Schnittknoblauchs, Orangenschale und -saft und 2 El Olivenöl vermischen.

**4.** Restliches Olivenöl in einer Pfanne erhitzen und die Fleischmischung portionsweise darin rundherum etwa 7 Minuten braten, bis das Fleisch gar ist. Mit Salz und Pfeffer würzen und mit dem restlichen Schnittknoblauch bestreut servieren.

*Zubereitungszeit: ca. 20 Minuten (plus Garzeit)*
*Pro Portion ca. 345 kcal/1449 kJ*
*31 g E, 21 g F, 8 g KH*

## Entenbrust in Ingwerrahm *(oben)*



Für 4 Portionen

400 g Chinakohl
Salz
2 El Öl
2 große Entenbrustfilets
1 Bund Frühlingszwiebeln
2 El fein gehackter Ingwer
150 ml Instant-Gemüsebrühe
1 El Zitronensaft
60 g Crème fraîche
Pfeffer aus der Mühle

**1.** Den Chinakohl putzen, in Streifen schneiden, waschen und in kochendem Salzwasser ca. 2 Minuten garen, anschließend abtropfen lassen.

**2.** Das Öl in einer Pfanne erhitzen und die Entenbrustfilets darin nacheinander zunächst auf der Hautseite, dann auf der Fleischseite goldbraun braten. Die Frühlingszwiebeln putzen, waschen, in Ringe schneiden und mit dem Ingwer zum Fleisch geben.

**3.** Das Fleisch mit der Gemüsebrühe auffüllen. Den Chinakohl dazugeben. Alles zusammen ca. 4 Minuten kochen lassen.

**4.** Den Zitronensaft und die Crème fraîche unter die Sauce rühren. Mit Salz und Pfeffer abschmecken. Den Ingwerrahm ca. 3 Minuten einkochen lassen. Die Entenbrust in Scheiben schneiden und mit der Sauce anrichten. Dazu passen Kartoffelklöße.

*Zubereitungszeit: ca. 20 Minuten*
*Pro Portion ca. 355 kcal/1491 kJ*
*26 g E, 21 g F, 8 g KH*

## Lammkotelett mit Oliven

*(unten)*

Für 4 Portionen

600 g Lammkotelett
2 El Mehl
4 El Olivenöl
Salz
250 ml Kalbsfond
125 g schwarze Oliven
1 El Oregano
1/2 getrocknete Pfefferschote
Saft von 1/2 Zitrone

**1.** Das Fleisch waschen und trocken tupfen. Dann in Scheiben schneiden und gut mit dem Mehl bestäuben.

**2.** Das Olivenöl in einer Pfanne erhitzen und die Lammkoteletts darin von beiden Seiten gut anbraten, anschließend salzen und 125 ml Kalbsfond zufügen. Lammfleisch bei mittlerer Temperatur etwa 5 Minuten unter häufigem Wenden schmoren.

**3.** Die Oliven entsteinen, hacken, zum Fleisch geben und Oregano einstreuen, die Pfefferschote zerkrümeln und zugeben. Restlichen Fond angießen und das Fleisch abgedeckt etwa 5 Minuten weitergaren.

**4.** Nach der Garzeit das Lammfleisch mit dem Zitronensaft abschmecken und mit Kartoffeln servieren.

*Zubereitungszeit: ca. 15 Minuten (plus Garzeit)*
*Pro Portion ca. 405 kcal/1701 kJ*
*45 g E, 23 g F, 5 g KH*

## *Zitronenhähnchen mit Reis* *(links)*

Für 4 Portionen

300 g Kochbeutel- oder Schnellkochreis
6 Hähnchenbrustfilets
Salz
Pfeffer
1 El edelsüßes Paprikapulver
50 g Mehl
8 El Butter
1/2 Bund Petersilie
1 Tl getrockneter Estragon
5 El Zitronensaft
1 unbehandelte Zitrone

**1.** Den Reis nach Packungsanweisung garen. Die Hähnchenbrustfilets von Haut und Sehnen befreien, waschen und trocken tupfen. Das Fleisch flach klopfen und mit Salz, Pfeffer und edelsüßem Paprikapulver würzen. Anschließend im Mehl wenden und in 2 El heißer Butter von jeder Seite etwa 5 Minuten gut durchbraten. Aus der Pfanne nehmen und warm stellen.

**2.** Die restliche Butter in einer Pfanne schmelzen. Die Petersilie waschen, trocken schütteln, fein hacken und mit dem Estragon in der Butter andünsten. Den Zitronensaft unterrühren und alles einmal aufkochen.

**3.** Die Hähnchenbruststücke in die Zitronenbutter legen. Die Zitrone heiß abwaschen, trocken tupfen und in Scheiben schneiden. Die Hähnchenbrustfilets damit garnieren und mit Reis servieren.

*Zubereitungszeit: ca. 20 Minuten*
*Pro Portion ca. 450 kcal/1884 kJ*
*55 g E, 10 g F, 20 g KH*

## Würstchen auf spanische Art *(unten)*

Für 4 Portionen

4 grobe Bratwürste
je 1/2 rote, grüne und gelbe Paprikaschote
12 Knoblauchzehen
1/2 Bund Frühlingszwiebeln
500 ml Weißwein
3 El Olivenöl
1 El gemischte getrocknete Kräuter

**1.** Die Bratwürste rundherum einstechen. Die Paprikaschoten waschen, putzen und in 3 cm große Stücke schneiden. Knoblauchzehen schälen. Frühlingszwiebeln putzen, waschen und in 3 cm lange Stücke schneiden.

**2.** Den Wein mit 500 ml Wasser aufkochen. Die Würste, Knoblauchzehen, Frühlingszwiebeln und Paprikastücke hineingeben und 5 Minuten ziehen lassen. Alles aus dem Topf nehmen und abtropfen lassen.

**3.** Die Würstchen dritteln und abwechselnd mit den Knoblauchzehen und dem Gemüse auf gewässerte Holzpieße stecken. Mit Öl einpinseln und mit Kräutern bestreuen. Auf dem Grill etwa 10 Minuten knusprig grillen. Mit einem scharfen Dip servieren.

*Zubereitungszeit: ca. 15 Minuten (plus Zeit zum Ziehen und Grillzeit)*
*Pro Portion ca. 682 kcal/2864 kJ*
*29 g E, 60 g F, 44 g KH*

## Truthahnsteaks mit Ei
*(rechts unten)*

Für 4 Portionen

4 Scheiben Truthahnbrust (ca. 2 cm dick, Aufschnitt)
2 El Olivenöl
2 El grober Senf
2 El Ahornsirup
4 El Quittengelee
4 Portionen Instant-Kartoffelpüree
1/2 El gerebeltes Rosmarin
1 El Sonnenblumenöl
4 Eier
Salz
Butter für die Form

**1.** Die Truthahnbrustscheiben in eine mit Butter ausgestrichene Form legen. Öl, Senf, Sirup und Gelee in einer Schüssel verrühren. Die Masse auf die Truthahnbrustscheiben verteilen und alles ca. 8 Minuten grillen. In der Zwischenzeit das Kartoffelpüree mit dem Rosmarin nach Packungsanweisung zubereiten.

**2.** Das Öl in einer Pfanne erhitzen und 4 Spiegeleier darin braten. Salzen. Das Kartoffelpüree auf Tellern verteilen, das Fleisch darauf anrichten und ein Spiegelei dazu servieren.

*Zubereitungszeit: ca. 20 Minuten*
*Pro Portion ca. 780 kcal/3264 kJ*
*33 g E, 16 g F, 5 g KH*

## *Geflügelcurry*
*(rechts)*

Für 4 Portionen

2 Bund Frühlingszwiebeln
3 El Sesamöl
3 El rote Currypaste
600 g Putenfleisch
4 El Aprikosenmarmelade
250 ml Asiafond
200 g Mandarinen
aus der Dose
2 Bananen
200 g Joghurt
Salz
Pfeffer

**1.** Die Zwiebeln putzen und in Ringe schneiden. Das Öl erhitzen und die Zwiebelringe darin ca. 4 Minuten braten. Die Currypaste einrühren.

**2.** Das Fleisch waschen, trocknen und zu der Currypaste geben. Die Aprikosenmarmelade und den Asiafond dazugeben und alles ca. 10 Minuten bei milder Hitze ziehen lassen. Dabei hin und wieder umrühren.

**3.** Die Mandarinen abtropfen lassen. Die Bananen schälen und in Scheiben schneiden. Beides kurz vor Ende der Garzeit zum Fleisch geben und darin erwärmen.

**4.** Den Joghurt unterrühren und alles mit Salz und Pfeffer abschmecken. Das Geflügelcurry auf Tellern anrichten und mit Glasnudeln servieren.

*Zubereitungszeit: ca. 20 Minuten*
*Pro Portion ca. 361 kcal/1513 kJ*
*28 g E, 18 g F, 10 g KH*

# Deutsches Beefsteak

*(unten)*

Für 4 Portionen

4 Zwiebeln
600 g gemischtes Hackfleisch
1 Ei
30 g Paniermehl
1 Tl Senf
Salz, Pfeffer
1 Tl edelsüßes Paprikapulver
1 El frisch gehackte Petersilie
3 El Butterschmalz
1 El Cognac

**1.** Zwiebeln schälen und in dünne Ringe schneiden. Das Hackfleisch in eine Schüssel geben und mit Ei, Paniermehl, Senf und den Gewürzen sowie der Petersilie vermischen.

**2.** Aus der Fleischmasse mit angefeuchteten Händen Frikadellen formen und flach drücken. Das Butterschmalz in einer Pfanne erhitzen. Die Frikadellen darin von beiden Seiten etwa 10 Minuten braten. Beefsteaks aus der Pfanne nehmen und auf Küchenpapier abtropfen lassen.

**3.** Die Zwiebelringe in das Bratfett geben und unter Rühren glasig dünsten. Cognac zufügen und die Zwiebeln bräunen. Mit Salz und Pfeffer würzen.

**4.** Beefsteaks auf Teller verteilen und mit den Zwiebelringen belegen. Dazu Spiegeleier und Bratkartoffeln servieren.

*Zubereitungszeit: ca. 20 Minuten (plus Bratzeit)*
*Pro Portion ca. 445 kcal/1869 kJ*
*32 g E, 31 g F, 10 g KH*

## Cordon bleu vom Huhn *(links oben)*

Für 4 Portionen

4 dickere Hähnchenschnitzel
Salz, Pfeffer
400 g Frischkäse
2 El grüner Pfeffer
1 1/2 El Zitronensaft
200 ml Sahne
1 Bund frisch geschnittene Schnittlauchröllchen
8 Scheiben Frühstücksspeck
4 El Öl

**1.** Die Hähnchenschnitzel mit Salz und Pfeffer würzen. Den Frischkäse mit dem grünen Pfeffer, Zitronensaft und 2 El Sahne verrühren. Die Hälfte des Schnittlauchs unterheben.

**2.** Auf jedes Schnitzel 2 El Füllung geben, den Speck auflegen, zusammenklappen und mit einem Holzspieß zusammenstecken.

**3.** Das Öl in einer Pfanne erhitzen und die Schnitzel darin von beiden Seiten etwa 6–8 Minuten braten. Aus der Pfanne nehmen und warm stellen.

**4.** Restliche Füllung und restliche Sahne mit dem Bratfond mischen und aufkochen. Restlichen Schnittlauch hinzufügen. Die Sauce zu den Schnitzeln reichen. Dazu Bratkartoffeln servieren.

*Zubereitungszeit: ca. 20 Minuten (plus Bratzeit)*
*Pro Portion ca. 682 kcal/2864 kJ*
*48 g E, 52 g F, 5 g KH*

## Hähnchenpfanne mit Austernpilzen und Zuckerschoten *(links)*

Für 4 Portionen

500 g Hähnchenbrust
400 g Zuckerschoten
400 g Möhren
150 g Austernpilze
4 El Öl
200 ml Gemüsebrühe
2 El Sojasauce
Salz
Pfeffer

**1.** Die Hähnchenbrust waschen, trocken tupfen und in Streifen schneiden. Die Zuckerschoten putzen, waschen und trocken tupfen. Möhren schälen und in Scheiben schneiden. Die Pilze putzen, feucht abreiben und klein schneiden.

**2.** Die Hähnchenstreifen im heißen Öl von allen Seiten gut anbraten. Zuckerschoten, Möhren und Pilze hinzufügen und 2 Minuten mitbraten. Die Brühe angießen und alles abgedeckt etwa 8 Minuten schmoren. Mit Sojasauce, Salz und Pfeffer würzen. Dazu schmeckt Reis.

*Zubereitungszeit: ca. 20 Minuten (plus Bratzeit)*
*Pro Portion ca. 270 kcal/1134 kJ*
*36 g E, 7 g F, 13 g KH*

## Schnitzel in Kruste

*(oben)*

Für 4 Portionen

4 Kalbsschnitzel
4 El Dijon-Senf
100 g Crème fraîche
4 El getrockneter Kerbel
4 El Mehl
100 g Paniermehl
Salz
Pfeffer
3 El Butterschmalz
40 g Butter

**1.** Die Kalbsschnitzel flach klopfen. Senf, Crème fraîche und Kerbel miteinander vermischen. Das Mehl auf einen Teller geben. Die Kalbsschnitzel mit Mehl bestäuben, dann mit der Senfmischung bestreichen. Schnitzel im gewürzten Paniermehl wenden.

**2.** Das Butterschmalz in einer Pfanne erhitzen und die Kalbsschnitzel darin von beiden Seiten etwa 4 Minuten braten. Aus der Pfanne nehmen und auf Teller verteilen.

**3.** Die Butter im Bratfett schmelzen und über die Schnitzel gießen. Dazu Bratkartoffeln und Salat servieren.

*Zubereitungszeit: ca. 20 Minuten (plus Bratzeit)*
*Pro Portion ca. 355 kcal/1491 kJ*
*30 g E, 16 g F, 21 g KH*

## Hühnerbrust mit scharfen Bohnen

*(unten)*

Für 4 Portionen

700 g Hühnerbrustfilet
200 g Schlangenbohnen, ersatzweise grüne Bohnen
Salz
6 Stängel Thai-Basilikum
4 Schalotten
5 Knoblauchzehen
1 rote Paprika
2 rote Chilischoten
2 grüne Chilischoten
4 El Erdnussöl
3 El Fischsauce
1 Tl Palmzucker, ersatzweise brauner Zucker
etwas Limettensaft

**1.** Das Hühnerbrustfilet waschen, trocken tupfen, Sehnen und Fett entfernen und in mundgerechte Stücke schneiden. Die Bohnen putzen, waschen, in ca. 3 cm lange Stücke schneiden und in kochendem Salzwasser ca. 3 Minuten blanchieren. In ein Sieb abgießen, mit kaltem Wasser abschrecken und abtropfen lassen.

**2.** Thai-Basilikum waschen, trocken schütteln, Blättchen abzupfen und grob zerkleinern. Schalotten und Knoblauch schälen und fein hacken, Paprika und Chilis putzen, innen und außen waschen und ebenfalls fein hacken.

**3.** Erdnussöl im Wok erhitzen und Schalotten mit Paprika andünsten. Nach ca. 2 Minuten Knoblauch und Chilis dazugeben, dann das Hühnerfleisch. Sobald alles angebraten ist, Bohnen, Fischsauce, Palmzucker und ca. 100 ml Wasser dazugeben und ca. 5 Minuten köcheln lassen.

**4.** Mit Salz und Limettensaft abschmecken, das Thai-Basilikum unterrühren und servieren.

*Zubereitungszeit: ca. 30 Minuten*
*Pro Portion ca. 346 kcal/1450 kJ*
*44 g E, 17 g F, 6 g KH*

## Chicken Wings mit Käsedip *(oben)*

Für 4 Portionen

1 kg Hähnchenflügel
3 El Butter
1 Tl Paprikapulver
je 1 El Tabasco und Zitronensaft
1 Knoblauchzehe
100 g Blauschimmelkäse
50 g Crème fraîche
50 g Mayonnaise
150 g Naturjoghurt
1 El Zitronensaft
Pfeffer, Zucker

**1.** Die Hähnchenflügel waschen, trocken tupfen und am Gelenk durchschneiden. Für die Marinade die Butter schmelzen und mit Paprikapulver, Tabasco und Zitronensaft mischen. Alles in einer Schüssel mit den Hähnchenflügeln mischen. Auf den Grill legen und unter gelegentlichem Wenden schön knusprig grillen.

**2.** Für den Dip den Knoblauch schälen und fein hacken. Den Käse mit einer Gabel zerdrücken und mit den restlichen Zutaten verrühren. Mit Pfeffer und 1 Prise Zucker abschmecken. Hähnchenflügel mit Dip servieren.

*Zubereitungszeit: ca. 20 Minuten (plus Zeit zum Grillen)*
*Pro Portion ca. 828 kcal/3475 kJ*
*49 g E, 69 g F, 4 g KH*

## Hamburger mit Röstzwiebeln *(unten)*

Für 4 Portionen

700 g Rinderhackfleisch
Salz
Pfeffer
2 El Öl
4 Hamburger-Brötchen
8 Tl Butter
4 Blätter Eissalat
4 El Röstzwiebeln
4 El Ketchup
3 Gewürzgurken

**1.** Backofengrill vorheizen. Das Hackfleisch mit Salz und Pfeffer würzen und gut mischen. Aus dem Fleischteig 4 flache Burger formen und im erhitzten Öl in einer Pfanne von beiden Seiten etwa 6 Minuten braten.

**2.** Die Hamburger-Brötchen halbieren und mit Butter bestreichen. Kurz unter dem Grill rösten. Eissalatblätter waschen und trocken tupfen. Je eine untere Brötchenhälfte mit 1 Eissalatblatt in Streifen und 1 El Röstzwiebeln belegen. 1 Burger daraufsetzen und mit 1 El Ketchup bestreichen.

**3.** Die Gewürzgurken in Scheiben schneiden und auf jeden Hamburger einige Scheiben legen. Mit der oberen Brötchenhälfte abdecken und sofort servieren.

*Zubereitungszeit: ca. 20 Minuten (plus Brat- und Röstzeit)*
*Pro Portion ca. 537 kcal/2247 kJ*
*38 g E, 31 g F, 25 g KH*

3. Bei niedriger Temperatur ca. 15 Minuten köcheln lassen, bis die Sauce eingedickt und das Fleisch gar ist.

4. Die übrigen, möglichst zarten Limettenblätter waschen und der Länge nach halbieren, die harte mittlere Blattader entfernen und quer in sehr feine Streifen schneiden. Die Fleischpfanne in eine vorgewärmte Servierschüssel füllen und mit den roten Chiliringen und den Limettenblätterstreifen garniert servieren.

*Zubereitungszeit: ca. 30 Minuten*
*Pro Portion ca. 269 kcal/1127 kJ*
*25 g E, 15 g F, 8 g KH*

## *Gekochtes Hühnchen mit Champignons und Dill* *(rechts unten)*

Für 4 Portionen

600 g Hähnchenbrustfleisch
100 g Champignons
5 feste Tomaten
4 Schalotten
3 Knoblauchzehen
3 Frühlingszwiebeln
1 Bund Dill
1 El Garnelenpaste
5 getrocknete Chilischoten
1 gehäufter El Reis
250 ml Fleischbrühe
3 El Fischsauce
1 Tl Palmzucker

1. Hähnchen waschen, trocken tupfen, Fett und Sehnen entfernen und in mundgerechte Stücke schneiden. Champignons putzen, feucht abreiben und vierteln. Tomaten waschen, Stielansatz entfernen und Tomaten in Spalten schneiden.

2. Schalotten und Knoblauch schälen und hacken. Frühlingszwiebeln putzen, waschen und in ca. 3 cm lange Stücke schneiden. Dill waschen, trocken schütteln und Blättchen abzupfen.



## *Roastbeef in Penang-Sauce* *(oben)*

Für 4 Portionen

450 g kräftig marmoriertes Roastbeef
400 ml Kokosmilch
2 El Erdnussöl
5 El Penang-Paste
8 frische Kaffir-Limettenblätter, ersatzweise tiefgekühlt
2 El Fischsauce
1 Tl Palmzucker
1 rote Chilischote, in feine Ringe geschnitten, zum Garnieren

1. Das Fleisch waschen und trocken tupfen. In Scheiben von 5 cm x 2 cm x 3 mm schneiden und beiseitestellen. Von dem oben schwimmenden festeren Teil der Kokosmilch 4 El abnehmen und in einer Pfanne oder einem Wok bei mittlerer Temperatur erhitzen. Erdnussöl, Penang-Paste und 6 gewaschene Kaffir-Limettenblätter hineingeben. Alles unter Rühren anbraten, bis sich die Paste goldgelb färbt und ein angenehmes Aroma verströmt. Das Öl sollte sich abtrennen.

2. Nun das Fleisch zugeben und 1 Minute unter Rühren anbraten. Fischsauce, Palmzucker und restliche Kokosmilch einrühren, dann ca. 120 ml Wasser hinzufügen. Alles gründlich vermischen und zum Kochen bringen.

**3.** Schalotten mit Knoblauch, Garnelenpaste, Chilis und Reis im Mörser zerstoßen. Fleischbrühe im Wok oder in einer Pfanne aufkochen, Hühnchen, Champignons und Mörser-Inhalt dazugeben. Alles ca. 4 Minuten kochen lassen, dann die Frühlingszwiebeln mit der Fischsauce und dem Pamzucker dazugeben und weitere 2 Minuten kochen lassen. Dill unterrühren und mit Reis servieren.

*Zubereitungszeit: ca. 30 Minuten*
*Pro Portion ca. 235 kcal/984 kJ*
*40 g E, 3 g F, 13 g KH*

## Schweinerippchen mit Zitronengras

*(oben)*

Für 6 Portionen

6 Schweinerippchen (à 180 g)
Salz
Pfeffer
2 El Olivenöl

***Für die Zitronengrassauce***
4 Schalotten
2 Knoblauchzehen
1 Bund Koriander
2 Zitronengrasstängel
2 rote Chilischoten
3 El Erdnussöl
5 cm frisch geriebene Ingwerwurzel
150 ml Kokosmilch
150 ml Hühnerbrühe
3 El Austernsauce
3 El Palmzucker
Saft von 1 Limette
Salz
Pfeffer

**1.** Die Schweinerippchen waschen und trocken tupfen. Mit Salz und Pfeffer würzen und mit Olivenöl einpinseln. Auf dem heißen Grill von jeder Seite etwa 10 Minuten grillen.

**2.** Für die Sauce Schalotten und Knoblauch schälen und hacken. Koriander waschen und trocken schütteln. Die Blättchen abzupfen und hacken. Zitronengras zerdrücken und fein hacken. Chilis putzen und hacken.

**3.** Erdnussöl in einem Topf erhitzen und die Zutaten mit Ingwer darin anschmoren. Kokosmilch und Hühnerbrühe angießen und etwa 10 Minuten köcheln. Mit den restlichen Zutaten abschmecken. Sauce zu den gegrillten Schweinerippchen servieren.

*Zubereitungszeit: ca. 30 Minuten*
*Pro Portion ca. 331 kcal/1390 kJ*
*33 g E, 20 g F, 4 g KH*

## Reh scharf-sauer
*(oben)*

Für 4 Portionen

600 g Rehgulasch
3–4 El Himbeeressig
4–5 El Rotwein
1 Tl scharfer chinesischer Senf
5–6 El Sesamöl
Salz
Pfeffer
Nelken-, Anis- und Kardamompulver
300 g Rote-Bete-Streifen aus dem Glas
200 g rote Zwiebeln

**1.** Das Gulasch eventuell in kleinere Würfel schneiden. Den Essig mit dem Rotwein, dem Senf, dem Öl und den Gewürzen verrühren. Über das Fleisch geben und das Fleisch ca. 10–15 Minuten marinieren lassen.

**2.** Den Wok erhitzen und das Fleisch mit der Marinade darin ca. 10–15 Minuten unter Rühren braten. Inzwischen die Rote Bete in ein Sieb geben und gut abtropfen lassen. Die Zwiebeln schälen und in Ringe schneiden.

**3.** Beides 5 Minuten vor Ende der Garzeit zu dem Gulasch geben. Das Gulasch zusammen mit Wildreis anrichten und servieren.

*Zubereitungszeit: ca. 20 Minuten*
*(plus Zeit zum Marinieren)*
*Pro Portion ca. 410 kcal/1719 kJ*
*31 g E, 27 g F, 11 g KH*



## Nudeln mit Schweinefleisch und Garnelen
*(unten)*

Für 4 Portionen

2 El Erdnüsse
1 Limette
3 Stangen Staudensellerie
150 g Schweinefilet
150 g küchenfertige Garnelen
2 Knoblauchzehen
3 rote Chilischoten
250 g Sen-yai-Nudeln (lange flache Reisnudeln)
Salz
2 El Fischsauce
2 Tl Zucker
4 große Eisbergsalatblätter

**1.** Erdnüsse in einer Pfanne ohne Fett goldbraun rösten, abkühlen lassen und mit dem Mixer mahlen. Die Limette auspressen. Staudensellerie putzen, waschen, trocken tupfen und in dünne Scheiben schneiden.

**2.** Schweinefilet waschen, trocken tupfen, Sehnen entfernen und quer zur Faser in dünne Scheiben schneiden. Die Garnelen am Rücken einschneiden, den dunklen Darm entfernen, waschen und trocken tupfen.

**3.** Knoblauch schälen und fein hacken, Chilis putzen, innen und außen waschen und ebenfalls fein hacken. Die Sen-yai-Nudeln in kochendem Salzwasser 2–3 Minuten blanchieren, dann in ein Sieb abgießen (das Wasser auffangen), abtropfen lassen und in eine Schüssel füllen.

**4.** Nudelwasser erneut aufkochen, Schweinefleisch und Garnelen hineingeben und ca. 3 Minuten garen. Dann herausheben und zu den Nudeln geben. Erdnüsse, Limettensaft, Staudensellerie, Knoblauch und Chilis zu den Nudeln geben, mit Fischsauce und Zucker würzen, alles gut miteinander vermengen. Salatblätter waschen, trocken tupfen und Nudelmischung auf dem Salat verteilen.

*Zubereitungszeit: ca. 30 Minuten*
*Pro Portion ca. 368 kcal/1541 kJ*
*26 g E, 8 g F, 48 g KH*

# Blitzrezepte mit Fisch

## *Futomaki mit Weissfisch*

*(oben)*

Für 12 Portionen

200 g Seezungenfilet
3 Kerbelzweige
2 Tl Korianderkörner
2 Noriblätter
300 g gekochter Sushireis
2 El gehackter
eingelegter Ingwer
Wasabi
Sojasauce

**1.** Den Fisch waschen, trocken tupfen und in Streifen schneiden. Den Kerbel waschen, trocken schütteln und hacken. Den Koriander im Mörser zerkleinern.

**2.** Jeweils 1 Noriblatt auf eine Bambusmatte zum Sushibereiten legen. Den gekochten Sushireis darauflegen und flach drücken.

**3.** Darauf Fischstreifen, Ingwer, Kerbel, Koriander und Wasabi geben. Die Noriblätter mithilfe der Matte zusammenrollen und festdrücken.

**4.** Das Futomaki in Röllchen schneiden und mit Wasabi und Sojasauce anrichten.

*Zubereitungszeit: ca. 20 Minuten*
*Pro Portion ca. 104 kcal/437 kJ*
*5 g E, 1 g F, 20 g KH*

**Tipp:** Sushireis ist ein spezieller, stark klebender Reis, den man in Asia-Läden oder Spezialitätenregalen großer Supermärkte erhält. Üblicherweise wird der Sushireis beim Abkühlen mit einer Mischung aus Reisessig, Salz und Zucker gewürzt, wodurch er seinen typischen, leicht süß-sauren Geschmack erhält.

## Gemüsepfanne mit Rotbarsch

*(links unten)*

Für 4 Portionen

250 g Möhren
2 Zucchini
2 gelbe Paprikaschoten
1 Zwiebel
30 g Ingwer
2 El Sesamöl
1 Prise Kreuzkümmel
1/2 Bund Frühlingszwiebeln
200 g Rotbarschfilet
250 ml Gemüsebrühe
2 El Sojasauce
Salz
Pfeffer
2 El frisch gehackter Koriander

**1.** Die Möhren und die Zucchini putzen und waschen, die Möhren schälen. Die Paprikaschoten putzen, waschen und entkernen. Möhren, Zucchini und Paprikaschoten jeweils in dünne Streifen schneiden.

**2.** Die Zwiebel und den Ingwer schälen und hacken. Das Sesamöl erhitzen und Zwiebel und Ingwer darin anschmoren, den Kreuzkümmel dazugeben und das Gemüse darin 5 Minuten bissfest schmoren.

**3.** Die Frühlingszwiebeln putzen, waschen und in Ringe schneiden. Das Rotbarschfilet in Würfel schneiden. Die Frühlingszwiebelringe und die Rotbarschwürfel in der Gemüsemischung 3 Minuten garen.

**4.** Die Gemüsebrühe und die Sojasauce angießen, mit Salz und Pfeffer abschmecken. Mit dem frisch gehackten Koriander bestreut anrichten.

*Zubereitungszeit: ca. 30 Minuten*
*Pro Portion ca. 154 kcal/645 kJ*
*13 g E, 7 g F, 8 g KH*

## Überbackene Seezungenfilets

*(oben)*

Für 4 Portionen

8 Seezungenfilets ohne Haut
Salz
Pfeffer
1 Knoblauchzehe
8 El Paniermehl
4 El frisch gehackte glatte Petersilie
4 El frisch gehackter Dill
6 El geriebener Pecorino
6 El Olivenöl

**1.** Den Backofen auf 240 °C (Umluft 220 °C) vorheizen. Die Fischfilets mit Salz und Pfeffer würzen und auf ein geöltes Backblech legen.

**2.** Knoblauch schälen und hacken. Mit Paniermehl, Kräutern und Pecorino mischen und auf die Fischfilets geben. Das Olivenöl darüberträufeln. Die Seezungenfilets im Ofen etwa 15 Minuten überbacken.

*Zubereitungszeit: ca. 15 Minuten*
*(plus Backzeit)*
*Pro Portion ca. 705 kcal/2961 kJ*
*66 g E, 31 g F, 41 g KH*

## *Schwertfisch in Gemüse-Safran-Sauce* *(unten)*

Für 4 Portionen

4 Schwertfischsteaks
Salz
Pfeffer
Saft von 2 Zitronen
120 g Mehl
6 El Olivenöl
1 Zwiebel
2 Möhren
100 g Knollensellerie
1 Lauchstange
200 ml trockener Weißwein
150 ml Sahne
1 Prise gemahlener Safran
2 El frisch gehackter Dill

**1.** Die Schwertfischsteaks salzen, pfeffern, mit dem Zitronensaft marinieren. Die Fischsteaks in 100 g Mehl wenden, im heißen Olivenöl von beiden Seiten etwa 3 Minuten braten. Aus der Pfanne nehmen und warm stellen.

**2.** Die Zwiebel, Möhren und den Sellerie schälen und würfeln. Den Lauch putzen, waschen, in Ringe schneiden.

**3.** Das Gemüse im Bratfett 5 Minuten unter Rühren schmoren. Mit restlichem Mehl bestreuen. Den Weißwein und die Sahne angießen, den Safran zugeben und die Sauce etwas einkochen. Mit Salz und Pfeffer abschmecken und zu den gebratenen Fischsteaks servieren. Mit gehacktem Dill bestreuen. Dazu schmeckt Baguette.

*Zubereitungszeit: ca. 20 Minuten*
*Pro Portion ca. 555 kcal/2324 kJ*
*37 g E, 26 g F, 33 g KH*

## *Ausgebackene Garnelen venezianischer Art*

*(rechts oben)*

Für 4 Portionen

24 rohe Garnelen mit Schale
3 El Mehl
3 Eier
Salz
Pfeffer
Frittieröl
2 Zitronen
2 Dillzweige

**1.** Die Garnelen von Köpfen und Schalen befreien. Den Hinterleib mit einem scharfen Messer aufschneiden und den Darm entfernen. Garnelen waschen und trocken tupfen. Dann mit Mehl bestäuben.

**2.** Die Eier verquirlen und mit Salz und Pfeffer würzen. Das Öl in einem großen Topf oder der Fritteuse erhitzen.

**3.** Die Scampi in der Eimasse wenden, kurz abtropfen lassen und im heißen Öl etwa 3 Minuten goldgelb ausbacken. Dann auf Küchenpapier abtropfen lassen.

**4.** Zitronen heiß abwaschen und in Spalten schneiden. Dill waschen und trocken schütteln. Garnelen mit den Zitronenhälften und gehacktem Dill servieren. Dazu passt Ciabatta.

*Zubereitungszeit: ca. 20 Minuten (plus Frittierzeit)*
*Pro Portion ca. 775 kcal/3255 kJ*
*129 g E, 17 g F, 22 g KH*

## Tintenfisch aus Galizien *(rechts)*

Für 4 Portionen

1 mittlere festkochende Kartoffel
Salz
300 g Tintenfisch
175 g Gambas
3–5 El Olivenöl
2 Knoblauchzehen
1 Tomate
Pfeffer

**1.** Die Kartoffel schälen, waschen und in Salzwasser etwa 20 Minuten garen lassen, anschließend etwas abkühlen lassen, in Scheiben schneiden und in eine Schale legen. Inzwischen den Tintenfisch putzen, waschen und in dünne Ringe schneiden.

**2.** Die Gambas schälen, den Darm entfernen, waschen und abtropfen lassen. Mit Salz bestreuen. 2 El Öl erhitzen, den Knoblauch schälen und in dem heißen Fett mit den Gambas und den Tintenfischringen langsam unter Rühren braten, bis sich die Gambas rot färben. Dann alles in die Schale zu der Kartoffel geben.

**3.** Die Tomate 30 Sekunden mit kochendem Wasser überbrühen, anschließend häuten und halbieren, den Stielansatz und die Kerne entfernen und das Fruchtfleisch klein würfeln. Die Tomate über die Zutaten in der Schale streuen und alles vorsichtig miteinander vermischen.

**4.** Restliches Olivenöl sehr stark erhitzen und über die Zutaten gießen. Alles mit Salz und Pfeffer bestreuen, vermischen, in Schälchen anrichten und mit Brot servieren.

*Zubereitungszeit: ca. 30 Minuten*
*Pro Portion ca. 180 kcal/757 kJ*
*22 g E, 5 g F, 10 g KH*

## *Fisch auf mexikanische Art*

*(unten)*

Für 4 Portionen

800 g Fischfilet nach Wahl
250 ml Salsa nach Geschmack (mild oder scharf)
125 g frisch geriebener Cheddar
50 g Maistortilla-Chips, natur
1 Avocado
100 g saure Sahne
Fett für die Form

**1.** Den Backofen auf 200 °C (Umluft 180 °C) vorheizen. Eine flache Auflaufform fetten. Die Fischfilets trocken tupfen und in die Form legen. Mit Salsa bestreichen und mit Käse bestreuen.

**2.** Die Tortilla-Chips zerbröseln und über die Fischfilets streuen. Fisch im Ofen etwa 20 Minuten backen. Inzwischen die Avocado schälen, den Kern entfernen und das Fruchtfleisch in Scheiben schneiden. Überbackene Fischfilets mit saurer Sahne und Avocadoscheiben servieren.

*Zubereitungszeit: ca. 30 Minuten*
*Pro Portion ca. 445 kcal/1869 kJ*
*45 g E, 20 g F, 21 g KH*

## *Lachs im Zucchinibett*

*(oben)*

Für 8 Portionen

1 kg Lachsfilet in 8 Stücke geschnitten
2 El Zitronensaft
Salz, Pfeffer
8 El Olivenöl
6 El Butter
2 El Pfefferkörner
4 Zucchini
4 El Kräuteröl

**1.** Backofen auf 160 °C (Umluft 140 °C) vorheizen. Lachsstücke mit Zitronensaft beträufeln und salzen und pfeffern.

**2.** Olivenöl und 4 El Butter in einer Pfanne erhitzen, die Lachsstücke darin kurz braten. Dann in einen Bräter geben. Pfefferkörner mit einem Messer zerdrücken und auf die Lachsstücke legen. Im Ofen etwa 8 Minuten garen.

**3.** Zucchini putzen, waschen und in dünne Streifen schneiden. Restliche Butter erhitzen und Zucchinistreifen darin etwa 3 Minuten bissfest dünsten. Anschließend würzen. Auf Teller verteilen und mit Kräuteröl beträufeln. Lachsstücke darauf anrichten.

*Zubereitungszeit: ca. 20 Minuten (plus Garzeit)*
*Pro Portion ca. 220 kcal/924 kJ*
*24 g E, 13 g F, 2 g KH*

## *Kabeljau auf geschmortem Kraut*

*(unten)*

Für 8 Portionen

1 kg Kabeljaufilet
Salz
Pfeffer
1,2 l Fischfond (Glas)
500 g Weißkraut
5 El Butter
125 ml Gemüsebrühe
125 ml Weißwein
1 Tl gemahlener Kümmel
1 Tomate in Spalten
8 Scheiben Frühstücksspeck
1 Bund Schnittlauch

**1.** Fischfilet in 8 Stücke schneiden und mit Salz und Pfeffer würzen. Fischfond in einem Topf erhitzen und die Fischstücke darin bei geringer Temperatur etwa 8 Minuten gar ziehen lassen.

**2.** Das Kraut putzen und fein hobeln. Butter in einem Topf erhitzen und das Kraut darin 5 Minuten andünsten. Dann Brühe und Wein zugießen und alles etwa 15 Minuten köcheln. Mit Salz, Pfeffer und Kümmel würzen. Tomate zum Kraut geben.

**3.** Speck in einer Pfanne knusprig braten. Kraut auf Tellern anrichten und Fischfilets daraufsetzen. Jede Speckscheibe mit Schnittlauch zusammenbinden und auf die Fischstücke setzen. Dazu passen Salzkartoffeln.

*Zubereitungszeit: ca. 15 Minuten (plus Garzeit)*
*Pro Portion ca. 174 kcal/730 kJ*
*25 g E, 6 g F, 3 g KH*

## Gegrilltes Fischfilet

*(rechts oben)*

Für 4 Portionen

150 g Maiskörner aus der Dose
100 g Frühlingszwiebeln
100 g rote Chilis
1/2 Bund Koriander
100 g Tomato al gusto mit
Kräutern (FP)
3–4 El Chiliöl
1 El geschroteter Pfeffer
1 Tl Zitronensaft
4 Seefischfilets (à 200 g)
Salz
Rosenpaprikapulver
3–4 El Olivenöl
Kräuter zum Garnieren

**1.** Die Maiskörner in ein Sieb geben und gut abtropfen lassen. Die Frühlingszwiebeln putzen, waschen, trocken tupfen und in Ringe schneiden.

**2.** Die Chilischoten waschen, halbieren, entkernen und in feine Würfel schneiden. Den Koriander waschen, trocknen und in Streifen schneiden.

**3.** Die Zwiebeln mit Chiliwürfeln, Koriander, Tomato al gusto, Chiliöl, Pfeffer und Zitronensaft vorsichtig mischen. Die Maiskörner ebenfalls dazugeben. Das Ganze erhitzen und ca. 20 Minuten bei schwacher Hitze durchziehen lassen. Inzwischen die Fischfilets waschen und gut trocken tupfen. Salz mit Pfeffer, Paprikapulver und Olivenöl mischen und die Fischfilets damit einpinseln.

**4.** Die Fischfilets von jeder Seite 4–5 Minuten grillen. Zusammen mit der Sauce anrichten und mit Kräutern garniert servieren.

*Zubereitungszeit: ca. 30 Minuten*
*Pro Portion ca. 218 kcal/915 kJ*
*218 g E, 5 g F, 3 g KH*

## Rotbarschspieße

*(oben)*

Für 4 Portionen

600 g Rotbarschfilet
200 g Frühstücksspeck
in Scheiben
2 kleine Zucchini
12 Kirschtomaten
12 Garnelenschwänze
4 El Olivenöl
2 Tl Essig
2 Tl Worcestersauce
1 El Kräuter der Provence
Salz
Pfeffer
Grillspieße

**1.** Fisch in Würfel schneiden und mit den Speckscheiben umwickeln. Zucchini putzen, waschen und in 1,5 cm dicke Scheiben schneiden. Tomaten waschen.

**2.** Fischwürfel, Zucchini, Garnelen und Kirschtomaten abwechselnd auf Grillspieße stecken. Öl mit Essig, Worcestersauce, Kräutern, Salz und Pfeffer mischen und die Rotbarschspieße damit bestreichen. Auf dem Grill von jeder Seite etwa 6 Minuten grillen, dabei mehrmals wenden. Dazu passt Weißbrot.

*Zubereitungszeit: ca. 20 Minuten*
*(plus Grillzeit)*
*Pro Portion ca. 375 kcal/1575 kJ*
*54 g E, 16 g F, 4 g KH*

## Würzgarnelen

*(unten)*

Für 4 Portionen

600 g rohe Garnelenschwänze
2 rote Zwiebeln
3 rote Chilis
2 Knoblauchzehen
3 El gewürztes Sesamöl
1 El Sambal oelek
1 Tl gehackter Ingwer
250 ml Kokosmilch
Salz
Pfeffer
Chilisauce
1/2 Bund Koriander

**1.** Die Garnelenschwänze aus der Schale brechen, längs halbieren und den Darm entfernen. Die Zwiebeln schälen und in feine Würfel schneiden.

**2.** Die Chilischoten waschen, halbieren, entkernen und in Würfel schneiden. Die Knoblauchzehen schälen und fein zerdrücken.

**3.** Das Öl erhitzen und das Gemüse darin anschwitzen. Sambal oelek, Ingwer und Kokosmilch dazugeben und bei milder Hitze einkochen lassen, bis die Sauce dicklich ist. Mit Salz, Pfeffer und Chilisauce kräftig abschmecken.

**4.** Die Garnelenschwänze in die Sauce geben und ca. 5–10 Minuten darin ziehen lassen. Die Würzgarnelen mit Koriandergrün garniert servieren. Dazu passen gebackene Kartoffeln.

*Zubereitungszeit: ca. 20 Minuten*
*Pro Portion ca. 242 kcal/1016 kJ*
*32 g E, 8 g F, 8 g KH*

## Reis mit Meeresfrüchten
*(unten)*

Für 4 Portionen

400 g Reis
Salz
1 rote Peperoni
1/4 Bund Basilikum
1/4 Bund Petersilie
4 El Olivenöl
200 g geschälte, gekochte Garnelen
2 El helle Sojasauce
1 El trockener Sherry
Pfeffer aus der Mühle

## Tuna-Steaks
*(oben)*

Für 4 Portionen

4 Tuna-Steaks à 250 g
1 El Zitronensaft
Salz
Pfeffer
3 El Butterschmalz
4 rote Zwiebeln
4 Knoblauchzehen
500 g geschälte Tomaten
3 El Kapern
1/2 Bund Basilikum

**1.** Die Fischsteaks waschen, trocknen und mit dem Zitronensaft beträufeln. Anschließend mit Salz und Pfeffer würzen.

**2.** Butterschmalz in einer Pfanne erhitzen und die Steaks darin von jeder Seite ca. 5 Minuten braten. Anschließend herausnehmen und warm stellen. Die Zwiebeln schälen und in Ringe schneiden. Die Knoblauchzehen schälen und fein hacken.

**3.** Den Bratfond noch einmal erhitzen und die Zwiebeln mit dem Knoblauch darin andünsten. Die Tomaten und die abgetropften Kapern dazugeben und alles mit Salz und Pfeffer würzen.

**4.** Das Basilikum waschen, trocknen, in Streifen schneiden und zu den Zwiebeln geben. Die Steaks mit den Zwiebeln auf Tellern anrichten und servieren.

*Zubereitungszeit: ca. 30 Minuten*
*Pro Portion ca. 712 kcal/2990 kJ*
*41 g E, 60 g F, 1 g KH*

**1.** Den Reis nach Packungsanweisung in kochendem Salzwasser bissfest garen. Die Peperoni waschen, putzen, entkernen, in Würfel schneiden. Basilikumblättchen abzupfen, waschen, trocknen, Petersilie waschen, trocken schütteln und beides fein hacken.

**2.** Das Öl in einer Pfanne erhitzen, die Peperoniwürfel und die Garnelen darin andünsten. Den Reis abgießen. Zusammen mit den Kräutern zu den Garnelen geben, erwärmen und mit Sojasauce, Salz, Sherry und Pfeffer abschmecken.

*Zubereitungszeit: ca. 20 Minuten*
*Pro Portion ca. 445 kcal/1869 kJ*
*19 g E, 1 g F, 80 g KH*

## Tomatenfisch

*(oben)*

Für 4 Portionen

750 g Fleischtomaten
500 g Schollenfilet
Zitronensaft
2 El Olivenöl
Salz
Pfeffer aus der Mühle
1 Zweig frischer Salbei
1 Knoblauchzehe
1 Stück frischer Ingwer
1/2 Tl Cayennepfeffer
1/2 Tl Paprikapulver edelsüß
1 El Rotweinessig

**1.** Die Tomaten waschen, trocknen, kreuzweise einschneiden, kurz in siedendes Wasser tauchen, enthäuten und in Scheiben schneiden. Die Schollenfilets waschen, trocken tupfen und danach mit Zitronensaft beträufeln.

**2.** Olivenöl in einer Pfanne erhitzen. Die Fischfilets darin von allen Seiten insgesamt 6 Minuten braten. Mit Salz und Pfeffer würzen. Inzwischen den Salbei waschen, trocknen und die Blättchen abzupfen. Die Knoblauchzehe schälen und fein hacken. Den Ingwer reiben. Die Tomatenscheiben mit Knoblauch und Ingwer bestreuen. Mit Salz, Pfeffer, Cayennepfeffer und Paprikapulver würzen.

**3.** Die Tomatenscheiben auf die Fischfilets legen und die Salbeiblättchen darauf verteilen. Mit Essig beträufeln. Das Ganze in der geschlossenen Pfanne ca. 15 Minuten dünsten.

*Zubereitungszeit: ca. 30 Minuten*
*Pro Portion ca. 406 kcal/1706 kJ*
*42 g E, 36 g F, 12 g KH*

## Catfisch mit Zwiebelrelish

*(ohne Abb.)*

Für 4 Portionen

6 rote Zwiebeln
3 Chilis
1 El brauner Zucker
1 El Senfkörner
1 Tl getrockneter Rosmarin
4–5 El Aceto balsamico
3–4 El Rotwein
3 Eier
4 El Mehl
Salz
Cayennepfeffer
Rosenpaprikapulver
4–6 Catfischfilets (à 150–180 g, ersatzweise anderer Süßwasserfisch)
5–6 El Olivenöl

**1.** Für das Relish die Zwiebeln schälen und in feine Würfel schneiden. Die Chilis waschen, halbieren, entkernen und in feine Würfel schneiden.

**2.** Die Zwiebelwürfel mit den Chilis, dem Zucker, den Senfkörnern, dem gerebelten Rosmarin, dem Balsamico und dem Rotwein bei milder Hitze ca. 15–20 Minuten köcheln lassen.

**3.** Die Eier in einer flachen Schüssel verquirlen. Das Mehl mit den Gewürzen mischen und in eine zweite flache Schüssel geben. Die Fischfilets waschen, trocken tupfen und nacheinander erst in der Mehlmischung und dann in den Eiern wenden. Das Öl erhitzen und die Fischfilets darin von jeder Seite ca. 3–4 Minuten braten.

**4.** Das Relish eventuell mit Salz und Pfeffer nachwürzen und zusammen mit den Catfischfilets anrichten und servieren. Dazu passt Kartoffelpüree.

*Zubereitungszeit: ca. 30 Minuten*
*Pro Portion ca. 390 kcal/1638 kJ*
*24 g E, 25 g F, 18 g KH*

## Forellen im Speckmantel gegrillt
*(unten)*

Für 4 Portionen

4 küchenfertige Forellen
Salz
Saft von 1 Zitrone
4 Rosmarinzweige
12 Scheiben Räucherspeck
6–8 große Champignons
2 El Olivenöl
1/2 Tl getrockneter Thymian
1 Tl edelsüßes Paprikapulver

**1.** Forellen innen und außen gut trocken reiben und mit Salz einreiben. Die Hälfte des Zitronensaftes darüberträufeln. Die Rosmarinzweige in die Forellenbäuche legen. Speckscheiben um die Fische wickeln und evtl. feststecken.

**2.** Pilze putzen und feucht abreiben. Olivenöl mit Thymian, Salz und restlichem Zitronensaft verrühren und die Pilze damit einstreichen.

**3.** Die Forellen in Alugrillschalen oder Drahtkörbe legen und auf dem Grill von jeder Seite etwa 5 Minuten grillen, bis der Speck schön knusprig ist. Die Pilze ebenfalls in Aluschalen grillen. Fische mit Pilzen servieren und mit Paprikapulver bestreuen.

*Zubereitungszeit: ca. 20 Minuten (plus Grillzeit)*
*Pro Portion ca. 244 kcal/1025 kJ*
*36 g E, 9 g F, 4 g KH*

**Tipp:** Frische Fische erkennen Sie an ihren roten Kiemen, den klaren Augen und ihrem frischen Geruch.



## Miesmuscheln im Weißweinsud
*(rechts oben)*

Für 4 Portionen

3 kg Miesmuscheln
2 Zwiebeln
4 Knoblauchzehen
2 El Butter
1 Bund glatte Petersilie
500 ml trockener Weißwein
Salz
Pfeffer aus der Mühle
8 Scheiben Stangenweißbrot

**1.** Die Muscheln unter kaltem Wasser gründlich waschen und bereits geöffnete Muscheln wegwerfen. Von den Muscheln eventuell die Bärte abzupfen. Die Zwiebeln schälen und in Ringe schneiden. Den Knoblauch schälen und durchpressen. Die Butter in einem Topf erhitzen und die Zwiebeln darin andünsten. Den Knoblauch dazugeben.

**2.** Die Petersilie waschen, trocken schütteln und die einzelnen Blättchen abzupfen. Zwiebeln und Knoblauch mit dem Wein und 500 ml Wasser ablöschen. Die Muscheln und die Petersilie dazugeben.

**3.** Die Muscheln ca. 5 Minuten bei starker Hitze zugedeckt kochen lassen, bis sie sich geöffnet haben. Den Weinsud mit Salz und Pfeffer würzen. Geschlossene Muscheln aussortieren, sie sind verdorben. Die Muscheln zusammen mit dem Sud in tiefe Teller geben und mit dem Brot servieren.

*Zubereitungszeit: ca. 20 Minuten*
*Pro Portion ca. 391 kcal/1643 kJ*
*37 g E, 4 g F, 37 g KH*

**Tipp:** Miesmuscheln sind eine der beliebtesten Muschelarten. Man isst sie traditionell in den Monaten mit „r", direkt am Meer darf man sie auch ruhig in den Monaten ohne „r" genießen. Für stilechten Genuss immer die erste Muschel mit der Gabel auslösen und die restlichen mit einem Paar geleerter Schalen essen. Das Muschelfleisch damit greifen und aus den Schalen ziehen.

## Gegrillter Thunfisch
*(unten)*

Für 4 Portionen

4 Knoblauchzehen
Saft von 2 Zitronen
2 Eigelb
Olivenöl
Salz
Pfeffer
4 Thunfischsteaks
(à 200 g)
2 El Öl

**1.** Die Knoblauchzehen schälen und fein hacken. Mit Zitronensaft verrühren und mit dem Schneebesen unter kräftigem Rühren unter das Eigelb schlagen, bis die Masse schaumig und dickflüssig ist.

**2.** Unter weiterem Rühren in dünnem Strahl stets so viel Olivenöl zugießen, dass es sich gleichmäßig mit der Masse verbindet. Alles schließlich zu einer dicken Creme verrühren und mit Salz und Pfeffer abschmecken.

**3.** Die Fischsteaks abtupfen und mit Salz und Pfeffer würzen. Mit dem Öl einpinseln und auf dem heißen Grill von jeder Seite etwa 5 Minuten grillen, sodass sie innen noch ein bisschen roh sind. Thunfischsteaks mit Aioli und frischem Gemüse servieren.

*Zubereitungszeit: ca. 20 Minuten*
*(plus Grillzeit)*
*Pro Portion ca. 652 kcal/2738 kJ*
*46 g E, 48 g F, 5 g KH*

## *Gegrillte Garnelen*
*(oben)*

Für 4 Portionen

16 Riesengarnelen
40 g Butter
2 Tl Cajun-Gewürzmischung
(Salz, Ingwer, Cayennepfeffer, gemahlener Koriander, Knoblauchpulver)
4 Zwiebeln
4 Knoblauchzehen
100 g Frühstücksspeck
1 El Öl
2 El Aceto balsamico
1 El Gemüsebrühe
Salz, Pfeffer

**1.** Die Garnelen aus der Schale brechen und den Darm entfernen. Die Butter schmelzen, abkühlen lassen und die Garnelen damit bestreichen. Die Gewürzmischung darüberstreuen. Zwiebeln und Knoblauch schälen, Zwiebeln vierteln, Knoblauch halbieren. Speck in mittlere Streifen schneiden.



**2.** Die Garnelen abwechselnd mit Speck, Zwiebeln und Knoblauch auf Grillspieße stecken. Auf dem Grill von beiden Seiten etwa 8–10 Minuten grillen.

**3.** Öl, Essig, Brühe und Gewürze miteinander verrühren und die Garnelenspieße während des Grillens damit einpinseln. Dazu Krautsalat oder ein Mango-Relish servieren.

*Zubereitungszeit: ca. 10 Minuten (plus Grillzeit)*
*Pro Portion ca. 305 kcal/1281 kJ*
*36 g E, 16 g F, 6 g KH*

## Forellenfilets in Lauchsauce

*(links unten)*

Für 4 Portionen

2 Zwiebeln
2 Stangen Lauch
12 Forellenfilets
Salz
100 g Butter
250 ml Weißwein
250 ml Fischfond
je 1/4 Tl gerebelter
Oregano und Thymian
je 1/2 Tl Pfeffer,
Knoblauchpulver,
Cayennepfeffer und
Paprikapulver
250 ml Sahne

**1.** Die Zwiebeln schälen und hacken. Den Lauch putzen, waschen und in Ringe schneiden. Die Forellenfilets abtupfen und mit Salz würzen.

**2.** 2 El Butter in einem Topf schmelzen und die Zwiebeln mit dem Lauch darin andünsten. Mit Wein und Fond ablöschen und Oregano, Thymian und Gewürze hinzufügen. Alles aufkochen und die Fischfilets hineingeben. Bei geringer Temperatur etwa 10 Minuten ziehen lassen, dann den Fisch herausnehmen und warm stellen.

**3.** Den Kochsud auf die Hälfte einkochen lassen, die Sahne hinzufügen und wieder reduzieren. Forellenfilets mit der Sauce übergießen. Dazu eine Reis-Wildreis-Mischung servieren.

*Zubereitungszeit: ca. 20 Minuten (plus Garzeit)*
*Pro Portion ca. 498 kcal/2089 kJ*
*14 g E, 42 g F, 8 g KH*

## Pochierte Dorade mit Fünf-Gewürz-Mischung *(oben)*

Für 4 Portionen

700 g Doradenfilets
3 El Shaoxing-Reiswein
oder trockener Sherry
Salz
1 Stange Lauch
3 cm Ingwerwurzel
2 El Öl
4 El Sojasauce
2 Tl Fünf-Gewürz-Pulver

**1.** Die Doradenfilets waschen, trocken tupfen und eventuell noch vorhandene Gräten entfernen. In eine Schüssel legen, mit Reiswein vermengen und mit 1 Tl Salz bestreuen.

**2.** Den Lauch waschen, putzen und in Ringe schneiden. Den Ingwer schälen und in feine Stifte schneiden. Das Öl in einem Wok erhitzen und Lauch und Ingwer etwa 2 Minuten anbraten, dann das Fischfilet dazugeben, alles mit Sojasauce, Fünf-Gewürz-Pulver und 200 ml Wasser vermengen und 10 Minuten leicht köcheln lassen. Nochmals mit Salz abschmecken und servieren.

*Zubereitungszeit: ca. 15 Minuten (plus Kochzeit)*
*Pro Portion ca. 321 kcal/1348 kJ*
*32 g E, 15 g F, 6 g KH*

## Ewer-Scholle

*(rechts)*

Für 4 Portionen

4 küchenfertige Schollen
(à ca. 300 g)
4 El Limettensaft
100 g durchwachsener Speck
4 El Öl
Salz
Pfeffer aus der Mühle
30 g Mehl
50 g Butter

**1.** Die Schollen mit Limettenensaft beträufeln. Den Speck fein würfeln. Das Öl in einer Pfanne erhitzen, Speckwürfel darin auslassen.

**2.** Die Schollen mit Salz und Pfeffer würzen und in dem Mehl wenden. Das überschüssige Mehl abklopfen. Das Bratfett auf 2 Pfannen verteilen und die Speckwürfel auf Küchenpapier abtropfen lassen.

**3.** Die Schollen in dem Speckfett nacheinander bei mittlerer Hitze von einer Seite ca. 5 Minuten braten. Die Butter dazugeben. Den Fisch vorsichtig wenden und nochmals ca. 3 Minuten weiterbraten.

**4.** Den fertigen Fisch aus der Pfanne nehmen und warm stellen. Mit den restlichen Schollen genauso verfahren. Die Schollen mit den Speckwürfeln anrichten. Dazu passen Salzkartoffeln mit Petersilie.

*Zubereitungszeit: ca. 20 Minuten*
*Pro Portion ca. 546 kcal/2293 kJ*
*65 g E, 25 g F, 1 g KH*

**Tipp:** Darf's ein Gläschen Wein zum Fisch sein? Der ideale Fischwein ist weiß, trocken, nicht zu schwer, nicht zu blumig und hat eine feine Säure. Wir empfehlen Grauburgunder aus Baden, Riesling aus dem Elsass, italienischen Pinot Grigio oder französischen Pouilly Fumé.

## Scholle Finkenwerder Art

*(rechts unten)*

Für 4 Portionen

4 küchenfertige Schollen
125 g Frühstücksspeck
120 g Butter
Salz
Pfeffer
2 El Mehl

**1.** Die Schollen waschen und trocken tupfen. Kopf, Flossen und die dicke graue Haut auf einer Seite entfernen. Die weiße Haut dranlassen. Den Frühstücksspeck fein würfeln.

**2.** Die Butter mit dem Speck in eine Pfanne geben und erhitzen. Den Speck auslassen und knusprig braten. Die Speckwürfel aus der Pfanne nehmen. Die Schollen mit Salz und Pfeffer würzen, in Mehl wenden, überschüssiges Mehl abklopfen.

**3.** Die Schollen nacheinander im Speck-Butter-Fett auf der Hautseite etwa 3 Minuten knusprig braten. Wenden und bei mittlerer Temperatur weitere 3 Minuten braten. Schollen aus der Pfanne nehmen und warm stellen. Die Speckwürfel wieder in die Pfanne geben, erwärmen.

**4.** Zum Servieren die Fische mit den Speckwürfeln auf Tellern anrichten und etwas Fett darübergießen. Dazu grüne Bohnen und Petersilienkartoffeln reichen.

*Zubereitungszeit: ca. 20 Minuten*
*(plus Bratzeit)*
*Pro Portion ca. 412 kcal/1730 kJ*
*32 g E, 30 g F, 2 g KH*

## *Sizilianisches Fischragout* *(rechts)*

Für 4 Portionen

200 g Fenchel
1 Bund Frühlingszwiebeln
4 Knoblauchzehen
3 El Olivenöl
6 Safranfäden
1 Bund Basilikum
200 ml Gemüsefond
200 ml trockener Weißwein
2 Petersfischfilets (à 200 g)
2 Kabeljaufilets (à 200 g)
2 El Zitronensaft
150 g gekochte Garnelen
100 g Mascarpone
Salz
Pfeffer aus der Mühle

**1.** Den Fenchel putzen, waschen und in Stücke schneiden. Die Frühlingszwiebeln putzen, waschen und in Ringe schneiden. Die Knoblauchzehen schälen und fein hacken.

**2.** Das Öl in einem Topf erhitzen, den Fenchel, die Frühlingszwiebeln und den Knoblauch darin andünsten. Die Safranfäden dazugeben. Das Basilikum waschen, trocken schütteln, in Streifen schneiden und ebenfalls zum Fenchel geben.

**3.** Das Ganze mit dem Gemüsefond und dem Wein angießen. Die Fischfilets waschen, trocken tupfen, in Würfel schneiden, mit Zitronensaft beträufeln und in den Fond geben. Danach alles ca. 20 Minuten garen.

**4.** Die Garnelen waschen, trockentupfen und mit dem Mascarpone dazugeben. Alles mit Salz und Pfeffer würzen und etwas einkochen lassen. Dazu passt Fladenbrot.

*Zubereitungszeit: ca. 20 Minuten (plus Garzeit)*
*Pro Portion ca. 192 kcal/807 kJ*
*21 g E, 9 g F, 8 g KH*

## *Dorade süß-sauer*

*(rechts)*

Für 4 Portionen

4 Doradenfilets mit Haut (à 120 g)
6 mittelgroße Möhren
4 Lauchstangen
4 El Pflanzenöl
2 El Tomatenketchup
4 El Sweet-Sour-Sauce
2 El Fischsauce
2 Zweige Koriander

**1.** Die Fischfilets waschen, trocken tupfen und von Gräten befreien. Dann in 3 cm lange Stücke schneiden. Die Möhren waschen, schälen und mit dem Sparschäler in Streifen schneiden. Die Lauchstangen in etwa 15 cm lange, dünne Streifen schneiden, waschen und trocken schütteln.

**2.** Die Fischstücke in 2 El heißem Öl im Wok nur auf der Hautseite kurz anbraten, herausnehmen. Im restlichen Öl das Gemüse scharf anbraten, zusammenfallen lassen, mit Ketchup und der Sweet-Sour-Sauce würzen, mit Fischsauce ablöschen.

**3.** Danach die Fischstücke wieder zugeben und vorsichtig durchmischen. Zum Schluss den fein gehackten Koriander untermischen. Darauf achten, dass die Sauce nicht zu sehr einkocht, eventuell mit etwas Wasser ablöschen.

*Zubereitungszeit: ca. 25 Minuten*
*Pro Portion ca. 347 kcal/1455 kJ*
*31 g E, 16 g F, 15 g KH*



## *Muscheln in Knoblauchsauce*

*(unten)*

Für 4 Portionen

2 kg küchenfertige Miesmuscheln
6 Knoblauchzehen
150 ml Öl
300 ml trockener Weißwein
200 ml Sahne
Saft von 1 Zitrone
100 g Butter

**1.** Bei den Muscheln den Bart entfernen. Geöffnete Muscheln entfernen. Den Knoblauch schälen und fein hacken.

**2.** Das Öl in einem großen Topf stark erhitzen und die Muscheln mit dem Knoblauch hineingeben. Den Wein, die Sahne und den Zitronensaft angießen und zugedeckt etwa 5 Minuten kochen lassen.

**3.** Den Topf zwischendurch kräftig schütteln. Muscheln, die sich nicht geöffnet haben, entfernen. Die Muscheln anrichten. Den Sud mit der Butter schaumig aufschlagen und dazu servieren.

*Zubereitungszeit: ca. 15 Minuten*
*Pro Portion ca. 538 kcal/2259 kJ*
*26 g E, 41 g F, 12 g KH*

# Süß-saure Aalfilets
*(unten)*

Für 4 Portionen

600 g rote Zwiebeln
8 Knoblauchzehen
150 g Suppengrün
500 ml Fischfond
250 ml Weißwein
je 1/2 El Piment- und Pfefferkörner
Salz
3 El Kräuteressig
4 El frisch gehackter Thymian
950 g Aalfilet
je 1 Tl Kardamom- und Nelkenpulver
etwas Saucenbinder

**1.** Die Zwiebeln schälen und in Würfel schneiden. Die Knoblauchzehen schälen und fein hacken. Das Suppengrün putzen, waschen und grob zerkleinern. Fischfond und Weißwein in einem Topf erhitzen und Zwiebeln, Knoblauch, Suppengrün und die Gewürze dazugeben. Mit Salz, Kräuteressig und Thymian würzen.

**2.** Das Aalfilet waschen und dazugeben. Alles ca. 10 Minuten ziehen lassen. Anschließend alles mit Kardamom- und Nelkenpulver abschmecken. Piment- und Pfefferkörner entfernen und alles mit dem Saucenbinder andicken. Dazu passt geröstetes Weißbrot.

*Zubereitungszeit: ca. 25 Minuten (plus Garzeit)*
*Pro Portion ca. 855 kcal/3591 kJ*
*40 g E, 68 g F, 68 g KH*

# Dorschschnitten
*(ohne Abb.)*

Für 4 Portionen

200 g schwarze Oliven ohne Stein
4 El Kapern
je 1/2 Bund Basilikum und Oregano
8 El Olivenöl
4 Dorschkoteletts (à 200 g)
3 El Zitronensaft
Salz
Pfeffer
3 El Butterschmalz
80 g Zitronenbutter

**1.** Die Oliven und die Kapern abtropfen lassen und anschließend mit dem Schneidstab des Handrührgerätes pürieren. Die Kräuter waschen, trocknen, fein hacken und mit dem Olivenöl unter die Olivenmasse rühren.

**2.** Die Dorschkoteletts waschen, trocknen und mit dem Zitronensaft beträufeln. Mit Salz und Pfeffer würzen. Butterschmalz erhitzen und die Koteletts darin von jeder Seite ca. 7 Minuten braten.

**3.** Alles zusammen auf Tellern anrichten und mit der Zitronenbutter garniert servieren.

*Zubereitungszeit: ca. 20 Minuten*
*Pro Portion ca. 347 kcal/1455 kJ*
*31 g E, 16 g F, 15 g KH*

## *Auberginen-Venusmuschel-Curry*

*(unten)*

Für 4 Portionen

2 kg Venusmuscheln in der Schale
8 Knoblauchzehen
12 kleine runde Thai-Auberginen, ersatzweise 4 europäische Auberginen
10 Kaffir-Limettenblätter, ersatzweise tiefgekühlt
5 Stängel Thai-Basilikum
6 El Öl
2 El gelbe Currypaste
8 El Fischsauce
4 El helle Sojasauce
4 Tl Zucker

**1.** Die Muscheln gründlich waschen, bereits geöffnete Exemplare entfernen. Knoblauch schälen und fein würfeln. Auberginen putzen, waschen und in ca. 2 cm große Würfel schneiden.

**2.** Limettenblätter waschen, trocken tupfen, die harte Mittelrippe herausschneiden und die Blätter in feine Streifen schneiden. Thai-Basilikum waschen, trocken schütteln und die Blättchen abzupfen.

**3.** Öl in einem Wok oder einem Topf erhitzen und den Knoblauch ca. 2 Minuten goldgelb anbraten. Dann die Currypaste unterrühren und kurz mitbraten. Die Muscheln hineingeben und unter ständigem Rühren alle restlichen Zutaten.

**4.** Wenn sich die Muscheln geöffnet haben und gar sind, Gericht auf vorgewärmte Schälchen verteilen. Dabei Muscheln, die sich nicht geöffnet haben, entfernen.

*Zubereitungszeit: ca. 20 Minuten*
*(plus Bratzeit)*
*Pro Portion ca. 507 kcal/2123 kJ*
*36 g E, 28 g F, 33 g KH*

## *Lachsfilet mit Kräuter-Senf-Creme*

*(rechts unten)*

Für 4 Portionen

800 g Lachsfilet
1 El Zitronensaft
Salz
Pfeffer
je 1 Bund Dill, Schnittlauch und Petersilie
150 g Crème fraîche
5 El Fischfond
2 Tl Senf

**1.** Das Lachsfilet waschen, trocken tupfen und mit Zitronensaft beträufeln. Mit Salz und Pfeffer bestreuen und in eine feuerfeste Form legen. Ofen auf 200 °C (Umluft 180 °C) vorheizen.

**2.** Die Kräuter waschen, trocken schütteln und fein hacken. 3/4 der Kräuter mit der Crème fraîche, dem Fond und dem Senf verrühren und über den Fisch geben. Den Lachs im Ofen etwa 20 Minuten garen. Mit restlichen Kräutern bestreut servieren.

*Zubereitungszeit: ca. 10 Minuten*
*(plus Garzeit)*
*Pro Portion ca. 382 kcal/1604 kJ*
*38 g E, 24 g F, 2 g KH*

## *Steinbuttröllchen*

*(oben)*

Für 4 Portionen

4 Steinbuttfilets
150 g Champignons
12 Litschis
Salz
Pfeffer aus der Mühle
Paprikapulver edelsüß
Zitronensaft
2 El Olivenöl
1 El Butter
2 El Crème double
2 El Cognac
2 El Ahornsirup

**1.** Die Steinbuttfilets waschen und trocken tupfen. Die Champignons putzen, waschen und in Scheiben schneiden. Die Litschis schälen und in Stücke schneiden.

**2.** Die Fischfilets mit den Champignonscheiben und den Litschis belegen. Mit Salz, Pfeffer und Paprikapulver würzen und mit Zitronensaft beträufeln.

**3.** Die Fischfilets aufrollen und mit Holzspießen zusammenstecken. Das Öl in einer Pfanne erhitzen und die Fischröllchen darin rundherum knusprig braten.

**4.** Die Fischröllchen herausnehmen und warm stellen. Die Butter in den Bratfond geben. Crème double, Cognac und Ahornsirup unterrühren. Das Ganze mit Salz und Pfeffer würzen. Anschließend die Fischröllchen mit der Sauce auf Tellern anrichten und servieren. Dazu passen Spaghetti.

*Zubereitungszeit: ca. 20 Minuten*
*Pro Portion ca. 348 kcal/1460 kJ*
*41 g E, 14 g F, 7 g KH*

## Zander in Weißweinsauce
*(unten)*

Für 4 Portionen

***Zander***
1 küchenfertiger Zander (ca. 1,5 kg)
Salz
Pfeffer
Saft von 3 Zitronen
1/2 l Weißwein

***Weißweinsauce***
2 Eigelb
150 g Butter
Salz
Pfeffer
Tabasco
60 ml Weißwein

## Fischnuggets
*(oben)*

*Zubereitungszeit: ca. 20 Minuten (plus Bratzeit)*
*Pro Portion ca. 460 kcal/1932 kJ*
*14 g E, 18 g F, 58 g KH*

Für 4 Portionen

2 Eier
3 El Mehl
300 g Paniermehl
600 g Seelachsfilet
Salz
Pfeffer
2 El Sojasauce
10 El Sonnenblumenöl



**1.** Die Eier mit einer Gabel verquirlen und in eine Schüssel geben. Das Mehl und das Paniermehl jeweils getrennt in eine flache Schale geben.

**2.** Das Seelachsfilet waschen, trocken tupfen, eventuell noch vorhandene Gräten entfernen und das Fischfleisch in mundgerechte Stücke schneiden. Mit Salz, Pfeffer und Sojasauce würzen.

**3.** Die Fischstücke zuerst in Mehl, dann nacheinander im verquirlten Ei und in Paniermehl wenden. Das Sonnenblumenöl in einer beschichteten Pfanne erhitzen und die Fischnuggets darin goldgelb braten. Aus der Pfanne heben und auf Küchenpapier abtropfen lassen. Dazu passen Pommes frites.

**1.** Den Fisch waschen, trocken tupfen und mit Salz und Pfeffer einreiben. Mit Zitronensaft beträufeln und 10 Minuten stehen lassen. Einen Sud aus dem Weißwein und 1/2 l Wasser zubereiten und den Zander darin garen.

**2.** Für die Sauce die Eigelbe im Wasserbad schaumig schlagen und unter Rühren die geschmolzene Butter zugeben. Mit Salz, Pfeffer, Tabasco abschmecken und den Weißwein hinzufügen.

**3.** Den Zander im heißen Sud servieren, bei Tisch herausholen und zerteilen. Dazu die Weißweinsauce reichen.

*Zubereitungszeit: ca. 15 Minuten (plus Gar- und Kochzeit)*
*Pro Portion ca. 582 kcal/2444 kJ*
*59 g E, 37 g F, 1 g KH*

## *Garnelen auf Sichuan-Art*

*(rechts)*

Für 4 Portionen

700 g Garnelen
4 cm Ingwerwurzel
3 Knoblauchzehen
2 Frühlingszwiebeln
1/2 Bund Koriander
1 1/2 El Erdnussöl
1 El Tomatenmark
2 Tl schwarzer Reisessig oder Apfelessig
1/2 Tl Salz
1/2 Tl schwarzer Pfeffer
2 Tl Zucker
2 Tl Sesamöl

**1.** Von den Garnelen die Köpfe und Schalen bis auf die Schwänze entfernen. Dann am Rücken einschneiden, den dunklen Darm entfernen, das Garnelenfleisch waschen und trocken tupfen.

**2.** Ingwer und Knoblauch schälen und fein hacken, Frühlingszwiebeln putzen, waschen und in feine Scheiben schneiden. Koriander waschen, trocknen und die Blättchen abzupfen.

**3.** Einen Wok stark erhitzen, das Erdnussöl hineingeben und Ingwer, Knoblauch und Frühlingszwiebeln unter Rühren etwa 30 Sekunden scharf anbraten. Dann die Garnelen dazugeben und unter Rühren 1 weitere Minute braten.

**4.** Nun Tomatenmark, Reisessig, Salz, Pfeffer, Zucker und Sesamöl dazugeben. Alles nochmals 3 Minuten unter Rühren garen. Mit Korianderblättchen bestreut servieren.

*Zubereitungszeit: ca. 30 Minuten*
*Pro Portion ca. 216 kcal/906 kJ*
*25 g E, 8 g F, 11 g KH*

4. Die Fischstücke in die Sauce geben und abgedeckt etwa 10 Minuten darin garen. Mit Salz und Pfeffer abschmecken. Dazu schmeckt Reis.

*Zubereitungszeit: ca. 15 Minuten (plus Garzeit)*
*Pro Portion ca. 260 kcal/1092 kJ*
*40 g E, 6 g F, 8 g KH*

## Fischcurry mit Koriander und Joghurt *(oben)*

Für 4 Portionen

750 g Heilbuttfilet
Saft von 1 Zitrone
2 Zwiebeln
1 Knoblauchzehe
1 El Butter
1/2 Bund frisch gehackter Koriander
1 Tl Kurkuma
2 Tl Curry
1 El Kokosmilch
6 Tomaten
150 g Joghurt
Salz
Pfeffer

1. Das Fischfilet waschen, trocken tupfen und in mundgerechte Stücke schneiden. Mit dem Zitronensaft beträufeln.

2. Die Zwiebeln und Knoblauchzehe schälen und fein hacken. Die Butter in einem Topf erhitzen und die Zwiebeln mit dem Knoblauch darin glasig schmoren. Den Koriander und die Gewürze sowie die Kokosmilch zugeben und 3 Minuten mitschmoren.

3. Die Tomaten waschen, trocknen, die Stielansätze entfernen, häuten, entkernen und halbieren. In den Topf geben. Alles weitere 5 Minuten schmoren. Den Joghurt unterrühren und erhitzen.



## Fisch mit Kokosreis
*(ohne Abb.)*

Für 4 Portionen

500 ml Kokosmilch
100 g Rosinen
200 g 5-Minuten-Reis
Salz
4 Schwertfischsteaks (à 200 g)
Zitronensaft
Pfeffer
Öl

1. Die Kokosmilch mit 100 ml Wasser in einem Topf erhitzen. Die Rosinen und den Reis dazugeben und alles ca. 5 Minuten ziehen lassen. Salzen. Inzwischen den Fisch waschen, trocknen, mit Zitronensaft beträufeln und mit Salz und Pfeffer würzen.

2. Das Öl erhitzen und den Fisch darin anbraten. Den Fisch ca. 5 Minuten ziehen lassen und mit dem Reis zusammen auf Tellern anrichten.

*Zubereitungszeit: ca. 10 Minuten*
*Pro Portion ca. 352 kcal/1474 kJ*
*28 g E, 8 g F, 41 g KH*

## Mie Goreng mit Garnelen *(unten)*

Für 4 Portionen

450 g Bami-Nudeln (FP)
400 g Chinesische Gemüsemischung (TK), aufgetaut
2 El Butter
250 g Garnelen
2 Knoblauchzehen
Salz
Pfeffer
Paprikapulver

**1.** Die Nudeln nach Packungsanweisung zubereiten. Die Butter in einer Pfanne erhitzen und die Gemüsemischung darin andünsten. Die Garnelen dazugeben.

**2.** Die Knoblauchzehen schälen und dazupressen. Alles mit Salz, Pfeffer und Paprikapulver abschmecken. Die Nudeln abgießen und abschrecken. Anschließend zum Gemüse geben und alles noch einmal mit Salz, Pfeffer und Paprikapulver abschmecken. Alles auf Tellern anrichten und servieren.

*Zubereitungszeit: ca. 20 Minuten*
*Pro Portion ca. 240 kcal/1011 kJ*
*34 g E, 8 g F, 3 g KH*

## Gebratenes Fischfilet mit Kartoffel-Sellerie-Püree *(oben)*

Für 4 Portionen

600 g Knollensellerie
600 g Kartoffeln
250 ml Gemüsebrühe
600 g Seelachsfilet
2 Tl Zitronensaft
Salz
Pfeffer
ca. 3 El Mehl
4 El Öl
4 El frisch geriebener Käse
2 El Crème fraîche
2 El frisch gehackte Petersilie

**1.** Den Sellerie und die Kartoffeln schälen und würfeln. Beides in der Gemüsebrühe 10 Minuten kochen.

**2.** Das Seelachsfilet mit dem Zitronensaft beträufeln, mit Salz und Pfeffer würzen und in 4 Portionen teilen. In Mehl wenden. Das Öl erhitzen und die Fischfilets darin von beiden Seiten etwa 4 Minuten braten. Nach dem Wenden eine Seite mit je 1 El frisch geriebenem Käse bestreuen und abgedeckt schmelzen lassen.

**3.** Sellerie und Kartoffeln in der Brühe zerstampfen, die Crème fraîche unterrühren und mit Salz und Pfeffer abschmecken. Mit der frisch gehackten Petersilie bestreuen und zu den Fischfilets servieren.

*Zubereitungszeit: ca. 20 Minuten*
*(plus Gar- und Bratzeit)*
*Pro Portion ca. 380 kcal/1591 kJ*
*32 g E, 14 g F, 27 g KH*

# *Isarlachs*
*(oben)*

Für 4 Portionen

8 Isarlachsfilets (Huchen)
Saft von 1 Zitrone
Salz
Pfeffer
5 El Mehl
3 El Butterschmalz
2 El frisch gehackte Petersilie

**1.** Die Fischfilets waschen und gut trocken tupfen. Sofort mit Zitronensaft beträufeln und mit Salz und Pfeffer würzen.

**2.** Das Mehl auf einen Teller geben und die Fischfilets darin gut wenden. Butterschmalz in einer Pfanne erhitzen und die Fische darin von beiden Seiten etwa 4–5 Minuten goldgelb backen. Den Isarlachs mit Petersilie bestreuen und mit Kartoffelsalat servieren.

*Zubereitungszeit: ca. 25 Minuten*
*Pro Portion ca. 535 kcal/2247 kJ*
*57 g E, 27 g F, 16 g KH*

# *Gefüllte Bananenpäckchen* *(unten)*

Für 4 Portionen

3 Knoblauchzehen
6 Schalotten
1 Stück frischer Ingwer (2 cm)
je 3 El Soja-, Hoisin- und Chilisauce
1 Tl Rohrzucker
Salz, Piment-, Nelken- und Kardamompulver
250 ml Kokosmilch
700 g Forellenfilet
Bananenblätter
6–7 El Erdnussöl
200 g Naturjoghurt
Reiscracker als Beilage

**1.** Knoblauch und Schalotten schälen und fein hacken. Den Ingwer schälen und fein reiben. Alles mit den Saucen verrühren und mit den Gewürzen bestreuen. Die Kokosmilch unterrühren.

**2.** Das Forellenfilet waschen, trocknen, in Stücke schneiden und großzügig mit der Marinade bepinseln. Jeweils mehrere Forellenstücke auf die Bananenblätter geben, die Seiten einschlagen und aufrollen.

**3.** Die Röllchen mit einem Holzspieß zusammenstecken. Das Öl erhitzen und die Bananenblätter von jeder Seite darin ca. 8–10 Minuten braten. Die Blätter erst kurz vor dem Servieren öffnen und mit Joghurt und Reiscrackern anrichten. Die Bananenblätter nicht mitessen.

*Zubereitungszeit: ca. 20 Minuten*
*Pro Portion ca. 242 kcal/1016 kJ*
*38 g E, 7 g F, 5 g KH*

## *Kräuterfische in Marinade*

*(links)*

Für 4 Portionen

4 küchenfertige Forellen
Salz
Pfeffer
1 Zitrone
4 Estragonzweige
4 Petersilienstängel
4 Lorbeerblätter

***Für die Marinade***

2 Knoblauchzehen
1 getrocknetes Lorbeerblatt
150 ml Rapsöl
2 Tl Kräuter der Provence

**1.** Die Forellen innen und außen gut waschen und trocken tupfen. Mit Salz und Pfeffer einreiben. Die Zitrone heiß abwaschen, trocken tupfen und in 8 dünne Scheiben schneiden. Die Kräuter abspülen und trocken schütteln.

**2.** Die Fische mit je 2 Zitronenscheiben und 1 Kräuterzweig sowie 1 Lorbeerblatt füllen und mit Holzstäbchen verschließen.

**3.** Für die Marinade den Knoblauch schälen und hacken. Das Lorbeerblatt zerbröseln. Die Zutaten mit dem Öl und den Kräutern mischen und gut verrühren. Die Fische mit der Marinade bestreichen.

**4.** Die Forellen auf dem heißen, mit Alufolie abgedeckten Grill etwa 10–15 Minuten grillen. Dabei mehrmals wenden und mit der Marinade bestreichen. Dazu einen Bauernsalat reichen.

*Zubereitungszeit: ca. 15 Minuten*
*(plus Grillzeit)*
*Pro Portion ca. 522 kcal/2192 kJ*
*29 g E, 43 g F, 4 g KH*

## Shrimps-Curry mit Knoblauch

*(rechts)*

Für 4 Portionen

500 g geschälte Shrimps
2 Zwiebeln
3 Knoblauchzehen
5 El Öl
1 Tl schwarze Senfkörner
1/2 Tl Nelkenpulver
1/2 Tl Zimtpulver
1/2 Tl Kardamompulver
60 g Vollmilchjoghurt
1/2 Tl Chilipulver
1/2 Tl Kurkumapulver
1 El gehackte Korianderblättchen

**1.** Die Shrimps waschen, den Darm entfernen und Shrimps mit einem Küchentuch abtrocknen. Zwiebeln sowie Knoblauchzehen schälen und fein hacken.



**2.** Das Öl in einem Topf erhitzen. Die Senfkörner hinzufügen und kurz anbraten. Die Zwiebelwürfel sowie die Knoblauchzehen ebenfalls hinzufügen und alles goldgelb braten.

**3.** Nelken, Zimt sowie Kardamom dazugeben. Nun den Joghurt, die Shrimps und die restlichen Zutaten, außer den Korianderblättchen, in den Topf geben. Eventuell etwas Wasser zufügen und alles etwa weitere 5 Minuten kochen lassen. Zum Schluss die Korianderblättchen unterrühren und das Gericht servieren.

*Zubereitungszeit: ca. 30 Minuten*
*Pro Portion ca. 222 kcal/932 kJ*
*27 g E, 9 g F, 6 g KH*

## Seezungenfilet auf Zwiebelgemüse

*(rechts unten)*

Für 4 Portionen

600 g Seezungenfilets
Salz
Pfeffer
5 El Butter
1 1/2 Bund Frühlingszwiebeln
2 El Öl
100 ml Weißwein
100 ml Gemüsebrühe
50 g saure Sahne
1 El gehackter Kerbel

**1.** Die Seezungenfilets waschen, trocken tupfen, salzen und pfeffern. Die Butter zerlassen und die Fischfilets damit einstreichen.

**2.** Die Frühlingszwiebeln putzen, waschen, trocknen und in 3 cm lange Stücke schneiden. Das Öl in einer Pfanne erhitzen und die Frühlingszwiebeln darin unter Rühren anschmoren. Den Weißwein und die Gemüsebrühe angießen und etwas einkochen lassen.

**3.** Die Fischfilets auf die Zwiebeln legen und abgedeckt etwa 5 Minuten dünsten. Die Filets herausnehmen, das Zwiebelgemüse mit saurer Sahne, Salz und Pfeffer abschmecken. Den gehackten Kerbel unterheben. Die Fischfilets auf dem Zwiebelgemüse anrichten. Dazu schmeckt Reis.

*Zubereitungszeit: ca. 30 Minuten*
*Pro Portion ca. 445 kcal/1869 kJ*
*31 g E, 11 g F, 49 g KH*

## *Fisch in roter Currysauce*

*(rechts)*

Für 4 Portionen

500 g Rotbarschfilet
1 rote Paprikaschote
3 Frühlingszwiebeln
1 Stängel Zitronengras
1 El Erdnussöl
2 El rote Currypaste
400 ml Kokosmilch (ungesüßt)
4 El Austernsauce
1 El Palmzucker
1 El Zitronensaft
3 El frisch gehackter Koriander

**1.** Das Fischfilet in Streifen schneiden. Paprika waschen, Stielansatz und Kerne entfernen und die Schote in Würfel schneiden. Frühlingszwiebeln putzen, waschen und in 3 cm lange Stücke schneiden. Zitronengras von den äußeren Blättern befreien und den unteren weißen Teil des Stängels fein hacken.

**2.** Das Öl in einer Pfanne erhitzen und die Currypaste darin unter Rühren etwas anrösten. Die Kokosmilch und die Austernsauce angießen. Zucker und Zitronensaft zugeben. Das Gemüse mit dem Zitronengras ebenfalls dazugeben. Die Sauce aufkochen lassen.

**3.** Die Fischstreifen in die kochende Sauce geben und bei geringer Temperatur etwa 3 Minuten dünsten. Mit Koriander bestreut servieren.

*Zubereitungszeit: ca. 20 Minuten (plus Garzeit)*
*Pro Portion ca. 192 kcal/807 kJ*
*21 g E, 9 g F, 8 g KH*

## *Barschklößchen*
*(unten)*

Für 4 Portionen

400 g Viktoriabarschfilet
6 Scheiben Vollkorntoast
6 El Kokosmilch, 2 Eier
2 El Mehl, Salz
Pfeffer, Kardamom-, Anis- und Kreuzkümmelpulver
1/2 Bund Petersilie
900 ml Fischfond (FP)
100 g ungesalzene Erdnüsse
2 Knoblauchzehen
1 El Chilipaste, 2 El Semmelbrösel
1 Tütchen Safran
125 ml trockener Sherry
6 El Walnussöl

**1.** Das Fischfilet waschen, trocknen und in kleine Stücke schneiden. Das Toastbrot zerbröseln und mit der Kokosmilch und den Fischstückchen in einem Mixer pürieren.

**2.** Die Eier mit dem Mehl verrühren und kräftig mit den Gewürzen abschmecken. Die Petersilie waschen, trocknen, fein hacken und zusammen mit der Eiermasse zu der Brot-Fisch-Mischung geben. Alles gut miteinander verrühren.

**3.** Kleine Klößchen formen. 600 ml Fischfond erhitzen und die Klößchen darin bei milder Hitze ca. 10 Minuten ziehen lassen.

**4.** Inzwischen die Erdnusskerne pürieren. Die Knoblauchzehen schälen und zusammen mit Chilipaste, Semmelbröseln, Safran, Sherry und Öl zu den Erdnüssen geben. Alles im Mixer fein pürieren. Den restlichen Fischfond erhitzen und die Nusspaste in die Brühe einrühren. Ca. 3–4 Minuten köcheln lassen. Die Barschklößchen herausnehmen, gut abtropfen lassen und auf Teller verteilen. Mit der Nusssauce anrichten. Dazu passt Reis.

*Zubereitungszeit: ca. 25 Minuten*
*Pro Portion ca. 318 kcal/1332 kJ*
*25 g E, 13 g F, 24 g KH*

## *Feine Lachsspieße mit Gemüse* *(oben)*

Für 4 Portionen

600 g Lachsfilet
1 El Zitronensaft
6 Schalotten
1 rote Paprika
1/2 Zucchini
200 g geschälte frische Riesengarnelen
Salz
Pfeffer
Kardamom- und Ingwerpulver
5–6 El Sesamöl

**1.** Das Fischfilet waschen, trocknen und in mittelgroße Würfel schneiden. Mit dem Zitronensaft beträufeln.

**2.** Die Schalotten schälen und halbieren. Die Paprika waschen, halbieren, entkernen und in Stücke schneiden. Die Zucchini putzen, waschen und in Scheiben schneiden.

**3.** Die Fischwürfel abwechselnd mit Schalotten, Paprika, Zucchini und Riesengarnelen auf Spieße stecken. Die Spieße mit Salz, Pfeffer, Kardamom- und Ingwerpulver würzen.

**4.** Das Öl in einer Pfanne erhitzen und die Lachsspieße darin von allen Seiten ca. 6–8 Minuten braten. Herausnehmen, anrichten und servieren. Dazu passen Bandnudeln in Dillsauce.

*Zubereitungszeit: ca. 30 Minuten*
*Pro Portion ca. 642 kcal/2698 kJ*
*39 g E, 26 g F, 4 g KH*

## Scampi vom Grill

*(ohne Abb.)*

Für 4 Portionen

1 Bund Frühlingszwiebeln
4 Knoblauchzehen
2 El Zitronensaft
Salz
Pfeffer
1 Bund Petersilie
24 Riesengarnelen
4 El Knoblauchbutter
1 El Olivenöl
3 Zitronenscheiben

**1.** Die Frühlingszwiebeln putzen, waschen und in Ringe schneiden. Die Knoblauchzehen schälen und fein hacken. Alles mit dem Zitronensaft verrühren und mit Salz und Pfeffer würzen.

**2.** Die Petersilie waschen, trocknen, fein hacken und unterrühren. Die Garnelen waschen, trocknen und mit der Marinade übergießen. Alles ca. 5 Minuten ziehen lassen. Die Knoblauchbutter und das Olivenöl erhitzen und die Garnelen mit der Marinade darin anbraten.

**3.** Die Scampi nach ca. 5 Minuten herausnehmen, in eine flache Form legen, mit den Zitronenscheiben belegen und alles unter dem Grill ca. 6 Minuten grillen. Dazu eine Zitronensauce (FP) reichen und mit frischem Baguette servieren.

*Zubereitungszeit: ca. 30 Minuten*
*Pro Portion ca. 200 kcal/840kJ*
*30 g E, 8 g F, 1 g KH*

## Rheinhecht in saurer Sahne

*(unten)*

Für 4 Portionen

100 g fetter Speck
1 kg Hechtfilet
Salz
Saft von 1 Zitrone
20 g Butter
500 ml trockener Weißwein
250 ml Gemüsebrühe
1 El Kartoffelmehl
300 g saure Sahne
Pfeffer
1 El Kapern

**1.** Speck in feine Streifen schneiden. Das Hechtfilet waschen, abtrocknen und die Filets mit dem Speck spicken. Anschließend mit Salz und Zitronensaft würzen.

**2.** Die Butter in einer Pfanne erhitzen und die Filets darin von beiden Seiten braun anbraten. Den Wein und die Brühe hinzugießen. Die Hechtfilets zugedeckt bei geringer Hitze etwa 15 Minuten dünsten lassen. Hechtfilets herausnehmen und warm stellen.

**3.** Das Kartoffelmehl mit der sauren Sahne glatt verrühren, zum Fischsud geben und darunterrühren. Sauce aufkochen und mit Salz und Pfeffer abschmecken. Sauce durch ein Sieb seihen und über die Hechtfilets gießen. Die Kapern klein hacken und über den Fisch streuen. Mit Salzkartoffeln und Gurkensalat servieren.

*Zubereitungszeit: ca. 30 Minuten*
*Pro Portion ca. 460 kcal/1932 kJ*
*53 g E, 22 g F, 7 g KH*

## Gebratener Rotbarsch mit Sellerie

*(unten)*

Für 4 Portionen

3 Frühlingszwiebeln
3 Stangen Staudensellerie
2 Knoblauchzehen
3 Schalotten
1 Korianderwurzel
800 g Rotbarschfilet
5 El Öl
1 El eingelegte gelbe Bohnen aus dem Glas
2 El helle Sojasauce
2 Tl Palmzucker, ersatzweise brauner Zucker

**1.** Frühlingszwiebeln und Sellerie putzen, waschen und in ca. 3 cm lange Stücke teilen. Diese dann der Länge nach in dünne Streifen schneiden. Knoblauch und Schalotten schälen und fein hacken. Korianderwurzel putzen, waschen und ebenfalls fein hacken.

**2.** Fischfilet waschen, trocken tupfen und in 4 Stücke teilen. Das Öl in einer Pfanne oder einem Wok erhitzen und den Fisch von beiden Seiten goldbraun braten. Herausnehmen und beiseitestellen.

**3.** Im verbliebenen Öl Knoblauch, Schalotten, Korianderwurzel und gelbe Bohnen anbraten. Dann Sojasauce, Palmzucker und etwas Wasser unterrühren, Fisch dazugeben, ca. 2 Minuten kochen lassen und dann die Frühlingszwiebeln mit den Selleriestreifen untermischen. Sobald alles erhitzt ist, auf Teller verteilen und servieren.

*Zubereitungszeit: ca. 20 Minuten (plus Bratzeit)*
*Pro Portion ca. 454 kcal/1903 kJ*
*45 g E, 28 g F, 8 g KH*



## Seezungenfilet mit Aprikosen

*(rechts oben)*

Für 4 Portionen

8 Aprikosenhälften aus der Dose
6 Möhren
1 kleines Stück Sellerie
1 Petersilienwurzel
1 Knoblauchzehe
2 El Butter
150 g Fischabfälle
1 Lorbeerblatt
6 schwarze Pfefferkörner
4 Zweige Thymian
200 ml Weißwein
100 ml Sahne
Zucker
Salz
Pfeffer
4 Seezungenfilets
4 El Kräuterbutter

**1.** Die Aprikosen in einem Sieb abtropfen lassen. Den Aprikosensaft beiseitestellen. Die Möhren und die Sellerieknolle putzen, waschen, schälen und in Stücke schneiden. Die Petersilienwurzel schälen und ebenfalls in Stücke schneiden. Die Knoblauchzehe schälen und fein hacken.

2. Die Butter in einem Topf erhitzen und die Fischabfälle mit dem Gemüse darin braten. Lorbeerblatt und Pfefferkörner dazugeben.

3. Den Thymian waschen, trocknen und ebenfalls dazugeben. Mit dem Weißwein und 500 ml Wasser angießen. Alles ca. 20 Minuten bei milder Hitze ziehen lassen. Alles durch ein Sieb gießen und den Fond auf ca. die Hälfte einkochen lassen.

4. Die Sahne, den Aprikosensaft und etwas Zucker dazugeben und so lange köcheln lassen, bis die Sauce sämig wird. Inzwischen die Aprikosen in kleine Würfel schneiden und einrühren. Mit Salz und Pfeffer abschmecken.

5. Die Fischfilets waschen und trocknen. Die Kräuterbutter erhitzen und den Fisch darin von beiden Seiten braten. Mit Salz und Pfeffer würzen. Mit der Aprikosensauce anrichten und servieren. Dazu passt Reis.

*Zubereitungszeit: ca. 30 Minuten*
*Pro Portion ca. 230 kcal/966 kJ*
*27 g E, 7 g F, 12 g KH*

## Maischolle *(unten)*

Für 4 Portionen

4 küchenfertige Schollen mit Haut
1 Salatgurke
2 Tomaten
4 Schalotten
3 El Olivenöl
Salz
Pfeffer
2 El Weißweinessig
3 El Butter
etwas Limettensaft
1 Limette

1. Die Schollen waschen und anschließend trocken tupfen. Die Gurke schälen, halbieren und in Stücke schneiden. Die Tomaten waschen, den Stielansatz entfernen, halbieren und klein würfeln. Die Schalotten schälen und klein würfeln.

2. In einer Pfanne 2 El Öl erhitzen und die Schalotten darin glasig dünsten. Die Gurke hinzufügen und so lange mitschmoren, bis sie gar ist. Mit Salz und Pfeffer kräftig würzen, mit Essig ablöschen und weiterköcheln, bis die Flüssigkeit fast verdampft ist. Die Tomaten unterrühren und das Gemüse warm stellen.

3. Die Butter mit dem restlichen Öl in einer Pfanne erhitzen, die Schollen hineingeben und ca. 4 Minuten braten. Anschließend wenden, weitere 2 Minuten braten und mit Salz und Pfeffer würzen.

4. Die Schollen mit dem Gemüse auf Tellern anrichten, mit etwas Limettensaft beträufeln und mit Limettenscheiben garnieren.

*Zubereitungszeit: ca. 30 Minuten*
*Pro Portion ca. 415 kcal/1735 kJ*
*45 g E, 22 g F, 8 g KH*

## Fisch süß-sauer mit Frühlingsgemüse

*(unten)*

Für 4 Portionen

150 g Basmatireis
400 g Rotbarschfilet
1 El Mehl
1 Ei
Salz
Pfeffer
3 El Erdnussöl
1/2 Salatgurke
150 g Ananasstücke aus der Dose
1/2 Bund Frühlingszwiebeln
200 g Möhren
1 El brauner Zucker
2 El Weißweinessig
2 El Sojasauce

**1.** Den Basmatireis nach Packungsanweisung in kochendem Wasser etwa 15 Minuten garen. Das Rotbarschfilet waschen, trocken tupfen und in Stücke schneiden. Das Mehl mit dem Ei verquirlen und würzen. Über die Fischstücke geben.

## Fische im Teig

*(oben)*

Für 4 Portionen

800 g gemischtes Fischfleisch (z. B. Zander, Stör, Rotbarsch, Kabeljau)
Salz
Pfeffer
2 Eier
125 ml Bier
150 g Mehl
Butterschmalz zum Ausbacken

**1.** Das vorbereitete Fischfleisch in etwa 5 cm große Stücke schneiden und mit Salz und Pfeffer bestreuen.

**2.** Die Eier trennen. Eigelb mit dem Bier verquirlen und Mehl hinzufügen, salzen. Das Eiweiß steif schlagen und unter den Bierteig heben.

**3.** In einer Pfanne das Butterschmalz erhitzen. Fischstücke erst in den Bierteig tauchen, etwas abtropfen lassen, dann nacheinander im heißen Fett goldbraun ausbacken. Dazu Kartoffelsalat reichen.

*Zubereitungszeit: ca. 20 Minuten (plus Backzeit)*
*Pro Portion ca. 365 kcal/1533 kJ*
*46 g E, 8 g F, 27 g KH*

**2.** Erdnussöl in einem Wok erhitzen, die Fischstücke darin goldbraun ausbacken. Auf Küchenkrepp abtropfen lassen. Die Salatgurke putzen, schälen und würfeln, die Ananasstücke abtropfen lassen, die Frühlingszwiebeln putzen, waschen, trocknen und in Ringe schneiden. Die Möhren putzen, schälen und in dünne Scheiben schneiden.

**3.** Alles in den Wok geben, mit braunem Zucker, Weißweinessig und Sojasauce würzen und etwa 4 Minuten braten. Die Fischstücke dazugeben und erhitzen. Mit dem Basmatireis servieren.

*Zubereitungszeit: ca. 15 Minuten (plus Garzeit)*
*Pro Portion ca. 355 kcal/1491 kJ*
*24 g E, 8 g F, 44 g KH*

## Garnelenbällchen

*(rechts)*

Für 15 Stück

3 rote Chilischoten
3 Frühlingszwiebeln
1 Knoblauchzehe
3 cm Ingwer
1/2 Bund Koriander
3 Kaffir-Limettenblätter
2 El Fischsauce
125 g Fischfilet
125 g gekochtes Garnelenfleisch
15 g Glasnudeln
1 El Erdnussöl
125 ml Reisessig
1 El brauner Zucker

**1.** Die Chilischoten waschen, trocknen, putzen, entkernen und fein hacken. Die Frühlingszwiebeln putzen, waschen, trocknen und in Ringe schneiden. Die Knoblauchzehe schälen und hacken. Den Ingwer schälen und reiben. Je 1/3 davon beiseitestellen, den Rest in ein Püriergefäß geben.

**2.** Koriander und Kaffir-Limettenblätter waschen, trocken tupfen und mit 1 El Fischsauce in das Püriergefäß geben und cremig pürieren. Das Fischfilet waschen, trocken tupfen, würfeln und mit der Paste cremig rühren. Das Garnelenfleisch zerkleinern und unterheben.

**3.** Die Glasnudeln in heißem Wasser quellen lassen, klein schneiden und untermischen. Aus der Masse kleine Bällchen formen und im heißen Erdnussöl goldbraun braten. Abkühlen lassen.

**4.** Aus restlichen Chilis, Frühlingszwiebeln, Knoblauch, geriebenem Ingwer, dem Reisessig, der restlichen Fischsauce und dem braunen Zucker einen Dip bereiten und zu den Garnelenbällchen reichen.

*Zubereitungszeit: ca. 30 Minuten*
*Pro Stück ca. 34 kcal/143 kJ*
*4 g E, 1 g F, 1 g KH*

## Seehechtröllchen mit Bacon

*(unten)*

Für 4 Portionen

4 Scheiben Seehechtfilet (TK), aufgetaut
Zitronensaft
8 Scheiben Bacon
Salz
Pfeffer
3 El Butterschmalz
250 ml Fischfond
2 cl Rum
5 El Mango-Chutney
2 El bittere Orangenkonfitüre
Zitronenpfeffer, Zitronenachtel und Dill zum Garnieren

**1.** Den Fisch waschen, trocknen, mit Zitronensaft beträufeln und mit Bacon belegen. Mit Salz und Pfeffer würzen. Die Fischfilets aufrollen und mit Holzspießen feststecken.

**2.** Butterschmalz in einer Pfanne erhitzen und die Fischröllchen darin von allen Seiten ca. 6 Minuten braten. Den Fisch herausnehmen und warm stellen. Den Fischfond zum verbliebenen Bratfett geben und mit dem Rum angießen. Alles bei milder Hitze ca. 4 Minuten ziehen lassen.

**3.** Den Fond aufkochen lassen und das Mango-Chutney und die Orangenkonfitüre unterrühren. Alles mit Salz und Pfeffer abschmecken. Den Fisch wieder dazugeben. Die Fischröllchen auf Tellern anrichten und mit der Sauce beträufeln.

**4.** Alles mit etwas Zitronenpfeffer bestäuben und mit Zitronenachteln und einem Dillzweig garnieren. Dazu passt Wildreis.

*Zubereitungszeit: ca. 30 Minuten*
*Pro Portion ca. 406 kcal/1706 kJ*
*42 g E, 36 g F, 12 g KH*

## Pochierter Zander

*(ohne Abb.)*

Für 4 Portionen

800 g Farmer-Gemüse (TK), aufgetaut
600 ml Hummerfond (FP)
Salz
Pfeffer
Muskat
4 Zanderfilets à 200 g
Zitronensaft
100 ml Sekt
1 Tl Krebs- oder Hummerpaste
4 Jakobsmuscheln
2–3 El Pfefferbutter (FP)

**1.** Die Gemüsemischung im Hummerfond mit den Gewürzen ca. 6–8 Minuten kochen. Die Gemüsemischung herausnehmen, gut abtropfen lassen und warm halten. Die Zanderfilets waschen, trocknen und mit Zitronensaft beträufeln.

**2.** Den Sekt in den verbliebenen Hummerfond geben. Die Krebs- oder Hummerpaste darin auflösen und die Zanderfilets bei milder Hitze ca. 5–7 Minuten darin gar ziehen lassen.

**3.** Die Jakobsmuscheln in der erhitzten Pfefferbutter 1–2 Minuten dünsten. Die Gemüsemischung ringförmig auf Teller verteilen. Die Zandersteaks in die Mitte des Gemüses legen. Die Jakobsmuscheln daraufsetzen und das Ganze mit Dill garniert servieren.

*Zubereitungszeit: ca. 25 Minuten*
*(plus Zeit zum Auftauen)*
*Pro Portion ca. 955 kcal/4011 kJ*
*42 g E, 64 g F, 52 g KH*

## *Schellfisch in Weißwein-Hummer-Sauce*
*(unten)*

Für 4 Portionen

4 Schellfischfilets
2 El Zitronensaft
400 ml Fischfond
100 ml Weißwein
2 Päckchen helle Sauce (FP)
2 Tl Hummerpaste
Salz
Pfeffer
3 El gehackter Dill

**1.** Die Schellfischfilets waschen, trocken tupfen und mit Zitronensaft beträufeln. Den Fischfond mit Weißwein erhitzen, die helle Sauce einrühren und aufkochen. Fischfilets in der Sauce etwa 10 Minuten garen.

**2.** Die Hummerpaste einrühren und mit Salz und Pfeffer würzen. Mit frisch gehacktem Dill bestreut servieren. Dazu schmecken Salzkartoffeln.

*Zubereitungszeit: ca. 20 Minuten (plus Gar- und Kochzeit)*
*Pro Portion ca. 231 kcal/970 kJ*
*32 g E, 4 g F, 11 g KH*

## *Gedämpftes Fischfilet mit würziger Sauce*
*(oben)*

Für 4 Portionen

8 Knoblauchzehen
5 kleine rote Chilischoten
4 Limetten
5 Stängel Koriander
6 El Fischsauce
2 Tl Zucker
8 Stängel Zitronengras
800 g festfleischiges Fischfilet

**1.** Knoblauch schälen und fein hacken. Die Chilischoten putzen, innen und außen waschen und ebenfalls fein hacken. Limetten auspressen, Koriander waschen, trocken schütteln und Blättchen abzupfen. Knoblauch, Chilis, Limettensaft, Korianderblättchen und Fischsauce mit dem Zucker verrühren und beiseitestellen.

**2.** Zitronengras putzen, waschen und fächerartig aufschneiden. Fischfilet waschen, trocken tupfen und in 4 Stücke teilen.

**3.** Ein Dämpfkörbchen mit dem Zitronengras auslegen, darüber den Fisch geben und alles über kochendem Wasser ca. 15 Minuten dämpfen, bis der Fisch gar ist. Mit Reis servieren.

*Zubereitungszeit: ca. 15 Minuten (plus Dämpfzeit)*
*Pro Portion ca. 188 kcal/790 kJ*
*30 g E, 4 g F, 7 g KH*

## *Chili-Heilbutt*

*(oben)*

Für 4 Portionen

1 El Chilipulver
1 El Kreuzkümmelpulver
1 El Cayennepfeffer
1 El Zitronensaft
Salz
1 Tl brauner Zucker
125 ml Chiliöl
4 Heilbuttsteaks (à 200 g)
Öl zum Braten

**1.** Die Gewürze mit Zitronensaft, Salz, Zucker und Chiliöl verrühren. Die Heilbuttsteaks waschen, gut trocknen und von beiden Seiten mit dem Würzöl bestreichen.

**2.** Das Ganze ca. 10–20 Minuten im Kühlschrank marinieren. Die Steaks aus der Marinade nehmen. Etwas abtupfen und in einer mit Öl ausgepinselten Grillpfanne von beiden Seiten je 6 Minuten braten. Dazu passen Pommes frites.

*Zubereitungszeit: ca. 10 Minuten*
*(plus Zeit zum Marinieren)*
*Pro Portion ca. 290 kcal/1218 kJ*
*37 g E, 15 g F, 2 g KH*

## *Forelle Müllerin*

*(unten)*

Für 4 Portionen

4 küchenfertige Forellen (à 250 g)
4 El Zitronensaft
Salz
Pfeffer
50 g Mehl
80 g Butter
1/2 Bund glatte Petersilie

**1.** Die Forellen waschen, trocknen und innen und außen mit etwa 3 El Zitronensaft einreiben und 5 Minuten beiseitestellen. Innen und außen salzen und pfeffern. Das Mehl auf einen Teller geben und die Forellen darin wenden. Etwa 60 g der Butter in einer Pfanne erhitzen und die Forellen von beiden Seiten ca. 10 Minuten braten. Sie sind gar, wenn sich die Rückenflosse herausziehen lässt.

**2.** Die Forellen auf einer vorgewärmten Platte anrichten. Die restliche Butter mit dem restlichen Zitronensaft im Bratfett erhitzen. Die Petersilie waschen, trocken schütteln und hacken. Die Forellen mit der gebräunten Butter übergießen und mit Petersilie bestreut servieren. Dazu passen Petersilienkartoffeln.

*Zubereitungszeit: ca. 10 Minuten (plus Marinier- und Bratzeit)*
*Pro Portion ca. 553 kcal/2315 kJ*
*63 g E, 29 g F, 13 g KH*

**Tipp:** Achten Sie beim Kauf von frischem Fisch darauf, dass die Augen klar und glänzend sind und der Fisch einen angenehm frischen und nicht penetranten Geruch nach Fisch und Meer hat. Frischer Fisch sollte rasch und kühl transportiert und möglichst am selben Tag zubereitet werden.

## Fisch-Scampi-Spieße mit Cocktailtomaten

*(links)*

Für 4 Portionen

400 g Kabeljaurückenfilet
8 Riesenscampi
1 Zucchini
12 Kirschtomaten
1 Knoblauchzehe
4 El Olivenöl
Salz
Pfeffer
1 Tl italienische Kräuter

**1.** Das Kabeljaufilet waschen, trocken tupfen und in mundgerechte Stücke schneiden. Die Riesenscampi auslösen, vom Darm befreien, waschen und trocken tupfen.

**2.** Die Zucchini putzen, waschen und in 1 cm dicke Scheiben schneiden, die Kirschtomaten putzen, waschen und trocknen. Alle Zutaten zusammen auf 8 Holzspieße stecken. Den Backofengrill auf 250 °C vorheizen.

**3.** Die Knoblauchzehe schälen und zerdrücken. Zusammen mit dem Olivenöl, Salz, Pfeffer und den italienischen Kräutern eine Marinade herstellen und die Fischspieße damit bestreichen.

**4.** Spieße auf ein mit Alufolie ausgelegtes Backblech legen und etwa 8 Minuten grillen. Spieße mehrmals wenden und mit der Ölmischung bestreichen.

*Zubereitungszeit: ca. 15 Minuten (plus Grillzeit)*
*Pro Portion ca. 236 kcal/991 kJ*
*38 g E, 7 g F, 3 g KH*

# Rote Seezungenrollen

*(rechts oben)*

Für 4 Portionen

4–6 Seezungenfilets (à 150–180 g)
Zitronensaft
3 rote Paprikaschoten
3 Chilis
4 Eiertomaten
2 Knoblauchzehen
4 El eingelegte, schwarze Kräuteroliven
3 El Chiliöl
Salz
Pfeffer
1 El Butter
250 ml Fischfond
125 ml Roséwein
3 Tl Speisestärke

**1.** Die Seezungenfilets waschen und mit Zitronensaft beträufeln. Die Paprikaschoten und die Chilis halbieren, entkernen und in sehr feine Würfel schneiden. Die Tomaten kreuzweise einritzen, kurz in kochendes Wasser tauchen, mit kaltem Wasser abschrecken und die Haut abziehen. Die Tomaten halbieren, entkernen und das Fruchtfleisch in sehr kleine Würfel schneiden.

**2.** Die Knoblauchzehen schälen und zerdrücken. Die Oliven abtropfen lassen, gegebenenfalls entsteinen und in sehr feine Würfel schneiden. Das Gemüse mit dem Chiliöl mischen und mit Salz und Pfeffer würzen. Die Butter erhitzen und die Gemüsemischung darin ca. 5 Minuten dünsten.

**3.** Die Seezungenfilets auf der Arbeitsfläche auslegen. Die Gemüsemischung daraufstreichen und die Filets aufrollen. Die Röllchen feststecken. Den Fischfond mit dem Wein erhitzen und die Seezungenröllchen darin ca. 5–10 Minuten gar ziehen lassen.



# Marinierter Thunfisch mit Orangen

*(oben)*

Für 4 Portionen

4 Orangen
4 Scheiben frischer Thunfisch (à ca. 125 g)
Salz
Pfeffer
2 El Olivenöl
2 El Zitronensaft
2 El trockener Sherry
2 Tl Senf
1 Msp. Zucker
2 Zweige Thymian

**1.** 2 Orangen schälen und filetieren, den Saft dabei auffangen. 1–2 Orangen mit dem Sparschäler schälen, die Schale anschließend in hauchdünne Streifen schneiden, es soll etwa 1 El ergeben. Die Orangen auspressen.

**2.** Den Thunfisch mit Salz und Pfeffer würzen. Das Öl erhitzen und den Thunfisch darin etwa 3 Minuten rundherum anbraten, er soll innen noch rosa sein.

**3.** Herausnehmen, in etwa 1 cm dicke Streifen schneiden und in eine Schale legen. Zitronensaft mit Sherry, Senf, Orangensaft, 1 Msp. Zucker, Salz und Pfeffer vermischen.

**4.** Die Sauce über dem Thunfisch verteilen. Den Thymian waschen, trocken schütteln und die Blättchen von den Stielen zupfen. Thunfisch mit Thymianblättchen, Orangenfilets und Orangenschale garniert servieren.

*Zubereitungszeit: ca. 20 Minuten*
*Pro Portion ca. 393 kcal/1649 kJ*
*29 g E, 22 g F, 18 g KH*

**4.** Die Röllchen herausnehmen und anrichten. Die Speisestärke mit etwas kaltem Wasser anrühren und den Sud damit andicken. Als Sauce zu den Seezungenröllchen servieren. Nach Wunsch mit frischen, gehackten Kräutern bestreuen. Dazu passen Petersilienkartoffeln.

*Zubereitungszeit: ca. 30 Minuten*
*Pro Portion ca. 387 kcal/1628 kJ*
*39 g E, 23 g F, 4 g KH*

## Fisch vindaye mit Chili und Ingwer

*(unten)*

Für 4 Portionen

1 kg Hechtfilet
1/2 Tl Kurkumapulver
Salz
1 Stück Ingwer (ca. 5 cm)
5 Knoblauchzehen
1–2 getrocknete Chilischoten
3 Tl Senf
Saft von 1 Zitrone
3–4 El Öl
8 Zwiebeln
3 grüne Chilischoten

**1.** Den Fisch waschen, trocknen und in mundgerechte Würfel schneiden, anschließend mit Kurkuma und Salz einreiben. Den Ingwer schälen und fein reiben. Den Knoblauch ebenfalls schälen und klein gehackt mit dem Ingwer vermischen.

**2.** Die getrocknete Chilischote zerreiben und mit dem Senf vermischen. Den Zitronensaft langsam unterrühren, Ingwer und Knoblauch dazugeben und alles mit etwas Wasser zu einer Paste verrühren.

**3.** Das Öl in einer Pfanne erhitzen und den Fisch darin auf beiden Seiten goldbraun braten. Herausnehmen und beiseitestellen. Die Zwiebeln schälen, vierteln und im Bratfett leicht anbraten. Die Ingwerpaste dazugeben und damit vermischen. Alles etwa 1 Minute dünsten lassen. Die Hitze reduzieren und den Fisch wieder zurück in die Pfanne geben.

**4.** Die grünen Chilis putzen und halbieren, anschließend den Stielansatz entfernen, die Schoten entkernen, waschen und zum Fisch dazugeben. Chilis etwa 3 Minuten mitgaren lassen und servieren.

*Zubereitungszeit: ca. 30 Minuten*
*Pro Portion ca. 283 kcal/1187 kJ*
*50 g E, 7 g F, 6 g KH*

## Crab-Burger
*(oben)*

Für 4 Portionen

650 g Crabmeat aus der Dose
je 2 rote und gelbe Paprikaschoten
4 Möhren
4 Zwiebeln
4 Staudenselleriestangen
5 Eier
Salz
Pfeffer
Pimentpulver
2 Tl Zitronenpfeffer
3 El Butterschmalz
250 g Joghurt
4 El Sahne
1/4 Bund Dill
2 El Obstessig

**1.** Das Crabmeat grob hacken. Die Paprikaschoten waschen, halbieren, entkernen und in kleine Würfel schneiden. Die Möhren und die Zwiebeln schälen und würfeln. Den Staudensellerie putzen, waschen und ebenfalls in Würfel schneiden.

**2.** Crabmeat, Gemüse und 1 Ei verkneten und alles mit Salz, Pfeffer, Pimentpulver und Zitronenpfeffer würzen. Aus der Masse Burger formen. Butterschmalz in einer Pfanne erhitzen und die Burger von jeder Seite ca. 5 Minuten braten. In der Zwischenzeit den Joghurt mit der Sahne verrühren.

**3.** Den Dill waschen, trocknen, fein hacken und unter den Dip rühren. Mit Salz und Pfeffer würzen. Die restlichen Eier in einer Tasse aufschlagen. Den Essig mit Wasser in einem Topf erhitzen und die Eier darin ca. 4 Minuten pochieren. Die Burger mit jeweils 1 pochiertem Ei belegen und mit dem Dip auf Tellern anrichten und servieren. Dazu passt ein bunter Salat.

*Zubereitungszeit: ca. 30 Minuten*
*Pro Portion ca. 365 kcal/1533 kJ*
*46 g E, 8 g F, 27 g KH*



## Heilbuttsteaks mit Safranreis und Kräuterbutter *(unten)*

Für 4 Portionen

1 Zwiebel
1 El Butter
200 g Langkornreis
1/4 Tl gemahlener Safran
1 Tl Salz
4 Heilbuttsteaks (à 150 g)
2 El Zitronensaft
2 El Öl
Salz
Pfeffer
Kräuterbutter zum Servieren

**1.** Die Zwiebel schälen und hacken, dann in der heißen Butter andünsten. Den Langkornreis, das Safranpulver, Salz sowie 400 ml Wasser zugeben und etwa 20 Minuten garen.

**2.** Die Heilbuttsteaks waschen, trocken tupfen und mit dem Zitronensaft beträufeln. Öl in einer Pfanne erhitzen und den Fisch darin von beiden Seiten 4 Minuten braten. Mit Salz und Pfeffer würzen. Mit dem Safranreis und Kräuterbutter servieren.

*Zubereitungszeit: ca. 10 Minuten*
*(plus Garzeit)*
*Pro Portion ca. 360 kcal/1512 kJ*
*34 g E, 6 g F, 41 g KH*

## Goldbrassenfilets mit Nuss-Pilz-Sauce

*(ohne Abb.)*

Für 4 Portionen

4 Goldbrassenfilets (à 200 g)
3 El Zitronensaft
4 Schalotten
200 g Lauch
4 El Olivenöl
Salz
Pfeffer aus der Mühle
200 ml Weißwein
1 Lorbeerblatt
300 g Austernpilze
2 El Butter
125 g gehackte Haselnüsse
2 El Sherry
50 g Mascarpone

**1.** Den Fisch waschen, trocken tupfen und mit Zitronensaft beträufeln. Die Schalotten schälen und in Würfel schneiden. Den Lauch putzen, waschen und in Ringe schneiden. Das Öl in einer Pfanne erhitzen und die Schalottenwürfel und den Lauch darin andünsten. Den Fisch dazugeben. Das Ganze mit Salz und Pfeffer würzen.

**2.** Den Fisch mit dem Wein angießen. Das Lorbeerblatt dazugeben und alles ca. 15 Minuten ziehen lassen. Die Austernpilze putzen, waschen und in Stücke schneiden.

**3.** Die Butter in einer Pfanne erhitzen und die Austernpilze darin andünsten. Mit Salz und Pfeffer abschmecken. Die Haselnüsse dazugeben und alles ca. 3 Minuten ziehen lassen. Den Sherry hinzufügen und den Mascarpone unterrühren. Den Fisch herausnehmen und abtropfen lassen. Anschließend mit der Sauce auf Tellern anrichten und servieren. Dazu passen Bandnudeln.

*Zubereitungszeit: ca. 25 Minuten*
*Pro Portion ca. 493 kcal/2068 kJ*
*66 g E, 15 g F, 15 g KH*

## Gebratene Reisnudeln mit Tintenfisch

*(oben)*

Für 4 Portionen

250 g Reisnudeln
500 g küchenfertige Tintenfischtuben
2 Bittergurken
1 Bund Koriander
4 El Pflanzenöl
2 rote getrocknete Chilischoten
4 El Austernsauce
1 Tl Sambal oelek

**1.** Die Reisnudeln nach Packungsanweisung kochen und in einem Sieb abtropfen lassen. Die Tintenfischtuben putzen, gründlich waschen, aufschneiden, mit der Hautseite nach unten ausbreiten, ein feines Rautenmuster einritzen und dann in Stücke schneiden.

**2.** Die Bittergurken waschen, trocknen, längs halbieren, entkernen und in 1 cm dicke Scheiben schneiden. Den Koriander waschen, trocken schütteln und die Blätter von den Stielen zupfen. Anschließend die Blätter in feine Streifen schneiden.

**3.** Das Pflanzenöl im Wok erhitzen, die Chilis grob zerdrücken und im Öl scharf anbraten. Die Tintenfischstücke zugeben, schnell und scharf anbraten, mit Austernsauce ablöschen und herausnehmen.

**4.** Die Bittergurkenscheiben in den Wok geben, mit etwa 100 ml Wasser ablöschen und kurz dünsten. Die Tintenfische wieder zurück in den Wok geben, die gekochten Reisnudeln hinzufügen, mit Sambal oelek abschmecken, Korianderstreifen untermischen, gut durchrühren und anrichten.

*Zubereitungszeit: ca. 30 Minuten*
*Pro Portion ca. 368 kcal/1536 kJ*
*33 g E, 13 g F, 33 g KH*

## Spargelpfanne mit Garnelen

*(unten)*

Für 4 Portionen

6 getrocknete Shiitakepilze
250 g Möhren
750 g grüner Spargel
Salz
3 El Sesamöl
2 Knoblauchzehen
1 rote Chilischote
200 ml Hühnerbrühe
3 El Austernsauce
150 g geschälte Garnelen
Pfeffer

**1.** Die Pilze etwa 10 Minuten in warmem Wasser einweichen. Inzwischen die Möhren schaben und in Stifte schneiden, die Spargelstangen waschen, im unteren Drittel schälen und schräg in Stücke schneiden.

**2.** Spargel in kochendem Salzwasser 5 Minuten blanchieren. Pilz-Einweichwasser abgießen, harte Stiele von den Pilzen entfernen, die Pilzhüte in Streifen schneiden.

**3.** Sesamöl im Wok erhitzen. Knoblauch schälen und würfeln. Chilischote putzen, entkernen und fein hacken. Beides im heißen Öl andünsten. Abgetropften Spargel, Pilze und Möhrenstifte zugeben und 3 Minuten unter Rühren darin braten.

**4.** Hühnerbrühe und Austernsauce angießen und aufkochen. Die Garnelen hinzufügen und 3 Minuten mitschmoren. Mit Salz und Pfeffer abschmecken. Dazu Reis reichen.

*Zubereitungszeit: ca. 20 Minuten (plus Gar- und Bratzeit)*
*Pro Portion ca. 233 kcal/976 kJ*
*18 g E, 6 g F, 33 g KH*



## Seezunge mit Erdbeer-Pfeffer-Sauce

*(rechts oben)*

Für 4 Portionen

1 unbehandelte Zitrone
4 küchenfertige Seezungenfilets (à ca. 75–100 g)
Salz
50 g Frühstücksspeck
250 g Erdbeeren
150 ml trockener Roséwein
2 Tl Speisestärke
125 ml Fischfond oder Geflügelbrühe
1 Tl eingelegter grüner Pfeffer
Mehl zum Wenden
1 El Butter
Zitronenmelisse und etwas grüner Pfeffer zum Garnieren

**1.** Zitrone heiß abwaschen, abtrocknen und etwa die Hälfte der Schale fein abreiben. Zitrone auspressen. Den Zitronensaft auf die Fischfilets verteilen. Fisch leicht salzen und beiseitestellen.

**2.** Speck fein würfeln. Erdbeeren putzen, waschen und bis auf 4 Stück fein würfeln. Etwas Wein mit Stärke glatt verrühren. Restlichen Wein mit Fond oder Brühe, Erdbeerwürfeln, Zitronenschale und Pfeffer ca. 5 Minuten köcheln lassen. Mit der Stärke binden, salzen und warm stellen.

**3.** Die Seezungen in Mehl wenden. Butter in einer Pfanne erhitzen, den Speck darin kross ausbraten, herausnehmen und auf Küchenpapier abtropfen lassen. Seezungen in dem Bratfett von jeder Seite 4 Minuten braten.

**4.** Den Fisch mit Speckwürfeln und Sauce auf Tellern anrichten. Mit den restlichen Erdbeeren, etwas gewaschener Zitronenmelisse und grünem Pfeffer garniert servieren.

*Zubereitungszeit: ca. 20 Minuten (plus Bratzeit)*
*Pro Portion ca. 214 kcal/898 kJ*
*30 g E, 6 g F, 9 g KH*

## Pochierter Lachs

*(unten)*

Für 4 Portionen

4 Scheiben Lachsfilet (à 200 g)
5 El Sojasauce
5 El Reiswein
1/2 Tl Wasabi-Paste
500–750 ml Fischfond
2–3 El grüne, eingelegte Pfefferkörner
1 El Chilisauce
100–150 g weiche Butter
2 cl Cognac

**1.** Die Fischfilets waschen, trocknen und mit der Sojasauce beträufeln. Ca. 10 Minuten marinieren lassen.

**2.** Den Reiswein mit der Wasabi-Paste verrühren und zusammen mit dem Fischfond zum Sieden bringen. Die Lachsfilets darin ca. 6–8 Minuten pochieren. Anschließend herausnehmen und warm stellen. Die Pfefferkörner in ein kleines Sieb geben und gut abtropfen lassen.

**3.** Die Körner zerdrücken und mit der Chilisauce mischen. Die Butter mit dem Cognac schaumig schlagen und die Pfefferkörner unterheben. Den Lachs mit der Pfefferbutter anrichten und servieren. Dazu passen Petersilienkartoffeln.

*Zubereitungszeit: ca. 20 Minuten*
*Pro Portion ca. 143 kcal/600 kJ*
*29 g E, 2 g F, 3 g KH*

2. Den Backofen auf 180 °C vorheizen. Das Fenchelgrün in die Fischbäuche geben. Butterschmalz erhitzen und den Fisch darin ca. 7 Minuten braten. Anschließend in eine flache, mit Butter ausgestrichene ofenfeste Form legen.

3. Die Morcheln und den Fenchel darauf verteilen. Das Brot in Würfel schneiden und mit den Pinienkernen darüberstreuen. Die Grillbutter in Flöckchen darauflegen und alles im Backofen auf der mittleren Einschubleiste ca. 8 Minuten backen. Dazu passen Petersilienkartoffeln.

*Zubereitungszeit: ca. 25 Minuten*
*(plus Einweich- und Backzeit)*
*Pro Portion ca. 485 kcal/2037 kJ*
*74 g E, 40 g F, 11 g KH*



## *Ofenforellen*

*(oben)*

Für 4 Portionen

50 g getrocknete Morcheln
4 kleine Fenchelknollen
4 El Zitronensaft
4 küchenfertige Forellen
Salz
Pfeffer
4 El Butterschmalz
6 Scheiben Dreikorntoast
3 El Pinienkerne
2 El Grillbutter
Butter für die Form

1. Die Morcheln in Wasser ca. 10 Minuten einweichen. Anschließend klein schneiden. Fenchel putzen, waschen und in Scheiben schneiden. Das Grün grob hacken. Alles mit 2 El Zitronensaft beträufeln. Den Fisch waschen, trocknen, mit dem restlichen Zitronensaft beträufeln und mit Salz und Pfeffer würzen.

## *Lachsfilet im Gemüsemantel*

*(links unten)*

Für 4 Portionen

4 Scheiben Lachsfilet à 150 g
2 El Zitronensaft
6 El Sesamöl
Salz
Pfeffer
2 Zucchini
400 g ausgelöste Nordseekrabben
2 cl Anisschnaps
2–3 Eier
etwas Mineralwasser
2 El Butter

**1.** Fischfilets waschen und trocknen. Den Zitronensaft mit 3 El Sesamöl, Salz und Pfeffer verrühren und die Fischfilets damit bestreichen.

**2.** Die Zucchini putzen, waschen und längs in dünne Scheiben schneiden. Die Fischfilets damit umwickeln und fixieren. Das restliche Sesamöl in einer Pfanne erhitzen und die Fischfilets darin vorsichtig von jeder Seite ca. 4–6 Minuten braten.

**3.** Die Krabben mit dem Anisschnaps beträufeln. Die Eier mit etwas Mineralwasser, Salz und Pfeffer verquirlen. Die Krabben unterheben. Die Butter in einer zweiten Pfanne erhitzen und die Krabben-Ei-Mischung darin unter Rühren ca. 3–4 Minuten braten. Die Lachsfilets zusammen mit dem Krabbenrührei anrichten und servieren.

*Zubereitungszeit: ca. 30 Minuten*
*Pro Portion ca. 797 kcal/3347 kJ*
*34 g E, 71 g F, 4 g KH*

## *Fischfrikadellen vom Grill* *(links)*

Für 4 Portionen

750 g gekochter Weißfisch, z. B. Dorsch oder Kabeljau
5 große Scheiben Weißbrot
1 Tomate
1 Zwiebel
1 Knoblauchzehe
3 Eier
2 El frisch gehackter Dill
Salz
Pfeffer
frisch geriebene Muskatnuss
etwas Öl
Zitronenscheiben zum Garnieren

**1.** Den gegarten Fisch mit einer Gabel in kleine Stücke zerpflücken und in eine Schüssel geben. Das Brot grob würfeln und in heißem Wasser einweichen. Anschließend ausdrücken.

**2.** Die Tomate kreuzweise einritzen, mit kochendem Wasser überbrühen, anschließend häuten, entkernen und klein würfeln. Die Zwiebel und den Knoblauch schälen und sehr fein hacken. Mit dem Brot und den Tomatenwürfeln zu dem Fisch geben.

**3.** Die Eier verquirlen und mit dem Dill dazugeben. Salzen, pfeffern und mit frisch geriebener Muskatnuss würzen. Alle Zutaten gut miteinander vermengen.

**4.** Aus der Masse mit nassen Händen kleine flache Frikadellen formen. Frikadellen mit etwas Öl bestreichen und auf dem heißen Grill von beiden Seiten etwa 3 Minuten grillen. Mit Zitronenscheiben garniert anrichten.

*Zubereitungszeit: ca. 25 Minuten*
*Pro Portion ca. 335 kcal/1407 kJ*
*41 g E, 9 g F, 20 g KH*

## Geschmorter Zander

*(ohne Abb.)*

Für 4 Portionen

4 Zanderkoteletts
1 El Zitronensaft
Salz
Pfeffer
2 El Mehl
4 El Erdnussöl
350 ml Fischfond
4 cl Bourbon-Whiskey
200 g Schmand
3 El Sahnemeerrettich
1/2 Bund Dill
Zitronenspalten zum Garnieren

**1.** Die Fischkoteletts waschen, trocknen und mit Zitronensaft beträufeln. Mit Salz und Pfeffer würzen und im Mehl wenden.

**2.** Das Öl in einer Pfanne erhitzen. Überschüssiges Mehl von den Fischkoteletts abklopfen und die Zanderkoteletts in dem Öl von jeder Seite ca. 3 Minuten anbraten. Die Hälfte des Fonds und den Whiskey dazugeben und alles zusammen weitere 7–9 Minuten bei milder Hitze schmoren lassen.

**3.** Den Fisch herausnehmen und warm stellen. Den restlichen Fond in die Pfanne gießen und ca. 3–4 Minuten einkochen lassen.

**4.** Den Schmand und den Meerrettich einrühren. Den Dill waschen, trocknen, die einzelnen Fähnchen abzupfen und fein hacken. Anschließend unter die Sauce rühren. Mit Salz und Pfeffer abschmecken. Die Sauce zusammen mit den Zanderkoteletts anrichten und mit Zitronenspalten servieren. Dazu passen Kartoffeln.

*Zubereitungszeit: ca. 30 Minuten*
*Pro Portion ca. 520 kcal/2184 kJ*
*26 g E, 34 g F, 14 g KH*

## Tegernsee-Felchen mit Sahnesauce

*(oben)*

Für 4 Portionen

4 küchenfertige Felchen
Salz
4 mittlere Zwiebeln
1/2 Bund Kerbel
100 g Mehl
100 g Butter
1/2 Bund Dill
1/2 Bund Petersilie
750 g saure Sahne
Pfeffer

**1.** Die Felchen waschen, trocken tupfen und innen und außen mit Salz einreiben. Die Zwiebeln schälen und fein hacken. Kerbel waschen, trocken schütteln und hacken. Zwiebeln und Kerbel in die Fische füllen.

**2.** Mehl auf einen Teller geben und die Felchen darin wenden. Die Butter in einer großen Pfanne erhitzen, die Fische darin von allen Seiten etwa 20 Minuten braten und öfter wenden, bis sie gut mit Fett überzogen sind.

**3.** Dill und Petersilie waschen, trocken schütteln und hacken. Fische aus der Pfanne nehmen und warm stellen. Die saure Sahne und die Kräuter zum Bratensatz geben und gut verrühren. Mit Salz und Pfeffer abschmecken. Felchen mit der Sahnesauce und Brot servieren.

*Zubereitungszeit: ca. 30 Minuten*
*Pro Portion ca. 675 kcal/2835 kJ*
*26 g E, 49 g F, 33 g KH*

## Sardinen mit Fenchel
*(rechts)*

Für 4 Portionen

1 kg küchenfertige Sardinen
3 El Zitronensaft
Salz
Pfeffer
3 Fenchelknollen
3 Gemüsezwiebeln
4 Knoblauchzehen
4 El Olivenöl
125 ml Weißwein
125 ml Fischfond

**1.** Die Sardinen waschen, trocknen und mit dem Zitronensaft beträufeln. Mit Salz und Pfeffer würzen. Den Backofen auf 180 °C vorheizen. Die Fenchelknollen putzen, waschen und in Scheiben schneiden. Das Fenchelgrün hacken.

**2.** Die Gemüsezwiebeln schälen und in Ringe schneiden. Die Knoblauchzehen schälen und durchpressen. Eine flache ofenfeste Form mit etwas Olivenöl ausstreichen. Die Hälfte des Gemüses einfüllen und den Fisch darauflegen.

**3.** Alles mit dem restlichen Gemüse bedecken und mit dem übrigen Öl beträufeln. Mit Salz und Pfeffer würzen. Den Weißwein und den Fond dazugießen und alles im Backofen auf der mittleren Einschubleiste ca. 15 Minuten garen.

*Zubereitungszeit: ca. 20 Minuten*
*(plus Garzeit)*
*Pro Portion ca. 498 kcal/2090 kJ*
*45 g E, 32 g F, 8 g KH*

## Barracuda vom Grill
*(unten)*

Für 4 Portionen

1 küchenfertiger Barracuda
(ca. 1,5 kg)
75 g Butter
Pfeffer
Salz
Saft von 1 Zitrone

**1.** Den Fisch waschen, trocken tupfen, in Scheiben schneiden und auf Spieße stecken. Die Butter in einem Topf zerlassen, anschließend den Fisch damit von allen Seiten bestreichen.

**2.** Mit frisch gemahlenem Pfeffer und Salz würzen. Die Zitrone auspressen und den Saft über den Fisch träufeln.

**3.** Den Fisch auf den heißen Grill legen und 5 Minuten grillen, anschließend umdrehen und auf der anderen Seite etwa 5–10 Minuten weitergrillen.

*Zubereitungszeit: ca. 15 Minuten*
*(plus Grillzeit)*
*Pro Portion ca. 450 kcal/1890 kJ*
*69 g E, 18 g F, 1 g KH*

## Fischgulasch mit Gurkengemüse

*(rechts)*

Für 4 Portionen

2 Zwiebeln
1 El Butter
2 Salatgurken
2 El Mehl
250 ml Gemüsebrühe
125 g Schmand
2 El Senf
Salz
Pfeffer
Zucker
400 g Seelachsfilet
1 El Zitronensaft
1/2 Bund Dill

**1.** Die Zwiebeln schälen und hacken. Die Butter erhitzen und die Zwiebeln darin andünsten. Die Salatgurken schälen, entkernen, in 2 cm große Stücke schneiden und hinzufügen, kurz mitschmoren.

**2.** Das Mehl darüberstäuben, anschwitzen, mit der Gemüsebrühe ablöschen und Schmand und Senf unterrühren. Das Gemüse mit Salz, Pfeffer und etwas Zucker abschmecken.

**3.** Das Seelachsfilet in Streifen schneiden, salzen und pfeffern, mit dem Zitronensaft beträufeln und im Gurkengemüse 4 Minuten garen.

**4.** Den Dill waschen, trocken schütteln, hacken und über Fisch und Gurkengemüse streuen. Mit Kartoffelpüree servieren.

*Zubereitungszeit: ca. 30 Minuten*
*Pro Portion ca. 297 kcal/1243 kJ*
*20 g E, 21 g F, 5 g KH*

## Fischcurry

*(links)*

Für 4 Portionen

800 g Kabeljaufilet
2 Zwiebeln
4 Knoblauchzehen
1 Stück Ingwer (5 cm)
4 El Öl
je 1 Tl Kurkuma-, Chili-, Kreuzkümmel-, Korianderpulver, Garam Masala
Salz
3 Tomaten
2 grüne Chilischoten
1 El Korianderblättchen

**1.** Den Kabeljau waschen, trocknen und in mundgerechte Stücke zerteilen. Zwiebeln, Knoblauch und Ingwer schälen und fein hacken.

2. Das Öl in einem großen Topf erhitzen, Zwiebeln und Ingwer darin goldbraun anbraten, dann Knoblauch und die Gewürze hinzufügen und alles für ca. 1 Minute weiterbraten. Die Fischstücke dazugeben und vorsichtig darunterheben. Bei Bedarf etwas Wasser dazugießen.

3. Tomaten und Chilis putzen, waschen und trocknen. Die Tomaten in Stücke, die Chilis in ganz feine Ringe schneiden und beides vorsichtig unter das Fischcurry heben. Den Fisch zugedeckt noch ca. 5 Minuten weiterköcheln lassen. Zum Schluss die Korianderblättchen darauf verteilen und das Gericht servieren.

*Zubereitungszeit: ca. 30 Minuten*
*Pro Portion ca. 285 kcal/1197 kJ*
*36 g E, 12 g F, 6 g KH*

## Gefüllte Avocados mit Fisch und Tomatendressing *(unten)*

Für 4 Portionen

4 reife Avocados
4 El Zitronensaft
200 g gedünstetes Fischfilet
1 kleine Lauchstange
2 Möhren
50 g Knollensellerie
80 g Gouda
8 El Tomatenketchup
2 Tl Crème fraîche
2 El Cognac
Salz
Cayennepfeffer
Worcestersauce

1. Die Avocados längs halbieren, den Stein vorsichtig entfernen und die Avocadohälften bis auf etwa 1/2 cm aushöhlen. Das Avocadofruchtfleisch würfeln und mit Zitronensaft beträufeln.

2. Das Fischfilet mit einer Gabel zerpflücken. Den Lauch putzen, waschen, trocknen und in feine Ringe schneiden. Die Möhren und den Sellerie schälen und in dünne Stifte schneiden. Den Gouda fein würfeln. Die Zutaten mischen und in die ausgehöhlten Avocados füllen.

3. Aus Tomatenketchup, Crème fraîche, Cognac, Salz, Cayennepfeffer und Worcestersauce ein Dressing bereiten und über die Füllung geben. Mit frischem Baguette servieren.

*Zubereitungszeit: ca. 30 Minuten*
*Pro Portion ca. 680 kcal/2856 kJ*
*22 g E, 61 g F, 10 g KH*

**Tipp:** Das Fruchtfleisch der Avocado ist sehr nahrhaft, fetthaltig und von fast cremiger Konsistenz. Es wird roh verzehrt. Der Reifeprozess bei noch nicht ausgereiften Früchten kann dadurch beschleunigt werden, dass sie in Zeitungspapier eingewickelt gelagert werden.

## Fischkebabs mit Minzsauce

*(unten)*

Für 4 Portionen

800–1000 g Fischfilet
5 Zwiebeln
4 Knoblauchzehen
1 Stück Ingwer (ca. 6–8 cm)
1–2 Eier
2–3 El Semmelbrösel
je 1 El Nelken-, Koriander-, Kreuzkümmel- und Anispulver
je 1/2 El Salz und gemahlener schwarzer Pfeffer
1–3 El Kichererbsenmehl
Holzspieße
1 Bund Minze
400 g Naturjoghurt
4 El Sahne
Fett zum Braten

**1.** Das Fischfilet waschen, trocknen und grob zerkleinern. Zwiebeln, Knoblauch und Ingwer schälen. Alles zusammen durch den Fleischwolf drehen. Eier, Semmelbrösel und die Gewürze dazugeben. Alles zu einem einheitlichen Teig verarbeiten. Das Kichererbsenmehl unterkneten.

**2.** Aus der Masse mit feuchten Händen kleine Röllchen formen und diese auf Holzspieße stecken. Die Kebabs in nicht zu heißem Fett von allen Seiten ca. 6–8 Minuten braten.

**3.** Die Minze waschen, trocken schütteln und bis auf einige Blättchen fein hacken. Den Joghurt mit der Sahne und der gehackten Minze verrühren. Zusammen mit den Fischkebabs anrichten und mit einigen Minzeblättchen garniert servieren.

*Zubereitungszeit: ca. 30 Minuten*
*Pro Portion ca. 490 kcal/2058 kJ*
*55 g E, 15 g F, 13 g KH*



## Heringe mit Salbei

*(rechts oben)*

Für 4 Portionen

8 küchenfertige grüne Heringe
3 El Zitronensaft
Salz
Pfeffer
2 Eier
200 g geriebene Mandeln
Öl zum Frittieren
2 Gemüsezwiebeln
1/2 Bund Salbei
2 El Butter
3 El Stachelbeergelee
100 ml Fischfond
2 cl weißer Portwein
1 El Zitronensaft
6 El Crème double

**1.** Die Heringe waschen, trocknen, mit Zitronensaft beträufeln und mit Salz und Pfeffer würzen. Die Eier in einer Schüssel verquirlen. Die Heringe durch die Eimasse ziehen und anschließend in den Mandeln wenden. Die Panade etwas andrücken.

**2.** Das Öl in einer Fritteuse erhitzen und die Heringe darin goldbraun ausbacken. Die Gemüsezwiebeln schälen und in Würfel schneiden. Salbei waschen, trocknen und die Blättchen abzupfen. Die Butter erhitzen und die Zwiebeln darin andünsten.

**3.** Salbei und Stachelbeergelee unterrühren. Alles mit dem Fischfond, Portwein und Zitronensaft angießen und ca. 5 Minuten ziehen lassen. Anschließend die Crème double unterrühren. Den Fisch mit der Sauce auf Tellern anrichten und servieren. Dazu passen Röstkartoffeln.

*Zubereitungszeit: ca. 30 Minuten*
*Pro Portion ca. 300 kcal/1260 kJ*
*15 g E, 22 g F, 10 g KH*

**2.** Den Wein und 400 ml Wasser dazugießen. Die Zwiebel-Knoblauch-Mischung, das Suppengrün und die Gewürze ebenfalls dazugeben. Alles zusammen ca. 6–8 Minuten kochen lassen. Das Ganze in ein Sieb gießen und gut abtropfen lassen. Das Muschelfleisch herauslösen und bereitstellen.

**3.** Den Spinat gut ausdrücken und grob hacken. Die Zwiebeln schälen und würfeln. Die Butter erhitzen und die Zwiebeln mit dem Spinat darin ca. 5–6 Minuten dünsten. Die Kräuterbutter erhitzen und die Muscheln darin ca. 4 Minuten braten. Dann zum Spinat geben und 1–2 Minuten mitbraten. Würzen und auf Tellern anrichten. Mit Kaviar und Dill garniert servieren.

*Zubereitungszeit: ca. 30 Minuten*
*Pro Portion ca. 770 kcal/3234 kJ*
*103 g E, 15 g F, 50 g KH*

## Gebratene Muscheln mit Spinat

*(rechts)*

Für 4 Portionen

2 kg frische Miesmuscheln
600 ml Weißwein
100 g Zwiebel-Knoblauch-Mischung (TK)
100 g Suppengrün (TK), aufgetaut
1/4 Tl Pimentkörner
1/4 Tl Pfefferkörner
grobes Meersalz
300–400 g Blattspinat (TK), aufgetaut
2 Zwiebeln
2–3 El Butter
1 El Kräuterbutter
Salz
Pfeffer
3–4 El Forellenkaviar
Dill zum Garnieren

**1.** Die Muscheln waschen und bereits geöffnete Muscheln entfernen. Die Muscheln in einen großen Topf geben.

chen klein hacken und ebenfalls unterheben. Das Ganze ca. 3–4 Minuten schmoren lassen.

**4.** Die Brühe angießen und die Garnelen dazugeben. Salzen, pfeffern und unter Rühren ca. 3–5 Minuten garen. Herausnehmen, anrichten und servieren.

*Zubereitungszeit: ca. 25 Minuten*
*Pro Portion ca. 258 kcal/1083 kJ*
*36 g E, 6 g F, 22 g KH*

## Sushi Temaki mit Lachsforelle

*(links)*

Für 8 Portionen

150 g Lachsforellenfilet
1 unbehandelte Limette
1/2 Bund Koriander
4 Noriblätter
300 g gekochter Sushireis
Wasabi
Sojasauce
eingelegter Ingwer

**1.** Das Fischfilet waschen, trocken tupfen und von noch vorhandenen Gräten befreien. Das Filet in 8 dünne Scheiben schneiden.



## Gedünstete Garnelen mit buntem Gemüse

*(unten)*

Für 4 Portionen

1–1,5 kg küchenfertige Shrimps oder Garnelen ohne Schale
6–7 El Zitronensaft
3 El gehackter gerösteter Knoblauch
je 200 g Kartoffeln, Möhren, Erbsen und Zwiebeln
5–6 El Ghee oder Butterschmalz
4–5 El Currypulver
2 El Garam Masala
2 getrocknete rote Chilischoten
1 Bund Koriander
125–250 ml Gemüsebrühe
Salz
Pfeffer

**1.** Die Garnelen waschen, trocknen und in eine Schüssel legen. Den Zitronensaft mit dem Knoblauch mischen und darübergeben. Ca. 15 Minuten marinieren.

**2.** Das Gemüse putzen und waschen. Kartoffeln, Möhren und Zwiebeln schälen und in feine Würfel schneiden. Das Ghee oder Butterschmalz erhitzen und das Gemüse darin ca. 4–5 Minuten anbraten.

**3.** Currypulver, Garam Masala und zerbröselte Chilischoten dazugeben. Koriander waschen, trocknen, Blätt-

**2.** Die Limette heiß abwaschen und halbieren. Eine Hälfte auspressen und den Fisch damit beträufeln. Die andere Hälfte in 8 dünne Spalten schneiden. Den Koriander waschen, trocken schütteln und hacken.

**3.** Die Noriblätter quer halbieren und je 1/2 Blatt auslegen. 1/8 Reis darauf verteilen und festdrücken. Etwas Wasabi auf den Reis geben. 1 Scheibe Lachsforelle, 1 Limettenspalte, Koriander darauflegen und das Blatt tütenförmig zusammenrollen. Mit den übrigen Noriblättern genauso verfahren.

**4.** Sushi Temaki mit Wasabi, Sojasauce und eingelegtem Ingwer anrichten.

*Zubereitungszeit: ca. 15 Minuten*
*Pro Portion ca. 166 kcal/698 kJ*
*6 g E, 2 g F, 30 g KH*

**Tipp:** Unter Nori werden in Japan verschiedene Algenarten der Gattung der Schwarz- und Rotalgen zusammengefasst. Es wird frisch und getrocknet angeboten und zum Rollen von Sushi verwendet, aber auch für Suppen, Salate und Brot.

## *Lachssteaks mit Fenchel*

*(rechts)*

Für 4 Portionen

4 Lachssteaks (à 150 g)
Saft von 1 Zitrone
Salz
Pfeffer
2 El Öl
2 Tl Butter
2 Fenchelknollen
4 Möhren
150 ml Gemüsebrühe
1/2 Bund Dill
4 Stück Kräuterbutter

**1.** Die Lachssteaks mit dem Saft der Zitrone beträufeln, mit Salz und Pfeffer würzen. Das Öl und die Butter erhitzen und die Lachssteaks darin von jeder Seite etwa 3 Minuten braten.

**2.** Die Fenchelknollen putzen, waschen und in Streifen schneiden. Die Möhren schälen und in Streifen schneiden. Fenchel und Möhren zum Fisch geben und kurz mitschmoren. Die Gemüsebrühe angießen und alles abgedeckt etwa 15 Minuten garen. Mit Salz und Pfeffer würzen.

**3.** Den Dill waschen, trocken schütteln und hacken. Die Lachssteaks mit dem Gemüse und mit je 1 Stück Kräuterbutter belegt und mit dem gehackten Dill bestreut servieren. Dazu passen Kartoffeln.

*Zubereitungszeit: ca. 15 Minuten*
*(plus Brat- und Garzeit)*
*Pro Portion ca. 380 kcal/1591 kJ*
*31 g E, 15 g F, 8 g KH*

## Feine Lachskoteletts

*(ohne Abb.)*

Für 4 Portionen

375 ml Fischfond
250 ml Hummerfond
2 El Zitronensaft
1 El Zitronenpfeffer
4 Lachskoteletts mit Haut à 250 g
3 Stangen Lauch
2 Bund Frühlingszwiebeln
250 g Pastinaken
4 El Trüffelöl
je 1/2 Tl Piment- und Kreuzkümmelpulver

**1.** Den Fond mit dem Zitronensaft und dem Zitronenpfeffer in einen Topf geben und erhitzen. Die Lachskoteletts waschen, trocknen und in dem Fond ca. 8 Minuten garen lassen. Anschließend herausnehmen und warm stellen. Inzwischen den Lauch und die Frühlingszwiebeln putzen, waschen und in Ringe schneiden.

**2.** Die Pastinaken schälen und in Scheiben schneiden. Das Öl erhitzen und den Lauch mit den Frühlingszwiebeln und den Pastinaken darin andünsten. Mit Salz, Pfeffer, Piment- und Kreuzkümmelpulver würzen. Nach ca. 3 Minuten mit 200 ml des Kochsuds angießen und weitere 2 Minuten ziehen lassen.

**3.** Die Lachskoteletts mit der Sauce auf Tellern anrichten und servieren. Dazu passen Petersilienkartoffeln.

*Zubereitungszeit: ca. 20 Minuten*
*Pro Portion ca. 438 kcal/1838 kJ*
*32 g E, 15 g F, 21 g KH*



## Gebratene Tintenfische mit Zucchini

*(oben)*

Für 4 Portionen

500 g Zucchini
Salz
4 Tomaten
3 Knoblauchzehen
1/2 Bund Petersilie
400 g küchenfertige kleine Tintenfische
5 El Olivenöl
Pfeffer
5 El Weißwein
2 El Pastis
2 El Limettensaft

**1.** Die Zucchini putzen, waschen und trocken tupfen. Halbieren und in Scheiben schneiden. In kochendem Salzwasser etwa 1 Minute blanchieren. Abgießen und abtropfen lassen.

**2.** Die Tomaten waschen, vierteln, die Stielansätze und Kerne herauslösen und die Tomaten würfeln. Den Knoblauch schälen und in feine Scheiben schneiden. Die Petersilie waschen, trocken schütteln und hacken.

**3.** Die Tintenfische waschen und trocken tupfen. Das Öl in einer Pfanne erhitzen und die Tintenfische darin etwa 5 Minuten braten. Den Knoblauch zugeben und 1 Minute mitbraten. Mit Salz und Pfeffer würzen.

**4.** Wein, Pastis und Limettensaft zugeben, das Gemüse hinzufügen und alles weitere 2 Minuten braten. Zuletzt die Petersilie unterheben. Die gebratenen Tintenfische mit Gemüse und frischem Baguette servieren.

*Zubereitungszeit: ca. 20 Minuten (plus Bratzeit)*
*Pro Portion ca. 183 kcal/769 kJ*
*19 g E, 8 g F, 8 g KH*

## *Meeresfrüchteragout*

*(rechts)*

Für 4 Portionen

150 g Bacon bits
2 El Olivenöl
450 g Meeresfrüchte-Mischung (TK)
2 Gemüsezwiebeln
6 Möhren
1 Stange Staudensellerie
6 Navetten
250 ml Fischfond
Salz
Pfeffer
2 El frisch gehackter Thymian
1 El Zitronensaft
6 El Sahnedickmilch

**1.** Die Bacon bits in einer Pfanne ohne Fett auslassen. Das Olivenöl in einer weiteren Pfanne erhitzen und die Meeresfrüchte dazugeben.

**2.** Die Zwiebeln schälen und in Würfel schneiden. Die Möhren schälen und in Scheiben schneiden. Staudensellerie putzen, waschen und in Stücke schneiden. Die Navetten schälen und in Würfel schneiden.

**3.** Das Gemüse zu den Meeresfrüchten geben und nach 4 Minuten alles mit dem Fischfond angießen. Mit Salz, Pfeffer, Thymian und Zitronensaft abschmecken. Die Dickmilch unterrühren. Alles auf Tellern anrichten und servieren.

*Zubereitungszeit: ca. 20 Minuten*
*Pro Portion ca. 708 kcal/2972 kJ*
*36 g E, 40 g F, 53 g KH*

## *Chili-Reis mit Meeresfrüchten*

*(unten)*

Für 4 Portionen

250 g Langkornreis
4 milde mittelgroße grüne Chilischoten
4 El Pflanzenöl
400 g gemischte küchenfertige Meeresfrüchte
100 g Erbsen (TK)
200 g frische Sojasprossen
4 El Fischsauce
2 El Austernsauce
1 Tl Sweet-Sour-Sauce

**1.** Den Reis nach Packungsanweisung kochen und beiseitestellen. Die Chilischoten waschen, putzen, entkernen und in Ringe schneiden.

**2.** Pflanzenöl im Wok erhitzen, die Meeresfrüchte darin kurz und scharf anbraten. Erbsen und Sojasprossen zugeben, danach den gekochten Reis untermischen. Mit Fischsauce, Austernsauce und Sweet-Sour-Sauce abschmecken. Zum Schluss die in Ringe geschnittenen Chilis unterrühren. Falls der Reis am Wokrand ansetzt, eventuell mit etwas Wasser ablöschen.

*Zubereitungszeit: ca. 30 Minuten*
*Pro Portion ca. 365 kcal/1530 kJ*
*23 g E, 14 g F, 35 g KH*

## Rotbarsch süß-sauer
*(oben)*

Für 4 Portionen

4 Scheiben Rotbarschfilet à 250 g
2 El Zitronensaft
4 El Sesamöl
Salz
Pfeffer
1 Bund Frühlingszwiebeln
2 El frisch geriebener Ingwer
150 g Ananaswürfel aus der Dose
150 g Mandarinen aus der Dose
250 ml Ananassaft
250 ml Fischfond
4 El Tomatenmark
1 El Chilisauce

**1.** Die Fischfilets waschen, trocknen und mit Zitronensaft beträufeln. Das Öl in einer Pfanne erhitzen und die Fischfilets darin von jeder Seite ca. 4 Minuten braten. Mit Salz und Pfeffer würzen.

**2.** Die Frühlingszwiebeln putzen, waschen und in Ringe schneiden. Den Fisch herausnehmen und warm stellen. Den Bratfond noch einmal erhitzen und die Frühlingszwiebeln darin ca. 3 Minuten andünsten. Den Ingwer dazugeben.

**3.** Das Obst in einem Sieb abtropfen lassen und zu den Frühlingszwiebeln geben. Alles mit Salz und Pfeffer würzen. Mit dem Saft und dem Fond angießen. Das Tomatenmark unterrühren und alles noch einmal mit Salz, Pfeffer und Chilisauce abschmecken. Die Sauce ca. 6 Minuten köcheln lassen. Den Fisch mit der Sauce auf Tellern anrichten und servieren.

*Zubereitungszeit: ca. 30 Minuten*
*Pro Portion ca. 553 kcal/2321 kJ*
*63 g E, 29 g F, 13 g KH*

## Feine Fischplatte
*(unten)*

Für 4 Portionen

2 Goldbrassenfilets (à 150 g)
2 Meeräschenfilets (à 150 g)
1 Doradenfilet (à 200 g)
2 Seezungenfilets (à 150 g)
Salz
5 El Zitronensaft
375 ml Weißwein
2 El Butter, 2 El Mehl
2 El Vincotto
1 El Martini
250 ml Sahne
Worcestersauce
Pfeffer aus der Mühle
1 Bund Dill
Kräuterbutter für die Form

**1.** Den Backofen auf 250 °C vorheizen. Die Fischfilets waschen, trocken tupfen, in Würfel schneiden, mit Salz würzen und mit etwas Zitronensaft beträufeln. Eine ofenfeste Form mit der Kräuterbutter ausstreichen. Die Fischstücke in die Form legen und den Wein darübergießen. Das Ganze im Backofen zugedeckt auf der mittleren Einschubleiste ca. 15 Minuten garen.

**2.** Die Butter in einem Topf schmelzen lassen und das Mehl einrühren. Mit dem Vincotto und dem Martini angießen. Die Sahne mit dem Schneebesen darunterschlagen. Mit restlichem Zitronensaft, Worcestersauce und Pfeffer würzen.

**3.** Dill waschen, trocken schütteln und bis auf einen Rest zum Garnieren fein hacken und unter die Sahne rühren. Den Fisch aus dem Backofen nehmen und auf vorgewärmte Teller verteilen. Die Sauce darübergeben und mit dem Dill garniert servieren. Dazu passt Baguette.

*Zubereitungszeit: ca. 20 Minuten*
*Pro Portion ca. 955 kcal/4011 kJ*
*42 g E, 64 g F, 52 g KH*

## Gegrillte Brassen auf Weinblättern

*(links)*

Für 4 Portionen

2 große küchenfertige Brassen (Doraden)
Salz
Pfeffer
1/2 Bund Thymian
1/2 Bund Oregano
6 El Olivenöl
Saft von 1 Zitrone
2 unbehandelte Zitronen
4 Weinblätter

**1.** Den Ofengrill vorheizen. Die Fische innen und außen waschen und trocken tupfen. Dann mit Salz und Pfeffer würzen. Die Kräuter waschen, trocken schütteln und in die Bauchhöhlen der Fische stecken.

**2.** Die Doraden auf ein Backblech legen. Die Haut auf jeder Seite mehrmals einschneiden. Mit Olivenöl einstreichen, mit Zitronensaft beträufeln. Die Fische auf beiden Seiten etwa 10 Minuten grillen.

**3.** Die Zitronen heiß waschen und achteln. Die Weinblätter mit kochendem Wasser übergießen und 10 Minuten darin ziehen lassen. Dann abgießen und abtropfen lassen. Auf Tellern anrichten. Die Fische darauflegen und mit den Zitronenachteln servieren.

*Zubereitungszeit: ca. 30 Minuten*
*Pro Portion ca. 268 kcal/1124 kJ*
*32 g E, 12 g F, 6 g KH*

**Tipp:** Auf die gleiche Art und Weise können Sie auch Sardinen, Forellen, Rotbarben oder Makrelen grillen.

## Garnelen mit würzigem Minzdip
*(unten)*

Für 4 Portionen

24 rohe Riesengarnelen
9 El Öl
6 Knoblauchzehen
1 unbehandelte Limette
1 Bund Minze
6 grüne Chilischoten
1 rote Chilischote
3 El Sesamöl
3 El Sonnenblumenöl
3 El Limettensaft
Salz
Pfeffer

**1.** Die Garnelen waschen, trocken tupfen. Das Öl in 2 Pfannen erhitzen und je 12 Garnelen pro Pfanne braten. Die Knoblauchzehen in der Schale zerdrücken und je 3 pro Pfanne zugeben. Die Garnelen von beiden Seiten etwa 3 Minuten braten. Die Limette heiß abwaschen und in Scheiben schneiden.

**2.** Für den Dip die Minze waschen, trocken schütteln und hacken. Einige Blättchen beiseitelegen. Die Chilischoten putzen, entkernen und fein hacken bzw. würfeln.

**3.** Gehackte Minze mit grünen Chilischoten, Sesam- und Sonnenblumenöl und Limettensaft glatt rühren. Mit Salz würzen, die roten Chiliwürfel unterheben. Mit restlichen Minzeblättchen garnieren.

**4.** Die Garnelen mit Salz und Pfeffer würzen und mit Limettenscheiben garniert anrichten. Den Dip zu den gebratenen Garnelen reichen. Dazu schmecken frisches Brot und Salat.

*Zubereitungszeit: ca. 20 Minuten (plus Bratzeit)*
*Pro Portion ca. 418 kcal/1754 kJ*
*52 g E, 21 g F, 5 g KH*

## Schollen mit Gurken-Raita
*(rechts oben)*

Für 4 Portionen

4 küchenfertige Schollen
2 El Zitronensaft
Salz
Pfeffer
200 g Bacon bits
2 El Butterschmalz
300 g Joghurt
6 El Sahne
4 Schalotten
1 mittelgroße Salatgurke
je 1 Tl Kreuzkümmel-, Koriander- und Pimentpulver
1 Bund Minze

**1.** Die Schollen waschen, trocknen und mit dem Zitronensaft beträufeln. Von innen und außen mit Salz und Pfeffer würzen.

**2.** Die Bacon bits in einer Pfanne ohne Fett auslassen. Butterschmalz dazugeben und die Schollen darin von jeder Seite ca. 6 Minuten braten. In der Zwischenzeit den Joghurt mit der Sahne verrühren. Die Schalotten schälen, in Würfel schneiden und dazugeben.

**3.** Die Gurke waschen, trocknen, raspeln und ebenfalls unterrühren. Alles mit Salz, Pfeffer, Kreuzkümmel-, Koriander- und Pimentpulver würzen.

**4.** Die Minze waschen, trocknen und die Blättchen abzupfen. Die Schollen mit dem Bacon auf Tellern anrichten. Den Dip dazu servieren und alles mit Minze garnieren. Dazu passen Petersilienkartoffeln.

*Zubereitungszeit: ca. 20 Minuten*
*Pro Portion ca. 415 kcal/1735 kJ*
*45 g E, 22 g F, 8 g KH*

## *Zanderfilet mit Rucola und Kapern*

*(unten)*

Für 4 Portionen

4 Zanderfilets
Salz
Pfeffer
3 El Zitronensaft
1 Knoblauchzehe
1 Bund Rucola
75 g Butter
1 El abgetropfte Kapern aus dem Glas
2 El Fischfond
Cayennepfeffer

**1.** Die Zanderfilets mit Salz und Pfeffer würzen, mit 2 El Zitronensaft beträufeln. Die Knoblauchzehe schälen und hacken, den Rucola putzen, waschen, trocknen und hacken.

**2.** Die Butter erhitzen. Knoblauch, Rucola und die abgetropften Kapern in der Butter andünsten, bis der Rucola zusammenfällt. Mit dem Fischfond und 1 El Zitronensaft ablöschen, mit Salz, Pfeffer und Cayennepfeffer würzen.

**3.** Die Fischfilets auf die Rucola-Mischung legen und von jeder Seite etwa 3 Minuten garen. Mit der Kapernbutter servieren. Dazu Basmatireis reichen.

*Zubereitungszeit: ca. 20 Minuten*
*(plus Garzeit)*
*Pro Portion ca. 372 kcal/1557 kJ*
*31 g E, 17 g F, 21 g KH*

# Gebratener Stör mit Tomaten
*(unten)*

Für 4 Portionen

4 El Milch
Salz
Pfeffer
1 Zwiebel
6–8 Tomaten
500 g Störfilet
Mehl
3 El Butter
Petersilie oder Dill

**1.** Die Milch mit je 1 Prise Salz und Pfeffer vermengen. Die Zwiebel schälen und in Ringe schneiden. Die Tomaten kreuzweise einritzen, überbrühen, häuten und halbieren.

**2.** Das Fischfilet portionieren, in die Milch legen, in Mehl wälzen und in heißem Fett in einer Pfanne braten. Danach warm stellen. In einer zweiten Pfanne die Tomatenhälften mit Salz und Pfeffer bestreuen und einige Minuten dünsten. Die Zwiebelringe gesondert in Fett goldgelb schwitzen.

**3.** Die gebratenen Störfilets mit Bratfett begießen, mit frischer Petersilie oder Dill bestreuen und auf einer vorgewärmten Platte servieren. Jeden Teller mit einigen Tomatenhälften und Zwiebelringen belegen.

*Zubereitungszeit: ca. 30 Minuten*
*Pro Portion ca. 219 kcal/919 kJ*
*30 g E, 7 g F, 9 g KH*

# Pfannengerührte Jakobsmuscheln
*(oben)*

Für 4 Portionen

750 g Jakobsmuschelfleisch
4 El Sesamöl
1 El Zitronensaft
3 El helle Sojasauce
2 El Fünf-Gewürz-Pulver
400 g Bambussprossen aus der Dose
100 g Wasserkastanien aus der Dose
150 g Zwiebelsprossen
1 Bund Petersilie

**1.** Die Muscheln waschen und trocknen. Das Sesamöl in einer Pfanne erhitzen und die Muscheln darin ca. 3 Minuten braten. Mit Zitronensaft und Sojasauce beträufeln und mit Fünf-Gewürz-Pulver bestreuen.

**2.** Die Bambussprossen und die Wasserkastanien in einem Sieb abtropfen lassen. Die Bambussprossen in Streifen und die Wasserkastanien in Scheiben schneiden. Die Zwiebelsprossen waschen und trocknen.

**3.** Die Petersilie waschen, trocknen und in Streifen schneiden. Die Muscheln herausnehmen und warm stellen.

**4.** Bambus, Wasserkastanien, Zwiebelsprossen und Petersilie in dem Bratfond andünsten und alles mit dem Fünf-Gewürz-Pulver abschmecken. Die Muscheln wieder dazugeben. Alles auf Tellern anrichten und servieren. Dazu passen Nudeln.

*Zubereitungszeit: ca. 20 Minuten*
*Pro Portion ca. 142 kcal/593 kJ*
*12 g E, 8 g F, 4 g KH*

# Blitzrezepte mit Gemüse

2. Die Knoblauchzehen schälen und mit etwas Salz in einem Mörser zerdrücken. Die Spargelstückchen mit dem Knoblauch im heißen Olivenöl ca. 6–7 Minuten braten. Die Eier-Kräuter-Masse dazugießen. Bei milder Hitze ca. 3–5 Minuten stocken lassen.

3. Die Tomaten waschen und in dünne Scheiben schneiden. Den Schnittlauch waschen, trocknen und in feine Röllchen schneiden.

4. Den Boden der Tartelettes mit der Eier-Spargel-Mischung belegen und mit den Tomatenscheiben bedecken. Alles mit Schnittlauch bestreut servieren.

*Zubereitungszeit: ca. 30 Minuten*
*Pro Portion ca. 402 kcal/1689 kJ*
*20 g E, 20 g F, 29 g KH*



## Eier-Kräuter-Tartelettes

*(oben)*

Für 4 Portionen

6 Eier
250 ml Milch
4 El fein gewiegte Kräuter, z. B. Schnittlauch, Petersilie, Dill
Salz
Pfeffer
250 g grüner Spargel
2 Knoblauchzehen
3 El Olivenöl
200 g Kirschtomaten
1/2 Bund Schnittlauch
8 salzige Tartelettes

1. Die Eier aufschlagen und mit Milch, Kräutern, Salz und Pfeffer verrühren. Den Spargel waschen, das untere holzige Ende abschneiden und den Spargel in ca. 3 cm lange Stücke schneiden. Ca. 5 Minuten in leicht gesalzenem Wasser garen.

## Auberginen mit Joghurtsauce

*(links unten)*

Für 4 Portionen

850 g Auberginen
3 El Zitronensaft
4 rote Zwiebeln
3 Knoblauchzehen
5 El Ghee oder Butterschmalz
2 El frisch geriebener Ingwer
4 grüne Chilischoten
3 El Currypulver
1 El Korianderpulver
200 ml Gemüsebrühe
3 El frisch gehacktes Basilikum
100 g Joghurt
2 El Sahne

**1.** Die Auberginen waschen, die Stielansätze abschneiden und das Fruchtfleisch in Scheiben schneiden. Mit dem Zitronensaft beträufeln. Zwiebeln und Knoblauch schälen und fein hacken.

**2.** Ghee oder Butterschmalz erhitzen und die Auberginen, Zwiebeln und den Knoblauch darin andünsten. Ingwer dazugeben. Die Chilischoten längs halbieren, entkernen, waschen, fein hacken und mit dem Curry- und dem Korianderpulver ebenfalls dazugeben. Nach ca. 3 Minuten die Gemüsebrühe angießen und weitere 5 Minuten schmoren lassen.

**3.** Basilikum, Joghurt und Sahne in einer Schüssel verrühren und kurz erwärmen. Mit den Auberginen anrichten und servieren.

*Zubereitungszeit: ca. 25 Minuten*
*Pro Portion ca. 383 kcal/1607 kJ*
*5 g E, 18 g F, 13 g KH*

## Zucchini mit Tomaten und Basilikum

*(oben)*

Für 4 Portionen

500 g Tomaten
500 g Zucchini
2 Knoblauchzehen
2 Schalotten
1 Bund Basilikum
3 El Olivenöl
1 El Pinienkerne
Salz
Pfeffer

**1.** Die Tomaten mit heißem Wasser überbrühen, häuten, entkernen und in Würfel schneiden. Die Zucchini waschen, trocknen und würfeln. Knoblauch und Schalotten schälen und hacken. Das Basilikum waschen, trocken schütteln und hacken.

**2.** Das Öl erhitzen, Schalotten und Knoblauch glasig schmoren. Pinienkerne, Tomaten und Zucchini zugeben und unter Rühren anschmoren. Basilikum zugeben, salzen, pfeffern und noch 15 Minuten ziehen lassen. Dazu schmeckt geröstetes Weißbrot.

*Zubereitungszeit: ca. 30 Minuten*
*Pro Portion ca. 94 kcal/394 kJ*
*4 g E, 5 g F, 7 g KH*

## Gurkengemüse mit Chili *(unten)*

Für 4 Portionen

100 g getrocknete Garnelen
500 g Bio-Gurke
1 rote Chilischote
2 Knoblauchzehen
2 Tl Erdnussöl
1 Tl gekörnte Brühe
1 Tl Shaoxing-Reiswein, ersatzweise trockener Sherry
1 Tl Zucker
1/2 Tl Salz
1 Tl Speisestärke

**1.** Die Garnelen in lauwarmem Wasser etwa 15 Minuten einweichen. Die Gurke waschen, putzen, aber nicht schälen. Der Länge nach vierteln, die Kerne herauskratzen und das Gurkenfleisch in ca. 4 cm lange Stücke teilen.

**2.** Die Chilischote waschen, putzen, die Kerne entfernen und Chilis in sehr dünne Ringe schneiden. Knoblauchzehen schälen und fein hacken.

**3.** Einen Wok stark erhitzen und das Erdnussöl hineingeben. Dann den Knoblauch und die Garnelen unter Rühren scharf anbraten. Die Gurke mit der Brühe, dem Reiswein, Zucker und Salz unterrühren. Alles etwa 3 Minuten unter Rühren braten.

**4.** Speisestärke mit etwas kaltem Wasser anrühren und das Gericht damit binden. Mit Chiliringen bestreut servieren.

*Zubereitungszeit: ca. 15 Minuten (plus Einweichzeit)*
*Pro Portion ca. 122 kcal/512 kJ*
*6 g F, 9 g KH, 8 g E*

## Eierschwammerl in Rahm
*(rechts oben)*

Für 4 Portionen

500 g frische Pfifferlinge
1 Zwiebel
1 Knoblauchzehe
2 Frühlingszwiebeln
2 El Butter
Salz
Pfeffer
200 ml Sahne
2 El frisch gehackter Schnittlauch

**1.** Die Pilze putzen, waschen und trocken tupfen. Größere Pilze klein schneiden. Die Zwiebel und Knoblauchzehe schälen und hacken. Die Frühlingszwiebeln putzen, waschen und in dünne Ringe schneiden.

**2.** Die Butter in einer Pfanne erhitzen und die Zwiebel mit dem Knoblauch darin glasig dünsten. Die Frühlingszwiebeln und die Pilze zugeben und unter Rühren ca. 7 Minuten schmoren.

**3.** Die Pilze mit Salz und Pfeffer würzen und die Sahne unterrühren. Kurz erhitzen und den Schnittlauch unterheben. Mit frischem Brot servieren.

*Zubereitungszeit: ca. 20 Minuten (plus Schmorzeit)*
*Pro Portion ca. 210 kcal/882 kJ*
*3 g E, 19 g F, 4 g KH*

**2.** Ghee oder Butterschmalz erhitzen und die Schalotten mit dem Knoblauch darin andünsten. Mit Currypulver würzen und die Tomaten mit Flüssigkeit dazugeben.

**3.** Den Blumenkohl waschen und in Röschen teilen. Die Auberginen putzen, waschen und in Scheiben schneiden. Beides zu den Schalotten geben und kurz mitdünsten. Dann die Gemüsebrühe angießen. Mit Garam Masala und Zitronensaft würzen. Nach ca. 6 Minuten den Joghurt und die Sahne unterrühren.

**4.** Den Koriander waschen, trocknen, die Blättchen abzupfen und ebenfalls unterrühren. Mit den Eiern anrichten und mit Brot servieren.

*Zubereitungszeit: ca. 25 Minuten*
*Pro Portion ca. 482 kcal/2026 kJ*
*21 g E, 33 g F, 10 g KH*

## Auberginen-Curry mit Eiern *(rechts)*

Für 4 Portionen

8 Eier
4 Knoblauchzehen
8 Schalotten
6 El Ghee oder Butterschmalz
3 El Currypulver
100 g geschälte Tomaten (aus der Dose)
je 300 g Blumenkohl und Auberginen
400 ml Gemüsebrühe
3 El Garam Masala
1 El Zitronensaft
200 g Joghurt
3 El Sahne
1/2 Bund Koriander

**1.** Die Eier 6 Minuten wachsweich kochen. Abschrecken, pellen und in Spalten schneiden. Die Knoblauchzehen schälen und fein hacken. Die Schalotten schälen und in Würfel schneiden.

## *Spargel-Pilz-Ragout*

*(rechts)*

Für 4 Portionen

12 Wachteleier
1,5 kg grüner Spargel
1 l Gemüsefond
500 g Champignons
3 El Öl
1 Bund Petersilie
Salz
Pfeffer

**1.** Die Wachteleier hart kochen. Den Spargel waschen, die unteren Enden abschneiden und in Stücke schneiden. Den Fond erhitzen und den Spargel darin ca. 12 Minuten garen. Die Pilze putzen, waschen und klein schneiden.

**2.** Das Öl in einem Topf erhitzen und die Champignons darin ca. 4 Minuten braten. Den Spargel abtropfen lassen und dazugeben. Alles mit 8 El des Kochsuds angießen.

**3.** Die Petersilie waschen, trocknen, fein hacken und dazugeben. Alles mit Salz und Pfeffer würzen. Die Wachteleier abgießen, abschrecken, pellen und in Spalten schneiden. Das Ragout portionsweise auf Tellern anrichten und alles mit den Wachteleierspalten garniert servieren.

*Zubereitungszeit: ca. 25 Minuten*
*Pro Portion ca. 93 kcal/389 kJ*
*6 g E, 4 g F, 7 g KH*

## *Zucchiniblüten*

*(links)*

Für 4 Portionen

8 Zucchiniblüten
250 g Schollenfilet
200 g Nordseekrabben
1 Birne
2 Scheiben Pumpernickel
2 El Olivenöl
Salz
Pfeffer
Zitronensaft
100 g Frischkäse
Anispulver
Nelkenpulver

**1.** Die Blüten abbrausen, behutsam öffnen und die Blütenstempel herauslösen. Den Fisch waschen, trocknen und in kleine Würfel schneiden.

**2.** Die Krabben waschen und trocknen. Die Birne schälen, halbieren, das Kerngehäuse entfernen und das Fruchtfleisch in Würfel schneiden. Die Pumpernickelscheiben zerbröseln.

**3.** Den Backofen auf 180 °C vorheizen. Das Öl in einer Pfanne erhitzen und Fisch und Krabben darin andünsten. Mit Salz, Pfeffer und Zitronensaft würzen.

**4.** Alles vom Herd nehmen und den Frischkäse unterrühren. Die Birne und das Brot dazugeben. Alles mit Salz, Pfeffer, Anis- und Nelkenpulver abschmecken. Die Masse in die Blüten füllen und alles im Backofen auf der mittleren Einschubleiste ca. 7 Minuten garen.

*Zubereitungszeit: ca. 25 Minuten*
*Pro Portion ca. 306 kcal/1288 kJ*
*5 g E, 22 g F, 12 g KH*

## Pikanter Weißkohl mit buntem Gemüse

*(unten)*

Für 4 Portionen

3 Zwiebeln
6 Knoblauchzehen
600 g Weißkohl
250 g grüne Erbsen
250 g Möhren
200 g Kartoffeln
250 g Tomaten
3 El Ghee oder Olivenöl
1 Tl weiße Kreuzkümmelkörner
1 El Kurkumapulver
2 Tl Mangopulver
3 grüne Chilischoten
1 El frisch geriebener Ingwer
1 El Garam Masala
1/2 Bund Koriander
3 El geschmolzene Butter

**1.** Die Zwiebeln schälen und in Würfel schneiden. Die Knoblauchzehen schälen und fein hacken. Den Weißkohl putzen, waschen und in Streifen schneiden. Die Erbsen waschen und verlesen.

**2.** Die Möhren putzen, schälen und in Stifte schneiden. Die Kartoffeln schälen, waschen und in kleine Würfel schneiden. Die Tomaten waschen, Stielansätze entfernen und Tomaten in Spalten schneiden.

**3.** Das Ghee oder Olivenöl erhitzen und Zwiebeln und Knoblauch darin andünsten. Das Gemüse dazugeben und alles ca. 8 Minuten dünsten. Mit Kreuzkümmelkörnern, Kurkumapulver und Mangopulver würzen.

**4.** Die Chilischoten längs halbieren, entkernen, waschen, fein hacken und zum Gemüse geben. Mit Ingwer und Garam Masala abschmecken. Koriander waschen, trocknen und die Blättchen abzupfen. Korianderblättchen unterrühren, alles auf Tellern anrichten und mit der geschmolzenen Butter beträufelt servieren.

*Zubereitungszeit: ca. 30 Minuten*
*Pro Portion ca. 255 kcal/1071 kJ*
*9 g E, 12 g F, 27 g KH*

## Würziger Blumenkohl mit Pinienkernen

*(rechts)*

Für 4 Portionen

1 großer Blumenkohl
Salz
je 2 grüne, gelbe und
rote Paprikaschoten
4 Schalotten
4 Knoblauchzehen
1 El frisch geriebener Ingwer
2 El Garam Masala
4 El passierte Tomaten
1 El Chilipulver
4 El Butterschmalz
100 g Naturjoghurt
4 El Crème double
6 El Pinienkerne
Kerbel zum Garnieren

**1.** Den Blumenkohl putzen, waschen, in Röschen teilen und in leicht gesalzenem Wasser ca. 5 Minuten blanchieren. Anschließend herausnehmen und abtropfen lassen.



**2.** Die Paprikaschoten putzen, waschen, längs halbieren, entkernen und in Würfel schneiden. Schalotten und Knoblauch schälen und fein hacken. Alles bis auf den Blumenkohl mit Ingwer, Garam Masala, Tomaten und Chilipulver in eine Schüssel geben und mischen.

**3.** Butterschmalz erhitzen und die Mischung darin ca. 6 Minuten dünsten. Die Blumenkohlröschen dazugeben und ca. 3 Minuten mitgaren. Joghurt und Crème double unterrühren. Die Pinienkerne in einer Pfanne ohne Fett anrösten, das Ganze damit bestreuen und mit Kerbel garniert servieren.

*Zubereitungszeit: ca. 25 Minuten*
*Pro Portion ca. 278 kcal/1166 kJ*
*11 g E, 17 g F, 13 g KH*

## Artischocken-Pfanne

*(rechts unten)*

Für 4 Portionen

500 g Artischockenböden
aus der Dose
3 El Olivenöl
6 Eier
4 El Milch
Salz
Pfeffer
1 Tl gerebelter Salbei

**1.** Die Artischockenböden in einem Sieb abtropfen lassen. Das Öl in einer Pfanne erhitzen und die Artischockenböden darin andünsten.

**2.** Die Eier mit Milch, Salz, Pfeffer und Salbei verrühren und über die Artischocken gießen. Alles bei milder Hitze ca. 6 Minuten stocken lassen. Anschließend auf Tellern anrichten und servieren.

*Zubereitungszeit: ca. 15 Minuten*
*Pro Portion ca. 285 kcal/1197 kJ*
*12 g E, 2 g F, 58 g KH*

## *Frittata mit Möhren und Zucchini* *(rechts)*

Für 4 Portionen

200 g Möhren
400 g Zucchini
3 Schalotten
1 Knoblauchzehe
1 El Rosmarinnadeln
4 Eier
3 El Sahne
2 El frisch geriebener Parmesan
Salz
Pfeffer
2 El Olivenöl

**1.** Die Möhren schälen, die Zucchini putzen und waschen, die Schalotten schälen. Das Gemüse reiben. Den Knoblauch schälen und durch die Presse drücken, mit dem geriebenen Gemüse in einer Schüssel mischen. Die Rosmarinnadeln hacken und unterheben.

**2.** Die Eier mit der Sahne und dem Parmesan verrühren und mit Salz und Pfeffer würzen. Die Mischung zum Gemüse geben, gut verrühren.

**3.** Das Öl in einer Pfanne erhitzen. Aus dem Gemüseteig runde Fladen formen und diese im heißen Öl von beiden Seiten knusprig braten. Aus der Pfanne nehmen und auf Küchenpapier abtropfen lassen. Sofort servieren.

*Zubereitungszeit: ca. 20 Minuten (plus Bratzeit)*
*Pro Portion ca. 365 kcal/1528 kJ*
*54 g E, 10 g F, 12 g KH*

**Tipp:** Zu dieser leckeren Gemüsefrittata schmeckt eine frische Tomatensauce, aber auch ein Dip aus Crème fraîche, Joghurt und frisch gehackten Kräutern passt gut.

## Schmorgurken mit Speck

*(oben)*

Für 4 Portionen

1 kg Gemüsegurken (Senfgurken)
100 g Speck
2 El Butter
1 El Zucker
5 El Mehl
250 ml Milch
Salz
Pfeffer
1 El Weinessig

**1.** Die Gurken schälen und mit einem Löffel die Kerne entfernen. Gurken in 2 cm dicke Stücke schneiden. Den Speck würfeln.

**2.** Butter in einem Topf schmelzen, den Speck darin auslassen und den Zucker hineinrühren. Kurz bräunen lassen, dann das Mehl dazugeben und anschwitzen. Die Gurken in die Mehlschwitze rühren und mit der Milch auffüllen.

**3.** Das Gurkengemüse abgedeckt etwa 15 Minuten dämpfen, dann mit Salz, Pfeffer, Essig und evtl. noch etwas Zucker abschmecken. Dazu frische Kartoffeln reichen.

*Zubereitungszeit: ca. 25 Minuten*
*Pro Portion ca. 173 kcal/725 kJ*
*9 g E, 9 g F, 12 g KH*

## Gemüsepfanne mit Reis *(unten)*

Für 2 Portionen

50 g Langkornreis
Salz
1 Zwiebel
1/2 Beutel TK-Gemüse
1 El Butter
2 El geröstete Erdnüsse
50 g gekochter Schinken
Pfeffer
1 El Sojasauce

**1.** Den Reis nach Packungsanweisung in Salzwasser zubereiten. Zwiebel schälen und hacken. Gemüse antauen lassen.

**2.** Butter erhitzen und die Zwiebel darin anschmoren. Gemüse zugeben und abgedeckt etwa 10 Minuten mitschmoren. Erdnüsse unterheben.

**3.** Schinken würfeln, Reis abgießen, beides unter das Gemüse heben und erhitzen. Mit Salz, Pfeffer und Sojasauce abschmecken.

*Zubereitungszeit: ca. 10 Minuten*
*(plus Schmorzeit)*
*Pro Portion ca. 511 kcal/2146 kJ*
*24 g E, 22 g F, 54 g KH*

## Sprossen mit Orangen

*(ohne Abb.)*

Für 4 Portionen

250 g Sojabohnenkeime
250 g Mixed Pickles aus dem Glas
3–4 El Sesamöl
2–3 Orangen
250 g geräucherter Tofu
Salz
Pfeffer aus der Mühle
4 El Sojasauce
1 Beet Kresse

**1.** Die Sojabohnenkeime unter fließendem kalten Wasser kurz abbrausen. Auf ein Sieb geben und gut abtropfen lassen. Die Mixed Pickles ebenfalls gut abtropfen lassen.

**2.** Das Öl im Wok erhitzen und das Gemüse darin unter Rühren kurz anbraten. Die Orangen so schälen, dass die weiße Haut entfernt wird. Mit einem scharfen Messer die Filets herauslösen und in kleine Stücke schneiden.

**3.** Den Tofu in Würfel schneiden. Tofu und Orangenstücke zum Gemüse geben und alles mit Salz, Pfeffer und Sojasauce würzen. Das Ganze ca. 2 Minuten schmoren lassen.

**4.** Die Kresse waschen, trocknen und vom Beet abschneiden. Alles in Schälchen anrichten und mit Kresse garniert servieren.

*Zubereitungszeit: ca. 15 Minuten*
*Pro Portion ca. 493 kcal/2065 kJ*
*31 g E, 9 g F, 70 g KH*

## Omelett mit Tomaten und Schafskäse

*(oben)*

Für 4 Portionen

8 Eier
150 ml Milch
Salz
Pfeffer
1 Tl gemischte getrocknete Kräuter
4 Tomaten
4 Tl Öl
200 g Schafskäse

**1.** Die Eier mit Milch, Salz, Pfeffer und den gemischten Kräutern vermengen. Die Tomaten waschen, die Stielansätze entfernen und das Fruchtfleisch in Scheiben schneiden.

**2.** Für jedes Omelett 1 Tl Öl erhitzen und 1/4 der Eiermischung darin stocken lassen. Wenn die Unterseite fest ist, 1 Tomate in Scheiben in das Omelett drücken und 50 g Schafskäse darüberbröckeln. Die Pfanne abdecken und das Omelett noch 6–8 Minuten weiterbraten. Mit frischem Fladenbrot servieren.

*Zubereitungszeit: ca. 15 Minuten*
*(plus Bratzeit)*
*Pro Portion ca. 300 kcal/1256 kJ*
*18 g E, 21 g F, 9 g KH*

## Überbackener Lauch im Speckmantel
*(unten)*

Für 4 Portionen

800 g Lauch
Salz
300 g Frühstücksspeck in Scheiben
1 Paket helle Sauce (FP)
100 g Cheddar
Pfeffer
geriebene Muskatnuss
Fett für die Form

**1.** Den Lauch putzen, waschen und in etwa 5 cm große Stücke schneiden. In kochendem Salzwasser etwa 5 Minuten garen, abgießen und abtropfen lassen. Jedes Stück Lauch mit einer Scheibe Speck umwickeln und in eine gefettete Auflaufform legen.

**2.** Die helle Sauce nach Packungsanweisung zubereiten. Den Cheddar reiben und 2/3 davon unter die Sauce heben. Mit Salz, Pfeffer und Muskat abschmecken.

**3.** Die Sauce über die Lauchstücke geben und den restlichen Käse darüberstreuen. Im Ofen bei 200 °C (Umluft 180 °C) etwa 15 Minuten backen.

*Zubereitungszeit: ca. 10 Minuten (plus Gar- und Backzeit)*
*Pro Portion ca. 262 kcal/1097 kJ*
*23 g E, 15 g F, 7 g KH*

## Pilzragout mit Kräuterrahm
*(rechts oben)*

Für 4 Portionen

2 Zwiebeln
2 El Butter
500 g frische Waldpilze
8 El Weißwein
400 ml Gemüsebrühe
6 El Sahne
Salz
Pfeffer
Cayennepfeffer
8 El gehackte gemischte Kräuter

**1.** Die Zwiebeln schälen und hacken. Die Butter erhitzen und die Zwiebeln darin glasig schmoren. Die Waldpilze putzen, nach Bedarf waschen, klein schneiden, zugeben und mitdünsten.

**2.** Den Weißwein und die Gemüsebrühe angießen, aufkochen, die Sahne einrühren und mit Salz, Pfeffer und Cayennepfeffer abschmecken. 5 Minuten köcheln, die gemischten Kräuter unterheben. Pilzgemüse auf Tellern anrichten. Dazu schmecken Spätzle oder Semmelknödel.

*Zubereitungszeit: ca. 20 Minuten (plus Garzeit)*
*Pro Portion ca. 305 kcal/1277 kJ*
*10 g E, 11 g F, 38 g KH*

3. Für die Vinaigrette die Chilis mit etwas Salz im Mörser zerreiben. Oliven hacken. Knoblauch schälen und mit den Kapern fein hacken. Alle Zutaten für die Vinaigrette miteinander mischen und mit Salz und Pfeffer abschmecken.

4. Die Fenchelachtel auf dem vorgeheizten Grill etwa 8 Minuten grillen. Dabei öfter wenden, damit sie nicht verbrennen. Fenchelgrün hacken und mit der Vinaigrette über die gegrillten Fenchelachtel geben. Kalt oder warm servieren.

*Zubereitungszeit: ca. 5 Minuten*
*(plus Marinier- und Grillzeit)*
*Pro Portion ca. 159 kcal/667 kJ*
*4 g E, 12 g F, 6 g KH*

## Fenchel mit Olivenvinaigrette

*(rechts)*

Für 4 Portionen

4 Fenchelknollen
2 El Olivenöl
Salz, Pfeffer

***Für die Vinaigrette***
2 kleine getrocknete Chilis
Salz
75 g schwarze Oliven ohne Stein
2 Knoblauchzehen
2 El Kapern
6 El Limettensaft
6 El Olivenöl
Pfeffer

1. Die Fenchelknollen waschen, die äußeren, harten Blätter entfernen, das Fenchelgrün abschneiden und beiseitelegen. Fenchel längs achteln. Nach Belieben den Stielansatz herausschneiden.

2. Fenchelachtel in eine flache Schale legen, mit Olivenöl beträufeln und mit Salz und Pfeffer würzen. 15 Minuten marinieren.

## *Chicoréeröllchen mit Orangen-Käse-Sauce*

*(rechts)*

Für 4 Personen

4 Chicoréestauden
8 Scheiben Butterkäse
1 Zwiebel
300 g Joghurt
8 El Weißwein
1 Orange
Salz
Pfeffer
Cayennepfeffer
Muskat
1/2 Bund frisch gehackte Kräuter
60 g Parmesan
Fett für die Form

**1.** Die Chicoréestauden waschen, trocknen, putzen, den bitteren Kern entfernen, die Stauden halbieren und mit dem Butterkäse umwickeln. In eine gefettete Auflaufform legen.

**2.** Ofen auf 190 °C (Umluft 170 °C) vorheizen. Die Zwiebel schälen und fein hacken, mit dem Joghurt, dem Wein und der filetierten und gewürfelten Orange mischen. Die Creme mit Gewürzen und Kräutern abschmecken.

**3.** Die Creme über die Chicoréestauden in der Form geben. Den Parmesan reiben und über das Gemüse streuen. Im Ofen etwa 15 Minuten garen.

*Zubereitungszeit: ca. 15 Minuten (plus Garzeit)*
*Pro Portion ca. 367 kcal/1541 kJ*
*22 g E, 24 g F, 10 g KH*

## *Basmatireis mit Früchten*

*(links)*

Für 4 Portionen

300 g Basmatireis
Salz
40 g Butterschmalz
5 El Butter
150 g getrocknete Feigen
40 g Rosinen
4 getrocknete Aprikosen
1/2 Tl gemahlener Zimt
1/2 Tl gemahlene Muskatnuss
einige Blättchen Koriander

**1.** Den Reis waschen, abtropfen lassen und in 1 l Salzwasser aufkochen lassen. Unter Rühren etwa 2 Minuten kochen lassen. Dann den Reis abgießen, mit kaltem Wasser abspülen und abtropfen lassen.

**2.** Das Butterschmalz im Reistopf erhitzen. 30 ml Wasser dazugießen und den Reis zurück in den Topf geben. So hineinschichten, dass er in der Mitte des Topfes einen Hügel bildet. Darauf 2 El Butter in Flöckchen geben.

**3.** Den Reistopf mit dem Deckel verschließen und den Reis bei mittlerer Temperatur etwa 15 Minuten dämpfen, dann von der Kochplatte nehmen und einige Minuten nachgaren lassen.

**4.** Die Feigen, Rosinen und Aprikosen waschen und gut trocknen. Alle Trockenfrüchte in kleine Würfel schneiden. Restliche Butter in einer Pfanne schmelzen und die Fruchtwürfel darin etwa 5 Minuten unter Rühren schwenken. Zimt und Muskat unterrühren. Den Reis mit den Früchten mischen und mit Korianderblättchen garniert servieren.

*Zubereitungszeit: ca. 30 Minuten*
*Pro Portion ca. 648 kcal/2720 kJ*
*9 g E, 22 g F, 100 g KH*

## *Puy-Kräuterlinsen*

*(oben)*

Für 4 Portionen

4 Möhren
1 Stange Lauch
1/2 Knollensellerie
250 g Gemüsezwiebeln
4–5 El Walnussöl
2 El fein gewiegte Kräuter der Provence, z. B. Thymian, Majoran, Estragon
Salz
Pfeffer
Rotweinessig
800 g Puy-Linsen
1 l Gemüsefond
250 ml Pilzfond
Zitronenpfeffer
250 g Frischkäse
100 g saure Sahne
Sesamsamen

**1.** Möhren, Lauch, Sellerie und Zwiebeln putzen, schälen bzw. waschen und in Würfel schneiden. Das Öl erhitzen und das Gemüse darin etwa 5–6 Minuten braten. Die Kräuter dazugeben und alles mit Salz, Pfeffer und Rotweinessig würzen. Die Linsen mit dem Gemüse- und Pilzfond dazugeben. Gut umrühren und bei milder Hitze etwa 20 Minuten garen. Anschließend abgießen.

**2.** Mit Zitronenpfeffer abschmecken. Den Frischkäse mit der sauren Sahne verrühren und über die heiße, aber nicht mehr kochende Speise geben. Alles mit Sesam bestreuen und servieren. Dazu passen Folienkartoffeln.

*Zubereitungszeit: ca. 30 Minuten*
*Pro Portion ca. 933 kcal/3921 kJ*
*58 g E, 28 g F, 109 g KH*

# Kartoffelauflauf
*(ohne Abb.)*

Für 4 Portionen

800 g gekochte Kartoffeln
5 rote Zwiebeln
200 g Pfifferlinge (aus der Dose)
2 El Butterschmalz
4 El Preiselbeerkonfitüre
4 El Aquavit, Salz, Pfeffer
Anis-, Nelken- und Pimentpulver
1 El Himbeeressig
125 ml Sahne
250 ml Milch
1 Ei
Butter für die Form

**1.** Die Kartoffeln schälen und in schmale Streifen schneiden. Die Zwiebeln schälen und in Würfel schneiden. Die Pfifferlinge in einem Sieb abtropfen lassen.

**2.** Butterschmalz in einer Pfanne erhitzen und die Zwiebeln mit den Pfifferlingen darin andünsten. Konfitüre und Aquavit dazugeben und alles mit Salz, Pfeffer, Anis-, Nelken- und Pimentpulver abschmecken. Den Essig unterrühren. Vom Herd nehmen und ziehen lassen.

**3.** Den Backofen auf 180 °C vorheizen. Eine ofenfeste Form mit Butter ausstreichen und die Hälfte der Kartoffelsticks einfüllen. Die Zwiebel-Pilz-Masse darauf verteilen und mit den restlichen Kartoffelsticks belegen. Die Sahne mit der Milch und dem Ei verrühren und mit Salz und Pfeffer würzen. 3/4 der Flüssigkeit über den Auflauf gießen und das Ganze im Backofen auf der mittleren Einschubleiste ca. 10 Minuten backen. Die restliche Sahne dazugießen und weitere 5 Minuten bei 210 °C überbacken.

*Zubereitungszeit: ca. 20 Minuten*
*(plus Backzeit)*
*Pro Portion ca. 520 kcal/2184 kJ*
*24 g E, 20 g F, 60 g KH*



# Paprikapfanne mit Ingwer und Zuckerschoten
*(oben)*

Für 4 Portionen

je 1 rote, gelbe und grüne Paprika
4 Frühlingszwiebeln
1 Stück Ingwer (ca. 3 cm)
250 g Zuckerschoten
Salz
2 El Erdnussöl
1 El geriebener Palmzucker
3 El vegetarische Pilzsauce
Pfeffer
Saft einer halben Limette

**1.** Paprikaschoten putzen, außen und innen waschen und in Streifen schneiden. Frühlingszwiebeln putzen, waschen und in ca. 2 cm lange Stücke schneiden. Ingwer schälen und fein hacken.

**2.** Die Zuckerschoten waschen, putzen und in wenig kochendem Salzwasser ca. 3 Minuten blanchieren, dann herausnehmen, mit kaltem Wasser abschrecken und in einem Sieb abtropfen lassen.

**3.** Erdnussöl in einer Pfanne oder einem Wok erhitzen, den Ingwer ca. 2 Minuten darin anbraten, dann Paprikastreifen und Frühlingszwiebeln dazugeben, weitere 2 Minuten unter Rühren braten und schließlich die Zuckerschoten unterheben. Das Gemüse bei starker Hitze ca. 2 Minuten in der Pfanne rühren, mit Palmzucker bestreuen und noch kurz weiterbraten. Alles mit der Pilzsauce, Salz, Pfeffer und einem Schuss Limettensaft würzen und servieren.

*Zubereitungszeit: ca. 20 Minuten*
*(plus Bratzeit)*
*Pro Portion ca. 153 kcal/643 kJ*
*3 g E, 11 g F, 12 g KH*

## Gefüllte Artischocken mit Thunfisch

*(unten)*

Für 4 Portionen

4 große Scheiben Weißbrot
8 Artischockenböden
(aus der Dose)
100 g Thunfisch in Sud
(aus der Dose)
1 Knoblauchzehe
3 El Olivenöl
3 El geschälte Tomaten
(aus der Dose)
3 Stängel Petersilie
1 El Schnittlauchröllchen

## Gedünstete Gurken

*(oben)*

Für 4 Portionen

4 Salatgurken
200 g Schalotten
1/4 Bund Thai-Soi
2 El Pflanzenöl
2 El Austernsauce

**1.** Die Gurken waschen, trocknen, mit der Schale der Länge nach halbieren und die Kerne mit einem Löffel herausschaben. Das Fruchtfleisch in ca. 2 cm dicke Scheiben schneiden.

**2.** Die Schalotten schälen und in feine Ringe schneiden, den Thai-Soi waschen und in feine Stücke schneiden.

**3.** Das Pflanzenöl im Wok erhitzen, die Schalotten zugeben und leicht anschwitzen. Dann die Gurkenstücke zugeben, mit Austernsauce würzen und mit etwa 200 ml Wasser ablöschen.

**4.** Das Gemüse etwa 3 Minuten dünsten, bis das Wasser verdunstet ist. Zum Schluss den Thai-Soi unterrühren und das Gurkengemüse anrichten.

*Zubereitungszeit: ca. 15 Minuten*
*Pro Portion ca. 116 kcal/487 kJ*
*5 g E, 7 g F, 11 g KH*

**1.** Den Backofen auf 175 °C vorheizen. Aus den Weißbrotscheiben je 2 Kreise in Größe der Artischockenböden schneiden.

**2.** Die Artischocken abspülen, in einem Sieb abtropfen und anschließend auf Küchenpapier trocknen lassen. Den Thunfisch in einem Sieb ebenfalls abtropfen lassen. Den Knoblauch schälen. Das Olivenöl in ein Schälchen gießen, Knoblauch dazupressen und damit gut verrühren.

**3.** Die Brotkreise mit dem Knoblauchöl bestreichen, anschließend auf ein Backblech legen und im vorgeheizten Backofen von beiden Seiten knusprig braun braten.

**4.** Die Tomaten mit einem Messer klein hacken und mit dem Thunfisch verrühren. Die Petersilie waschen, trocken schütteln und klein hacken. Petersilie zu den Tomaten geben und darunterrühren. Die Artischockenböden damit füllen und diese auf die Brotkreise setzen. Mit Schnittlauch bestreut servieren.

*Zubereitungszeit: ca. 15 Minuten*
*(plus Backzeit)*
*Pro Portion ca. 199 kcal/837 kJ*
*7 g E, 11 g F, 17 g KH*

**3.** Unter weiterem Rühren 125 ml heiße Brühe zugießen und vom Reis aufnehmen lassen. Dann weitere 125 ml unterrühren, bis auch die Flüssigkeit vom Reis aufgenommen ist. Mit der restlichen Flüssigkeit ebenso verfahren, bis der Reis weich und locker ist. Zuletzt den Käse unterheben und das Risotto mit Salz und Pfeffer abschmecken. Das Risotto mit Parmesanspänen servieren.

*Zubereitungszeit: ca. 15 Minuten*
*(plus Schmor- und Garzeit)*
*Pro Portion ca. 275 kcal/1155 kJ*
*8 g E, 7 g F, 43 g KH*

**Tipp:** Wussten Sie eigentlich, dass Sie sich beim Hokkaido-Kürbis das Schälen sparen können? Bei ihm müssen lediglich die Kerne entfernt werden.



## Kürbis-Risotto mit Salbei *(oben)*

Für 4 Portionen

500–600 ml Gemüsebrühe
1 Zwiebel
250 g Kürbisfleisch
(z. B. Muskatkürbis)
1 El Olivenöl
1 El frisch gehackter Salbei
200 g Arborioreis
50 g frisch geriebener Parmesan
Salz, Pfeffer

**1.** Die Brühe in einem Topf erhitzen und etwas köcheln lassen. Die Zwiebel schälen und fein hacken. Das Kürbisfleisch reiben.

**2.** Das Öl in einem großen Topf erhitzen und die Zwiebel darin glasig dünsten. Kürbis hinzufügen und etwa 5 Minuten mitschmoren. Den Salbei darüberstreuen und den Reis nach und nach unter Rühren zugeben. So lange rühren, bis der Reis gut mit Fett überzogen ist.

## *Mexikanische Eierpfanne*

*(links unten)*

Für 4 Portionen

3 El Mandelblättchen
je 1 rote und gelbe
Paprikaschote
2 Chilis
2 feste Avocados
Salz
Pfeffer
Chilipulver
Kreuzkümmelpulver
125 ml Gemüsebrühe
2 El Erdnussöl
500 g passierte Tomaten
6–8 Eier

**1.** Die Mandelblättchen in einer Pfanne ohne Öl anrösten. Die Paprikaschoten und die Chilis putzen, halbieren, entkernen und innen und außen waschen. Die Avocados schälen, halbieren und entsteinen. Alles in kleine Würfel schneiden und zu den Mandelblättchen geben.

**2.** Mit den Gewürzen herzhaft abschmecken und die Gemüsebrühe angießen. Bei milder Hitze ca. 3 Minuten garen. In einer weiteren Pfanne das Öl erhitzen und die passierten Tomaten dazugeben. 1–2 Minuten köcheln lassen.

**3.** Die Eier verquirlen und mit Salz, Pfeffer, 1 Prise Chili- und Kreuzkümmelpulver abschmecken. Langsam in die Tomatenmasse einrühren und unter Rühren ca. 3–5 Minuten stocken lassen. Das Gemüse in die Mitte einer Platte geben und das Tomatenrührei rundherum verteilen. Dazu passen Tortilla-Chips.

*Zubereitungszeit: ca. 30 Minuten*
*Pro Portion ca. 578 kcal/2429 kJ*
*10 g E, 61 g F, 19 g KH*

## *Möhren in Rosmarinsenf*

*(oben)*

Für 4 Portionen

600 g Möhren
Salz
4 Zweige Rosmarin
8 Stiele Petersilie
2 Knoblauchzehen
3 El Butter
1 Tl Senfpulver
1–2 Tl Zucker

**1.** Die Möhren putzen, schälen und in Stifte schneiden. In einem Topf in wenig Salzwasser etwa 5 Minuten bissfest garen. Anschließend abgießen und abtropfen lassen.

**2.** Die Kräuter waschen und trocken schütteln. Beim Rosmarin die Nadeln von den Stielen zupfen und klein hacken, Petersilie beiseitelegen.

**3.** Den Knoblauch schälen. 2 El Butter in einem Topf aufschäumen lassen. Die Butter mit dem Senfpulver, dem gehackten Rosmarin und dem Zucker zu einer Paste verrühren.

**4.** Den Knoblauch dazupressen und die Möhren darunterheben. Die restliche Butter hinzufügen und alles zugedeckt etwa 5 Minuten leicht schmoren lassen. Die Petersilie hacken und zum Schluss zu den Möhren geben.

*Zubereitungszeit: ca. 20 Minuten*
*Pro Portion ca. 101 kcal/424 kJ*
*2 g E, 6 g F, 7 g KH*

## *Rührei mit Pilzen*
*(rechts)*

Für 4 Portionen

3 getrocknete Morcheln
3 getrocknete Shiitake-Pilze
1 rote Chilischote
10 g Ingwer
2 Frühlingszwiebeln
2 Stiele Koriander
4 Eier
2 Tl Sojasauce
Pfeffer
1 Tl Erdnussöl
2 El Sonnenblumenöl

**1.** Die getrockneten Pilze in eine Schüssel geben und mit so viel heißem Wasser übergießen, dass sie damit gut bedeckt sind. Alles ca. 15 Minuten quellen lassen.

**2.** Die Chilischote waschen, entkernen und in dünne Streifen schneiden. Den Ingwer schälen und sehr fein hacken. Die Frühlingszwiebeln putzen, waschen und in Ringe schneiden. Den Koriander waschen, trocknen und die Blättchen abzupfen. Die Pilze in einem Sieb abtropfen lassen und in Stücke schneiden. Die Eier verquirlen und Sojasauce, Pfeffer und Erdnussöl unterrühren.

**3.** Den Wok erhitzen und das Sonnenblumenöl hineingeben. Die Pilze darin kurz anbraten. Die restlichen Zutaten bis auf die Eier und den Koriander dazugeben. Die Eimasse hineingießen und so lange garen, bis sie stockt. Die Masse jeweils an den Rand schieben. Das Rührei auf Tellern oder in Schälchen anrichten und mit dem Koriandergrün bestreut servieren.

*Zubereitungszeit: ca. 20 Minuten*
*(plus Zeit zum Quellen)*
*Pro Portion ca. 181 kcal/760 kJ*
*9 g E, 15 g F, 5 g KH*

## *Kürbisgemüse mit Äpfeln und Honig*
*(rechts unten)*

Für 4 Portionen

1 Zwiebel
1 Lauchstange
1 El Butter
1 kg Muskatkürbis
2 Äpfel
Salz
Pfeffer
1 Prise Currypulver
1/2 Tl Honig
75 ml Cidre
1 El gehackte
Zitronenmelisse

**1.** Die Zwiebel schälen und hacken, die Lauchstange putzen, waschen und in Ringe schneiden. Die Butter erhitzen und Zwiebel und Lauch darin andünsten.

**2.** Den Muskatkürbis und die Äpfel schälen, entkernen und würfeln. Beides zugeben und kurz mitdünsten. Das Gemüse mit Salz, Pfeffer, dem Currypulver und dem Honig abschmecken, den Cidre angießen und alles abgedeckt etwa 10 Minuten schmoren.

**3.** Mit der gehackten Zitronenmelisse anrichten. Schmeckt als Beilage zu Fleisch, Fisch und Geflügel.

*Zubereitungszeit: ca. 15 Minuten*
*(plus Garzeit)*
*Pro Portion ca. 144 kcal/603 kJ*
*4 g E, 3 g F, 22 g KH*

## Afrikanischer Weißkohl (Chakalaka) *(rechts)*

Für 4 Portionen

2 Zwiebeln
1 Knoblauchzehe
2 große rote Chilischoten
125 ml Öl
3 gelbe Paprikaschoten
500 g gehobelter Weißkohl
500 g geraspelte Möhren
1/2 El Cayennepfeffer
1 El Paprikapulver
150 g Erbsen (aus der Dose)
Salz
Pfeffer

**1.** Die Zwiebeln und den Knoblauch schälen und klein würfeln. Die Chilis putzen und halbieren, den Stielansatz und die Kerne entfernen und die Schoten anschließend waschen und sehr klein würfeln. Zwiebeln, Knoblauch und Chilis in der Hälfte des Öls weich dünsten.

**2.** Die Paprikaschoten putzen, waschen und halbieren, anschließend Stielansatz und Kerne entfernen. Paprika in Streifen schneiden und zu den Zwiebeln in die Pfanne geben. Unter Rühren etwa 2–3 Minuten mitbraten lassen.

**3.** Das restliche Öl hinzugeben. Den Kohl mit den Möhren und den Gewürzen ebenfalls dazugeben und unter Rühren bissfest garen. Abgetropfte Erbsen in der Gemüsemischung erhitzen. Alles mit Salz und Pfeffer pikant abschmecken.

*Zubereitungszeit: ca. 25 Minuten*
*Pro Portion ca. 187 kcal/784 kJ*
*7 g E, 9 g F, 19 g KH*

## Bunte Gemüseschnitzel mit Kräuterquark *(oben)*

Für 4 Portionen

300 g Blumenkohl
300 g Kürbis
Salz
Pfeffer
Zitronensaft
4 Eier
100 g Weizenvollkornmehl
500 g Paniermehl
100 ml Öl
Kräuterquark

**1.** Blumenkohl in Röschen und geschälten und in 1 cm dicke Scheiben geschnittenen Kürbis in kochendem Salzwasser etwa 1 Minute blanchieren. Herausnehmen, abtropfen lassen und mit Salz und Pfeffer würzen. Mit Zitronensaft beträufeln.

**2.** Eier verquirlen. Weizenvollkornmehl und Paniermehl auf getrennte Teller geben. Gemüse nacheinander in Mehl, Eiern und Paniermehl wenden und in heißem Öl goldgelb ausbacken. Dazu passt Kräuterquark.

*Zubereitungszeit: ca. 20 Minuten*
*(plus Zeit zum Ausbacken)*
*Pro Portion ca. 590 kcal/2470 kJ*
*21 g E, 22 g F, 77 g KH*

## Gebratener Pak Choi
*(unten)*

Für 4 Portionen

400 g Pak Choi
2 Knoblauchzehen
1 cm Ingwerwurzel
2 El Erdnussöl
3 El Hühnerbrühe
1 Tl Zucker
1 El helle Sojasauce
1 Tl dunkles Sesamöl

**1.** Den Pak Choi putzen, waschen, trocken tupfen und in ca. 6 cm lange Stücke schneiden. Knoblauchzehen und Ingwer schälen und fein hacken.

**2.** Einen Wok stark erhitzen, dann das Erdnussöl hineingeben. Knoblauch und Ingwer unter Rühren etwa 30 Sekunden anbraten, dann den Pak Choi dazugeben, zusammenfallen lassen und die Hitze reduzieren.

**3.** Brühe und Zucker zugeben, alles mit Sojasauce abschmecken. Den Wok abdecken und den Pak Choi etwa 2 Minuten bissfest kochen lassen. Mit Sesamöl beträufelt servieren.

*Zubereitungszeit: ca. 20 Minuten*
*Pro Portion ca. 105 kcal/440 kJ*
*4 g E, 8 g F, 5 g KH*

## *Spanische Pasteten*

*(ohne Abb.)*

Für 4 Portionen

300 g Erbsen (TK)
500 g Möhren
1 Knoblauchzehe
30 g Butter
Salz
Pfeffer
1 Tl Zucker
2 hart gekochte Eier
1 Bund Petersilie
100 g Crème fraîche
2 El Olivenöl
4 Pastetenformen

**1.** Die Erbsen antauen. Die Möhren putzen, schälen und in Scheiben schneiden. Die Knoblauchzehe schälen und fein hacken.

**2.** Den Backofen auf 120 °C vorheizen. Die Butter in einer Pfanne erhitzen, die Möhren darin andünsten. Die Erbsen und den Knoblauch dazugeben. Mit Salz, Pfeffer und Zucker abschmecken.

**3.** Die Eier pellen und fein hacken. Die Petersilie waschen, trocknen und fein hacken. Crème fraîche mit Olivenöl, Eiern und Petersilie verrühren. Mit Salz und Pfeffer abschmecken.

**4.** Das Gemüse in die Formen füllen und die Crème-fraîche-Mischung darüber geben. Das Ganze im Backofen auf der mittleren Einschubleiste ca. 10 Minuten backen.

*Zubereitungszeit: ca. 30 Minuten*
*Pro Portion ca. 465 kcal/1953 kJ*
*22 g E, 29 g F, 28 g KH*

## *Reisvermicelli mit Lauch*

*(links)*

Für 4 Portionen

250 g Reisvermicelli
2 Lauchstangen
1 Bund Koriander
4 El Pflanzenöl
4 El Fischsauce
6 El Sweet-Sour-Sauce

**1.** Die Reisvermicelli nach Packungsanweisung kochen, abgießen, abschrecken und beiseitestellen. Den Lauch putzen, in Ringe schneiden, waschen und trocknen.

**2.** Koriander waschen, trocken schütteln, die Blättchen von den Stielen zupfen und in feine Streifen schneiden.

**3.** Das Pflanzenöl im Wok erhitzen und die Lauchringe darin kurz anbraten. Die gekochten Nudeln zugeben und mit Fischsauce und Sweet-Sour-Sauce ablöschen. Zum Schluss den Koriander daruntermischen.

*Zubereitungszeit: ca. 20 Minuten*
*Pro Portion ca. 381 kcal/1596 kJ*
*10 g E, 11 g F, 34 g KH*

## *Würziger Knoblauch-Brokkoli*

*(unten)*

Für 4 Portionen

500 g Brokkoli
4 Knoblauchzehen
2 El Erdnussöl
1 Tl Salz
1/2 Tl frisch gemahlener schwarzer Pfeffer
2 Tl geröstetes Sesamöl

**1.** Den Brokkoli putzen und waschen. Die Stiele abschneiden, schälen und in Scheiben schneiden, den Kopf in kleine Röschen teilen. Knoblauchzehen schälen und fein hacken.

**2.** Einen Wok stark erhitzen, dann das Erdnussöl hineingeben und sehr heiß werden lassen. Knoblauch, Salz und Pfeffer unter Rühren 30 Sekunden anbraten, dann den Brokkoli unterheben und unter Rühren 2 weitere Minuten braten. 7 El Wasser dazugeben, den Wok abdecken und bei starker Hitze alles 5 Minuten garen.

**3.** Den Deckel abnehmen, prüfen, ob der Brokkoli gar ist. Zum Schluss das Sesamöl dazugießen, alles nochmals 30 Sekunden braten, dann servieren.

*Zubereitungszeit: ca. 15 Minuten (plus Garzeit)*
*Pro Portion ca. 122 kcal/510 kJ*
*3 g E, 10 g F, 4 g KH*

## *Süßkartoffelschnitzel*

*(rechts unten)*

Für 4 Portionen

4–6 mittelgroße Süßkartoffeln
Salz
200 g Couscous
2 Eier
Pfeffer
4 El Mehl
100 ml Olivenöl

**1.** Die Süßkartoffeln waschen, schälen und längs in 0,5 cm dicke Scheiben schneiden. Die Kartoffelscheiben in kochendem Salzwasser etwa 1 Minute blanchieren.

**2.** Couscous auf einen Teller geben. Eier verquirlen und mit Salz und Pfeffer würzen. Das Mehl ebenfalls auf einen Teller geben. Das Olivenöl in einer Pfanne erhitzen.

**3.** Die Kartoffelschnitzel nacheinander in Mehl, Eiern und Couscous wenden und im heißen Olivenöl von beiden Seiten etwa 2 Minuten goldbraun braten. Dazu passen gedünstetes Gemüse und Weißbrot.

*Zubereitungszeit: ca. 20 Minuten*
*Pro Portion ca. 455 kcal/1911 kJ*
*9 g E, 21 g F, 56 g KH*

## *Exotisches Zucchini-Ragout*

*(oben)*

Für 4 Portionen

1 Stück frischer Ingwer (2 cm)
3 Zucchini
4 El Sesamöl
200 g Korinthen
je 1/2 Tl Zimt-, Koriander-, Kreuzkümmel- und Kardamompulver
600 ml Gemüsebrühe
100 g Ananasstücke (aus der Dose)
2 Bananen
3 El Mango-Chutney (FP)
3 El Saucenbinder
4 El ungesalzene Kürbiskerne

**1.** Den Ingwer schälen und fein hacken. Die Zucchini putzen, waschen, längs halbieren und in dickere Scheiben schneiden.

**2.** Das Sesamöl in einem Topf erhitzen und die Zucchinischeiben mit dem Ingwer darin andünsten. Die Korinthen dazugeben und alles mit den Gewürzen abschmecken. Die Gemüsebrühe angießen und alles bei milder Hitze ca. 8 Minuten köcheln lassen.

**3.** Die Ananasstücke in einem Sieb abtropfen lassen. Die Bananen schälen, längs halbieren und in Scheiben schneiden. Ananas und Bananen mit dem Chutney zu den Zucchini geben und ca. 3 Minuten darin erwärmen. Alles andicken.

**4.** Die Kürbiskerne in einer Pfanne ohne Fett anrösten. Das Zucchini-Ragout mit den Kürbiskernen bestreut servieren. Dazu passt Reis.

*Zubereitungszeit: ca. 20 Minuten*
*Pro Portion ca. 433 kcal/1816 kJ*
*7 g E, 16 g F, 63 g KH*

## Wirsingröllchen in Tomatensauce
*(links)*

Für 4 Portionen

800 g Wirsing
Salz
800 g Hähnchenbrustfilet
4 Zwiebeln
6 Knoblauchzehen
6 El Sonnenblumenöl
2 El frisch geriebener Ingwer
1 El Kurkumapulver
3 El Garam Masala
4 El Zitronensaft
Chilipulver
Pfeffer
400 g geschälte Tomaten (aus der Dose)
200 g Joghurt
3 El Sahne

## Röstkartoffeln mit Petersilie



*(rechts)*

Für 4 Portionen

750 g kleine Kartoffeln
4 El Olivenöl
Salz
Pfeffer
1/2 Bund Petersilie

**1.** Die Kartoffeln schälen und waschen oder mit einer Gemüsebürste sehr gut abreiben. Das Öl in einer Pfanne erhitzen. Die Kartoffeln in Achtel schneiden und im heißen Olivenöl goldbraun und knusprig braten. Mit Salz und Pfeffer bestreuen.

**2.** Die Petersilie waschen, trocken schütteln, fein hacken und über die Kartoffeln geben. Die Röstkartoffeln mit grünem Salat servieren.

*Zubereitungszeit: ca. 10 Minuten (plus Bratzeit)*
*Pro Portion ca. 158 kcal/663 kJ*
*4 g E, 2 g F, 28 g KH*

**1.** Von dem Wirsing 16 schöne Blätter ablösen, waschen und in leicht gesalzenem Wasser ca. 3 Minuten blanchieren. Abschrecken, abtropfen lassen und auf einer Arbeitsfläche ausbreiten. Den restlichen Kohl achteln, Strunk herausschneiden und Blätter in Streifen schneiden.

**2.** Das Filet waschen, trocknen und grob zerkleinern. Durch die mittlere Scheibe des Fleischwolfs drehen. Die Zwiebeln schälen und in Würfel schneiden. Die Knoblauchzehen schälen und fein hacken.

**3.** Das Öl erhitzen und das Fleisch mit den Zwiebeln, dem Knoblauch und dem Wirsing darin anbraten. Mit Ingwer, Kurkuma, Garam Masala, Zitronensaft, Chilipulver, Salz und Pfeffer würzen. Alles ca. 10 Minuten dünsten.

**4.** Die Tomaten mit der Flüssigkeit erhitzen und den Joghurt und die Sahne unterrühren. Die Fleischmasse auf die Wirsingblätter geben und Wirsingblätter aufrollen. Die Röllchen mit der Tomatensauce anrichten und mit Reis servieren.

*Zubereitungszeit: ca. 30 Minuten*
*Pro Portion ca. 500 kcal/2100 kJ*
*56 g E, 21 g F, 13 g KH*

## *Zucchini mit Schafskäse*

*(oben)*

Für 4 Portionen

4 Zucchini (à 200 g)
Salz, Pfeffer
1/2 El edelsüßes Paprikapulver
4 Tl Olivenöl
100 g Schafskäse
1 El getrocknete Kräuter der Provence

**1.** Die Zucchini putzen, waschen, trocken tupfen und in Scheiben schneiden. Die Zucchini mit Salz, Pfeffer und Paprikapulver würzen und mit Olivenöl einpinseln. Die Zucchinischeiben auf dem heißen Grill von jeder Seite etwa 3 Minuten grillen.

**2.** Den Schafskäse zerbröckeln und auf die Zucchinischeiben legen. Mit Kräutern der Provence bestreuen und weitergrillen, bis der Käse weich zu werden beginnt.

*Zubereitungszeit: ca. 20 Minuten*
*(plus Grillzeit)*
*Pro Portion ca. 190 kcal/798 kJ*
*7 g E, 15 g F, 4 g KH*

**Tipp:** Dieses Rezept können Sie auch mit anderen Gemüsesorten, zum Beispiel mit Auberginen oder Lauch probieren. Statt Schafskäse können Sie auch Ziegenkäse verwenden.

## *Rustikale Pilzpfanne*
*(ohne Abb.)*

Für 4 Portionen

100 g Wiesenchampignons
1 Gemüsezwiebel
100 g durchwachsener Speck
250 g Panhas
(Blutwurst mit Getreide)
3 El Butter
Salz
Pfeffer aus der Mühle
4 Scheiben Pumpernickel
2 El gehackte Petersilie

**1.** Die Pilze putzen und in Scheiben schneiden. Die Zwiebel schälen und in Ringe schneiden. Den Speck und den Panhas in Würfel schneiden. Die Butter in einer Pfanne erhitzen und den Speck darin auslassen.

**2.** Den Panhas dazugeben und kurz anbraten. Die Zwiebel und die Pilze dazugeben. Mit Salz und Pfeffer abschmecken. Die Pilzpfanne auf Tellern anrichten und mit Pumpernickel und Petersilie bestreut servieren.

*Zubereitungszeit: ca. 15 Minuten*
*Pro Portion ca. 305 kcal/1281 kJ*
*11 g E, 9 g F, 44 g KH*



## *Kalte Nudeln mit Sesampaste*
*(rechts)*

Für 4 Portionen

400 g getrocknete Eiernudeln
Salz
4 El Sesamöl
4 Frühlingszwiebeln
3 Knoblauchzehen
3 cm Ingwerwurzel
2 Tl Sichuan-Pfefferkörner
3 El Sesampaste
2 Tl Chili-Bohnen-Sauce
3 El weißer Reisessig
oder Apfelessig
2 El Orangensaft
2 El helle Sojasauce
3 Tl dunkle Sojasauce
1/2 Tl frisch gemahlener
schwarzer Pfeffer
2 Tl Zucker
1 El Erdnussöl

**1.** Die Nudeln in ausreichend kochendem Salzwasser bissfest garen, dann abgießen, abschrecken, abtropfen lassen und in einer Schüssel mit 2 El Sesamöl mischen.

**2.** Frühlingszwiebeln putzen, waschen, trocken tupfen und fein hacken, Knoblauch und Ingwer schälen und ebenfalls fein hacken. Sichuan-Pfefferkörner in einer Pfanne ohne Fett etwa 3 Minuten rösten, bis sie anfangen zu duften.

**3.** Alle Zutaten bis auf die Nudeln und die Frühlingszwiebeln mit dem Mixer zu einer cremigen Paste verrühren, dann mit den Nudeln mischen. Mit Frühlingszwiebeln bestreut servieren.

*Zubereitungszeit: ca. 20 Minuten*
*(plus Kochzeit)*
*Pro Portion ca. 357 kcal/1500 kJ*
*7 g E, 23 g F, 31 g KH*

## Grüne Bohnen mit Reis und Paprikapulver

*(oben)*

Für 4 Portionen

500 g grüne Bohnen
2 Zwiebeln
200 g Reis
50 ml Olivenöl
1/2 Tl Salz
20 g Butter
Paprikapulver

**1.** Die Bohnen putzen, waschen, abtropfen lassen und klein schneiden. Die Zwiebeln schälen und fein würfeln. Den Reis waschen und abtropfen lassen. Das Öl in einem Topf erhitzen und die Zwiebeln darin andünsten. Den Reis zugeben und unter Rühren kurz mitschmoren.

**2.** 400 ml Wasser angießen, die Bohnen zugeben und alles bei geringer Temperatur garen. Nach 5 Minuten Kochzeit 1/2 Tl Salz zufügen.

**3.** Die Butter in einem Topf schmelzen, das Paprikapulver einrühren. Den abgetropften Bohnenreis in eine Schüssel füllen und mit der Paprikabutter beträufeln. Warm oder kalt servieren.

*Zubereitungszeit: ca. 30 Minuten*
*Pro Portion ca. 363 kcal/1525 kJ*
*7 g E, 17 g F, 45 g KH*

## Kartoffelpuffer

*(unten)*

Für ca. 20 Stück

600 g Kartoffeln
1 Zwiebel
25 g Mehl
3 Eier
Salz
Pfeffer
3 El Butterschmalz
Zucker

**1.** Die Kartoffeln schälen und reiben, in einem Tuch gut ausdrücken. Die Zwiebel schälen und reiben. Die Kartoffeln mit der Zwiebel, dem Mehl, den Eiern, Salz und Pfeffer verrühren.

**2.** Das Butterschmalz in einer Pfanne erhitzen und aus dem Teig ca. 20 Kartoffelpuffer von beiden Seiten nacheinander goldbraun backen. Mit Zucker bestreut servieren. Dazu schmeckt Apfelmus.

*Zubereitungszeit: ca. 15 Minuten*
*(plus Backzeit)*
*Pro Stück ca. 55 kcal/230 kJ*
*2 g E, 2 g F, 8 g KH*

## *Kohlrabischnitzel*
*(rechts)*

Für 4 Portionen

600 g Kohlrabi
Salz
Pfeffer
Zitronensaft
100 g Mehl
2 Eier
200 g Paniermehl
4 El Pflanzenöl

**1.** Kohlrabi schälen und in 1–2 cm dicke Scheiben schneiden. Kohlrabi in kochendem Salzwasser etwa 2 Minuten garen. Aus dem Wasser nehmen und abtropfen lassen. Mit Salz und Pfeffer würzen und anschließend mit etwas Zitronensaft beträufeln.

**2.** Mehl auf einen Teller geben. Die Eier verquirlen und auf einen weiteren Teller geben. Paniermehl auf einen dritten Teller geben.

**3.** Das Öl in einer Pfanne erhitzen. Kohlrabischnitzel nacheinander in Mehl, Eiern und Paniermehl wenden und im heißen Öl von beiden Seiten goldbraun braten. Dazu passt eine fruchtige Tomatensauce.

*Zubereitungszeit: ca. 20 Minuten*
*(plus Gar- und Bratzeit)*
*Pro Portion ca. 328 kcal/1378 kJ*
*11 g E, 4 g F, 61 g KH*

## *Leichtes Gemüsecurry*
*(links)*

Für 4 Portionen

100 g Schlangenbohnen, ersatzweise grüne Bohnen
100 g Möhren
100 g Baby-Maiskolben
4 grüne Thai-Auberginen, ersatzweise 1 europäische Aubergine
25 g Krachai, ersatzweise Ingwer
3 El Öl
1 El rote Currypaste
500 ml Gemüsebrühe
3 Kaffir-Limettenblätter
2 grüne Chilischoten
2 El helle Sojasauce
1 Tl Zucker
1/2 Tl Salz
3 Stängel Thai-Basilikum

**1.** Bohnen putzen, waschen und in 3 cm lange Stücke schneiden. Die Möhren putzen, schälen und in Stifte schneiden. Die Baby-Maiskolben putzen, waschen und in 3 cm lange Stücke schneiden. Auberginen putzen, waschen, in 2,5 cm große Würfel schneiden und bis zur Verwendung in kaltes Wasser legen. Krachai oder Ingwer schälen und fein hacken.

**2.** Das Öl in einem Topf oder einem Wok erhitzen, die Currypaste einrühren und kurz anbraten, dann Krachai und Gemüsebrühe hinzugeben und zum Kochen bringen.

**3.** Die Limettenblätter fein hacken, die Chilis putzen, waschen und in feine Ringe schneiden. Beides zusammen mit dem Gemüse, der Sojasauce, Zucker und Salz zur Brühe geben, alles gut vermengen und ca. 5 Minuten gar kochen. Währenddessen das Basilikum waschen, trocken schütteln, die Blätter abzupfen. Basilikum unter das Curry rühren und servieren.

*Zubereitungszeit: ca. 20 Minuten (plus Kochzeit)*
*Pro Portion ca. 223 kcal/935 kJ*
*3 g E, 19 g F, 10 g KH*

## Zucchinifladen mit Lassi-Dip

*(unten)*

Für 4 Portionen

250 g Naturlassi
1 El Zitronensaft
5 El frisch gehackte gemischte Kräuter
Salz
Pfeffer
400 g Zucchini
300 g Möhren
1/2 Bund Koriander
6 Eier
75 ml Milch
2 El Olivenöl

**1.** Den Lassi mit dem Zitronensaft und den Kräutern mischen und mit Salz und Pfeffer abschmecken. Bis zum Servieren kühl stellen.

**2.** Die Zucchini putzen, waschen und grob reiben. Die Möhren schälen und fein reiben. Den Koriander waschen, trocken schütteln und fein hacken. Die Eier mit der Milch und dem Koriander verquirlen, die Gemüseraspel unterheben und mit Salz und Pfeffer abschmecken.

**3.** Das Olivenöl in einer Pfanne erhitzen. Aus der Masse nacheinander von beiden Seiten knusprige Gemüsefladen backen. Die Zucchinifladen mit Lassi-Dip servieren.

*Zubereitungszeit: ca. 15 Minuten (plus Backzeit)*
*Pro Portion ca. 268 kcal/1122 kJ*
*17 g E, 16 g F, 10 g KH*

## Tomatencanapés mit Kräutern

*(rechts oben)*

Für 4 Portionen

12 Scheiben Vollkornbrot
80 g Röstzwiebelbutter
300 g Pizzatomaten
(aus der Dose)
200 g Frischkäse
4 El Sauerrahm
1/2 Bund Frühlingszwiebeln
1/2 Bund Petersilie
1/2 Bund Basilikum
Salz
Pfeffer
5 El geriebener Pecorino
Butter für die Förmchen

**1.** Aus dem Brot 12 Kreise von etwa 10 cm Durchmesser ausstechen. Tarteletteförmchen mit etwas Butter ausstreichen. Den Backofen auf 170 °C vorheizen.

**2.** Die Brotkreise von beiden Seiten mit etwas zerlassener Röstzwiebelbutter bestreichen und in die Förmchen drücken. Portionsweise ca. 15 Minuten braun backen. Anschließend abkühlen lassen und das Brot vorsichtig aus den Förmchen nehmen.

**3.** Pizzatomaten, Frischkäse und Sauerrahm verrühren. Die Frühlingszwiebeln putzen, waschen und in feine Ringe schneiden. Die Kräuter waschen, trocknen und fein hacken. Frühlingszwiebeln und Kräuter unter die Frischkäsemasse rühren und alles mit Salz und Pfeffer abschmecken.

**4.** Die Masse auf die Brote streichen. Die Brote in eine flache, feuerfeste Form setzen und mit dem Käse bestreuen. Alles im Backofen auf der mittleren Einschubleiste ca. 6 Minuten goldbraun backen.

*Zubereitungszeit: ca. 20 Minuten (plus Backzeit)*
*Pro Portion ca. 366 kcal/1538 kJ*
*13 g E, 18 g F, 34 g KH*



## Szechuangurke

*(oben)*

Für 4 Portionen

150 g Bulgur
2 mittelgroße Salatgurken
1 Bund Frühlingszwiebeln
1 Stück frischer Ingwer (4 cm)
2 Knoblauchzehen
1 rote Chilischote
3–4 El Sesamöl
1 El Rohrzucker
2–3 El Sojasauce
1–2 Tl Szechuan-Gewürz (FP)
1 El Chiliöl

**1.** Den Bulgur laut Packungsanweisung zubereiten. Die Gurken waschen, halbieren, die Kerne entfernen und schräg in Scheiben schneiden.

**2.** Die Frühlingszwiebeln putzen, waschen und in feine Röllchen schneiden. Den Ingwer und die Knoblauchzehen schälen und fein hacken. Die Chilischote waschen, entkernen und in feine Würfel schneiden.

**3.** Das Öl erhitzen und das Gemüse darin unter Rühren ca. 6–7 Minuten braten. Den Zucker, die Sojasauce und das Gewürz dazugeben. Das Chiliöl ebenfalls dazugeben. Alles weitere 6–8 Minuten köcheln lassen. Den fertigen Bulgur vorsichtig mit den anderen Zutaten im Wok mischen, anrichten und in Schälchen servieren.

*Zubereitungszeit: ca. 25 Minuten*
*Pro Portion ca. 257 kcal/1075 kJ*
*6 g E, 15 g F, 19 g KH*

**2.** Die Mixed Pickles in ein Sieb geben und gut abtropfen lassen. Anschließend klein schneiden.

**3.** Das Erdnussöl erhitzen und das Gemüse darin ca. 5 Minuten braten. Die Eier aufschlagen und würzen. Zum Gemüse geben und unter Rühren ca. 3–5 Minuten stocken lassen. Das Koriandergrün waschen, trocknen, Blätter abzupfen und fein hacken.

**4.** Die Tortillas mit der Eier-Gemüse-Mischung füllen, mit Käse bestreuen und unter dem Grill ca. 5 Minuten goldbraun backen. Mit Koriandergrün bestreut servieren. Dazu passt eine frische Tomaten-Salsa.

*Zubereitungszeit: ca. 30 Minuten*
*Pro Portion ca. 823 kcal/3456 kJ*
*34 g E, 47 g F, 56 g KH*

## Tortillas mit Ei und pikanter Salsa

*(rechts)*

Für 4 Portionen

8 Tortillas
250 g Maiskörner (TK)
200 g Erbsen (TK)
150 g Mixed Pickles
3–4 El Erdnussöl
6 Eier
Salz
Pfeffer
Chilipulver
Kreuzkümmelpulver
1/2 Bund Koriandergrün
200 g geriebener Cheddarkäse

**1.** Die Tortillas einzeln aufrollen, in Alufolie einschlagen und im Backofen bei 150 °C ca. 12 Minuten erhitzen. Die Maiskörner und die Erbsen etwas antauen lassen.

3. Das Toastbrot in Würfel schneiden. Die Knoblauchzehen schälen und durchpressen. Das Öl erhitzen und die Brotwürfel mit dem Knoblauch darin anrösten. Das Gemüse mit Croûtons bestreut servieren.

*Zubereitungszeit: ca. 30 Minuten*
*Pro Portion ca. 306 kcal/1288 kJ*
*5 g E, 22 g F, 12 g KH*

## Süß-saurer Spitzkohl

*(oben)*

Für 4 Portionen

650 g Spitzkohl
5 Eiertomaten
4 rote Zwiebeln
4 El Olivenöl
3 El Rotweinessig
1 El brauner Zucker
Salz
Pfeffer
6 Scheiben Toastbrot
2 Knoblauchzehen
2 El Sonnenblumenöl

1. Wasser zum Sieden bringen. Den Kohl putzen, waschen, die harten Stiele entfernen. Die Blätter in Streifen schneiden. Die Tomaten waschen, kreuzweise einschneiden, kurz in das siedende Wasser tauchen, häuten und in Würfel schneiden.

2. Die Zwiebeln schälen und ebenfalls würfeln. Das Öl erhitzen und die Zwiebeln darin andünsten. Nach ca. 3 Minuten den Kohl und die Tomaten dazugeben. Den Essig darüberträufeln und alles mit dem Zucker, Salz und Pfeffer würzen. Alles ca. 4 Minuten ziehen lassen.

## Zucchiniplätzchen mit Schafskäse

*(unten)*

Für 4 Portionen

250 g Zucchini
200 g Schafskäse
1 Bund gemischte Kräuter
2 Eier
50 g Mehl
1 El Maisstärke
200 g Kartoffelpüreepulver (FP)
2 El Olivenöl

1. Die Zucchini putzen, waschen und in der Küchenmaschine fein hacken. Den Schafskäse zerkrümeln und mit den Zucchini mischen. Die Kräuter waschen, trocken schütteln und hacken. Kräuter und Eier zu der Zucchini-Schafskäse-Mischung geben und unterrühren.

2. Das Mehl mit der Maisstärke und dem Kartoffelpüreepulver mischen und alles mit der Zucchini-Schafskäse-Mischung zu einem cremigen Teig verarbeiten. Das Olivenöl erhitzen und darin nacheinander 8 knusprige Plätzchen backen. Mit Kräuterquark oder Tsatsiki servieren.

*Zubereitungszeit: ca. 20 Minuten*
*(plus Backzeit)*
*Pro Portion ca. 152 kcal/636 kJ*
*15 g E, 18 g F, 18 g KH*

## Ratatouille mit Ananas und Physalis
(oben)

Für 4 Portionen

2 Schalotten
2 Knoblauchzehen
je 1 rote, grüne und gelbe Paprikaschote
1 grüne Zucchini
2 gelbe Zucchini
1 Babyananas
10 Physalis
3 El Olivenöl
2 El Tomatenmark
je 1 Zweig Thymian, Rosmarin und Oregano
200 ml Hühnerbrühe
Salz
Pfeffer
1 Tl gemahlener Kurkuma
3–4 Kaffir-Limettenblätter

**1.** Die Schalotten und die Knoblauchzehen schälen und hacken, die Paprikaschoten putzen, waschen, entkernen und würfeln, die Zucchini putzen, waschen, vierteln und in Stücke schneiden.

**2.** Die Babyananas schälen, den harten Strunk entfernen und das Fruchtfleisch in Würfel schneiden. Die Physalis aus den Hüllen nehmen und halbieren.

**3.** Das Olivenöl erhitzen und zuerst Schalotten und Knoblauch, dann Paprika, Zucchini sowie Früchte darin unter Rühren anschmoren. Nach etwa 3 Minuten Tomatenmark einrühren.

**4.** Die Kräuterzweige waschen und trocken schütteln, dann die Blättchen und Nadeln von den Zweigen zupfen und unter das Gemüse heben. Die Hühnerbrühe angießen und etwas einkochen lassen.

**5.** Das Ratatouille mit Salz, Pfeffer und Kurkuma würzen und mit in Streifen geschnittenen Kaffir-Limettenblättern garniert servieren.

*Zubereitungszeit: ca. 30 Minuten*
*Pro Portion ca. 212 kcal/888 kJ*
*12 g E, 6 g F, 23 g KH*

## Tex-Mex-Omelett
(ohne Abb.)

Für 4 Portionen

1 rote Paprikaschote
1 grüne Peperoni
1 Gemüsezwiebel
4 Tomaten
1 Avocado
4 Eier
Mineralwasser
Salz
Pfeffer
Tabasco
4 El Chiliöl

**1.** Die Paprikaschote putzen, waschen, halbieren, entkernen und in Streifen schneiden. Die Peperoni putzen, waschen und in Ringe schneiden. Die Zwiebel schälen und in Würfel schneiden.

**2.** Die Tomaten waschen, halbieren und in schmale Spalten schneiden. Die Avocado schälen, halbieren, den Stein entfernen und das Fruchtfleisch in kleine Stücke schneiden.

**3.** Die Eier in einer Schüssel mit etwas Mineralwasser verrühren und das Gemüse und die Avocado unterheben. Alles mit Salz, Pfeffer und Tabasco abschmecken. Das Öl in einer Pfanne erhitzen und aus dem Teig portionsweise 4 Omeletts ausbacken. Dazu passt ein grüner Salat.

*Zubereitungszeit: ca. 20 Minuten*
*Pro Portion ca. 280 kcal/1176 kJ*
*15 g E, 10 g F, 31 g KH*

## Asiatisches Gemüse
*(unten)*

Für 4 Portionen

100 g Chinakohl
125 g Möhren
125 g frische Shiitake-Pilze
125 g Zuckerschoten
50 g Ingwer
2 Knoblauchzehen
2 rote Chilischoten
100 g eingelegte Bambussprossen
4 El Sonnenblumenöl
150 g Ananasstücke aus der Dose
4 El Reisessig
4 El helle Sojasauce
4 El Sherry
2 El Zucker
200 ml Gemüsebrühe
1 Tl Maisstärke

**1.** Den Chinakohl waschen, trocknen und die Blätter der Länge nach halbieren. Anschließend in 2 cm breite Streifen schneiden. Die Möhren schälen und in dünne Scheiben schneiden. Die Pilze mit Küchenpapier abreiben und halbieren. Die Zuckerschoten waschen und halbieren.

**2.** Ingwer schälen und in sehr feine Scheiben schneiden. Den Knoblauch schälen und fein hacken. Chilischoten waschen, entkernen und in Streifen schneiden. Die Bambussprossen in einem Sieb abtropfen lassen.

**3.** Das Öl im Wok erhitzen und die Möhren mit den Pilzen, den Zuckerschoten und dem Chinakohl darin anbraten. Ingwer, Knoblauch und Chili zufügen, kurz mitbraten. Bambussprossen, Ananasstücke, Essig, Sojasauce, Sherry und Zucker dazugeben. Mit 3/4 der Brühe angießen und vermischen.

**4.** Die Stärke mit der restlichen kalten Brühe anrühren, über das Gemüse gießen und sofort untermischen. 4 Minuten köcheln lassen. Das Ganze in Schälchen anrichten und servieren.

*Zubereitungszeit: ca. 20 Minuten*
*Pro Portion ca. 222 kcal/930 kJ*
*4 g E, 11 g F, 25 g KH*



## Frittierte Erbsenbällchen
*(rechts unten)*

Für 4 Portionen

200 g gekochte gelbe Erbsen
1 Zwiebel
1 Bund Petersilie
30 g Paniermehl
50 g frisch geriebener würziger Hartkäse
1 Ei
Salz
schwarzer Pfeffer
1/4 Tl Paprikapulver
Mehl zum Wenden
Olivenöl zum Frittieren

**1.** Die Erbsen abtropfen und abkühlen lassen. Sie sollen breiig sein. Die Zwiebel schälen und fein hacken. Petersilie waschen, trocken schütteln und ebenfalls hacken.

**2.** Zwiebel, Petersilie, Paniermehl, Käse und Ei in einer Schüssel mischen. Mit Salz und Pfeffer würzen. Den Erbsenbrei unterrühren und mit Paprika pikant abschmecken.

**3.** Aus der Masse mit den Händen kleine Bällchen formen. Die Bällchen in Mehl wenden. Das Olivenöl in einem tiefen Topf erhitzen und die Erbsenbällchen darin goldbraun frittieren. Auf Küchenpapier abtropfen lassen.

*Zubereitungszeit: ca. 20 Minuten*
*Pro Portion ca. 353 kcal/1481 kJ*
*12 g E, 23 g F, 25 g KH*

## Kartoffelpüree klassisch *(oben)*

Für 4 Portionen

1 kg Kartoffeln
Salz
30 g Butter
1 Eigelb
250 ml Milch
geriebene Muskatnuss
1 El Zucker (nach Belieben)

**1.** Die Kartoffeln mit Schale in Salzwasser etwa 20 Minuten kochen, dann abgießen, abtropfen lassen und schälen. Anschließend sorgfältig zerstampfen oder durch die Kartoffelpresse drücken.

**2.** Das Kartoffelpüree in einen Topf geben und bei geringer Temperatur Butter, Eigelb und Milch unterrühren. Das Püree anschließend mit Salz, Muskat und Zucker nach Belieben würzen. Zuletzt das Püree mit dem Schneebesen schlagen, bis es fast schaumig ist.

*Zubereitungszeit: ca. 10 Minuten (plus Garzeit)*
*Pro Portion ca. 309 kcal/1294 kJ*
*8 g E, 11 g F, 43 g KH*

3. Das Öl erhitzen und das Gemüse darin andünsten. Tofu dazugeben. Mit Salz, Cayennepfeffer, Knoblauch- und Pimentpulver würzen. Crème fraîche unterrühren. Sesamsaat in einer Pfanne ohne Fett rösten. Gemüsemischung in die Kohlrabi füllen, mit der Sesamsaat bestreuen und servieren.

*Zubereitungszeit: ca. 25 Minuten*
*Pro Portion ca. 336 kcal/1413 kJ*
*8 g E, 34 g F, 24 g KH*

## Gefüllte Kohlrabi mit Tofu *(oben)*



Für 4 Portionen

4 mittelgroße Kohlrabi
375 ml Gemüse-Hefebrühe
Kräutersalz
400 g Tofu
5 El Sojasauce
1 El Sherryessig
2 Möhren
100 g Knollensellerie
100 g Brokkoli
4 El Sesamöl
Salz
Cayennepfeffer
Knoblauchpulver
Pimentpulver
100 g Crème fraîche mit Kräutern
3 El Sesamsaat

1. Die Kohlrabi schälen, einen Deckel abschneiden und bis auf einen Rand von 1 cm aushöhlen. Die Knollen dann in der Brühe mit etwas Kräutersalz ca. 8 Minuten köcheln lassen. Anschließend abgießen und abtropfen lassen.

2. Inzwischen den Tofu abtropfen lassen und in kleine Würfel schneiden. Mit der Sojasauce und dem Essig beträufeln und ziehen lassen. Möhren und Sellerie schälen und in Würfel schneiden. Den Brokkoli putzen, waschen und in Röschen teilen.

## Gegrillte Feigen mit Ziegenkäse

*(unten)*

Für 4 Portionen

8 reife Feigen
150 g milder Ziegenkäse
1 unbehandelte Orange
8 Zweige Rosmarin
1 Prise Cayennepfeffer
Salz
8 dünne Scheiben Serranoschinken
2 El Olivenöl

**1.** Den Backofen auf 190 °C vorheizen. Die Feigen putzen und vorsichtig abreiben, anschließend zur Blüte über Kreuz einschneiden, aber nicht durchschneiden.

**2.** Den Käse in 8 Stücke einteilen. Die Orange heiß abwaschen und abtrocknen, anschließend mit dem Zestenreißer die Schale abziehen.

**3.** Den Rosmarin waschen und trocken schütteln. Den Käse in das Herz der Feigen füllen, mit Orangenschale, etwas Cayennepfeffer und Salz bestreuen.

**4.** Um jede Feige 1 Scheibe Serranoschinken wickeln und mit 1 Zweig Rosmarin feststecken. Feigen auf ein Backblech setzen und mit etwas Olivenöl beträufeln. Im vorgeheizten Backofen etwa 10 Minuten backen und heiß oder warm servieren.

*Zubereitungszeit: ca. 15 Minuten (plus Backzeit)*
*Pro Portion ca. 158 kcal/662 kJ*
*10 g E, 8 g F, 10 g KH*

## Gemüserisotto mit Weißwein

*(oben)*

Für 4 Portionen

1 Zwiebel
2 El Olivenöl
200 g Risottoreis
800 ml Gemüsebrühe
2 Frühlingszwiebeln
2 Lauchstangen
1 El Öl
100 g TK-Erbsen
50 g Champignons
150 ml Weißwein
Salz
Pfeffer
1 Tl getrockneter Thymian

**1.** Die Zwiebel schälen und hacken. Das Olivenöl erhitzen und die Zwiebel darin andünsten. Den Risottoreis zugeben und unter Rühren 2 Minuten schmoren. Nun nach und nach die Gemüsebrühe angießen, jeweils so viel, dass der Reis damit bedeckt ist, und nachgießen, wenn die Flüssigkeit aufgesogen ist. Dabei fortwährend rühren.

**2.** Die Frühlingszwiebeln und die Lauchstangen putzen, waschen und in Ringe schneiden. Das Öl erhitzen und die Zwiebel- und Lauchringe darin andünsten. Die TK-Erbsen zugeben und unter Rühren mitschmoren.

**3.** Die Champignons putzen, feucht abreiben und in Scheiben schneiden, dann hinzufügen. Den Weißwein angießen und etwas einkochen lassen. Mit Salz, Pfeffer und getrocknetem Thymian würzen. Das Gemüse unter den cremigen Reis heben und servieren.

*Zubereitungszeit: ca. 30 Minuten*
*Pro Portion ca. 282 kcal/1181 kJ*
*7 g E, 6 g F, 47 g KH*

## Gemüsepfanne

*(ohne Abb.)*

Für 4 Portionen

2 rote Chilis
6–7 Pecannüsse
4–5 Frühlingszwiebeln
1–2 El Fünf-Gewürz-Pulver
1 Salatgurke
6 Möhren
2 grüne Chilis
1 Stück frischer Ingwer
5 Knoblauchzehen
3 El Walnussöl
2 El Zucker
3 El Reisweinessig

**1.** Die roten Chilischoten waschen, halbieren, entkernen und anschließend mit den Nüssen in einen Mixer geben. Die Frühlingszwiebeln putzen, waschen und die Hälfte grob zerkleinern. Mit dem Fünf-Gewürz-Pulver zu den anderen Zutaten in den Mixer geben. Alles fein pürieren.



**2.** Die Gurke waschen und trocknen. Die Möhren schälen und zusammen mit der Gurke in ca. 3 cm lange Stifte schneiden. Die restlichen Frühlingszwiebeln in Ringe schneiden.

**3.** Die grünen Chilischoten waschen, entkernen und in Streifen schneiden. Den Ingwer schälen und würfeln. Den Knoblauch schälen und in Scheiben schneiden. Das Öl erhitzen und das Würzpüree mit den Chilis, dem Ingwer und dem Knoblauch anrösten.

**4.** Den Zucker und den Essig zufügen und zu einer dicklichen Sauce einkochen lassen. Das Gemüse hineingeben und ca. 5 Minuten darin schmoren.

*Zubereitungszeit: ca. 25 Minuten*
*Pro Portion ca. 332 kcal/1396 kJ*
*18 g E, 13 g F, 33 g KH*

## Gebackene Tomaten mit Schafskäse

*(unten)*

Für 4 Portionen

750 g Tomaten
1 Knoblauchzehe
5 El Olivenöl
Salz
Pfeffer
2 El abgetropfte Kapern
400 g Schafskäse
1 El frische Thymianblättchen

**1.** Die Tomaten waschen, vom Stielansatz befreien und in Scheiben schneiden. Die Knoblauchzehe schälen und hacken.

**2.** Eine mit 2 El Olivenöl gefettete Auflaufform mit den Tomatenscheiben auslegen, mit Salz und Pfeffer würzen, mit den abgetropften Kapern und der gehackten Knoblauchzehe bestreuen.

**3.** Den Schafskäse in Scheiben schneiden und auf der Tomatenmischung verteilen. Alles mit dem restlichen Olivenöl beträufeln und mit den Thymianblättchen bestreuen. Im Ofen bei 200 °C (Umluft 180 °C) etwa 20 Minuten backen.

*Zubereitungszeit: ca. 10 Minuten*
*Pro Portion ca. 322 kcal/1348 kJ*
*19 g E, 24 g F, 6 g KH*

## Chicorée-Schinken-Gratin in Weißwein

*(oben)*

Für 4 Portionen

4 Chicoréestauden
Salz
4 Scheiben gekochter Schinken
100 ml Weißwein
150 g Crème fraîche
Pfeffer
Butter für die Form

**1.** Die Chicoréestauden putzen, waschen, den bitteren Strunk entfernen, die Stauden in kochendem Salzwasser etwa 4 Minuten garen, abgießen, kalt abschrecken und abtropfen lassen.

**2.** Jede Chicoréestaude in 1 Scheibe gekochten Schinken wickeln und in eine mit Butter gefettete Form geben.

**3.** Den Weißwein angießen. Die Crème fraîche mit Salz und Pfeffer würzen und über die Chicoréestauden geben. Im Ofen bei 220 °C (Umluft 200 °C) etwa 15 Minuten backen. Mit frischem Baguette servieren.

*Zubereitungszeit: ca. 15 Minuten*
*(plus Gar- und Backzeit)*
*Pro Portion ca. 228 kcal/955 kJ*
*7 g E, 18 g F, 3 g KH*

## Gemüsereis mit Weinblättern und Schafskäse

*(unten)*

Für 4 Portionen

150–200 g Basmatireis
400 ml Gemüsefond
250 g Blattspinat (TK)
4 Tomaten
3–4 El Olivenöl
Salz
Pfeffer
1 Tl gerebelter Oregano
1 Tl gerebelter Thymian
2–3 El Zitronensaft
1–2 El Zitronenzesten
8 eingelegte Weinblätter
150 g Schafskäse

**1.** Den Reis im kochenden Gemüsefond etwa 15 Minuten garen. Den Spinat etwas antauen lassen. Die Tomaten putzen, waschen, kreuzweise einritzen, mit kochendem Wasser überbrühen, Stielansätze entfernen und Tomaten häuten. Fruchtfleisch entkernen und in Würfel schneiden.

**2.** Das Öl erhitzen und die Tomatenwürfel mit dem Spinat darin ca. 6–8 Minuten schmoren. Mit Salz, Pfeffer und Kräutern würzen. Zitronensaft und -zesten dazugeben und den Reis unterheben.

**3.** Gut mischen und erwärmen. Die Weinblätter abtropfen lassen. Auf jeden Teller 2 Weinblätter legen. Den Reis darauf anrichten und mit zerkrümeltem Schafskäse bestreut servieren.

*Zubereitungszeit: ca. 30 Minuten*
*Pro Portion ca. 420 kcal/1764 kJ*
*12 g E, 19 g F, 42 g KH*

## *Austernpilze mit Knoblauch* *(oben)*

Für 4 Portionen

600 g Austernpilze
9 Knoblauchzehen
4 El Erdnussöl
4 El Sojasauce
1/2 Tl Fünf-Gewürz-Pulver
1 El dunkles Sesamöl

**1.** Die Austernpilze putzen, feucht abreiben, dicke Stiele entfernen, den Rest in Scheiben schneiden. Knoblauch schälen und in sehr dünne Scheiben schneiden.

**2.** Das Erdnussöl in einem Wok stark erhitzen und den Knoblauch unter Rühren etwa 30 Sekunden anbraten. Dann die Pilze zugeben und unter Rühren 5 Minuten garen.

**3.** Alles mit Sojasauce und Fünf-Gewürz-Pulver abschmecken und mit Sesamöl beträufelt servieren.

*Zubereitungszeit: ca. 15 Minuten (plus Garzeit)*
*Pro Portion ca. 157 kcal/658 kJ*
*5 g E, 15 g F, 2 g KH*

## *Zucchinipfanne mit Tomaten*

*(unten)*

Für 4 Portionen

5 Frühlingszwiebeln
1 Knoblauchzehe
2 El Olivenöl
400 g Zucchini
300 g Tomaten
Salz
Pfeffer
je 1 El gehackter Thymian und Rosmarin

**1.** Die Frühlingszwiebeln putzen, waschen und in Ringe schneiden. Die Knoblauchzehe schälen und hacken. Das Olivenöl erhitzen und Frühlingszwiebeln und Knoblauch darin andünsten.

**2.** Die Zucchini putzen, waschen und in Scheiben schneiden. Die Tomaten waschen, die Stielansätze entfernen und das Fruchtfleisch achteln. Zucchini und Tomaten zu der Zwiebel-Knoblauch-Mischung geben und alles etwa 10 Minuten unter Rühren schmoren.

**3.** Mit Salz, Pfeffer, Thymian und Rosmarin würzen. Als Beilage zu Fleisch oder Fisch oder als Hauptmahlzeit mit Reis oder Nudeln servieren.

*Zubereitungszeit: ca. 15 Minuten (plus Garzeit)*
*Pro Portion ca. 96 kcal/402 kJ*
*2 g E, 5 g F, 7 g KH*

## *Pilaw mit Früchten und Frühlingszwiebeln* (rechts)

Für 4 Portionen

60 g getrocknete ungeschwefelte Aprikosen
Saft von 1 Orange
2 Frühlingszwiebeln
2 El Sonnenblumenöl
3 El Butter
250 g Langkornreis
5 El Rosinen
1/2 Tl Kardamompulver
1 Tl Garam Masala
1 Tl Currypulver
2 El Pistazien

**1.** Die getrockneten Aprikosen 5 Minuten in Orangensaft einweichen. Die Frühlingszwiebeln putzen, waschen und in dünne Ringe schneiden.

**2.** Das Öl mit der Butter in einer Pfanne erhitzen und die Frühlingszwiebeln darin unter Rühren andünsten. Den Reis hinzufügen und glasig schmoren.

**3.** Die Aprikosen abtropfen lassen, klein schneiden und mit den gewaschenen Rosinen zum Reis geben. Die Gewürze unter das Pilaw rühren.

**4.** Orangensaft und 250 ml Wasser hinzufügen und abgedeckt bei geringer Temperatur 15–20 Minuten ausquellen lassen. Mit den gehackten Pistazien anrichten.

*Zubereitungszeit: ca. 30 Minuten*
*Pro Portion ca. 380 kcal/1590 kJ*
*6 g E, 8 g F, 66 g KH*

## *Gemüse mit Knoblauchdip*

*(rechts)*

Für 4 Portionen

1 kleine Aubergine
1 kleine Zucchini
je 1 rote und gelbe Paprikaschote
8 Kirschtomaten
4 rote Zwiebeln
4 El Knoblauchbutter
1 Zwiebel
4 Knoblauchzehen
175 g Joghurt
2 El Olivenöl
2 El Mayonnaise
1 El Zitronensaft
Salz
Pfeffer
8 Holzspieße

**1.** Aubergine, Zucchini und Paprikaschoten putzen, waschen. Aubergine und Zucchini in Scheiben, Paprikaschoten in gleich große Stücke schneiden.



**2.** Tomaten waschen, rote Zwiebeln schälen und vierteln. Gemüse und Zwiebelviertel abwechselnd auf die Holzspieße stecken. Knoblauchbutter schmelzen und die Gemüsespieße damit einreiben. Spieße etwa 10 Minuten grillen, dabei mehrmals wenden.

**3.** Zwiebel schälen und hacken. Knoblauchzehen schälen und zerdrücken. Für den Dip Knoblauchzehen, Joghurt, Öl, Mayonnaise, Zwiebel und Zitronensaft verrühren. Mit Salz und Pfeffer abschmecken. Die Spieße mit Fladenbrot und Dip servieren.

*Zubereitungszeit: ca. 20 Minuten (plus Grillzeit)*
*Pro Portion ca. 122 kcal/513 kJ*
*5 g E, 6 g F, 10 g KH*

## *Gebackene Gurken*

*(rechts oben)*

Für 4 Portionen

2 große Salatgurken
350 g Tofu
4 rote Chilischoten
1/2 Bund Frühlingszwiebeln
2 Knoblauchzehen
Salz, Pfeffer
je 1 Tl Koriander-, Kreuzkümmel- und Senfpulver
1 El Chilisauce
100 g Joghurt
100 g geriebener Parmesan
Butter für die Form

**1.** Die Gurken waschen, längs halbieren und in Scheiben schneiden. Den Tofu in Würfel schneiden. Den Backofen auf 170 °C vorheizen.

**2.** Die Chilischoten waschen, längs halbieren, entkernen und fein hacken. Die Frühlingszwiebeln putzen, waschen und in Ringe schneiden. Die Knoblauchzehen schälen und durchpressen. Den Tofu mit den Chilischoten, den Frühlingszwiebeln und dem Knoblauch vermengen.

**3.** Alles mit Salz, Pfeffer, Koriander-, Kreuzkümmel-, Senfpulver und Chilisauce würzen. Joghurt und Parmesan unterrühren.

1. Den Spargel putzen, waschen und die Spitzen etwa 14 cm lang abschneiden. Restlichen Spargel anderweitig verwenden. Etwas Wasser in einem Topf zum Kochen bringen und salzen. Die Spargelspitzen darin etwa 2–3 Minuten knapp bissfest garen. Herausnehmen und gut abtropfen lassen.

2. Das Ei mit der Milch kräftig verrühren. Das Öl in einer Pfanne stark erhitzen. Die abgetropften Spargelspitzen im Mehl wenden, in die Ei-Milch-Mischung tauchen und sofort in sehr heißem Olivenöl goldgelb braten. Herausnehmen und auf Küchenpapier abtropfen lassen. Die gebratenen Spargelspitzen salzen, pfeffern und heiß servieren.

*Zubereitungszeit: ca. 15 Minuten*
*(plus Gar- und Frittierzeit)*
*Pro Portion ca. 220 kcal/923 kJ*
*5 g E, 20 g F, 5 g KH*

4. Eine ofenfeste Form mit Butter ausstreichen und die Gurkenstücke hineinlegen. Alles mit der Joghurtmasse bedecken und im Backofen auf der mittleren Einschubleiste ca. 15 Minuten überbacken.

*Zubereitungszeit: ca. 30 Minuten*
*Pro Portion ca. 352 kcal/1479 kJ*
*7 g E, 24 g F, 24 g KH*

## Wilder Spargel nach andalusischer Art

*(rechts)*

Für 4 Portionen

600 g wilder Spargel oder grüner Spargel
Salz
1 Ei
1 El Milch
6 El Olivenöl
2 El Mehl
Pfeffer

## *Tortilla auf klassische Art*

*(rechts)*

Für 4 Portionen

4 große Kartoffeln
1 große Zwiebel
100 ml Olivenöl
grobes Salz
5 Eier

**1.** Kartoffeln schälen, waschen und in 3 mm dicke Scheiben hobeln. Zwiebel schälen und in dünne Ringe schneiden. Das Öl in einer beschichteten Pfanne erhitzen, Kartoffeln und Zwiebel darin einschichten, jede Schicht salzen. Bei geringer Hitze knapp gar schmoren lassen und hin und wieder umrühren. Die Kartoffeln sollen nicht braun werden. Kartoffeln und Zwiebel abtropfen lassen, das Fett auffangen.

**2.** Die Eier schaumig schlagen. Kartoffeln und Zwiebel mit der Eimasse übergießen und 10 Minuten stehen lassen. 2 El Bratfett in der Pfanne sehr heiß werden lassen, Kartoffel-Ei-Masse dazugeben, glatt streichen und die Hitze reduzieren.

**3.** Tortilla mithilfe eines Tellers umdrehen und die Oberseite ebenfalls braun werden lassen. Tortilla in Dreiecke schneiden und warm oder kalt servieren.

*Zubereitungszeit: ca. 25 Minuten*
*Pro Portion ca. 483 kcal/2027 kJ*
*14 g E, 34 g F, 31 g KH*

## *Quesadilla*

*(links)*

Für 4 Portionen

4 Wraps (FP)
2 El Öl
200 g Schafskäse
150 g schwarze Oliven ohne Stein
150 g Maiskörner
1 Zwiebel
3 Tomaten
2 Knoblauchzehen
1 grüne Chilischote
2 El Chilibutter
Salz
Pfeffer
Chilipulver
2 El Butter

**1.** Die Wraps nach Packungsanweisung in dem Öl von beiden Seiten braten. Den Käse abtropfen lassen und in Würfel schneiden. Die Oliven abtropfen lassen und halbieren. Die Maiskörner abtropfen lassen.

**2.** Die Zwiebel schälen und in Würfel schneiden. Die Tomaten waschen, trocknen und in Würfel schneiden. Die Knoblauchzehen schälen und durchpressen. Die Chilischote putzen, waschen, längs halbieren, entkernen und in Streifen schneiden.

**3.** Die Chilibutter erhitzen und das Gemüse darin ca. 4 Minuten braten. Mit Salz, Pfeffer und Chilipulver abschmecken. Anschließend alles auf den Wraps verteilen, aufrollen und servieren.

*Zubereitungszeit: ca. 30 Minuten*
*Pro Portion ca. 385 kcal/1612 kJ*
*21 g E, 18 g F, 33 g KH*

## Kräuter-Kartoffelpuffer

*(ohne Abb.)*

Für 4 Portionen

400 g Kartoffeln
Salz
1 Bund Frühlingszwiebeln
1 Bund Schnittlauch
1 Bund Petersilie
1 Bund Liebstöckel
250 ml Gemüse-Hefebrühe
Pfeffer
1 Tl Kümmelkörnchen
4 El Olivenöl

**1.** Die Kartoffeln unter fließendem Wasser abbürsten und anschließend in leicht gesalzenem Wasser ca. 18 Minuten garen.

**2.** Die Zwiebeln putzen, waschen und in Ringe schneiden. Den Schnittlauch waschen, trocknen und in Röllchen schneiden. Die restlichen Kräuter waschen, trocknen und fein hacken.

**3.** Die Kartoffeln herausnehmen, abtropfen lassen und pellen. Mit der erhitzten Brühe in einen Topf geben und alles mit dem Schneidstab des Handrührgerätes pürieren.

**4.** Die Kräuter und die Frühlingszwiebeln unter die Kartoffelmasse heben. Alles mit Salz, Pfeffer und Kümmel würzen.

**5.** Das Öl in einer Pfanne erhitzen und aus der Kartoffelmasse goldbraune Puffer braten. Das Ganze anschließend auf Tellern anrichten, mit Petersilie und Schnittlauch garnieren und mit einem Glas Buttermilch servieren. Dazu passt Kräuterquark.

*Zubereitungszeit: ca. 30 Minuten*
*Pro Portion ca. 435 kcal/1827 kJ*
*16 g E, 7 g F, 74 g KH*

## Kartoffelnudeln mit Muskat

*(unten)*

Für 4 Portionen

750 g Kartoffeln
(am Vortag gekocht)
1 Ei
1–2 El Mehl
Salz
Pfeffer
1/2 Tl gemahlener Muskat
8 El Butterschmalz

**1.** Die Kartoffeln pellen und durch die Kartoffelpresse drücken. Das Kartoffelpüree in einer Schüssel mit Ei, Mehl, Salz, Pfeffer und frisch geriebener Muskatnuss vermischen. Der Teig darf nicht zu weich sein. Eventuell etwas mehr Mehl zugeben.

**2.** Aus dem Teig mit bemehlten Händen fingerdicke und -lange Nudeln formen. Das Butterschmalz in einer hohen Pfanne erhitzen, die Kartoffelnudeln darin goldgelb ausbacken. Als Beilage zu Salat oder Fleisch servieren.

*Zubereitungszeit: ca. 20 Minuten*
*(plus Garzeit)*
*Pro Portion ca. 432 kcal/1811 kJ*
*6 g E, 32 g F, 31 g KH*

## Artischocken mit Kräuter-Dip

*(rechts oben)*

Für 4 Portionen

4 große frische Artischocken
Salz
Saft von 1 Zitrone
200 g Joghurt
100 g Crème légère
100 ml Sahne
3 kleine grüne Peperoni aus dem Glas
5 Oliven ohne Stein
1 Bund Frühlingskräuter
1 Knoblauchzehe
1 Tl Senf
Pfeffer

**1.** Die frischen Artischocken waschen, Stiele entfernen, Blattspitzen mit einer Schere abschneiden. In reichlich kochendem Salzwasser mit dem Zitronensaft etwa 25 Minuten garen.

**2.** Inzwischen den Joghurt mit der Crème légère und der Sahne verrühren. Die Peperoni klein schneiden, die Oliven hacken, die Kräuter waschen, trocken schütteln und ebenfalls hacken.

**3.** Den Knoblauch schälen und zerdrücken. Alles mit 1 Tl Senf verrühren und den Dip mit Salz und Pfeffer abschmecken.

**4.** Artischocken abtropfen lassen. Die Blätter abzupfen, den fleischigen Teil in den Dip tunken.

*Zubereitungszeit: ca. 15 Minuten (plus Garzeit)*
*Pro Portion ca. 322 kcal/1348 kJ*
*7 g E, 26 g F, 12 g KH*

## Dicke Bohnen mit Eiern *(oben)*

Für 4 Portionen

2 Schalotten
4 El Olivenöl
750 g grüne dicke Bohnen
200 ml Weißwein
Salz, Pfeffer, 4 Eier
geröstete Bauernbrotscheiben

**1.** Den Backofen auf 200 °C vorheizen. Die Schalotten schälen und in dünne Ringe schneiden. Das Olivenöl in einer Pfanne erhitzen und die Schalotten darin glasig dünsten. Die dicken Bohnen dazugeben und unter Rühren 7 Minuten mitdünsten.

**2.** Den Wein mit 150 ml Wasser angießen. Alles mit Salz und Pfeffer würzen und etwa 10 Minuten zugedeckt garen lassen. Die Bohnenmischung anschließend auf 4 flache ofenfeste Schalen verteilen. In jede Schale 1 Ei aufschlagen, salzen und pfeffern.

**3.** Bohnen mit den Eiern im vorgeheizten Backofen etwa 6 Minuten backen, bis das Eiweiß stockt. Sofort mit geröstetem Bauernbrot servieren.

*Zubereitungszeit: ca. 15 Minuten (plus Backzeit)*
*Pro Portion ca. 320 kcal/1344 kJ*
*15 g E, 13 g F, 29 g KH*

2. Die Eier mit der Milch verquirlen, salzen und pfeffern. 1/4 der Eiermilch über die Pilze in der Pfanne gießen und bei mittlerer Temperatur etwa 8 Minuten stocken lassen. In den letzten 3 Minuten mit einem Deckel abdecken.

3. Das fertige Omelett warm stellen, 3 weitere Omeletts backen. Währenddessen den Schnittlauch waschen, trocken tupfen und in Röllchen schneiden. Die fertigen Omeletts mit je 1 El Crème fraîche und 1/4 der Schnittlauchröllchen servieren.

*Zubereitungszeit: ca. 15 Minuten*
*(plus Zeit zum Backen)*
*Pro Portion ca. 272 kcal/1142 kJ*
*19 g E, 20 g F, 3 g KH*

## *Pilzomeletts mit Schnittlauchröllchen*

*(rechts)*

Für 4 Portionen

400 g Champignons
1 El Rapsöl
1 Zwiebel
1 Knoblauchzehe
8 Eier
100 ml Milch
Salz
Pfeffer
1/2 Bund Schnittlauch
4 El Crème fraîche

1. Die Champignons putzen, feucht abreiben, vierteln und im erhitzten Rapsöl goldbraun braten. Die Zwiebel und die Knoblauchzehe schälen, hacken und mitbraten. 3/4 der Mischung aus der Pfanne nehmen.

# *Pochierte Eier mit Spinat und Joghurtsauce*

*(unten)*

Für 4 Portionen

350 g Blattspinat (TK)
Salz
200 g Naturjoghurt
150 g saure Sahne
1 Prise Chilipulver
1 El Paprikapaste
8 Eier
3 El Essig
2–3 El Kräuterbutter
Pfeffer
frisch geriebene Muskatnuss

**1.** Den Spinat antauen lassen. In einem Topf mit etwas Salz bei milder Hitze etwa 6–8 Minuten köcheln lassen. Den Joghurt mit saurer Sahne, Chilipulver und Paprikapaste verrühren.

**2.** Die Eier einzeln in einer Tasse aufschlagen. Nacheinander in 500 ml siedendes Essigwasser gleiten lassen. Kurz stocken lassen und zwischen 2 Esslöffeln etwas in Form bringen. 2–3 Minuten pochieren, bis das Eiweiß nicht mehr durchsichtig ist.

**3.** Vorsichtig herausnehmen. Den Spinat in der heißen Kräuterbutter schwenken und mit Pfeffer und Muskat abschmecken. Den Spinat portionsweise auf Teller verteilen. Jeweils 2 pochierte Eier daraufsetzen und die Joghurtsauce darübergeben.

*Zubereitungszeit: ca. 25 Minuten (plus Kochzeit)*
*Pro Portion ca. 432 kcal/1814 kJ*
*20 g E, 32 g F, 4 g KH*

## Schnelle Gemüsespieße
*(links oben)*

Für 4 Portionen

1 mittelgroße Zucchini
1 rote Paprikaschote
100 g rosa Champignonköpfe
2 Maiskolben aus der Dose
2 mittelgroße Zwiebeln
4 El Olivenöl
1 Tl Worcestersauce
1 Tl mittelscharfer Senf
1 Tl Tomatenketchup
1 El Kräuter der Provence

**1.** Zucchini, Paprika und Champignons putzen und waschen. Zucchini und Mais in Scheiben schneiden. Die Paprikaschote in Stücke schneiden. Die Zwiebeln schälen und in Spalten schneiden. Das Gemüse und die Pilze abwechselnd auf Grillspieße stecken.

**2.** Das Öl mit Worcestersauce, Senf, Ketchup und den Kräutern verrühren und das Gemüse damit bestreichen. Die Gemüsespieße auf dem Grill unter gelegentlichem Wenden ca. 10 Minuten grillen. Dabei mehrmals mit dem Kräuteröl bestreichen. Dazu passt Tomatenreis.

*Zubereitungszeit: ca. 25 Minuten*
*Pro Portion ca. 209 kcal/878 kJ*
*5 g E, 13 g F, 18 g KH*

## Gemüsefondue
*(unten)*

Für 4 Portionen

400 g braune Champignons
300 g Radicchio
2 rote Paprikaschoten
2 Zucchini
Salz
250 g Butter
5 Knoblauchzehen
300 ml Olivenöl

**1.** Die Champignons putzen und waschen. Den Radicchio putzen, waschen und zerpflücken. Die Paprikaschoten putzen, halbieren, entkernen, waschen und in Stücke schneiden. Die Zucchini putzen, waschen und ebenfalls in Stücke schneiden.

**2.** Das Gemüse getrennt voneinander in leicht gesalzenem Wasser ca. 4 Minuten blanchieren. Inzwischen die Butter in einem Topf schmelzen. Die Knoblauchzehen schälen und dazupressen. Das Olivenöl dazugeben und bei milder Hitze so lange rühren, bis sich alle Zutaten zu einer cremigen Sauce verbunden haben.

**3.** Die Sauce in einen Fonduetopf geben und auf dem Stövchen warm halten. Das Gemüse auf Spieße stecken und jeweils kurz in die Sauce tunken. Dazu passen Baguette und ein bunter Salat.

*Zubereitungszeit: ca. 30 Minuten*
*Pro Portion ca. 573 kcal/2407 kJ*
*6 g E, 52 g F, 6 g KH*

## *Gebratene Gemüsepfanne*

*(unten)*

Für 4 Portionen

250 g grüner Spargel
250 g Möhren
250 g Chinakohl
250 g Pak Choi
2 Schalotten
5 Knoblauchzehen
3 cm Ingwerwurzel
3 El Erdnussöl
2 Tl Salz
2 Tl Zucker
2 El Shaoxing-Reiswein, ersatzweise trockener Sherry
3 Tl Sesamöl

**1.** Den Spargel waschen, putzen, im unteren Drittel schälen und holzige Enden entfernen. In ca. 3 cm lange Stücke teilen. Die Möhren putzen, schälen und in dünne Scheiben schneiden. Chinakohl putzen, waschen, abtropfen lassen und in ca. 4 x 2 cm große Scheiben schneiden. Pak Choi putzen, waschen, abtropfen lassen und in 4 cm lange Stücke schneiden. Die Schalotten und den Knoblauch schälen und grob hacken. Ingwer schälen und fein hacken.

**2.** Einen Wok stark erhitzen, das Erdnussöl hineingeben und Schalotten, Ingwer, Knoblauch und Salz darin bei großer Hitze unter Rühren etwa 1 Minute braten. Dann Möhren und Spargel dazugeben und ebenfalls unter Rühren 1 Minute braten. Dann 2 El Wasser dazugießen, den Deckel auflegen und alles nochmals 2 Minuten garen.

**3.** Chinakohl, Pak Choi, Zucker und Reiswein dazugeben, unter Rühren etwa 3 Minuten braten, bis die Blätter zusammengefallen sind. Dann das Sesamöl zugeben und sofort servieren.

*Zubereitungszeit: ca. 25 Minuten (plus Kochzeit)*
*Pro Portion ca. 177 kcal/742 kJ*
*8 g E, 9 g F, 14 g KH*

## *Gefüllte Kohlrabi*

*(ohne Abb.)*

Für 4 Portionen

4 mittelgroße Kohlrabi
500 ml Gemüsebrühe
2 Scheiben Toastbrot
4 Tomaten
30 g Mandelblättchen
125 ml Sahne
Salz
Pfeffer
1 El Butter
1 El Semmelbrösel

**1.** Die Kohlrabi schälen und in der Gemüsebrühe ca. 10 Minuten garen. Inzwischen das Toastbrot entrinden und würfeln. Die Tomaten waschen, halbieren, entkernen und ebenfalls in Würfel schneiden. Mit den Mandelblättchen und den Toastwürfeln vermengen.

**2.** Die Sahne dazugeben und alles mit Salz und Pfeffer würzen. Den Backofen auf 180 °C vorheizen. Die Kohlrabi abtropfen lassen und jeweils einen Deckel abschneiden. Von innen bis auf einen Rand von ca. 1 cm aushöhlen. Das Kohlrabifleisch in Würfel schneiden und mit der Sahne-Tomaten-Mischung verrühren.

**3.** Alles in die Kohlrabi füllen. Die Butter und die Semmelbrösel darauf verteilen. Alles im Backofen auf der mittleren Einschubleiste ca. 10 Minuten backen.

*Zubereitungszeit: ca. 25 Minuten*
*Pro Portion ca. 336 kcal/1413 kJ*
*8 g E, 34 g F, 24 g KH*

## Möhrenrösti mit Schnittlauchjoghurt

*(oben)*

Für 4 Portionen

500 g Kartoffeln
800 g Möhren
2 Bund Schnittlauch
3 Eier
Salz
Pfeffer
1 Tl Curry
Öl zum Braten
300 g Joghurt

**1.** Die Kartoffeln und die Möhren waschen, putzen, schälen und grob raspeln. Schnittlauch waschen, trocken tupfen und in Röllchen schneiden. Die Hälfte davon mit den Eiern, Kartoffeln und Möhren mischen und mit Salz, Pfeffer und Curry würzen.

**2.** Kleine Rösti formen und in heißem Öl in einer Pfanne goldbraun ausbacken. Auf Küchenkrepp abtropfen lassen, dann warm stellen. Den Joghurt mit dem restlichen Schnittlauch verrühren und würzen. Zu den Möhrenrösti servieren.

*Zubereitungszeit: ca. 20 Minuten*
*(plus Bratzeit)*
*Pro Portion ca. 354 kcal/1483 kJ*
*13 g E, 16 g F, 28 g KH*

## Rotkohlgemüse mit Haselnüssen

*(unten)*

Für 4 Portionen

700 g Rotkohlblätter
2 El Butter
3 El Dinkelmehl
500 ml Gemüsebrühe
Salz
Pfeffer
1 Tl Zitronensaft
2 El gehackte Haselnüsse
100 g Crème fraîche

**1.** Die Rotkohlblätter putzen, waschen und in feine Streifen hobeln, dabei die harten Strünke entfernen. Die Butter erhitzen und das Dinkelmehl darin anschwitzen, die Gemüsebrühe angießen und mit Salz, Pfeffer und dem Zitronensaft würzen.

**2.** Die Rotkohlstreifen 5 Minuten in der Sauce erwärmen. Die gehackten Haselnüsse in einer Pfanne ohne Fett anrösten. Die Crème fraîche unter den Rotkohl rühren. Das Rotkohlgemüse mit den gerösteten Haselnüssen bestreut servieren.

*Zubereitungszeit: ca. 20 Minuten*
*Pro Portion ca. 175 kcal/733 kJ*
*4 g E, 12 g F, 10 g KH*

## Gemüseschnitzel mit Blumenkohl und Kürbis
*(oben)*

Für 4 Portionen

300 g Blumenkohl
300 g Kürbis
Salz
Pfeffer
Zitronensaft
4 Eier
100 g Weizenvollkornmehl
Paniermehl
100 ml Öl

**1.** Den Blumenkohl putzen und waschen. Den Kürbis schälen und beides in 1 cm dicke Scheiben schneiden. In Salzwasser etwa 1 Minute blanchieren. Die Scheiben herausnehmen, gut abtropfen lassen, mit Salz und Pfeffer würzen und mit dem Zitronensaft beträufeln.

**2.** Die Eier verquirlen. Die Gemüseschnitzel gut in Mehl, Eiern und Paniermehl wenden. Das Öl erhitzen und die Gemüsescheiben darin von beiden Seiten goldgelb backen. Dazu passt Kräuterquark.

*Zubereitungszeit: ca. 25 Minuten*
*Pro Portion ca. 590 kcal/2478 kJ*
*21 g E, 22 g F, 77 g KH*

## Champignons mit Pinienkernen *(unten)*

Für 4 Portionen

700 g große braune Champignons
2 Zwiebeln
Olivenöl zum Braten
Salz
Pfeffer
60 g Pinienkerne
50 ml trockener Sherry
2 El frisch gehackte Petersilie

**1.** Die Champignons putzen, sauber bürsten und in Scheiben schneiden. Die Zwiebeln schälen und in Ringe schneiden.

**2.** Etwas Öl in einer Pfanne erhitzen und die Zwiebeln darin unter Rühren anbraten. Wenn die Zwiebeln goldbraun sind, die Champignons dazugeben und etwa 8–10 Minuten mitbraten, anschließend salzen und pfeffern.

**3.** Die Pinienkerne in einer zweiten Pfanne ohne Fett unter ständigem Wenden goldbraun rösten. Anschließend zu den Champignons geben und damit vermischen. Den Sherry hinzugießen und untermengen. Die Champignons mit Petersilie bestreuen und servieren.

*Zubereitungszeit: ca. 15 Minuten (plus Bratzeit)*
*Pro Portion ca. 137 kcal/573 kJ*
*9 g E, 9 g F, 4 g KH*

## Gemüse-Grillpäckchen mit Mozzarella

*(rechts)*

Für 4 Portionen

250 g Mozzarella
400 g Zucchini
300 g Kirschtomaten
2 Rosmarinzweige
2 El Kräuter der Provence
6 El Olivenöl
Salz, Pfeffer

**1.** Den Mozzarella abtropfen lassen und in 8 Scheiben schneiden. Die Zucchini putzen, waschen und in 1 cm dicke Scheiben schneiden. Die Kirschtomaten waschen, trocken tupfen und halbieren.

**2.** Rosmarin waschen, trocken schütteln, die Nadeln abzupfen und hacken. Die Kräuter der Provence mit dem Olivenöl und Salz und Pfeffer mischen.

**3.** Aus Alufolie 8 Streifen (ca. 20 cm breit) schneiden und zu Nestern formen. Das Gemüse und Rosmarin hineingeben und mit je 1 Scheibe Mozzarella belegen.

**4.** Das Kräuteröl darüberträufeln. Die Päckchen oben verschließen und auf dem vorgeheizten Grill etwa 10 Minuten garen. Dazu scharfe Tomatensalsa servieren.

*Zubereitungszeit: ca. 20 Minuten (plus Grillzeit)*
*Pro Portion ca. 257 kcal/1079 kJ*
*19 g E, 17 g F, 5 g KH*

## *Chicorée mit Sardellen*

*(unten)*

Für 4 Portionen

2 Chicorée
Salz
1 Knoblauchzehe
Olivenöl zum Braten
2–3 Sardellenfilets
Pfeffer
2 El frisch gehackte Minze

**1.** Den Chicorée putzen, waschen und in Salzwasser etwa 10 Minuten bissfest kochen. Herausnehmen, abtropfen lassen, anschließend der Länge nach halbieren und abkühlen lassen.

**2.** Den Knoblauch schälen und sehr fein hacken. Etwas Olivenöl in einer Pfanne erhitzen, den Knoblauch darin etwa 1 Minute andünsten.

**3.** Die Sardellenfilets abspülen, abtropfen lassen und fein pürieren. Zum Knoblauch in die Pfanne geben und unterrühren. Die Chicoréehälften hinzufügen und in der Mischung etwa 5 Minuten schmoren lassen. Mit Salz und Pfeffer würzen. Chicorée in der Sauce anrichten, mit Minze bestreuen und servieren.

*Zubereitungszeit: ca. 15 Minuten*
*(plus Garzeit)*
*Pro Portion ca. 38 kcal/158 kJ*
*6 g E, 1 g F, 1 g KH*

## *Gebratene Kohlrabi*

*(rechts oben)*

Für 4 Portionen

1 kg dicke Kohlrabi
Salz
1 Bund Petersilie
1 Bund Basilikum
50 g gemahlene Mandeln
8 El Öl
etwas Pfeffer
1 Bund Schnittlauch
2 El Paniermehl
75 g geriebener Käse
1 Ei
2 El Mehl
Butter oder Margarine
zum Braten

**1.** Die Kohlrabi schälen und in 1 cm dicke Scheiben schneiden. In kochendes Salzwasser geben und 8–10 Minuten garen. Abtropfen lassen.

**2.** Für die Kräuterpaste die Kräuter waschen, trocken tupfen und fein hacken. Mit den Mandeln und dem Öl verrühren. Die Paste mit Salz und etwas Pfeffer abschmecken.

**3.** Den Schnittlauch waschen, trocken tupfen und in Röllchen schneiden. Mit dem Paniermehl und dem geriebenen Käse mischen. Das Ei verschlagen.

**4.** Die Kohlrabischeiben nacheinander in Mehl, Ei und der Käsemischung wenden. In heißem Fett von jeder Seite in 2–3 Minuten hellbraun braten. Die Kohlrabischeiben mit der Kräuterpaste servieren.

*Zubereitungszeit: ca. 20 Minuten*
*Pro Portion ca. 455 kcal/1911kJ*
*9 g E, 21 g F, 56 g KH*

## *Käseomelett nach provenzalischer Art*

*(unten)*

Für 4 Portionen

12 Eier
250 ml Mineralwasser
2 El fein gewiegte Kräuter der Provence, z. B. Estragon, Majoran, Thymian
150 g geriebener Hartkäse
Salz
Pfeffer
5 El Erdnussöl
3 halbe Paprikaschoten (grün, gelb, rot)
1/2 Aubergine
1/2 Zucchini
2 Tomaten
1 Zwiebel
1 Knoblauchzehe
1/2 Bund Brunnenkresse

**1.** Die Eier aufschlagen und mit Mineralwasser, Kräutern und Käse verrühren. Salzen und pfeffern. Je 1 El Öl erhitzen und aus dem Eierteig portionsweise dünne Omeletts ausbacken.

**2.** Das Gemüse putzen, waschen bzw. schälen und fein würfeln. In einer Pfanne mit 1 El Öl anbraten, würzen und anschließend jeweils auf einer Hälfte der Omeletts verteilen. Die zweite Hälfte darüberklappen. Die Kresse waschen und trocknen. Die Omeletts mit Brunnenkresse garniert servieren.

*Zubereitungszeit: ca. 30 Minuten*
*Pro Portion ca. 681 kcal/2862 kJ*
*38 g E, 52 g F, 8 g KH*

## *Flamenquines mit Möhren* *(rechts)*

Für 4 Portionen

8 feine Möhren
Salz
8 Scheiben Kochschinken
8 dünne Scheiben junger Manchego-Käse
2 El gehackte Petersilie
2 Eier
Paniermehl zum Wenden
Öl zum Frittieren

**1.** Möhren putzen, schälen und in Salzwasser etwa 5–8 Minuten gar dünsten. Herausnehmen und abtropfen lassen.

**2.** Schinkenscheiben mit Käsescheiben bedecken. Möhren darauflegen und mit Petersilie bestreuen. Alles fest aufrollen und in mundgerechte Stücke schneiden.

**3.** Eier verquirlen, die Röllchen zuerst in Ei und anschließend in Paniermehl wenden. Öl erhitzen, die Röllchen in Portionen darin goldbraun frittieren, der Käse muss dabei schmelzen. Herausnehmen, abtropfen lassen und auf Holzspießchen warm servieren.

*Zubereitungszeit: ca. 10 Minuten*
*(plus Gar- und Frittierzeit)*
*Pro Portion ca. 96 kcal/401 kJ*
*10 g E, 5 g F, 3 g KH*

## *Gebratener Fenchel*
*(links)*

Für 4 Portionen

2 Fenchelknollen
4 El Olivenöl
4 El Limettensaft
2 Tl Honig
Salz
Pfeffer

1 Prise Kreuzkümmel
400 g Möhren
1 Granatapfel

**1.** Die Fenchelknollen putzen, waschen, halbieren, den harten Strunk entfernen und die Knollen längs in dünne Scheiben schneiden. 2 El Olivenöl mit dem Limettensaft, dem Honig und den Gewürzen mischen.

**2.** Das restliche Olivenöl erhitzen und die Fenchelscheiben darin anbraten, bis sie Farbe annehmen. Auf einem vorgewärmten Teller anrichten und mit etwas Limettenmarinade beträufeln.

**3.** Die Möhren schälen und reiben, mit der restlichen Marinade mischen. Auf den Fenchelscheiben anrichten. Den Granatapfel aufschneiden, die Kerne herauslösen und auf den Fenchel-Möhren verteilen.

*Zubereitungszeit: ca. 20 Minuten (plus Bratzeit)*
*Pro Portion ca. 112 kcal/469 kJ*
*3 g E, 5 g F, 11 g KH*

## Auberginen-Kokos-Pfanne mit Curry *(links)*

Für 4 Portionen

100 g grüne und 200 g dunkle Auberginen
100 g gelbe Zucchini
2 Lauchstangen
2 rote Chilischoten
200 ml Kokosmilch
1 El gelbe Currypaste
14 Blätter Borretsch
je 3 El gehackter Koriander und gehackte Petersilie
Salz
Pfeffer
helle Sojasauce

**1.** Die Auberginen putzen, waschen und klein schneiden. Die Zucchini putzen, waschen und in Scheiben schneiden. Die Lauchstangen putzen, waschen und in Ringe schneiden. Die Chilischoten putzen, entkernen, waschen und fein hacken.

**2.** Die Kokosmilch und die gelbe Currypaste in einem Topf aufkochen. Das Gemüse in den Topf geben und etwa 2 Minuten garen.

**3.** Die Borretschblätter waschen, trocken schütteln und hacken und mit dem Koriander und der Petersilie zugeben. Alles mit Salz, Pfeffer und heller Sojasauce abschmecken. Dazu schmeckt Basmatireis.

*Zubereitungszeit: ca. 10 Minuten (plus Garzeit)*
*Pro Portion ca. 173 kcal/724 kJ*
*7 g E, 11 g F, 9 g KH*

## *Artischockenherzen mit Tomatensauce*

*(oben)*

Für 4 Portionen

800 g Tomaten
3 El Olivenöl
1 Knoblauchzehe
4 El Tomatenmark
Salz
Pfeffer
16 Artischockenherzen aus dem Glas
1 El frisch gehackter Kerbel

**1.** Die Tomaten waschen, kreuzweise einritzen, die Stielansätze entfernen, überbrühen, schälen, die Kerne entfernen und das Fruchtfleisch würfeln.

**2.** Das Öl in einem Topf erhitzen. Die Knoblauchzehe schälen, fein hacken und im heißen Öl andünsten. Die Tomatenwürfel zugeben und zerdrücken. Tomatenmark einrühren und mit Salz und Pfeffer würzen.

**3.** Die Artischockenherzen abtropfen lassen, in die Tomatensauce geben und abgedeckt etwa 10 Minuten köcheln. Die Sauce sämig einkochen und mit Kerbel bestreut servieren. Dazu frische Vollkornbrötchen servieren.

*Zubereitungszeit: ca. 20 Minuten (plus Kochzeit)*
*Pro Portion ca. 84 kcal/353 kJ*
*3 g E, 4 g F, 7 g KH*

## *Bohnenpfanne mit Pilzgemüse*

*(rechts unten)*

Für 4 Portionen

500 g Prinzessbohnen
Salz
1 Zwiebel
75 g durchwachsener Speck
1 El Butter
250 g Austernpilze
350 g Tomaten
Pfeffer
je 1 El gehackte Petersilie und gehackter Liebstöckel

**1.** Die Prinzessbohnen putzen und waschen und in kochendem Salzwasser 15 Minuten garen. Die Zwiebel schälen und hacken, den durchwachsenen Speck in Streifen schneiden.

**2.** Die Butter erhitzen und Zwiebel und Speck darin glasig schmoren. Die Austernpilze putzen, waschen, zerkleinern, zugeben und kurz mitdünsten.

**3.** Die Bohnen abtropfen lassen. Die Tomaten waschen, die Stielansätze entfernen, das Fruchtfleisch würfeln, zugeben und alles abgedeckt 5 Minuten schmoren.

**4.** Mit Salz und Pfeffer abschmecken. Mit den gehackten Kräutern bestreut servieren.

*Zubereitungszeit: ca. 15 Minuten (plus Garzeit)*
*Pro Portion ca. 109 kcal/456 kJ*
*9 g E, 4 g F, 8 g KH*

## Gebackener Romanesco und Brokkoli mit Käse

*(rechts)*

Für 4 Portionen

200 g Romanesco
200 g Brokkoli
Salz
100 g Mehl
2 Eier
3 El Weißwein
3 El gehackte Petersilie
3 El geriebener Emmentaler
2 El Sesamsamen
Pfeffer
500 ml Frittieröl

**1.** Romanesco und Brokkoli in Röschen teilen und in kochendem Salzwasser etwa 2 Minuten garen. Dann abgießen und abtropfen lassen.

**2.** Aus dem Mehl, den Eiern und dem Weißwein einen Teig rühren, mit der gehackten Petersilie, dem geriebenen Emmentaler, den Sesamsamen, Salz und Pfeffer mischen.

**3.** Das Frittieröl im Wok erhitzen. Das Gemüse portionsweise in den Teig tauchen und im heißen Öl knusprig ausbacken. Herausheben und abtropfen lassen. Als Vorspeise oder Beilage zu gegrilltem Fleisch oder Fisch reichen.

*Zubereitungszeit: ca. 15 Minuten*
*(plus Gar- und Backzeit)*
*Pro Portion ca. 315 kcal/1319 kJ*
*12 g E, 19 g F, 21 g KH*

## Spitzkohl mit Zitronen-Joghurt-Sauce *(oben)*

Für 4 Portionen

800 g Spitzkohl
2 El Butter
125 ml Gemüsebrühe
350 g Sahnejoghurt
1 Tl Mehl
Saft und abgeriebene Schale von 1 unbehandelten Zitrone
Salz
Pfeffer

**1.** Den Spitzkohl waschen und achteln, Strünke entfernen. Die Butter erhitzen und den Spitzkohl darin 2 Minuten anschmoren. Die Gemüsebrühe angießen und den Kohl darin ca. 15 Minuten köcheln. Herausnehmen und warm stellen.

**2.** Den Sahnejoghurt mit dem Mehl verrühren, mit der Kochbrühe mischen und aufkochen. Zitronensaft und -schale hinzufügen und mit Salz und Pfeffer abschmecken. Den Spitzkohl mit der Sauce anrichten. Als Vorspeise oder Beilage zu Braten oder Fisch servieren.

*Zubereitungszeit: ca. 15 Minuten (plus Garzeit)*
*Pro Portion ca. 197 kcal/825 kJ*
*7 g E, 10 g F, 17 g KH*



## Kichererbsenpfanne *(unten)*

Für 4 Portionen

300–400 g Kichererbsen aus der Dose
1–2 Knoblauchzehen
2–3 El Butter
Kreuzkümmel-, Koriander- und Kurkumapulver
grober Pfeffer
200 g gemischte Sprossen
1–2 El gehackte Walnüsse
100 g Kefir

**1.** Die Kichererbsen in einem Sieb abtropfen lassen. Etwas von der Brühe auffangen. Die Knoblauchzehen schälen und fein hacken.

**2.** Die Butter erhitzen und die Knoblauchwürfel darin anschwitzen. Die Kichererbsen zu dem Knoblauch geben. Das Ganze mit den Gewürzen kräftig abschmecken und ca. 2–3 Minuten schmoren lassen.

**3.** Die Sprossen mit warmem Wasser abbrausen, gut abtropfen lassen und dazugeben. Kurz erwärmen.

**4.** Die Nüsse mit dem Kefir und ca. 2–3 El des Kichererbsenfonds glatt rühren, über die Kichererbsenpfanne geben, anrichten und mit Kräutern nach Wahl garniert servieren. Dazu passt ein gemischter Salat.

*Zubereitungszeit: ca. 15 Minuten*
*Pro Portion ca. 176 kcal/739kJ*
*11 g E, 4 g F, 19 g KH*

# Blitzschnell vorbereitet

**4.** Eine ofenfeste Form mit Butter ausstreichen und abwechselnd Nudelplatten und Lachssauce einfüllen. Mit einer Schicht Nudelplatten abschließen. Auf der letzten Schicht den Käse und die Butterflöckchen verteilen. Das Ganze im Backofen auf der mittleren Einschubleiste ca. 15 Minuten backen. Mit Kräutern garniert servieren.

*Zubereitungszeit: ca. 30 Minuten (plus Garzeit)*
*Pro Portion ca. 948 kcal/3981 kJ*
*37 g E, 63 g F, 41 g KH*

## *Feinschmecker-Lasagne* *(oben)*

Für 4 Portionen

300 g grüne Lasagneblätter
Salz
300 g Lachsfilet
2 El Zitronensaft
1 Zwiebel
1 Knoblauchzehe
3 El Butter
100 ml Weißwein
250 ml Sahne
Pfeffer
abgeriebene Schale von 1/2 unbehandelten Zitrone
100 g Gorgonzola
100 g Pecorino
50 g Butterflöckchen zum Bestreuen
Kräuter zum Garnieren
Butter für die Form

**1.** Die Lasagneblätter in kochendem Salzwasser ca. 10 Minuten bissfest kochen. Den Lachs waschen, trocken tupfen, mit Zitronensaft beträufeln und salzen. Anschließend in Würfel schneiden.

**2.** Die Zwiebel schälen und in Würfel schneiden. Die Knoblauchzehe schälen und fein hacken. Die Butter in einer Pfanne erhitzen, Zwiebel und Knoblauch darin andünsten. Anschließend den Fisch dazugeben. Mit dem Weißwein ablöschen, die Sahne einrühren, etwas einkochen lassen und mit Salz und Pfeffer würzen. Den Backofen auf 250 °C (Umluft 220 °C) vorheizen.

**3.** Die Zitronenschale unter die Sauce rühren. Den Gorgonzola mit einer Gabel zerdrücken, den Pecorino hobeln. Die Lasagneplatten abgießen und abtropfen lassen.

## *Kartoffeln mit Steinpilzen* *(unten)*

Für 4 Portionen

375 g Kartoffeln
250 g frische Steinpilze
4 El Olivenöl
3 Knoblauchzehen
2 Zwiebeln
1 Bund glatte Petersilie
Salz
1 El Oregano

**1.** Den Backofen auf 180 °C (Umluft 160 °C) vorheizen. Die Kartoffeln schälen, waschen und in etwa 3 mm dicke Scheiben schneiden. Die Pilze gründlich putzen und ebenfalls in dünne Scheiben schneiden.

**2.** Ein Backblech mit 1 El Öl einstreichen. Zuerst eine Lage Kartoffeln darauflegen, dann mit Pilzscheiben bedecken.

**3.** Knoblauch und Zwiebeln schälen und fein hacken. Petersilie waschen, trocken schütteln und fein hacken. Die Hälfte von Knoblauch, Zwiebeln, Salz, Oregano und Petersilie über die Pilze geben und alles mit einer Schicht Kartoffeln bedecken. So fortfahren, bis alle Zutaten aufgebraucht sind.

**4.** Das restliche Olivenöl über die Kartoffeln träufeln und etwa 150 ml Wasser an die Seite auf das Blech gießen. Alles etwa 50 Minuten im Ofen backen, bis die Kartoffeln goldgelb sind. Bei Bedarf während des Backens noch etwas Wasser nachgießen.

*Zubereitungszeit: ca. 30 Minuten (plus Backzeit)*
*Pro Portion ca. 209 kcal/878 kJ*
*5 g E, 13 g F, 18 g KH*

## *Cannelloni frutti di mare*

*(oben)*

Für 4 Portionen

2 Scheiben Toastbrot
400 g Seefischfilet
125 g gekochte Krabben
200 g Muschelfleisch (aus dem Glas)
2 Eier
2 Bund Brunnenkresse
Salz, Pfeffer
Zitronensaft
150 g geriebener Mozzarella
2 El Butter
3 El Mehl
500 ml Milch
Muskat
300 g Cannelloni
125 g geriebener Pecorino
Fett für die Form

**1.** Die Toastbrotscheiben in warmem Wasser einweichen. Das Fischfilet waschen, trocknen, entgräten und in grobe Stücke schneiden. Die Toastbrotscheiben gut ausdrücken und mit den Fischstücken im Mixer fein pürieren.

**2.** Die Krabben waschen, abtropfen lassen und grob hacken. Das Muschelfleisch in ein Sieb geben, gut abtropfen lassen und grob hacken. Beides zur Fischmasse geben und mit den Eiern mischen.

**3.** Die Brunnenkresse waschen, trocknen und fein hacken. Ca. 2 El beiseitelegen und den Rest unter die Fischmasse rühren. Das Ganze mit Salz, Pfeffer und Zitronensaft abschmecken und den Mozzarella untermengen.

**4.** Den Backofen auf 200 °C (Umluft 180 °C) vorheizen. Die Butter erhitzen und das Mehl darin unter Rühren anschwitzen. Mit der Milch ablöschen, unter Rühren aufkochen lassen und die Sauce mit Salz und Muskat abschmecken.

**5.** Eine flache, feuerfeste Form einfetten und etwas von der Sauce auf dem Boden verteilen. Die Cannelloni mit der Fischmasse füllen und in die Form legen. Die restliche Sauce darübergeben und mit dem Pecorino bestreuen.

**6.** Auf der mittleren Einschubleiste ca. 25–30 Minuten überbacken. Herausnehmen, anrichten und mit der restlichen Brunnenkresse bestreut servieren.

*Zubereitungszeit: ca. 30 Minuten (plus Garzeit)*
*Pro Portion ca. 695 kcal/2919 kJ*
*57 g E, 30 g F, 48 g KH*

## *Burgunderbraten mit Champignons* *(unten)*

Für 4 Portionen

75 g durchwachsener Speck
150 g Schalotten
3 El Butterschmalz
1 kg Rinderbraten
Salz, Pfeffer
2 El Mehl
500 ml trockener Rotwein (Burgunder)
500 ml Fleischbrühe
2 El Tomatenmark
2 Knoblauchzehen
1 Bund gemischte Kräuter der Provence
200 g Champignons
2 El Butter

**1.** Den Speck in kleine Würfel schneiden. Die Schalotten schälen. Das Butterschmalz in einem Bräter erhitzen und den Speck mit den Schalotten darin goldbraun schmoren. Aus dem Bräter nehmen. Das Fleisch waschen, trocken tupfen und mit Salz und Pfeffer einreiben. Den Backofen auf 160 °C (Umluft 140 °C) vorheizen.

**2.** Das Fleisch im Bräter von allen Seiten gut anbraten und herausnehmen. Das Mehl ins Bratfett geben, anrösten und mit Wein und Brühe ablöschen. Das Tomatenmark einrühren.

**3.** Den Knoblauch schälen und hacken. Mit dem Fleisch in den Bräter geben, Speck, Schalotten und Kräuter hinzufügen. Im Ofen etwa 2 Stunden schmoren.

**4.** Die Pilze putzen, feucht abreiben und in der Butter anbraten. Mit Salz und Pfeffer würzen. 30 Minuten vor Ende der Garzeit zum Fleisch geben. Das Fleisch aus dem Bräter nehmen, die Kräuter entfernen und die Sauce abschmecken. Burgunderbraten mit Nudeln servieren.

*Zubereitungszeit: ca. 20 Minuten (plus Brat- und Schmorzeit)*
*Pro Portion ca. 550 kcal/2310 kJ*
*54 g E, 34 g F, 4 g KH*

**Tipp:** Der Geschmack des Bratens hängt sehr vom verwendeten Rotwein ab, achten Sie hier also auf gute Qualität. Auf jeden Fall sollte es ein hochwertiger Burgunder sein, den Sie später auch zum Essen servieren.

## *Hähnchen mit Honig*

*(rechts unten)*

Für 4 Portionen

1 küchenfertiges Hähnchen
75 g Butter
1 Knoblauchzehe
1 Tl Ingwerpulver
100 g Honig
1 Tl Essig
1 Tl Salz
1/2 Tl Pfeffer
Fett für die Form

**1.** Den Backofen auf 180 °C (Umluft 160 °C) vorheizen. Das Hähnchen in 4 Teile schneiden. Für die Sauce die Butter schmelzen. Den Knoblauch schälen und zerdrücken.

**2.** Alle Zutaten außer dem Fleisch in einer großen Schüssel vermischen und die Hähnchenstücke darin kurz wenden.

3. Anschließend das Hähnchenfleisch in eine eingefettete Auflaufform legen und etwa 60 Minuten im Ofen garen, dabei immer wieder mit der Sauce bestreichen. Mit Brot und Salat servieren.

*Zubereitungszeit: ca. 30 Minuten (plus Garzeit)*
*Pro Portion ca. 467 kcal/1961 kJ*
*30 g E, 30 g F, 19 g KH*

## Spaghetti Bolognese
*(oben)*

Für 4 Portionen

75 g Speck
2 El Olivenöl
1 Zwiebel
1 Knoblauchzehe
1 Möhre
1 Stange Staudensellerie
400 g gemischtes Hackfleisch
100 ml Gemüsebrühe
Salz
Pfeffer
100 ml Milch
1 Tl frisch gehackter Oregano
400 g Tomaten (aus der Dose)
1 El Zucker
400 g Spaghetti
50 g frisch geriebener Parmesan

**1.** Den Speck würfeln und im heißen Olivenöl auslassen. Zwiebel und Knoblauchzehe schälen und hacken, die Möhre putzen, schälen und in Würfel schneiden, Staudensellerie putzen, waschen und ebenfalls würfeln. Alles zum Speck geben und mitschmoren.

**2.** Das Hackfleisch hinzufügen und krümelig braten. Die Gemüsebrühe angießen und die Flüssigkeit verkochen lassen. Mit Salz und Pfeffer würzen, die Milch einrühren und sämig einkochen. Oregano, Tomaten und Zucker in die Sauce geben und etwa 30 Minuten köcheln.

**3.** Inzwischen die Spaghetti nach Packungsanweisung bissfest garen, abgießen und abtropfen lassen. Mit der Hackfleischsauce anrichten und mit geriebenem Parmesan bestreuen.

*Zubereitungszeit: ca. 30 Minuten (plus Zeit zum Schmoren und Kochen)*
*Pro Portion ca. 735 kcal/3079 kJ*
*41 g E, 28 g F, 76 g KH*

## Brüsseler Kartoffelgratin
*(oben)*

Für 4 Portionen

750 g Kartoffeln
750 ml Gemüsebrühe
Salz, Pfeffer
300 g Rosenkohl (TK)
4 rote Zwiebeln
2 El Olivenöl
150 g Schmand
Kreuzkümmelpulver
100 g geriebener Gouda
50 g Kräuterbutter
Butter für die Form

**1.** Die Kartoffeln schälen, waschen und in 3 mm dicke Scheiben hobeln. Die Brühe in einen Topf geben, leicht salzen und die Scheiben darin ca. 3 Minuten blanchieren. Herausnehmen und abtropfen lassen.

**2.** Den unaufgetauten Rosenkohl in der Brühe ca. 7 Minuten blanchieren. Den Backofen auf 180 °C vorheizen. Die Zwiebeln schälen und fein würfeln. Das Öl in einer Pfanne erhitzen und die Zwiebeln darin andünsten. Eine ofenfeste Form mit Butter ausstreichen und die Kartoffelscheiben mit den Rosenkohlröschen abwechselnd einschichten. Die Zwiebeln darüberstreuen.

**3.** Den Schmand mit Salz, Pfeffer und Kreuzkümmelpulver abschmecken und alles über dem Auflauf verteilen. Den Käse darüberstreuen und die Kräuterbutter in Flöckchen daraufsetzen. Gratin im Backofen auf der mittleren Einschubleiste ca. 20 Minuten überbacken.

*Zubereitungszeit: ca. 30 Minuten (plus Garzeit)*
*Pro Portion ca. 569 kcal/2390 kJ*
*16 g E, 38 g F, 35 g KH*

**Tipp:** Das kleinste Mitglied der Kohlfamilie, der Rosenkohl, hat von allen Kohlsorten den pikantesten Geschmack. Am besten schmeckt er nach dem ersten Frost.

## Flugente niedersächsische Art
*(unten)*

Für 4 Portionen

1 küchenfertige Ente,
  ca. 1,5 kg
Salz
Pfeffer
1 Apfel
2 Zwiebeln
1 Zweig Majoran
1 El Heidehonig
250 ml Hühnerbrühe
40 g Butter
Essig

**1.** Ente vom Sterz befreien, anschließend innen und außen mit Salz und Pfeffer einreiben. Den Backofen auf 220 °C (Umluft 200 °C) vorheizen. Apfel schälen, das Kerngehäuse entfernen und den Apfel würfeln. Zwiebeln schälen und fein hacken. Apfelwürfel und Zwiebeln mischen und die Ente damit füllen. Den Majoranzweig dazulegen und die Ente zunähen.

**2.** Ente in einen Bräter legen, etwas Wasser zugeben und im Ofen 15 Minuten bei 220 °C braten. Die Temperatur auf 140 °C (Umluft 120 °C) herunterschalten und die Ente weitere 50 Minuten braten. Danach Knochen herauslösen, Entenfleisch mit Honig bestreichen und im Ofen unter dem Grill etwa 5 Minuten knusprig werden lassen.

**3.** Die Entenfüllung in der Brühe aufkochen. Brühe durchsieben und auf 125 ml einkochen lassen. Füllung beiseitestellen. Die kalte Butter flöckchenweise einrühren und die Sauce damit binden. Mit Salz, Pfeffer und Essig abschmecken. Ente mit der Sauce und der Füllung servieren. Dazu passen Kartoffelklöße.

*Zubereitungszeit: ca. 30 Minuten (plus Schmor- und Garzeit)*
*Pro Portion ca. 788 kcal/3308 kJ*
*55 g E, 60 g F, 8 g KH*

## Blätterteigrollen mit Hackfleisch

*(rechts)*

Für 4 Portionen

1 Paket TK-Blätterteig (450 g)
1 Zwiebel
1 Knoblauchzehe
2 Tomaten
1 Dose Kidneybohnen (400 g)
1 Dose Mais (400 g)
400 g gemischtes Hackfleisch
2 Eier
Salz
Pfeffer
1/4 Tl Cayennepfeffer
1/2 Tl edelsüßes Paprikapulver
2 El frisch gehackter Kerbel
Mehl für die Arbeitsplatte

**1.** Den Blätterteig auftauen lassen. Zwiebel und Knoblauch schälen und hacken. Die Tomaten waschen, putzen und würfeln. Bohnen und Mais abtropfen lassen. Das Gemüse mit dem Hackfleisch, 1 Ei, Gewürzen und Kerbel mischen.

**2.** Den Backofen auf 200 °C (Umluft 180 °C) vorheizen. Das zweite Ei trennen. Den Blätterteig auf einer bemehlten Arbeitsplatte zu Rechtecken ausrollen (etwas Teig übrig lassen) und an den Rändern mit verquirltem Eiweiß bestreichen. Die Hackfleischmischung darauf verteilen und den Teig zusammenklappen.

**3.** Aus dem restlichen Blätterteig Verzierungen formen, mit Eiweiß bestreichen und die Teigrollen damit dekorieren. Mit verquirltem Eigelb bestreichen. Die Teigrollen auf ein mit Backpapier ausgelegtes Backblech legen und im Ofen etwa 40 Minuten backen. Danach in Scheiben schneiden und mit Salat servieren.

*Zubereitungszeit: ca. 30 Minuten (plus Zeit zum Backen)*
*Pro Portion ca. 1162 kcal/4864 kJ*
*42 g E, 62 g F, 109 g KH*

## Forellen in der Folie
*(ohne Abb.)*

Für 4 Portionen

4 mittelgroße, küchenfertige Forellen
Salz
Pfeffer
1 El Zitronensaft
je 4 Rosmarin- und Thymianzweige
75 g Butter
3 Zwiebeln
4 Knoblauchzehen
300 g Cocktailtomaten
4 Tl Kapern
2 Lorbeerblätter
12 schwarze Pfefferkörner
10 g grüne Oliven ohne Stein
Fett für die Folie

**1.** Die Fische waschen, trocken tupfen und innen und außen mit Salz und Pfeffer einreiben, mit Zitronensaft beträufeln. Rosmarin- und Thymianzweige waschen, trocken schütteln und mit der Butter in Flöckchen in die Bauchhöhlen legen und feststecken. Den Backofen auf 200 °C (Umluft 180 °C) vorheizen.

**2.** Jeden Fisch auf ein gefettetes Stück Alufolie auf das Backblech legen. Die Zwiebeln und Knoblauchzehen schälen und in Ringe bzw. Scheiben, die Cocktailtomaten waschen und in Scheiben schneiden.

**3.** Kapern, Lorbeerblätter, Pfefferkörner und in Scheiben geschnittene Oliven um die Fische herum verteilen und die Folien oben verschließen. Im Ofen etwa 25 Minuten backen. In der Folie anrichten.

*Zubereitungszeit: ca. 30 Minuten (plus Backzeit)*
*Pro Portion ca. 352 kcal/1478 kJ*
*33 g E, 20 g F, 9 g KH*



## Entenbrust in Orangensauce *(oben)*

Für 4 Portionen

***Entenbrust***
800 g Entenbrust mit Haut
Salz
Pfeffer
2 El Öl

***Orangensauce***
2 unbehandelte Orangen
10 g Butter
1 Tl Zucker
250 ml Rotwein
Salz
Pfeffer
Saucenbinder
30 g Preiselbeeren

**1.** Den Backofen auf 200 °C (Umluft 180 °C) vorheizen. Die Entenbrust waschen, trocken tupfen und mit Salz und Pfeffer würzen. Das Öl in einer ofenfesten gusseisernen Pfanne erhitzen und die Entenbrust darin etwa 2–3 Minuten auf der Hautseite braten.

**2.** Die Pfanne in den Ofen stellen und das Fleisch dort weitere 10–12 Minuten braten. Dann ist es innen noch schön rosa. Fleisch in Alufolie wickeln und warm halten.

**3.** Für die Sauce Orangen heiß waschen und trocken tupfen. Die Schale von 1 Orange abreiben, den Saft auspressen. Die zweite Orange filetieren und in Scheiben schneiden.

**4.** Die Butter in einem Topf erhitzen und den Zucker darin unter Rühren karamellisieren. 2 Tl Orangenschale und 4 El Saft zugeben, den Rotwein und den Bratensaft der Entenbrust zugeben und um die Hälfte einkochen. Mit Salz und Pfeffer abschmecken. Nach Bedarf mit Saucenbinder andicken. Die Entenbrust aufschneiden, mit der Sauce, Orangenscheiben und Preiselbeeren servieren. Dazu Rösti reichen.

*Zubereitungszeit: ca. 20 Minuten (plus Bratzeit)*
*Pro Portion ca. 585 kcal/2457 kJ*
*37 g E, 41 g F, 9 g KH*

## Backofen-Tortilla

*(oben)*

Für 4 Portionen

2 Knoblauchzehen
4 Frühlingszwiebeln
1 grüne Paprika
1 rote Paprika
Öl zum Braten
3 gegarte Kartoffeln
5 Eier
75 g saure Sahne
150 g geriebener Hartkäse
2 El Schnittlauchröllchen
Salz, Pfeffer
Alufolie
Öl für die Form

**1.** Eine eckige Auflaufform (ca. 18 x 25 cm) mit Alufolie auslegen und mit etwas Öl einfetten. Den Backofen auf 180 °C (Umluft 160 °C) vorheizen. Knoblauch schälen, Frühlingszwiebeln putzen, waschen und klein schneiden. Die Paprikaschoten putzen, waschen, halbieren, entkernen, vom Stielansatz befreien und klein würfeln.

**2.** Etwas Öl erhitzen, die Frühlingszwiebeln darin andüsten, den Knoblauch dazupressen. Die Paprikawürfel unterheben. Alles etwa 8 Minuten dünsten, dann abkühlen lassen.

**3.** Die Kartoffeln klein würfeln und mit dem Pfannengemüse vermischen. Die Eier verquirlen, mit saurer Sahne, Käse und Schnittlauch vermischen. Die Pfannenmischung unterheben, salzen und pfeffern.

**4.** Alles in die Auflaufform füllen und glatt streichen. Die Tortilla etwa 35 Minuten im vorgeheizten Backofen backen. Die Mischung sollte auch innen gestockt sein. Tortilla herausnehmen, in Würfel schneiden und servieren. Dazu passt grüner Salat.

*Zubereitungszeit: ca. 25 Minuten (plus Backzeit)*
*Pro Portion ca. 523 kcal/2195 kJ*
*23 g E, 42 g F, 15 g KH*

## Bohnentopf mit Schweinefilet

*(unten)*

Für 4 Portionen

750 g grüne Bohnen
600 g kleine Kartoffeln
300 g Schweinefilet
1 Zwiebel
3 El Öl
150 ml Fleischbrühe
1 Bund Bohnenkraut
Salz

**1.** Die Bohnen entfädeln, waschen und in Stücke schneiden. Die Kartoffeln schälen, waschen und der Länge nach halbieren. Das Schweinefilet in Würfel schneiden. Die Zwiebel schälen und fein würfeln.

**2.** Das Öl erhitzen und das Fleisch darin anbraten. Aus der Pfanne nehmen. Die Kartoffeln und die Zwiebel im Bratfett leicht braten, bis sie Farbe angenommen haben.

**3.** Bohnen, Fleisch und Brühe dazugeben, alles aufkochen lassen und ca. 30 Minuten garen. Kurz vor Ende der Garzeit das Bohnenkraut dazugeben. Den Bohnentopf mit Salz abschmecken und auf Teller verteilen.

*Zubereitungszeit: ca. 20 Minuten (plus Garzeit)*
*Pro Portion ca. 322 kcal/1352 kJ*
*26 g E, 11 g F, 30 g KH*

## Bauernbratl mit Erdäpfeln *(oben)*

Für 4 Portionen

1 Schweineschulter mit Schwarte (ca. 800 g)
1 Knoblauchzehe
1 Bund Suppengrün
1 Zwiebel
30 g Butterschmalz
1 l Rinderbrühe
Salz, Pfeffer
Kümmel
gerebelter Koriander
750 g Kartoffeln

**1.** Das Fleisch an der Schwartenseite mehrmals einritzen. Den Knoblauch schälen und fein hacken. Das Fleisch damit einreiben. Das Suppengrün putzen, waschen bzw. schälen und klein schneiden. Zwiebel schälen und in Ringe schneiden.

**2.** Butterschmalz in einem Bräter erhitzen und die Schweineschulter darin von beiden Seiten gut anbraten. Dann das Fleisch mit der Schwarte nach unten legen, das Gemüse dazugeben und die Hälfte der Brühe angießen. Alles mit Salz, Pfeffer, einigen Kümmelkörnern und etwas gerebeltem Koriander würzen.

**3.** Das Fleisch etwa 2 Stunden garen. Zwischendurch mehrmals wenden und mit Rinderbrühe und Bratenfond begießen.

**4.** Die Kartoffeln schälen, waschen und vierteln. 1 Stunde vor Ende der Garzeit dazugeben. Vor dem Servieren das Fleisch in Scheiben schneiden. Das Bauernbratl rustikal im Topf servieren.

*Zubereitungszeit: ca. 30 Minuten (plus Garzeit)*
*Pro Portion ca. 689 kcal/2886 kJ*
*54 g E, 34 g F, 36 g KH*

## Romanesco-Cannelloni
*(unten)*

Für 4 Portionen

300 g Romanesco
300 g Möhren
1 Stange Lauch
2 El Olivenöl
100 g saure Sahne
2 Eier
Salz
Pfeffer
Muskat
Zitronensaft
2 El Butter
3 El Mehl
500 ml Milch
200 g Cannelloni
100 g geriebener Käse
4 El Schnittlauchröllchen
Butter für die Form

**1.** Den Romanesco putzen, waschen, trocknen und in kleine Röschen teilen. Die Möhren schälen und fein würfeln. Den Lauch putzen, waschen, trocknen und in feine Streifen schneiden. Das Öl erhitzen und das Gemüse darin unter Rühren ca. 5 Minuten dünsten. Vom Herd nehmen und mit saurer Sahne und Eiern mischen. Das Ganze mit Salz, Pfeffer, Muskat und Zitronensaft abschmecken.

**2.** Den Backofen auf 200 °C (Umluft 180 °C) vorheizen. Die Butter erhitzen, das Mehl einrühren, etwas anschwitzen, mit der Milch ablöschen und aufkochen lassen. Mit Salz, Muskat und Zitronensaft abschmecken.

**3.** Eine flache, feuerfeste Form einfetten. Etwas von der Sauce auf dem Boden verteilen. Die Cannelloni mit der Gemüsemasse füllen und in die Form legen. Mit der Sauce begießen und mit dem Käse bestreuen. Auf der mittleren Einschubleiste ca. 20–25 Minuten überbacken. Die Cannelloni mit Schnittlauch bestreut anrichten und servieren.

*Zubereitungszeit: ca. 30 Minuten (plus Garzeit)*
*Pro Portion ca. 385 kcal/1612 kJ*
*21 g E, 18 g F, 33 g KH*

## Kalbsgulasch mit Pilzknödeln

*(unten)*

Für 4 Portionen

***Kalbsgulasch***

800 g Kalbsschulter
3 Zwiebeln
2 El Öl
Salz
Pfeffer
2 Tl Paprikapulver
1 Prise gemahlener Kümmel
1 Tl abgeriebene Schale von 1 unbehandelten Zitrone
2 El Tomatenmark
2 El Mehl
400 ml Kalbsfond

***Pilzknödel***

500 ml Milch
6 Brötchen vom Vortag
500 g Champignons, Steinpilze und Pfifferlinge
3 Schalotten
2 El Butter
2 El frisch gehackte Petersilie
2 El Schnittlauchröllchen
3 Eier
Salz
Pfeffer
Muskatnuss

**1.** Die Kalbsschulter waschen, trocken reiben, von Sehnen und Fett befreien und in 3 cm große Würfel schneiden. Die Zwiebeln schälen und würfeln. Das Öl in einem Topf erhitzen und die Zwiebelwürfel darin andünsten. Das Fleisch zugeben und unter Rühren anbraten. Mit Salz, Pfeffer, Paprikapulver, Kümmel und Zitronenschale würzen.

**2.** Das Tomatenmark hinzufügen, das Mehl darüberstäuben und mit Kalbsfond auffüllen. Das Gulasch etwa 30 Minuten köcheln lassen, dann abschmecken. Für die Knödel die Milch erwärmen, die Brötchen in dünne Scheiben schneiden und mit der heißen Milch übergießen. 10 Minuten ziehen lassen.

**3.** Die Pilze putzen, feucht abreiben und klein schneiden. Die Schalotten schälen und hacken. Butter in einer Pfanne erhitzen und die Schalottenwürfel darin andünsten. Die Pilze zugeben und mitbraten, bis alle Flüssigkeit verkocht ist.

**4.** Die Pilze, Kräuter und Eier mit den Brötchen zu einem festen Teig verarbeiten, mit Salz, Pfeffer und Muskat würzen. Aus der Masse Knödel formen und in kochendem Salzwasser etwa 10 Minuten ziehen lassen. Die Knödel zum Kalbsgulasch servieren.

*Zubereitungszeit: ca. 30 Minuten (plus Brat-, Schmor- und Garzeit)*
*Pro Portion ca. 655 kcal/2751 kJ*
*59 g E, 24 g F, 49 g KH*

## Hähnchenpfanne pikant und würzig

*(unten)*

Für 4 Portionen

1 küchenfertiges Hähnchen (ca. 1,2 kg)
Salz
Pfeffer
300 g Tomaten
1 Zwiebel
5 El Olivenöl
150 ml trockener Weißwein
1 getrocknete Pfefferschote
1 El frisch gehackte Petersilie
1 El frisch gehackter Liebstöckel
1 El frisch gehacktes Basilikum
50 g Provolone

**1.** Das Hähnchen salzen und pfeffern und in 8 Teile zerlegen. Die Tomaten heiß überbrühen, von Häuten, Stielansätzen und Kernen befreien und in Achtel schneiden. Die Zwiebel schälen und in Ringe schneiden.

**2.** Das Öl in einer Pfanne erhitzen und die Hähnchenteile darin von allen Seiten gut anbraten. Die Zwiebelringe zugeben und mitschmoren. Den Wein angießen, die Pfefferschote klein bröseln und unterheben. Die Mischung aufkochen und weiterköcheln, bis der Wein fast verkocht ist. Dann die Tomatenachtel und die Kräuter zugeben.

**3.** Das Hähnchen abgedeckt etwa 1 Stunde bei mittlerer Temperatur schmoren. Nach etwa 40 Minuten Garzeit den Provolone würfeln und unterrühren. Die Hähnchenpfanne nach der Garzeit nochmals abschmecken und servieren.

*Zubereitungszeit: ca. 30 Minuten (plus Garzeit)*
*Pro Portion ca. 425 kcal/1790 kJ*
*21 g E, 22 g F, 6 g KH*



## Gekochtes Rindfleisch in Kräutercreme

*(rechts oben)*

Für 4 Portionen

800 g Rindfleisch zum Kochen
1 Zwiebel
1 Bund Suppengemüse
Salz
Pfefferkörner

***Für die Kräutercreme***
100 g Mayonnaise
100 g Crème fraîche
3 Gewürzgurken
1 Tl Kapern
2 El frisch gehackte Petersilie
2 El frisch gehackter Schnittlauch

**1.** Das Fleisch waschen und in einen Topf mit so viel Wasser geben, dass es bedeckt ist. Die Zwiebel schälen und würfeln. Das Suppengemüse putzen, waschen, nach Bedarf schälen und würfeln.

**2.** Die Zwiebel mit dem Suppengemüse, Salz und Pfeffer in den Topf geben und alles zum Kochen bringen. Das Fleisch etwa 2 Stunden sanft köcheln.

**3.** Für die Kräutercreme die Mayonnaise mit der Crème fraîche, den gehackten Gewürzgurken und Kapern verrühren und die Kräuter unterheben.

**4.** Das Fleisch aus der Brühe nehmen, abtropfen lassen und quer zur Faser in dünne Scheiben schneiden. Mit der Kräutercreme und Röstkartoffeln servieren.

*Zubereitungszeit: ca. 30 Minuten*
*(plus Garzeit)*
*Pro Portion ca. 312 kcal/1310 kJ*
*6 g E, 30 g F, 4 g KH*

## Heringskartoffeln mit Schnittlauchcreme

*(unten)*

Für 4 Portionen

1 kg Kartoffeln
4 doppelte Matjesfilets
50 g Butter
6 Eigelb
500 ml Sahne
Pfeffer
je 1 Bund Schnittlauch
und Petersilie
200 g Crème fraîche
200 g Schmand
Salz

**1.** Die Kartoffeln schälen, waschen und in sehr dünne Scheiben schneiden. Die Matjesfilets klein würfeln. Eine Auflaufform mit etwas von der Butter einfetten. Die Kartoffelscheiben im Wechsel mit den Matjes einschichten. Die letzte Schicht sollte aus Kartoffelscheiben bestehen.

**2.** Eigelb mit der Sahne verquirlen, leicht pfeffern und über die Kartoffeln gießen. Die restliche Butter in Flöckchen darüber verteilen und alles im vorgeheizten Backofen auf mittlerer Schiene bei 180 °C (Umluft 160 °C) etwa 1 Stunde backen.

**3.** Für die Sauce die Kräuter waschen, trocken schütteln und fein hacken. Die Crème fraîche mit dem Schmand verrühren und mit Salz und Pfeffer abschmecken. Die Kräuter unterheben und die Sauce etwas ziehen lassen. Zu den heißen Heringskartoffeln servieren.

*Zubereitungszeit: ca. 25 Minuten*
*(plus Backzeit)*
*Pro Portion ca. 1103 kcal/4631 kJ*
*26 g E, 92 g F, 44 g KH*

## Tajine mit Fisch und Mandeln
*(unten)*

Für 4 Portionen

1 Zwiebel
2 Knoblauchzehen
100 ml Olivenöl
1 El Paprikapulver
1 Tl Kurkuma
1 Tl Kreuzkümmel
Salz
Pfeffer
1 Dose Tomaten (ca. 750 g)
750 g festes weißes Fischfilet
2 unbehandelte Zitronen
750 g Blattspinat
120 g geschälte Mandeln

**1.** Zwiebel und Knoblauch schälen, hacken und in heißem Öl anbraten. Paprikapulver, Kurkuma, Kreuzkümmel, Salz und Pfeffer unterrühren. Tomaten und 150 ml Wasser zugeben, 15 Minuten einkochen lassen. Den Backofen auf 180 °C (Umluft 160 °C) vorheizen.

**2.** Fisch waschen, trocknen und in große Würfel schneiden. Zitronen waschen und vierteln. Spinat putzen, waschen und klein schneiden.

## Lauchkuchen mit Käse *(oben)*

Für 6 Portionen

1 Zwiebel
2 Lauchstangen
80 ml Olivenöl
50 g Butter
125 g Mehl
1/2 Tl Backpulver
3–4 Eier
200 g saure Sahne
300 g Schafskäse
125 g frisch geriebener Gruyère
4 El gehackte, frische Petersilie
Salz
Pfeffer
schwarze Oliven zum Garnieren
Fett für die Form

**1.** Die Zwiebel schälen und in Ringe schneiden. Den Lauch putzen und gut waschen. Anschließend in Ringe schneiden. Das Öl und die Butter in einer Pfanne erhitzen und Zwiebel- sowie Lauchringe darin bei geringer Temperatur etwa 10 Minuten dünsten. Pfanne vom Herd nehmen und das Gemüse abkühlen lassen.

**2.** Den Backofen auf 180 °C (Umluft 160 °C) vorheizen. Eine Springform mit 24 cm Durchmesser einfetten. Das Mehl mit Backpulver mischen und in eine Schüssel geben.

**3.** Eier, saure Sahne, Schafskäse und Gruyère (2 Esslöffel beiseitestellen) unter das Mehl mischen. Zwiebel-Lauch-Mischung dazugeben und die Petersilie hinzufügen. Alles gut miteinander verrühren und mit Salz und Pfeffer abschmecken.

**4.** Die Masse in die Springform geben und mit dem restlichen Gruyère bestreuen. Im Ofen etwa 40 Minuten backen. Mit Oliven garniert heiß servieren.

*Zubereitungszeit: ca. 30 Minuten (plus Backzeit)*
*Pro Portion ca. 838 kcal/3518 kJ*
*34 g E, 66 g F, 28 g KH*

## Überbackene Auberginen mit Mozzarella *(links)*

Für 4 Portionen

800 g mittelgroße Auberginen
Salz
300 g Mozzarella
1/2 Bund Oregano
1/2 Bund Basilikum
500 g Tomaten
(aus der Dose)
100 g Mehl
100 ml Olivenöl
50 g frisch geriebener
Parmesan
Fett für die Form

**1.** Die Auberginen putzen, waschen, gut trocken tupfen und längs in etwa 1/2 cm dicke Scheiben schneiden. Die Scheiben in eine Schüssel legen, mit Salz bestreuen und etwa 15 Minuten ziehen lassen.

**2.** Den Backofen auf 180 °C vorheizen. Den Mozzarella in kleine Würfel schneiden. Die Kräuter waschen, trocken schütteln, die Blättchen von den Stängeln zupfen und hacken. Die Tomaten in eine Schüssel füllen und mit dem Pürierstab pürieren. Die Kräuter unter das Tomatenpüree mischen.

**3.** Die Auberginen aus der Schüssel nehmen, abspülen und trocken tupfen. Auberginenscheiben im Mehl wenden. Das Olivenöl in einer Pfanne erhitzen und die Auberginen darin von beiden Seiten goldbraun backen. Auf Küchenpapier abtropfen lassen.

**4.** Eine Auflaufform einfetten und abwechselnd Auberginenscheiben, Tomatenpüree und Mozzarella daraufgeben. Zuletzt Tomatenpüree daraufgeben und mit Parmesan bestreuen. Im Ofen etwa 10 Minuten überbacken.

*Zubereitungszeit: ca. 30 Minuten (plus Garzeit)*
*Pro Portion ca. 445 kcal/1869 kJ*
*25 g E, 26 g F, 27 g KH*

**3.** Alles unter die Sauce heben. Zugedeckt im Backofen etwa 30 Minuten garen. Abschmecken und mit Mandeln bestreut servieren. Dazu passen Kartoffeln.

*Zubereitungszeit: ca. 20 Minuten (plus Garzeit)*
*Pro Portion ca. 760 kcal/3192 kJ*
*51 g E, 51 g F, 22 g KH*

## Hähnchen in Zitronen-Safran-Sauce *(ohne Abb.)*

Für 4 Portionen

4 Hähnchenkeulen
Salz
Pfeffer
2 El Öl
1 Gemüsezwiebel
2 unbehandelte Zitronen
einige Safranfäden
250 ml Gemüsebrühe
1/2 Bund gehackte Zitronenmelisse

**1.** Die Hähnchenkeulen rundherum mit Salz und Pfeffer einreiben. In dem heißen Öl rundherum braun anbraten. Herausnehmen. Die Zwiebel schälen, in Ringe schneiden und im Bratfett glasig dünsten. Fleisch wieder hinzufügen.

**2.** Die Zitronen heiß abwaschen, trocknen, 1 Zitrone auspressen und den Saft mit Safran und der Brühe zum Fleisch geben. Die zweite Zitrone vierteln und ebenfalls hinzufügen. Alles zugedeckt etwa 45 Minuten schmoren lassen. Mit der gehackten Zitronenmelisse anrichten. Dazu schmeckt Reis.

*Zubereitungszeit: ca. 15 Minuten (plus Brat- und Garzeit)*
*Pro Portion ca. 310 kcal/1302 kJ*
*28 g E, 19 g F, 6 g KH*

## *Wolfsbarsch mit Koriander*

*(rechts)*

Für 4 Portionen

150 g Butter
1 1/2 kg küchenfertiger Wolfsbarsch
4 Zwiebeln
4 Knoblauchzehen
4 Tomaten
2–4 Stiele frischer Koriander
2–4 Limetten
130 ml trockener Weißwein
Salz
Pfeffer

**1.** Backofen auf 220 °C vorheizen. Je nach Größe der Fische 1 oder 2 große Stücke Alufolie dick mit Butter bestreichen. Den Fisch waschen, trocknen und darauflegen. Fisch mit der restlichen Butter bestreichen.

**2.** Die Zwiebeln und den Knoblauch schälen und in Scheiben schneiden. Die Tomaten kreuzweise einritzen, mit kochendem Wasser überbrühen, anschließend häuten, entkernen und würfeln. Den Koriander waschen und trocken schütteln.

**3.** Das Gemüse und den Koriander auf dem Fisch verteilen. Die Limetten halbieren und auspressen. Den Fisch mit 8 El Limettensaft und dem Weißwein beträufeln. Mit Salz und Pfeffer würzen.

**4.** Die Alufolie über dem Fisch zusammenfalten und fest verschließen. Fische im vorgeheizten Backofen etwa 45 Minuten garen lassen. Den Fisch in der Folie servieren. Dazu schmeckt Reis.

*Zubereitungszeit: ca. 15 Minuten (plus Garzeit)*
*Pro Portion ca. 520 kcal/2184 kJ*
*26 g E, 34 g F, 14 g KH*

## *Schweinesenfbraten mit Bayrisch Kraut*

*(rechts unten)*

Für 4 Portionen

***Schweinesenfbraten***

1 kg Schweinenacken
1 El Senf, Salz, Pfeffer
1/4 Tl Rosenpaprika
100 g Räucherspeck
2 Zwiebeln
125 ml Fleischbrühe
2 El saure Sahne
2 El Crème fraîche
2 El Mehl

***Bayrisch Kraut***

600 g Weißkohl
40 g Räucherspeck
1 Zwiebel
2 El Gänseschmalz
1 El Zucker
250 ml Fleischbrühe
Salz, Pfeffer
1 Tl Kümmelkörner
1 1/2 El Essig
1 Tl Speisestärke

**1.** Das Fleisch waschen, trocken tupfen und mit Senf bestreichen, mit Salz, Pfeffer und Rosenpaprika bestreuen. Den Speck würfeln und in einer Pfanne auslassen. Die Zwiebeln schälen und hacken. Mit dem Schweinenacken im Speckfett gut anbraten.

**2.** Den Braten bei mittlerer Temperatur etwa 2 1/2 Stunden schmoren. Währenddessen die Fleischbrühe nach und nach angießen. Nach Ende der Garzeit das Fleisch aus dem Topf nehmen und warm stellen. Saure Sahne und Crème fraîche mit dem Mehl glatt rühren und die Sauce damit binden.

**3.** Für das Bayrisch Kraut den Weißkohl putzen, waschen, klein schneiden, dabei den Strunk entfernen. Den Speck würfeln. Die Zwiebel schälen und würfeln.

**4.** Das Schmalz erhitzen. Zuerst den Speck, dann die Zwiebel im Schmalz anbraten. Zucker darüberstreuen und unter ständigem Rühren leicht karamellisieren lassen. Die Brühe angießen und mit Salz, Pfeffer, Kümmel und Essig würzen. Etwas köcheln lassen, dann Kohl hinzufügen und abgedeckt 35 Minuten schmoren.

**5.** Die Speisestärke in 3 Tl Wasser anrühren, unter das fertige Kraut rühren und einmal aufkochen lassen. Den Schweinesenfbraten in Scheiben schneiden und mit Bayrisch Kraut und Kartoffelpüree servieren. Alternativ schmeckt auch Rotkohl dazu.

*Zubereitungszeit: ca. 35 Minuten (plus Brat- und Schmorzeit)*
*Pro Portion ca. 510 kcal/2142 kJ*
*57 g E, 28 g F, 6 g KH*

## Hähnchenschenkel vom Blech mit Blattspinat *(oben)*

Für 4 Portionen

1/2 rote Chili
2 Zwiebeln
1 Knoblauchzehe
4 Hähnchenschenkel
Pfeffer
Salz
6 El Olivenöl
350 ml Geflügelfond
1 unbehandelte Zitrone
300 g Blattspinat (TK), aufgetaut

**1.** Den Backofen auf 200 °C vorheizen. Die Chili waschen, einritzen, entkernen und in feine Streifen schneiden. Zwiebeln und Knoblauch schälen und in sehr feine Würfel schneiden.

**2.** Die Hähnchenschenkel am Gelenk trennen, waschen, trocken tupfen und mit Pfeffer und Salz gewürzt in einem Bräter in heißem Olivenöl rundherum knusprig anbraten. Zwiebeln, Knoblauch und Chili kurz mit anbraten.

**3.** Den Fond angießen, den Bräter in den Backofen auf die 2. Schiene von unten setzen und alles ca. 30 Minuten weitergaren lassen.

**4.** Die Zitrone waschen, trocknen und in Spalten schneiden, den Spinat gut ausdrücken. Zitrone und Spinat nach 20 Minuten Garzeit über den Hähnchenschenkeln verteilen. Dazu passt Reis.

*Zubereitungszeit: ca. 20 Minuten (plus Garzeit)*
*Pro Portion ca. 434 kcal/1814 kJ*
*32 g E, 30 g F, 2 g KH*

## *Hasenpfeffer Trentiner Art*
*(unten)*

Für 4 Portionen

1 küchenfertiger Hase
(ca. 1,5 kg) mit Innereien
Salz
Pfeffer
100 g durchwachsener Speck
1 Zwiebel
5 El Butterschmalz
250 ml Fleischbrühe
5 El Olivenöl
1 Hasenleber
1 Hasenherz
250 ml Hühnerbrühe
2 El frisch gehackter Salbei
2 El Aceto balsamico

**1.** Den Hasen in 6–8 Stücke schneiden, mit Salz und Pfeffer würzen. Den Speck würfeln, die Zwiebel schälen und ebenfalls würfeln. Das Butterschmalz in einem Bräter erhitzen und den Speck darin anschmoren, die Zwiebel zugeben und glasig dünsten.

**2.** Die Hasenstücke in den Bräter geben und einige Minuten mitschmoren, dann die Fleischbrühe zugießen, aufkochen und den Hasen bei mittlerer Temperatur abgedeckt etwa 2 Stunden garen.

**3.** Das Olivenöl in einer Pfanne erhitzen. Die Innereien waschen, trocknen und ebenfalls klein schneiden. In die Pfanne geben und 5 Minuten schmoren. Die Hühnerbrühe zugießen und den Salbei unterheben.

**4.** Die Sauce mit Salz und Pfeffer würzen und etwa 20 Minuten köcheln lassen. Wenn die Sauce andickt, mit Aceto balsamico abschmecken und 10 Minuten vor Ende der Garzeit zum Hasen geben.

*Zubereitungszeit: ca. 20 Minuten (plus Garzeit)*
*Pro Portion ca. 646 kcal/2714 kJ*
*59 g E, 43 g F, 12 g KH*

## *Janssons Versuchung*
*(oben)*

Für 4 Portionen

8 mittelgroße Kartoffeln
2 Zwiebeln
10 Anchovisfilets mit Marinade
aus der Dose
250 ml Sahne
100 g Paniermehl
2 El Butter in Flöckchen
Fett für die Form

**1.** Die Kartoffeln schälen, waschen und in Stifte schneiden. In eine Schale mit kaltem Wasser legen, um die Stärke herauszuziehen. Den Backofen auf 220 °C (Umluft 200 °C) vorheizen. Die Zwiebeln schälen und grob hacken. Eine Auflaufform einfetten.

**2.** Die Kartoffeln aus der Schüssel nehmen und trocken tupfen. Die Anchovisfilets aus der Dose nehmen, abtropfen lassen und je nach Größe halbieren. Anchovismarinade aufbewahren.

**3.** Die Hälfte der Kartoffeln in die Form geben. Mit den Zwiebeln bedecken, dann die Anchovisfilets darauflegen. Den Rest der Kartoffeln auf die Anchovisfilets geben.

**4.** Den Auflauf mit Anchovismarinade und der Hälfte der Sahne begießen. Dann Paniermehl darüberstreuen und Butterflöckchen daraufsetzen. Den Auflauf 50–60 Minuten im Ofen backen. Nach der Hälfte der Zeit den Rest der Sahne zugeben.

*Zubereitungszeit: ca. 20 Minuten (plus Backzeit)*
*Pro Portion ca. 428 kcal/1796 kJ*
*8 g E, 27 g F, 37 g KH*

## *Tafelspitz mit Meerrettichsauce*

*(rechts)*

Für 4 Portionen

***Tafelspitz***

2,5 l Fleischbrühe
800 g gepökeltes Rindfleisch
1 Bund Suppengemüse

***Meerrettichsauce***

1 Schalotte
30 g Butter
20 g Mehl
250 ml Sahne
Salz
Pfeffer
80 g frisch geriebener Meerrettich
3 El frisch gehackte Petersilie

**1.** In einem großen Topf die Fleischbrühe zum Kochen bringen. Das Fleisch waschen, trocken tupfen und in die kochende Brühe geben. Etwa 2,5 Stunden abgedeckt bei geringer Temperatur garen. Schaum immer wieder abschöpfen.

**2.** Das Suppengemüse putzen, waschen, nach Bedarf schälen, alles klein schneiden. Nach 2 Stunden das Suppengemüse zum Fleisch geben. Das Fleisch und das Gemüse mit einem Schaumlöffel aus der Brühe nehmen und etwas ruhen lassen.

**3.** Die Schalotte schälen und hacken. Die Butter in einem Topf schmelzen, die Schalotte darin andünsten, das Mehl darüberstäuben und unter Rühren anschwitzen. 600 ml Kochsud durchsieben und die Mehlschwitze damit ablöschen.

**4.** Die Sahne zugeben und die Sauce ca. 10 Minuten köcheln. Mit Salz, Pfeffer und Meerrettich würzen. Den Tafelspitz quer zur Faser in etwa 1 cm dicke Scheiben schneiden. Mit der Sauce, dem Gemüse und Petersilie bestreut servieren.

*Zubereitungszeit: ca. 30 Minuten (plus Gar- und Kochzeit)*
*Pro Portion ca. 560 kcal/2352 kJ*
*38 g E, 40 g F, 11 g KH*

## Rinderfilet mit Rotwein und Kräutern

*(links)*

Für 4 Portionen

500 g Kartoffeln
500 g Zucchini
500 g Tomaten
500 g Pfifferlinge
1 Zwiebel
1 Knoblauchzehe
4 El Olivenöl
1,5 kg Rinderfilet
Salz
Pfeffer
150 ml Rotwein
50 ml Portwein
3 Zweige Thymian
3 Zweige Rosmarin
3 Zweige Salbei
4 Lorbeerblätter
200 g Crème fraîche

**1.** Kartoffeln schälen und waschen, Zucchini putzen und waschen und beides in Scheiben schneiden. Die Tomaten häuten und in Scheiben schneiden. Die Pilze putzen, feucht abreiben, nach Bedarf klein schneiden. Die Zwiebel und die Knoblauchzehe schälen und grob hacken.

**2.** Das Öl in einem Bräter erhitzen und das Fleisch darin von allen Seiten gut anbraten. Mit Salz und Pfeffer würzen. Das Gemüse zum Fleisch geben. Rotwein und Port angießen. Kräuter waschen, trocknen, zusammenbinden und dazulegen. Abgedeckt im Ofen bei 200 °C (Umluft 180 °C) etwa 45 Minuten schmoren.

**3.** Fleisch und Kräuter herausnehmen, Fleisch warm stellen. Crème fraîche unter den Bratfond rühren und abschmecken. Zum Fleisch servieren.

*Zubereitungszeit: ca. 30 Minuten (plus Schmorzeit)*
*Pro Portion ca. 857 kcal/3588 kJ*
*89 g E, 37 g F, 31 g KH*

## Provenzalisches Knoblauch-Huhn

*(ohne Abb.)*

Für 4 Portionen

1 küchenfertiges Huhn
Salz, Pfeffer
4 Knoblauchzehen
2 1/2 El Honig
1 kleines Bund Kräuter der Provence
100 ml Olivenöl
2 El frisch gehackter Rosmarin

**1.** Den Backofen auf 180 °C (Umluft 160 °C) vorheizen. Das Huhn waschen, trocken tupfen und innen und außen mit Salz und Pfeffer würzen.

**2.** Die Knoblauchzehen schälen und zerdrücken. 2 Knoblauchzehen mit 1/2 El Honig und den gewaschenen und trocken geschüttelten Kräutern der Provence in die Bauchhöhle geben.

**3**. Das Olivenöl mit Salz, Pfeffer, restlichem Honig und Knoblauch verrühren und das Huhn außen damit bestreichen. Den Rosmarin darüberstreuen.

**4.** Das Huhn auf einem Rost über der Fettpfanne im Ofen etwa 45 Minuten backen. Gelegentlich mit Bratensaft beträufeln. Dazu geschmorte Tomaten reichen.

*Zubereitungszeit: ca. 25 Minuten (plus Schmorzeit)*
*Pro Portion ca. 597 kcal/2507 kJ*
*28 g E, 50 g F, 8 g KH*

## Wildtauben mit Waldpilzen *(oben)*

Für 4 Portionen

4 Tauben (à ca. 250 g)
Salz
100 g geräucherter fetter Speck
250 ml Fleischbrühe
5 Wacholderbeeren
1 Tl Thymian
100 g Waldpilze aus dem Glas (Maronen, Pfifferlinge, Steinpilze)
125 ml Sahne
Butter zum Braten

**1.** Die Tauben waschen, trocken tupfen und innen salzen. Mit dünnen Speckscheiben umwickeln und im Backofen bei 220–240 °C etwa 55 Minuten im geschlossenen Topf braten. In den letzten 15 Minuten Speck abnehmen, damit die Tauben besser bräunen.

**2.** Nach dem Braten den Bratenfond mit Brühe auffüllen. Zerdrückte Wacholderbeeren und Thymian dazugeben, aufkochen und passieren.

**3.** Waldpilze abtropfen lassen, würfeln und in Butter anbraten. Anschließend zum Fleisch mit der Sauce geben. Die Sauce mit Sahne verfeinern.

*Zubereitungszeit: ca. 20 Minuten (plus Garzeit)*
*Pro Portion ca. 478 kcal/2008 kJ*
*37 g E, 33 g F, 8 g KH*

## Tintenfischtopf mit Oliven
*(unten)*

Für 4 Portionen

600 g küchenfertige Tintenfische mit Tentakeln
2 Zwiebeln
1 Knoblauchzehe
4 El Olivenöl
400 g passierte Tomaten (aus der Dose)
100 g grüne Oliven ohne Stein
2 El Kapern
500 ml Fischbrühe
200 ml Weißwein
Salz
Pfeffer
1 Prise Zucker
4 Tomaten
1 Bund Estragon

**1.** Die Tintenfische waschen und klein schneiden. Zwiebeln und Knoblauch schälen und hacken. Die Tintenfische im heißen Olivenöl unter Rühren anbraten, Zwiebeln und Knoblauch hinzufügen und mitschmoren.

**2.** Die passierten Tomaten unterrühren. Oliven und Kapern hacken und zugeben, Brühe und Wein angießen, mit Salz, Pfeffer und Zucker abschmecken. Abgedeckt etwa 1 Stunde köcheln.

**3.** Die frischen Tomaten häuten, entkernen und würfeln und den Estragon hacken. In die Sauce rühren, erhitzen und mit Brot servieren.

*Zubereitungszeit: ca. 30 Minuten (plus Kochzeit)*
*Pro Portion ca. 310 kcal/1298 kJ*
*29 g E, 12 g F, 13 g KH*

## Nudelauflauf Carciofi
*(oben)*

Für 4 Portionen

200 g Tagliatelle
Salz
2 Stangen Staudensellerie
1 Bund glatte Petersilie
100 g Geflügelfleischwurst
150 g Spargel
Zucker
6 in Öl eingelegte
 Artischockenherzen
Muskatnuss
Pfeffer
120 g Parmesan
Butter für die Form

**1.** Die Nudeln in ausreichend kochendem Salzwasser bissfest garen, abgießen, abschrecken und gut abtropfen lassen. Staudensellerie und Petersilie putzen, waschen und trocknen, Sellerie halbieren und in ca. 5 mm große Stücke schneiden. Petersilie fein hacken. Wurst in feine Streifen schneiden.

**2.** Spargel waschen, schälen, die Enden abschneiden und die Stangen in 1 cm lange Stücke schneiden, Spargel und Sellerie in kochendem Wasser mit etwas Zucker kurz blanchieren. Herausnehmen und abtropfen lassen. Artischocken ebenfalls abtropfen lassen und vierteln.

**3.** Den Backofen auf 200 °C vorheizen. Eine Auflaufform einfetten. Die Nudeln mit Sellerie, Wurststreifen, Spargel und Artischockenvierteln vermengen. Mit geriebener Muskatnuss, Pfeffer und Salz würzen und in die Auflaufform füllen.

**4.** Den Parmesan reiben und über den Auflauf streuen. Das Ganze im Backofen ca. 30 Minuten goldbraun backen. Anschließend mit der Petersilie bestreut servieren.

*Zubereitungszeit: ca. 25 Minuten (plus Garzeit)*
*Pro Portion ca. 293 kcal/1229 kJ*
*18 g E, 17 g F, 17 g KH*



## Perlhuhn auf Spitzkohl
*(unten)*

Für 4 Portionen

2 Perlhühner (je ca. 1 kg)
Salz
6 Scheiben Weißbrot
250 ml Milch
4 kleine Zwiebeln
40 g Butter
50 g Rosinen
Pfeffer
4 El Öl
800 g Spitzkohl
400 ml Geflügelbrühe
Saft von 1 Zitrone

**1.** Die Hühner waschen, trocknen und von innen und außen salzen. Das Weißbrot würfeln, mit der kochenden Milch übergießen und 5 Minuten quellen lassen. Inzwischen die Zwiebeln schälen und fein würfeln. Die Butter in einer Pfanne erhitzen und die Zwiebeln darin glasig dünsten. Die Pfanne vom Herd nehmen und die Zwiebeln mit Rosinen und dem eingeweichten Brot vermischen. Mit Pfeffer und Salz kräftig würzen.

**2.** Die Perlhühner mit dieser Mischung füllen und mit Zahnstochern verschließen. Nacheinander im heißen Öl rundherum braun anbraten, herausnehmen und beiseitestellen.

**3.** Den Kohl putzen und waschen, anschließend vierteln, den Strunk entfernen und die Blätter in Streifen schneiden. In dem Bratfett andünsten, salzen und pfeffern. Die Brühe und den Zitronensaft dazugießen. Die Perlhühner darauflegen und zugedeckt bei mittlerer Hitze etwa 1 Stunde schmoren lassen. Dazu passt Möhrengemüse.

*Zubereitungszeit: ca. 30 Minuten (plus Schmorzeit)*
*Pro Portion ca. 1160 kcal/4872 kJ*
*117 g E, 57 g F, 43 g KH*

## Zwiebelrostbraten mit Kartoffelpüree

*(unten)*

Für 4 Portionen

**Zwiebelrostbraten**

- 2 Gemüsezwiebeln
- 30 g Butter
- 4 Scheiben Rindfleisch aus der Zwischenrippe (je etwa 1 cm dick)
- Salz
- Pfeffer
- 2 El Mehl
- 40 g Butterschmalz
- 125 ml Fleischbrühe

**Kartoffelpüree**

- 500 g Irmgardkartoffeln
- 250 ml Milch
- 20 g Butter
- Salz
- Pfeffer
- geriebene Muskatnuss

**1.** Die Gemüsezwiebeln schälen und in dünne Ringe schneiden. 20 g Butter in einer Pfanne erhitzen und die Zwiebelringe darin knusprig braten. Herausnehmen, abtropfen lassen und warm stellen.

**2.** Die Fleischscheiben waschen, trocken tupfen und klopfen, an den Rändern etwas einschneiden und mit Salz und Pfeffer würzen. Von einer Seite mit Mehl bestäuben.

**3.** Das Butterschmalz in der Pfanne erhitzen und die Fleischscheiben zuerst auf der bemehlten Seite, dann von der anderen Seite etwa 5 Minuten braten. Wenn das Fleisch durch ist, herausnehmen, den Bratfond mit Brühe ablöschen und die Sauce etwas reduzieren. Restliche Butter mit dem Schneebesen einrühren.

**4.** Für das Püree die Kartoffeln in der Schale etwa 25 Minuten weich kochen, abgießen und etwas ausdämpfen lassen. Kartoffeln pellen und durch die Kartoffelpresse drücken.

**5.** Die Milch erwärmen und mit der Butter zum Püree geben und alles zu einem geschmeidigen Brei verrühren. Mit Salz, Pfeffer und geriebener Muskatnuss würzen. Den Rostbraten mit Zwiebeln und der Sauce servieren, dazu Kartoffelpüree reichen.

*Zubereitungszeit: ca. 20 Minuten (plus Bratzeit)*
*Pro Portion ca. 400 kcal/1680 kJ*
*31 g E, 29 g F, 1 g KH*

## *Falscher Hase mit Bratkartoffeln*

*(unten)*

Für 4 Portionen

***Falscher Hase***

1 Brötchen vom Vortag
2 Zwiebeln
600 g gemischtes Hackfleisch
2 Eier
2 El frisch gehackte Petersilie
2 Tl Senf
Salz, Pfeffer
edelsüßes Paprikapulver
2 El Öl

***Bratkartoffeln***

400 g Kartoffeln
50 g Räucherspeck
2 Zwiebeln
2 El Butterschmalz

**1.** Den Backofen auf 200 °C (Umluft 180 °C) vorheizen. Das Brötchen in wenig Wasser einweichen. Die Zwiebeln schälen und hacken. Das Hackfleisch mit dem ausgedrückten Brötchen, den Zwiebeln, den Eiern und der Petersilie zu einem geschmeidigen Teig verarbeiten und mit Senf, Salz, Pfeffer und Paprikapulver abschmecken.

**2.** Das Öl in einem Bräter erhitzen und den Fleischlaib darin von allen Seiten kräftig anbraten. Im Ofen etwa 1 Stunde schmoren. Inzwischen die Kartoffeln in der Schale etwa 20 Minuten garen, abgießen, ausdämpfen und etwas abkühlen lassen. Dann pellen und in Scheiben schneiden.

**3.** Speck würfeln und in einer Pfanne auslassen. Die Zwiebeln schälen, hacken und im Speckfett andünsten. Butterschmalz zugeben und erhitzen. Die Kartoffelscheiben darin knusprig goldbraun braten. Den Falschen Hasen mit einer Tomatensauce oder dunklen Bratensauce servieren. Dazu die Bratkartoffeln reichen.

*Zubereitungszeit: ca. 30 Minuten*
*(plus Garzeit)*
*Pro Portion ca. 482 kcal/2024 kJ*
*33 g E, 35 g F, 8 g KH*

## *Hühnchen alla Toscana*

*(rechts unten)*

Für 4 Portionen

1 Hühnchen (ca. 1,2 kg)
Salz
Pfeffer
1 Zwiebel
2 rote Paprikaschoten
1 Knoblauchzehe
15 ml Olivenöl
300 g passierte Tomaten
150 ml trockener Weißwein
1 Oreganozweig
400 g Cannellinibohnen
(aus der Dose)
3 El geriebenes Weißbrot

**1.** Das Hühnchen in 8 Teile schneiden, salzen und pfeffern. Die Zwiebel schälen und in Scheiben schneiden, die Paprikaschoten waschen, entkernen und in Ringe schneiden, die Knoblauchzehe schälen und hacken.

2. Das Öl in einem Bräter erhitzen und die Hühnchenteile darin von allen Seiten anbraten. Herausnehmen und warm stellen.

3. Die Zwiebelscheiben, Paprikaringe und den Knoblauch im Bratfett andünsten. Hühnchenteile wieder zugeben, Tomaten, Wein und Oregano hinzufügen. Aufkochen, bei geringer Temperatur abgedeckt etwa 35 Minuten schmoren. Nach 30 Minuten die abgetropften Bohnen einrühren und erhitzen. Das geriebene Brot über das Gericht streuen und unter dem heißen Grill goldbraun grillen.

*Zubereitungszeit: ca. 20 Minuten (plus Schmorzeit)*
*Pro Portion ca. 685 kcal/2868 kJ*
*69 g E, 34 g F, 20 g KH*

## Hackbraten mit Speck
*(oben)*

Für 4 Portionen

1 Zwiebel
2 Knoblauchzehen
100 g Spinat
1 El Öl
5 El Ketchup
2 El Senf
6 El brauner Zucker
1 kg Rinderhack
75 g Haferflocken
4 Eier
Salz
Pfeffer
8 Scheiben geräucherter Speck

1. Zwiebel und Knoblauchzehen schälen und fein hacken. Spinat verlesen, putzen und waschen. In einem Topf unter Rühren zusammenfallen lassen. Aus dem Topf nehmen, abtropfen lassen und hacken.

2. Das Öl in einer Pfanne erhitzen und die Zwiebel mit dem Knoblauch darin glasig dünsten. In eine Schüssel geben und abkühlen lassen. Backofen auf 200 °C (Umluft 180 °C) vorheizen.

3. Die Zwiebelmischung mit Ketchup, Senf und Zucker verrühren und alles mit Hackfleisch, Haferflocken, Eiern und Spinat zu einem Fleischteig verarbeiten. Mit Salz und Pfeffer würzen.

4. Den Fleischteig in eine Kastenform füllen, die Speckscheiben darüberlegen. Den Braten mit Alufolie abdecken und im Ofen etwa 45 Minuten backen. 15 Minuten vor Ende der Garzeit die Alufolie entfernen und den Hackbraten knusprig braun werden lassen. Vor dem Servieren kurz ruhen lassen. Dazu passt ein gemischter Salat.

*Zubereitungszeit: ca. 20 Minuten (plus Schmor- und Bratzeit)*
*Pro Portion ca. 783 kcal/3287 kJ*
*63 g E, 47 g F, 29 g KH*

## *Karpfen aus dem Backofen* *(unten)*

Für 4 Portionen

1 küchenfertiger Karpfen
Salz
500 g Kartoffeln
1 Bund Frühlingszwiebeln
1/2 Tl edelsüßes Paprikapulver
150 g Schmand, 20 g Butter
Fett für die Form

**1.** Den Karpfen filetieren und in Stücke schneiden, dann mit Salz einreiben. Die Kartoffeln schälen, waschen und in dünne Scheiben schneiden. Die Frühlingszwiebeln putzen, waschen und in Röllchen schneiden. Den Backofen auf 220 °C vorheizen. Einen Bräter mit Butter einfetten.

**2.** Die Hälfte der Frühlingszwiebeln in die Form geben, darüber die Kartoffelscheiben schichten und mit Salz und etwas Paprikapulver bestreuen. Darauf die Fischstücke legen und den Schmand darübergießen.

**3.** Restliche Frühlingszwiebeln darauf verteilen, mit restlichem Paprikapulver bestreuen und mit Butterflöckchen belegen. Den Karpfen im vorgeheizten Backofen etwa 60 Minuten backen. In der Form servieren.

*Zubereitungszeit: ca. 30 Minuten (plus Backzeit)*
*Pro Portion ca. 413 kcal/1733 kJ*
*31 g E, 23 g F, 20 g KH*

## *Wachteln im Speckmantel* *(oben)*

Für 4 Portionen

4 küchenfertige Wachteln
Salz
Pfeffer
getrockneter Salbei
8 Gewürznelken
4 kleine Stücke Zimtstange
4 Speckscheiben
60 g Butterschmalz

**1.** Den Backofen auf 230 °C (Umluft 200 °C) vorheizen. Die Wachteln waschen, trocken reiben, innen und außen mit Salz, Pfeffer und Salbei einreiben. Mit Nelken und Zimtstücken spicken und mit den Speckscheiben umwickeln.

**2.** Die Wachteln in einem Bräter im heißen Butterschmalz anbraten, dann im Backofen 15–20 Minuten backen. Mehrfach mit Bratensaft und heißem Wasser übergießen und die Wachteln knusprig braun werden lassen. Vor dem Servieren Nelken und Zimtstücke aus den Wachteln entfernen. Gebackene Wachteln auf Polentaschnitten servieren. Dazu grünes Gemüse reichen.

*Zubereitungszeit: ca. 20 Minuten (plus Bratzeit)*
*Pro Portion ca. 657 kcal/2759 kJ*
*38 g E, 38 g F, 39 g KH*

## *Paprikahuhn mit Nudeln* *(unten)*

Für 4 Portionen

2 kleine Hühnchen oder
1 großes küchenfertiges Huhn
Salz
200 g Zwiebeln
100 g Butterschmalz
50 g Rosenpaprika
1 Knoblauchzehe
Pfeffer
1 El Tomatenmark

**1.** Die Hühnchen oder das Huhn waschen, trocken tupfen und in 4 oder 8 Teile schneiden. Die Hühnerteile salzen. Die Zwiebeln schälen und hacken. Das Schmalz in einem Bräter erhitzen und die Zwiebeln darin glasig schmoren. Die Hühnerstücke zugeben und das Paprikapulver einstreuen. Die Knoblauchzehe schälen und dazudrücken. Unter Rühren etwas anschmoren.

**2.** Etwas Wasser zugeben, damit nichts anbrennt, und die Hühnerteile abgedeckt je nach Größe etwa 35–60 Minuten garen. Die Sauce mit Salz, Pfeffer, Paprika und Tomatenmark abschmecken. Mit Nudeln servieren.

*Zubereitungszeit: ca. 20 Minuten (plus Garzeit)*
*Pro Portion ca. 402 kcal/1688 kJ*
*17 g E, 33 g F, 7 g KH*

**Tipp:** Geflügel sollte beim Braten und Backen immer ganz durchgegart werden, da sich Salmonellen im Fleisch befinden können, die erst beim Erhitzen absterben. Um nachzuprüfen, ob Geflügel durchgegart ist, stechen Sie an der dicksten Stelle mit einem spitzen Gegenstand bis auf den Knochen. Tritt klarer Fleischsaft aus, ist das Fleisch durch, tritt blutiger oder rosafarbener Saft aus, sollte das Geflügel noch weiter gegart werden.

## *Bierkutscherpfanne mit Fleisch* *(ohne Abb.)*

Für 4 Portionen

8 Kartoffeln
2 Zwiebeln
2 El Butterschmalz
250 g Bratwurstbrät
oder Hackfleisch
Salz, Pfeffer
Majoran
1 Tl Kümmel
3 El frisch gehackte Petersilie
Fett für die Form

**1.** Die Kartoffeln schälen, waschen und in eine Schüssel reiben. Die Zwiebeln schälen und hacken. Den Backofen auf 220 °C (Umluft 200 °C) vorheizen.

**2.** Das Butterschmalz in einer Pfanne erhitzen und die Zwiebeln darin glasig dünsten. Bratwurstbrät oder Hackfleisch hinzufügen und gut braten. Kartoffeln zugeben und unterrühren, die Mischung mit Salz, Pfeffer und Majoran würzen und etwa 3 Minuten schmoren.

**3.** Eine Auflaufform einfetten. Kartoffel-Fleisch-Masse in die Auflaufform geben. Den Kümmel darüberstreuen. Im Ofen etwa 30 Minuten backen. Mit Petersilie bestreut servieren.

*Zubereitungszeit: ca. 30 Minuten (plus Schmor- und Backzeit)*
*Pro Portion ca. 250 kcal/1050 kJ*
*10 g E, 19 g F, 11 g KH*

## Gemüse-Curry mit Chili

*(unten)*

Für 4 Portionen

je 250 g Okraschoten, grüne Bohnen, Möhren und Kartoffeln
4 rote Zwiebeln
4 El Ghee oder Butterschmalz
2 El Fenchelsamen
2 El Chilipulver
1 El Korianderpulver
3 El Currypulver
2 El frisch geriebener Ingwer
400 ml Gemüsebrühe
250 g geschälte Tomaten (aus der Dose)
6 bunte Chilischoten
Speisestärke zum Andicken

**1.** Die Okraschoten waschen und den Stiel abschneiden. Die Bohnen putzen, waschen und trocknen. Die Möhren putzen, schälen und in Stifte schneiden. Die Kartoffeln schälen, waschen und ebenfalls in Stifte schneiden. Die Zwiebeln schälen und in Würfel schneiden.

**2.** Ghee oder Butterschmalz erhitzen und die Zwiebeln darin andünsten. Die Fenchelsamen dazugeben und alles ca. 2 Minuten dünsten. Das Gemüse dazugeben und alles mit den restlichen Gewürzen abschmecken. Anschließend die Gemüsebrühe und die Tomaten samt Saft angießen.

**3.** Die Chilischoten längs halbieren, entkernen, waschen, in Streifen schneiden und dazugeben. Alles ca. 20 Minuten köcheln lassen und nach Bedarf mit etwas Speisestärke andicken. Dazu Safranreis servieren.

*Zubereitungszeit: ca. 30 Minuten (plus Garzeit)*
*Pro Portion ca. 315 kcal/1323 kJ*
*6 g E, 23 g F, 21 g KH*



## Bachsaiblinge mit Käse-Mandel-Füllung

*(rechts oben)*

Für 4 Portionen

2 küchenfertige Saiblinge (je 800 g)
Saft von 1 Zitrone
Salz, Pfeffer
1 Bund Kerbel
150 g Butterkäse
2 Scheiben Weißbrot
2 El gehackte Mandeln
200 g Crème fraîche
2 Tl Senf
3 El Butter
200 ml trockener Weißwein
2 Frühlingszwiebeln
Butter für die Form

**1.** Die Fische innen und außen mit Zitronensaft beträufeln und mit Salz und Pfeffer einreiben. Kerbel waschen, trocknen und fein hacken. Den Backofen auf 180 °C vorheizen.

**2.** Den Butterkäse reiben, das Weißbrot entrinden und in kleine Würfel schneiden. Kerbel (bis auf 2 El), Käse, Weißbrot und Mandeln in einer Schüssel miteinander mischen. 3 El Crème fraîche mit Senf verrühren, mit der Mandelmischung vermengen und die Fische damit füllen. Mit Zahnstochern feststecken.

**3.** Die Fische in einen großen gefetteten Bräter legen. Die Butter darüber verteilen, den Wein angießen und die Fische im vorgeheizten Backofen etwa 35 Minuten backen.

**4.** Frühlingszwiebeln putzen, waschen und in Ringe schneiden. Die Fische aus dem Bräter nehmen und warm stellen. Sud abgießen, mit Wasser auf 250 ml auffüllen und mit der restlichen Crème fraîche verrühren.

**5.** Die Sauce etwas einkochen lassen, dann mit Salz und Pfeffer abschmecken, die Frühlingszwiebeln unterheben und mit dem restlichen Kerbel verfeinern. Pro Person einen halben Fisch servieren. Dazu Tomatensalat reichen.

*Zubereitungszeit: ca. 30 Minuten (plus Bratzeit)*
*Pro Portion ca. 530 kcal/2226 kJ*
*50 g E, 30 g F, 11 g KH*

## Kalbsrouladen

*(unten)*

Für 4 Portionen

4 Kalbsschnitzel
Salz
Pfeffer
1 Bund Basilikum
1 Tl Zitronensaft
125 g Mascarpone
250 g Tomaten
100 g Mozzarella
2 Knoblauchzehen
4 Scheiben Parmaschinken
3 El Olivenöl
125 ml Kalbsfond
1 El Tomatenmark
1 Tl Speisestärke

**1.** Die Schnitzel waschen, trocken tupfen, flach klopfen und mit Salz und Pfeffer würzen. Das Basilikum waschen, trocken schütteln und die Blättchen fein hacken. Mit dem Zitronensaft unter den Mascarpone rühren und würzen.

**2.** Die Tomaten waschen, trocknen, die Stielansätze entfernen und die Tomaten mit kochendem Wasser überbrühen.

**3.** Das Fruchtfleisch häuten, entkernen und würfeln. Den Mozzarella in Streifen schneiden, den Knoblauch schälen und hacken.

**4.** Die Kalbsschnitzel mit der Mascarponecreme bestreichen und mit je 1 Schinkenscheibe belegen. Darauf Tomaten, Mozzarella und Knoblauch verteilen. Schnitzel zusammenrollen und mit Holzstäbchen feststecken. Im heißen Olivenöl von allen Seiten gut anbraten, Fond angießen und das Fleisch abgedeckt etwa 35 Minuten schmoren. Aus der Pfanne nehmen und warm stellen. Die Sauce mit Tomatenmark aufkochen, mit angerührter Speisestärke binden und abschmecken. Zu den Kalbsröllchen servieren. Dazu passen Bandnudeln.

*Zubereitungszeit: ca. 30 Minuten (plus Zeit zum Schmoren)*
*Pro Portion ca. 371 kcal/1554 kJ*
*37 g E, 22 g F, 4 g KH*

## Warzenschwein-Potjie *(oben)*

Für 4 Portionen

je 1 rote und grüne Paprikaschote
4 El Öl
1,2 kg gewürfeltes Warzenschweinfleisch, ersatzweise Wildschwein
600 ml Gemüsebrühe
3 Zwiebeln
10 Möhren
ca. 1 kg Weißkohl
4 Kartoffeln
4 Süßkartoffeln
2 kleine Babykürbisse
5 Tomaten
4 Knoblauchzehen
Salz
Pfeffer
250 g Champignons

**1.** Paprikaschoten putzen, entkernen, waschen und klein würfeln. Paprika in Öl in einem großen Bräter andünsten, herausnehmen und beiseitestellen. Fleisch in dem Bratfett kräftig anbraten. Die Gemüsebrühe angießen und alles einmal aufkochen lassen.

**2.** Die Zwiebeln schälen, in Ringe schneiden und mit den Paprikaschoten auf dem Fleisch verteilen.

## Spitzkohlfleckerl mit Hackfleisch

*(unten)*

Für 4 Portionen

800 g Spitzkohl
Salz
1 rote Paprikaschote
400 g grüne Bandnudeln oder Farfalle
6 El Butter
300 g Kalbshackfleisch
Pfeffer
3 Eier
125 g Crème fraîche
125 ml Milch
1 Bund frisch geschnittener Schnittlauch
Butter für die Form



**1.** Den Spitzkohl putzen, äußere Blätter und Strunk entfernen, Kohl waschen und vierteln. In kochendem Salzwasser etwa 4 Minuten blanchieren. Abgießen und in Streifen schneiden. Paprika putzen, waschen und hacken. Die Nudeln nach Packungsanweisung bissfest garen. Nudeln und Kohl miteinander mischen.

**2.** 3 El Butter erhitzen und das Hackfleisch darin krümelig anbraten. Paprikawürfel hinzufügen und 3 Minuten mitschmoren. Mit Salz und Pfeffer würzen.

**3.** Den Backofen auf 170 °C (Umluft 150 °C) vorheizen. Die Eier mit Crème fraîche und Milch verrühren und würzen.

**4.** Eine Auflaufform mit etwas Butter einfetten. Spitzkohlfleckerl und Hack hineinschichten und mit der Eiermischung übergießen. Im Ofen etwa 35 Minuten backen. Restliche Butter zerlassen und die Oberfläche damit ab und zu bestreichen. Mit Schnittlauch bestreut servieren.

*Zubereitungszeit: ca. 30 Minuten (plus Garzeit)*
*Pro Portion ca. 700 kcal/2940 kJ*
*40 g E, 25 g F, 78 g KH*

**3.** Die Möhren putzen, schälen und in Stifte schneiden. Den Kohl putzen, waschen und in Streifen schneiden. Die Kartoffeln und Süßkartoffeln schälen, waschen und klein würfeln. Die Kürbisse schälen und grob raspeln. Die Tomaten putzen, waschen und würfeln.

**4.** Das vorbereitete Gemüse auf das Fleisch schichten, den Knoblauch schälen und dazupressen. Salzen und pfeffern und den Fleischtopf ohne umzurühren etwa 45 Minuten zugedeckt garen lassen.

**5.** Anschließend eventuell noch etwas Flüssigkeit dazugeben und 45 Minuten weitergaren. Kurz vor Ende der Garzeit die sauber gebürsteten, je nach Größe geviertelten oder halbierten Champignons dazugeben.

*Zubereitungszeit: ca. 35 Minuten*
*(plus Garzeit)*
*Pro Portion ca. 755 kcal/3171 kJ*
*70 g E, 20 g F, 69 g KH*

## Rinderrouladen mit Rotweinsauce

*(oben)*

Für 4 Portionen

2 Schalotten
4 Gewürzgurken
4 Rinderrouladen
Salz, Pfeffer
4 Tl scharfer Senf
4 Scheiben Frühstücksspeck
1 Tl getrockneter Thymian
1 Bund Suppengrün
50 g Räucherspeck
2 El Butterschmalz
2 Lorbeerblätter
400 ml trockener Rotwein
400 ml Fleischbrühe
3 El Mehl
saure Sahne nach Belieben

**1.** Die Schalotten schälen und in dünne Ringe schneiden. Die Gurken in dünne Streifen schneiden. Das Fleisch waschen, trocken tupfen und auf einer sauberen Arbeitsfläche auslegen.

**2.** Die Rouladen mit Salz und Pfeffer würzen und mit je 1 Tl Senf bestreichen. Dann je 1 Scheibe Frühstücksspeck auf jede Roulade legen. Thymian darüberstreuen, Schalottenringe und Gurkenstreifen darauflegen und die Rouladen zusammenrollen. Mit Rouladennadeln feststecken.

**3.** Das Suppengrün putzen, waschen bzw. nach Bedarf schälen und klein schneiden. Den Speck würfeln. Das Butterschmalz in einem Bräter erhitzen und die Rouladen darin kräftig anbraten. Aus dem Bräter nehmen, Gemüse und Speck hineingeben und schmoren. Die Rouladen mit den Lorbeerblättern zurück in den Topf geben, Wein und Brühe angießen und abgedeckt etwa 1 Stunde 15 Minuten schmoren.

**4.** Rouladen aus dem Topf nehmen und warm stellen. Bratfond durchsieben und aufkochen. Das Mehl in 150 ml Wasser glatt rühren und den Fond damit andicken. Mit Salz und Pfeffer abschmecken. Nach Belieben mit saurer Sahne verfeinern. Die Rouladen in der Sauce servieren.

*Zubereitungszeit: ca. 20 Minuten*
*(plus Schmorzeit)*
*Pro Portion ca. 295 kcal/1239 kJ*
*40 g E, 10 g F, 6 g KH*

## *Lasagne*
*(rechts)*

Für 4 Portionen

1 Zwiebel
1 Möhre
2 El Olivenöl
400 g gemischtes Hackfleisch
1 Tl getrockneter Thymian
900 g Pizzatomaten
(a. d. Dose)
Salz, Pfeffer
2 El Butter
4 El Mehl
500 ml Weißwein
150 ml Milch
500 g Lasagneblätter
300 g frisch geriebener
Cheddar
Basilikum zum Garnieren
Fett für die Form

**1.** Zwiebel und Möhre schälen und hacken bzw. würfeln. Öl in einer Pfanne erhitzen und die Zwiebel darin glasig dünsten. Möhre und Hack hinzufügen und gut anbraten. Thymian und Tomaten unterrühren und mit Salz und Pfeffer abschmecken.

**2.** Aus Butter und Mehl eine Mehlschwitze herstellen und mit Wein ablöschen. Sämig einkochen lassen, dann die Milch unterrühren und salzen. Den Backofen auf 200 °C (Umluft 180 °C) vorheizen.

**3.** Etwas Sauce in eine gefettete Auflaufform geben, darauf eine Lage ungegarte Lasagneblätter legen und etwas Hackfleischmasse darauf verteilen. Mit etwas Käse bestreuen. Den Vorgang wiederholen, bis alle Zutaten aufgebraucht sind. Die letzte Schicht sollte aus Sauce und darauf Käse bestehen. Die Lasagne im Ofen etwa 40 Minuten goldbraun überbacken. Mit Basilikum garniert servieren.

*Zubereitungszeit: ca. 30 Minuten*
*(plus Garzeit)*
*Pro Portion ca. 1065 kcal/4473 kJ*
*55 g E, 50 g F, 94 g KH*

## *Lammragout mit Pilzen*
*(ohne Abb.)*

Für 4 Portionen

1 kg Lammkeule ohne Knochen
500 g kleine Champignons
200 g Zwiebeln
3 El Olivenöl
125 ml trockener Weißwein
Salz
Pfeffer
1 El frisch gehackter Rosmarin
2 El Marsala

**1.** Die Lammkeule in Würfel schneiden. Die Pilze putzen und feucht abreiben. Die Zwiebeln schälen und grob zerkleinern.

**2.** Den Backofen auf 190 °C (Umluft 170 °C) vorheizen. Das Olivenöl in einem Topf erhitzen und das Fleisch darin gut anbraten. Die Zwiebeln zugeben und unter Wenden mitschmoren. Pilze und Wein zugeben und mit so viel Wasser auffüllen, dass das Fleisch gut bedeckt ist. Mit Salz, Pfeffer und Rosmarin würzen.

**3.** Den Topf abdecken und das Ragout im Ofen etwa 1 Stunde garen, bis das Fleisch schön weich ist. Danach mit dem Marsala abschmecken. Dazu passt Reis.

*Zubereitungszeit: ca. 25 Minuten*
*(plus Schmor- und Garzeit)*
*Pro Portion ca. 452 kcal/1900 kJ*
*56 g E, 13 g F, 5 g KH*

## Würzfleisch

*(unten)*

Für 4 Portionen

800 g Rindfleisch
2 Gemüsezwiebeln
400 g Kartoffeln
3 El Olivenöl
Salz, Pfeffer
1/2 El getrockneter Majoran
2 El Tomatenmark
200 ml Fleischbrühe
100 ml Weißwein

**1.** Den Backofen auf 160 °C (Umluft 140 °C) vorheizen. Das Rindfleisch waschen, trocken tupfen und in 2 cm dicke Scheiben schneiden. Die Gemüsezwiebeln schälen und in Ringe schneiden, die Kartoffeln schälen, waschen und würfeln.

**2.** Das Öl in einem Bräter erhitzen und das Fleisch darin von beiden Seiten anbraten. Mit Salz, Pfeffer und Majoran kräftig würzen. Zwiebeln und Kartoffeln zum Fleisch geben und mitschmoren. Das Tomatenmark einrühren. Fleischbrühe und Weißwein angießen und das Würzfleisch abgedeckt im Ofen etwa 1 Stunde 10 Minuten schmoren.

*Zubereitungszeit: ca. 20 Minuten*
*(plus Brat- und Schmorzeit)*
*Pro Portion ca. 437 kcal/1835 kJ*
*42 g E, 19 g F, 18 g KH*

## Schollenröllchen mit Rucolafüllung

*(oben)*

Für 4 Portionen

750 g Schollenfilets
Saft von 1/2 Zitrone
Salz
frisch gemahlener weißer Pfeffer
1 kleine Schalotte
400 g Austernpilze
3 El Butter
2 El trockener Sherry
200 g Crème fraîche
1 Bund Rucola

**1.** Schollenfilets mit etwas Zitronensaft beträufeln, salzen und pfeffern. Schalotte schälen und klein hacken. Pilze putzen, kurz waschen, gut abtrocknen und in Streifen schneiden.

**2.** Die Butter erhitzen und Pilze darin anbraten. Schalotte ca. 5 Minuten mitdünsten. Sherry angießen und Flüssigkeit fast ganz einreduzieren lassen. Die Crème fraîche unterrühren und alles mit Salz, Pfeffer und dem restlichen Zitronensaft abschmecken. 5 Minuten weitergaren lassen.

**3.** Rucola putzen, waschen und trocken schleudern. 2 Blätter auf jedes Schollenfilet legen. Die Filets aufrollen, mit Küchengarn zusammenbinden und auf die Pilze setzen. Zugedeckt bei mittlerer Hitze ca. 10 Minuten garen. Restlichen Rucola in Streifen schneiden. Nach Ablauf der Garzeit die Fischröllchen mit dem Pilzragout auf Tellern anrichten. Alles mit Rucola bestreuen und servieren.

*Zubereitungszeit: ca. 25 Minuten*
*(plus Garzeit)*
*Pro Portion ca. 387 kcal/1628 kJ*
*39 g E, 23 g F, 4 g KH*

## Hähnchenschenkel vom Blech mit Sommergemüse

*(oben)*

Für 4 Portionen

grobes Meersalz
1 kg festkochende, kleine Kartoffeln
2 Zweige Rosmarin
4 Hähnchenschenkel
Pfeffer
2 Tl Paprikapulver edelsüß
4 kleine Zucchini
1 große rote Paprikaschote
250 g Cocktailtomaten

**1.** Den Backofen auf 200 °C vorheizen, das Backblech mit Backpapier auslegen und leicht mit grobem Meersalz bestreuen. Die Kartoffeln mit einer Gemüsebürste unter Wasser gründlich abschrubben. Anschließend aufs Blech legen, salzen und mit Rosmarinnadeln bestreuen.

**2.** Die Hähnchenschenkel waschen, trocken tupfen und im Gelenk teilen. 1 Tl Salz mit etwas Pfeffer und dem Paprikapulver vermischen und die Schenkel damit einreiben. Die Schenkel zwischen die Kartoffeln aufs Blech legen und alles etwa 45 Minuten backen.

**3.** In der Zwischenzeit das Gemüse putzen und waschen. Die Zucchini in längliche Streifen schneiden, die Paprikaschote halbieren, von Kernen befreien und ebenfalls in Streifen schneiden. Die Cocktailtomaten anpiksen, damit sie nicht zerplatzen.

**4.** Das vorbereitete Gemüse nach etwa 25 Minuten aufs Blech zu Kartoffeln und Hähnchen legen und mit dem Bratenfond bepinseln, der sich auf dem Backblech gebildet hat.

*Zubereitungszeit: ca. 30 Minuten (plus Garzeit)*
*Pro Portion ca. 488 kcal/2050 kJ*
*36 g E, 18 g F, 43 g KH*

## Steinpilz-Kartoffel-Kuchen

*(unten)*

Für 1 Springform (Ø 26 cm)

300 g Kartoffeln
Salz
125 g Magerquark
3 El Milch
4 El Öl
1 Ei
4 Eigelb
200 g Mehl
1/2 Tl Backpulver
300 g Steinpilze
1 Zwiebel
200 g Butter
Pfeffer
1/2 Tl gemahlene Muskatnuss
1/2 Tl gemahlener Koriander
Fett für die Form

**1.** Die Kartoffeln waschen und in kochendem Salzwasser etwa 20 Minuten garen. Den Backofen auf 220 °C (Umluft 200 °C) vorheizen. Den Quark mit Milch, Öl, 1 Ei und etwas Salz verrühren. Das Mehl mit Backpulver mischen und unter die Quark-Öl-Masse rühren, bis ein geschmeidiger Teig entsteht. Den Teig in eine gefettete Springform legen und an den Rändern gut festdrücken.

**2.** Die Kartoffeln nach der Garzeit abgießen und abkühlen lassen. Dann pellen und in Scheiben schneiden. Die Steinpilze putzen, waschen und ebenfalls in Scheiben schneiden. Die Zwiebel schälen und würfeln.

**3.** 50 g Butter in einer Pfanne erhitzen und die Zwiebel darin andünsten. Die Pilzscheiben zufügen und mitschmoren. Nach 3 Minuten die Kartoffelscheiben mit im Fett wenden und alles mit Salz, Pfeffer, Muskatnuss und Koriander würzen.

**4.** Die Pilz-Kartoffel-Mischung auf den Teig geben und den Kuchen im Ofen etwa 25 Minuten backen. Die restliche Butter erhitzen, bis sie klar ist. Dann abkühlen lassen. Die klare Butter abschöpfen und mit dem Eigelb verrühren. Über den Kuchen geben und weitere 5 Minuten im Ofen backen. Warm servieren.

*Zubereitungszeit: ca. 25 Minuten*
*(plus Koch- und Backzeit)*
*Pro Stück ca. 276 kcal/1161 kJ*
*8 g E, 20 g F, 17 g KH*

## Geschmorte Lammspieße mit Perlzwiebeln

*(links)*

Für 4 Portionen

800 g Lammfilet
200 g Perlzwiebeln
200 g Cherrytomaten
4 Zwiebeln
2 Knoblauchzehen
4–5 El Butterschmalz
4 rote Chilischoten
3–4 El Currypulver
2–3 El Tomatenmark
1 Bund Korianderblättchen
Salz
1–2 El Zitronensaft
250–500 ml Lammfond
(aus dem Glas)

**1.** Das Fleisch waschen, trocknen und in nicht zu kleine Würfel schneiden. Die Perlzwiebeln schälen. Die Tomaten waschen. Alles abwechselnd auf Spieße stecken, bis die Zutaten aufgebraucht sind.

**2.** Zwiebeln und Knoblauchzehen schälen und fein hacken. In heißem Butterschmalz 3–4 Minuten anbraten. Die Chilischoten putzen, halbieren, entkernen und waschen. Anschließend in feine Würfel schneiden. Mit dem Currypulver, dem Tomatenmark, den gehackten Korianderblättchen, Salz und Zitronensaft zu den Zwiebeln geben und das Ganze ca. 2–3 Minuten schmoren.

**3.** Den Fond angießen, gut umrühren und die Fleischspieße hineinlegen. Alles bei milder Hitze ca. 20 Minuten schmoren. Herausnehmen, mit der Sauce anrichten und servieren. Dazu passt Reis.

*Zubereitungszeit: ca. 30 Minuten*
*(plus Garzeit)*
*Pro Portion ca. 580 kcal/2436 kJ*
*60 g E, 27 g F, 14 g KH*

## *Perlhuhn auf Rotkraut*

*(oben)*

Für 4 Portionen

2 küchenfertige Perlhühner
Salz
Pfeffer
1 Bund gemischte Kräuter
3 El Öl
75 g Bauchspeck

***Für das Rotkraut***

1 kleiner Kopf Rotkraut
1 Zwiebel
2 El Butterschmalz
Salz
Pfeffer
4 Nelken
125 ml Rotwein
125 ml Gemüsebrühe
2 El Rotweinessig
1 Tl frisch geriebener Ingwer
1 Tl gemahlener Koriander

**1.** Den Backofen auf 250 °C (Umluft 230 °C) vorheizen. Die Perlhühner waschen und trocken tupfen. Mit Salz und Pfeffer einreiben. Die Kräuter waschen, trocken schütteln und die Hälfte davon in die Bauchhöhle der Perlhühner stecken. Das Geflügel in einen mit dem Öl eingefetteten Bräter legen, restliche Kräuter dazulegen und im Ofen etwa 30 Minuten anbraten. In dieser Zeit mit dem Bratensaft begießen.

**2.** Die Perlhühner wenden, die Temperatur auf 150 °C (Umluft 130 °C) herunterschalten. Den Speck in Scheiben schneiden und auf das Geflügel legen. Weitere 30 Minuten braten und danach 10 Minuten ruhen lassen.

**3.** Das Rotkraut waschen und hobeln, die Zwiebel schälen und würfeln. Im heißen Butterschmalz andünsten, das Kraut zugeben und kurz mitschmoren. Mit Salz, Pfeffer und Nelken würzen.

**4.** Dann etwas Rotwein, Brühe und den Essig zugeben. Das Rotkraut etwa 40 Minuten schmoren. Die restliche Flüssigkeit nach und nach zugießen. Zuletzt mit Ingwer und Koriander abschmecken. Die Perlhühner auf dem Rotkraut anrichten. Dazu Knödel servieren.

*Zubereitungszeit: ca. 30 Minuten*
*(plus Brat- und Schmorzeit)*
*Pro Portion ca. 605 kcal/2541 kJ*
*47 g E, 42 g F, 3 g KH*

## *Pappardelle mit Hasenragout*

*(rechts oben)*

Für 4 Portionen

400 g küchenfertiges Hasenfleisch
50 g Pancetta (Bauchspeck)
1 Zwiebel
1 Stange Staudensellerie
1 Möhre
1 Fleischtomate
2 El Olivenöl
Salz, Pfeffer
1/2 Tl getrockneter Thymian
100 ml trockener Weißwein
125 ml Fleischbrühe
400 g Pappardelle (breite Bandnudeln)

**1.** Das Fleisch zerkleinern, den Speck in feine Würfel schneiden. Die Zwiebel schälen und hacken. Sellerie und Möhre putzen, waschen und in Scheiben schneiden. Die Fleischtomate kurz in heißes Wasser tauchen, von Haut und Stielansatz befreien und in Stücke schneiden.

**2.** Das Öl in einer Pfanne erhitzen und Speckwürfel darin anbraten. Das Hasenfleisch dazugeben und von allen Seiten gut anbraten. Sellerie, Möhre und Tomate zugeben und mitschmoren. Alles mit Salz, Pfeffer und Thy-

mian würzen. Wein und Brühe zugeben und das Ragout bei geringer Temperatur abgedeckt etwa 1 Stunde 20 Minuten schmoren.

**3.** Die Pappardelle in reichlich kochendem Salzwasser bissfest garen, abgießen und abtropfen lassen. Nudeln unter das Hasenragout mischen und servieren.

*Zubereitungszeit: ca. 30 Minuten (plus Schmorzeit)*
*Pro Portion ca. 615 kcal/2583 kJ*
*21 g E, 23 g F, 76 g KH*

## Renkenfilets aus dem Ofen

*(rechts)*

Für 4 Portionen

800 g Renkenfilets ohne Haut und Gräten
Saft von 1 Zitrone
2 Möhren
1 Stange Staudensellerie
2 El Butter
Salz
Pfeffer
200 ml Sahne
etwas Dill zum Garnieren
Fett für die Form

**1.** Die Fischfilets waschen und trocken tupfen. Sofort mit dem Zitronensaft beträufeln und beiseitestellen. Den Backofen auf 180 °C vorheizen. Die Möhren schälen und in Scheiben schneiden. Den Staudensellerie putzen, waschen und in dünne Ringe schneiden.

**2.** 1 El Butter in einer Pfanne erhitzen, Möhren und Sellerie darin etwa 3 Minuten schmoren. Mit Salz und Pfeffer abschmecken.

**3.** Eine Auflaufform einfetten und das Gemüse darin verteilen. Die Renkenfilets mit Salz und Pfeffer würzen und auf das Gemüse legen. Die restliche Butter schmelzen und darüberträufeln.

**4.** Die Form in den vorgeheizten Backofen stellen. Nach etwa 5 Minuten die Sahne über die Fischfilets geben und alles weitere 15 Minuten im Ofen garen. Die Renkenfilets mit Dill garniert servieren. Dazu Reis oder Kartoffeln reichen.

*Zubereitungszeit: ca. 20 Minuten (plus Garzeit)*
*Pro Portion ca. 425 kcal/1785 kJ*
*45 g E, 25 g F, 5 g KH*

## Saiblinge mit Kräuterfüllung
*(unten)*

Für 4 Portionen

2 küchenfertige Saiblinge
(je 800 g)
Saft von 1 Zitrone
Salz
Pfeffer
1 Zwiebel
2 El Butter
je 1 1/2 Tl frisch gehackter
Thymian, Majoran, Dill
und frisch gehackte Petersilie
80 g Paniermehl

**1.** Die Fische innen und außen mit Zitronensaft beträufeln und mit Salz und Pfeffer einreiben. Den Backofen auf 180 °C vorheizen. Die Zwiebel schälen und hacken. 1 El Butter in einer Pfanne erhitzen und die Zwiebel darin glasig dünsten. Die Kräuter und das Paniermehl zugeben und kurz mitschmoren.

**2.** Die Fische mit dieser Mischung füllen, mit restlicher Butter belegen und verschließen. Fische in gefettete Alufolie wickeln und im vorgeheizten Backofen etwa 30 Minuten garen. Dazu passen gebackene Kartoffeln.

*Zubereitungszeit: ca. 25 Minuten (plus Garzeit)*
*Pro Portion ca. 315 kcal/1323 kJ*
*41 g E, 9 g F, 17 g KH*

## Ossobuco
*(oben)*

Für 4 Portionen

4 Scheiben Kalbshaxe mit Knochen
2 El Mehl
2 El Olivenöl
2 Zwiebeln
1 Knoblauchzehe
1 Möhre
1/2 Stange Staudensellerie
200 g passierte Tomaten
(aus der Dose)
200 ml trockener Rotwein
ca. 500 ml Fleischbrühe
1/2 Lorbeerblatt
4 El frisch gehackte Kräuter
Salz, Pfeffer

**1.** Die Fleischscheiben mit dem Mehl bestäuben und im Bräter im heißen Olivenöl von allen Seiten gut anbraten. Dann aus dem Bräter nehmen.

**2.** Die Zwiebeln und den Knoblauch schälen und fein hacken. Möhre und Sellerie putzen, schälen und klein schneiden. Das Gemüse mit Zwiebeln und Knoblauch in die Pfanne geben und 3 Minuten andünsten. Die Tomaten zugeben und mit dem Wein aufgießen. Aufkochen lassen.

**3.** Die Fleischscheiben in die Sauce legen und mit Brühe auffüllen, bis alles gut bedeckt ist. Lorbeerblatt und die Hälfte der Kräuter zugeben. Den Bräter mit dem Deckel verschließen und das Fleisch etwa 1 Stunde schmoren. Nach 30 Minuten Schmorzeit das Fleisch wenden und abschmecken.

**4.** Nach der Garzeit das Lorbeerblatt entfernen und die restlichen Kräuter einrühren. Ist die Sauce zu dick, mit etwas Wein, Brühe oder Wasser strecken. Ossobuco mit Sauce überzogen servieren.

*Zubereitungszeit: ca. 20 Minuten (plus Garzeit)*
*Pro Portion ca. 263 kcal/1103 kJ*
*33 g E, 9 g F, 7 g KH*

## Schinkennudeln mit Käsekruste

*(unten)*

Für 4 Portionen

400 g Makkaroni
Salz
250 g gekochter Schinken
250 g Emmentaler
6 Eier
200 g saure Sahne
Pfeffer
Muskatnuss
Fett für die Form

**1.** Die Makkaroni in reichlich kochendem Salzwasser bissfest garen, dann abgießen und abtropfen lassen. Den Schinken fein würfeln, den Käse reiben.

**2.** Den Backofen auf 200 °C (Umluft 180 °C) vorheizen. Abwechselnd Nudeln, Schinkenwürfel und geriebenen Käse in eine gefettete Auflaufform schichten. Die Eier mit der sauren Sahne verrühren, mit Salz, Pfeffer und Muskat würzen. Die Mischung über die Schinkennudeln gießen und im Ofen etwa 40 Minuten backen, bis die Käsekruste goldbraun ist.

*Zubereitungszeit: ca. 15 Minuten (plus Gar- und Backzeit)*
*Pro Portion ca. 867 kcal/3641 kJ*
*55 g E, 39 g F, 71 g KH*

## Wels mit Kartoffel-Bärlauch-Salat

*(ohne Abb.)*

Für 4 Portionen

2 El Weinessig
4 El Olivenöl
1/2 Tl Senf
Salz
100 ml Fleischbrühe
250 g gegarte Pellkartoffeln
1 Bund Bärlauch
4 Welsfilets à 100 g
2 Eier
4–6 El Paniermehl
Butterschmalz zum Braten
2 El Kürbiskerne
1–2 El Kürbiskernöl
Bärlauch zum Garnieren

**1.** Für die Marinade den Essig mit dem Öl, dem Senf und 1 kräftigen Prise Salz gut verrühren. Die heiße Fleischbrühe darunterrühren. Die noch heißen Kartoffeln pellen, in Scheiben schneiden und sofort mit der Marinade vermischen.

**2.** Den Bärlauch putzen, waschen und trocken schütteln, anschließend in Streifen schneiden und zu den Kartoffeln geben. Salat 1 Stunde ziehen lassen. Die Fischfilets in verquirltem Ei und Paniermehl panieren. Anschließend in dem heißen Butterschmalz goldbraun braten. Den Kartoffelsalat auf Tellern anrichten und mit etwas Bärlauch garnieren.

**3.** Die Kürbiskerne in einer Pfanne ohne Fett rösten. Welsmedaillons auf dem Salat anrichten und mit etwas Kürbiskernöl beträufeln und mit Kürbiskernen bestreut servieren.

*Zubereitungszeit: ca. 25 Minuten (plus Zeit zum Ziehen)*
*Pro Portion ca. 390 kcal/1638 kJ*
*24 g E, 25 g F, 18 g KH*

## *Spinat und Schinken in Blätterteig*

*(unten)*

Für 4 Portionen

1 kg Spinat
1 Zwiebel, 1 Knoblauchzehe
2 El Olivenöl
200 g gekochter Schinken
5 Eier
450 g TK-Blätterteig, aufgetaut
Salz, Pfeffer
1 Tl gemahlene Muskatnuss
2 El Mehl
Mehl für die Arbeitsfläche
Butter für das Backblech

**1.** Spinat verlesen, putzen, waschen und in einem großen Topf bei mittlerer Temperatur zusammenfallen lassen. Dann abgießen, abtropfen lassen und gut ausdrücken.

**2.** Zwiebel und Knoblauch schälen und fein hacken. Öl in einer Pfanne erhitzen und die Zwiebel mit dem Knoblauch darin andünsten. Spinat zugeben und 3 Minuten mitdünsten. Den Schinken in feine Streifen schneiden. 4 Eier in 10 Minuten hart kochen und abkühlen lassen.

**3.** Den Blätterteig auf einer bemehlten Arbeitsfläche zu einer rechteckigen Platte ausrollen. Zuerst die Schinkenstreifen, dann den Spinat darauf verteilen. Die abgekühlten Eier schälen und in Scheiben schneiden. Die Eischeiben auf den Spinat legen. Alles mit Salz, Pfeffer und Muskat würzen.

**4.** Den Backofen auf 200 °C (Umluft 180 °C) vorheizen. Den Blätterteig vorsichtig zusammenrollen. Die Ränder gut zusammendrücken. Das letzte Ei verquirlen und die Ränder sowie den gesamten Strudel damit einstreichen. Ein Backblech einfetten und mit dem Mehl bestreuen. Den Spinatstrudel darauflegen und im Ofen etwa 40 Minuten backen. Dann herausnehmen, etwa 10 Minuten abkühlen lassen und in dicke Scheiben schneiden.

*Zubereitungszeit: ca. 30 Minuten (plus Backzeit)*
*Pro Portion ca. 860 kcal/3612 kJ*
*31 g E, 59 g F, 50 g KH*

## *Rigatoni-Gratin mit Rucola*

*(rechts oben)*

Für 4 Portionen

200 g Rigatoni
Salz
150 g Parmaschinken
1 Zwiebel
2 Knoblauchzehen
1 El Olivenöl
100 g Gorgonzola
3 Eier
250 ml Sahne
Pfeffer
frisch geriebene Muskatnuss
200 g Rucola
3 El Pinienkerne
50 g Parmesan
Fett für die Form

**1.** Die Nudeln nach Packungsanweisung in Salzwasser bissfest garen, in einem Sieb abgießen, abschrecken und abtropfen lassen. Den Schinken in Streifen schneiden.

2. Die Zwiebel schälen und fein würfeln. Knoblauch schälen und pressen. Das Öl erhitzen und die Zwiebel goldgelb dünsten. Schinkenstreifen und Knoblauch hinzufügen und schwenken. Zur Seite stellen.

3. Den Backofen auf 200 °C (Umluft 180 °C) vorheizen. Den Gorgonzola zerdrücken und mit Eiern und Sahne verquirlen. Die Käse-Sahne mit Salz, Pfeffer und frisch geriebener Muskatnuss abschmecken.

4. Eine feuerfeste Form mit Fett einstreichen. Die Nudeln mit dem Schinken vermengen und in die Form füllen, die Käse-Sahne darübergießen und glatt streichen. Auf der mittleren Einschubleiste etwa 30 Minuten backen. Den Rucola waschen, trocknen und grob zerpflücken. In einer beschichteten Pfanne die Pinienkerne goldbraun rösten.

5. Nach Ende der Garzeit das Nudelgratin herausnehmen und mit Rucola bedecken. Parmesan in dünnen Scheiben darüberhobeln und die Pinienkerne darüberstreuen.

*Zubereitungszeit: ca. 30 Minuten (plus Backzeit)*
*Pro Portion ca. 630 kcal/2646 kJ*
*25 g E, 43 g F, 38 g KH*

## Rheinische Äädappeltaat
*(unten)*

Für 4 Portionen

1,5 kg Kartoffeln
3–4 Zwiebeln
1 El Mehl
4 Eier
Salz, Pfeffer
125 ml Öl
175 g durchwachsener Speck in dünnen Scheiben
Apfelkompott und Rübenkraut zum Servieren

1. Den Backofen auf 250 °C (Umluft 230 °C) vorheizen. Die Kartoffeln schälen und waschen. Die Zwiebeln ebenfalls schälen.

2. Kartoffeln und Zwiebeln fein reiben. Mit Mehl bestäuben und 5 Minuten ruhen lassen. Anschließend abtropfen lassen und die Flüssigkeit auffangen. Die abgesetzte Stärke wieder zur geriebenen Masse hinzufügen. Die Eier mit Salz und Pfeffer verschlagen, mit der Kartoffelmasse vermischen und kräftig abschmecken.

3. Die Hälfte des Öls in einem gusseisernen Topf oder in einer Auflaufform kurz erhitzen. Den Topf mit dem Speck auslegen und die Kartoffelmasse einfüllen. Mit restlichem Öl beträufeln und im vorgeheizten Backofen etwa 1 Stunde backen. Nach der Hälfte der Backzeit den Backofen auf 200 °C (Umluft 180 °C) zurückschalten. Zum Servieren die Taat stürzen und in Tortenstücke schneiden. Mit Apfelkompott und Rübenkraut servieren.

*Zubereitungszeit: ca. 20 Minuten (plus Backzeit)*
*Pro Portion ca. 520 kcal/2184 kJ*
*24 g E, 20 g F, 60 g KH*

## Ilmenauer Fasanenbraten
*(unten)*

Für 4 Portionen

2 Fasane
Salz
Pfeffer
1 Msp. Majoran
3 Scheiben fetter Speck
70 g Margarine
150 g Suppengrün
2 Zwiebeln
1 Knoblauchzehe
1 Lorbeerblatt
1 El Tomatenmark
75 g Butter
400 ml trockener Weißwein
2 El Mehl
500 ml Brühe
1 Tl Senf
1 El Zitronensaft
250 g saure Sahne

**1.** Fasane waschen, trocken tupfen, innen leicht salzen, gut pfeffern und mit dem Majoran würzen.

## Kartoffelgratin mit Frühlingsgemüse
*(oben)*

Für 4 Portionen

500 g vorwiegend festkochende Kartoffeln
Salz
250 g weißer Spargel
1 Prise Zucker
1 Tl Butter
1 Kohlrabi
300 g Möhren
200 g Zuckerschoten
1 Bund Petersilie
6 El Gemüsebrühe
300 g Ziegencamembert
2 Zwieback
Fett für die Form



**1.** Die Kartoffeln waschen, kochen, abgießen, abschrecken, pellen, in Spalten schneiden und mit Salz bestreuen. Den Spargel schälen und die holzigen Enden abschneiden. Spargel in Stücke schneiden und in Salzwasser mit Zucker und Butter bissfest garen.

**2.** Kohlrabi und Möhren schälen, Kohlrabi in Stücke, Möhren in Scheiben schneiden. Beides in Salzwasser bissfest garen. Zuckerschoten putzen, waschen und in Salzwasser blanchieren. Petersilie waschen, trocken schütteln und hacken.

**3.** Kartoffeln, Gemüse und Petersilie in eine gefettete Form geben und mit Brühe beträufeln. Den Käse in Stücken darüber verteilen. Den Zwieback fein zerbröseln und über das Gratin streuen. Das Gratin im vorgeheizten Backofen bei 200 °C (Umluft 180 °C) ca. 30 Minuten überbacken.

*Zubereitungszeit: ca. 30 Minuten*
*(plus Gar- und Backzeit)*
*Pro Portion ca. 395 kcal/1620 kJ*
*21 g E, 21 g F, 28 g KH*

**2.** Um Brust und Keulen Speckscheiben legen und mit Küchengarn festbinden. Margarine in einer Pfanne erhitzen und die Fasane von allen Seiten anbraten. Anschließend aus der Pfanne nehmen.

**3.** Im Bratfett das in feine Streifen geschnittene Suppengrün, Zwiebelscheiben, gehackte Knoblauchzehe und das Lorbeerblatt anschwitzen. Das Tomatenmark dazugeben. Die Fasane wieder in die Pfanne geben, mit Salz und Pfeffer würzen, 2 Tl Butter dazugeben, mit Weißwein auffüllen und zugedeckt im Backofen bei 250 °C etwa 90 Minuten braten. Die Fasane herausnehmen, die Fäden entfernen, die Fasane vierteln und warm stellen.

**4.** Das Mehl in der restlichen Butter anschwitzen, mit dem Bratensaft und etwas Brühe oder Weißwein auffüllen und gut durchkochen lassen. Die Sauce abseihen, mit Senf, Zitronensaft und saurer Sahne verfeinern. Die Sauce über das Fleisch geben und alles noch einmal erhitzen. Dazu passt Sauerkraut.

*Zubereitungszeit: ca. 30 Minuten (plus Garzeit)*
*Pro Portion ca. 530 kcal/2226 kJ*
*20 g E, 35 g F, 17 g KH*

## Gefüllte Gans mit Maronen

*(oben)*

Für 4 Portionen

1 Gans
Salz, Pfeffer
1 Tl getrockneter Majoran
1 Tl gemahlener Kümmel
3 Scheiben Weißbrot
2 El Weißwein
300 g gegarte Maronen
150 g Staudensellerie
2 Zwiebeln
100 g Butter

**1.** Die Gans innen und außen waschen, trocken tupfen und mit Salz, Pfeffer, Majoran und Kümmel einreiben. Für die Füllung die Weißbrotscheiben mit Wein beträufeln und zerdrücken. Die Maronen fein hacken.

**2.** Den Sellerie putzen, waschen und in kleine Würfel schneiden, die Zwiebeln schälen und ebenfalls würfeln. Weißbrot mit Maronen, Sellerie und Zwiebeln mischen und mit Salz und Pfeffer würzen. Die Butter schmelzen und mit der Mischung verrühren.

**3.** Die Füllung in die Gans geben und die Bauchhöhle verschließen. Mit der Brustseite nach unten in einen Bräter legen, 3 El Wasser zugeben und die Gans bei geringer Hitze langsam anbraten. Nach 10 Minuten wenden und weitere 10 Minuten braten. Den Backofen auf 200 °C (Umluft 180 °C) vorheizen.

**4.** Den Bräter abdecken und im Ofen 2–3 Stunden garen, je nach Größe der Gans. Die Gans während des Bratens mit Fett begießen, nach 1 Stunde ausgetretenes Gänsefett abschöpfen. Nach dem Garen noch 10 Minuten im Ofen bei Oberhitze oder unter dem Grill bräunen. Den Bratensaft entfetten und mit etwas Wein oder Wasser loskochen. Die gefüllte Gans aufschneiden und mit der Sauce, Rotkohl und Knödeln servieren.

*Zubereitungszeit: ca. 30 Minuten (plus Garzeit)*
*Pro Portion ca. 1090 kcal/4578 kJ*
*22 g E, 41 g F, 20 g KH*

## *Krautfleckerln mit Schinken*

*(unten)*

Für 4 Portionen

Salz
600 g Bandnudeln
400 g gekochter Schinken
1 Knoblauchzehe
4 Eier
250 ml Sahne
Pfeffer
1/2 Tl geriebene Muskatnuss
50 g Butter
100 g Paniermehl
500 g Weißkraut
2 El Butterschmalz
Kümmel
Fett für die Form

**1.** In einem Topf reichlich Salzwasser zum Kochen bringen und die Nudeln darin nach Packungsanweisung garen. Danach abgießen und abtropfen lassen. Den Backofen auf 200 °C (Umluft 180 °C) vorheizen. Eine feuerfeste Form einfetten und die Nudeln hineingeben.

**2.** Den Schinken in Würfel schneiden, den Knoblauch schälen und fein hacken. Beides mit den Nudeln vermischen. Die Eier mit Sahne, Salz, Pfeffer und Muskatnuss verquirlen und über die Nudeln gießen.

**3.** Den Auflauf im Ofen etwa 30 Minuten backen, nach 20 Minuten die Butter in Flöckchen daraufsetzen und das Paniermehl darüberstreuen.

**4.** Das Weißkraut putzen, waschen und in Streifen schneiden. In einer Pfanne im heißen Schmalz 30 Minuten schmoren. Mit Salz, Pfeffer und Kümmel würzen. Zu den Fleckerln servieren.

*Zubereitungszeit: ca. 20 Minuten (plus Gar- und Backzeit)*
*Pro Portion ca. 1090 kcal/4578 kJ*
*51 g E, 39 g F, 130 g KH*



## *Lachs-Gratin mit Mangold*

*(ohne Abb.)*

Für 4 Portionen

500 g Bandnudeln
Salz
800 g Mangold
2 Zwiebeln
1 Knoblauchzehe
4 Stücke frischer Lachs (à 150 g)
Saft und Schale von 1 unbehandelten Zitrone
Pfeffer
150 g frische geschälte Krabben
150 g Mozzarella
2 El Olivenöl
geriebene Muskatnuss
Butter für die Form

**1.** Eine Auflaufform einfetten. Den Backofen auf 225 °C vorheizen. Die Nudeln nach Packungsanweisung in Salzwasser bissfest garen. Den Mangold waschen, die Blätter von den Stielen streifen. Das Blattgrün in breite Streifen schneiden und die Stiele in schmale Streifen schneiden. Die Zwiebeln und den Knoblauch schälen und fein würfeln.

**2.** Den Lachs mit dem Zitronensaft beträufeln, mit Salz und Pfeffer würzen und die geriebene Zitronenschale darüberstreuen. Die Krabben abspülen und trocken tupfen. Den Mozzarella in Scheiben schneiden.

**3.** Das Öl in einem breiten Topf erhitzen, die Zwiebeln darin glasig dünsten. Die Mangoldstiele und den Knoblauch hinzufügen. Mit Salz, Pfeffer und Muskat würzen, ca. 5 Minuten garen. Die Mangoldblätter ca. 3 Minuten mitdünsten. Die Mangoldmischung mit den Nudeln vermischen und in die Auflaufform füllen.

**4.** Die Lachsstücke und die Krabben auf die Nudeln legen, den Mozzarella darüber verteilen und das Gratin im vorgeheizten Backofen ca. 15 Minuten backen. In der Form servieren.

*Zubereitungszeit: ca. 20 Minuten (plus Garzeit)*
*Pro Portion ca. 485 kcal/2037 kJ*
*62 g E, 24 g F, 90 g KH*

## Rindergulasch mit Speckknödeln
*(oben)*

Für 4 Portionen

400 g Zwiebeln
40 g Butterschmalz
800 g Rindergulasch
2 El Tomatenmark
2 El edelsüßes Paprikapulver
1 l Fleischbrühe
1/2 El Kümmel
1/2 El getrockneter Majoran
2 Knoblauchzehen
2 El frisch gehackte Petersilie

**1.** Den Backofen auf 150 °C (Umluft 130 °C) vorheizen. Die Zwiebeln schälen und fein hacken. Das Butterschmalz in einem Bräter erhitzen und die Zwiebeln darin unter Rühren glasig schwitzen. Die Fleischwürfel waschen, trocken tupfen und in die Pfanne geben. Unter Rühren von allen Seiten anbraten. Das Tomatenmark hinzufügen und mitbraten. Mit Paprikapulver bestäuben.

**2.** Die Fleischbrühe angießen und Kümmel sowie Majoran hinzufügen. Das Gulasch abgedeckt im Ofen etwa 2 Stunden schmoren. 30 Minuten vor Ende der Garzeit die geschälten Knoblauchzehen zum Gulasch geben. Die Petersilie unter das Gulasch rühren und mit Speckknödeln servieren.

*Zubereitungszeit: ca. 30 Minuten (plus Schmorzeit)*
*Pro Portion ca. 447 kcal/1877 kJ*
*41 g E, 28 g F, 7 g KH*

## Lachsforelle aus dem Ofen
*(unten)*

Für 4 Portionen

1 küchenfertige Lachsforelle (ca. 1,5 kg)
1 El Zitronensaft
Salz
Pfeffer
1 ganzer Staudensellerie
8 Tomaten
50 g 8-Kräuter-Mischung (TK)
80 g Grillbutter
2 cl Whiskey

**1.** Den Backofen auf 180 °C vorheizen. Den Fisch waschen, trocknen und mit Zitronensaft beträufeln. Dann mit Salz und Pfeffer würzen. Den Sellerie putzen, waschen und in Stücke schneiden.

**2.** Die Tomaten putzen, waschen, halbieren und in schmale Spalten schneiden. Die Kräuter auftauen lassen und 30 g davon mit Sellerie und Tomaten mischen.

**3.** Alles in die Forelle füllen. Die Öffnung mit Holzspießen feststecken. Alufolie mit 20 g Grillbutter einfetten, den Fisch darauflegen und mit Whiskey beträufeln. Die restliche Butter in Flöckchen darübergeben. Die restlichen Kräuter darüberstreuen.

**4.** Die kurzen Seiten der Folie nach innen, die langen Seiten darüberschlagen. Den Fisch auf der mittleren Einschubleiste des vorgeheizten Backofens ca. 20 Minuten garen. Anrichten und mit Reis servieren.

*Zubereitungszeit: ca. 20 Minuten (plus Garzeit)*
*Pro Portion ca. 485 kcal/2037 kJ*
*74 g E, 40 g F, 11 g KH*

## *Schweinebraten mit Füllung*

*(rechts)*

Für 6 Portionen

2 Äpfel
1 Zwiebel
1 Knoblauchzehe
1 Stange Staudensellerie
80 g Butter
175 g Paniermehl
100 g gehackte Walnüsse
75 g Rosinen
Salz
1/2 Tl gemahlene Nelken
1/2 Tl Senf
1,5 kg Schweinecarré ohne Knochen
3 El Pflanzenöl

**1.** Die Äpfel schälen, das Kerngehäuse entfernen und das Fruchtfleisch in Würfel schneiden. Zwiebel und Knoblauch schälen und hacken. Staudensellerie putzen, waschen und in Ringe schneiden. 40 g Butter in einer Pfanne erhitzen und die Äpfel darin 8 Minuten weich dünsten. Herausnehmen und beiseitestellen.

**2.** Restliche Butter in die Pfanne geben und Zwiebel, Knoblauch und Staudensellerie darin etwa 5 Minuten schmoren. Pfanneninhalt mit Äpfeln, Paniermehl, Walnüssen und Rosinen mischen. Gewürze und Senf unterrühren.

**3.** Den Backofen auf 190 °C (Umluft 170 °C) vorheizen. Das Schweinefleisch längs einschneiden und auseinanderklappen. In einem Bräter das Öl erhitzen und das Fleisch darin anbraten. Aus der Pfanne nehmen und die Füllung in das Fleisch geben. Das Fleisch zusammenrollen und zubinden.

**4.** Den Braten im Ofen etwa 1 Stunde 30 Minuten braten. Aus dem Bräter nehmen und in Scheiben schneiden. Mit Kartoffelpüree und Gemüse servieren.

*Zubereitungszeit: ca. 30 Minuten (plus Schmor- und Bratzeit)*
*Pro Portion ca. 783 kcal/3289 kJ*
*57 g E, 45 g F, 38 g KH*

## *Hirschrouladen mit Kirschsauce*

*(links)*

Für 4 Portionen

4 Hirschschnitzel
100 g roher Wildschinken
1 Zwiebel
8 Aprikosen
Salz
Pfeffer
50 g geräucherter Speck
3 El Butterschmalz
500 ml Wildfond
einige Wacholderbeeren und Pfefferkörner
1 Tl Senfpulver
200 g Sauerkirschen aus dem Glas
200 g Schmand
1 El Mehl

**1.** Die Schnitzel waschen, trocken tupfen und zwischen Klarsichtfolie flach klopfen. Den Schinken in Scheiben schneiden, die Zwiebel schälen und sehr fein würfeln.

**2.** Die Aprikosen waschen, trocknen, halbieren und entsteinen. Die Hirschschnitzel mit Salz und Pfeffer würzen, mit je 1 Scheibe Schinken und 4 halbierten Aprikosen belegen, zusammenrollen und feststecken.

**3.** Den Speck würfeln und im heißen Butterschmalz anbraten. Zwiebel zugeben und beides glasig schmoren. Rouladen zugeben und von allen Seiten kräftig anbraten. Den Wildfond angießen, Wacholderbeeren und Pfefferkörner hinzufügen und alles abgedeckt etwa 1 Stunde schmoren. Die Rouladen anschließend aus der Sauce nehmen und warm stellen.

**4.** Das Senfpulver in die Sauce rühren, die Sauerkirschen abtropfen lassen, in die Sauce geben, aufkochen und abschmecken. Schmand mit Mehl verrühren und die Sauce damit binden. Dazu passen Spätzle.

*Zubereitungszeit: ca. 30 Minuten (plus Brat- und Schmorzeit)*
*Pro Portion ca. 657 kcal/2751 kJ*
*48 g E, 27 g F, 41 g KH*

## Überbackenes Rotbarschfilet mit Kräuterkruste

*(unten)*

Für 4 Portionen

600 g Rotbarschfilet
Saft von 1 Zitrone
Salz
1 Bund glatte Petersilie
1 Knoblauchzehe
60 g Cashewnüsse
30 g Cornflakes
1 Ei
30 g weiche Butter
Pfeffer
1 rote Paprikaschote
150 g Möhren
1 El Rapsöl
200 g TK-Erbsen
250 g Bulgur
Curry

**1.** Rotbarschfilet waschen, trocken tupfen und in 4 Portionen schneiden. Mit Zitronensaft beträufeln und mit etwas Salz würzen. Den Backofen auf 200 °C vorheizen.

**2.** Petersilie waschen, trocken tupfen und fein hacken. Knoblauch schälen und fein würfeln. Cashewnüsse hacken und Cornflakes grob zerbröseln. Zutaten mit Ei und Butter sowie mit etwas Salz und Pfeffer in eine Schüssel geben und mischen.

**3.** Die Masse dann auf die Fischfilets streichen. Die Fischfilets auf ein mit Backpapier ausgelegtes Backblech legen und 20–25 Minuten, je nach Dicke des Fischfilets, auf der mittleren Schiene backen.

**4.** Inzwischen die Paprika putzen, waschen und würfeln. Möhren schälen und in kleine Würfel schneiden. Rapsöl in einem Topf erhitzen, die Möhren darin ca. 4 Minuten dünsten. Erbsen und Paprika hinzufügen und weitere 4 Minuten dünsten. Bulgur nach Packungsanweisung zubereiten, mit dem Gemüse mischen, nach Belieben mit Curry abschmecken und zum Fischfilet servieren.

*Zubereitungszeit: ca. 30 Minuten (plus Garzeit)*
*Pro Portion ca. 667 kcal/2801 kJ*
*44 g E, 23 g F, 67 g KH*

## *Gans mit Hackfleisch-Kastanien-Füllung*

*(rechts)*

Für 4 Portionen

2 altbackene Brötchen
1 Apfel
250 g Esskastanien
aus der Dose
2 Schalotten
400 g Rinderhackfleisch
1 Ei
Salz
Pfeffer
2 Tl getrockneter Majoran
1 küchenfertige Gans
2 Tl Speisestärke

**1.** Die Brötchen 10 Minuten in Wasser einweichen. Den Apfel schälen, das Kerngehäuse entfernen und Apfel fein reiben. Die Kastanien abtropfen lassen und fein hacken. Die Schalotten schälen, hacken und mit dem Rinderhackfleisch, dem Ei, dem Apfel und den Kastanien mischen. Die ausgedrückten Brötchen unterheben. Mit Salz, Pfeffer und Majoran würzen.

**2.** Backofen auf 225 °C (Umluft 200 °C) vorheizen. Die Gans innen und außen waschen, trocken tupfen und mit Salz und Pfeffer würzen. Die Füllung in die Bauchhöhle geben und die Gans mit Küchengarn verschließen. In einen großen Bräter legen und etwas Wasser angießen. Im Ofen etwa 2 Stunden (pro Kilogramm Gewicht der Gans etwa 50 Minuten) braten.

**3.** Die Gans aus dem Bräter nehmen, den Bratensatz entfetten, mit Wasser loskochen und mit in etwas Wasser angerührter Speisestärke binden.

*Zubereitungszeit: ca. 20 Minuten*
*(plus Zeit zum Einweichen und Garen)*
*Pro Portion ca. 921 kcal/3856 kJ*
*49 g E, 64 g F, 39 g KH*

## *Moussaka typisch griechisch*

*(rechts oben)*

Für 4 Portionen

500 g Kartoffeln
120 g Zwiebeln
2–3 Knoblauchzehen
600 g Auberginen
Salz
1 El Olivenöl
300 g Rindertatar
Pfeffer
Oregano, Thymian
nach Geschmack
400 g geschälte Tomaten
aus der Dose
80 g geriebener Käse
Öl für die Form

**1.** Kartoffeln waschen und mit der Schale kochen. Zwiebeln schälen und würfeln. Knoblauch schälen und durchpressen. Auberginen waschen, halbieren und in dünne Scheiben schneiden. Anschließend salzen und ca. 15 Minuten ziehen lassen, danach abspülen und trocknen.

**2.** In einer Pfanne etwas Olivenöl erhitzen, die Zwiebeln dazugeben und glasig dünsten. Den Knoblauch hinzufügen und mit anbraten. Dann das Tatar zugeben. Mit Salz und Pfeffer würzen und kräftig anbraten. Auberginen dazugeben und mitbraten. Oregano und Thymian dazugeben und mit den geschälten Tomaten auffüllen. Alles ca. 10 Minuten leicht köcheln lassen.

**3.** Die Kartoffeln pellen und in dünne Scheiben schneiden. Eine Auflaufform mit Olivenöl aussprühen. Die Hälfte der Tatarmischung auf den Boden der Form geben. Die Kartoffeln darüberschichten. Dann die restliche Tatarmischung über die Kartoffeln geben. Den Auflauf zuletzt mit dem geriebenen Käse bestreuen und im Backofen bei 180 °C (Umluft 160 °C) ca. 30 Minuten backen.

*Zubereitungszeit: ca. 30 Minuten (plus Koch- und Backzeit)*
*Pro Portion ca. 351 kcal/1474 kJ*
*27 g E, 9 g F, 37 g KH*

## Nudelauflauf mit Räucherfisch

*(unten)*

Für 4 Portionen

200 g Hörnchennudeln
Salz
80 g Butter
30 g Mehl
250 ml Milch
250 ml Sahne
80 g geriebener Emmentaler
Pfeffer
1 El gehackter Dill
1 El gehackte Petersilie
400 g Räucherfisch
2 Äpfel
Saft von 1 Zitrone
Fett für die Form

**1.** Die Nudeln in reichlich Salzwasser bissfest garen, abgießen und abtropfen lassen. Den Backofen auf 200 °C (Umluft 180 °C) vorheizen. 50 g Butter in einer Pfanne zerlassen und unter Rühren das Mehl einstreuen. Einmal aufschäumen lassen, dann Milch und Sahne aufgießen. Gründlich verrühren und cremig andicken lassen. 50 g Käse hinzufügen und mit Salz, Pfeffer und Kräutern würzen.

**2.** Den Fisch häuten, entgräten und in kleine Stücke zerpflücken. Die Äpfel schälen, vierteln und ohne Kerngehäuse in Scheibchen schneiden. Beides mit den Nudeln vermischen, die Sauce unterziehen und mit Salz, Pfeffer und Zitronensaft würzen.

**3.** Die Mischung in eine gefettete Auflaufform füllen, die restliche Butter in Flöckchen und den restlichen Käse darüber verteilen und auf der mittleren Schiene in etwa 20–30 Minuten goldbraun backen.

*Zubereitungszeit: ca. 30 Minuten (plus Garzeit)*
*Pro Portion ca. 790 kcal/3318 kJ*
*37 g E, 47 g F, 55 g KH*

## *Schnitzel mit Jägersauce*
*(oben)*

Für 4 Portionen

***Schnitzel***
4 Schweineschnitzel
Salz, Pfeffer
2 Eier
4 El Mehl
100 g Paniermehl
2 El Butterschmalz

***Jägersauce***
500 g gemischte Waldpilze
1 Zwiebel
2 El Mehl
100 ml Fleischbrühe
350 ml Rinderfond
Salz, Pfeffer

**1.** Die Schnitzel waschen, trocken tupfen und flach klopfen. Mit Salz und Pfeffer würzen. Die Eier verquirlen und auf einen Teller geben. 4 El Mehl und das Paniermehl auf 2 andere Teller geben. Das Butterschmalz in einer Pfanne erhitzen.

**2.** Die Schnitzel nacheinander im Mehl, den Eiern und dem Paniermehl wenden und im heißen Fett von beiden Seiten etwa 6–7 Minuten braten. Aus der Pfanne nehmen und warm stellen.

**3.** Für die Sauce die Pilze putzen, waschen, trocken tupfen und klein schneiden. Die Zwiebel schälen und hacken. Die Zwiebel mit den Pilzen im verbliebenen Bratfett unter Rühren etwa 5 Minuten schmoren. Das Mehl darüberstäuben und mit der Brühe ablöschen. Den Rinderfond angießen und sämig einkochen, mit Salz und Pfeffer abschmecken. Die Schnitzel mit der Sauce und Pommes Frites servieren.

*Zubereitungszeit: ca. 20 Minuten (plus Brat- und Kochzeit)*
*Pro Portion ca. 420 kcal/1764 kJ*
*42 g E, 12 g F, 32 g KH*

## *Gebackene Heringe mit Zwiebelfüllung*
*(unten)*

Für 4 Portionen

800 g grüne Heringe
Saft von 1 Zitrone
1 El Salz
4 El milder Senf
2 Zwiebeln
Paniermehl
2 El Butter

**1.** Den Backofen auf 250 °C vorheizen. Die Heringe ausnehmen, von der Rückengräte befreien, säubern, waschen und abtropfen lassen. Anschließend innen mit Zitronensaft beträufeln und salzen.

**2.** Jeden Hering innen mit je 1 El Senf bestreichen. Die Zwiebeln schälen und klein würfeln, die Heringe damit füllen und zuklappen. Anschließend in Paniermehl wenden, Paniermehl etwas andrücken. Eine feuerfeste Form mit etwas von der Butter einfetten und die Heringe hineinlegen.

**3.** Restliche Butter in Flöckchen auf den Heringen verteilen. Alles im vorgeheizten Backofen etwa 20–30 Minuten backen. Dazu schmecken Salzkartoffeln und Erbsen mit Möhren.

*Zubereitungszeit: ca. 30 Minuten (plus Backzeit)*
*Pro Portion ca. 290 kcal/1218 kJ*
*37 g E, 15 g F, 2 g KH*

## *Honiglamm mit Quitten*

*(ohne Abb.)*

Für 4 Portionen

700 g Quitten
3 El Zitronensaft
1 kg Lammschulter
ohne Knochen
100 g Perlzwiebeln
5 El Butterschmalz
Salz
Pfeffer
etwas geriebener Ingwer
250 ml Lammfond
je 1–2 Tl gemahlener Zimt,
Koriander und Kardamom
5 El Honig
3 El Orangensaft
125 g Mandelblättchen

**1.** Die Quitten mit einem Tuch abreiben, waschen und das Kerngehäuse entfernen. Das Fruchtfleisch in kleine Würfel schneiden und mit dem Zitronensaft beträufeln.

**2.** Das Fleisch waschen, trocknen und in Würfel schneiden, dann die Zwiebeln schälen und halbieren. Zwiebeln und Fleisch im erhitzten Butterschmalz etwa 5 Minuten anbraten.

**3.** Salz, Pfeffer, frisch geriebener Ingwer nach Geschmack und Quitten untermengen, den Fond zugeben und alles bei mittlerer Hitze etwa 25 Minuten schmoren. Die restlichen Gewürze, Honig und Orangensaft beifügen und nochmals 10 Minuten schmoren lassen. In einer Pfanne die Mandelblättchen rösten und über das Ragout streuen. Dazu passt Reis.

*Zubereitungszeit: ca. 30 Minuten (plus Garzeit)*
*Pro Portion ca. 493 kcal/2069 kJ*
*56 g E, 15 g F, 33 g KH*

## *Gebackenes Hähnchen mit Fenchel* *(oben)*

Für 4 Portionen

1 küchenfertiges Brathähnchen
(ca. 1,5 kg)
Salz
1 Zwiebel
120 ml Olivenöl
2 Fenchelknollen
1 Knoblauchzehe
1 Prise Muskatnuss
Pfeffer
4 dünne Scheiben Pancetta
120 ml trockener Weißwein

**1.** Das Hähnchen innen salzen und mit der geviertelten Zwiebel füllen. Von außen mit 45 ml Olivenöl einreiben und mit der Brustseite nach oben in einen großen Bräter legen.

**2.** Das gehackte Fenchelgrün mit der geschälten und gehackten Knoblauchzehe, Muskat, Salz und Pfeffer mischen und das Hähnchen damit einreiben. Die Pancettascheiben auf der Hähnchenbrust verteilen, mit 30 ml Olivenöl beträufeln und im Ofen bei 180 °C (Umluft 160 °C) etwa 30 Minuten braten.

**3.** Den Fenchel in kochendem Wasser bissfest garen und vierteln. Hähnchen wenden, Fenchel um das Hähnchen herumlegen, mit dem restlichen Öl beträufeln. 60 ml Wein dazugießen und alles weitere 30 Minuten braten. Hähnchen wenden, restlichen Wein angießen und weitere 15 Minuten braten, bis das Fleisch durch ist.

*Zubereitungszeit: ca. 30 Minuten (plus Bratzeit)*
*Pro Portion ca. 845 kcal/3538 kJ*
*66 g E, 61 g F, 4 g KH*

3. Nelken herausnehmen. Restlichen Hühnerfond in einen Topf gießen und Zitronen- und Orangensaft damit verrühren. Paprika putzen, waschen, halbieren, Stielansatz und Kerne entfernen und Paprika in kleine Würfel schneiden. Paprika zur Zitrus-Brühe geben und alles zum Kochen bringen.

4. Den Bräter aus dem Backofen nehmen und die Ente mit der Paprika-Zitrus-Brühe übergießen. Bräter wieder in den Backofen stellen und etwa 20 Minuten weiterbraten. Die Ente mit Paprikapulver bestreuen und in Portionsstücke teilen. Die Brühe eventuell noch etwas einreduzieren lassen und zur Ente reichen.

*Zubereitungszeit: ca. 20 Minuten (plus Bratzeit)*
*Pro Portion ca. 468 kcal/1964 kJ*
*40 g E, 26 g F, 18 g KH*



## Ente mit Chili und Orange

*(oben)*

Für 4 Portionen

1 junge küchenfertige Ente
4 El Pflanzenöl
400 ml Hühnerbrühe
Salz
8 ganze Gewürznelken
2 scharfe Chilischoten
1 1/2 El frisch gepresster Zitronensaft
200 ml frisch gepresster Orangensaft
2 rote Paprika
1 Tl Paprikapulver

1. Backofen auf 200 °C (Umluft 180 °C) vorheizen. Bei der Ente das Fett entfernen. Die Haut der Ente mehrfach mit einem spitzen Messer oder einer Gabel anstechen. Das Öl in einem Bräter stark erhitzen und die Ente auf allen Seiten goldbraun anbraten. Herausnehmen und abtropfen lassen.

2. Fett aus dem Bräter entfernen. Die Hälfte der Hühnerbrühe in den Bräter gießen und zum Kochen bringen. Salz und Gewürznelken hinzufügen. Chilischoten halbieren, entkernen und fein gewürfelt hinzugeben. Ente hineinlegen, den Deckel auflegen und im Backofen 60 Minuten braten lassen.

## Gefülltes Rinderfilet Lombardischer Art

*(rechts oben)*

Für 4 Portionen

1 Bund Petersilie
1 Estragonzweig
4 Salbeiblätter
3 El frisch geriebener Parmesan
50 g Paniermehl
Salz, Pfeffer
75 g Pecorino
1 kg Rinderfilet
150 g roher Schinken
3 El Olivenöl
2 Oreganozweige
100 ml trockener Rotwein

1. Kräuter waschen, trocken schütteln und die Estragonblätter von den Stängeln zupfen. Petersilie, 2 Salbeiblätter und Estragon fein hacken. Mit Parmesan und Paniermehl vermischen und mit Salz und Pfeffer würzen.

2. Pecorino in Streifen schneiden. Fleisch oben längs einschneiden und die Parmesan-Kräuter-Füllung und die Pecorinostreifen hineingeben. Den Schinken in Streifen schneiden und das Fleisch damit umwickeln. Mit Küchengarn festbinden.

3. Den Backofen auf 180 °C (Umluft 160 °C) vorheizen. Das Öl in einem Bräter erhitzen und restliche Salbeiblätter und Oreganozweige darin andünsten, dann das Fleisch von allen Seiten gut anbraten. Den Braten im Ofen etwa 35 Minuten braten. Anschließend das Fleisch aus dem Bräter nehmen und 10 Minuten ruhen lassen.

4. Bratfond mit Wein und etwas Wasser loskochen und durch ein Sieb streichen. Die Sauce in einem Topf aufkochen und etwas einkochen lassen. Fleisch in Scheiben schneiden und mit der Sauce servieren. Dazu passen Kartoffeln.

*Zubereitungszeit: ca. 20 Minuten (plus Garzeit)*
*Pro Portion ca. 925 kcal/3885 kJ*
*101 g E, 49 g F, 14 g KH*

## Kapuzinerfleisch mit Kalbsnieren

*(unten)*

Für 4 Portionen

750 g Kalbsnierenbraten
2 Kalbsnieren
Salz
Pfeffer
2 El getrocknetes Basilikum
4 El Butterschmalz
250 ml Weißwein
250 g grüne Bohnen
1 Knoblauchzehe
200 g Bauchspeck
500 ml Rinderfond

1. Das Fleisch und die Nieren waschen, trocken tupfen, die Nieren von Fett und Sehnen befreien und in Würfel schneiden. In den Nierenbraten in der Mitte eine Tasche schneiden. Die Nieren in die Tasche geben, den Braten mit Salz, Pfeffer und Basilikum einreiben und mit Küchengarn umwickeln.

2. Das Butterschmalz in einem Bräter erhitzen und den Braten darin von allen Seiten gut anbraten. Den Wein angießen. Die Bohnen putzen, waschen, klein schneiden, die Knoblauchzehe schälen und hacken. Den Speck in dünne Streifen schneiden.

3. Alles zum Fleisch geben, die Hälfte des Rinderfonds zugießen und abgedeckt etwa 55 Minuten schmoren, bis das Fleisch gar ist. Nach Bedarf noch etwas Rinderfond zugeben. Küchengarn entfernen und den Braten in Scheiben schneiden. Das Kapuzinerfleisch mit Kartoffelpüree und gebratenen Zwiebelringen servieren.

*Zubereitungszeit: ca. 30 Minuten (plus Brat- und Garzeit)*
*Pro Portion ca. 795 kcal/3339 kJ*
*49 g E, 62 g F, 4 g KH*

## *Wirsingrouladen mit Hackfleisch*

*(oben)*

Für 4 Portionen

1 großer Wirsingkopf
Salz
1 Brötchen vom Vortag
1 Zwiebel
500 g gemischtes Hackfleisch
1 Ei
Pfeffer
edelsüßes Paprikapulver
1–2 Tl Senf
2 El Butterschmalz
500 ml Gemüsebrühe
100 ml Sahne
Saucenbinder

**1.** Den Wirsing putzen, waschen, den harten Strunk herausschneiden. Den Kohlkopf in kochendem Salzwasser etwa 10 Minuten köcheln. Dann mit einer Schaumkelle herausheben, abtropfen lassen und 6 große Blätter ablösen. Den restlichen Kohl anderweitig verwenden.

**2.** Das Brötchen in Wasser einweichen und anschließend gut ausdrücken. Die Zwiebel schälen und fein hacken. Brötchen, Zwiebel, Hackfleisch und Ei zu einem festen Teig verarbeiten und mit Salz, Pfeffer und Paprikapulver würzen. Den Senf unterrühren.

**3.** Die Kohlblätter auslegen und den Fleischteig darauf verteilen. Blätter von der Seite aus einschlagen und von der Blattrippe her zusammenrollen, mit Küchengarn festbinden.

**4.** Das Butterschmalz in einem Bräter erhitzen und die Wirsingrouladen darin rundherum gut anbraten. Die Brühe angießen und die Rouladen etwa 1 Stunde schmoren. Dann aus dem Bräter nehmen und warm stellen. Den Schmorfond mit Sahne aufkochen und mit Saucenbinder andicken. Abschmecken und zu den Wirsingrouladen servieren. Dazu passen Petersilienkartoffeln.

*Zubereitungszeit: ca. 30 Minuten (plus Garzeit)*
*Pro Portion ca. 432 kcal/1814 kJ*
*28 g E, 32 g F, 9 g KH*

## *Seebarsch mit Orangensauce*

*(unten)*

Für 4 Portionen

2 küchenfertige Seebarsche
3 El Olivenöl
Salz
Pfeffer
1/2 unbehandelte Orange
2 unbehandelte Zitronen
1/2 Bund Dill
1/2 Bund Kerbel
3 El Orangensaft
3 El trockener Weißwein

**1.** Den Backofen auf 180 °C (Umluft 160 °C) vorheizen. Einen großen Bräter mit 1 El Öl einpinseln. Die Fische innen und außen waschen, trocken tupfen und mit 1 El Öl einfetten. Mit Salz und Pfeffer würzen. Orange und Zitronen heiß abwaschen und in Scheiben schneiden. Dill und Kerbel waschen und trocken schütteln.

**1.** Die Kartoffeln schälen, waschen und in 3 cm große Würfel schneiden. Speck und Wurst in Stücke schneiden. Zwiebeln und Knoblauch schälen und fein hacken.

**2.** 3 El Schmalz in einem großen Topf erhitzen und die Zwiebeln darin anschmoren. Knoblauch und Speck zugeben und mitschmoren, bis der Speck knusprig ist. Den Topf vom Herd nehmen und die Mischung etwas abkühlen lassen. Das Paprikapulver unterrühren und den Essig hinzufügen. Dann mit Hühnerbrühe auffüllen. Mit Lorbeerblättern, Majoran, Kümmel, Salz und Pfeffer nach Geschmack würzen.

**3.** Anschließend die Kartoffelwürfel untermischen und das Gulasch etwa 30 Minuten garen. Sollte das Gulasch zu dünnflüssig sein, einige Kartoffelwürfel herausnehmen, pürieren und wieder unterrühren.

**4.** Die Wurst in einer Pfanne im restlichen heißen Schmalz scharf anbraten und kurz vor Ende der Garzeit zum Gulasch geben. Das Kartoffelgulasch mit einem Klecks saurer Sahne garniert und mit frischen Kräutern bestreut servieren.

*Zubereitungszeit: ca. 30 Minuten (plus Garzeit)*
*Pro Portion ca. 616 kcal/2578 kJ*
*17 g E, 40 g F, 42 g KH*

**2.** Pro Fisch 1 Orangen- und Zitronenscheibe in die Bauchhöhle legen sowie je 1 Dill- und Kerbelzweig. Die Fische mit Küchengarn zubinden und in den Bräter legen. Mit dem restlichen Öl einpinseln und im Ofen etwa 40 Minuten backen.

**3.** Orangensaft und Wein verrühren und erwärmen. Während des Garens die Fische damit einpinseln. Wenn sich die Rückenflosse leicht herausziehen lässt, Fische aus dem Ofen nehmen. Garn entfernen und Fische filetieren. Mit restlichen Kräutern und Zitronenscheiben servieren.

*Zubereitungszeit: ca. 20 Minuten (plus Garzeit)*
*Pro Portion ca. 332 kcal/1394 kJ*
*56 g E, 5 g F, 10 g KH*

## Kartoffelgulasch mit Speck und Cabanossi

*(oben)*

Für 4 Portionen

1 kg Kartoffeln
150 g Bauchspeck
150 g Cabanossi oder geräucherte Mettenden
3 Zwiebeln
3 Knoblauchzehen
4 El Butterschmalz
2 El edelsüßes Paprikapulver
1 Spritzer Essig
1 l Hühnerbrühe
2 Lorbeerblätter
Majoran
1 Prise gemahlener Kümmel
Salz, Pfeffer
3 El saure Sahne
frische Kräuter zum Garnieren

# Rinderrouladen mit Speck
*(unten)*

Für 4 Portionen

200 g Blattspinat
4 El Olivenöl
Salz
Pfeffer
2 Schalotten
1 Knoblauchzehe
150 g Champignons
1 Tl gerebelter Thymian
2 El Brandy
Saft von 1/2 Limette
50 g Butter
75 g frisch geriebener Gruyère
2 Rinderrouladen à 250 g

**1.** Den Spinat verlesen, putzen und waschen. 2 El Öl in einem Topf erhitzen und den abgetropften Spinat darin kurz andünsten, bis er zusammenfällt. Mit Salz und Pfeffer würzen. Spinat aus dem Topf nehmen, ausdrücken und fein hacken. Backofen auf 180 °C (Umluft 160 °C) vorheizen.

**2.** Schalotten und Knoblauch schälen und fein hacken. Die Champignons putzen, feucht abreiben und in Scheiben schneiden. Das restliche Öl in einer Pfanne erhitzen und Schalotten mit Knoblauch andünsten. Pilze und Thymian dazugeben und mitschmoren. Brandy angießen, etwas einkochen lassen, dann Limettensaft und Butter einrühren. Alles mit dem Spinat verrühren. Käse unterheben und abschmecken.

**3.** Die Rouladen mit der Füllung bestreichen und zusammenrollen. Mit Rouladennadeln oder Küchengarn feststecken bzw. -binden. Im Ofen in einem Bräter etwa 40 Minuten garen, bis das Fleisch weich ist. Die Rouladen in dünne Scheiben (etwa 1,5 cm) schneiden und servieren. Dazu Kartoffelecken reichen.

*Zubereitungszeit: ca. 25 Minuten (plus Schmor- und Garzeit)*
*Pro Portion ca. 295 kcal/1239 kJ*
*31 g E, 17 g F, 3 g KH*

# Lamm mit Tomaten und Knoblauch
*(rechts oben)*

Für 4 Portionen

2 Knoblauchzehen
1 Rosmarinzweig
1 kg Lammfleisch
2 El Mehl
60 ml Olivenöl
175 ml Weißwein
Salz
Pfeffer
400 g Tomaten
120 ml Lammfond

**1.** Die Knoblauchzehen schälen und hacken. Die Rosmarinnadeln vom Zweig zupfen und hacken. Das Lammfleisch waschen, trocken tupfen und in Würfel schneiden. Mit Mehl bestäuben.

**2.** Das Öl in einem Bräter erhitzen und den Knoblauch und Rosmarin darin unter Rühren anschmoren. Die Lammwürfel zugeben und von allen Seiten kräftig anbraten. Fleisch aus dem Bräter nehmen und warm stellen. Den Bratfond mit Wein ablöschen, aufkochen und das Fleisch wieder zugeben. Mit Salz und Pfeffer würzen.

3. Die geschälten, entkernten und gewürfelten Tomaten und den Lammfond zugeben und abgedeckt im Ofen bei 180 °C (Umluft 160 °C) etwa 1 Stunde 30 Minuten schmoren. Mit frischem Baguette servieren.

*Zubereitungszeit: ca. 25 Minuten (plus Schmorzeit)*
*Pro Portion ca. 583 kcal/2441 kJ*
*75 g E, 25 g F, 6 g KH*

## Potthucke auf sauerländische Art

*(rechts)*

Für 4 Portionen

1 kg rohe Kartoffeln
250 g gekochte Kartoffeln
2 Zwiebeln
100 g durchwachsener Speck
250 ml Sahne
150 g saure Sahne
4 Eier
Salz, Pfeffer
frisch geriebene Muskatnuss
Knochenschinken zum Servieren
Fett für die Form

1. Den Backofen auf 220 °C (Umluft 200 °C) vorheizen. Die rohen Kartoffeln schälen, waschen, fein reiben und in einem Sieb gut ausdrücken. Den Saft dabei auffangen und beiseitestellen. Die gekochten Kartoffeln durch eine Kartoffelpresse drücken und mit den geriebenen Kartoffeln vermischen.

2. Die Zwiebeln schälen und fein würfeln. Den Speck fein würfeln. Den Speck in einer Pfanne ausbraten und die Zwiebeln darin glasig dünsten, etwas abkühlen lassen. Speck und Zwiebeln mit den Kartoffeln vermischen. Das Kartoffelwasser ebenfalls hinzugeben.

3. Die süße Sahne und die Hälfte der sauren Sahne mit den Eiern zur Kartoffelmasse geben und damit verkneten. Alles kräftig mit Salz, Pfeffer und frisch geriebener Muskatnuss würzen.

4. Den Kartoffelteig in eine gut gefettete Kastenform füllen und im Backofen etwa 50 Minuten goldbraun backen. Anschließend etwas auskühlen lassen und auf ein Brett stürzen. Die Potthucke in etwa 1,5 cm dicke Scheiben schneiden und mit Knochenschinken und der restlichen sauren Sahne anrichten. Dazu schmeckt gemischter Salat.

*Zubereitungszeit: ca. 30 Minuten (plus Backzeit)*
*Pro Portion ca. 583 kcal/2447 kJ*
*22 g E, 32 g F, 52 g KH*

## Paella marinara
*(unten)*

Für 4 Portionen

4 Knoblauchzehen
Saft von 1/2 Zitrone
3 El Olivenöl
500 g frisches Rotbarschfilet
250 g Meeresfrüchte-Mix oder Crevetten (TK)
1 große Zwiebel
1 große, rote Peperoni
250 g Langkornreis
ca. 500 ml Gemüsebrühe
3 Safranfäden
100 g Erbsen (TK)
3 Zitronenscheiben

**1.** Den Knoblauch schälen. Den Zitronensaft mit 2 El Öl verrühren, 2 Knoblauchzehen hinzupressen, den gewaschenen und trocken getupften Fisch hinzufügen und ca. 30 Minuten kalt stellen.

**2.** Inzwischen den Meeresfrüchte-Mix oder die Crevetten antauen, abspülen und abtropfen lassen. Die Zwiebel schälen und hacken. Die restlichen Knoblauchzehen ebenfalls hacken. Die Peperoni halbieren, entkernen, waschen und in Streifen schneiden.

## Gemüseauflauf mit Ziegenkäse
*(oben)*

Für 4 Portionen

750 g Kartoffeln
150 g grüne Bohnen
Salz
1 rote Paprikaschote
1 Aubergine
1 Zucchini
50 g Tomaten
2 Zwiebeln
2 El Olivenöl
50 g schwarze Oliven
4 Eier
125 ml Milch
125 ml Sahne
Pfeffer
2 El frisch gehackte Petersilie
200 g Ziegengouda
Fett für die Form

**1.** Die Kartoffeln schälen, waschen und in dünne Scheiben hobeln. Die Bohnen waschen, trocknen, putzen, klein schneiden. 10 Minuten in kochendem Salzwasser garen und abgießen.

**2.** Die Paprikaschote waschen, putzen, entkernen und in Stücke schneiden. Die Aubergine waschen, trocknen, putzen und würfeln. Die Zucchini waschen, trocknen, putzen und in Stifte, die Tomaten ebenfalls waschen, putzen und in Scheiben schneiden.

**3.** Die Zwiebeln schälen und fein hacken. Alles im erhitzten Olivenöl andünsten.

**4.** Ofen auf 175 °C (Umluft 155 °C) vorheizen. Das Gemüse und die Zwiebeln in eine gefettete Auflaufform schichten. Die Oliven halbieren, entsteinen und darüber verteilen. Die Eier mit Milch und Sahne verquirlen und mit Salz, Pfeffer und der Petersilie mischen. Den Käse würfeln. Die Eiermilch und den Ziegenkäse über den Auflauf geben und im Ofen etwa 40 Minuten backen.

*Zubereitungszeit: ca. 30 Minuten (plus Zeit zum Garen)*
*Pro Portion ca. 557 kcal/2331 kJ*
*30 g E, 30 g F, 38 g KH*

**3.** In der Paella-Pfanne oder einer großen Pfanne das restliche Öl erhitzen und die Zwiebel, den Knoblauch und die Peperoni ca. 5 Minuten andünsten. Den Reis dazugeben, unter Rühren glasig dünsten und mit der Gemüsebrühe ablöschen. Den Safran hinzufügen und alles zugedeckt bei milder Hitze etwa 10 Minuten schmoren.

**4.** Den Fisch aus der Marinade nehmen, auf den Reis legen und ca. 5 Minuten schmoren lassen. Meeresfrüchte-Mix oder Crevetten und Erbsen 4 Minuten mitschmoren. Die Paella mit Zitronenscheiben garnieren und in der Pfanne servieren.

*Zubereitungszeit: ca. 20 Minuten (plus Kühl- und Garzeit)*
*Pro Portion ca. 580 kcal/2436 kJ*
*42 g E, 22 g F, 53 g KH*

## *Knurrhahn in der Folie*

*(rechts)*

Für 4 Portionen

8 kleine Kartoffeln
2 Zwiebeln
2 Tomaten
2 Zitronen
4 küchenfertige Knurrhähne (à ca. 200 g)
Öl zum Bestreichen der Folie
Salz
Pfeffer
Chilipulver
2 Lorbeerblätter
1 Knoblauchzehe
1 Bund glatte Petersilie

**1.** Die kleinen Kartoffeln waschen und gründlich bürsten. Mit Schale in ungesalzenem Wasser knapp gar kochen, anschließend abschrecken, etwas abkühlen lassen, pellen und halbieren.

**2.** Die Zwiebeln schälen und in Ringe schneiden. Die Tomaten waschen, vom Stielansatz befreien und in Scheiben schneiden. Die Zitronen schälen und ebenfalls in Scheiben schneiden. Den Fisch waschen und trocknen. Den Backofen auf 200 °C vorheizen.

**3.** 4 große Stücke extrastarke Alufolie mit Öl bestreichen. Die Fische darauflegen. Auf jeden Fisch ein Viertel der Tomaten-, Zitronen- und Zwiebelscheiben geben. Die kleinen halbierten Kartoffeln dazulegen. Alles salzen, pfeffern und mit Chilipulver und je 1/2 Lorbeerblatt würzen. Den Knoblauch schälen, sehr fein hacken und darüber verteilen. Die Petersilie waschen, trocken schütteln und klein hacken. Den Fisch damit bestreuen.

**4.** Die Folie fest zu einem Paket verschließen. Den Fisch im vorgeheizten Backofen etwa 35 Minuten garen lassen. Die Päckchen erst am Tisch öffnen.

*Zubereitungszeit: ca. 20 Minuten (plus Backzeit)*
*Pro Portion ca. 530 kcal/2226 kJ*
*45 g E, 6 g F, 68 g KH*

# Kartoffelauflauf mit Rindfleisch

*(unten)*

Für 4 Portionen

750 g Rindfleisch
Salz
Pfeffer
2 Zwiebeln
1 El Tomatenmark
1 Tl mildes Paprikapulver
1/2 Tl Harissa
1 El Olivenöl
750 g Kartoffeln
200 g Tomaten
1 Bund gehackte Petersilie

**1.** Den Backofen auf 180 °C (Umluft 160 °C) vorheizen. Das Fleisch in Scheiben schneiden und mit Salz und Pfeffer würzen. Die Zwiebeln schälen und vierteln.

**2.** Tomatenmark, Paprikapulver und Harissa in etwas Wasser anrühren. Eine Auflaufform mit dem Öl einpinseln, Fleischscheiben hineingeben, Zwiebeln auf das Fleisch legen und die Gewürzmischung darübergießen. Das Fleisch im Ofen etwa 30 Minuten garen, gelegentlich mit Sauce überziehen.

**3.** Kartoffeln schälen, waschen und in Scheiben schneiden. Tomaten waschen, von Kernen und Stielansätzen befreien und würfeln. Kartoffeln und Tomaten zum Fleisch geben und alles weitere 30 Minuten garen. Petersilie waschen, trocken schütteln und hacken. Den Fleischauflauf mit gehackter Petersilie bestreut servieren.

*Zubereitungszeit: ca. 20 Minuten (plus Garzeit)*
*Pro Portion ca. 500 kcal/2100 kJ*
*42 g E, 22 g F, 31 g KH*



# Gefüllte Putenbrust

*(rechts oben)*

Für 4 Portionen

800 g Putenbrust
Salz
Pfeffer
2 Weißbrotscheiben
3 El Geflügelbrühe
2 Zwiebeln
1 Knoblauchzehe
1 El Öl
50 g Champignons
200 g Schweinehack
1 Ei
Paprikapulver
2 El frisch gehackte Petersilie
3 El Butter
1 kleines Glas Weißwein

**1.** Die Putenbrust waschen, trocken tupfen, eine Tasche hineinschneiden und innen und außen mit Salz und Pfeffer würzen. Den Backofen auf 180 °C (Umluft 160 °C) vorheizen.

**2.** Die Weißbrotscheiben würfeln und mit heißer Geflügelbrühe übergießen. Die Zwiebeln und den Knoblauch schälen und hacken. Das Öl in einer Pfanne erhitzen und die Zwiebeln und den Knoblauch darin glasig schmoren.

**3.** Die Pilze putzen, feucht abreiben und in Scheiben schneiden. Mit dem Hackfleisch, Zwiebeln, Knoblauch und den Weißbrotwürfeln mischen, das Ei untermischen und mit Salz, Pfeffer und Paprika würzen. Sollte der Teig zu weich sein, etwas Paniermehl zugeben. Petersilie unterheben. Die Füllung in die Putenbrust geben und die Öffnung verschließen.

**4.** Die Butter in einem Bräter erhitzen und die Putenbrust darin von beiden Seiten gut anbraten. Im Ofen etwa 20 Minuten garen, mehrmals mit Bratensaft und Wein begießen. Die Putenbrust in Scheiben schneiden. Mit dem Bratensaft servieren.

*Zubereitungszeit: ca. 30 Minuten (plus Schmor- und Bratzeit)*
*Pro Portion ca. 450 kcal/1890 kJ*
*59 g E, 19 g F, 9 g KH*

## Rotbarben in Kräuter-Knoblauchkruste
*(unten)*

Für 4 Portionen

4 küchenfertige Rotbarben
Salz, Pfeffer
3 Rosmarinzweige
250 g Weißbrot
3 Knoblauchzehen
2 Lorbeerblätter
1 El rote Pfefferkörner
1 El Paprikapulver
2 unbehandelte Zitronen
Fett für das Blech

**1.** Die Fische waschen, trocken tupfen und auf der Oberseite mehrmals schräg einschneiden, mit Salz und Pfeffer einreiben. Die Rosmarinzweige waschen, trocken tupfen, klein schneiden und in die Einschnitte der Fische stecken. Den Backofen auf 200 °C (Umluft 180 °C) vorheizen.

**2.** Das Weißbrot entrinden und zerkleinern. Die Knoblauchzehen schälen und zerdrücken, die Lorbeerblätter und roten Pfefferkörner zerstoßen, die Gewürze mit dem Weißbrot mischen, Paprikapulver unterrühren und die Fische damit einstreichen.

**3.** Die Fische auf ein geöltes Backblech legen, Zitronen heiß waschen, vierteln und dazulegen. Fische im Ofen etwa 20 Minuten backen.

*Zubereitungszeit: ca. 20 Minuten (plus Backzeit)*
*Pro Portion ca. 355 kcal/1491 kJ*
*33 g E, 6 g F, 37 g KH*

## Saiblinge mit Schinkenfüllung

*(unten)*

Für 4 Portionen

2 küchenfertige Saiblinge (je 800 g)
Saft von 1 Zitrone
Salz
Pfeffer
250 g gekochter Schinken
1 grüne Paprika
2 Zwiebeln
100 g Paniermehl
4 El Zitronensaft
1/2 Bund Dill
2 El Butter

**1.** Die Fische innen und außen mit Zitronensaft beträufeln und mit Salz und Pfeffer einreiben. Den Backofen auf 180 °C vorheizen.

**2.** Den Schinken würfeln. Die Paprika putzen, entkernen, waschen und fein hacken. Die Zwiebeln schälen und ebenfalls fein hacken. Mit Paprika, Paniermehl und Zitronensaft mischen.

**3.** Den Dill waschen, trocknen und fein hacken und unter die Füllung heben. Die Fische mit der Mischung füllen und mit Butter belegen. Fische in gefettete Alufolie wickeln und im vorgeheizten Backofen etwa 30 Minuten garen. Dazu passen gebackene Kartoffeln.

*Zubereitungszeit: ca. 25 Minuten*
*(plus Garzeit)*
*Pro Portion ca. 343 kcal/1438 kJ*
*42 g E, 9 g F, 22 g KH*

## Fischauflauf

*(oben)*

Für 4 Portionen

400 g Kartoffeln
200 g Möhren
1 Stange Lauch
4 Hechtfilets
Salz, Pfeffer
2 El Öl
100 ml Weißwein
1 Bund Dill
200 g saure Sahne
1 El Tomatenmark
Fett für die Form

**1.** Die Kartoffeln schälen, waschen und in Scheiben schneiden. Die Möhren schälen und ebenfalls in Scheiben schneiden. Lauch putzen, waschen und in dünne Ringe schneiden.

**2.** Den Backofen auf 175 °C (Umluft 155 °C) vorheizen. Die Fischfilets mit Salz einreiben und in größere Stücke schneiden.

**3.** Eine Auflaufform einfetten und abwechselnd Fischstücke, Kartoffeln, Möhren und Lauch hineinschichten. 2 El Öl darüberträufeln und den Wein ebenfalls hinzufügen.

**4.** Dill waschen, trocken schütteln und hacken. Den Auflauf mit Dill, Salz und Pfeffer bestreuen und im Ofen etwa 35 Minuten backen. Die saure Sahne mit Tomatenmark mischen und zum Auflauf reichen.

*Zubereitungszeit: ca. 30 Minuten*
*(plus Backzeit)*
*Pro Portion ca. 308 kcal/1291 kJ*
*33 g E, 9 g F, 20 g KH*

# Süße Blitzrezepte

## Ananas aus dem Wok

*(unten)*

Für 4 Portionen

1/2 frische Ananas
400 g Tempuramehl
500 ml Öl
600 g Vanilleeis
Honig nach Geschmack

**1.** Die Ananas schälen, den Strunk herausschneiden und das Fruchtfleisch in gleich große Würfel schneiden. Das Tempuramehl nach Packungsanweisung mit Wasser zu einem Teig verrühren. Das Öl im Wok erhitzen.

**2.** Die Ananasstücke mithilfe einer Gabel oder eines Holzspießes durch den Tempurateig ziehen und in kleinen Portionen vorsichtig von beiden Seiten goldgelb frittieren. Auf Küchenkrepp etwas abtropfen lassen. Die noch warme Ananas mit Eis und Honig servieren.



*Zubereitungszeit: ca. 30 Minuten*
*Pro Portion ca. 357 kcal/1497 kJ*
*7 g E, 21 g F, 47 g KH*

## Crespelle mit Erdbeeren

*(oben)*

Für 4 Portionen

3 Eier
250 ml Milch
5 El Mineralwaser
100 g Mehl
80 g Zucker
1 Prise Salz
5 El Butterschmalz
2 El Butter
120 ml Weißwein
120 ml Orangenlikör
300 g Erdbeeren
abgeriebene Schale von
1/2 unbehandelten Zitrone

**1.** Die Eier mit der Milch und dem Mineralwasser in einer Schüssel verrühren. Das Mehl unterrühren, 30 g Zucker einrieseln lassen und die Prise Salz zufügen. Alles zu einem glatten Teig verrühren und 10 Minuten ruhen lassen. Das Butterschmalz in einer Pfanne erhitzen und portionsweise aus dem Teig dünne Pfannkuchen backen. Warm stellen.

**2.** Die Butter in einer Pfanne erhitzen, den restlichen Zucker darin karamellisieren lassen. Nach und nach Weißwein und Orangenlikör zufügen und unter Rühren zu einem Sirup kochen.

**3.** Die Erdbeeren waschen, trocknen, putzen klein schneiden. In die Pfanne geben und erhitzen. Noch warm auf die Pfannkuchen verteilen, die abgeriebene Schale der Zitrone darüberstreuen und die Pfannkuchen zusammenlegen.

*Zubereitungszeit: ca. 20 Minuten*
*Pro Portion ca. 1147 kcal/4802 kJ*
*11 g E, 91 g F, 55 g KH*

## Fruchtcocktail mit Honig

*(rechts)*

Für 4 Portionen

2 Äpfel
4 Kiwis
200 g Erdbeeren
2 Pfirsiche
2 El Honig
Saft von 1 1/2 Zitronen
1/4 Tl gemahlene Vanille
2 El Pinienkerne
2 El Sesamsaat

**1.** Die Äpfel waschen, trocknen, schälen, vom Kerngehäuse befreien und das Fruchtfleisch in Würfel schneiden.

**2.** Die Kiwis schälen und würfeln. Zusammen mit den Äpfeln in eine Schüssel geben. Die Erdbeeren waschen, trocken tupfen, putzen und halbieren.

**3.** Die Haut der Pfirsiche einschneiden, mit kochendem Wasser überbrühen, häuten, halbieren und entkernen. Danach ebenfalls in Würfel schneiden und das gesamte Obst miteinander vermischen.

**4.** Den Honig mit dem Zitronensaft und der Vanille verrühren und alles über das Obst geben. 10 Minuten ziehen lassen. Kurz vor dem Servieren die Pinienkerne und die Sesamsaat mischen und beides über den Fruchtcocktail streuen.

*Zubereitungszeit: ca. 20 Minuten*
*(plus Zeit zum Ziehen)*
*Pro Portion ca. 166 kcal/697 kJ*
*3 g E, 4 g F, 26 g KH*

## Kirsch-Smoothie

*(oben)*

Für 2 Gläser

1 Orange
1 Handvoll Kirschen
1 kleine Banane
2–3 Kugeln Vanille- oder Amarenaeis
4–6 Eiswürfel

**1.** Die Orange so schälen, dass auch die weiße Haut entfernt ist. Dann die Fruchtfilets herausschneiden. Den austretenden Saft auffangen, restlichen Saft aus den Trennhäutchen drücken und zusammen mit den entkernten Filets in den Mixer geben.

**2.** Die Kirschen waschen und entsteinen, die Banane schälen und alle Zutaten in den Mixer geben. Ca. 30 Sekunden lang pürieren, nach Belieben dekorieren und sofort genießen.

*Zubereitungszeit: ca. 15 Minuten*
*Pro Portion ca. 183 kcal/766 kJ*
*15 g E, 1 g F, 35 g KH*

**Tipp:** Reife Kirschen oder Zwetschgen lassen sich oft nur mühsam entsteinen, weil das Steinobst schon recht weich ist. Legen Sie die Früchte kurz ins Tiefkühlfach, dadurch werden sie fest und das Entsteinen geht leichter von der Hand. Für eine eisigere Variante dieses Smoothies lassen Sie die Kirschen längere Zeit im Eisfach.

## Vollkorncrêpes mit sahnigen Früchten

*(rechts unten)*

Für 4 Portionen

100 g Weizenvollkornmehl
250 ml fettarme Milch
3 Eier
3 El Honig
1 Prise Salz
1 El Sonnenblumenöl
4 El Butter
2 El Zucker
200 g Rhabarber
100 ml Sahne
100 g Himbeeren

**1.** Das Mehl mit der Milch, den Eiern, dem Honig und 1 Prise Salz in eine Schüssel geben und zu einem glatten Teig verrühren. Zuletzt das Öl untermischen.

**2.** Nach und nach 2 El Butter in einer Pfanne erhitzen und aus dem Teig 6–8 dünne Crêpes backen. Auf Küchenpapier abtropfen lassen, fertige Crêpes warm halten.

**3.** Die restliche Butter in einer Pfanne schmelzen und den Zucker darin unter Rühren karamellisieren lassen. Den Rhabarber waschen, trocknen, putzen, in Stücke schneiden und in die Pfanne geben. 100 ml Wasser angießen und den Rhabarber 15 Minuten weich schmoren. Mit der Sahne ablöschen.

**4.** Die Himbeeren verlesen, waschen, trocken tupfen, in die Pfanne geben und vorsichtig darin erhitzen. Die Früchte auf den Crêpes verteilen, zusammenklappen und warm servieren.

*Zubereitungszeit: ca. 30 Minuten*
*Pro Portion ca. 228 kcal/958 kJ*
*6 g E, 14 g F, 18 g KH*

## *Tofubällchen*

*(rechts)*

Für ca. 10 Stück

150 g Johannisbeeren
150 g Stachelbeeren
500 ml Rotwein
1 El Zitronensaft
1/2 El geriebener Ingwer
4 El Ingwergelee
4 El Sahne
Johannisbrotkernmehl zum Andicken
400 g Tofu
125 ml Grenadine
125 ml Mangosaft
2 Eier
150 g Sesamsaat
Fett zum Frittieren

**1.** Die Beeren waschen, trocknen und mit dem Rotwein und Zitronensaft in einen Topf geben und darin bei milder Hitze ca. 10 Minuten köcheln lassen.

**2.** Anschließend die Früchte mit einer Gabel zerdrücken und Ingwer, Ingwergelee und Sahne unterrühren. Eventuell mit etwas angerührtem Johannisbrotkernmehl andicken. Warm stellen. Den Tofu in Würfel schneiden und mit der Grenadine und dem Mangosaft mit dem Schneidstab des Handrührgerätes pürieren.

**3.** Die Eier verquirlen. Aus der Tofumasse Bällchen formen. Diese zunächst durch die Eimasse ziehen und anschließend in der Sesamsaat wenden.

**4.** Das Öl in einer Fritteuse erhitzen und die Tofubällchen darin goldbraun ausbacken. Anschließend auf Küchenpapier abtropfen lassen. Alles zusammen auf Tellern anrichten und servieren.

*Zubereitungszeit: ca. 30 Minuten*
*Pro Stück ca. 359 kcal/1507 kJ*
*3 g E, 25 g F, 25 g KH*

## Melonen-Püree
*(unten)*

Für 4 Portionen

2 kleine Netzmelonen
2 Mangos
300 g Frischkäse
6 El Kokoscreme
1 Bund Pfefferminze
2 Kiwis

**1.** Die Melonen heiß abspülen und längs halbieren. Anschließend vorsichtig aushöhlen, dabei die Kerne entfernen. Das Fruchtfleisch in Stücke schneiden.

**2.** Die Mangos schälen, halbieren, entkernen und ebenfalls in Stücke schneiden. Beides mit dem Schneidstab des Handrührgerätes pürieren. Das Fruchtpüree mit dem Frischkäse und der Kokoscreme verrühren.

**3.** Die Minze waschen, trocknen und in Streifen schneiden. Die Kiwis schälen und in Scheiben schneiden. Die Käsemasse in die Melonen füllen und mit den Kiwischeiben und Minze garniert servieren.

*Zubereitungszeit: ca. 20 Minuten*
*Pro Portion ca. 678 kcal/2841 kJ*
*12 g E, 19 g F, 70 g KH*



## Süßer Apfelreis
*(oben)*

Für 4 Portionen

4 süße Äpfel
1 El Apfeldicksaft
1 El Butter
2 El Zitronensaft
2 El fein gehackter Ingwer
2 El Vanillezucker
200 g 5-Minuten-Reis
Zitronenmelisse
zum Garnieren

**1.** Die Äpfel schälen, halbieren, das Kerngehäuse entfernen und das Fruchtfleisch in Würfel schneiden.

**2.** Die Apfelwürfel in etwas Wasser ca. 4 Minuten bissfest kochen. Anschließend abgießen und mit dem Apfeldicksaft, Butter, Zitronensaft, Ingwer und Vanillezucker vermengen.

**3.** Den Reis nach Packungsanweisung zubereiten und anschließend mit der Apfelmasse vermengen. Alles mit etwas Zitronenmelisse garniert servieren.

*Zubereitungszeit: ca. 30 Minuten*
*Pro Portion ca. 381 kcal/1596 kJ*
*6 g E, 2 g F, 86 g KH*

## Pfannkuchen
*(unten)*

Für 4 Portionen

5 Eier
60 g Vollkornmehl
60 g weiche Butter
je 1 Tl Anis- und Kardamompulver, Orangenschalenaroma
1 Msp. Salz
500 ml Milch
3 El Butterschmalz
je 250 g rote und grüne Grütze
Puderzucker zum Bestäuben

**1.** Die Eier mit dem Mehl und der Butter verrühren. Alles mit Anis-, Kardamompulver, Orangenschalenaroma und Salz würzen. Die Milch dazugeben und alles ca. 5 Minuten ziehen lassen. Butterschmalz erhitzen und aus der Masse portionsweise ca. 6 Pfannkuchen ausbacken.

**2.** Die Pfannkuchen abwechselnd mit roter und grüner Grütze bestreichen und alles übereinanderlegen. Die Torte in 4 Teile schneiden und noch warm servieren.

*Zubereitungszeit: ca. 20 Minuten*
*Pro Portion ca. 383 kcal/1607 kJ*
*10 g E, 24 g F, 30 g KH*

## Cocktailkirschen-Smoothie *(oben)*

Für 4 Gläser

1 Handvoll Kirschen
125 ml Milch
125 ml Sahne
100 ml Kirschsirup
400 ml Kirschnektar
3 Eiswürfel
etwas geschlagene Sahne und 4 Cocktailkirschen zum Dekorieren

**1.** Kirschen waschen, trocken tupfen, von den Stielen und Kernen befreien und in den Mixer geben. Die Kirschen erst alleine auf höchster Stufe pürieren, dann alle anderen Zutaten dazugeben.

**2.** Nochmals schaumig mixen, in Gläser füllen und mit je einem Tupfer geschlagener Sahne und Cocktailkirschen servieren.

**Tipp:** Kirschsirup ist leicht herzustellen: Geben Sie 300 ml Kirschsaft, 300 g Rohrzucker, 1 Stange Zimt (oder 1 Tl Zimt), etwas Sternanis und 1 Nelke in einen Topf. Alles sprudelnd aufkochen und ca. 15 Minuten köcheln lassen, bis der Saft deutlich eindickt. Die Gewürze herausnehmen, heiß in eine Flasche abfüllen und abkühlen lassen.

## Orangenbuttermilch mit Sanddorn

*(unten)*

Für 4 Portionen

8 El Sanddornsaft
600 ml Buttermilch
200 ml frisch gepresster Orangensaft
8 El Weizenflocken
Cornflakes zum Garnieren
1 unbehandelte Orange

**1.** Den Sanddornsaft mit der Buttermilch im Mixer schaumig pürieren. Dann den Orangensaft und die Weizenflocken hinzufügen und alles gut durchrühren.

**2.** Den Drink auf 4 Gläser verteilen und mit einigen Cornflakes bestreuen. Die Orange waschen, trocknen und in 4 Scheiben schneiden. Orangenscheiben dekorativ an die Gläser stecken und den Drink sofort servieren.

*Zubereitungszeit: ca. 15 Minuten*
*Pro Portion ca. 191 kcal/802 kJ*
*8 g E, 2 g F, 31 g KH*

## Waffeln mit Früchtequark

*(rechts oben)*

Für 4 Stück

5 Eier
65 g Zucker
250 g Quark
1 Päckchen Vanillezucker
150 g Mehl
1 Tl Backpulver
50 g Butter
1 Prise Salz
5 El Milch
1 El Himbeersirup
100 g gemischte Beeren
Pistazienkerne zum Bestreuen
Fett für das Waffeleisen

**1.** Die Eier mit dem Zucker, 150 g Quark und Vanillezucker verrühren. Das Mehl und Backpulver unterheben und einen glatten Teig bereiten. Die Butter in einem Topf zerlassen und mit dem Salz ebenfalls zum Teig geben. Alles gut verrühren.

**2.** Ein Waffeleisen vorheizen und einfetten. 3 El Teig auf die Fläche verteilen und goldgelbe Waffeln backen.

**3.** Den restlichen Quark mit der Milch und dem Himbeersirup verrühren. Die Beeren waschen und abtropfen lassen. Unter den Quark heben, mit Pistazienkernen bestreuen und zu den Waffeln servieren.

*Zubereitungszeit: ca. 20 Minuten*
*(plus Backzeit)*
*Pro Portion ca. 513 kcal/2150 kJ*
*26 g E, 20 g F, 53 g KH*

## Obst-Wan-Tans
*(rechts)*

Für ca. 12 Stück

125 g Mehl
1 1/2 Tl Zucker
1/2 Tl Butter
1 Apfel, 1 Birne
1 El Zitronensaft
4 Pfirsichhälften aus der Dose
1 Dose Ananasstücke
2–3 El Honig
1–2 El Zimtzucker
2–3 El gemahlene Mandeln
1 El Zucker
Mehl für die Arbeitsfläche

**1.** Das Mehl in eine Schüssel sieben. 1/2 El Zucker dazugeben. 50 ml Wasser leicht erwärmen und zusammen mit der Butter unterrühren. Alles zu einem einheitlichen Teig verkneten. Teig auf einer bemehlten Arbeitsfläche hauchdünn ausrollen. Den Teig in 12 gleich große Quadrate schneiden.

**2.** Den Apfel und die Birne schälen, entkernen und fein raspeln. Sofort mit dem Zitronensaft beträufeln. Pfirsiche und Ananasstücke in ein Sieb geben, gut abtropfen lassen. Die Pfirsiche in kleine Würfel schneiden.

**3.** Den Honig mit dem Zimtzucker und den gemahlenen Mandeln verrühren. Das Obst dazugeben und die Mischung in die Mitte der Teigquadrate geben. Die vier Ecken hochnehmen und oben zusammendrehen.

**4**. Die Wan Tans in ein Dampfkörbchen setzen. Ausreichend Wasser mit dem restlichen Zucker im Wok zum Kochen bringen. Die Körbchen hineinsetzen und zugedeckt bei milder Hitze ca. 10–12 Minuten garen. Die Wan Tans auf Tellern anrichten und servieren.

*Zubereitungszeit: ca. 30 Minuten*
*Pro Stück ca. 146 kcal/614 kJ*
*2 g E, 12 g F, 7 g KH*

## Reis-Vanille-Pudding

*(oben)*

Für 4 Portionen

250 g 5-Minuten-Reis
500 ml Milch
6 El Korinthen
6 El Hagebuttenmark
250 ml Vanillesauce (FP)
4 El brauner Zucker
Zitronenmelisse zum Garnieren

**1.** Den Reis mit der Milch, den Korinthen und dem Hagebuttenmark ca. 5 Minuten kochen lassen.

**2.** Die Vanillesauce einrühren und alles auf 4 Dessertschälchen verteilen. Mit braunem Zucker bestreut anrichten. Alles mit Zitronenmelisse garniert servieren.

*Zubereitungszeit: ca. 10 Minuten*
*Pro Portion ca. 462 kcal/1934 kJ*
*22 g E, 14 g F, 56 g KH*

## Beerensorbet mit Orangenlikör

*(unten)*

Für 4 Portionen

400 g gemischte TK-Beeren
4 El Zucker
2 El Limettensaft
2 El Orangenlikör
frische Beeren zum Garnieren

**1.** Alle Zutaten im Mixer pürieren, bis eine cremige Masse entsteht. Die frischen Beeren verlesen, waschen und trocken tupfen.

**2.** Sorbet in 4 Schälchen verteilen und sofort servieren. Mit frischen Beeren garnieren.

*Zubereitungszeit: ca. 10 Minuten*
*Pro Portion ca. 76 kcal/319 kJ*
*1 g E, 1 g F, 13 g KH*

## Gefüllte Früchte
*(oben)*

Für 20 Pflaumen
mit Mascarponecreme

10 frische Pflaumen
75 ml Sahne
75 g Mascarpone
1 El Puderzucker
1 Tl Aceto balsamico
Orangenzesten
zum Verzieren

**1.** Die Pflaumen waschen, halbieren und die Steine entfernen. Die Sahne steif schlagen und mit dem Mascarpone mischen.

**2.** Zucker und Aceto balsamico unterheben und pikant abschmecken. Die Mischung in die Pflaumenhälften füllen und mit Orangenzesten verzieren.

*Zubereitungszeit: ca. 10 Minuten*
*Pro Stück ca. 36 kcal/151 kJ*
*1 g E, 2 g F, 3 g KH*

Für 10 Feigen
mit Ziegencamembert

5 frische Feigen
100 g Ziegencamembert
10 Tl Holundergelee zum Verzieren

**1.** Die Feigen waschen und quer halbieren. Den Stielansatz nicht wegschneiden.

**2.** Den Ziegencamembert in dünne Scheiben schneiden, diese dritteln und auf die Feigen legen. Auf den Käse je 1 Tl Holundergelee zur Dekoration geben.

*Zubereitungszeit: ca. 10 Minuten*
*Pro Stück ca. 45 kcal/189 kJ*
*2 g E, 2 g F, 3 g KH*

Für 10 Datteln
mit Frischkäse

10 Datteln
2 El Pinienkerne
125 g Frischkäse
1 El Orangenlikör
Minzeblätter zum Garnieren

**1.** Die Datteln längs einschneiden und den Kern entfernen. Die Pinienkerne hacken und mit dem Orangenlikör und dem Frischkäse verrühren.

**2.** Den Frischkäse in die Datteln füllen. Mit Minzeblättern garnieren.

*Zubereitungszeit: ca. 10 Minuten*
*Pro Stück ca. 105 kcal/441 kJ*
*2 g E, 4 g F, 13 g KH*

# Himbeer-Bananen-Shake

*(rechts)*

Für 2 Gläser

350 g Himbeeren
1 Banane
250 g Naturjoghurt
2 El Honig
Crushed Ice

**1.** Die Himbeeren verlesen, waschen, die Banane schälen und in Scheiben schneiden. 4 Himbeeren und 2 Bananenscheiben beiseitelegen.

**2.** Restliche Früchte pürieren. Joghurt und Honig hinzufügen und alles nochmals gut durchmixen.

**3.** Den Drink in Gläser füllen. Nach Belieben Crushed Ice zugeben. Den Drink mit einem Spieß aus den restlichen Himbeeren und Bananenscheiben servieren.

*Zubereitungszeit: ca. 15 Minuten*
*Pro Portion ca. 257 kcal/1076 kJ*
*7 g E, 5 g F, 40 g KH*

**Tipp:** Je nachdem, wie gehaltvoll Sie sich den Shake wünschen, können Sie Joghurt mit 3,5 %, 1,5 % oder auch mit 0,1 % Fett verwenden. Natürlich wird das Getränk sämiger, je höher der Fettanteil ist, aber lecker schmeckt es auch in der leichteren Version.

# Honig-Quark mit Mandeln

*(links)*

Für 4 Portionen

400 g Magerquark
125 ml Milch
2 El Honig
abgeriebene Schale von
1/2 unbehandelten Limette
2 El gemahlene Mandeln
1 Prise gemahlene Vanille
4 El Sahne

**1.** Den Magerquark mit der Milch, dem Honig und der abgeriebenen Limettenschale cremig rühren.

**2.** Die gemahlenen Mandeln mit der gemahlenen Vanille unterrühren. Zum Schluss die Sahne steif schlagen und unter den Quark heben. Sofort servieren.

*Zubereitungszeit: ca. 15 Minuten*
*Pro Portion ca. 156 kcal/655 kJ*
*15 g E, 5 g F, 10 g KH*

## Knuspriges Müsli mit Haselnüssen

*(unten)*

Für 4 Portionen

100 g knusprige Frühstücksflocken
4 El gehackte Haselnüsse
250 g Heidelbeeren
1 Tl Zitronensaft
ca. 500 ml Milch
Honig nach Belieben

**1.** Die Frühstücksflocken mit den gehackten Haselnüssen in einer Schüssel mischen.

**2.** Die Heidelbeeren verlesen, in ein Sieb geben, abspülen und abtropfen lassen. Dann mit dem Zitronensaft zur Flockenmischung geben.

**3.** Das Müsli auf 4 Schalen verteilen und je Schale etwa 125 ml Milch dazugießen. Nach Belieben mit Honig süßen und sofort servieren.

*Zubereitungszeit: ca. 10 Minuten*
*Pro Portion ca. 231 kcal/970 kJ*
*5 g E, 9 g F, 30 g KH*

## Obstsalat mit Kokos

*(oben)*

Für 4 Portionen

1 Mango
1/2 Ananas
1 Papaya
1 El Limettensaft
3 El Zucker
3 El Kokosflocken

**1.** Die Mango schälen, das Fruchtfleisch an der Längsseite vom Kern abschneiden, würfeln und in eine Schüssel geben. Die Ananas schälen, den Strunk entfernen und Ananas ebenfalls würfeln.

**2.** Die Papaya halbieren, Kerne mit einem Löffel entfernen, die Frucht schälen und das Fleisch in Würfel schneiden.

**3.** 100 ml warmes Wasser mit Limettensaft und Zucker verrühren, bis sich der Zucker gelöst hat. Marinade über die Früchte geben, den Salat gut vermischen und auf Portionsschälchen verteilen.

**4.** Die Kokosflocken in einer Pfanne ohne Fett goldgelb rösten und noch warm über den Obstsalat streuen.

*Zubereitungszeit: ca. 20 Minuten*
*Pro Portion ca. 157 kcal/659 kJ*
*2 g E, 5 g F, 26 g KH*

# Fruchtiger Vanille-joghurt-Smoothie

*(unten)*

Für 2 Gläser

2 reife Pfirsiche
3–4 unbehandelte Orangen
1 reife Banane
1 El zarte Haferflocken
1 El Weizenkleie
250 g Vanillejoghurt
4–5 Eiswürfel

**1.** Die Pfirsiche mit kochendem Wasser überbrühen, kurz ziehen lassen, dann die Haut abziehen und Pfirsiche entsteinen.

**2.** Die Orangen waschen, aufschneiden, 2 Scheiben abschneiden und für die Dekoration beiseitelegen. Restliche Orangen auspressen (es sollten ca. 200 ml Saft dabei herauskommen).

**3.** Die Banane schälen, Haferflocken und Weizenkleie mit dem Joghurt vermischen und kurz quellen lassen. Alle Zutaten in den Mixer geben und gut pürieren. Mit je 1 Orangenscheibe garnieren und sofort servieren.

*Zubereitungszeit: ca. 25 Minuten*
*Pro Portion ca. 245 kcal/1025 kJ*
*5 g E, 13 g F, 25 g KH*

**Tipp:** Sehr aromatisch und empfehlenswert sind die sogenannten Weinbergpfirsiche. Sie duften und schmecken ganz besonders köstlich. Diese in den Weinbaugebieten – z. B. an der Mosel – angebauten Pfirsiche sind sehr viel kleiner als die handelsüblichen Pfirsiche, deshalb sollten Sie für dieses Rezept mindestens die doppelte Menge verwenden. Wenn Sie die Gelegenheit haben, sollten Sie diese Pfirsichvariante unbedingt einmal ausprobieren.



# Orangen-Dessert

*(rechts oben)*

Für 4 Portionen

4 unbehandelte Orangen
300 g Quark (20 %)
50 g Vollmilchjoghurt
2 El Orangenlikör
100 ml Orangensaft
2 El Puderzucker
1 Päckchen Vanillezucker
80 g Mandelblättchen
1 El Zucker

**1.** Die Orangen waschen und trocken reiben. Orangenschale mit einem Zestenreißer in Streifen abziehen. Die weiße Haut vollständig mit einem scharfen Messer abschneiden.

**2.** Die einzelnen Filets aus den Trennhäuten herausschneiden. Einige Orangenfilets zur Dekoration beiseitelegen. Die restlichen Orangenfilets mit dem Schneidstab des Handrührgerätes pürieren.

**3.** Den Quark mit Joghurt, Orangenlikör, Orangensaft, Puderzucker und Vanillezucker verrühren. Das Fruchtpüree und die Hälfte der Orangenschale darunterrühren. Die Mandelblättchen in einer Pfanne ohne Fett rösten. Mit etwas Zucker bestreuen.

**4.** Den Quark auf Desserttellern anrichten und mit den restlichen Orangenfilets, der restlichen Orangenschale und den Mandeln garniert servieren.

*Zubereitungszeit: ca. 20 Minuten*
*Pro Portion ca. 315 kcal/1323 kJ*
*11 g E, 21 g F, 14 g KH*

## *Feine Windbeutel*

*(unten)*

Für 4 Portionen

20 Mini-Windbeutel (TK)
250 g Himbeeren
200 g Frischkäse
4 cl Himbeergeist
1 El Zucker
3 El Sahne
2 El fein gehackte Zitronenmelisse
Puderzucker zum Bestäuben
Himbeeren zum Garnieren

**1.** Die Windbeutel nach Packungsanweisung zubereiten. Anschließend quer aufschneiden. Die Himbeeren waschen, trocknen und mit Frischkäse, Himbeergeist, Zucker, Sahne und Zitronenmelisse verrühren. Alles mit dem Schneidstab des Handrührgerätes kurz pürieren.

**2.** Portionsweise in die Beutel füllen und die Deckel wieder daraufsetzen. Mit Puderzucker bestäuben und alles mit Zitronenmelisse und Himbeeren garniert servieren.

*Zubereitungszeit: ca. 15 Minuten*
*Pro Portion ca. 143 kcal/598 kJ*
*5 g E, 6 g F, 15 g KH*

## *Birne Helene*

*(unten)*

Für 4 Portionen

4 kleine Birnen
2 El Schokoladenpuddingpulver (FP)
60 ml fettarme Milch
1–2 El Zucker

**1.** Die Birnen schälen, halbieren, die Kerngehäuse entfernen und die Hälften in 150 ml Wasser weich dünsten.

**2.** Das Schokoladenpuddingpulver mit der Milch verrühren, aufkochen und mit dem Zucker abschmecken. Die Birnenhälften auf 4 Tellern anrichten und die Schokoladensauce darübergeben.

*Zubereitungszeit: ca. 20 Minuten*
*(plus Zeit zum Dünsten)*
*Pro Portion ca. 152 kcal/638 kJ*
*3 g E, 4 g F, 25 g KH*

## *Beschwipste Birnen*

*(oben)*

Für 4 Portionen

4 mittelgroße Birnen
4 El Zitronensaft
500 ml trockener Rotwein
250 ml Portwein
1 Beutel Glühweingewürz
2 Zimtstangen
5 El Honig
150 g Ziegenbutterkäse

**1.** Die Birnen schälen, das Kerngehäuse entfernen, mehrfach einschneiden und mit 2 El Zitronensaft beträufeln.

**2.** Den Rotwein und den Portwein in einen Topf geben, das Glühweingewürz und die Zimtstangen dazugeben und erwärmen. Den restlichen Zitronensaft und den Honig dazugeben. Die Birnen darin bei milder Hitze ca. 10 Minuten ziehen lassen.

**3.** Den Ziegenkäse in Streifen schneiden und auf 4 Dessertteller legen. Die Birnen herausnehmen und abtropfen lassen. Die Birnen auf den Käse legen und mit etwas Weinsirup beträufeln. Alles warm servieren.

*Zubereitungszeit: ca. 15 Minuten*
*Pro Portion ca. 234 kcal/979 kJ*
*4 g E, 8 g F, 25 g KH*

## Mohn-Vanille-Smoothie

*(unten)*

Für 2 Gläser

1 Vanilleschote
150 ml Milch
2 El Zucker
2 El gemahlener Mohn
300 g Vollmilchjoghurt
300 g Himbeeren
1 Pck. Vanillezucker
etwas Blutorangensaft
Zitronenmelisse zum Garnieren

**1.** Die Vanilleschote aufschlitzen und das Mark herauskratzen. Mark und Schote mit der Milch, dem Zucker und dem gemahlenen Mohn in einem Topf aufkochen und abkühlen lassen, Joghurt untermischen.

**2.** Himbeeren waschen und verlesen. In ein Sieb geben und abtropfen lassen, mit Vanillezucker und ca. 6 El Blutorangensaft fein pürieren.

**3.** Mohnmischung auf 2 Gläser verteilen, Himbeermischung darübergeben und im Kreis rühren, sodass ein Marmoreffekt entsteht. Kurz kühl stellen, dann mit Zitronenmelisse dekorieren und servieren.

*Zubereitungszeit: ca. 20 Minuten*
*Pro Portion ca. 190 kcal/795 kJ*
*4 g E, 7 g F, 27 g KH*

**Tipp:** Mohnsamen bzw. das daraus gewonnene Öl enthalten große Mengen an Linolsäure, einer wertvollen Fettsäure, die mit der Nahrung zugeführt werden muss, weil der Körper sie nicht selbst herstellen kann. Um den Geschmack und die Nährstoffe des Mohns zu verstärken, sollten Sie ihn auf jeden Fall fein mahlen. Der Mohn wird dadurch leicht ölig und aromatischer. Gemahlenen Mohn kann man allerdings nicht allzu lange aufbewahren, weil er schnell ranzig wird.

## *Trauben-Kompott mit Limetten*

*(oben)*

Für 4 Portionen

750 g grüne Weintrauben
3 Limetten
2 Tl Zimt
6 El Obstdicksaft
2 El Cashewnüsse

**1.** Die Trauben waschen, trocknen, halbieren und die Kerne entfernen. Die Limetten auspressen und den Saft mit Wasser auf 200 ml auffüllen. Trauben und Limettensaft mit Zimt aufkochen und bei geringer Temperatur etwa 2 Minuten köcheln.

**2.** Den Obstdicksaft hinzufügen, die Cashewnüsse hacken und ebenfalls unterheben. Alles erkalten lassen und servieren.

*Zubereitungszeit: ca. 20 Minuten*
*Pro Portion ca. 255 kcal/1071 kJ*
*2 g E, 5 g F, 41 g KH*

## *Sommerfrühstück mit Erdbeeren und Hüttenkäse*

*(unten)*

Für 4 Portionen

4 El Butter
80 g kernige Haferflocken
4 El Zucker
400 g Erdbeeren
400 g Hüttenkäse

**1.** Die Butter in einer Pfanne zerlassen. Haferflocken mit dem Zucker verrühren und in der heißen Butter unter ständigem Rühren hellbraun rösten. Auf einen Teller geben und abkühlen lassen.

**2.** Die Erdbeeren waschen, trocken tupfen, putzen und vierteln. Den Hüttenkäse mit den Haferflocken mischen und auf 4 Schälchen verteilen. Die Erdbeeren daraufgeben und servieren.

*Zubereitungszeit: ca. 10 Minuten*
*(plus Zeit zum Rösten)*
*Pro Portion ca. 265 kcal/1113 kJ*
*15 g E, 10 g F, 25 g KH*

*Zubereitungszeit: ca. 10 Minuten*
*Pro Portion ca. 123 kcal/514 kJ*
*3 g E, 2 g F, 20 g KH*

**Tipp:** Noch mehr Minz-Aroma bekommen Sie, wenn Sie reichlich Minzeblättchen mit kochendem Wasser aufgießen, mit etwas Honig süßen und gut durchziehen lassen. Anschließend etwas abgekühlt unter den Smoothie rühren. Wenn Sie den Minz-Sud verwenden, lassen Sie eine entsprechende Menge Milch weg, damit das Ganze nicht zu flüssig wird.

## *Strawberry-Peppermint-Smoothie*

*(oben)*

Für 2 Gläser

100 g Erdbeeren
1/2 Bund frische Minze
1 kleine Zitrone
100 g Joghurt
100 ml Milch
100 g Erdbeereis

**1.** Die Erdbeeren waschen, trocken tupfen und putzen. Die Minze waschen und trocken schütteln. Etwas Minze für die Dekoration beiseitelegen.

**2.** Minzeblättchen abzupfen, die Zitrone auspressen und den Saft zusammen mit den restlichen Zutaten auf mittlerer Stufe cremig pürieren. Smoothie auf Gläser verteilen und mit Minze garnieren.

## *Himbeerquark*

*(unten)*

Für 6 Portionen

600 g Sahnequark
5 El Zucker oder Honig
1 El Zitronensaft
600 g frische Himbeeren
Minzeblättchen zum Garnieren

**1.** Den Sahnequark mit dem Zucker (Honig) und dem Zitronensaft verrühren. Die Himbeeren verlesen, waschen und trocken tupfen.

**2.** Abwechselnd Quark und Himbeeren in eine Schüssel schichten. 6 Himbeeren für die Garnierung zurücklassen. Mit Minzeblättchen und den restlichen Himbeeren dekorieren.

*Zubereitungszeit: ca. 20 Minuten*
*Pro Portion ca. 123 kcal/517 kJ*
*15 g E, 1 g F, 12 g KH*

## *ACE-Drink mit Mandelmus* *(rechts)*

Für 4 Gläser

2 Pfirsiche
6 unbehandelte Orangen
200 ml Birnensaft
2 El Mandelmus

**1.** Die Pfirsiche waschen, kurz in kochendes Wasser tauchen, die Haut abziehen, die Früchte entsteinen und das Fruchtfleisch würfeln.

**2.** 5 Orangen auspressen, 1 Orange waschen, trocknen und in 4 Scheiben schneiden. Pfirsichwürfel mit Orangensaft, Birnensaft und Mandelmus pürieren. Den Drink auf 4 Gläser verteilen und mit Orangenscheiben garniert servieren.

*Zubereitungszeit: ca. 15 Minuten*
*Pro Portion ca. 208 kcal/874 kJ*
*3 g E, 3 g F, 38 g KH*

## *Grießbrei mit Früchten*

*(rechts unten)*

Für 4 Portionen

500 ml Milch
Schale von 1/2 unbehandelten Zitrone
1 Pk. Vanillinzucker
25 g Zucker
Salz
40 g Grieß
1 Ei
2 Kiwis
125 g TK-Himbeeren, aufgetaut
1 Tl Honig
1 Tl Zitronensaft

**1.** Die Milch mit der Zitronenschale, dem Vanillinzucker, dem Zucker und 1 Prise Salz zum Kochen bringen. Den Grieß einstreuen und bei schwacher Hitze 5 Minuten quellen lassen.

**2.** Das Ei trennen. Eiweiß zu steifem Schnee schlagen, Eigelb mit dem heißen Grießbrei verrühren. Den Eischnee unterheben. Den Brei auf 4 Portionsschalen verteilen und abkühlen lassen.

**3.** Die Kiwis schälen, in Stücke schneiden, mit den aufgetauten Himbeeren mischen. Mit Honig und Zitronensaft abschmecken. Das Obst auf dem Grießbrei anrichten.

*Zubereitungszeit: ca. 15 Minuten*
*Pro Portion ca. 205 kcal/860 kJ*
*8 g E, 6 g F, 25 g KH*

## *Aprikosenknödel*
*(rechts)*

Für 4 Portionen

16 Aprikosen (ca. 750 g)
8 Stück Würfelzucker
500 g gekochte Kartoffeln
40 g Grieß
50 g Mehl
2 Eigelb
30 g weiche Margarine
Salz
100 g Weißbrotbrösel
100 g Butter oder Margarine
3 El Zimtzucker

**1.** Die Aprikosen waschen, entkernen und den Kern durch ein halbes Stück Würfelzucker ersetzen. Die Kartoffeln fein reiben. Den Grieß, das Mehl, die Eigelbe, die Margarine und etwas Salz dazugeben. Alles mit den Knethaken des Handrührgerätes gut verkneten.

**2.** Aus dem Teig eine dicke Rolle formen und in 16 Scheiben schneiden. Je 1 Aprikose darauflegen und zu einem Kloß formen. Die Knödel in kochendes Salzwasser geben. Bei schwacher Hitze 8–10 Minuten ziehen lassen. Die Knödel sind gar, wenn sie sich zu drehen beginnen.

**3.** Inzwischen die Weißbrotbrösel in dem heißen Fett goldbraun rösten. Die Knödel abtropfen lassen, in den Bröseln wenden und mit Zimtzucker bestreuen.

*Zubereitungszeit: ca. 25 Minuten*
*Pro Portion ca. 670 kcal/2805 kJ*
*17 g E, 12 g F, 118 g KH*

## Gebackene Ananas
*(links)*

Für 4 Portionen

4 Baby-Ananas
2 Zimtstangen (à ca. 5 cm)
1 El Sternanis
1 frisches Stück Ingwer (2 cm)
125 ml Batida de Coco
(Kokosnusslikör)
125 ml Mineralwasser
3 El Walnussöl
180 g Weizenmehl
2 El Honig
1 El Backpulver
Fett zum Ausbacken
Zitronenmelisse und
Ananasstückchen

## Mandelmilch-Drink
*(rechts)*



Für 2 Gläser

350 ml Milch
25 g fein gehackte Mandeln
20 g Zucker
Mark von 1/2 Vanilleschote
1 El Eierlikör
2 Kugeln Karamelleis
2 Kugeln Schokoeis
weiße Schokoraspel

**1.** Die Milch mit Mandeln, Zucker, Vanillemark und Eierlikör im Shaker gut mischen.

**2.** In Gläser füllen und je 1 Kugel Karamell- und Schokoeis hineingeben. Mit Schokoraspeln dekorieren.

*Zubereitungszeit: ca. 10 Minuten*
*Pro Glas ca. 280 kcal/1176 kJ*
*3 g E, 6 g F, 51 g KH*

**Tipp:** Im Reformhaus oder Bioladen gibt es sogenannte Mandelmilch, ein aus Mandeln und Wasser hergestelltes pflanzliches Getränk. Wenn Sie diese anstatt der Milch verwenden, schmeckt der Drink noch intensiver.

**1.** Die Baby-Ananas waschen, schälen und dabei das Grün stehen lassen. Längs in Viertel schneiden. Die Zimtstangen mit dem Sternanis im Mörser zerstoßen. Den Ingwer schälen, fein hacken und zu den Gewürzen geben. Alles noch einmal zusammen zerstoßen.

**2.** Die Ananas mit den Gewürzen bestreuen und ca. 15 Minuten kalt stellen. Inzwischen den Kokoslikör mit Mineralwasser, Walnussöl und Weizenmehl in eine Schüssel geben und verrühren. Den Honig und das Backpulver unterrühren und anschließend den Teig ca. 10 Minuten ruhen lassen. Dann die Ananasviertel in den Teig tauchen und etwas abtropfen lassen.

**3.** Das Fett in einer Fritteuse erhitzen und die Ananas darin goldbraun ausbacken. Anschließend das Ganze auf Tellern anrichten und mit Zitronenmelisse und Ananasstücken garniert servieren.

*Zubereitungszeit: ca. 30 Minuten*
*Pro Portion ca. 357 kcal/1494 kJ*
*7 g E, 21 g F, 47 g KH*

## *Ingwerscharfer Bratapfel-Smoothie*

*(oben)*

Für 4 Gläser

2 Äpfel
1 El Butter
Zimtpulver
1 Tl brauner Zucker
2 El zarte Haferflocken
100 g Naturjoghurt (10 %)
1/4 Tl frisch geriebener Ingwer
naturtrüber Apfelsaft oder Milch zum Verdünnen
2 Zimtstangen zum Dekorieren

**1.** Die Äpfel schälen und das Gehäuse herausschneiden. Die Butter in einer Pfanne erhitzen und einen der Äpfel mit etwas Zimtpulver und braunem Zucker anbraten, bis der Zucker zu karamellisieren beginnt.

**2.** Den Bratapfel, den rohen Apfel, die Haferflocken und den Joghurt in den Mixer geben und die Mischung auf höchster Stufe cremig mixen. Am Schluss mit einem Hauch Ingwer und gegebenenfalls etwas Zimt nachwürzen.

**3.** Wenn der Smoothie flüssiger sein soll, etwas naturtrüben Apfelsaft oder Milch dazugießen. Mit Zimtstangen dekorieren und servieren.

*Zubereitungszeit: ca. 20 Minuten*
*Pro Portion ca. 190 kcal/795 kJ*
*4 g E, 7 g F, 27 g KH*

# Erdbeer-Melonen-Shake mit Joghurt

*(unten)*

Für 4 Gläser

1 Cantaloupe-Melone, ca. 1 kg
160 g Erdbeeren
500 g Naturjoghurt
4 El Honig
4 Stängel Minze

**1.** Die Cantaloupe-Melone schälen, entkernen und das Fruchtfleisch in Würfel schneiden. Die Erdbeeren verlesen, waschen, putzen, abtropfen lassen und halbieren.

**2.** Melonenwürfel und Erdbeeren bis auf wenige Stücke für die Dekoration im Mixer pürieren und mit Naturjoghurt und Honig verrühren.

**3.** Den Shake in hohe Gläser füllen und mit einem Fruchtspieß aus Erdbeerhälften, Melonenstückchen und gewaschenen und trocken geschüttelten Minzeblättchen garnieren.

*Zubereitungszeit: ca. 20 Minuten*
*Pro Portion ca. 254 kcal/1063 kJ*
*6 g E, 5 g F, 43 g KH*

# Äpfel mit Häubchen

*(ohne Abb.)*

Für 4 Portionen

4 El Sultaninen
je 2 El gehacktes Zitronat
und Orangeat
3 El gehackte Pinienkerne
150 g Mascarpone
3 Orangen
2 cl Weinbrand
2 El Vanillezucker
1/2 Tl Kardamompulver
4 Eiweiß
4 Äpfel
Butter für die Form

**1.** Den Backofen auf 180 °C vorheizen. Sultaninen fein hacken und mit Zitronat, Orangeat, Pinienkernen und Mascarpone verrühren.

**2.** Die Orangen schälen, sodass die weiße Haut entfernt wird. Die einzelnen Filets heraustrennen und in Stücke schneiden. Orangenfilets mit Weinbrand, Vanillezucker und Kardamompulver unter die Mascarponemasse rühren.

**3.** Eine ofenfeste Form mit Butter ausstreichen. Das Eiweiß steif schlagen. Die Äpfel schälen, halbieren, entkernen und in Spalten schneiden.

**4.** Anschließend in die Form legen und die Mascarponemasse darauf verteilen. Mit dem Eischnee bedecken und das Ganze im Backofen auf der mittleren Einschubleiste ca. 10 Minuten backen.

*Zubereitungszeit: ca. 20 Minuten*
*Pro Portion ca. 132 kcal/552 kJ*
*1 g E, 4 g F, 23 g KH*

## Bunte Fruchtspieße mit Orangenlikör
*(oben)*

Für 4 Portionen

2 Bananen
2 Kiwis
2 Birnen
2 Nektarinen
12 blaue Weintrauben
8 Mandarinenstücke aus der Dose
6 El Orangensaft
abgeriebene Schale von 1 unbehandelten Orange
4 El Zucker
Orangenlikör zum Beträufeln

**1.** Die Bananen und Kiwis schälen und in Scheiben schneiden. Die Birnen und Nektarinen waschen und trocknen. Die Birnen vom Kerngehäuse befreien, die Nektarinen vom Stein lösen und die Früchte in Spalten schneiden. Die Weintrauben waschen und trocknen.

**2.** Die Fruchtstücke mit den Trauben und den abgetropften Mandarinenstücken aus der Dose auf Holzspieße stecken und diese auf Teller legen.

**3.** Den Orangensaft und die Orangenschale mit dem Zucker in einem Topf karamellisieren und noch flüssig über die Fruchtspieße träufeln. Mit Orangenlikör beträufeln, flambieren und danach sofort servieren.

*Zubereitungszeit: ca. 15 Minuten*
*Pro Portion ca. 215 kcal/903 kJ*
*2 g E, 1 g F, 47 g KH*

## Birnen-Beignets
*(unten)*

Für 4 Portionen

250 g Maismehl
300 ml Rotwein
4 El Olivenöl
1 Tl Zimtzucker
3 Eiweiß
4 Birnen
3 El Zitronensaft
Öl zum Frittieren
4 Kugeln Vanilleeis

**1.** Das Maismehl mit Rotwein, Olivenöl und Zimtzucker verrühren. Das Eiweiß steif schlagen und unterheben.

**2.** Die Birnen schälen, das Kerngehäuse entfernen und die Birnen in Ringe schneiden. Anschließend mit dem Zitronensaft beträufeln und durch den Teig ziehen.

**3.** Das Öl in einer Fritteuse erhitzen und die Ringe darin goldbraun ausbacken. Dazu je 1 Kugel Vanilleeis reichen.

*Zubereitungszeit: ca. 30 Minuten*
*Pro Portion ca. 500 kcal/2093 kJ*
*10 g E, 10 g F, 64 g KH*

# Feigen mit Nusscreme

*(oben)*

Für 4 Portionen

16 frische Feigen
400 g Ricotta
6 El Ahornsirup
4 El Grenadine
je 1 Tl Zimt-, Vanille- und
Nelkenpulver
3 cl Portwein
1/2 Bund Zitronenmelisse
150 g gehackte Pecannüsse

**1.** Die Feigen waschen, trocknen und halbieren. Den Ricotta mit dem Ahornsirup und der Grenadine verrühren. Mit Zimt-, Vanille- und Nelkenpulver abschmecken. Den Portwein unterrühren.

**2.** Zitronenmelisse waschen, trocknen, in Streifen schneiden und mit den Pecannüssen unter die Creme rühren. Die Masse auf die Feigenhälften geben und alles mit etwas Zitronenmelisse garniert servieren.

*Zubereitungszeit: ca. 20 Minuten*
*Pro Portion ca. 1474 kcal/6173 kJ*
*68 g E, 96 g F, 75 g KH*

# Fruchtsalat

*(unten)*

Für 4 Portionen

1 Orange (125 g Fruchtfleisch)
300 g Weintrauben (evtl. grüne
und blaue gemischt)
1 säuerlicher, saftiger Apfel
(150 g, z. B. Granny Smith)
1 saftige Birne (125 g)
2 El Mandelstifte
1 El Ahornsirup
100 g Vollmilchjoghurt

## Cappuccino-Smoothie
*(links)*

Für 2 Gläser

2 El Instant-Kaffee
4 Tl Zucker
je 1 Prise Zimt, Vanillezucker und Kardamompulver
100 ml Sahne
250 ml kalte Milch
1 El Kakaopulver
4 Kugeln Vanilleeis
1 Banane
2 Eiswürfel
Schokoraspel zum Garnieren

**1.** Kaffee und Zucker in 100 ml kochendem Wasser auflösen. Zimt, Vanillezucker und Kardamom dazugeben, etwas abkühlen lassen.

**2.** Sahne und kalte Milch, Kakao, 2 Kugeln Vanilleeis, die geschälte Banane und Eiswürfel dazugeben und gut durchmixen.

**3.** Smoothie in Gläser füllen, jeweils 1 Kugel Eis hineinsetzen, mit Schokoraspeln garnieren und sofort genießen.

*Zubereitungszeit: ca. 20 Minuten*
*Pro Portion ca. 203 kcal/849 kJ*
*3 g E, 3 g F, 35 g KH*

**Tipp:** Dieses Rezept bietet eine hervorragende Verwendungsmöglichkeit für kalt gewordenen Espresso: Süßen Sie ihn leicht mit Vanillezucker, würzen Sie ihn mit etwas Zimt und einer Prise Kakao und gießen Sie ihn in einen Eiswürfelbereiter – so lässt er sich gut portionieren. Für das vorliegende Rezept verwenden Sie 6 Espressowürfel.

**1.** Die Orange dick abschälen und dabei die weiße Haut entfernen. Die Frucht in Spalten teilen, diese enthäuten und in mundgerechte Stücke schneiden.

**2.** Die Weintrauben unter fließendem Wasser waschen, die Beeren abzupfen, halbieren und dabei nach Belieben die Kerne entfernen. Den Apfel und die Birne waschen, vierteln, jeweils das Kerngehäuse entfernen und das Fruchtfleisch klein schneiden.

**3.** Alle Früchte in einer großen Schüssel mischen, dann auf 4 flache Schälchen verteilen, auf jede Portion 2 El Mandelstifte streuen. Den Ahornsirup unter den Joghurt mischen und das Ganze über den Früchten verteilen.

*Zubereitungszeit: ca. 10 Minuten*
*Pro Portion ca. 410 kcal/1716 kJ*
*6 g E, 10 g F, 64 g KH*

## Piña-Colada-Smoothie
*(oben)*

Für 2 Gläser

1 Banane
1 Baby-Ananas oder 1/2 Ananas
200 ml Sahne
1 Pck. Vanillezucker
200 ml Kokosmilch
2 El Ahornsirup
Crushed Ice
Ananassaft zum Verdünnen

**1.** 1 Stunde vor der Zubereitung die Banane schälen, in Stücke schneiden und im Eisfach tiefkühlen. Die Ananas schälen, das harte Mittelstück entfernen und das Fruchtfleisch in Stücke schneiden. 2 schöne Ananasblätter waschen und mit 2 Stücken Ananas beiseitelegen. Sahne cremig schlagen und den Vanillezucker dabei einrieseln lassen.

**2.** Kokosmilch, Sirup, die gefrorene Banane, die Ananasstücke und etwas Eis auf hoher Stufe mixen, bis die Konsistenz gleichmäßig ist. Die Sahne unterrühren und nach Belieben mit Ananassaft verdünnen. Smoothie auf Gläser verteilen, dekorieren und sofort servieren.

*Zubereitungszeit: ca. 20 Minuten*
*Pro Portion ca. 203 kcal/849 kJ*
*3 g E, 3 g F, 35 g KH*

**Tipp:** Wer will, kann diesen Smoothie ganz klassisch mit einem Schuss Rum verfeinern. Zur Dekoration eignet sich auch eine Amarena- oder Cocktailkirsche, denn sie passt geschmacklich dazu.

## Obstcarrés
*(rechts oben)*

Für 8 Stück

2 Eier
70 g Zucker
2 Pck. Vanillezucker
30 g Speisestärke
35 g Mehl
1/2 Tl Backpulver
1 Prise Salz
250 ml Milch
175 ml Sahne
500 g gemischtes Obst der Saison (z. B. Beeren, Melonenspalten, Orangenscheiben, Trauben, Pfirsiche)

**1.** Den Backofen auf 200 °C vorheizen. Eier mit 1 El Wasser, 30 g Zucker und 1/2 Päckchen Vanillezucker schaumig schlagen. 10 g Speisestärke, Mehl, Backpulver und Salz unter die Eimasse heben.

**2.** Teig auf einem mit Backpapier ausgelegten Backblech ausrollen und im Ofen 12 Minuten backen. Stürzen, Papier abziehen.

**3.** 100 ml Milch mit restlicher Stärke und restlichen Vanillezucker verrühren, restliche Milch aufkochen, Mischung zufügen, 2 Minuten köcheln, dann restlichen Zucker und Sahne einrühren. Abkühlen lassen und Kuchen damit bestreichen. In 8 Stücke teilen. Obst vorbereiten und Carrés damit belegen.

*Zubereitungszeit: ca. 20 Minuten*
*(plus Zeit zum Backen)*
*Pro Stück ca. 191 kcal/803 kJ*
*4 g E, 10 g F, 21 g KH*

## Omelett mit Bananen

*(unten)*

Für 2 Portionen

1 Banane
1 El Orangensaft
1 El Puderzucker
2 Eier
1 Prise Salz
1 El Butter
Zimtzucker zum Bestreuen

**1.** Die Banane schälen, in Scheiben schneiden und in einer Schüssel mit dem Orangensaft und dem Puderzucker mischen.

**2.** Die Eier mit 1 El Wasser und dem Salz verrühren, nicht schaumig schlagen. In der heißen Butter in einer Pfanne bei geringer Temperatur von beiden Seiten goldgelb backen. Auf einen Teller gleiten lassen. Eine Hälfte mit den Bananenscheiben belegen, zusammenklappen und das Omelett in Portionen schneiden. Mit Zimtzucker bestreut servieren.

*Zubereitungszeit: ca. 10 Minuten*
*(plus Bratzeit)*
*Pro Portion ca. 103 kcal/433 kJ*
*4 g E, 6 g F, 9 g KH*

## *Gebackene Bananen*

*(links)*

Für 4 Portionen

4 nicht zu reife Bananen
2 El Zitronensaft
3 El Butter
je 1 Tl Kardamom-, Nelken- und Anispulver
4 El Kokosraspel
1 Bund Minze

**1.** Die Bananen schälen und der Länge nach halbieren. Anschließend mit Zitronensaft beträufeln. Die Butter erhitzen und die Bananen darin bei mittlerer Hitze ca. 4 Minuten braten. Dabei mit Kardamom-, Nelken- und Anispulver würzen.

**2.** Anschließend in den Kokosraspeln wälzen und alles etwas andrücken. Minze waschen, trocknen, fein hacken und über die Bananen streuen. Alles auf Tellern anrichten und mit dem Bratfond beträufelt servieren.

*Zubereitungszeit: ca. 15 Minuten*
*Pro Portion ca. 357 kcal/1494 kJ*
*7 g E, 21 g F, 47 g KH*

## *Regenbogen-Obstsalat* *(unten)*



Für 4 Portionen

2 Birnen
2 Orangen
300 g Erdbeeren
200 blaue Trauben
3 Kiwis
3 El Zitronensaft
400 g Joghurt
3 El brauner Zucker
1 Tl Zimtpulver
1 mittelgroße Honigmelone
Minze zum Garnieren

**1.** Die Birnen waschen, trocknen, halbieren, entkernen und in dünne Spalten schneiden. Die Orangen schälen, sodass die weiße Haut entfernt wird. Die Filets heraustrennen.

**2.** Die Erdbeeren waschen und das Grün entfernen. Die Trauben waschen, trocknen, halbieren und die Kerne entfernen. Die Kiwis schälen und in Scheiben schneiden.

**3.** Das Obst in eine Schüssel geben und mit Zitronensaft beträufeln. Den Joghurt mit Zucker und Zimtpulver verrühren.

**4.** Von der Melone einen Deckel abschneiden, das Fruchtfleisch mit einem Kugelausstecher herausschneiden und zu den restlichen Salatzutaten geben. Alles in die Melone füllen und den Joghurt dazugeben. Mit Zitronenmelisse garnieren und servieren.

*Zubereitungszeit: ca. 20 Minuten*
*Pro Portion ca. 158 kcal/661 kJ*
*2 g E, 9 g F, 14 g KH*

## Eisgekühlter Erdbeer-Smoothie

*(unten)*

Für 2 Gläser

300 g Erdbeeren
1 unbehandelte Limette
2 Tl Honig
6 Cashewkerne
200 g fettarmer Naturjoghurt
50 ml Milch

**1.** Die Erdbeeren waschen und abtropfen lassen. Danach die Früchte bis auf 2 Exemplare putzen und klein schneiden. Kurz im Eisfach anfrieren lassen. Die Limette waschen, Zesten für die Dekoration beiseitelegen und dann die Limette auspressen.

**2.** Erdbeeren, Limettensaft, Honig und Cashewkerne in einen Mixer geben und fein pürieren. Joghurt und Milch cremig rühren und mit dem Fruchtpüree mixen. In Gläser füllen, mit den Limettenzesten und den Erdbeeren garnieren und servieren.

*Zubereitungszeit: ca. 15 Minuten*
*Pro Portion ca. 77 kcal/322 kJ*
*2 g E, 1 g F, 12 g KH*

## Crêpes mit Himbeercreme

*(oben)*

Für 4 Portionen

60 g Mehl
1 Päckchen Vanillezucker
1 Prise Salz
1 Ei
300 g Himbeeren
2 El Puderzucker
Saft von 1/2 Zitrone
2 El Pinienkerne
150 g Frischkäse
1 Zwieback
2 El brauner Zucker
4 El Butter

**1.** Das Mehl mit dem Vanillezucker, dem Salz und dem Ei zu einem glatten Teig verrühren. Alles ca. 20 Minuten ruhen lassen. Die Himbeeren putzen, waschen, trocknen und durch ein Sieb streichen.

**2.** Die Himbeermasse mit dem Puderzucker, dem Zitronensaft, den Pinienkernen und dem Frischkäse verrühren. Den Zwieback zerbröseln und mit Zucker dazugeben.

**3.** Die Butter in einer Pfanne erhitzen und aus dem Teig portionsweise Crêpes ausbacken. Die Crêpes etwas auskühlen lassen, dann mit der Creme bestreichen und aufeinanderstapeln. Tortenstücke daraus schneiden und servieren.

*Zubereitungszeit: ca. 20 Minuten*
*Pro Portion ca. 383 kcal/1607 kJ*
*10 g E, 24 g F, 30 g KH*

## Bananen-Kokos-Waffeln

*(unten)*

Für 4 Portionen

80 g Butter
4 Eier
100 g Kokoscreme
50 g Frischkäse
200 g Reismehl
250 ml Ananassaft
3 Bananen
2 El Ahornsirup
3 El Zitronensaft
4 El Kokoschips
Zitronenmelisse
zum Garnieren
Fett für das Waffeleisen

**1.** Die Butter in einem Topf schmelzen und anschließend abkühlen lassen.

**2.** Die Eier trennen und das Eigelb mit der Butter, der Kokoscreme und dem Frischkäse verrühren. Nach und nach das Reismehl unterrühren und den Ananassaft dazugeben.

**3.** Das Eiweiß steif schlagen und vorsichtig unter den Waffelteig heben. Ein Waffeleisen einfetten und darin portionsweise die Kokoswaffeln ausbacken. Inzwischen die Bananen schälen und in Scheiben schneiden. Mit Sirup, Zitronensaft und Kokoschips verrühren.

**4.** Die Bananen mit den Waffeln auf Tellern anrichten und mit Zitronenmelisse garniert servieren.

*Zubereitungszeit: ca. 20 Minuten*
*Pro Portion ca. 807 kcal/3382 kJ*
*19 g E, 55 g F, 55 g KH*

## Buttermilchmüsli mit Früchten

*(links oben)*

Für 4 Portionen

300 g gemischte Früchte oder Beeren (z. B. Erdbeeren, Himbeeren, Blaubeeren)
100 g Haferflocken
1 El Sonnenblumenkerne
3 El Leinsamen
600 ml Buttermilch
4 El Honig

**1.** Die Früchte waschen, trocken tupfen, putzen und mundgerecht zerteilen. Die Haferflocken mit den Sonnenblumenkernen in einer Pfanne ohne Fett unter Rühren rösten. Zum Schluss den Leinsamen hinzufügen und dann alles vom Herd nehmen.

**2.** Die Buttermilch mit dem Honig glatt rühren und mit den Früchten mischen. Die Haferflockenmischung auf Teller verteilen und mit der Buttermilch-Frucht-Mischung übergießen.

*Zubereitungszeit: ca. 15 Minuten (plus Röstzeit)*
*Pro Portion ca. 174 kcal/731 kJ*
*5 g E, 5 g F, 25 g KH*

## Erdbeereis-Smoothie

*(rechts)*

Für 4 Gläser

150 g Erdbeeren
150 g Blaubeeren
150 g Erdbeereis
200 ml Milch
etwas Erdbeermarmelade
200 ml Sahne
etwas Vanillezucker

**1.** Erdbeeren und Blaubeeren waschen, abtropfen lassen und verlesen. Ein paar Blaubeeren für die Dekoration beiseitelegen. Erdbeeren putzen und zusammen mit Erdbeereis, Milch und Marmelade im Mixer pürieren und auf die Gläser verteilen.

**2.** Die Blaubeeren mit 100 ml Sahne im Mixer pürieren und das Blaubeerpüree als zweite Schicht auf die Erdbeermischung gießen.

**3.** Die restliche Sahne mit etwas Vanillezucker steif schlagen, je einen Klecks auf den Smoothies verteilen und mit den zurückgelegten Blaubeeren garnieren.

*Zubereitungszeit: ca. 15 Minuten*
*Pro Portion ca. 166 kcal/695 kJ*
*9 g E, 4 g F, 18 g KH*

**Tipp:** Auch zweifarbig macht dieser Smoothie etwas her: Mischen Sie die gesamte Sahne unter die Blaubeeren und füllen Sie sie zuerst in das Glas. Anschließend die Erdbeermischung daraufgießen und zum Schluss ein wenig Erbeerlikör oder Obstbrand darüberträufeln.

## *Eisiger Frucht-Smoothie* *(unten)*

Für 2 Gläser

1 Banane
200 g Johannisbeeren
200 g Blaubeeren
2 Pfirsiche
1/2 Bund Minze
1 El Puderzucker
Milch oder Orangensaft zum Verdünnen

**1.** Die Banane schälen und in Stücke schneiden, die Beeren waschen, abtropfen lassen und verlesen. 2 Johannisbeerrispen für die Dekoration beiseitelegen. Die Pfirsiche waschen und entkernen. Alle Früchte (bis auf die beiden Johannisbeerrispen) für mindestens 1 Stunde ins Tiefkühlfach legen.

**2.** Die Minze waschen, trocken schütteln und die Blättchen von 2–3 Zweigen abzupfen. Die Früchte mit dem Zucker und den Minzeblättchen in den Mixer füllen. Wenn der Smoothie zu dickflüssig wird, so viel Orangensaft oder Milch dazugeben, bis er die gewünschte Konsistenz hat.

**3.** Den Smoothie auf Gläser verteilen, mit Johannisbeerrispen und etwas Minze verzieren und sofort servieren.

*Zubereitungszeit: ca. 15 Minuten*
*Pro Portion ca. 111 kcal/464 kJ*
*2 g E, 1 g F, 22 g KH*

**Tipp:** Diesen Smoothie können Sie auch saisonunabhängig zubereiten: Frieren Sie im Sommer Früchte ein, die Sie besonders mögen und die nicht sowieso zur Standardausstattung der Supermarkt-Tiefkühltheke gehören. Auch pürierte Mixturen lassen sich hervorragend einfrieren. Wer ein großes Tiefkühlfach hat, kann eine breite Palette anlegen und spielerisch aus dem Vollen schöpfen.



## *Traubensalat mit Granatapfel*

*(rechts oben)*

Für 4 Portionen

3 Granatäpfel
400 g helle Weintrauben
4 El Minzeblättchen
3 El Himbeeressig
2 El Olivenöl
3 El Grenadine
1 Tl Honig
Salz
Pfeffer
2 Avocados
2 El Zitronensaft

**1.** Die Granatäpfel quer halbieren und die Kerne herauslösen. Die Trauben waschen, trocknen, halbieren und entkernen.

**2.** 2 El Minzeblättchen fein hacken. Essig, Öl, Grenadine, Honig und gehackte Minze verrühren und mit Salz und Pfeffer würzen.

**3.** Die Avocados schälen, halbieren, die Steine entfernen und das Fruchtfleisch in Spalten schneiden. Mit dem Zitronensaft beträufeln. Die Granatapfelkerne und die Trauben mit etwas Marinade vermischen.

**4.** Die Granatapfel-Trauben-Mischung zusammen mit den Avocadospalten auf Tellern anrichten, die restliche Marinade darüber verteilen und alles mit der restlichen Minze garniert servieren.

*Zubereitungszeit: ca. 30 Minuten*
*Pro Portion ca. 490 kcal/2060 kJ*
*10 g E, 14 g F, 8 g KH*

## Gorgonzola-Birnen
*(unten)*

Für 4 Portionen

4 vollreife Birnen
2 El Zitronensaft
20 g Butter
3 El Sahne
150 g Gorgonzola
2 El gehackte Walnusskerne

**1.** Die Birnen waschen, trocknen, halbieren und das Kerngehäuse entfernen. Die Schnittflächen mit Zitronensaft beträufeln.

**2.** Butter, Sahne und Gorgonzola in eine Schüssel geben und mit dem Schneebesen schaumig schlagen. Die Masse in einen Spritzbeutel mit Sternaufsatz füllen und die Käsemasse auf die Birnenhälften spritzen.

**3.** Alles mit den Walnusskernen bestreuen und jeweils 2 Birnehälften auf Tellern anrichten und servieren.

*Zubereitungszeit: ca. 20 Minuten*
*Pro Portion ca. 307 kcal/1285 kJ*
*9 g E, 22 g F, 16 g KH*

## *Gemischter Fruchtsalat*

*(oben)*

Für 4 Portionen

225 ml Fruchtsaft
1 El Limettensaft
1 El Zucker
1/2 Tl abgeriebene Schale von
1 unbehandelten Limette
1/2 El Speisestärke
100 g Ananasfruchtfleisch
75 g Honigmelonenfruchtfleisch
100 g Bananenfruchtfleisch
2 Kiwis
1 Pfirsich
Minzeblättchen zum Garnieren

**1.** Den Fruchtsaft mit Limettensaft, Zucker, abgeriebener Limettenschale und der Speisestärke verrühren und in einem Topf unter Rühren aufkochen. Etwa 2 Minuten köcheln und etwas eindicken lassen. Vom Herd nehmen und etwas abkühlen lassen.

**2.** Das Ananas- und Honigmelonenfruchtfleisch würfeln, das Bananenfruchtfleisch in Scheiben schneiden. Die Kiwis schälen und ebenfalls würfeln, den Pfirsich schälen, entkernen und das Fruchtfleisch würfeln.

**3.** Alles in einer Schüssel mischen und mit der Sauce übergießen. Portionieren und mit gewaschenen und trocken getupften Minzeblättchen garniert servieren.

*Zubereitungszeit: ca. 30 Minuten*
*Pro Portion ca. 112 kcal/470 kJ*
*1 g E, 1 g F, 24 g KH*



## *Früchtemüsli mit Birnen*

*(unten)*

Für 4 Portionen

4 El Sonnenblumenkerne
4 Birnen
12 El Getreideflocken
4 El Honig
600-700 ml Milch

**1.** Die Sonnenblumenkerne in einer Pfanne ohne Fett rösten. Die Birnen waschen, trocknen, putzen, entkernen und würfeln.

**2.** Die Getreideflocken auf 4 Schalen verteilen, Birnenstücke darübergeben und alles mit dem Honig beträufeln. Die Milch darübergießen und mit den Sonnenblumenkernen bestreut servieren.

*Zubereitungszeit: ca. 10 Minuten*
*Pro Portion ca. 260 kcal/1092 kJ*
*8 g E, 8 g F, 38 g KH*

## Gebackene Zimtäpfel
*(rechts)*

Für 4 Portionen

2–3 Äpfel
2–3 El Zitronensaft
1–2 El Zimtzucker
6 El Weizenvollkornmehl
2 Eier
1 Prise Salz
1–2 El Sesamsaat
Erdnussöl zum Ausbacken
150 g Schmand oder
5–6 El Ahornsirup

**1.** Die Äpfel schälen, das Kerngehäuse ausstechen und die Äpfel in ca. 2 cm dicke Ringe schneiden. Sofort mit dem Zitronensaft beträufeln. Anschließend mit dem Zimtzucker bestreuen und 5–6 Minuten durchziehen lassen.

**2.** Für den Teig das Mehl mit den Eiern, dem Salz und der Sesamsaat verrühren. Ausreichend Erdnussöl im Wok erhitzen.

**3.** Die Apfelscheiben durch den Teig ziehen und portionsweise im heißen Fett ausbacken. Die Apfelscheiben entweder mit glatt gerührtem Schmand oder mit Ahornsirup anrichten und servieren.

*Zubereitungszeit: ca. 20 Minuten*
*Pro Portion ca. 500 kcal/2093 kJ*
*10 g E, 19 g F, 64 g KH*

## Brombeer-Smoothie
*(links)*

Für 4 Gläser

250 g Brombeeren
1/2 Tl Zitronensaft
1/2 El Puderzucker
1 Pck. Vanillezucker
400 ml eiskalte Milch
25 g Sahnequark
2 Kugeln Vanilleeis
50 ml Sahne

**1.** Die Brombeeren verlesen, waschen und mit Küchenpapier trocken tupfen. Ein paar Beeren zum Dekorieren beiseitelegen. Die restlichen Brombeeren mit dem Zitronensaft, dem Puderzucker und 1/2 Päckchen Vanillezucker im Mixer pürieren. Dann Milch, Quark und Eis daruntermixen, sodass der Smoothie schön schaumig ist.

**2.** Die Sahne steif schlagen, dabei den restlichen Vanillezucker unterschlagen. Den Smoothie in Gläser gießen. Jedes Glas mit Schlagsahne dekorieren und mit den beiseitegelegten Brombeeren garnieren.

*Zubereitungszeit: ca. 15 Minuten*
*Pro Portion ca. 166 kcal/695 kJ*
*9 g E, 4 g F, 18 g KH*

## Gebackener Ziegenkäse *(oben)*

Für 4 Portionen

150 g Aprikosen aus der Dose
250 g Rosinen
200 ml Kirschsaft
2 El Zitronenbutter (FP)
8 kleine runde Ziegenfrischkäsetaler
5 Eiweiß
150 g Mandelblättchen

**1.** Die Aprikosen abtropfen lassen und in Stücke schneiden. Mit den Rosinen und dem Kirschsaft verrühren. Alles bei milder Hitze etwa 6–10 Minuten köcheln lassen.

**2.** Den Backofen auf 180 °C vorheizen. Eine ofenfeste Form mit der Zitronenbutter ausstreichen und die Ziegenfrischkäsetaler hineinlegen.

**3.** Das Eiweiß steif schlagen und die Mandelblättchen unterheben. Die Obstmasse auf die Käsetaler verteilen und alles mit der Eischneemasse bestreichen. Das Ganze im Backofen auf der mittleren Einschubleiste ca. 6 Minuten überbacken.

*Zubereitungszeit: ca. 20 Minuten*
*Pro Portion ca. 672 kcal/2814 kJ*
*23 g E, 38 g F, 57 g KH*

## Buttermilchkaltschale mit Pfirsichen
*(unten)*

Für 4 Portionen

500 ml Buttermilch
300 g Joghurt
4 El zartschmelzende Haferflocken
4 El Honig
250 g Himbeeren
2 Pfirsiche
4 Zweige Minze

**1.** Die Buttermilch mit dem Joghurt, den Haferflocken und dem Honig in einer Schüssel mit dem Handrührgerät glatt rühren.

**2.** Die Himbeeren verlesen, waschen und trocken tupfen. Die Pfirsiche waschen, trocknen, halbieren, den Stein entfernen und die Pfirsichhälften in kleine Würfel schneiden.

**3.** Die Buttermilchmischung auf 4 Schälchen verteilen. Himbeeren und Pfirsichstücke darauf verteilen.

**4.** Die Minze waschen, trocken schütteln und die Blättchen von den Stängeln zupfen. Die Kaltschale mit Minzeblättchen garniert servieren.

*Zubereitungszeit: ca. 10 Minuten*
*Pro Portion ca. 239 kcal/1004 kJ*
*9 g E, 4 g F, 37 g KH*

## Erdbeer-Melonen-Smoothie

*(links)*

Für 4 Gläser

1 Handvoll Erdbeeren
1/2 Cantaloupe-Melone
1/2 Honigmelone
250 g Joghurt
200 ml Milch
4 Eiswürfel

**1.** Erdbeeren waschen, vorsichtig trocken tupfen und putzen. Die halben Melonen entkernen und das Fruchtfleisch in Würfel schneiden.

**2.** Joghurt, Milch und Erdbeeren für ca. 30 Sekunden im Mixer auf hoher Stufe pürieren, anschließend Cantaloupe-Melone, Honigmelone und Eiswürfel hinzufügen. Noch einmal für ca. 1 Minute auf hoher Geschwindigkeit mixen und sofort servieren.

*Zubereitungszeit: ca. 15 Minuten*
*Pro Portion ca. 121 kcal/506 kJ*
*4 g E, 1 g F, 20 g KH*

**Tipp:** Wer einen reinen Melonen-Smoothie bevorzugt, kann die Erdbeeren weglassen und stattdessen eine ganze Honig- oder Cantaloupe-Melone verwenden. Sehr gut lässt sich dieser Smoothie auch mit Papayas oder Pepinos ergänzen. Pepinos sind saftig, süß, säurearm und der Geschmack erinnert an Zuckermelonen und Birnen. Man sollte das Fruchtfleisch nach dem Aufschneiden mit etwas Zitronensaft beträufeln, um ein Verfärben zu verhindern. Die Pepino reift bei Zimmertemperatur nach. Wenn ihre Schale eine blassgelbe Farbe hat, ist sie reif.

## Vanillemilch mit Erdbeereis *(unten)*

Für 4 Portionen

400 g kalte Dickmilch
100 ml Sahne
100 ml Vollmilch
Mark von 1 Vanilleschote
2 El Zucker
1 Päckchen Vanillinzucker
8 Kugeln Erdbeereis
8 Erdbeeren
Minzeblättchen zum Garnieren

**1.** Die Dickmilch mit der Sahne, der Vollmilch und dem Vanillemark gut mischen. Zucker und Vanillinzucker hinzufügen und alles gut verrühren.

**2.** In 4 hohe Gläser je 2 Kugeln Erdbeereis geben und die Vanillemilch darübergießen. Erdbeeren waschen, putzen und halbieren. Die Gläser mit Erdbeeren und Minzeblättchen dekorieren.

*Zubereitungszeit: ca. 15 Minuten*
*Pro Portion ca. 333 kcal/1397 kJ*
*12 g E, 19 g F, 28 g KH*

## Obstsalat mit Käsesahne

*(rechts oben)*

Für 4 Portionen

1 Apfel
1 Birne
3 El Zitronensaft
1 Banane
1/2 Ananas
400 g Quark
100 ml Sahne
3 El geriebene gemischte Nüsse
3 El Zucker
2 El Cognac
1 kl. Dose Mandarinen
einige Cocktailkirschen zum Garnieren

**1.** Den Apfel sowie die Birne schälen, die Kerne entfernen, das Fruchtfleisch in etwa 1 cm große Würfel schneiden und mit dem Zitronensaft beträufeln.

**2.** Die Banane schälen und in dünne Scheiben schneiden. Die Ananas schälen, den Strunk herausschneiden und in mundgerechte Würfel schneiden.

**3.** Anschließend in einer großen Schüssel den Quark und die Sahne mit einem Schneebesen glatt rühren. Alles mit dem Obst vermischen.

**4.** Die geriebenen Nüsse, Zucker, Cognac und die Mandarinen hinzufügen und weiterrühren. Zum Schluss den Obstsalat mit den Cocktailkirschen garnieren und bis zum Servieren in den Kühlschrank stellen.

*Zubereitungszeit: ca. 20 Minuten*
*Pro Portion ca. 270 kcal/1134 kJ*
*15 g E, 9 g F, 27 g KH*

**3.** Anschließend mit den Gewürzen, dem Limettensaft und der Minze gründlich verrühren. In Gläser geben und mit den Limettenscheiben verzieren.

*Zubereitungszeit: ca. 15 Minuten*
*Pro Portion ca. 153 kcal/640 kJ*
*6 g E, 4 g F, 20 g KH*

**Tipp:** Angeschnittenes Obst wird an der Luft nicht braun, wenn man es nach dem Schneiden kurz in eine Schale mit Salzwasser legt. Auf eine kleine Schale sollten Sie 2–3 Prisen Salz verwenden. Das Obst schmeckt nicht salzig und z. B. Bananen werden auch nach 2 Stunden an der Luft nicht braun.

## *Apfel-Smoothie*
*(rechts)*

Für 2 Gläser

5 Zweige Minze
2 Äpfel
1 kleines Stück Ingwer
250 ml Apfelsaft
2 El Ahornsirup
2 Kugeln Zitronensorbet
1 Tl Zimt
1/2 Tl Muskat
1 El Limettensaft
6 Scheiben einer unbehandelten Limette zum Verzieren

**1.** Die Minze waschen, trocken schütteln, die Blättchen abzupfen und fein hacken. Die Äpfel und den Ingwer schälen, Ingwer reiben, die Äpfel vom Kerngehäuse befreien.

**2.** Ingwer zusammen mit den Äpfeln, dem Apfelsaft, dem Sirup und dem Zitronensorbet in den Mixer geben und so lange mixen, bis die gewünschte Konsistenz erreicht ist.

## French Toast mit Früchten

*(unten)*

Für 8 Stück

85 ml Sahne
5 Eier
40 g Zucker
1 Prise Salz
8 Scheiben Weißbrot
2 El Butter
30 g brauner Zucker
Früchte und Fruchtsirup nach Wahl zum Garnieren

**1.** Die Sahne mit Eiern, Zucker und Salz verrühren. Das Weißbrot in einer Auflaufform mit der Eiersahne übergießen und 15 Minuten ziehen lassen. Einmal wenden.

**2.** Die Butter in einer Pfanne schmelzen und die eingeweichten Brotscheiben darin goldgelb backen. Braunen Zucker darüberstreuen, die Brote wenden und von der anderen Seite braten. Die gebackenen Toasts mit gemischten Früchten nach Wahl belegen und mit Fruchtsirup beträufeln.

*Zubereitungszeit: ca. 20 Minuten (plus Zeit zum Ziehen und Braten)*
*Pro Portion ca. 426 kcal/1785 kJ*
*14 g E, 19 g F, 47 g KH*



## Schoko-Erdnuss-Smoothie

*(oben)*

Für 2 Gläser

2 El Kakaopulver
250 ml Milch
2 El Erdnussbutter
1 Banane
250 g Schoko- oder Vanilleeis
Schokoraspel und Erdnüsse zum Verzieren

**1.** Den Kakao in der Milch auflösen. Mit der Erdnussbutter, der geschälten Banane und dem Eis im Mixer cremig schlagen.

**2.** Smoothie in Gläser füllen und mit Schokolade und Nüssen dekorieren.

*Zubereitungszeit: ca. 15 Minuten*
*Pro Portion ca. 350 kcal/1465 kJ*
*3 g E, 6 g F, 51 g KH*

**Tipp:** Schokolade im Block lässt sich problemlos raspeln, wenn man sie und die Reibe eine Stunde vor der Verarbeitung einfriert. Die Reibungswärme wird dadurch reduziert und die Schokolade schmilzt nicht, wie sonst üblich. Außerdem bleibt die gelochte Reibe frei und setzt sich nicht mit Schokoladenraspeln zu.

# Exotischer Fruchtsalat mit Kokosraspeln

*(rechts)*

Für 4 Portionen

200 g Litschis (aus der Dose)
1 Sternfrucht
4 Feigen
100 g Kumquats
1 Mango
4 Kiwis
1 Baby-Ananas
2 El Kokosmilch
Ananassaft nach Belieben
50 g Kokosraspel zum Bestreuen

**1.** Die Litschis in einem Sieb abtropfen lassen, den Saft auffangen. Die Sternfrucht waschen, trocknen und in dünne Scheiben schneiden. Die Feigen waschen, den harten Stiel entfernen und die Feigen achteln, Kumquats waschen, trocknen und in dünne Scheiben schneiden. Die Mango halbieren, vom Stein befreien, schälen und das Fruchtfleisch würfeln.

**2.** Die Kiwis schälen und würfeln, Baby-Ananas schälen und in mundgerechte Stücke schneiden. Die Früchte in einer Schüssel miteinander mischen. Den Litschisaft mit der Kokosmilch mischen und die Früchte damit übergießen. Nach Bedarf noch Ananassaft zugeben. Mit Kokosraspeln bestreut servieren.

*Zubereitungszeit: ca. 20 Minuten*
*Pro Portion ca. 223 kcal/932 kJ*
*2 g E, 9 g F, 31 g KH*

# Espresso-Creme

*(links)*

Für 4 Portionen

200 ml Kaffeesahne
7 El Espresso-Instant-Pulver
300 g Mascarpone
2 El Zucker
180 g Schoko-Kaffeebohnen
Zitronenmelisse zum Garnieren

**1.** Die Kaffeesahne in einem Topf erhitzen, das Espressopulver unterrühren und darin auflösen. Anschließend abkühlen lassen und den Mascarpone mit dem Zucker unterrühren. Die Hälfte der Schokobohnen unterrühren.

**2.** Alles in Gläser füllen und mit den restlichen Bohnen und der Zitronenmelisse garniert servieren.

*Zubereitungszeit: ca. 20 Minuten*
*Pro Portion ca. 663 kcal/2774 kJ*
*8 g E, 55 g F, 34 g KH*

## *Erdbeer-Cornflakes mit Kefir*

*(unten)*

Für 4 Portionen

600 g Erdbeeren
4 El Zucker
600 ml fettarmer Kefir
60 g Cornflakes

**1.** Die Erdbeeren waschen, trocken tupfen, putzen und in Viertel schneiden. Kleinere Exemplare halbieren. Mit dem Zucker mischen und den fettarmen Kefir darübergießen.

**2.** Die Erdbeer-Kefir-Mischung auf Schälchen verteilen und die Cornflakes darüberstreuen. Sofort servieren, solange die Cornflakes noch knusprig sind.

*Zubereitungszeit: ca. 15 Minuten*
*Pro Portion ca. 178 kcal/748 kJ*
*7 g E, 1 g F, 31 g KH*

## *Gemischte Beeren mit Joghurtsauce*

*(oben)*

Für 4 Portionen

300 g kernlose Weintrauben
300 g Brombeeren
(frisch oder TK)
150 g Magerquark
150 g Naturjoghurt
150 ml Milch
50 ml Sahne
etwas Zucker
Zimtpulver
2 El Pistazien

**1.** Die Weintrauben waschen und trocknen. Die frischen Brombeeren verlesen, waschen, trocknen und zu den Weintrauben geben. Die Beeren und Trauben sorgfältig vermischen. TK-Brombeeren vorher auftauen lassen.

**2.** Den Quark mit dem Joghurt und der Milch glatt rühren. Die Sahne steif schlagen, zur Quark-Joghurt-Masse hinzufügen und unterheben. Die Quark-Joghurt-Masse nach Belieben mit etwas Zucker süßen und mit Zimt abschmecken.

**3.** Die Pistazien klein hacken, bis auf ca. 1 Tl zur Beerenmischung geben und unterrühren. Die Beerenmischung mit den restlichen Pistazien garnieren und mit der Sauce servieren.

*Zubereitungszeit: ca. 20 Minuten*
*Pro Portion ca. 211 kcal/887 kJ*
*8 g E, 14 g F, 18 g KH*

**Tipp:** Statt der Pistazien können Sie auch Hasel- oder Walnüsse oder eine Nussmischung verwenden. Rösten Sie die Nüsse vorher im Ofen an, dann entfalten sie ihr Aroma besonders schön. Danach hacken und weiterverwenden wie die Pistazien im obigen Rezept.

## Ananas-Smoothie

*(links)*

Für 2 Gläser

600 g Ananas
500 ml Buttermilch
2 Tl Vanillezucker
2 Tl Honig
etwas Ananassaft
Minzeblätter zum Dekorieren

**1.** Die Ananas schälen, das harte Mittelstück entfernen und das Fruchtfleisch in Stücke schneiden. Dann in einen Plastikbeutel füllen und mindestens 1 Stunde ins Eisfach legen.

**2.** Buttermilch, Vanillezucker, Honig, etwas Ananassaft und die gefrorenen Ananasstücke in den Mixer geben. So lange mixen, bis alles eine gleichmäßige, glatte Konsistenz bekommen hat.

**3.** Wer es lieber flüssiger mag, verdünnt mit etwas mehr Ananassaft. In Gläser füllen, mit Minzeblättchen verzieren und sofort servieren.

*Zubereitungszeit: ca. 15 Minuten*
*Pro Portion ca. 121 kcal/506 kJ*
*4 g E, 1 g F, 20 g KH*

**Tipp:** Ob eine Ananas richtig süß ist, kann man ganz leicht testen: Versuchen Sie, eines der innersten Blätter herauszuziehen. Wenn es sich ganz leicht lösen lässt, dann ist die Ananas reif und süß. Aber Vorsicht: Wenn der untere Teil zu braun ist, bedeutet das, dass die Ananas schon Fäule hat. Lagern Sie die Ananas nicht im Kühlschrank, sondern, wenn möglich, in einem kühleren Raum oder ansonsten bei Zimmertemperatur.

# Granatapfel-Smoothie *(oben)*

Für 2 Gläser

1 Granatapfel
250 g frische oder
TK-Blaubeeren
150 g Naturjoghurt
etwas Puderzucker bzw. Honig
250 ml Milch

**1.** Den Granatapfel aufschneiden, die Kerne herausbrechen und den Saft ausdrücken. Ein paar Granatapfelstückchen für die Dekoration beiseitelegen.

**2.** Den Granatapfelsaft zusammen mit den Blaubeeren und dem Joghurt im Mixer fein pürieren und nach Geschmack mit ein wenig Zucker oder Honig süßen. So viel Milch dazugießen, bis die gewünschte Konsistenz erreicht ist. Mit den Granatapfelstückchen dekorieren und servieren.

*Zubereitungszeit: ca. 15 Minuten*
*Pro Portion ca. 166 kcal/695 kJ*
*9 g E, 4 g F, 18 g KH*

**Tipp:** Wer keine Kuhmilch mag oder verträgt, kann auch sehr gut Sojamilch verwenden. Auch für den Joghurt gibt es entsprechenden Ersatz. Vorsicht beim Herauslösen der Granatapfelkerne: Sie sind extrem saftig und können leicht ihren dunkelroten Saft verspritzen.

# Bananenküechli

*(rechts unten)*

Für 4 Portionen

75 g Mehl
1/4 Tl Salz
1 Ei, getrennt
1 El Öl
4 Bananen (600 g)
etwas Zitronensaft
Pflanzenfett zum
Frittieren
Mehl zum Wenden
Puderzucker zum
Bestäuben

**1.** Mehl, Salz, Eigelb, 4 El Wasser und Öl in eine Schüssel geben. Alles zu einem glatten Teig verrühren. Die Masse etwa 30 Minuten ausquellen lassen. Inzwischen die Bananen schälen, in 2 cm lange Stücke schneiden und mit etwas Zitronensaft beträufeln.

**2.** Das Pflanzenfett in einem hohen Topf oder in einer Fritteuse auf 180 °C erhitzen. Das Eiweiß zu steifem Schnee schlagen und unter den Teig heben.

**3.** Die Bananenstücke mit Küchenpapier trocken tupfen, nacheinander in wenig Mehl und im Teig wenden. Im heißen Fett in 2–3 Minuten goldbraun frittieren.

**4.** Auf Küchenpapier abtropfen lassen. Die Bananen-Küechli noch warm mit Puderzucker bestäuben. Ergibt ca. 24 Stück.

*Zubereitungszeit: ca. 20 Minuten*
*(plus Quellzeit)*
*Pro Portion ca. 357 kcal/1494 kJ*
*7 g E, 21 g F, 47 g KH*

## *Fruchtspieße vom Grill*

*(rechts)*

Für 4 Portionen

je 200 g Weintrauben, Ananas, Kiwis, Mango, Erdbeeren und Aprikosen
250 g Aprikosenmarmelade
4 El Butter
1 El Zitronensaft
4 El Orangenlikör
1 Tl Zimtpulver

**1.** Die Weintrauben waschen, halbieren und entkernen. Die Ananas schälen und in Stücke schneiden.

**2.** Die Kiwis schälen und in Scheiben schneiden. Die Mango schälen, halbieren, entkernen und in Stücke schneiden.

**3.** Die Erdbeeren waschen, putzen und große Exemplare in Stücke schneiden. Die Aprikosen waschen, kreuzweise einschneiden, kurz in siedendes Wasser tauchen, häuten und in Spalten schneiden.

**4.** Die Früchte auf 4 Metallspieße stecken und in eine flache Auflaufform legen. Die Marmelade mit der Butter in einer Pfanne erhitzen und den Zitronensaft und den Orangenlikör unterrühren. Mit Zimtpulver würzen.

**5.** Die Spieße anschließend mit der Masse bestreichen und alles ca. 7 Minuten grillen. Die Spieße dabei ab und zu wenden.

*Zubereitungszeit: ca. 30 Minuten*
*Pro Portion ca. 199 kcal/833 kJ*
*4 g E, 6 g F, 30 g KH*

## *Vanille-Wassermelonen-Smoothie*

*(unten)*

Für 2 Gläser

400 g Wassermelone
75 g Joghurt
125 ml Milch
1 gestrichener El Puderzucker
2 Kugeln Vanilleeis

**1.** Die Melone aufschneiden, Kerne entfernen und mit dem Kugelausstecher ein paar Kugeln aus dem Melonenfleisch herausschneiden. Den Rest in Stücke schneiden.

**2.** Melonenstückchen, Joghurt, Milch und Zucker im Mixer glatt pürieren. Eiscreme zugeben und ein paar Sekunden mixen, bis der Smoothie schaumig und cremig ist.

**3.** Die Melonenkugeln auf Holzspieße stecken und den Smoothie damit dekorieren.



*Zubereitungszeit: ca. 20 Minuten*
*Pro Portion ca. 124 kcal/519 kJ*
*1 g E, 1 g F, 22 g KH*

**Tipp:** Lycopin ist der rote Farbstoff, der Wassermelonen ihre leuchtend rote Farbe verleiht. Nur in Tomaten und Wassermelonen kommt dieser Stoff in größeren Mengen vor. Weil es die Aktivität von sogenannten „freien Radikalen" besonders effektiv bremsen kann und wegen seiner cholesterinsenkenden Eigenschaften, übernimmt Lycopin eine wichtige Schutzfunktion für unsere Gesundheit. Es kann vom menschlichen Körper nicht selbst produziert werden, muss also über die Nahrung aufgenommen werden.

## *Zabaione*

*(links oben)*

Für 4 Portionen

4 Eigelbe
40 g Zucker
100 ml Marsala
Saft von 1/2 unbehandelten Zitrone

**1.** Die Eigelbe und den Zucker in eine Metallschüssel geben und sehr schaumig schlagen. 1 El warmes Wasser zugeben und die Schüssel ins Wasserbad stellen. Dort die Eier-Zucker-Masse mit einem Schneebesen weiterschlagen.

**2.** Nach und nach den Marsala zugießen und die Creme etwa 10 Minuten rühren, bis sie fast den doppelten Umfang hat und leicht andickt. Mit Zitronensaft abschmecken.

**3.** Die Schüssel aus dem Wasserbad nehmen, die Zabaione in Gläser füllen und noch warm servieren. Dazu Löffelbiskuits oder Amarettini reichen.

*Zubereitungszeit: ca. 20 Minuten*
*Pro Portion ca. 118 kcal/496 kJ*
*4 g E, 7 g F, 10 g KH*

## *Schoko-Früchte hell und dunkel*

*(rechts)*

Für ca. 30 Stück

150 g Zartbitterkuvertüre
150 g weiße Kuvertüre
30 gemischte Früchte, z. B. Erdbeeren, Kirschen, Bananen, Kumquats, Physalis, Sternfrüchte

**1.** Die Kuvertüre in kleine Stücke schneiden und jeweils in einem Topf im Wasserbad unter Rühren schmelzen.

**2.** Die Früchte waschen und trocken tupfen. Die Bananen schälen, mit den Sternfrüchten in Scheiben schneiden. Das Grün an den Erdbeeren, die Stiele an den Kirschen und die Blätter an den Physalis lassen.

**3.** Die Früchte jeweils zur Hälfte in schwarze oder weiße Kuvertüre tauchen, abtropfen lassen und auf Pergamentpapier fest werden lassen.

*Zubereitungszeit: ca. 15 Minuten*
*(plus Zeit zum Schmelzen und Festwerden)*
*Pro Stück ca. 60 kcal/252 kJ*
*1 g E, 3 g F, 7 g KH*

**Tipp:** Sie können die Schokofrüchte auch auf Holzstäbchen spießen und dekorativ in eine Melone stecken.

## *Amarettoparfait mit Feigen*

*(rechts)*

Für 4 Portionen

3 Eier
125 g Zucker
3 El Amaretto
300 ml geschlagene Sahne
Mark von 1/2 Vanilleschote
4 Feigen
2 El Cognac

**1.** 1 Ei trennen. 2 Eier und das Eigelb mit 90 g Zucker im warmen Wasserbad schaumig rühren. Den Amaretto langsam zugießen und die Creme noch 5 Minuten weiterrühren.

**2.** Sahne mit dem Vanillemark mischen und mit der Eicreme verrühren. In 4 Puddingförmchen füllen und etwa 3 Stunden gefrieren lassen.

**3.** Feigen in Viertel schneiden, mit Cognac und 35 g Zucker in einer Schüssel marinieren. Das Parfait auf Teller stürzen, mit den marinierten Feigen servieren. Nach Geschmack eine Fruchtsauce dazureichen.

*Zubereitungszeit: ca. 20 Minuten (plus Gefrierzeit)*
*Pro Portion ca. 425 kcal/1779 kJ*
*8 g E, 28 g F, 29 g KH*

## *Flambierte Erdbeeren*

*(rechts unten)*

Für 4 Portionen

850 g Erdbeeren
4 El Zucker
1 Orange
1 El eingelegte grüne Pfefferkörner aus dem Glas
5 cl Weinbrand
4 El Crème fraîche

**1.** Die Erdbeeren waschen, trocken tupfen und putzen. 250 g davon grob zerteilen und in einem Topf mit 1 El Zucker und 3 El Wasser erhitzen und pürieren. Die Erdbeersauce beiseitestellen.

**2.** Die restlichen vorbereiteten Erdbeeren je nach Größe halbieren oder vierteln. Die Orange auspressen. Die Früchte in einer Pfanne im restlichen Zucker und dem Saft der Orange schwenken. Den grünen Pfeffer hinzufügen und verrühren.

**3.** Den Weinbrand darübergießen und anzünden. Die Erdbeeren mit Pfefferkörnern auf 4 Dessertschalen verteilen. Je 1 El Crème fraîche daraufsetzen und mit der Erdbeersauce überziehen.

*Zubereitungszeit: ca. 20 Minuten*
*Pro Portion ca. 161 kcal/676 kJ*
*2 g E, 2 g F, 23 g KH*

## *Papaya-Smoothie mit Cassis*

*(oben)*

Für 2–3 Gläser

1 reife Papaya
4 Kugeln Vanilleeis
Vanillemilch zum Verdünnen
etwas Crème de Cassis
zum Dekorieren

**1.** Die Papaya schälen, dann halbieren und die Kerne und Fasern entfernen. Das Fruchtfleisch in Stücke schneiden und zusammen mit dem Vanilleeis in den Mixer geben.

**2.** Alles auf höchster Stufe nur so lange mixen, bis die Konsistenz gleichmäßig und cremig ist. Wenn der Smoothie noch zu dickflüssig ist, mit etwas Vanillemilch verdünnen.

**3.** Auf Gläser verteilen und mit einem Schuss Cassis und Früchten nach Wahl dekorieren. Sofort servieren.

*Zubereitungszeit: ca. 20 Minuten*
*Pro Portion ca. 106 kcal/443 kJ*
*2 g E, 1 g F, 18 g KH*

**Tipp:** Da Papayas relativ schnell verderben, sollte man sie zügig verarbeiten. Im Kühlschrank kann man sie nur 2–3 Tage aufbewahren. Wenn sie bei Zimmertemperatur gelagert werden, werden sie schnell überreif. Sie sollten Papayas übrigens nie bei Temperaturen unter 7 °C lagern, denn dann bekommen sie Kälteschäden.

## *Himbeer-Smoothie mit Bananen*

*(rechts)*

Für 4 Portionen

750 g Himbeeren
2 Bananen
500 g Naturjoghurt
4 El Honig
frische Minze zum Garnieren

**1.** Die Himbeeren verlesen, waschen und gut abtropfen lassen. Die Bananen schälen und in Scheiben schneiden. Die Früchte bis auf 4 Himbeeren und 4 Bananenscheiben im Mixer mit dem Naturjoghurt pürieren.

**2.** Den Honig einrühren und den Shake auf Gläser verteilen. Mit kleinen Fruchtspießen aus den beiseitegelegten Früchten und der gewaschenen und trocken getupften Minze dekoriert servieren.

*Zubereitungszeit: ca. 15 Minuten*
*Pro Portion ca. 257 kcal/1079 kJ*
*7 g E, 5 g F, 40 g KH*

## *Salzburger Nockerln*

*(links)*

Für 4 Portionen

2 Eier
5 Eiweiß
110 g Zucker
2 Päckchen Vanillezucker
20 g Mehl
10 g Butter
10 g Puderzucker

**1.** Den Backofen auf 200 °C (Umluft 180 °C) vorheizen. Die Eier trennen. Die 7 Eiweiß in eine Schüssel geben und mit dem Handmixer auf höchster Stufe zu steifem Schnee schlagen, dabei den Zucker und Vanillezucker einrieseln lassen.

2. Die Eigelbe verquirlen und das Mehl dazusieben. Die Mischung vorsichtig unter den Eischnee heben. Eine ovale Auflaufform mit der Butter einfetten. Die Eischneemasse mit einem Teigschaber in 4 Portionen teilen und diese in die Form setzen.

3. Die Nockerln auf der zweiten Einschubleiste von unten im Ofen etwa 10 Minuten backen, bis die Oberfläche goldbraun ist. Die fertigen Nockerln mit Puderzucker bestreuen und servieren. Sie dürfen nicht zusammenfallen.

*Zubereitungszeit: ca. 20 Minuten (plus Backzeit)*
*Pro Portion ca. 220 kcal/924 kJ*
*9 g E, 5 g F, 32 g KH*

## Erdnussbutter-Smoothie *(oben)*

Für 2–3 Gläser

1 Banane
150 g Vanillejoghurt
1 Tl Erdnussbutter
250 ml Milch
4 Kugeln Vanilleeis
gehackte Mandeln zum Garnieren

1. Die Banane schälen, in Stücke schneiden und für mindestens 1 Stunde ins Gefrierfach legen. Den Joghurt für die gleiche Zeit ins Tiefkühlfach stellen.

2. Die tiefgekühlten Zutaten und die Erdnussbutter im Mixer fein pürieren, dann die Milch und das Vanilleeis dazugeben.

3. Alles so lange mixen, bis eine cremige Konsistenz erreicht ist. Smoothie auf Gläser verteilen und mit gehackten Mandeln bestreuen.

*Zubereitungszeit: ca. 10 Minuten*
*Pro Portion ca. 176 kcal/736 kJ*
*5 g E, 7 g F, 20 g KH*

**Tipp:** Erdnussbutter lässt sich ganz leicht selbst herstellen: 125 g Erdnüsse von den Schalen und den braunen Häutchen befreien. In einer beschichteten Pfanne auf mittlerer Temperatur leicht rösten, bis sie anfangen zu duften. Nüsse im Mixer pürieren und nur so viel Erdnussöl zufügen, dass die Erdnussbutter geschmeidig wird. Mit einer 1 Salz und Zucker abschmecken.

## Eier-Kokos-Schnitten
*(ohne Abb.)*

Für 4 Portionen

3 Eier
7 El Kokosraspel
125 ml Kokosmilch
4 Scheiben Weißbrot
3 El Butterschmalz
brauner Zucker
Zimtpulver

1. Die Eier mit den Kokosraspeln und der Kokosmilch verrühren. Die Weißbrotscheiben halbieren, darin wenden und gut mit dem Ei durchziehen lassen.

2. Butterschmalz in einer Pfanne erhitzen und die Brotscheiben darin von beiden Seiten ca. 4 Minuten braten. Mit Zucker und Zimt bestreuen. Warm servieren.

*Zubereitungszeit: ca. 20 Minuten*
*Pro Portion ca. 427 kcal/1787 kJ*
*12 g E, 17 g F, 52 g KH*

## Gnocchi mit Trauben

*(oben)*

Für 4 Portionen

250 g Gnocchi aus dem Kühlregal
500 ml Traubensaft
je 150 g blaue und grüne Trauben
3 El Zitronenbutter
Vanillezucker
Zimt- und Nelkenpulver
40 ml Obstessig

**1.** Die Gnocchi nach Packungsanweisung in Traubensaft mit Wasser garen. Die Trauben abzupfen, waschen, halbieren und die Kerne entfernen.

**2.** Die Gnocchi abgießen und abtropfen lassen. Die Butter erhitzen und die Gnocchi mit den Trauben darin ca. 6 Minuten braten. Mit Vanillezucker, Zimt- und Nelkenpulver und Obstessig würzen. Alles auf Tellern anrichten.

*Zubereitungszeit: ca. 15 Minuten*
*Pro Portion ca. 486 kcal/1966 kJ*
*21 g E, 22 g F, 46 g KH*

## Apfel-Eis

*(unten)*

Für 4 Portionen

2 Äpfel
5 El Mandelstifte
5 El Calvados
5 El Rosinen
3 El Ahornsirup
4 Kugeln Vanilleeis

**1.** Die Äpfel waschen, trocknen, halbieren und das Kerngehäuse großzügig entfernen. Die Äpfel dann von außen mit der Hälfte der Mandelstifte bespicken, sodass sie wie ein Igel aussehen. Den Backofen auf 200 °C vorheizen.

**2.** Die Äpfel von innen mit etwas Calvados auspinseln. Die übrigen Mandelstifte mit dem restlichen Calvados, den Rosinen und dem Ahornsirup verrühren und alles in die Äpfel füllen.

**3.** Die Äpfel auf ein mit Backpapier ausgelegtes Backblech geben und alles im Backofen auf der mittleren Einschubleiste ca. 20 Minuten backen. Kurz vor dem Servieren auf jede heiße Apfelhälfte 1 Eiskugel geben.

*Zubereitungszeit: ca. 30 Minuten*
*Pro Portion ca. 219 kcal/916 kJ*
*5 g E, 1 g F, 44 g KH*

## Sunshine-Smoothie

*(links)*

Für 2 Gläser

1 Banane
2 kleine Birnen
2 El Weizenflocken
150 g Vanillejoghurt
250 ml Milch
1 Tl Sanddornnektar
3 El weiche Erdnussbutter
2 Orangenschnitze
zur Dekoration

**1.** Die Banane schälen und mindestens eine halbe Stunde im Tiefkühlfach kühlen. Birnen schälen und die Kerngehäuse entfernen.

**2.** Die Weizenflocken unter den Joghurt rühren und ein wenig ziehen lassen. Anschließend alle Zutaten im Mixer auf höchster Stufe pürieren. In Gläser füllen, mit je 1 Orangenschnitz verzieren und servieren.

*Zubereitungszeit: ca. 30 Minuten*
*Pro Portion ca. 252 kcal/1055 kJ*
*5 g E, 7 g F, 38 g KH*

## *Beerentraum*

*(unten)*

Für 2 Gläser

100 g frische Heidelbeeren
100 g frische Himbeeren
100 g frische Brombeeren
1 kleine Banane
100 g Joghurt
2 El zarte Haferflocken
Honig nach Belieben
etwas Milch zum Verdünnen

**1.** Die Beeren waschen und abtropfen lassen. Die Banane schälen. Beeren, Banane, Joghurt und Haferflocken im Mixer auf höchster Stufe mischen.

**2.** Die cremige Mischung mit etwas flüssigem Honig abschmecken. Ist der Smoothie zu dickflüssig, lässt er sich gut mit etwas Milch verdünnen.

*Zubereitungszeit: ca. 15 Minuten*
*Pro Portion ca. 166 kcal/695 kJ*
*9 g E, 4 g F, 18 g KH*

**Tipp:** Wer immer eine Tiefkühl-Beerenfruchtmischung im Eisfach hat, kann diesen Smoothie bei einem Überraschungsbesuch ganz einfach und schnell zubereiten. Auch die Dekoration ist inklusive: eine gefrorene Himbeere auf die Mischung, etwas Puderzucker darüber – fertig.

## *Haferbrei mit Nüssen und Ahornsirup*

*(rechts unten)*

Für 4 Portionen

625 ml Apfelsaft
1/2 Tl gemahlener Zimt
1 Prise Salz
140 g Haferflocken
70 g getrocknete Cranberries
4 El Ahornsirup
70 g Erdnüsse
geschlagene Sahne und brauner Zucker zum Garnieren

**1.** Den Apfelsaft mit 125 ml Wasser, dem Zimt und 1 Prise Salz in einem Topf aufkochen. Die Haferflocken, die getrockneten Cranberries und den Ahornsirup zugeben und alles verrühren. Die Mischung aufkochen lassen und unter Rühren etwa 10 Minuten köcheln.

**2.** Die Erdnüsse hacken, unterheben und den Haferbrei auf Schälchen oder Teller verteilen. Dazu etwas geschlagene Sahne mit braunem Zucker reichen.

*Zubereitungszeit: ca. 15 Minuten*
*(plus Kochzeit)*
*Pro Portion ca. 357 kcal/1400 kJ*
*9 g E, 13 g F, 49 g KH*

## *Eierkuchen mit Creme*

*(rechts)*

Für 4 Portionen

4 Beutel Früchtetee
300 g Erdbeeren
250 g Frischkäse
6 Eier
200 ml Milch
Salz
1 El Vanilleextrakt
Zimtpulver
Zitronenschalenaroma
Butter zum Braten
Puderzucker zum Bestäuben
Zitronenmelisse
zum Garnieren

**1.** Den Früchtetee in 250 ml Wasser zubereiten. Die Erdbeeren waschen, putzen und trocknen. Anschließend mit dem Tee und dem Frischkäse verrühren.

**2.** Die Eier aufschlagen und mit der Milch verrühren. Mit Salz, Vanilleextrakt und Zimtpulver abschmecken.

**3.** Das Zitronenschalenaroma unterrühren. Die Butter in einer Pfanne erhitzen und aus der Masse 8 kleine Eierkuchen ausbacken. Mit der Creme bestreichen, aufrollen, mit Puderzucker bestäuben und mit Zitronenmelisse garniert servieren.

*Zubereitungszeit: ca. 20 Minuten*
*Pro Portion ca. 308 kcal/1295 kJ*
*8 g E, 16 g F, 16 g KH*

## *Ananas mit Schokoladensauce*

*(oben)*

Für 4 Portionen

1 Ananas
2 cm Ingwerwurzel
100 g Kokosflocken
125 ml Sahne
20 g Zucker
2 Eigelb
2 El geriebene dunkle Schokolade (70–85%)

**1.** Ananas schälen, den innersten Kern herausstechen und Ananas in Stückchen schneiden. Den Ingwer schälen, fein hacken und in einer Pfanne bei starker Hitze leicht anrösten. Dann den Ingwer auf einen Teller geben, die Kokosflocken ebenfalls leicht goldbraun rösten und beiseitestellen.

**2.** Für die Sauce Sahne, Zucker, Eigelb und Schokolade in einer Schüssel verrühren. Über dem warmen Wasserbad zu einer dickflüssigen Sauce aufschlagen. Die Sauce durch ein feines Sieb streichen, Ingwer und Kokosflocken einrühren und mit der Ananas anrichten.

*Zubereitungszeit: ca. 30 Minuten*
*Pro Portion ca. 474 kcal/1990 kJ*
*5 g E, 30 g F, 44 g KH*

## *Aprikosen-Polenta*

*(unten)*

Für 4 Portionen

1 l Milch
1 Vanilleschote
1 Stück Zimtstange (5 cm)
je 1 Tl Nelken- und Kardamompulver
100 g gemahlene Polenta
2 El Honig
6 El Aprikosenmarmelade
4 El Crème double

1. Die Milch mit der Vanilleschote und der Zimtstange in einen Topf geben und erwärmen. Nelken- und Kardamompulver dazugeben. Die Polenta und den Honig einrühren und alles unter ständigem Rühren ca. 10 Minuten köcheln lassen. Nach ca. 5 Minuten die Vanille- und Zimtstange entfernen.

2. Die Aprikosenmarmelade unterheben und alles mit der Crème double verfeinern. Alles in Schälchen anrichten und mit Zitronenmelisse garniert servieren.

*Zubereitungszeit: ca. 15 Minuten*
*Pro Portion ca. 157 kcal/659 kJ*
*2 g E, 5 g F, 26 g KH*

## Grapefruit-Smoothie

*(links)*

Für 2 Gläser

50 g Erdbeeren (frisch oder TK)
2 rosa Grapefruits
1 Banane
150 g Naturjoghurt
1 El zarte Haferflocken
1 El Erdbeersirup

1. Frische Erdbeeren waschen, trocken tupfen und putzen. Die Grapefruits so schälen, dass die weiße Haut vollständig entfernt ist. Die Filets zwischen den Trennhäuten herausschneiden, die Kerne entfernen, den Saft dabei auffangen. Die Trennhäute gut ausdrücken, denn sie enthalten meist noch einigen Saft.

2. Die Banane schälen, in Stücke teilen und mit Erdbeeren, Grapefruitfilets und Grapefruitsaft in einen Mixer geben. Joghurt, Haferflocken und Erdbeersirup zugeben. Alles kräftig durchmixen und servieren.

*Zubereitungszeit: ca. 20 Minuten*
*Pro Portion ca. 178 kcal/745 kJ*
*7 g E, 1 g F, 33 g KH*

**Tipp:** Verwenden Sie für Smoothies am besten die sogenannten Instant-Haferflocken. Sie lösen sich besser auf und können sich so nicht am Boden des Smoothies absetzen. Instantflocken bestehen zu 100 % aus Vollkornhafer, dazu werden die gemahlenen Haferkerne zu hauchzarten Flocken verarbeitet, die sich in kalten und warmen Flüssigkeiten gleichermaßen schnell auflösen.

## Karamell-Smoothie

*(rechts unten)*

Für 2–3 Gläser

1 kleine Banane
5 weiche Karamellbonbons
3 El Karamellsirup
1 Glas Crushed Ice
125 ml Maracujanektar
250 ml Milch oder Sojamilch
125 ml Kokosmilch

**1.** Die Banane schälen und in Stücke schneiden. 1 Karamellbonbon beiseitelegen. Die restlichen Bonbons mit der Banane, dem Sirup und etwas Crushed Ice im Mixer auf höchster Stufe pürieren.

**2.** Die restlichen Zutaten dazugeben, schaumig mixen und in Gläser gießen. 1 Karamellbonbon fein zerbröseln und dies oder etwas Krokant auf den Smoothies verteilen und sofort servieren.

*Zubereitungszeit: ca. 15 Minuten*
*Pro Portion ca. 257 kcal/1076 kJ*
*7 g E, 5 g F, 40 g KH*

**Tipp:** Auch in der folgenden Variante schmeckt der Smoothie sehr lecker: Lassen Sie den Karamellsirup zunächst weg und geben Sie die Deko-Karamellbonbons dazu. Mixen Sie den Smoothie wie gehabt und gießen Sie den Karamellsirup anschließend über den fertigen Smoothie.

## Pfirsich-Bananen-Smoothie

*(oben)*

Für 2 Gläser

2 Pfirsiche
1 Banane
250 ml Orangensaft
5–8 El Vanillejoghurt
2 El Krokant

**1.** Die Pfirsiche mit heißem Wasser überbrühen, kurz ziehen lassen, dann die Haut abziehen und die Früchte entsteinen.

**2.** Die Banane schälen und alle Zutaten, bis auf den Krokant, im Mixer zunächst kurz auf kleiner Stufe, dann auf höherer Stufe pürieren, bis die Mischung schön glatt ist. Mit Krokant verzieren.

*Zubereitungszeit: ca. 20 Minuten*
*Pro Portion ca. 178 kcal/745 kJ*
*7 g E, 1 g F, 33 g KH*

**Tipp:** Sie können diesen Smoothie in Sekundenschnelle in einen Cocktail verwandeln: Die Gläser mit der Hälfte der Fruchtmischung füllen, etwas Cassissé darübergeben, den Rest der Mischung daraufschütten und kurz umrühren. Für eine eisig-cremige Variante sollten Sie die Früchte etwa 1 Stunde vorher ins Tiefkühlfach legen und statt Vanillejoghurt 2 Kugeln Vanilleeis verwenden.

## *Schokoladen-Bananen-Smoothie*
*(rechts)*

Für 2 Gläser

2 Bananen
300 ml Milch
Crushed Ice
2 El Schokoladensirup
etwas Kakaopulver
nach Belieben

**1.** Die Bananen schälen. Bananen und Milch mit Crushed Ice in den Mixer füllen und auf höchster Stufe mixen.

**2.** Smoothie in Gläser füllen, den Schokoladensirup daraufgießen und einige Male umrühren, sodass sich eine hübsche Marmorierung ergibt. Mit Kakaopulver nach Belieben bestäuben und servieren.

*Zubereitungszeit: ca. 20 Minuten*
*Pro Portion ca. 254 kcal/1063 kJ*
*6 g E, 5 g F, 43 g KH*

**Tipp:** Statt Crushed Ice können Sie auch 2–3 Kugeln Vanille- oder Schokoladeneis hineinmixen oder den Smoothie mit einem Schuss Williams-Christ-Birnenbrand verfeinern.

## Fruchtshake mit Heidelbeeren *(unten)*

Für 4 Portionen

400 g Heidelbeeren
750 g Kefir
4 El Weizenkeime
4 El Haferflocken
Honig nach Belieben

**1.** Die Heidelbeeren verlesen, waschen und in einem Sieb abtropfen lassen. Eventuell noch vorhandene Stiele abzupfen. Anschließend die Heidelbeeren zusammen mit dem Kefir im Mixer pürieren.

**2.** Weizenkeime und Haferflocken unterrühren und alles nach Belieben mit etwas Honig süßen. Den Shake in 4 Gläser füllen und sofort servieren, bevor die Flocken aufquellen.

*Zubereitungszeit: ca. 15 Minuten*
*Pro Portion ca. 166 kcal/697 kJ*
*9 g E, 4 g F, 18 g KH*

## Eiscremetürmchen mit Heidelbeeren
*(oben)*



Für 4 Portionen

12 Nusskekse
8 Kugeln Sahneeis
200 g Heidelbeeren
Puderzucker zum Bestäuben
Zitronenmelisse zum Garnieren

**1.** 4 Dessertteller mit Puderzucker bestäuben. Darauf je 1 Nusskeks in die Mitte setzen. Auf jeden Keks je 1 Kugel leicht angetautes Sahneeis geben und mit 1 Nusskeks bedecken. Darauf wieder 1 Kugel Sahneeis geben und mit 1 Nusskeks abschließen.

**2.** Die Heidelbeeren verlesen, waschen, trocken tupfen und die Eiscremetörtchen damit verzieren. Mit Puderzucker bestäuben und mit Zitronenmelisseblättchen garniert servieren.

*Zubereitungszeit: ca. 15 Minuten*
*Pro Portion ca. 361 kcal/1512 kJ*
*5 g E, 18 g F, 42 g KH*

# Partysnacks

2. Die Zwiebeln schälen, halbieren und in dünne Scheiben schneiden, das Fladenbrot würfeln. Alles zusammen in einer Schüssel mischen.

3. Die Oliven abtropfen lassen, den Feta würfeln, beides zum Salat geben. Die Petersilie waschen, trocken schütteln und die Blättchen fein hacken. Ebenfalls zum Salat geben und unterheben.

4. Knoblauchzehe schälen und hacken. Mit Rotweinessig, Olivenöl, Salz und Pfeffer zu einem Dressing verrühren und über den Salat geben. Vor dem Servieren eventuell nochmals abschmecken.

*Zubereitungszeit: ca. 30 Minuten*
*Pro Portion ca. 539 kcal/2255 kJ*
*17 g E, 31 g F, 45 g KH*



## Bauernsalat mit Fladenbrotwürfeln

*(oben)*

Für 4 Portionen

1/2 Kopf Eisbergsalat
2 gelbe Paprikaschoten
500 g Tomaten
2 rote Zwiebeln
300 g Fladenbrot
100 g schwarze Oliven
200 g Feta
1/2 Bund glatte Petersilie
1 Knoblauchzehe
8 El Rotweinessig
8 El Olivenöl
Salz
Pfeffer

**1.** Den Eisbergsalat waschen, trocken schleudern, putzen und die Blätter in kleine Stücke zupfen. Die Paprikaschoten waschen, trocknen, putzen, entkernen und würfeln. Die Tomaten waschen, trocknen, die Stielansätze entfernen und das Fruchtfleisch ebenfalls würfeln.

## Artischocken Lukullus
*(links unten)*

Für 4 Portionen

4 Artischocken
Salz
Zitronensaft
6 El Weinessig
Pfeffer
1 hart gekochtes Ei
2 Schalotten
1 Bund Petersilie
1 El Kapern
4 El Öl
Zucker
1/4 Bund Zitronenmelisse
80 g weiche Butter
1 El Joghurt

**1.** Die Artischocken waschen und abtropfen lassen. Die Stiele abschneiden. Gesalzenes Wasser zum Kochen bringen, etwas Zitronensaft hineinträufeln. Die Artischocken darin ca. 15–20 Minuten bei milder Hitze ziehen lassen. Essig mit Salz und Pfeffer verrühren.

**2.** Das Ei pellen und fein hacken. Die Schalotten schälen und in kleine Würfel schneiden. Die Petersilie waschen, trocknen und fein hacken. Die Kapern abtropfen lassen. Alles unter die Essigmasse heben und das Öl unterschlagen. Mit Salz, Pfeffer und Zucker abschmecken.

**3.** Zitronenmelisse waschen, trocknen und die Blättchen abzupfen. Die Butter schaumig schlagen. Joghurt und Zitronenmelisse unterrühren. Mit Salz, Pfeffer und Zitronensaft würzen. Artischocken mit der Vinaigrette und Zitronenbutter anrichten.

*Zubereitungszeit: 20 Minuten*
*Pro Portion ca. 301 kcal/1261 kJ*
*5 g E, 29 g F, 5 g KH*

## Früchte im Speckmantel
*(oben)*

Für 4 Portionen

2 Birnen
4 Scheiben Frühstücksspeck
Fett für das Blech
Baguette in Scheiben

**1.** Die Birnen schälen, das Kerngehäuse entfernen und das Fruchtfleisch in Spalten schneiden.

**2.** Speckscheiben halbieren und je eine Birnenspalte damit umwickeln.

**3.** Die Birnenspalten auf ein gefettetes Backblech legen und im vorgeheizten Backofen bei 200 °C (Umluft 180 °C) backen, bis der Speck knusprig ist. Herausnehmen und auf Baguettescheiben spießen.

*Zubereitungszeit: ca. 10 Minuten*
*(plus Backzeit)*
*Pro Stück ca. 99 kcal/415 kJ*
*5 g E, 2 g F, 16 g KH*

**Tipp:** Statt der Birne können Sie auch andere Früchte wie Pfirsich oder Banane verwenden.

## *Teigtaschen*
*(unten)*

Für 4 Portionen

200 g Mehl
2 Eier
1/2 Tl Salz
100 g Thai-Soi
1 Zwiebel
1/2 Bund Koriandergrün
50 g ungesalzene Erdnüsse
2 El Öl
250 g Schweinehackfleisch
2 El Fischsauce (FP)
1 Tl brauner Zucker
Frittierfett zum Ausbacken
Süß-saure Sauce (FP)

**1.** Mehl, Eier und Salz zu einem geschmeidigen Teig verrühren. Thai-Soi putzen, waschen, trocknen und klein schneiden. Die Zwiebel schälen und in feine Würfel schneiden. Koriander waschen, trocknen und fein hacken. Die Erdnüsse grob hacken.

**2.** Das Öl erhitzen und Erdnüsse, Koriander, Zwiebeln und Thai-Soi kurz andünsten. Das Hackfleisch dazugeben und 3–5 Minuten kräftig anbraten. Mit Fischsauce und Zucker abschmecken.

**3.** Den Teig so dünn wie möglich ausrollen und Quadrate von ca. 9 cm Länge ausschneiden. Jeweils 1 Esslöffel der Füllung in die Mitte der Teigquadrate geben und die Teigränder mit Wasser einstreichen.

**4.** Die Teigblätter zu Dreiecken zusammenklappen und die Ränder fest andrücken. Die beiden Enden der langen Kanten mit Wasser befeuchten und übereinander legen. Dann das überstehende obere Ende nach außen umklappen, so dass die Teigtaschen rundum geschlossen sind. Die Teigtaschen in heißem Frittierfett goldbraun ausbacken und mit der Sauce servieren.

*Zubereitungszeit: ca. 30 Minuten*
*Pro Portion ca. 680 kcal/2856 kJ*
*13 g E, 35 g F, 64 g KH*

## *Räucherlachs-Röllchen*
*(rechts oben)*

Für 4 Portionen

8 Scheiben geräucherter Lachs à 30 g
1 El Senf
1 El Honig
frisch gemahlener Pfeffer
1 Bund Dill
4 Eisbergsalat-Blätter
1 Möhre
1 Stück frischer Meerrettich (ca. 1 cm)
1 El Zitronensaft
Kresse und Zitronenscheiben zum Garnieren

**1.** Die Lachsscheiben auf einer Arbeitsfläche nebeneinander auslegen. In einer Schüssel den Senf mit dem Honig und etwas Pfeffer verrühren.

**2.** Den Dill waschen, trocken schütteln und klein hacken. Dill mit der Senf-Honig-Masse vermischen. Die Lachsscheiben damit bestreichen.

3 El Frischkäse
2 El Sahne
1 Tl Meerrettich
100 g geräuchertes Forellenfilet
Petersilie zum Garnieren

**1.** Die Taler auf einer Arbeitsfläche ausbreiten. 16 Pumpernickel-Taler mit etwas Butter bestreichen. Die Frühlingszwiebeln putzen, waschen und in Stücke schneiden. Das Bündner Fleisch auf 8 Pumpernickel-Taler verteilen und die Frühlingszwiebelstücke darauf legen.

**2.** Die Paprikaschoten putzen, waschen, halbieren, entkernen und in Streifen schneiden. Die Salamiwürfel und die Paprikastreifen auf die restlichen mit Butter bestrichenen Pumpernickel-Taler legen.

**3.** Den Frischkäse mit der Sahne und dem Meerrettich verrühren. Die restlichen Taler mit dem Frischkäse bestreichen. Die Forellenfilets in Stücke schneiden und auf dem Frischkäse verteilen. Mit Petersilie garnieren. Alle Taler auf einer Platte anrichten und servieren.

*Zubereitungszeit: ca. 25 Minuten*
*Pro Portion ca. 258 kcal/1082 kJ*
*27 g E, 13 g F, 8 g KH*

**3.** Die Salatblätter waschen und abtrocknen, den dicken Rippenansatz entfernen und die Blätter der Länge nach halbieren. Lachsscheiben mit den Salatblattstreifen belegen und aufrollen.

**4.** Die Möhre putzen, waschen und mit einem Sparschäler dünne Spiralen abschälen. Möhrenspiralen auf 4 Teller verteilen und die Lachsröllchen darauf anrichten.

**5.** Den Meerrettich frisch darüberreiben und alles mit Zitronensaft beträufeln. Mit Kresse und Zitronenscheiben garnieren und servieren.

*Zubereitungszeit: ca. 15 Minuten*
*Pro Portion ca. 131 kcal/551 kJ*
*13 g E, 4 g F, 10 g KH*

**Tipp:** Bereiten Sie von der Senf-Honig-Dill-Creme die doppelte Menge zu. Die Creme hält sich fest verschlossen im Kühlschrank mindestens 1 Woche.

## Pumpernickeltaler

*(unten)*

Für 4 Portionen

24 Pumpernickel-Taler
30 g Butter
100 g Frühlingszwiebeln
50 g Bündner Fleisch
je 1/2 rote, gelbe und grüne Paprika
100 g Salamiwürfel

## *Canapés mit Mett*
*(oben)*

Für 10 Stück

200 g Schweinemett
je 1 Zwiebel, Gewürzgurke, Ei
Salz
Pfeffer
1 Tl edelsüßes Paprikapulver
1 Tomate
10 Pumpernickeltaler
Friséesalatblätter
einige glatte Petersilienblätter

**1.** Das Schweinemett in eine Schüssel geben. Zwiebel schälen und sehr fein hacken. Die Gurke in kleine Würfel schneiden. Zwiebel und Gurke mit dem Mett vermischen. Das Ei darüber schlagen und gut untermischen. Das Mett mit Salz, Pfeffer und Paprikapulver würzen.

**2.** Tomate waschen, vom Stielansatz befreien und achteln. Pumpernickeltaler mit Salat belegen. Das Mett zu Bällchen formen und darauf legen. Mit Tomatenachteln und Petersilienblättchen garniert auf einer Platte anrichten.

*Zubereitungszeit: ca. 15 Minuten*
*Pro Stück ca. 93 kcal/391 kJ*
*5 g E, 4 g F, 8 g KH*

## *Mozzarella-Sticks*
*(unten)*

Für 4 Portionen

2 Eier
250 g Paniermehl
je 1 El getrockneter Oregano
und getrocknetes Basilikum
1 El frisch gehackte Petersilie

1/2 Tl Knoblauchsalz
150 g Mehl
30 g Speisestärke
3 Mozzarella (à 150 g)
500 ml Öl zum Frittieren

**1.** Die Eier in einer Tasse verquirlen und mit 50 ml Wasser in einer Schüssel verrühren. In einer zweiten Tasse Paniermehl, Kräuter und Knoblauchsalz, in einer dritten Mehl und Speisestärke miteinander mischen.

**2.** Den Mozzarella abtropfen lassen, trocken tupfen und in dicke Stifte schneiden. Das Öl in einem großen Topf oder der Fritteuse auf 170 °C erhitzen.

**3.** Die Käsestifte zuerst in die Eimischung tauchen, dann in das Paniermehl und zuletzt in etwas Mehl wenden. Im heißen Öl in etwa 30 Sekunden goldbraun frittieren, auf Küchenpapier abtropfen lassen und servieren.

*Zubereitungszeit: ca. 20 Minuten*
*Pro Portion ca. 187 kcal/785 kJ*
*7 g E, 10 g F, 16 g KH*

## Gefüllte Tomaten

*(unten)*

Für ca. 20 Stück

250 g Nordseekrabbenfleisch
Saft von 1/2 Zitrone
100 ml Sahne
2 El Tomatenmark
1 Tl Sahnemeerrettich
1 El Cognac
Salz
Cayennepfeffer
20 Cocktailtomaten
Petersilie zum Garnieren

**1.** Das Nordseekrabbenfleisch in eine Schüssel geben und mit dem Zitronensaft marinieren. Die Sahne steif schlagen.

**2.** Das Tomatenmark, den Meerrettich und den Cognac mit der Sahne mischen und mit Salz und Cayennepfeffer abschmecken. Diese Cocktailsauce über die Krabben geben und gut unterrühren.

**3.** Von den Tomaten oben einen Deckel abschneiden und unten eine dünne Scheibe, um sie standfest zu machen. Die Tomaten mit einem Löffel vorsichtig aushöhlen. Den Krabbencocktail in die Tomaten füllen, mit Petersilie garnieren. Den Deckel wieder aufsetzen.

*Zubereitungszeit: ca. 30 Minuten*
*Pro Stück ca. 29 kcal/121 kJ*
*2 g E, 1 g F, 1 g KH*

**Tipp:** Probieren Sie auch eine Füllung aus Thunfisch-Cocktail oder klein geschnittenem Graved Lachs mit Dillcreme.

## Bohnentortilla mit Chorizo

*(rechts oben)*

Für 4 Portionen

3 Fleischtomaten
300 g Bohnenkerne
8 Frühlingszwiebeln
1 kleine Stange Lauch
3 Knoblauchzehen
250 g Chorizo
6 El Olivenöl
8 Eier
Salz
Pfeffer
1 Bund gehackte Kräuter, z.B. Basilikum, Thymian, Majoran

**1.** Tomaten 30 Sekunden mit kochendem Wasser überbrühen, anschließend häuten, Stielansatz und Kerne entfernen und klein schneiden. Bohnen waschen. Frühlingszwiebeln und Lauch putzen, waschen und klein schneiden. Knoblauch schälen und Chorizo in Scheiben schneiden.

**2.** 3 El Öl erhitzen, Bohnenkerne und Frühlingszwiebeln darin 5 Minuten anbraten. Lauch dazugeben und Knoblauch dazupressen. Etwa 5 Minuten weiterdünsten.

**3.** Tomaten und Chorizo hinzufügen und alles etwa 5 Minuten einkochen lassen. Eier verquirlen, mit Salz, Pfeffer und den gehackten Kräutern vermengen.

**4.** In einer zweiten Pfanne das restliche Olivenöl erhitzen. Eimasse hineingeben und zugedeckt bei geringer Hitze stocken lassen. Tortilla mit Hilfe eines Tellers umdrehen und die Oberseite ebenfalls braun werden lassen. Anschließend Tortilla halbieren, mit der Gemüsemischung füllen und servieren.

*Zubereitungszeit: ca. 20 Minuten (plus Backzeit)*
*Pro Portion ca. 505 kcal/2121 kJ*
*33 g E, 35 g F, 15 g KH*

## Sellerieschiffchen mit Käsecreme

*(oben)*

Für ca. 20 Stück

8 große Stangen Staudensellerie
125 g Roquefort
125 g Frischkäse
Salz
Pfeffer
1 Tl Cayennepfeffer
20 Pecannusshälften

**1.** Die Selleriestangen putzen, waschen und schräg in jeweils 5 x 5 cm lange Stücke schneiden. Den Roquefort zerkrümeln und mit dem Frischkäse verrühren. Mit Salz, Pfeffer und Cayennepfeffer würzen.

**2.** Die Käsemischung in einen Spritzbeutel geben und auf die Selleriestücke spritzen. Mit den Pecannusshälften belegen.

*Zubereitungszeit: ca. 15 Minuten*
*Pro Stück ca. 120 kcal/504 kJ*
*3 g E, 11 g F, 1 g KH*

**Tipp:** Statt Selleriestangen können Sie auch Gurkenstücke nehmen. Dafür 1 Schlangengurke schälen, halbieren und die Kerne entfernen. Die Gurke in Stücke schneiden und mit der Käsecreme füllen. Auch Paprikahälften und bissfest gegarte, ausgehöhlte Fenchelknollenhälften eignen sich gut zum Füllen. Den Roquefort können Sie auch durch einen anderen Käse ersetzen, der sich gut zerdrücken lässt, wie Gorgonzola oder Camembert.

## *Temaki-Sushi*

*(unten)*

Für 4 Portionen

100 g geräucherte Putenbrust
100 g Honigmelone
2 El Sake
4 El Sojasauce
200 g geräuchertes Forellenfilet
100 g eingelegter Ingwer
100 g Salatgurkenwürfel
100 g Tomatenwürfel
1 Knoblauchzehe
2 El Sherryessig, Zucker, Pfeffer
Senfpulver
40 Austern
2 El Pfefferbutter
20 Silberzwiebeln aus dem Glas
10 Noriblätter
400 g fertiger Sushi-Reis
Wasabi-Paste

**1.** Die Putenbrust und das Melonenfruchtfleisch in ca. 5 cm lange, nicht zu dünne Streifen schneiden. Sake und 3 El Sojasauce darüber verteilen. Das Forellenfilet in Streifen schneiden. Den Ingwer abgießen, fein hacken und zum Fisch geben.

**2.** Gurkenwürfel mit den Tomatenwürfeln in eine Schüssel geben. Die Knoblauchzehe schälen und dazupressen. Mit Essig beträufeln und mit den Gewürzen würzen.

**3.** Austern waschen. Die Butter erhitzen und die Austern darin andünsten. Die Zwiebeln abtropfen lassen und dazugeben. Mit der restlichen Sojasauce beträufeln.

**4.** Die Noriblätter halbieren und in einer Pfanne ohne Fett anrösten. Mit einem tischtennisgroßen Reisbällchen belegen. Mit Wasabi-Paste bestreichen. Abwechselnd mit Putenbrust, Fisch, Gemüse oder Austernfüllung belegen und zu einer Tüte aufrollen.

*Zubereitungszeit: ca. 30 Minuten*
*Pro Portion ca. 145 kcal/608 kJ*
*6 g E, 2 g F, 26 g KH*

## Waldorfsalat mit Walnüssen *(oben)*

Für 4 Portionen

400 g Knollensellerie
2 Äpfel
Saft von 2 Zitronen
200 g saure Sahne
Salz
Pfeffer
4 Ananasscheiben
2 El Walnüsse

**1.** Den Sellerie schälen, halbieren, in kochendem Wasser etwa 5 Minuten blanchieren, dann reiben. 2 Äpfel schälen und die Kerngehäuse entfernen. Das Fruchtfleisch in Stifte schneiden.

**2.** Den Zitronensaft mit der sauren Sahne verrühren, Sellerie und Äpfel unterheben und mit Salz und Pfeffer würzen. 4 Ananasscheiben in Würfel schneiden und die Walnüsse hacken. Beides über den Salat geben und servieren.

*Zubereitungszeit: ca. 15 Minuten (plus Blanchierzeit)*
*Pro Portion ca. 156 kcal/655 kJ*
*4 g E, 9 g F, 15 g KH*

## Tomaten-Tapenade
*(unten)*

Für 4 Portionen

1 Knoblauchzehe
1 Schalotte
125 g schwarze Oliven
7 getrocknete Tomaten in Öl
2 Frühlingszwiebeln
125 g frischer Rahmkäse
1 El Olivenöl
Salz
Cayennepfeffer
etwas Basilikum

1. Den Knoblauch und die Schalotte schälen, fein hacken und in einen Mixer geben. Die Oliven entsteinen und grob zerkleinert dazugeben. Die Tomaten ebenfalls grob zerkleinert mit dem Öl dazugeben. Im Mixer alles fein pürieren.

2. Die Frühlingszwiebeln putzen, waschen und grob gehackt zu dem Püree in den Mixer geben. Den Rahmkäse mit dem Olivenöl nur kurz daruntermixen. Alles mit Salz und Cayennepfeffer würzig abschmecken. Wenn die Paste zu fest ist, noch etwas Olivenöl daruntermixen.

3. Das Basilikum waschen, trocken schütteln und die Blättchen abzupfen. Alles in eine Schüssel füllen und zu geröstetem Brot oder gebackenen Kartoffeln servieren.

*Zubereitungszeit: ca. 15 Minuten*
*Pro Portion ca. 240 kcal/1011 kJ*
*5 g E, 23 g F, 5 g KH*

## Putenspieße

*(links)*

Für 4 Portionen

### ... mit Spargel

250 g Putenbrustfilet
2 El Olivenöl
150 g gekochte grüne Spargelköpfe

1. Das Putenbrustfilet waschen, trocken tupfen und in 3 cm große Würfel schneiden. Im heißen Öl von allen Seiten gut braten. Auf Küchenpapier abtropfen lassen.

2. Die Putenwürfel auf Holzspieße stecken. Spargelstücke in ein Gefäß geben und die Spieße dazustellen. Dazu passt Baguette.

*Zubereitungszeit: ca. 20 Minuten*
*Pro Portion ca. 116 kcal/487 kJ*
*26 g E, 10 g F, 1 g KH*

### ... mit eingelegten Pilzen

250 g Putenbrustfilet
2 El Olivenöl
150 g eingelegte Champignons

1. Das Putenbrustfilet waschen, trocken tupfen und in 3 cm große Würfel schneiden. Im heißen Öl von allen Seiten gut braten. Auf Küchenpapier abtropfen lassen.

2. Die Putenwürfel auf Holzspieße stecken. Pilze in ein Gefäß geben und die Spieße dazustellen. Dazu passt Baguette.

*Zubereitungszeit: ca. 20 Minuten*
*Pro Portion ca. 113 kcal/474 kJ*
*28 g E, 10 g F, 1 g KH*

## Sardellenspieße mit getrockneten Tomaten *(oben)*

Für 4 Portionen

16 marinierte Sardellenfilets
4 Scheiben geräucherter Lachs
8 Scheiben Baguette
8 Salatblätter
8 dünne Scheiben Camembert
8 getrocknete Tomaten in Öl

**1.** Die Sardellenfilets abtropfen lassen. Die Lachsscheiben in dünne Streifen schneiden. Die Baguettescheiben knusprig rösten.

**2.** Auf jede Baguettescheibe 1 Salatblatt und 1 Scheibe Camembert legen. Darauf Lachsstreifen geben und mit 2 Sardellen bedecken. Mit getrockneten, abgetropften Tomaten auf Spieße stecken.

*Zubereitungszeit: ca. 20 Minuten*
*Pro Portion ca. 209 kcal/877 kJ*
*13 g E, 12 g F, 11 g KH*

## Sardellenspieße mit Oliven *(oben)*

Für 4 Portionen

16 marinierte Sardellenfilets
4 Scheiben geräucherter Lachs
8 Scheiben Baguette
8 Salatblätter
8 dünne Scheiben Schafsbrie
8 grüne Oliven

**1.** Die Sardellenfilets abtropfen lassen. Die Lachsscheiben in dünne Streifen schneiden. Die Baguettescheiben knusprig rösten.

**2.** Auf jede Baguettescheibe 1 Salatblatt und 1 Scheibe Schafsbrie legen. Darauf 2 Sardellen geben und mit Lachsstreifen bedecken. Mit Oliven auf Spießen feststecken.

*Zubereitungszeit: ca. 20 Minuten*
*Pro Portion ca. 230 kcal/966 kJ*
*13 g E, 15 g F, 10 g KH*

**Tipp:** Bei der Verzierung sind Ihnen keine Grenzen gesetzt. Ob saure Gurken, Silberzwiebeln oder Minimaiskölbchen: Fast alles ist möglich!

## Roastbeef mit Kräuterpaste
*(rechts unten)*

Für 4 Portionen

3 Baguettebrötchen
100 g Knoblauchbutter (FP)
3 Bund Petersilie
1 Bund Basilikum
1 Knoblauchzehe
5 El Olivenöl
1 El Limettensaft
Salz
300 g Roastbeef-Aufschnitt

**1.** Den Backofen auf 200 °C vorheizen. Die Baguettebrötchen quer in Scheiben schneiden und mit der Knoblauchbutter bestreichen.

**2.** Die Kräuter waschen, trocken schütteln und die Blättchen fein hacken. Die Baguettescheiben im Backofen ca. 6 Minuten rösten.

**3.** Inzwischen die Knoblauchzehe pellen und durchpressen. Die Kräuter und den Knoblauch miteinander mischen.

**4.** Das Öl und den Limettensaft unterrühren. Mit Salz abschmecken. Das Roastbeef mit der Kräuterpaste anrichten und die gerösteten Baguettescheiben dazu reichen.

*Zubereitungszeit: ca. 20 Minuten*
*Pro Portion ca. 643 kcal/2701 kJ*
*23 g E, 38 g F, 41 KH*

**Tipp:** Knoblauch, der König unter den Gewürzen, wird in vielen Kulturen schon seit Jahrtausenden verwendet. Er ist nicht nur Gewürz, sondern auch Heilmittel. Zumindest sagt man ihm antiseptische Wirkung nach, außerdem soll er gegen Erkältung, Bronchitis und Schleimhautentzündung helfen.

## Bunter Salat mit Käse

*(oben)*

Für 4 Portionen

1 Eisbergsalat
1 kleiner Chinakohl
1 Radicchio
1 Bund Radieschen
1/2 Salatgurke
4 Tomaten
1 Gemüsezwiebel
4 El Weißweinessig
8 El Sonnenblumenöl
Salz
Pfeffer
250 g Emmentaler oder Schafskäse
1 Kästchen Kresse

**1.** Salatköpfe zerteilen, waschen und trocknen. Eisbergsalat und Radicchio in Stücke zupfen, Chinakohl in feine Streifen schneiden. Radieschen putzen, waschen und in Scheiben, Gurke schälen und ebenfalls in Scheiben schneiden.

**2.** Tomaten waschen, von den Stielansätzen befreien und achteln. Gemüsezwiebel schälen und in Ringe schneiden. Salatzutaten in eine große Schüssel geben und durchmischen.

**3.** Aus Essig, Öl, Salz und Pfeffer eine Salatsauce bereiten und darüber gießen. Den Käse in kleine Würfel schneiden und unter den Salat heben. Kresse waschen, trocken schütteln und auf dem Salat verteilen.

*Zubereitungszeit: ca. 20 Minuten*
*Pro Portion ca. 308 kcal/1292 kJ*
*22 g E, 22 g F, 5 g KH*

# Burritos mit roten Bohnen

*(unten)*

Für 4 Portionen

1/2 Bund Frühlingszwiebeln
25 g Butter
150 g rote Bohnen (aus der Dose)
6 Eier
1/2 Bund frisch gehackter Koriander
50 ml Sahne
150 g geriebener Gouda
Salz
Pfeffer
4 Tortillas (FP)
saure Sahne nach Geschmack

**1.** Die Frühlingszwiebeln putzen, waschen, trocknen und in dünne Ringe schneiden. In der erhitzten Butter unter Rühren andünsten. Die Bohnen in ein Sieb geben, mit kaltem Wasser abspülen und abtropfen lassen. Zu den Frühlingszwiebeln geben.

**2.** Die Eier verquirlen und mit Koriander und Sahne mischen. Die Eimischung zu den Zwiebeln geben und bei mittlerer Temperatur unter Rühren stocken lassen.

**3.** Den Käse unter die Eimasse heben, abgedeckt schmelzen lassen und mit Salz und Pfeffer abschmecken. Ofen auf 170 °C (Umluft 150 °C) vorheizen.

**4.** Die Tortillas mit der Bohnen-Ei-Mischung füllen, zusammenrollen und in einer Form im Ofen etwa 5 Minuten backen. Mit saurer Sahne nach Belieben servieren.

*Zubereitungszeit: ca. 15 Minuten (plus Backzeit)*
*Pro Portion ca. 507 kcal/2121 kJ*
*27 g E, 32 g F, 27 g KH*

## Frühlingsrollen mit Hackfleisch

*(links oben)*

Für 4 Portionen

je 1 rote und gelbe Paprikaschote
150 g Champignons
100 g Glasnudeln
2 El Öl
100 g Rinderhackfleisch
1 Bund frisch gehackter Koriander
1 Tl frisch geriebener Ingwer
2 El Sojasauce
Salz
Pfeffer
8 Teigblätter für Frühlingsrollen
1 Eiweiß
1 l Frittieröl

**1.** Die Paprikaschoten waschen, trocknen, putzen, entkernen und in dünne Streifen schneiden. Die Champignons putzen, feucht abreiben und fein würfeln. Die Glasnudeln in einer Schüssel mit kochendem Wasser übergießen und 5 Minuten ziehen lassen. Dann abgießen.

**2.** Das Öl erhitzen und die Paprikastreifen mit den Pilzen und dem Hackfleisch darin unter Rühren braten. Die abgetropften Glasnudeln, Koriander, Ingwer und Sojasauce zugeben und mit Salz und Pfeffer abschmecken.

**3.** Die Teigblätter auslegen und die Ränder mit verquirltem Eiweiß bestreichen. Die Füllung darauf verteilen und die Teigblätter zusammenrollen. Nahtstelle ebenfalls einstreichen. Das Frittieröl in einem hohen Topf oder einer Fritteuse erhitzen und die Frühlingsrollen darin knusprig ausbacken. Auf Küchenpapier abtropfen lassen und mit einem Dip servieren.

*Zubereitungszeit: ca. 15 Minuten*
*(plus Zeit zum Ziehen und Frittieren)*
*Pro Portion ca. 251 kcal/1050 kJ*
*9 g E, 19 g F, 10 g KH*

## Hackbällchen

*(unten)*

Für 8 Portionen

300 g Rinderhack
300 g Mett
1 Tl Salz
1 Tl Pfeffer
1/2 Tl Paprikapulver
1 Zwiebel
2 El Öl
4 große Salatblätter

**1.** Das Hackfleisch und das Mett miteinander vermengen und mit Salz, Pfeffer und Paprikapulver würzen.

**2.** Die Zwiebel schälen, würfeln und zum Fleisch geben. Aus der Masse walnussgroße Bällchen formen.

**3.** Das Öl in einer Pfanne erhitzen und die Hackbällchen darin von allen Seiten etwa 7 Minuten braten, bis sie gut durchgebraten sind.

**4.** Die Hackbällchen auf einer Platte mit Salatblättern anrichten. Dazu einen milden Salsa-Dip, Ketchup, Senf oder Mayonnaise bereitstellen.

*Zubereitungszeit: ca. 15 Minuten*
*(plus Bratzeit)*
*Pro Portion ca. 216 kcal/908 kJ*
*13 g E, 18 g F, 1 g KH*

## *Schinkensäckchen mit Krabbencreme*

*(unten)*

Für ca. 16 Stück

1/2 Bund Dill
1/2 Bund Schnittlauch
200 g Ricotta
100 ml Milch
100 g gekochte Krabben
Salz
Pfeffer
Cayennepfeffer
300 g Serrano-Schinken in Scheiben
1/2 Bund Schnittlauch
1 Honigmelone

**1.** Dill und Schnittlauch waschen, trocken schütteln und fein hacken. Mit dem Ricotta, der Milch und den Krabben verrühren. Mit Salz, Pfeffer und Cayennepfeffer abschmecken.

**2.** Die Schinkenscheiben auf der Arbeitsplatte ausbreiten und jeweils 1–2 El Krabbencreme daraufsetzen. Die Schinkenenden zusammennehmen und oben mit 1 Schnittlauchstängel zusammenbinden.

**3.** Die Melone in 16 Spalten schneiden. Die Spalten etwas aushöhlen und die Schinkensäckchen hineinsetzen.

*Zubereitungszeit: ca. 20 Minuten*
*Pro Stück ca. 51 kcal/214 kJ*
*6 g E, 2 g F, 1 g KH*

**Tipp:** Die Füllung für die Schinkensäckchen ist sehr wandelbar. Versuchen Sie es z. B. statt mit Krabben mit gekochten Flusskrebsen oder Forellenfilet. Auch eine Creme aus Frischkäse oder Schafskäse und wahlweise gehackten Kräutern, Gurken, Nüssen oder klein gewürfelten Fruchtstücken ist eine leckere Alternative.



## *Tex-Mex-Wraps*

*(rechts oben)*

Für 4 Portionen

2 Tomaten
1 Paprikaschote
2 Stangen Staudensellerie
2 kleine reife Avocados
2 El Zitronensaft
2 El Joghurt
2 El frisch gehackte gemischte Kräuter
Salz
Pfeffer
4 Tortillas (FP)

**1.** Die Tomaten waschen, trocknen, die Stielansätze entfernen und das Fruchtfleisch würfeln. Die Paprikaschote waschen, trocknen, putzen, entkernen und würfeln. Staudensellerie waschen, trocknen, putzen und ebenfalls würfeln.

**2.** Die Avocados schälen, halbieren, die Kerne entfernen. Eine Avocado fein würfeln, die andere mit Zitronensaft und Joghurt fein zerdrücken. Avocadopüree mit den Gemüsewürfeln sowie den Kräutern locker mischen und mit Salz und Pfeffer abschmecken.

**3.** 4 Tortillas nach Packungsanweisung in einer trockenen Pfanne leicht erwärmen und mit der Gemüsemischung füllen. Tortillas fest aufrollen und schräg durchschneiden.

*Zubereitungszeit: ca. 20 Minuten (plus Zeit zum Erwärmen)*
*Pro Portion ca. 389 kcal/1630 kJ*
*7 g E, 28 g F, 29 g KH*

## *Gemüsespieße mit Wiener Würstchen*

*(unten)*

Für 4 Portionen

6 Wiener Würstchen
2 Zucchini
je 1 rote und gelbe Paprikaschote
2 Zwiebeln
1 Knoblauchzehe
3 El Olivenöl
Salz
Pfeffer
edelsüßes Paprikapulver

**1.** Die Wiener Würstchen in jeweils 3 cm große Stücke schneiden. Die Zucchini putzen, waschen, halbieren und in 2 cm dicke Scheiben schneiden. Die Paprikaschoten putzen, waschen, entkernen und in 2 cm große Stücke schneiden. Die Zwiebeln schälen und achteln.

**2.** Würstchen mit Gemüse abwechselnd auf 8 Metallspieße stecken. Die Knoblauchzehe schälen und fein hacken. Aus dem Olivenöl, der fein gehackten Knoblauchzehe, Salz, Pfeffer und etwas edelsüßem Paprikapulver eine Marinade rühren und über die Spieße geben oder sie damit einstreichen. In einer Pfanne etwa 10 Minuten schmoren.

*Zubereitungszeit: ca. 30 Minuten*
*Pro Portion ca. 191 kcal/800 kJ*
*8 g E, 16 g F, 2 g KH*

## Caesar's Salad
*(links)*

Für 4 Portionen

2 Köpfe Romana-Salat
4 Scheiben Toastbrot
2 El Butter
1–2 Zehen Knoblauch
6 Sardellenfilets
1 Ei
4 El Zitronensaft
1 Tl Dijonsenf
1 Tl Worcestersauce
10 El hochwertiges Olivenöl
Salz, Pfeffer
100 g frisch gehobelter Parmesan

**1.** Den Salat putzen, waschen, trockenschleudern und die größeren Blätter klein zupfen. Das Toastbrot entrinden und in kleine Würfel schneiden.

**2.** Die Butter in einer Pfanne erhitzen und die Brotwürfel darin zu goldgelben Croutons rösten. Die Croutons anschließend auf Küchenpapier abkühlen lassen und beiseitestellen.

**3.** Den Knoblauch schälen, grob hacken und mit Sardellenfilets, Ei, Zitronensaft, Dijonsenf und Worchestersauce in einen Mixer geben.



## Gemüse-Tartelettes
*(unten)*

Für 8 Tartelettes

250 g Blätterteig (TK)
Butter für die Form
200 g Leipziger Allerlei (TK)
125 ml Kalbsfond
2 El Kräuterbutter
30 g Mehl
125 ml Sahne
3 Eier
70 g Emmentaler
Salz, Pfeffer aus der Mühle
1 Prise Muskatnuss

**1.** Den Teig ausrollen und daraus 8 Kreise von je 12 cm Ø ausstechen. 8 kleine Tartelette-Förmchen mit Butter ausstreichen und die Teigkreise in die Förmchen geben. Backofen auf 180 °C vorheizen.

**2.** Das Gemüse mit dem Kalbsfond in einen Topf geben und kurz blanchieren. Anschließend pürieren. Die Kräuterbutter in einem Topf erhitzen und das Mehl einrühren. Alles mit der Sahne angießen. Die Eier trennen. Das Eigelb mit dem Käse unter die Sahnesauce heben.

**3.** Eiweiß steif schlagen und mit dem Gemüsepüree unterheben. Alles mit Salz, Pfeffer und Muskat abschmecken. Die Masse auf dem Teig verteilen und im Backofen auf der mittleren Einschubleiste ca. 15 Minuten backen.

*Zubereitungszeit: 15 Minuten*
*(plus Backzeit)*
*Pro Portion ca. 324 kcal/1357 kJ*
*9 g E, 23 g F, 17 g KH*

**4.** Den Mixer auf niedrigste Stufe stellen und nach und nach das Olivenöl entfließen lassen, bis ein homogenes Dressing entsteht. Das Dressing mit Salz und Pfeffer abschmecken.

**5.** Den Salat in eine Schüssel geben und in dem Dressing wenden. Mit Croutons und Parmesanspänen garniert servieren.

*Zubereitungszeit: ca. 20 Minuten*
*(plus Röstzeit)*
*Pro Portion ca. 342 kcal/1436 kJ*
*14 g E, 27 g F, 10 g KH*

## *Fischspieße*

*(rechts)*

Für 4 Portionen

***… mit Paprika***

350 g Fischfilet (z. B. Dorade)
1 1/2 El Zitronensaft
Salz, Pfeffer
1 große gelbe Paprikaschote
2 El Olivenöl
1 El edelsüßes Paprikapulver
2 Ciabattabrötchen
Eisbergsalat zum Dekorieren

**1.** Das Fischfilet waschen, trocken tupfen und in 3 cm große Würfel schneiden. Mit Zitronensaft beträufeln und mit Salz und Pfeffer würzen.

**2.** Die Paprikaschote putzen, entkernen, waschen und in Würfel schneiden. Abwechselnd Paprikawürfel und Fischstücke auf Holzspieße stecken, mit Olivenöl einstreichen und mit Paprikapulver bestreuen.

**3.** Unter dem heißen Grill etwa 5–10 Minuten grillen. Auf halbiertem Ciabatta servieren und mit geschnittenem Eisbergsalat garnieren.

*Zubereitungszeit: ca. 15 Minuten*
*(plus Grillzeit)*
*Pro Portion ca. 134 kcal/562 kJ*
*18 g E, 10 g F, 2 g KH*

***… mit Zucchini***

350 g Fischfilet (z. B. Dorade)
1 1/2 El Zitronensaft
1 Zucchini
2 El Olivenöl
1 El edelsüßes Paprikapulver
Salz, Pfeffer
2 Ciabattabrötchen
Eisbergsalat zum Dekorieren

**1.** Die Zucchini putzen, waschen, trocknen und in Scheiben schneiden. Die Spieße wie oben beschrieben mit Zucchinischeiben zubereiten und unter dem heißen Grill etwa 5 –10 Minuten grillen.

**2.** Auf halbiertem Ciabatta servieren und mit geschnittenem Eisbergsalat garnieren.

*Zubereitungszeit: ca. 15 Minuten*
*(plus Grillzeit)*
*Pro Portion ca. 134 kcal/562 kJ*
*18 g E, 10 g F, 2 g KH*

## Orangensalat mit Apfel *(unten)*

Für 4 Portionen

1 Apfel
3 Orangen
3 Frühlingszwiebeln
2 El Sherry
200 g halbfester Schnittkäse
Rosinenbrötchen
einige Minzeblättchen

**1.** Den Apfel schälen, vom Kerngehäuse befreien und in Würfel schneiden. Den Orangensalat wie rechts beschrieben mit Apfel zubereiten.

**2.** Käse und Rosinenbrötchen aufspießen, zum Orangensalat reichen und mit Minze garniert servieren.

*Zubereitungszeit: ca. 20 Minuten*
*Pro Portion ca. 342 kcal/1436 kJ*
*16 g E, 16 g F, 31 g KH*

## Orangensalat mit Trauben *(unten)*

Für 4 Portionen

3 Orangen
3 Frühlingszwiebeln
100 g grüne Trauben
2 El Sherry
200 g halbfester Schnittkäse
Rosinenbrötchen
einige Minzeblättchen

**1.** Die Orangen schälen und filetieren. Anschließend würfeln. Den Orangensaft auffangen. Frühlingszwiebeln putzen, waschen und in dünne Ringe schneiden.

**2.** Trauben waschen, halbieren und Kerne entfernen. Die Zutaten miteinander mischen. Den Orangensaft mit dem Sherry mischen und darübergeben. Alles gut durchrühren.

**3.** Den Käse in Stücke schneiden und mit einem halben Rosinenbrötchen auf Spieße stecken. Zum Orangensalat reichen und diesen mit Minze garniert servieren.

*Zubereitungszeit: ca. 20 Minuten*
*Pro Portion ca. 343 kcal/1440 kJ*
*16 g E, 16 g F, 31 g KH*

## Lammhackspieße
*(rechts unten)*

Für 4 Portionen

500 g Lammhackfleisch
1 Ei
1 Tl gemahlener Kreuzkümmel
1 Tl gemahlener Koriander
1 El frisch gehackter Salbei
1/2 Tl Cayennepfeffer
Salz, Pfeffer
8 kleine Zwiebeln
12 Lorbeerblätter
3 El Olivenöl

## Hähnchenschenkel feurig-scharf

*(links)*

Für 4 Portionen

4 Hähnchenschenkel
Salz
Pfeffer
1 Tl Rosenpaprika
1/2 Tl Cayennepfeffer
4 El Olivenöl
Chilisauce

**1.** Die Hähnchenschenkel waschen, trocken tupfen. Gewürze und Öl vermischen und die Hähnchenschenkel damit einpinseln.

**2.** Im vorgeheizten Backofen bei 180 °C (Umluft 160 °C) etwa 25 Minuten backen oder in der Pfanne etwa 15 Minuten knusprig braten. Dazu schmecken Chilisauce und ein frischer Salat.

*Zubereitungszeit: ca. 30 Minuten*
*Pro Portion ca. 324 kcal/1360 kJ*
*28 g E, 22 g F, 2 g KH*



**1.** Das Hackfleisch mit Ei, Kreuzkümmel, Koriander, Salbei und Cayennepfeffer zu einem Teig verarbeiten und mit Salz und Pfeffer abschmecken.

**2.** Aus dem Fleischteig mit angefeuchteten Händen Klößchen formen. Die Zwiebeln schälen und in grobe Stücke schneiden. Fleischklößchen mit Zwiebeln und Lorbeerblättern abwechselnd auf Holzspieße stecken.

**3.** Die Lammspieße mit dem Olivenöl bestreichen und auf dem Grill oder im Backofen unter dem Grill etwa 8–10 Minuten grillen. Mit einer Joghurtsauce servieren.

*Zubereitungszeit: ca. 20 Minuten (plus Bratzeit)*
*Pro Portion ca. 283 kcal/1189 kJ*
*40 g E, 11 g F, 6 g KH*

## *Canapés mit Räucherlachs* *(oben)*

Für 20 Stück

10 Scheiben Toastbrot
3 El Sahnemeerrettich
3 El Crème fraîche
1 Staudensellerie
80 g Räucherlachs
1 El Pastis
2 El grüner Pfeffer
2 El gehackter Dill

**1.** Brot entrinden. Meerrettich mit Crème fraîche verrühren und die Brote damit bestreichen. Jede Brotscheibe diagonal halbieren.

**2.** Sellerie putzen und in Ringe schneiden. Die Brote damit belegen. Den Lachs grob hacken und mit Pastis und grünem Pfeffer mischen. Auf dem Sellerie verteilen. Mit Dill bestreuen, eine zweite Brotscheibe obenauf legen und servieren.

*Zubereitungszeit: ca. 10 Minuten*
*Pro Stück ca. 36 kcal/152 kJ*
*2 g E, 1 g F, 5 g KH*

## *Chankin-Sushi*

*(unten)*

Für 4 Portionen

100 g gekochte Shrimps
2 El Reisweinessig
1 El Mirin
2 El Ingwersaft
100 g Brokkoliröschen
250 ml helle Misobrühe
100 g Möhren
1 El Sesamöl
4 Eier
1 El Salz
1 Msp. Ingwerpulver
2 El Butter
100 g fertiger Sushi-Reis

1. Die Shrimps mit Reisweinessig, Mirin und Ingwersaft verrühren. Den Brokkoli waschen und in der Misobrühe ca. 4 Minuten garen lassen. Anschließend abgießen und grob zerkleinern.

2. Die Möhren schälen und in kleine Würfel schneiden. Das Öl erhitzen und die Möhrenwürfel darin ca. 3 Minuten dünsten. Die Eier mit Salz und Ingwerpulver verrühren.

3. Die Butter in einer Pfanne erhitzen und aus der Eimasse portionsweise dünne Omeletts ausbacken. Die Omeletts auf einer Arbeitsplatte ausbreiten. Den Reis mit Brokkoliröschen, Möhren und den Shrimps zu einer Masse verkneten und daraus Bällchen formen. Die Bällchen auf die Omeletts geben und alles zu Beutelchen formen.

*Zubereitungszeit: ca. 25 Minuten*
*Pro Portion ca. 208 kcal/874 kJ*
*15 g E, 15 g F, 3 g KH*

## Salatschiff mit Käsetrüffeln

*(links)*

Für 12 Stück

450 g Doppelrahmfrischkäse
Salz
Pfeffer
Paprikapulver edelsüß
1 Bund Schnittlauch
1 Bund Dill
1/2 Bund Radieschen
1 großes Blatt Romanasalat

1. Den Doppelrahmfrischkäse mit Salz, Pfeffer und Paprika würzen und dabei die Gewürze gleichmäßig unterrühren. Den Frischkäse anschließend kalt stellen.

2. Schnittlauch und Dill waschen und trocken tupfen. Den Schnittlauch in feine Röllchen schneiden, den Dill fein hacken. Die Radieschen putzen, waschen und fein hacken.

3. Aus dem Frischkäse mit feuchten Händen 12 Bällchen formen und je 1/3 in Schnittlauchröllchen, Dill und klein gehackten Radieschen wenden.

4. Das Salatblatt schiffbauchartig nach oben gewölbt auf eine kleine Anrichteplatte legen und die Frischkäsekugeln hineinlegen.

*Zubereitungszeit: ca. 30 Minuten*
*Pro Stück ca. 130 kcal/546 kJ*
*4 g E, 11 g F, 1 g KH*

**Tipp:** Wer mag, kann mit Zahnstochern, Salatblattstücken, Paprikastreifen oder klein geschnittenen Käsescheiben Fähnchen herstellen und diese auf die Käsetrüffel stecken.

## Käse-Obst-Spieße

*(oben)*

Für 8 Portionen

4 Scheiben Vollkornbrot
4 Tl Butter
2 Bananen
4 Kiwis
3 Äpfel
4 dicke Scheiben Käse
Salatblätter
6 El flüssiger Honig
3 El Sesam
Holzpieße

**1.** Brot mit Butter bestreichen und in mundgerechte Würfel schneiden. Bananen schälen und in Scheiben schneiden. Übriges Obst ebenfalls schälen und in Scheiben oder Stücke schneiden.

**2.** Den Käse in gleich große Würfel schneiden. Abwechselnd Käse, Brot und Obst auf Holzspieße stecken. Salatblätter auf einer Platte auslegen und die Obstspieße darauf verteilen. Mit Honig bestreichen und mit Sesam bestreuen.

*Zubereitungszeit: ca. 20 Minuten*
*Pro Portion ca. 143 kcal/603 kJ*
*2 g E, 5 g F, 23 g KH*

## Minzpüree mit Früchten

*(rechts oben)*

Für 4 Portionen

200 g Minze
2 Birnen
200 g Stachelbeeren
200 g Pflaumen
4 El Zitronensaft
3 El feiner Zucker
5 grüne Chilis
3 El frisch geriebener Ingwer
2 El Koriandersamen
2 El Kreuzkümmelsamen
8 grüne Kardamomkapseln
2 Zimtstangen
Minze und Limettenspalten zum Garnieren

**1.** Die Minze waschen, trocknen und die Blättchen abzupfen. Die Birnen waschen, schälen, halbieren, das Kerngehäuse entfernen und das Fruchtfleisch in Stücke schneiden. Die Stachelbeeren waschen und trocknen. Die Pflaumen waschen, trocknen, halbieren, entkernen und ebenfalls in Stücke schneiden.

**2.** Die Minzblätter und das Obst zusammen mit dem Zitronensaft und dem Zucker in eine Schüssel geben. Die Chilis längs halbieren, entkernen, waschen und in Streifen schneiden. Zum Obst geben und alles pürieren.

**3.** Ingwer, Koriander, Kreuzkümmel und Kardamom in einer Pfanne ohne Fett anrösten, kurz abkühlen lassen und mahlen. Mit den Zimtstangen zum Fruchtpüree geben und alles mindestens 5 Minuten ziehen lassen. Vor dem Servieren die Zimtstangen entfernen. Das Püree mit Minze und einigen Limettenspalten garniert servieren.

*Zubereitungszeit: ca. 30 Minuten*
*Pro Portion ca. 105 kcal/441 kJ*
*3 g E, 1 g F, 26 g KH*

## *Hähnchenstreifen mit Aioli*

*(unten)*

Für 4 Portionen

500 g Hähnchenfilet
1–2 Knoblauchzehen
100 ml trockener Weißwein
100 ml Olivenöl
2 Lorbeerblätter
1/2 gewürfelte rote Peperoni
1 Tl getockneter Thymian
1/2 Tl Kreuzkümmel
Salz
Pfeffer
6 Stiele Petersilie
5 El Paniermehl
200 g Aioli

**1.** Das Hähnchenfilet in Streifen schneiden. Den Knoblauch schälen und fein hacken. Den Wein mit Öl, Lorbeerblättern, Peperoni, Thymian, Kreuzkümmel, Salz und Pfeffer vermischen. Anschließend die Hähnchenstreifen in diese Marinade geben und alles vermengen.

**2.** Die Petersilie waschen, trocken schütteln und klein hacken, anschließend mit dem Paniermehl vermischen. Die Hähnchenstreifen aus der Marinade nehmen und in der Petersilien-Panade wälzen.

**3.** Den Grill auf höchster Stufe vorheizen. Das Hähnchenfilet auf einem Rost unter den vorgeheizten Grill schieben und in etwa 5 Minuten braun und gar grillen. Zwischendurch das Fleisch wenden. Hähnchenstreifen mit Aioli servieren.

*Zubereitungszeit: ca. 25 Minuten*
*Pro Portion ca. 450 kcal/1890 kJ*
*38 g E, 27 g F, 11 g KH*

## Gurken mit Shrimps-Frischkäse

*(rechts)*

Für 4 Portionen

300 g gekochte Shrimps
1 El Zitronensaft
1/2 Bund Dill
200 g Frischkäse
Salz
Pfeffer
3 El Weißwein
300 g Salatgurke
Dill zum Garnieren

**1.** Die Shrimps grob zerkleinern und mit dem Zitronensaft beträufeln. Den Dill waschen, trocknen und fein hacken. Den Frischkäse in eine Schüssel geben, mit Salz und Pfeffer würzen. Den Dill mit dem Weißwein unterrühren.

**2.** Die Gurke waschen, trocknen, längs und zweimal quer halbieren. Die Kerne herausschaben. Die Shrimpsmasse einfüllen. Das Ganze mit etwas Dill garniert servieren.

*Zubereitungszeit: ca. 20 Minuten*
*Pro Portion ca. 143 kcal/601 kJ*
*8 g E, 2 g F, 22 g KH*

## Geröstetes Brot nach katalanischer Art

*(links)*

Für 4 Portionen

5 El kalt gepresstes Olivenöl
4 Knoblauchzehen
4 Scheiben Bauernbrot, ca. 2 cm dick
1–2 sehr reife Tomaten

**1.** Das kalt gepresste Olivenöl in eine Pfanne geben. Den Knoblauch schälen und dazupressen. Das Knoblauchöl erhitzen.

**2.** Die Brotscheiben im heißen Knoblauchöl nacheinander anbraten.Herausnehmen, etwas abkühlen lassen und von beiden Seiten mit dem Knoblauchöl bestreichen.

**3.** Die Tomaten waschen, abtrocknen und halbieren. Die Hälfte der Tomaten nochmals in Achtel schneiden. Die Brotscheiben mit den Tomatenhälften kräftig einreiben und mit den restlichen Tomaten servieren.

*Zubereitungszeit: ca. 15 Minuten*
*Pro Portion ca. 149 kcal/624 kJ*
*3 g E, 5 g F, 22 g KH*

## Möhrenplätzchen mit Oliven und Schafskäse

*(unten)*

Für ca. 20 Stück

250 g Möhren
250 g Kartoffeln
2 Schalotten
2 El gehackter Schnittlauch
1 El Mehl
1 Ei
Salz
Pfeffer
2 El Olivenöl
100 g Schafskäse
10 schwarze Oliven

**1.** Die Möhren und Kartoffeln schälen und reiben. Die Schalotten schälen und fein hacken. Möhren, Kartoffeln, Schalotten, Schnittlauch und Mehl miteinander mischen. Das Ei zugeben und mit Salz und Pfeffer würzen. Aus der Masse einen glatten Teig bereiten.

**2.** Das Öl in einer Pfanne erhitzen. Mit einem Teelöffel aus dem Teig kleine Häufchen abstechen und im heißen Öl zu knusprigen flachen Plätzchen backen. Auf Küchenpapier abtropfen lassen.

**3.** Den Schafskäse in kleine Würfel schneiden. Die Oliven entsteinen und in Scheiben schneiden. Die Möhrenplätzchen mit Schafskäse und Olivenscheiben belegen.

*Zubereitungszeit: ca. 15 Minuten*
*(plus Frittierzeit)*
*Pro Stück ca. 51 kcal/214 kJ*
*1 g E, 3 g F, 2 g KH*

**Tipp:** Die Möhrenplätzchen können Sie auch mit Kräuter-Frischkäse oder Crème fraîche bestreichen und mit Räucherlachs belegen.

## Champignons

*(rechts)*

Für 4 Portionen

### ... in Sherry

400 g kleine Champignons
1 Schalotte
1 Knoblauchzehe
3 El Olivenöl
Salz
Pfeffer
100 ml trockener Sherry
2 El frisch gehackte Petersilie

**1.** Champignons putzen und mit einem feuchten Tuch abreiben. Schalotte und Knoblauch schälen und fein hacken.

**2.** Das Öl erhitzen und die Schalotte sowie den Knoblauch darin dünsten. Pilze hinzufügen und unter Rühren etwa 5 Minuten mitschmoren. Würzen und mit dem Sherry ablöschen.



**3.** Noch weitere 5 Minuten schmoren, dann abkühlen lassen und mit Petersilie bestreuen. Die Pilze auf Spieße stecken und mit Baguette servieren.

*Zubereitungszeit: ca. 30 Minuten*
*Pro Portion ca. 102 kcal/428 kJ*
*3 g E, 8 g F, 2 g KH*

### ... in Kräuter-Chili-Vinaigrette

400 g kleine Champignons
1/2 Bund Frühlingszwiebeln
1 Knoblauchzehe
1/2 Chilischote
3 El Olivenöl
Salz, Pfeffer, Zucker
je 1 Zweig Estragon, Rosmarin, Thymian
100 ml Rotweinessig

**1.** Die Pilze wie oben beschrieben vorbereiten. Die Frühlingszwiebeln putzen, waschen, trocknen und hacken, Knoblauch schälen und ebenfalls hacken. Chilischote putzen, halbieren, entkernen, waschen und hacken.

**2.** Frühlingszwiebeln, Knoblauchzehe und Chili im Olivenöl andünsten, Pilze hinzufügen und würzen. Kräuter mit den Pilzen schmoren, dann mit Essig ablöschen.

**3.** Die Kräuter vor dem Servieren entfernen und nach Belieben mit Zucker süßen. Pilze auf Spieße stecken. Dazu Baguette reichen.

*Zubereitungszeit: ca. 30 Minuten*
*Pro Portion ca. 79 kcal/331 kJ*
*4 g E, 8 g F, 4 g KH*

## Süßes Brot nach kastilischer Art

*(rechts)*

Für 4 Portionen

2 Eier
etwa 100 ml Rotwein oder Sherry
4 El Öl
8 dicke Scheiben trockenes Weißbrot
Zucker zum Bestreuen
1 Msp. Zimt

**1.** Die Eier in einer flachen Schale verquirlen. Den Rotwein oder den Sherry in eine weitere flache Schale geben. Das Öl in einer Pfanne erhitzen.

**2.** Die Brotscheiben nacheinander zuerst in dem Wein wenden und danach durch das verquirlte Ei ziehen. Dann sofort in dem heißen Öl von beiden Seiten knusprig und goldbraun backen. Herausnehmen, auf Küchenpapier abtropfen lassen und mit etwas Zucker und gemahlenem Zimt bestreuen.

*Zubereitungszeit: ca. 15 Minuten*
*Pro Portion ca. 135 kcal/567 kJ*
*4 g E, 9 g F, 4 g KH*

## Birnen-Speck-Salat

*(unten)*

Für 4 Portionen

4 Salatherzen
150 g Walnüsse
2 Williamsbirnen
6 El Birnensaft
6 El Ananassaft
3 El Öl
1 Tl Sahnemeerrettich
1 Tl grober Senf
Salz
Zitronenpfeffer
1 Prise Zucker
5 El Crème double
Korianderpulver
4 Scheiben Speck

**1.** Die Salatherzen halbieren, waschen und trocknen. Einige Walnüsse beiseite legen, den Rest grob hacken. Die Birnen schälen, halbieren, das Kerngehäuse entfernen, vierteln und in dünne Spalten schneiden. Mit den Salatherzen auf Tellern anrichten. Gehackte Walnüsse darüber streuen.

**2.** Je 2 El Birnen- und Ananassaft mit Öl, Meerrettich, Senf, etwas Salz, Pfeffer und Zucker in einer Schüssel verrühren. Die Marinade über die Salatherzen und die Birnen träufeln.

**3.** Crème double mit dem restlichen Saft verrühren und mit Salz, Zitronenpfeffer und Korianderpulver gut abschmecken. Den Speck in einer Pfanne ohne Fett knusprig braten. Die Crème über den Salat geben und die restlichen Walnüsse mit den Speckscheiben darauf anrichten.

*Zubereitungszeit: ca. 20 Minuten*
*Pro Portion ca. 587 kcal/2468 kJ*
*5 g E, 48 g F, 26 g KH*

## *Canapés mit Jakobsmuscheln*

*(unten)*

Für ca. 20 Stück

10 Jakobsmuscheln
1 El Öl
Salz
Pfeffer
4 El süßsaure Chilisauce
10 Scheiben Weißbrot
1 Kopf Salat
50 ml Sahne
2 Tl Cognac
1 El Tomatenmark

**1.** Die Jakobsmuscheln waschen, trocken tupfen und halbieren. Das Öl in einer Pfanne erhitzen und die Muscheln darin von beiden Seiten etwa 1 Minute braten. Herausnehmen, mit Salz und Pfeffer würzen und mit der Chilisauce beträufeln.

**2.** Aus den Weißbrotscheiben jeweils 2 Kreise ausstechen und diese toasten. Die Salatblätter waschen, trocken schütteln und auf die getoasteten Brotscheiben legen. Die Jacobsmuscheln auf die Brotscheiben setzen.



**3.** Die Sahne steif schlagen, den Cognac und das Tomatenmark unterrühren und je 1 guten Tl auf die Muscheln geben. Sofort servieren.

*Zubereitungszeit: ca. 20 Minuten*
*Pro Stück ca. 45 kcal/189 kJ*
*2 g E, 1 g F, 5 g KH*

**Tipp:** Statt Jakobsmuscheln können Sie die Canapés mit gebratenem Fisch, wie zum Beispiel Thunfisch oder Schwertfisch belegen. Braten Sie dazu in Form geschnittene Fischsteaks etwa 2 Minuten in sehr heißem Fett. Als Krönung einen Klecks Remoulade oder Gemüsewürfel daraufgeben.

## *Kresse-Ei-Taler*

*(links oben)*

Für 24 Stück

8 Eier
1 Avocado
3 El Zitronensaft
Salz
Pfeffer
1 Tl edelsüßes Paprikapulver
1 Tl Pesto
2 Kästchen Gartenkresse
24 Roggentaler oder
runde Pumpernickel

**1.** Die Eier hart kochen, abschrecken und pellen. Die Avocado schälen, den Kern entfernen und das Fruchtfleisch mit Zitronensaft, Salz, Pfeffer, Paprikapulver und Pesto pürieren.

**2.** Die Eier in Scheiben schneiden. Kresse putzen. Die Roggentaler mit der Avocadocreme bestreichen. Mit Eierscheiben belegen und mit Kresse bestreuen.

*Zubereitungszeit: ca. 20 Minuten*
*Pro Stück ca. 72 kcal/300 kJ*
*3 g E, 5 g F, 4 g KH*

## *Bauernsalat griechischer Art*

*(rechts)*

Für 4 Portionen

1 Salatgurke
2 gelbe Paprikaschoten
500 g Tomaten
2 Frühlingszwiebeln
120 g schwarze Oliven
200 g Feta
1/2 Bund glatte Petersilie
6 Zweige Thymian
1 Knoblauchzehe
4 El Weißweinessig
6 El Olivenöl
Salz
schwarzer Pfeffer

**1.** Die Gurke waschen, schälen und längs halbieren. In 1/2 cm dicke Stücke schneiden. Die Paprika waschen, halbieren, Trennwände und Kerne herauslösen und das Fruchtfleisch würfeln. Die Tomaten waschen, halbieren, von Stielansätzen befreien und achteln.

**2.** Die Zwiebeln waschen, Wurzeln und das verwelkte äußere Grün abtrennen und in hauchdünne Ringe schneiden. Die Oliven abtropfen lassen und den Feta mit den Händen zerkrümeln. Petersilie waschen und trocken tupfen. Die Blättchen von den Stielen zupfen und fein hacken.

**3.** Alle vorbereiteten Zutaten in einer großen Salatschüssel miteinander vermischen.

**4.** Für das Dressing den Thymian waschen und trocken tupfen. Die Blättchen von den Stielen streifen. Den Knoblauch abziehen und mit einem großen Küchenmesser sehr fein hacken. Essig, Olivenöl, Thymian und Knoblauch verrühren. Mit Salz und Pfeffer abschmecken und über die Salatmischung geben. Dazu passt Fladenbrot.

*Zubereitungszeit: ca. 30 Minuten*
*Pro Portion ca. 420 kcal/1760 kJ*
*12 g E, 36 g F, 12 g KH*

## *Schinken-Spargel-Röllchen*

*(unten)*

Für 4 Portionen

1 kg weißer Spargel
Salz
Zucker
1 El Butter
8 Scheiben gekochter Schinken
Schnittlauchstängel zum Garnieren
Kräuterremoulade (FP) zum Servieren

**1.** Den Spargel waschen, schälen, die holzigen Enden abschneiden und die Stangen in kochendem Salzwasser mit etwas Zucker und der Butter etwa 20 Minuten garen. Abgießen und abtropfen lassen.

**2.** Je 2 Spargelstangen in 1 Scheibe gekochten Schinken wickeln und so 8 Schinkenröllchen herstellen. Mit Schnittlauchstängeln zusammenbinden. Schinken-Spargel-Röllchen mit einer Kräuterremoulade servieren.

*Zubereitungszeit: ca. 10 Minuten*
*(plus Zeit zum Kochen)*
*Pro Portion ca. 150 kcal/630 kJ*
*17 g E, 7 g F, 6 g KH*

## *Gurkensalat mit Minze* *(rechts oben)*

Für 4 Portionen

2 Schlangengurken
1/2 Bund Minze
1 El Weißweinessig
4 El Distelöl
1 El Orangensaft
Salz
schwarzer Pfeffer
1 Tl Orangenblütenwasser
Schale von 1 unbehandelten Orange zum Garnieren

**1.** Die Gurken waschen, schälen und in feine Scheiben hobeln. Die Minze waschen, trocken schütteln, die Blätter von den Stängeln zupfen und fein hacken. Gurken und Minze in eine Schüssel geben und mischen.

**2.** Aus Essig, Öl, Orangensaft, Salz und Pfeffer sowie dem Orangenblütenwasser ein Dressing bereiten und über die Gurken gießen. Alles gut durchmischen.

**3.** Die Orangenschale in feine Streifen schneiden und kurz in kochendes Wasser geben. Den Gurkensalat vor dem Servieren mit den Orangenzesten garnieren.

*Zubereitungszeit: ca. 20 Minuten*
*Pro Portion ca. 86 kcal/360 kJ*
*2 g E, 5 g F, 7 g KH*

**2.** Die Pinienkerne zerstoßen. Den Käse frisch reiben, zu den zerstoßenen Pinienkernen geben und damit vermischen. Nach und nach das Olivenöl und das Salz dazugeben. Den Knoblauch schälen und dazupressen. Alles zu einer cremigen Paste vermengen.

**3.** Das Basilikum waschen, trocken schütteln und die Blättchen abzupfen. Die Blättchen anschließend in feine Streifen schneiden, zum Pesto geben und darunterheben. Das Pesto auf kleine Baguettescheiben streichen und mit Pinienkernen garnieren.

*Zubereitungszeit: ca. 20 Minuten*
*Pro Portion ca. 353 kcal/1481 kJ*
*12 g E, 33 g F, 3 g KH*

## *Pesto fresco auf spanische Art*

*(rechts)*

Für 4 Portionen

125 g Pinienkerne
50 g spanischer Hartkäse, z.B. Manchego
2–3 El kalt gepresstes Olivenöl
1 Tl grobes Meersalz
1 Knoblauchzehe
1 Bund Basilikum
Baguettescheiben

**1.** Die Pinienkerne in einer Pfanne ohne Öl unter Rühren goldbraun rösten. Herausnehmen und einige für die Garnitur beiseitelegen, den Rest abgekühlt in einen steinernen Mörser geben. (Nicht mit einer Küchenmaschine oder einem Stabmixer arbeiten.)

**3.** Den Saft mit dem Zucker und dem Eigelb verrühren. Das Ganze im Wasserbad so lange schlagen, bis eine schaumige Creme entsteht. Anschließend die Creme kalt stellen.

**4.** Das Fleisch der Scampi-Schwänze mit den Fingern vorsichtig herauslösen. Die Mangoachtel mit den Scampi in großen Gläsern anrichten und mit der Creme bedecken. Den Scampi-Cocktail mit der Pfefferminze garniert servieren.

*Zubereitungszeit: ca. 30 Minuten*
*Pro Portion ca. 316 kcal/1329 kJ*
*19 g E, 12 g F, 18 g KH*

## *Scampi-Cocktail*

*(oben)*

Für 4 Portionen



2 Mangos
1 Orange
2 El Zitronensaft
8 Scampi
2 El Olivenöl
Salz
Pfeffer aus der Mühle
Paprikapulver
40 g Zucker
3 Eigelb
Pfefferminze zum Garnieren

**1.** Die Mangos schälen und achteln. Die Orange auspressen und den Saft in einer Schüssel auffangen. 1 El Zitronensaft unterrühren und die Mangos darin marinieren.

**2.** Die Scampi-Schwänze waschen und trocknen. Das Öl in einer Pfanne erhitzen und die Scampi darin ca. 5 Minuten dünsten. Mit Salz, Pfeffer und Paprikapulver würzen. Die Scampi-Schwänze herausnehmen und abkühlen lassen. Den restlichen Zitronensaft und 6 El Orangensaft in eine andere Schüssel geben.

## Grüne Oliven im Speckmantel

*(links unten)*

Für 16 Stück

16 große grüne Oliven
16 geschälte Mandeln
8 Scheiben Schinkenspeck
8 Scheiben Gouda
1 Tl gehackte Rosmarinnadeln
Paprikapulver
Salatblätter zum Anrichten

**1.** Die Oliven mit dem Kirschentkerner entsteinen und in jede Olive 1 Mandel stecken. Die Speckscheiben längs halbieren und auf einer Arbeitsplatte auslegen.

**2.** Die Käsescheiben ebenfalls halbieren und auf die Speckscheiben legen. Den Käse mit Rosmarin und Paprikapulver bestreuen und die Oliven in die Käse- und Speckscheiben wickeln.

**3.** Den Backofen auf 260 °C (Umluft 240 °C) vorheizen. Ein Backblech mit Alufolie auslegen und die Oliven darauflegen. Etwa 6 Minuten backen, bis der Speck kross ist. Die Oliven im Speckmantel auf Salatblättern anrichten.

*Zubereitungszeit: ca. 10 Minuten (plus Backzeit)*
*Pro Stück ca. 143 kcal/600 kJ*
*6 g E, 13 g F, 1 g KH*

**Tipp:** Statt Oliven können Sie auch Backpflaumen, Datteln oder getrocknete Aprikosen in Speck wickeln. Statt mit nur 1 Mandel werden die Früchte mit 1 Käsestift und 1/2 Mandel gefüllt. Statt Mandeln können Sie für die Oliven auch jeweils 1/2 eingelegte Knoblauchzehe zum Füllen verwenden.

## Hasenspießchen mit Oliven

*(oben)*

Für 4 Portionen

500 g Hasenfilet
1 Zweig Thymian
5 El trockener Sherry
Salz
Pfeffer
3 Orangen
2 El Sherryessig
4 El Olivenöl
12–24 grüne Oliven
Öl zum Braten

**1.** Das Hasenfilet in mundgerechte Würfel schneiden. Den Thymian waschen, trocken schütteln und die Blättchen abzupfen.

**2.** Thymianblättchen und Sherry mit den Fleischwürfeln vermischen. Salzen, pfeffern und etwas ziehen lassen.

**3.** Inzwischen die Orangen schälen und mit einem scharfen Messer filetieren. Die Orangenfilets mit Sherryessig, Olivenöl, Salz und Pfeffer vermischen.

**4.** Das Fleisch im Wechsel mit den Oliven auf gewässerte Holzspießchen stecken. Spieße auf dem Grill oder in einer Pfanne in etwas Öl rundherum etwa 5 Minuten grillen oder braten.

**5.** Die Spießchen mit dem Orangensud beträufeln und sofort servieren. Dazu die Orangenfilets reichen.

*Zubereitungszeit: ca. 20 Minuten*
*Pro Portion ca. 408 kcal/1712 kJ*
*30 g E, 24 g F, 13 g KH*

## *Brötchen und Membrillo mit Käse*

*(unten)*

Für 4 Portionen

***... mit Emmentaler***

Mini-Sesambrötchen
1 Glas Membrillo (Quittenpaste)
200 g milder Emmentaler

*Zubereitungszeit: ca. 10 Minuten*
*(plus Röstzeit)*
*Pro Portion ca. 422 kcal/1772 kJ*
*17 g E, 18 g F, 42 g KH*

***... mit Kernhem***

Mini-Käsebrötchen
1 Glas Membrillo (Quittenpaste)
200 g milder Kernhem

*Zubereitungszeit: ca. 10 Minuten*
*(plus Röstzeit)*
*Pro Portion ca. 446 kcal/1873 kJ*
*14 g E, 24 g F, 39 g KH*

***... mit Bergkäse***

Mini-Mohnbrötchen
1 Glas Membrillo (Quittenpaste)
200 g milder Bergkäse

*Zubereitungszeit: ca. 10 Minuten*
*(plus Röstzeit)*
*Pro Portion ca. 440 kcal/1848 kJ*
*17 g E, 21 g F, 42 g KH*

**1.** Brötchen rösten und halbieren. Membrillo und Käse in Stücke schneiden und mit Spießen zwischen den Brötchenhälften feststecken.

## *Zucchinimus mit Schafskäse*

*(rechts oben)*

Für 4 Portionen

500 g Zucchini
2 Knoblauchzehen
125 g Schafskäse
Saft von 1/2 Zitrone
3 El Olivenöl
1/2 Tl gemahlener Kreuzkümmel
Salz
Pfeffer
1 Prise Chilipulver
je 5 grüne und schwarze Oliven

**1.** Die Zucchini putzen, waschen und in Würfel schneiden. Die Knoblauchzehen schälen und fein hacken. Den Schafskäse zerkrümeln. Zucchini in kochendem Wasser etwa 15 Minuten garen, dann abgießen und abtropfen lassen.

**2.** Zucchini im Mixer pürieren, Knoblauch, Schafskäse und übrige Zutaten dazugeben und gut vermischen. Zucchinimus mit Oliven garniert servieren. Dazu frisches Fladenbrot reichen.

*Zubereitungszeit: ca. 30 Minuten*
*Pro Portion ca. 258 kcal/1082 kJ*
*9 g E, 22 g F, 6 g KH*

## *Salat mit Seezunge, Lachs und Seeteufel*

*(unten)*

Für 8 Portionen

8 Seezungenfilets
500 g Lachsfilet
500 g Seeteufelfilet
Salz
4 1/2 El Zitronensaft
4 El Butter
Pfeffer
einige Salatblätter
(z.B. Frisée)
4 El Rapsöl
2 El Sherry-Essig
1 rote Chilischote
8 Champignons

**1.** Fisch salzen und mit der Hälfte vom Zitronensaft beträufeln. Butter in einer Pfanne erhitzen und die Fischfilets darin etwa 3 Minuten braten. Würzen und beiseite stellen.

**2.** Salatblätter in mundgerechte Stücke zupfen und auf einer Platte anrichten. Rapsöl mit Sherry-Essig und restlichem Zitronensaft mischen.

**3.** Chilischote putzen und klein hacken. Unter das Dressing rühren. Champignons feucht abreiben und in dünne Scheiben schneiden.

**4.** Mit dem Dressing mischen und mit Salz und Pfeffer abschmecken. Fisch auf den Salatblättern anrichten, Pilze mit Dressing darüber geben.

*Zubereitungszeit: ca. 30 Minuten*
*Pro Portion ca. 222 kcal/935 kJ*
*34 g E, 9 g F, 1 g KH*

## *Bruschetta*

*(rechts)*

Für 4 Portionen

2 Tomaten
1 El Kapern
4 Scheiben Weißbrot
2 El Butter
4 Sardellen in Öl
(8 Sardellenfilets)
1/2 Tl getrockneter Oregano
Salz
Pfeffer
100 g Gruyère
Fett für das Blech

**1.** Den Backofen auf 200 °C (Umluft 180 °C) vorheizen. Die Tomaten waschen, von den Stielansätzen befreien und in Scheiben schneiden. Die Kapern hacken.

**2.** Die Weißbrotscheiben mit Butter bestreichen. Darauf jeweils Tomatenscheiben, zwei Sardellenfilets und einige Kapern legen. Mit Oregano, Salz und Pfeffer würzen und mit dem geriebenen Käse bestreuen.

**3.** Die Bruschette auf ein gefettetes Backblech legen und im Ofen etwa 10 Minuten überbacken. Heiß servieren.

*Zubereitungszeit: ca. 15 Minuten (plus Backzeit)*
*Pro Portion ca. 190 kcal/798 kJ*
*13 g E, 13 g F, 5 g KH*

## *Tomaten-Oliven-Crostini* *(unten)*

Für 4 Portionen

4 Eiertomaten
1 Fleischtomate
1 Tl Meersalz
2 grüne Chilis
3 Knoblauchzehen
1 Tl frische Thymianblättchen
1 Tl frische Oreganoblättchen
1 Tl frische Basilikumblättchen
4 El Olivenöl
250 g schwarze Oliven
Pfeffer aus der Mühle
2 Baguette-Brötchen
3 El Knoblauchöl

**1.** Die Tomaten waschen, trocknen, halbieren, den Stielansatz entfernen, vierteln und anschließend in kleine Würfel schneiden. Die Tomatenwürfel mit dem Salz in eine Schüssel geben und mischen. Dann im Kühlschrank ca. 15 Minuten ziehen lassen.

**2.** Die Chilischoten waschen, trocknen, halbieren, die Kerne entfernen und fein hacken. Die Knoblauchzehen schälen und fein hacken. Die Kräuter waschen, trocknen und klein hacken.

**3.** Das Öl in einer Pfanne erhitzen und die Chilischoten mit dem Knoblauch darin andünsten. Die Kräuter dazugeben.

**4.** Die Oliven in einem Sieb abtropfen lassen, halbieren, die Kerne entfernen und das Fruchtfleisch in Scheiben schneiden. Die Oliven und die Tomaten zum Knoblauch geben und alles zusammen ca. 8 Minuten bei schwacher Hitze köcheln lassen. Alles mit Salz und Pfeffer abschmecken.

**5.** Inzwischen die Baguette-Brötchen in Scheiben schneiden. Das Knoblauchöl in einer Pfanne erhitzen und die Brötchenscheiben darin goldbraun rösten. Die Olivenmasse mit dem Brot auf Tellern anrichten und servieren.

*Zubereitungszeit: ca. 25 Minuten*
*(plus Zeit zum Marinieren)*
*Pro Portion ca. 230 kcal/962 kJ*
*7 g E, 8 g F, 30 g KH*

## Frischkäsebällchen

*(unten)*

Für ca. 6 Stück

200 g Doppelrahm-Frischkäse
1 Tomate
Salz, Pfeffer
1/2 Tl edelsüßes Paprikapulver
1/2 Bund Basilikum

**1.** Den Frischkäse in einer Schüssel mit einer Gabel durchrühren. Die Tomate einritzen, heiß überbrühen, die Haut abziehen, Stielansatz und Kerne entfernen. Das Fruchtfleisch fein würfeln.

**2.** Frischkäse, Tomate und Gewürze miteinander mischen. Mit einem Eisportionierer Käsebällchen formen. Das Basilikum waschen, trocken schütteln und die Blättchen hacken. Die Käsebällchen im Basilikum wenden und servieren.

*Zubereitungszeit: ca. 15 Minuten*
*Pro Stück ca. 116 kcal/487 kJ*
*3 g E, 10 g F, 1 g KH*

## Ziegenfrischkäse-bällchen

*(unten)*

Für ca. 6 Stück

1 Knoblauchzehe
200 g Ziegenfrischkäse
1 Tl Honig
etwas frischer Thymian oder Oregano
Salz, Pfeffer

**1.** Die Knoblauchzehe schälen und fein hacken. Mit Ziegenfrischkäse, Honig, Kräutern, Salz und Pfeffer mischen und zu Bällchen formen.

*Zubereitungszeit: ca. 10 Minuten*
*Pro Stück ca. 119 kcal/499 kJ*
*3 g E, 10 g F, 2 g KH*

**Tipp:** Für die Frischkäsebällchen gibt es zahlreiche Variationen. Wenden Sie sie z. B. in je 2 El gehackten Kräutern, Nüssen, Mandeln, Pistazien, Kürbiskernen, Sesam, gehackter Paprikaschote oder gehackten Oliven.

3. Die Entenbrust herausnehmen, kurz ziehen lassen und dann in dünne Scheiben schneiden. Die Fleischscheiben auf Salattellern anrichten und die Salatzutaten darauf verteilen. Den Parmesan reiben und alles damit bestreuen. Das Ganze mit der Öl-Limettensaft-Mischung beträufeln und mit Petersilie garnieren.

*Zubereitungszeit: ca. 20 Minuten*
*Pro Portion ca. 531 kcal/2247 kJ*
*25 g E, 46 g F, 8 g KH*



## Entenbrust mit Fenchel
*(oben)*

Für 4 Portionen

1 Entenbrustfilet mit Haut
Salz
Pfeffer aus der Mühle
3 El Butterschmalz
2 Fenchelknollen
2 Äpfel
Zitronensaft
4 El Olivenöl
4 El Limettensaft
100 g Parmesan
Petersilie zum Garnieren

1. Die Entenbrust waschen, trocknen und anschließend mit Salz und Pfeffer pikant würzen. Butterschmalz in einer Pfanne erhitzen und die Entenbrust darin von allen Seiten ca. 10 Minuten kräftig braten.

2. Die Fenchelknollen putzen, waschen und in Streifen schneiden. Die Äpfel waschen, schälen, halbieren, das Kerngehäuse entfernen, vierteln und anschließend in Stifte schneiden. Mit etwas Zitronensaft beträufeln. Das Öl mit dem Limettensaft in einer Schüssel verrühren und mit Salz und Pfeffer kräftig abschmecken.

## Bayrischer Wurstsalat
*(rechts unten)*

Für 4 Portionen

600 g Fleischwurst
4 Gewürzgurken
2 Zwiebeln
3 El Weißweinessig
4 El Sonnenblumenöl
Salz
Pfeffer
1/2 Bund Petersilie

1. Die Fleischwurst aus der Pelle lösen und in dünne Streifen schneiden. Die Gewürzgurken würfeln, die Zwiebeln schälen und in dünne Ringe schneiden. Alles zusammen in eine Schüssel geben.

2. Aus 3 El Weißweinessig, 4 El Sonnenblumenöl, Salz und Pfeffer ein Dressing bereiten und den Wurstsalat damit mischen. Die Petersilie waschen, trocken schütteln, die Blättchen hacken und den Salat damit garnieren. Dazu frisches Brot reichen.

*Zubereitungszeit: ca. 20 Minuten*
*Pro Portion ca. 256 kcal/1071 kJ*
*10 g E, 15 g F, 20 g KH*

## *Scharfe Garnelenspieße*

*(rechts)*

Für 4 Portionen

16 rohe Riesengarnelen
Salz
8 Cocktailtomaten
200 g rote Paprikaschoten
200 g Salatgurke
2 Knoblauchzehen
3 El Olivenöl
Salz
Pfeffer aus der Mühle
Chilipulver
1/2 Bund Basilikum
8 Spieße

**1.** Die Garnelen waschen, trocknen und in leicht gesalzenem Wasser ca. 2 Minuten bei milder Hitze garen. Die Garnelen schälen. Die Tomaten waschen, trocknen und halbieren.

**2.** Die Paprikaschoten putzen, waschen und in Spalten schneiden. Die Salatgurke waschen, trocknen, halbieren und in Stücke schneiden.

**3.** Die Knoblauchzehen schälen, durchpressen und mit dem Olivenöl verrühren. Mit Salz, Pfeffer und Chilipulver würzen. Das Basilikum waschen, trocknen, in Streifen schneiden und unter das Öl rühren.

**4.** Die Garnelen mit dem Gemüse abwechselnd auf Spieße stecken und mit der Ölmischung bestreichen. Eine beschichtete Pfanne erhitzen und die Spieße darin ca. 5 Minuten braten. Dabei immer wieder mit dem Öl bestreichen.

*Zubereitungszeit: ca. 20 Minuten*
*Pro Portion ca. 189 kcal/788 kJ*
*21 g E, 9 g F, 4 g KH*

## Hummercocktail

*(unten)*

Für 8 Portionen

500 g grüner Spargel
Salz
500 g Kirschtomaten
150 g Mayonnaise
3 El Ketchup
3 cl Cognac
3 El Tomatensaft
1 Tl Tabasco
Pfeffer
Zucker
75 ml Sahne
1/2 Bund frisch gehackter Kerbel
ca. 1,2 kg gekochtes Hummerfleisch in Scheiben
6 bis 8 Salatblätter
1 Hand voll Petersilienblätter

## Thunfisch-Carpaccio mit Sherry

*(oben)*



Für 4 Portionen

350 g angefrorener Thunfisch
1 Schalotte, 2 El Olivenöl
2 El trockener Sherry
1 Tl Sherry-Essig, Salz
schwarzer Pfeffer
3 Tl kleine Kapern

**1.** Die Schalotte schälen und fein hacken. Das Olivenöl mit Sherry, Sherryessig, Salz und Pfeffer kräftig verrühren. Die Schalotte und die abgetropften Kapern damit vermischen.

**2.** Den angefrorenen Thunfisch in hauchdünne Scheiben schneiden. Diese auf vier Tellern anrichten und die Sauce darüberträufeln. Mit getoastetem Baguette servieren.

*Zubereitungszeit: ca. 10 Minuten (plus Gefrierzeit)*
*Pro Portion ca. 280 kcal/1176 kJ*
*20 g E, 20 g F, 3 g KH*

1. Spargel putzen und das untere Drittel schälen. In 4 cm große Stücke schneiden und in Salzwasser bissfest garen.

2. Kirschtomaten waschen und vierteln. Mayonnaise mit Ketchup, Cognac und Tomatensaft verrühren und mit Tabasco, Pfeffer, Zucker und Salz abschmecken. Sahne steif schlagen und mit dem Kerbel unter die Mayonnaise heben.

3. Hummerfleisch mit Spargel, Tomaten und Dressing mischen. Salatblätter waschen und trocknen. Portionsschälchen damit auslegen und den Cocktail hineingeben. Mit Petersilie dekorieren.

*Zubereitungszeit: ca. 25 Minuten*
*Pro Portion ca. 214 kcal/898 kJ*
*17 g E, 14 g F, 5 g KH*

## Nudelsalat mit Fleischwurst

*(links)*

Für 4 Portionen

200 g kurze Makkaroni
Salz
100 g TK-Erbsen
200 g Fleischwurst
100 g Emmentaler
300 g Mandarinen (aus der Dose)
100 g Salatmayonnaise
100 g Naturjoghurt
Pfeffer
6 El Gewürzgurkensud

1. Die Nudeln in kochendem Salzwasser nach Packungsanweisung bissfest garen. Die Erbsen ca. 1 Minute vor Ende der Garzeit zu den Nudeln geben und mitkochen. Dann alles in ein Sieb gießen, kurz abschrecken und gut abtropfen lassen.

2. Die Fleischwurst pellen und in 1 cm große Würfel schneiden. Den Käse ebenfalls in kleine Würfel schneiden. Die Mandarinen gut abtropfen lassen, etwas Saft auffangen.

3. Die Salatmayonnaise mit dem Joghurt, Salz, Pfeffer, 3 El Mandarinensaft und Gewürzgurkensud verrühren.

4. Die Nudeln, Erbsen, Wurst, den Käse und die Mandarinen mit dem Dressing verrühren. Dann den Nudelsalat erneut abschmecken.

*Zubereitungszeit: ca. 30 Minuten*
*Pro Portion ca. 517 kcal/2171 kJ*
*23 g E, 2 g F, 53 g KH*

## *Thunfischdip mit Mascarpone*

*(ohne Abb.)*

Für 4 Portionen

2 Dosen Thunfisch in Öl (à 175 g)
1 Knoblauchzehe
250 g Mascarpone
3 El Sahne
2 El Tomatenmark
Salz
Pfeffer
Zitronensaft
2 El frisch gehackte Petersilie

**1.** Den Thunfisch abtropfen lassen. Die Knoblauchzehe schälen und fein hacken. Alle Zutaten miteinander in der Küchenmaschine verrühren.

**2.** Mit Salz, Pfeffer und Zitronensaft abschmecken. Mit Petersilie garniert servieren. Passt als Dip zu Gemüsesticks, Baguette oder Crackern.

*Zubereitungszeit: ca. 15 Minuten*
*Pro Portion ca. 392 kcal/1646 kJ*
*22 g E, 32 g F, 3 g KH*



## *Garnelenspieße*

*(rechts)*

Für 8 Portionen

24 küchenfertige Riesengarnelenschwänze
3 Tl Wacholderbeeren
3 Tl flüssiger Honig
6 El trockener Weißwein
3 Tl Weißwein-Essig
3 El Gin
weißer Pfeffer
6 El Butter
2 unbehandelte Zitronen
Holzspieße

**1.** Jeweils 3 Garnelenschwänze auf einen Holzspieß stecken und die Spieße in eine flache Schale legen. Die Wacholderbeeren mit einem Messer zerdrücken und mit Honig, Weißwein, Essig, Gin und weißem Pfeffer verrühren.

**2.** Die Marinade über die Garnelen träufeln und etwa 20 Minuten durchziehen lassen, dabei die Spieße einmal wenden.

**3.** Die Butter in einer Pfanne schmelzen. Die Garnelenspieße auf Küchenkrepp etwas abtropfen lassen und von beiden Seiten jeweils 5 Minuten braten. Die Garnelenspieße anrichten und mit Zitronenspalten garnieren. Dazu frisches Baguette reichen.

*Zubereitungszeit: ca. 30 Minuten*
*Pro Portion ca. 216 kcal/908 kJ*
*17 g E, 11 g F, 8 g KH*

## Scharfer Bohnendip
*(unten)*

Für 4 – 6 Portionen

650 g Kidneybohnen (Dose)
165 g Tomatenpaprika (Glas)
2 frische rote Chilischoten
2 Knoblauchzehen
Salz
Zitronensaft
1–2 El Olivenöl

**1.** Die Bohnen abspülen und in einem Sieb mit den Tomatenpaprika abtropfen lassen. Die Chilischoten putzen, entkernen und würfeln. Die Knoblauchzehen schälen und hacken.

**2.** Die Zutaten im Mixer pürieren und mit Salz, Zitronensaft und Olivenöl abschmecken. Schmeckt gut zu Gemüsesticks oder Fladenbrot.

*Zubereitungszeit: ca. 15 Minuten*
*Pro Portion ca. 86 kcal/361 kJ*
*6 g E, 1 g F, 11 g KH*

## Hackplätzchen
*(oben)*

Für 4 Portionen

340 g Mais aus der Dose
150 g gemischtes Hackfleisch
1 Tl Salz
1/2 Tl Pfeffer
1 Eigelb
1 El Mehl
1 El frisch gehackte glatte Petersilie
30 g Paniermehl
500 ml Frittieröl
3–4 Eissalatblätter
1 Zwiebel
1 grüne Chilischote
2 gehackte Tomaten
Saft von 1 Orange

**1.** Mais abgießen und gut abtropfen lassen. Hackfleisch mit Mais, Gewürzen, Eigelb, Mehl und Petersilie zu einem glatten Teig vermischen. Mit angefeuchteten Händen aus dem Fleischteig kleine Plätzchen formen und im Paniermehl wenden.

**2.** Das Frittieröl in einem Topf erhitzen und die Plätzchen darin knusprig goldbraun braten. Auf Küchenpapier abtropfen lassen. Auf Salatblättern anrichten.

**3.** Zwiebel schälen und fein reiben. Chilischote putzen, entkernen und in sehr feine Ringe schneiden. Beides mit gehackten Tomaten und Orangensaft mischen, mit Salz abschmecken und zu den Hackplätzchen servieren.

*Zubereitungszeit: ca. 15 Minuten*
*(plus Frittierzeit)*
*Pro Portion ca. 668 kcal/2806 kJ*
*17 g E, 38 g F, 65 g KH*

## *Gefüllte Eier*

*(unten)*

Für 4 Portionen

12 Eier
Salatblätter zum Anrichten
100 g Joghurt
1 Tl Salz
grober Pfeffer
1 Tl Paprikapulver
50 g schwarze Oliven
1/2 Bund Schnittlauch
1 kleine Fenchelknolle
1 El Zitronensaft

**1.** Die Eier hart kochen. Anschließend abschrecken, pellen und der Länge nach halbieren. Das Eigelb vorsichtig entfernen. Die Salatblätter waschen, trocknen und auf Tellern anrichten. Die Eiweißhälften darauf verteilen.

**2.** Das Eigelb mit dem Joghurt verrühren und alles mit Salz, Pfeffer und Paprikapulver abschmecken.

**3.** Die Oliven abtropfen lassen und fein hacken. Schnittlauch waschen, trocknen und in Röllchen schneiden. Den Fenchel waschen, in Streifen schneiden, kurz blanchieren und anschließend in Würfel schneiden.

**4.** Die Eigelbmasse in drei Portionen teilen. Die erste Portion mit den Oliven vermengen. Die zweite mit dem Schnittlauch und die dritte mit dem Fenchel. Alles in die Eier füllen und servieren.

*Zubereitungszeit: ca. 30 Minuten*
*Pro Portion ca. 180 kcal/756 kJ*
*10 g E, 16 g F, 2 g KH*

## Bohnensalat mit Thunfisch

*(links oben)*

Für 4 Portionen

1 Dose weiße Bohnen (400 g)
1 Dose Thunfisch im eigenen Saft (200 g)
1/2 Bund Frühlingszwiebeln
1/2 Bund glatte Petersilie
2 El Aceto balsamico
8 El Olivenöl
Salz
Pfeffer

**1.** Die Bohnen in einem Sieb abtropfen lassen. Den Thunfisch ebenfalls abtropfen lassen. Die Frühlingszwiebeln putzen, waschen und in dünne Röllchen schneiden. Die Petersilie waschen, trocken schütteln und hacken.

**2.** Die Zutaten in einer Schüssel miteinander mischen. Den Thunfisch dabei mit einer Gabel zerpflücken. Aus Balsamico, Öl, Salz und Pfeffer eine Salatsauce mischen und unter den Bohnensalat rühren.

*Zubereitungszeit: ca. 20 Minuten*
*Pro Portion ca. 662 kcal/2782 kJ*
*31 g E, 41 g F, 42 g KH*

## Reispapierröllchen mit geräucherter Entenbrust

*(rechts)*

Für ca. 20 Stück

10 Reispapierblätter
1 Tl Honig
1 Tl Sojasauce
400 g geräucherte Entenbrust
4 cm frische Ingwerwurzel
1/2 Bund Frühlingszwiebeln
1–2 Zucchini
2 El Pflaumensauce

**1.** Die Reispapierblätter auslegen und etwas anfeuchten. Den Honig mit der Sojasauce verrühren. Die Entenbrust schräg in 0,5 cm breite Scheiben schneiden, die Scheiben in Streifen schneiden. Die Streifen in der Honigmischung einlegen.

**2.** Den Ingwer schälen und fein reiben. Die Frühlingszwiebeln und die Zucchini putzen und in dünne Streifen schneiden.

**3.** Die Reispapierblätter halbieren, die Ränder gerade schneiden. Jedes Blatt mit etwas Pflaumensauce einstreichen. Die Fleisch- und Gemüsestreifen auf die Blätter geben und fest zusammenrollen.

*Zubereitungszeit: ca. 15 Minuten*
*Pro Stück ca. 50 kcal/210 kJ*
*3 g E, 3 g F, 1 g KH*

## *Gefüllte Fliegenpilze*

*(rechts)*

Für 4 Portionen

4 runde Tomaten
200 g Gemüse-, Reis- oder Fleischsalat (FP)
40 g Mayonnaise aus der Tube
1 Kistchen Kresse

**1.** Die Tomaten waschen und trocken reiben. Die Seite mit dem Stielansatz etwas abflachen und dabei den Stielansatz entfernen. Den oberen Deckel abschneiden.

**2.** Die Tomaten mit einem Löffel vorsichtig entkernen und mit Gemüse-, Reis- oder Fleischsalat füllen.

**3.** Die Tomatendeckel auf die gefüllten Tomaten setzen und mit Mayonnaise die typischen Punkte auf den Deckel tupfen. Die Kresse vom Ballen schneiden und abbrausen. Kresse und Tomaten-Fliegenpilze auf einem Brett anrichten.



*Zubereitungszeit: ca. 15 Minuten*
*Pro Portion ca. 111 kcal/466 kJ*
*2 g E, 9 g F, 4 g KH*

**Tipp:** Noch niedlicher werden die Fliegenpilze, wenn man Cocktailtomaten verwendet.

## *Canapés mit Krabben*

*(rechts unten)*

Für 20 Stück

3 Orangen
Salz, Pfeffer
450 g Krabben
1 Bund Dill
5 Scheiben Toastbrot
4 El Mayonnaise
2 El Cocktailsauce
1 cl Weinbrand
10 Blätter Eisbergsalat

**1.** Orangen schälen, filetieren und den Saft auffangen. Orangenfilets würzen, dann die Krabben im Saft 20 Minuten marinieren. Anschließend abtropfen lassen.

**2.** Dill fein hacken, einige Zweige beiseite legen. Die Brote dünn mit Mayonnaise bestreichen. Dann jedes Brot in 4 Teile schneiden.

**3.** Krabben mit restlicher Mayonnaise, Orangenfilets, Cocktailsauce und Weinbrand verrühren. Die Brote mit Salatblättern belegen und die Krabben darauf verteilen. Mit den Dillzweigen garnieren.

*Zubereitungszeit: ca. 25 Minuten*
*(plus Marinierzeit)*
*Pro Stück ca. 69 kcal/287 kJ*
*5 g E, 3 g F, 5 g KH*

## *Schwarze Oliven im Teigmantel*

*(links)*

Für 4 Portionen

100 g Mehl
2 Eier
Salz
300 g schwarze Oliven
4 Knoblauchzehen
1 Zwiebel
10 getrocknete Tomaten
1 Tl Thymian
Cayennepfeffer
1/2 Bund Petersilie
Fett zum Frittieren

**1.** Das Mehl mit den Eiern und etwas Salz glatt verrühren. Die Oliven abtropfen lassen, entsteinen und grob hacken, anschließend zum Teig geben und unterheben.

**2.** Den Knoblauch und die Zwiebel schälen und fein gehackt dazugeben. Die Tomaten klein würfeln, mit dem Thymian und etwas Cayennepfeffer ebenfalls zum Teig geben.

**3.** Die Petersilie waschen, trocken schütteln und klein gehackt zu den anderen Zutaten geben. Alles gut miteinander vermischen.

**4.** Frittierfett auf 180 °C erhitzen. Von der Masse mit einem Esslöffel kleine Klößchen abstechen und portionsweise 5 Minuten goldbraun frittieren. Herausnehmen, auf Küchenpapier abtropfen lassen und warm auf Holzspießchen servieren.

*Zubereitungszeit: ca. 20 Minuten*
*Pro Portion ca. 513 kcal/2153 kJ*
*9 g E, 43 g F, 24 g KH*

# Tortilla mit Steinpilzen

*(unten)*

Für 4 Portionen

200 g Steinpilze
2–3 El Knoblauchöl
Salz
Pfeffer
5 Eier
2 El Öl

**1.** Die Steinpilze putzen und mit einem Küchentuch abreiben, eventuell waschen und vorsichtig abtrocknen.

**2.** Steinpilze anschließend in Scheiben schneiden und in eine Schüssel geben. Mit dem Knoblauchöl beträufeln, salzen und pfeffern.

**3.** Die Eier in einer Schüssel schaumig schlagen, die Steinpilze daruntermischen. In einer Pfanne das Öl langsam erhitzen. Die Ei-Pilz-Masse hineingießen und langsam stocken lassen. Die Hitze reduzieren.

**4.** Die Tortilla mit Hilfe eines Tellers umdrehen und die Oberseite ebenfalls braun werden lassen. Die Steinpilz-Tortilla in Würfel schneiden und warm oder kalt auf Holzspießchen servieren.

*Zubereitungszeit: ca. 20 Minuten*
*(plus Backzeit)*
*Pro Portion ca. 393 kcal/1649 kJ*
*11 g E, 39 g F, 2 g KH*

## Thunfisch-Crostini
*(links oben)*

Für 20 Stück

20 Baguettescheiben
300 g Thunfisch aus der Dose
50 g Kapern
2 El Mayonnaise
Saft von 1/2 Zitrone
Pfeffer
125 g Kräuterbutter
20 kleine Radicchioblätter

**1.** Die Baguettescheiben hellbraun toasten. Den Thunfisch abtropfen lassen und mit einer Gabel zerdrücken. Die Kapern hacken.

**2.** Thunfisch mit Kapern und Mayonnaise mischen, mit Zitronensaft und Pfeffer abschmecken. Die Baguettescheiben mit Kräuterbutter bestreichen und mit je einem Blatt Radicchio belegen. Die Thunfischcreme darauf verteilen.

*Zubereitungszeit: ca. 20 Minuten*
*Pro Stück ca. 128 kcal/538 kJ*
*3 g E, 11 g F, 5 g KH*

## Gefüllte Frikadellen mit Tofu
*(rechts)*

Für 4 Portionen

1 Zwiebel
1 Brötchen vom Vortag
400 g gemischtes Hackfleisch
2 Eier
Salz
Pfeffer
1/2 Tl Paprikapulver, edelsüß
1 El frisch gehackter Koriander
100 g Tofu
4 El Pflanzenöl

**1.** Das Brötchen 5–10 Minuten in Wasser einweichen. Zwiebel schälen und hacken. Brötchen ausdrücken, mit Zwiebel, Hackfleisch, Ei und den Gewürzen zu einem Teig verarbeiten. Koriander unterheben.

**2.** Aus dem Teig etwa 4 Frikadellen formen. Den Tofu würfeln und in jede Frikadelle 1–2 Tofuwürfel drücken. Im heißen Öl knusprig goldbraune Frikadellen braten. Dazu passt eine süß-saure Sauce.

*Zubereitungszeit: ca. 30 Minuten*
*Pro Portion ca. 458 kcal/1923 kJ*
*28 g E, 31 g F, 15 g KH*

## Hummersalat

*(oben)*

Für 4 Portionen

400 g Wassermelone
300 g Honigmelone
Saft von 1 Zitrone
2 El Akazienhonig
6 Blättchen Minze, grob gehackt
1 El Zucker
3 El Traubenkernöl
500 g ausgelöster Hummer
50 g Cashewkerne

**1.** Die Melone halbieren. Das Fruchtfleisch der Melonen mit dem Kugelausstecher herauslösen. Die Schale der Wassermelone beiseite stellen.

**2.** Den Zitronensaft mit dem Honig, der Minze, dem Zucker und dem Öl verrühren. Das Hummerfleisch grob zerteilen. Die Melonenbällchen mit dem Hummerfleisch in die Melone geben und mit der Sauce beträufeln. Alles mit den Cashewkernen garnieren.

*Zubereitungszeit: ca. 25 Minuten*
*Pro Portion ca. 547 kcal/2300 kJ*
*43 g E, 25 g F, 27 g KH*

## Wurstsalat nach Elsässer Art

*(unten)*

Für 4 Portionen

2 Eier
400 g grobe Schinkenwurst
2 Tomaten
1 Zwiebel
4 Blätter Kopfsalat
3 El Weißweinessig
3 El Walnussöl
1 Tl Senf
Salz, Pfeffer
2 El frisch gehackte Petersilie

**1.** Die Eier in kochendem Wasser in 10 Minuten hart kochen. Abschrecken und abkühlen lassen. Die Schinkenwurst in grobe Stücke schneiden. Die Tomaten waschen, von den Stielansätzen befreien und vierteln. Die Zwiebel schälen und hacken. Die Salatzutaten miteinander mischen.

**2.** Die Salatblätter waschen, trocken schleudern und auf Teller verteilen. Den Wurstsalat daraufgeben. Die Eier schälen, halbieren und darauflegen.

**3.** Aus Essig, Öl, Senf, Salz und Pfeffer ein Dressing bereiten und über den Salat träufeln. Mit Petersilie bestreut servieren.

*Zubereitungszeit: ca. 20 Minuten*
*Pro Portion ca. 390 kcal/1638 kJ*
*22 g E, 32 g F, 3 g KH*

## Geflügelsalat mit Erbsen

*(unten)*

Für 4 Portionen

250 g gekochtes Hühnerfleisch
1 Babyananas
1 Orange
150 g TK-Erbsen
Salz
100 g Staudensellerie
100 g Salatmayonnaise
50 g Joghurt
2 El Zitronensaft
1 El Currypulver
Pfeffer

**1.** Das Hühnerfleisch in Streifen oder Würfel schneiden. Die Ananas schälen, die harten Stellen entfernen und das Fruchtfleisch in Stücke schneiden.

**2.** Die Orange schälen, filetieren und klein schneiden. Die TK-Erbsen 1 Minute in kochendem Salzwasser garen, abgießen und abschrecken. Den Staudensellerie putzen, waschen und in dünne Ringe schneiden.

**3.** Die Salatmayonnaise mit dem Joghurt, Zitronensaft, Currypulver, Salz und Pfeffer verrühren. Alle Salatzutaten in eine Schüssel geben und vorsichtig miteinander mischen. Den Geflügelsalat gut gekühlt servieren.

*Zubereitungszeit: ca. 30 Minuten*
*Pro Portion ca. 245 kcal/1029 kJ*
*19 g E, 11 g F, 14 g KH*

## Parmaschinken mit Melone *(unten)*

Für 4 Portionen

1 Honigmelone
125 g Parmaschinken
in dünnen Scheiben
2 Tomaten
1/2 Bund glatte Petersilie
1/2 Bund Basilikum
100 ml Olivenöl
50 ml Weinessig
Salz, Pfeffer

**1.** Die Melone halbieren, die Kerne mit einem Löffel entfernen, die Melone schälen und in dünne Spalten schneiden. Melonenspalten und Schinkenscheiben dekorativ auf Tellern anrichten.

**2.** Die Tomaten heiß überbrühen, häuten und von den Stielansätzen befreien. Tomaten entkernen und fein würfeln. Die Kräuter waschen, trocken schütteln, Basilikum von den Stängeln zupfen und alles hacken.

**3.** Olivenöl mit Essig, Tomaten und Kräutern zu einer Marinade verrühren, mit Salz und Pfeffer abschmecken. Marinade über den Schinken geben und servieren.

*Zubereitungszeit: ca. 30 Minuten*
*Pro Portion ca. 347 kcal/1459 kJ*
*18 g E, 38 g F, 5 g KH*

## Gratinierte Tomaten mit Ziegenkäse

*(rechts unten)*

Für 4 Portionen

300 g Tomaten
200 g schwarze Oliven
ohne Stein
Butter für die Form
Salz, Pfeffer
4 kleine Ziegenfrischkäse-Taler
3 El Haselnussöl
1/2 Bund Thymian
1/2 Bund Oregano

**1.** Die Tomaten waschen, halbieren und in Scheiben schneiden. Die Oliven abtropfen lassen und halbieren.

**2.** Eine ofenfeste Form mit Butter ausstreichen. Den Backofen auf 180 °C vorheizen. Die Tomatenscheiben in die Form schichten, salzen und pfeffern. Die Oliven darüber verteilen. Mit dem Ziegenkäse belegen und alles mit dem Haselnussöl beträufeln.

**3.** Die Kräuter waschen, trocknen, fein hacken und über den Auflauf verteilen. Das Ganze im Backofen auf der mittleren Einschubleiste ca. 4 Minuten gratinieren.

*Zubereitungszeit: ca. 20 Minuten*
*Pro Portion ca. 274 kcal/1153 kJ*
*5 g E, 24 g F, 5 g KH*

## Sandwichtürme

*(links)*

Für 8 Türme

je 4 Scheiben Vollkorn-,
Weiß- und Dreikorntoast
50 g Butter
100 g Hühnerleberpastete
8 Scheiben Salatgurke
2–3 Tomaten
4 El Kresse
4 El Kräuterquark
4 Scheiben Putenbrust
4 Scheiben Emmentaler
8 Partysticker

**1.** Die Toastscheiben entrinden, toasten und anschließend mit Butter bestreichen. Jede Scheibe in 4 Quadrate oder Dreiecke schneiden.

**2.** Pro Turm 5–6 Brotquadrate verwenden und belegen. Nach jeder Schicht Belag wieder ein Brotquadrat aufsetzen. Zuerst mit Hühnerleberpastete bestreichen. Dann Gurkenscheiben darauf legen.

**3.** Tomaten vom Stielansatz befreien und in Scheiben schneiden, darauf legen. Nun Kresse und Kräuterquark darauf geben.

**4.** Putenscheiben und Käse in Herz- oder Quadratform ausschneiden und zwischen die Brotscheiben legen. Sandwichtürme mit Partystickern zusammenhalten.

*Zubereitungszeit: ca. 30 Minuten*
*Pro Stück ca. 170 kcal/708 kJ*
*6 g E, 5 g F, 25 g KH*

## Nachos mit Guacamole

*(unten)*

Für 6 Portionen

2 reife Avocados
3 El Zitronen- oder Limettensaft
Salz
Pfeffer
2 rote Chilischoten
250 ml Naturjoghurt
1 Tomate
ca. 500 g Nachos

## Datteln und Pflaumen im Speckmantel

*(oben)*

Für 6 Portionen

12 Scheiben Frühstücksspeck oder Serrano-Schinken
12 frische oder getrocknete Datteln
12 frische oder getrocknete Pflaumen
24 geschälte Mandeln
2 El Olivenöl
schwarzer Pfeffer

**1.** Die Speckscheiben quer halbieren. Die Datteln und Pflaumen von den Kernen befreien. Die Mandeln in einer beschichteten Pfanne ohne Fett rösten, bis sie duften. Anschließend statt des Kerns je eine Mandel in die Früchte setzen.

**2.** Die Datteln und Pflaumen anschließend mit je einer halben Speckscheibe umwickeln und feststecken. Das Öl in einer Pfanne erhitzen und die Speckdatteln und -pflaumen darin von allen Seiten schön knusprig braten. Auf Küchenpapier abtropfen lassen und würzen.

*Zubereitungszeit: ca. 20 Minuten (plus Bratzeit)*
*Pro Portion ca. 326 kcal/1371 kJ*
*9 g E, 13 g F, 42 g KH*

**1.** Die Avocados halbieren, schälen und den Stein entfernen. Das Fruchtfleisch zerkleinern und mit Zitronen- oder Limettensaft, Salz und Pfeffer abschmecken. Die Chilischoten putzen, aufschneiden, entkernen und sehr fein hacken.

**2.** Mit dem Joghurt zu den Avocados geben und alles im Mixer pürieren. Die Tomaten kreuzweise einritzen, mit kochendem Wasser überbrühen, von Stielansatz, Haut und Kernen befreien und in Würfel schneiden. Zuletzt unter die Guacamole mischen. Mit den Nachos servieren.

*Zubereitungszeit: ca. 15 Minuten*
*Pro Portion ca. 287 kcal/1203 kJ*
*4 g E, 26 g F, 10 g KH*

## *Minicroissants mit Thunfischcreme*

*(rechts)*

Für ca. 16 Stück

175 g Thunfisch aus der Dose
24 schwarze Oliven ohne Stein
3 El Mayonnaise
Salz
Pfeffer
Zitronensaft
8 Salatblätter
8 Croissants
marinierte Zucchinischeiben

**1.** Den Thunfisch abgießen und mit einer Gabel zerpflücken, 8 Oliven fein hacken. Beides mit der Mayonnaise vermischen. Mit Salz, Pfeffer und etwas Zitronensaft abschmecken.

**2.** Salatblätter waschen, trocken schütteln und auf Größe der Croissants zuschneiden. Croissants halbieren und etwas aufschneiden.

**3.** 1 Zucchinischeibe mit 1 Salatblatt und Thunfischcreme belegen. Croissanthälfte mit 1 Olive darauf spießen.

*Zubereitungszeit: ca. 15 Minuten*
*Pro Stück ca. 390 kcal/1638 kJ*
*5 g E, 30 g F, 25 g KH*

**Tipp:** Statt Räuchermakrele können Sie auch frischen Thunfisch, Lachs, Garnelen oder Forellenkaviar in die Reisbällchen wickeln.

## *Minzdip mit Chili*

*(rechts unten)*

Für 4 Portionen

1 Tl Kreuzkümmelpulver
1 große Zwiebel
1 Knoblauchzehe
100 g Minze
1 grüne Chili
1 El Zitronensaft
1/2 Tl Pfeffer
Salz

**1.** In einer kleinen Pfanne ohne Fett den Kreuzkümmel unter Rühren etwa 3 Minuten anrösten, danach vom Herd nehmen.

**2.** Die Zwiebel und die Knoblauchzehe schälen und in grobe Stücke schneiden. Die Minzblätter von den Stielen zupfen, waschen und trocknen. Die Chili waschen und putzen. Beides grob hacken.

**3.** Alle Zutaten zusammen mit Zitronensaft, Pfeffer und Salz im Mixer pürieren, bis daraus eine Paste entsteht, wenn nötig, etwas Wasser zugeben. Den Minz-Dip bis zum Gebrauch in den Kühlschrank stellen.

*Zubereitungszeit: ca. 15 Minuten*
*Pro Portion ca. 25 kcal/105 kJ*
*1 g E, 1 g F, 3 g KH*



## *Reisbällchen mit geräucherter Makrele*

*(oben)*

Für ca. 20 Stück

150 g geräucherte Makrele
300 g Sushireis
1 Tl Wasabi
1 Kopfsalat

**1.** Die Makrele in 20 Stücke schneiden (ca. 2,5 x 2,5 cm). Den Sushireis in 20 Portionen teilen.

**2.** Aus Frischhaltefolie 20 Quadrate schneiden und mit je 1 Portion Makrele und Reis belegen. Die Folie oben verschließen, die Enden verdrehen und den Reis so zu Bällchen formen.

**3.** Die Bällchen auswickeln und mit Wasabi garnieren. Den Salat waschen und trocken schleudern. Die Reisbällchen auf den Salatblättern anrichten.

*Zubereitungszeit: ca. 20 Minuten*
*Pro Stück ca. 67 kcal/281 kJ*
*2 g E, 1 g F, 11 g KH*

## *Nudelsalat mit Gorgonzola*

*(rechts)*

Für 4 Portionen

350 g Penne-Nudeln
Salz
2 Knoblauchzehen
500 g Romanasalat
100 g Gorgonzola
3 El Walnussöl
100 g gehackte Pekannüsse
8 El Kefir
Pfeffer
1 Tl Chilipulver

**1.** Die Nudeln nach Packungsanweisung zubereiten. Die Knoblauchzehen schälen und fein hacken. Den Salat waschen, trocknen und in Streifen schneiden. Den Gorgonzola in Würfel schneiden.

**2.** Das Öl in einer Pfanne erhitzen und den Knoblauch darin andünsten. Den Salat und den Käse dazugeben und ca. 3 Minuten ziehen lassen. Die Nüsse und den Kefir unterrühren. Alles mit Salz, Pfeffer und Chilipulver abschmecken.

**3.** Die Nudeln abgießen, abschrecken und in einem Sieb abtropfen lassen. Mit den Zutaten aus der Pfanne in eine Schüssel geben, vermengen und servieren.

*Zubereitungszeit: ca. 25 Minuten*
*Pro Portion ca. 681 kcal/2853 kJ*
*20 g E, 36 g F, 68 g KH*

# *Schinken-Croissants*

*(unten)*

Für 8 Croissants

400 g Croissant-Teig
aus dem Kühlregal
1/2 Bund Petersilie
200 g durchwachsener Speck
3 Schalotten
2 El Olivenöl
Salz
Pfeffer aus der Mühle
100 g Gouda

**1.** Die Teigrolle entnehmen und auf eine Arbeitsfläche legen. Alles in acht Portionen teilen und die einzelnen Dreiecke ausrollen. Die Petersilie waschen, trocknen und fein hacken. Den Backofen auf 200 °C vorheizen.

**2.** Den Speck in kleine Würfel schneiden. Die Schalotten schälen und ebenfalls in Würfel schneiden. Das Olivenöl in einer Pfanne erhitzen und die Schalotten mit dem Speck darin andünsten. Die Petersilie dazugeben und alles mit Salz und Pfeffer würzen.

**3.** Den Käse reiben. Die Speck-Mischung und den Käse auf die einzelnen Teigdreiecke geben und zusammenrollen. Die Croissants dann im Backofen auf der mittleren Einschubleiste ca. 15 Minuten backen.

*Zubereitungszeit: ca. 15 Minuten (plus Backzeit)*
*Pro Portion ca. 174 kcal/728 kJ*
*7 g E, 15 g F, 2 g KH*

## Gefüllte Avocados
*(links oben)*

Für 4 Portionen

2 Avocados
Zitronensaft
150 g Tofu
Salz
Pfeffer
200 g geräucherte Putenbrust
100 g Radieschen- oder Alfalfasprossen
1 rote Paprikaschote
2 El Olivenöl
2 El Sojasauce

**1.** Die Avocados halbieren, den Kern entfernen und das Fruchtfleisch bis auf einen Rand aushöhlen. Das Fruchtfleisch mit Zitronensaft beträufeln und klein schneiden.

**2.** Den Tofu in Würfel schneiden, salzen und pfeffern. Die Putenbrust ebenfalls in feine Würfel schneiden.

**3.** Die Sprossen heiß abwaschen und anschließend trocknen. Die Paprikaschote waschen, längs halbieren, entkernen und in Würfel schneiden. Avocado-Fruchtfleisch, Tofu, Putenbrust, Sprossen und Paprikawürfel in eine Schüssel geben und mischen.

**4.** Das Öl erhitzen und alles darin andünsten. Anschließend mit der Sojasauce würzen. Die Masse portionsweise in die Avocadohälften füllen und servieren.

*Zubereitungszeit: ca. 20 Minuten*
*Pro Portion ca. 596 kcal/2495 kJ*
*22 g E, 54 g F, 3 g KH*

## Forellen-Tatar auf Pumpernickel
*(unten)*

Für 4 Portionen

4 geräucherte Forellenfilets
2 Stangen Staudensellerie
1/2 rote Paprikaschote
1 Essiggurke
100 g Crème fraîche
Salz
Pfeffer
1 Pk. Pumpernickeltaler
Butter
1/2 Bund Dill

**1.** Die Forellen häuten und klein würfeln. Den Sellerie putzen und waschen, anschließend in sehr feine Würfel schneiden. Die Paprikaschote waschen, putzen, entkernen und ebenfalls in feine Würfel schneiden. Gurke ebenfalls fein würfeln.

**2.** Forellenwürfel mit Sellerie-, Gurken- und Paprikawürfeln vermischen. Crème fraîche unterheben und mit Salz und Pfeffer abschmecken.

**3.** Die Pumpernickeltaler mit Butter bestreichen und Forellen-Sellerie-Tartar darauf verteilen. Dill waschen, trocken schütteln, Pumpernickeltaler damit garnieren und servieren.

*Zubereitungszeit: ca. 20 Minuten*
*Pro Portion ca. 258 kcal/1082 kJ*
*27 g E, 13 g F, 8 g KH*

4. Die Pilze mit Salz und Pfeffer abschmecken. Die Pilzscheiben auf die gerösteten Ciabattascheiben verteilen und heiß servieren.

*Zubereitungszeit: ca. 30 Minuten*
*Pro Portion ca. 113 kcal/474 kJ*
*6 g E, 5 g F, 9 g KH*

## Paprikabutter
*(rechts oben)*

Für 4–6 Portionen

1 rote Paprikaschote
1/2 Bund Kerbel
2 Knoblauchzehen
250 g Butter
Salz
Pfeffer

**1.** Die Paprikaschote putzen, entkernen und würfeln. Den Kerbel waschen, trocken tupfen und die Blättchen fein hacken. Den Knoblauch schälen und hacken. Die Zutaten pürieren.

**2.** Das Paprikapüree mit der weichen Butter verrühren und mit Salz und Pfeffer würzen. Gut gekühlt servieren.

*Zubereitungszeit: ca. 15 Minuten*
*Pro Portion ca. 316 kcal/1327 kJ*
*1 g E, 34 g F, 1 g KH*

**Tipp:** Ersetzen Sie die Paprikaschote durch je 1 Bund Kräuter, wie Petersilie, Schnittlauch oder Basilikum und Sie erhalten Kräuterbutter.



## Steinpilze auf Röstbrot
*(oben)*

Für 4 Portionen

500 g frische Steinpilze
16 Scheiben Ciabatta
1/2 Bund Petersilie
1/2 Bund Schnittlauch
3 Knoblauchzehen
2 El Olivenöl
Salz
Pfeffer

**1.** Die Steinpilze putzen, waschen, trocken tupfen und in Scheiben schneiden. Die Ciabattascheiben im Backofen bei 180°C (Umluft 160°C) goldbraun rösten.

**2.** Die Petersilie und den Schnittlauch waschen, trocken schütteln und fein hacken. Die Knoblauchzehen schälen und ebenfalls fein hacken.

**3.** Das Olivenöl in einer Pfanne erhitzen und den Knoblauch darin unter Rühren anschwitzen. Die Steinpilzscheiben zugeben und etwa 10 Minuten mitschwitzen. 2 Minuten vor Ende der Garzeit die Kräuter unterheben.

**3.** Die Blätterteigscheiben mit der Masse bestreichen und aufrollen. Das Eigelb in einer Schüssel verquirlen und die Rollen damit bestreichen. Anschließend die Rollen in Scheiben schneiden.

**4.** Die Schnecken auf ein mit Backpapier ausgelegtes Backblech geben und im Backofen auf der mittleren Einschubleiste ca. 20 Minuten backen.

*Zubereitungszeit: ca. 10 Minuten (plus Backzeit)*
*Pro Portion ca. 551 kcal/2307 kJ*
*8 g E, 21 g F, 7 g KH*

**Tipp:** Backen Sie von den Pilzschnecken etwas mehr. Sie lassen sich gut portionsweise einfrieren, und so haben Sie immer einen Vorrat für Überraschungsgäste.

## *Pikante Pilzschnecken* *(rechts)*

Für 8 Schnecken

4 Scheiben Blätterteig (TK)
200 g Champignons
50 g schwarze Oliven ohne Stein
50 g grüne Oliven ohne Stein
1 rote Chilischote
1 El Olivenöl
2 El Chilisauce
1 Spritzer Tabasco
1 Eigelb

**1.** Den Backofen auf 180°C vorheizen. Die Blätterteigscheiben einzeln auf einer leicht bemehlten Arbeitsfläche ausrollen. Die Champignons putzen, waschen und fein würfeln. Die Oliven abtropfen lassen und in kleine Stücke schneiden.

**2.** Die Chilischote putzen, waschen, halbieren, entkernen und fein hacken. Das Olivenöl mit den Champignons, den Oliven, der Chilischote, Chilisauce und dem Tabasco in einer Schüssel verrühren.

## Gefüllte Pflaumen

*(links)*

Für 20 Stück

10 frische Pflaumen
75 ml Sahne
75 g Mascarpone
1 El Puderzucker
1 Tl Aceto balsamico
Orangenzesten zum Verzieren

**1.** Die Pflaumen waschen, halbieren und die Steine entfernen. Die Sahne steif schlagen und mit dem Mascarpone mischen.

**2.** Zucker und Aceto Balsamico unterheben und pikant abschmecken. Die Mischung in die Pflaumenhälften füllen und mit Orangenzesten verzieren.

*Zubereitungszeit: ca. 10 Minuten*
*Pro Stück ca. 36 kcal/151 kJ*
*1 g E, 2 g F, 3 g KH*

## Rohkost mit Tomaten- und Käse-Curry-Dip

*(unten)*

Für 4 Portionen

***Rohkost***
4 Möhren
1/2 weißer Rettich
je 1 rote, gelbe und grüne Paprikaschote
2 Stangen Staudensellerie

***Tomatendip***
250 ml Salatcreme oder Mayonnaise
5 El saure Sahne
5 El Quark
2 El Tomatenmark
Salz, Pfeffer
2 El gewürfelte Tomaten

***Käse-Curry-Dip***
250 ml Salatcreme oder Mayonnaise
5 El saure Sahne
5 El Hüttenkäse
2 Tl Curry
Salz, Pfeffer, Zucker

**1.** Die Möhren und den Rettich schälen, Paprika und Sellerie waschen und putzen. Das Gemüse in dünne Streifen schneiden und auf einer Platte anrichten.

**2.** Für den Tomatendip die Salatcreme oder Mayonnaise mit Sahne, Quark und Tomatenmark verrühren und mit Salz und Pfeffer abschmecken.

**3.** Mit Tomatenwürfeln garniert servieren. Für den Käse-Curry-Dip alle Zutaten miteinander verrühren und pikant abschmecken.

*Zubereitungszeit: ca. 30 Minuten*
*Pro Portion ca. 724 kcal/3040 kJ*
*7 g E, 71 g F, 12 g KH*

# Backen

## Amarena-Muffins

*(unten)*

Für 12 Stück

Butter für die Form
2 Eier
175 g Butter
100 g Puderzucker
150 g Mehl
50 g Zartbitter-Kuvertüre
50 g Marzipan
50 g Amarena-Kirschen
40 g gemahlene Mandeln
30 g Speisestärke
125 g Schlagsahne
Kirschsirup und Amarenakirschen zum Garnieren

**1.** Das Muffin-Blech einfetten. Die Eier trennen. 100 g Butter mit 80 g Puderzucker, 1 Eigelb und Mehl verkneten, ca. 2 Stunden kalt stellen.

**2.** Den Teig ausrollen, 12 Kreise ausstechen und Muffinsförmchen damit ganz auslegen. Kuvertüre schmelzen. Marzipan und Kirschen würfeln. Restliche Butter, Kuvertüre und restliches Eigelb schaumig rühren.

**3.** Eiweiß steif schlagen, restlichen Zucker einrieseln lassen. Eischnee, Mandeln, Stärke, Marzipan und Kirschen unter die Kuvertüre heben.

**4.** Die Masse in die Vertiefungen des Muffin-Blechs füllen und auf der mittleren Einschubleiste ca. 25 Minuten backen. Die Muffins noch ca. 5 Minuten in der Form ruhen lassen, herausheben. Die Sahne steif schlagen, Muffins mit Sahne, Kirschen und Sirup garnieren.

*Zubereitungszeit: ca. 30 Minuten*
*(plus Kühl- und Backzeit)*
*Pro Stück ca. 324 kcal/1356 kJ*
*4 g E, 21 g F, 28 g KH*

## *Weintraubenkuchen*

*(links oben)*

Für ca. 10 Stücke

500 g kleine grüne kernlose Weintrauben
170 g Zucker
1 Messerspitze Zimt
1 El Mandelblättchen
150 g Butter
1 Päckchen Vanillezucker
4 Eier
150 g Schokolade
2 El Rum
150 g Mehl
2 Tl Backpulver
Puderzucker zum Bestäuben
Butter für die Form

**1.** Weintrauben waschen und abtropfen lassen. 2 El Zucker, Zimt und Mandelblättchen vermischen und zu den Weintrauben geben. Die Butter mit dem restlichen Zucker und dem Vanillezucker schaumig rühren.

**2.** Die Eier trennen. Eigelb unter die Butter rühren. Die Schokolade schmelzen und mit dem Rum unter die Eicreme mischen.

**3.** Den Backofen auf 175 °C (Umluft 150 °C) vorheizen. Eine Kastenform einfetten. Das Mehl mit Backpulver mischen und zu der Eigelbcreme sieben. Das Eiweiß steif schlagen und vorsichtig unter den Teig heben.

**4.** Die Hälfte des Teiges in die Kastenform geben. Die Weintraubenmischung daraufverteilen, den restlichen Teig einfüllen. Den Kuchen im Ofen etwa 60 Minuten backen. Abkühlen lassen und nach Belieben mit Puderzucker bestreuen.

*Zubereitungszeit: ca. 20 Minuten (plus Backzeit)*
*Pro Stück ca. 417 kcal/1747 kJ*
*7 g E, 21 g F, 46 g KH*

## *Luftige Rhabarbertörtchen*

*(unten)*

Für ca. 12 Stück

350 g Rhabarber
abgeriebene Schale von 1/2 unbehandelten Zitrone
1 Vanilleschote
3 Eier
Salz
120 g Zucker
1 Päckchen Vanillepuddingpulver
2 Tl Backpulver
40 g Grieß
500 g Quark (20 %)
Butter und Grieß für die Förmchen
Puderzucker zum Bestäuben

**1.** 12 Muffinförmchen mit Butter einfetten und mit Grieß ausstreuen. Den Backofen auf 180 °C vorheizen.

**2.** Den Rhabarber waschen, trocknen, putzen und in kleine Stücke schneiden. Mit der Zitronenschale mischen. Die Vanilleschote aufschneiden, das Mark herauskratzen.

**3.** Die Eier trennen. Eiweiß mit 1 Prise Salz steif schlagen und kühl stellen. Eigelb mit 3 El Wasser, dem Zucker und dem Vanillemark zu einer hellgelben Creme aufschlagen. Dann Vanillepuddingpulver mit Backpulver und Grieß mischen, unterrühren, dann den Quark dazugeben.

**4.** Rhabarber unterrühren, dann in zwei Portionen Eischnee unterheben. Auf die Förmchen verteilen und im Ofen ca. 35 Minuten backen. In den Förmchen auskühlen lassen und mit Puderzucker bestäubt servieren.

*Zubereitungszeit: ca. 30 Minuten (plus Zeit zum Backen und Auskühlen)*
*Pro Stück ca. 142 kcal/593 kJ*
*8 g E, 4 g F, 18 g KH*

## Birnen-Waldbeeren-Strudel

*(unten)*

Für ca. 10 Stücke

200 g rechteckige Filoteigblätter (FP)
zerlassene Butter zum Bepinseln
400 g säuerliche Birnen
2 El Zitronensaft
1 Vanilleschote
1 Päckchen Vanillepuddingpulver
500 ml Milch
ggf. 100 g Zucker
2 Eigelb
150 g TK-Waldbeeren
2 El Speisestärke
Puderzucker zum Bestäuben

**1.** Ein Backblech mit Backpapier auslegen, den Backofen auf 200 °C vorheizen. Den Filoteig auf einem Küchentuch auslegen und mit etwas zerlassener Butter bepinseln.

**2.** Die Birnen schälen, die Stiele entfernen, Früchte vierteln und das Kerngehäuse entfernen. Fruchtfleisch in dünne Spalten schneiden, dann zügig mit dem Zitronensaft vermischen. Die Vanilleschote aufschneiden, das Mark herauskratzen.

**3.** Den Vanillepudding nach Packungsanweisung zubereiten und anschließend so lange rühren, bis er abgekühlt ist. Nun Eigelb unterrühren. Die aufgetauten Waldbeeren mit den in Spalten geschnittenen Birnen und dem Vanillemark mischen.

**4.** Anschließend die Speisestärke unterheben. Das Fruchtgemisch unter den Vanillepudding mischen und auf dem Filoteig verteilen.Die Teigseiten nach innen schlagen, dann alles mithilfe des Küchentuches zu einem Strudel aufrollen.

**5.** Strudel mit der Naht nach unten auf das Backblech gleiten lassen, mit zerlassener Butter bepinseln und ca. 30 Minuten goldgelb backen. Sollte die Teigoberfläche zu trocken aussehen, nochmals mit Butter nachpinseln. Auskühlen lassen und mit Puderzucker bestäubt servieren.

*Zubereitungszeit: ca. 30 Minuten*
*(plus Zeit zum Backen und Auskühlen)*
*Pro Stück ca. 266 kcal/1112 kJ*
*5 g E, 12 g F, 32 g KH*

## Cantuccini

*(rechts oben)*

Für ca. 70 Stück

500 g Mehl
400 g Zucker
1 Päckchen Vanillezucker
1 Päckchen Backpulver
1 Prise Salz
4 Eier
300 g ungeschälte Mandeln
1 Eiweiß
Butter für das Blech

**1.** Das Mehl mit dem Zucker, Vanillezucker, dem Backpulver und dem Salz auf einer Holzplatte mit den Händen vermischen. Aus der Mischung einen Ring bilden und die Eier in die Mitte geben.

**2.** Die Eier langsam mit einer Gabel unter die Mehl-Mischung rühren, bis zum Schluss in der Mitte ein fester Teig entstanden ist. Den Teig mit den Händen gut durchkneten, bis eine hineingedrückte Mulde wieder herauskommt.

**3.** Den Teig zu einer flachen Platte formen und die Mandeln daraufgeben. Den Teig zusammenklappen und noch einmal gut verkneten.

**4.** Den Teig in 6 Teile teilen und jedes Teigstück zu einer länglichen Rolle (3 cm Durchmesser) formen. Auf zwei gefettete Backbleche legen.

**5.** Den Backofen auf 180 °C (Umluft 160 °C) vorheizen. Das Eiweiß mit etwas Wasser verquirlen und die Teigrollen damit einstreichen. Rollen im Ofen etwa 25 Minuten backen.

**6.** Rollen aus dem Ofen nehmen, etwas abkühlen lassen und in etwa 1,5 cm dicke Scheiben schneiden. Vollständig auskühlen lassen.

*Zubereitungszeit: ca. 30 Minuten*
*(plus Backzeit)*
*Pro Stück ca. 83 kcal/348 kJ*
*2 g E, 3 g F, 12 g KH*

**Tipp:** Cantuccini lassen sich auch doppelt backen und sind dadurch noch länger haltbar. Backen Sie die Scheiben hierfür noch mal 15–20 Minuten.

## *Far Breton*

*(unten)*

Für 16 Stücke

450 g Zwetschgen
125 g Mehl
130 g brauner Zucker
1/2 Päckchen Backpulver
2 Päckchen Vanillezucker
1 Prise Salz
4 Eier
750 ml Milch
2 El Puderzucker zum Bestäuben
200 ml Sahne
Butter für die Form

**1.** Die Zwetschgen waschen, halbieren und den Stein entfernen. Mehl mit Zucker, Backpulver, Vanillezucker und Salz mischen. Die Eier unterrühren. Den Backofen auf 240 °C (Umluft 220 °C) vorheizen. Die Milch erwärmen und die Zwetschgen darin etwa 2 Minuten köcheln. Unter die Mehlmischung heben.

**2.** Die Masse in eine gefettete Springform (26 cm Durchmesser) geben und im Ofen etwa 35 Minuten backen. Falls die Oberfläche zu viel Farbe annimmt, mit Alufolie abdecken. Abkühlen lassen und mit Puderzucker bestäuben. Dazu geschlagene Sahne reichen.

*Zubereitungszeit: ca. 25 Minuten*
*(plus Koch- und Backzeit)*
*Pro Stück ca. 178 kcal/746 kJ*
*7 g E, 7 g F, 22 g KH*

# Überraschungs-Muffins

*(oben)*

Für 12 Stück

Fett für die Form
200 g Beerenmischung (TK)
100 g Frischkäse
3 P. Vanillinzucker
2 El Milch
250 g Mehl
2½ Tl Backpulver
½ Tl Natron
1 Ei
100 g Zucker
80 ml Pflanzenöl
200 g Naturjoghurt
250 g Sahne
Schokostäbchen und Puderzucker zum Garnieren

**1.** Den Backofen auf 180 °C vorheizen. Die Vertiefungen des Muffin-Blechs einfetten. Die Beerenmischung leicht antauen lassen, 50 g für die Dekoration zur Seite legen. Den Frischkäse mit 1 P. Vanillinzucker und Milch cremig rühren und zur Seite stellen.

**2.** Mehl, Backpulver und Natron mischen. Das Ei verquirlen und mit Zucker, 1 P. Vanillinzucker, Öl, Joghurt und 50 g Sahne verrühren. Die Mehlmischung nach und nach unter die feuchten Zutaten rühren, bis die trockenen Zutaten feucht sind.

**3.** Die Hälfte des Teiges auf die Förmchen verteilen. Je 1 El der Frischkäsecreme daraufgeben, in die Mitte einige Beeren setzen und mit dem restlichen Teig verschließen.

**4.** Auf der mittleren Einschubleiste 25 Minuten backen. Herausnehmen und 5 Minuten ruhen lassen. Die restliche Sahne mit restlichem Vanillinzucker steif schlagen. Die Muffins mit Sahnetupfern, Beeren und Schokostäbchen garnieren. Mit Puderzucker bestäubt servieren.

*Zubereitungszeit: ca. 20 Minuten (plus Backzeit)*
*Pro Stück ca. 294 kcal/1231 kJ*
*5 g E, 17 g F, 29 g KH*

# Kirsch-Marzipan-Kuchen

*(unten)*

Für ca. 20 Stücke

1,5 kg Sauerkirchen (ersatzweise 3 Gläser à 350 g Abtropfgewicht)
220 g Marzipanrohmasse
220 g weiche Butter
200 g Zucker
2 Päckchen Vanillezucker
1 Prise Salz
5 Tropfen Bittermandelaroma
abgeriebene Schale von 1 unbehandelten Zitrone
220 g Naturjoghurt
150 g Hartweizengrieß
7 Eier
300 g Mehl
1 gehäufter Tl Backpulver
100 g Mandelstifte
Butter für das Backblech
Puderzucker zum Bestäuben

**1.** Ein Backblech mit Butter einfetten, den Backofen auf 180 °C vorheizen. Die frischen Kirschen waschen, trocknen, die Stiele entfernen und die Früchte entsteinen. Falls Kirschen aus dem Glas verwendet werden: in ein Sieb geben und abtropfen lassen.

2. Marzipanrohmasse hacken und mit der weichen Butter, dem Zucker, Vanillezucker und 1 Prise Salz ca. 10 Minuten glatt und leicht schaumig rühren. Dann das Bittermandelaroma, die Zitronenschale, Joghurt und Hartweizengrieß dazugeben und alles gut vermengen.

3. Nach und nach die Eier unter den Teig rühren. Das Mehl mit Backpulver mischen, zum Teig geben und ebenfalls unterrühren. Den Teig auf das Backblech streichen, die Kirschen darauf verteilen und die Mandelstifte darüberstreuen.

4. Den Kuchen im Ofen ca. 55 Minuten backen, dann herausnehmen, auf dem Blech leicht abkühlen lassen und vor dem Servieren mit Puderzucker bestäuben.

*Zubereitungszeit: ca. 30 Minuten*
*(plus Zeit zum Backen und Auskühlen)*
*Pro Stück ca. 382 kcal/1600 kJ*
*8 g E, 18 g F, 45 g KH*

## Grüner Mandelkuchen

*(links)*

Für ca. 15 Stücke

***Für den Teig:***
120 g gemahlene Mandeln
100 g gemahlene Pistazien
1 Vanilleschote
abgeriebene Schale von 1 unbehandelten Zitrone
260 g Butter
240 g Zucker
4 Eier
40 g Mehl
Butter für die Form

***Für die Pistazienkruste:***
Saft und Schale von 1 unbehandelten Zitrone
60 g gehackte Pistazien
50 g Puderzucker

1. Den Backofen auf 150 °C vorheizen, eine Kastenform (30 x 9 cm) mit Butter einfetten. Die gemahlenen Mandeln mit den gemahlenen Pistazien mischen. Die Vanilleschote aufschneiden, das Mark herauskratzen. Vanillemark und Zitronenschalenzesten unter die Nussmischung heben.

2. Die weiche Butter mit dem Zucker schaumig rühren und nach und nach die Eier hineinrühren. Mit der Nussmischung verrühren, das Mehl darübersieben und sorgfältig hineinrühren. Den Teig in die Form füllen, glatt streichen und ca. 1 Stunde backen. Mit einem Holzstäbchen eine Garprobe machen. In der Form erkalten lassen, dann stürzen.

3. Für die Pistazienkruste den Zitronensaft mit dem Zucker verrühren und unter Rühren aufkochen. Dann die Zitronenschale und die Pistazien hineingeben und diese Mischung auf dem Kuchen verteilen.

*Zubereitungszeit: ca. 30 Minuten*
*(plus Zeit zum Backen und Auskühlen)*
*Pro Stück ca. 366 kcal/1533 kJ*
*6 g E, 26 g F, 25 g KH*

## Marillentörtchen
*(oben)*

Für 12 Stück

1 Packung TK-Blätterteig (450 g)
250 g Ricotta
50 g Zucker
40 g Butter
2 Eier
150 g Marillen

**1.** Die Blätterteigplatten auftauen lassen. Den Backofen auf 225 °C vorheizen. Blätterteigplatten halbieren, auf ein mit Backpapier ausgelegtes Backblech legen und jede Hälfte etwa 1 cm vom Rand entfernt rundherum kreisförmig einritzen.

**2.** Den Ricotta mit Zucker, Butter und Eiern cremig schlagen. Diese Creme innerhalb der eingeritzten Fläche auf die Blätterteigplatten streichen.

**3.** Die Marillen waschen, entsteinen und trocken tupfen. Je 3 Marillen auf die Ricottacreme setzen. Törtchen im Backofen etwa 15-20 Minuten backen.

*Zubereitungszeit: ca. 20 Minuten*
*(plus Backzeit)*
*Pro Stück ca. 269 kcal/1127 kJ*
*6 g E, 19 g F, 17 g KH*

## Vanilleschnitten
*(unten)*

Für 6 Schnitten

2 Platten TK-Blätterteig à 75 g
1 Päckchen Vanillepuddingpulver
80 g Zucker, 500 ml Milch
Saft von 1 Zitrone
150 g Puderzucker
Mehl für die Arbeitsfläche

**1.** Den Ofen auf 220 °C vorheizen, ein Backblech mit Backpapier auslegen. Die Blätterteigplatten antauen lassen, auf einer mit Mehl bestäubten Arbeitsplatte auf ca. 10 x 25 cm ausrollen.

**2.** Die Blätterteigplatten mit etwas Abstand auf das Blech legen, mehrfach mit einer Gabel einstechen und ca. 10 Minuten goldgelb backen. Herausnehmen, abkühlen lassen.

**3.** Den Vanillepudding nach Packungsanleitung zubereiten und kalt stellen. Dann wieder aufrühren, ohne dass Klumpen entstehen.

**4.** Die Puddingmasse zwischen die beiden Blätterteigplatten spritzen, den mit Zitronensaft angerührten Puderzucker darauf verteilen.

**5.** Alles ca. 1 Stunde kalt stellen. Anschließend in 3 cm dicke Streifen schneiden und nach Belieben mit Beeren servieren.

*Zubereitungszeit: ca. 30 Minuten*
*(plus Zeit zum Backen und Auskühlen)*
*Pro Schnitte ca. 343 kcal/1433 kJ*
*5 g E, 10 g F, 57 g KH*

# Feiner Apfelkuchen

*(rechts)*

Für 20 Stücke

100 g Butter
250 g Zucker
2 Päckchen Vanillezucker
2 Eier
100 g Mehl
2 Tl Backpulver
1 Prise Salz
100 ml Milch
900 g Äpfel, z.B. Cox Orange
Butter für die Form

**1.** Die Butter in einem Topf schmelzen. Zucker mit Vanillezucker, Eiern und der etwas abgekühlten Butter schaumig schlagen. Das Mehl mit dem Backpulver mischen, mit dem Salz und der Milch in die Creme rühren und einen glatten Teig herstellen.

**2.** Die Äpfel schälen, vierteln und das Kerngehäuse entfernen. Apfelviertel quer in dünne Spalten schneiden und unter den Teig heben. Den Backofen auf 190 °C (Umluft 170 °C) vorheizen.

**3.** Eine Tarteform (Durchmesser 28 cm) einfetten und den Apfelteig einfüllen. Im Ofen etwa 45 Minuten goldgelb backen, dabei nach 30 Minuten eventuell mit Backpapier abdecken. Schmeckt lauwarm serviert am besten.

*Zubereitungszeit: ca. 20 Minuten (plus Backzeit)*
*Pro Stück ca. 147 kcal/616 kJ*
*2 g E, 5 g F, 23 g KH*

# Mandelküsschen

*(unten)*

Für ca. 30 Stück

4 Eiweiß
160 g Puderzucker
abgeriebene Schale von
1 unbehandelten Zitrone
120 g gehackte Mandeln
80 g geriebene Zartbitterschokolade
ca. 30 kleine Oblaten
30 g Mandelstifte

**1.** Backofen auf 170 °C (Umluft 150 °C) vorheizen. Das Eiweiß mit den Quirlen des Handrührers zu sehr steifem Schnee schlagen. Den Puderzucker, die Zitronenschale, gehackte Mandeln und geriebene Schokolade darunterheben.

**2.** Mit einem Esslöffel aus der Masse kleine Häufchen abstechen und auf die Oblaten setzen. Mit den Mandelstiften bestreuen und im heißen Ofen auf der mittleren Einschubleiste ca. 10–15 Minuten backen.

*Zubereitungszeit: ca. 20 Minuten (plus Backzeit)*
*Pro Stück ca. 66 kcal/276 kJ*
*2 g E, 4 g F, 6 g KH*

## Marmormuffins mit Toffeefüllung
*(oben)*

Für 12 Stück

100 g weiche Butter
110 g Zucker
1 Prise Salz
1 Päckchen Vanillezucker
2 Eier
6–7 El Milch
250 g Mehl
2 gestrichene Tl Backpulver
1 gehäufter El ungesüßtes Kakaopulver
150 g Heidelbeeren
12 Toffees
Butter für die Form

**1.** Den Backofen auf 180 °C (Umluft 160 °C) vorheizen. Das Muffin-Blech gut einfetten. Butter, Zucker, Salz und Vanillezucker in eine Rührschüssel geben und mit dem Rührgerät so lang rühren, bis sich der Zucker aufgelöst hat. Die Eier nach und nach dazugeben und unterrühren. Die Milch ebenfalls unterrühren.

**2.** Mehl und Backpulver mischen und mit dem Teig verrühren. Etwa 1/3 des Teigs in eine andere Schüssel geben und das Kakaopulver einrühren. Die Heidelbeeren waschen, trocken tupfen und unter den hellen Teig heben. Diesen auf die Mulden im Muffin-Blech verteilen. Dunklen Teig daraufgeben und mit einem Holzspieß einmal von unten nach oben eine Acht durch beide Teige ziehen.

**3.** 1 Toffee in die Mitte jedes Muffins stecken und die Muffins etwa 20 Minuten backen. Die Muffins aus der Form nehmen und auf einem Kuchengitter auskühlen lassen.

*Zubereitungszeit: ca. 25 Minuten*
*(plus Backzeit)*
*Pro Stück ca. 338 kcal/1417 KJ*
*8 g E, 19 g F, 32 g KH*

## Waldbeerschnitten
*(rechts oben)*

Für ca. 20 Stücke

100 g Butter
2 El Quark
130 g brauner Zucker
4 Eier
1 Tl gemahlener Zimt
1/2 Tl gemahlene Muskatnuss
1 Prise Salz
100 g gemahlene Haselnüsse
100 g gehackte Haselnüsse
200 g Mehl
1/2 Päckchen Backpulver
100 ml Sahne
400 g TK-Waldbeeren
Puderzucker zum Bestäuben

**1.** Ein Backblech mit Backpapier auslegen, den Backofen auf 190 °C vorheizen. Butter mit Quark, Zucker, Eiern und allen Gewürzen schaumig rühren. Dann die gemahlenen Haselnüsse und die Hälfte der gehackten unterrühren. Mehl mit Backpulver mischen, über den Teig sieben und alles mit der Sahne zu einer glatten Masse rühren.

**2.** Die gefrorenen Beeren unter den Teig mischen und alles ca. 2 cm dick auf das Blech streichen. Mit den restlichen gehackten Haselnüssen bestreuen und ca. 40 Minuten backen. Mit Puderzucker bestäubt servieren.

*Zubereitungszeit: ca. 20 Minuten*
*(plus Zeit zum Backen und Auskühlen)*
*Pro Stück ca. 216 kcal/903 kJ*
*5 g E, 13 g F, 18 g KH*

## *Schneller Rotweinkuchen*

*(unten)*

Für 12 Stücke

330 g Butter
300 g Zucker
5 Eier
330 g Mehl
1 Päckchen Backpulver
100 g Schokoladenraspel
125 ml Rotwein
2 1/2 Tl Kakaopulver
1 1/2 Tl Zimt
Butter für die Form

**1.** Die Butter mit dem Zucker schaumig rühren. Die Eier unterrühren. Das Mehl mit dem Backpulver mischen und über die Eiercreme sieben. Schokoladenraspel zugeben und verrühren.

**2.** Rotwein einfließen lassen. Kakaopulver und Zimt unter den Teig heben und alles so lange verrühren, bis eine cremige Masse entsteht.

**3.** Den Backofen auf 180 °C (Umluft 160 °C) vorheizen. Eine Springform (24 cm Durchmesser) einfetten. Die Rotweincreme in eine gefettete Springform füllen und im Ofen etwa 60 Minuten backen. Abkühlen lassen.

*Zubereitungszeit: ca. 20 Minuten (plus Backzeit)*
*Pro Stück ca. 515 kcal/2154 kJ*
*8 g E, 29 g F, 51 g KH*

**Tipp:** Wenn Kinder mitessen, können Sie den Rotwein durch roten Traubensaft oder schwarzen Johannisbeersaft ersetzen.

## Schoko-Erdbeercreme-Muffins
*(oben)*

Für 12 Stück

Fett für die Form
275 g Mehl
2 Tl Backpulver
1 Tl Natron
3 El Kakaopulver
1 Ei
130 g Zucker
80 ml Öl
300 ml Buttermilch
150 g Erdbeeren
200 ml Sahne
je 1 P. Vanillinzucker und Sahnesteif
Puderzucker

**1.** Den Backofen auf 180 °C vorheizen. Muffin-Blech einfetten. Mehl, Backpulver, Natron und Kakaopulver mischen. Ei verquirlen, Zucker, Öl und Buttermilch zugeben. Mehlmischung zufügen und kurz unterrühren. Teig in die Formen füllen und auf mittlerer Schiene 20 Minuten backen.

**2.** Erdbeeren waschen und trocknen. 6 Stück beiseitelegen, Rest pürieren. Sahne mit Sahnesteif und Vanillinzucker steif schlagen und unter das Püree ziehen.

**3.** Muffins vollständig auskühlen lassen, halbieren und mit Erdbeercreme füllen. Zusammenklappen und mit Fruchtspalten und Puderzucker garniert servieren.

*Zubereitungszeit: ca. 20 Minuten (plus Back- und Auskühlzeit)*
*Pro Stück ca. 286 kcal/1195 kJ*
*5 g E, 14 g F, 33 g KH*

## Rüblitorte mit Kirschwasser
*(unten)*

Für 16 Stücke

400 g Möhren
8 Eier
300 g Zucker
200 g gemahlene Haselnüsse
200 g gemahlene Mandeln
60 g Speisestärke
1 Tl Zimt
Saft und abgeriebene Schale von 1 unbehandelten Zitrone
3 Tl Kirschwasser
1 Prise Salz
200 g Puderzucker
3 El Zitronensaft
12 Marzipanmöhren
20 g gehackte Pistazien
Butter für die Form

**1.** Die Möhren waschen, schälen und fein reiben. Beiseitestellen. Den Backofen auf 175 °C (Umluft 150 °C) vorheizen. Eine Springform (26 cm Durchmesser) mit Backpapier auslegen und den Rand einfetten. Die Eier trennen. Eigelb mit Zucker schaumig schlagen. Die Möhren unterheben.

**2.** Die Haselnüsse mit den Mandeln und der Speisestärke mischen, unter die Ei-Möhren-Masse rühren, dann den Zimt sowie Zitronenschale und -saft zugeben. Zum Schluss das Kirschwasser unterrühren.

**3.** Eiweiß mit 1 Prise Salz steif schlagen und alles vorsichtig mit der Ei-Möhren-Masse vermengen. Den Teig in die Springform geben und glatt streichen.

**4.** Den Kuchen auf der mittleren Schiene im Ofen etwa 1 Stunde 10 Minuten backen. Falls der Kuchen zu viel Farbe annimmt, mit Alufolie abdecken. Nach etwa 60 Minuten eine Garprobe machen. Kuchen abkühlen lassen und aus der Form lösen. Für den Guss Puderzucker mit Zitronensaft verrühren und den Kuchen damit einpinseln. Mit Marzipanmöhren und Pistazien verzieren.

*Zubereitungszeit: ca. 30 Minuten (plus Backzeit)*
*Pro Stück ca. 315 kcal/1318 kJ*
*8 g E, 18 g F, 28 g KH*

## *Espresso-Küchlein*
*(rechts)*

Für 8 Stück

100 g Zartbitter-Schokolade
6 Eier
100 g Butter
120 g Zucker
1–2 El Instant-Espressopulver
Salz
100 g ungeschälte gemahlene Mandeln
Butter und Zucker für die Form

**1.** Den Backofen auf 180 °C (Umluft 160 °C) vorheizen. Die Schokolade grob hacken und im heißen Wasserbad unter Rühren schmelzen. Etwas abkühlen lassen.

**2.** Die Eier trennen. Die Butter, 60 g Zucker und das Espressopulver cremig rühren. Eigelb nach und nach unterrühren. Die flüssige Schokolade zugeben.

**3.** Eiweiß mit 1 Prise Salz steif schlagen, den restlichen Zucker einrieseln lassen und weiterschlagen, bis sich der Zucker gelöst hat. Die Mandeln und den Eischnee abwechselnd unter die Schoko-Eicreme heben.

**4.** 8 ofenfeste Förmchen (à 200 ml) einfetten und mit Zucker ausstreuen. Den Teig einfüllen und die Förmchen in die Fettpfanne des Backofens stellen.

**5.** Die Fettpfanne in den Ofen schieben und etwa 2 cm hoch kochendes Wasser einfüllen. Die Küchlein 30–35 Minuten backen. Dann warm oder kalt servieren. Dazu passt Vanillesauce.

*Zubereitungszeit: ca. 20 Minuten (plus Zeit zum Schmelzen und Backen)*
*Pro Stück ca. 376 kcal/1573 kJ*
*9 g E, 26 g F, 24 g KH*

## Tricolata-Brownies mit dreierlei Schokoladen

*(unten)*

Für ca. 20 Stücke

185 g Butter
185 g dunkle Schokolade (70 % Kakaoanteil)
3 Eier
275 g Zucker
80 g Mehl
30 g ungesüßtes Kakaopulver
80 g Vollmilchschokolade
80 g weiße Schokolade
Butter für den Backrahmen

**1.** Den Backofen auf 180 °C (Umluft 160 °C) vorheizen. Butter und dunkle Schokolade in einem Topf bei niedriger Temperatur schmelzen, dann abkühlen lassen.

**2.** Eier und Zucker mit dem Rührgerät schaumig rühren, die Schokoladenbutter unterrühren. Mehl und Kakao über die Masse sieben und unterrühren. Vollmilchschokolade und weiße Schokolade grob hacken und darunterheben.

**3.** Einen variablen Backrahmen auf eine Größe von 20 x 20 cm schieben. Den Rahmen fetten und auf ein mit Backpapier ausgelegtes Backblech stellen. Den Teig einfüllen, glatt streichen und 35–40 Minuten backen. Anschließend die Teigplatte auskühlen lassen und in 20 gleich große Quadrate schneiden.

*Zubereitungszeit: ca. 20 Minuten (plus Backzeit)*
*Pro Stück ca. 262 kcal/1096 kJ*
*3 g E, 15 g F, 27 g KH*



## Weißwein-Apfelkuchen *(ohne Abb.)*

Für ca. 14 Stücke

100 g Butter
200 g brauner Zucker
3 Eier
350 g Mehl
1 Päckchen Backpulver
125 ml Milch
125 ml Weißwein
1 kg säuerliche Äpfel
Butter und Mehl für die Form

**1.** Den Backofen auf 190 °C vorheizen, eine Springform (26 cm Ø) mit Butter einfetten und mit Mehl ausstäuben.

**2.** Die weiche Butter mit dem Zucker ca. 15 Minuten schaumig rühren, dann nach und nach die Eier einrühren. Mehl und Backpulver darübersieben, Milch und Weißwein dazugießen und alles zu einem glatten Teig rühren.

**3.** Die Äpfel schälen, das Kerngehäuse entfernen, das Fruchtfleisch klein schneiden und sofort unter den Teig heben. Den Teig in die Form füllen und alles ca. 45 Minuten backen.

*Zubereitungszeit: ca. 30 Minuten (plus Zeit zum Backen und Auskühlen)*
*Pro Stück ca. 271 kcal/1136 kJ*
*5 g E, 8 g F, 42 g KH*

## *Orangen-Mandel-Muffins*
*(rechts)*

Für 12 Stück

12 Papier-Backförmchen
80 g Mandeln
250 g Mehl
50 g Orangeat
50 g Zitronat
2 1/2 Tl Backpulver
1/2 Tl Natron
1 Ei
125 g Zucker
80 ml Pflanzenöl
150 g saure Sahne
150 ml Orangensaft
1 Orange
Kakao zum Bestäuben
50 g Orangenmarmelade
12 Mandeln zum Garnieren

**1.** Den Backofen auf 180 °C vorheizen. Die Papierförmchen in das Muffin-Blech setzen. Die Mandeln grob mahlen. Mehl, Orangeat, Zitronat, Backpulver, Natron und gemahlene Mandeln mischen.

**2.** Das Ei verquirlen, Zucker, Öl, saure Sahne und Orangensaft dazugeben und verrühren. Die Mehlmischung unterrühren. Den Teig gleichmäßig auf die Papierförmchen verteilen und auf der mittleren Einschubleiste ca. 20–25 Minuten backen.

**3.** Das Blech herausnehmen und die Muffins 5 Minuten ruhen lassen. Die Muffins herausnehmen und abkühlen lassen.Die Orange schälen, in Spalten teilen und filetieren. Die ausgekühlten Muffins mit Kakao bestäuben und mit Marmelade, Orangenspalten und Mandeln garniert servieren.

*Zubereitungszeit: ca. 20 Minuten (plus Backzeit)*
*Pro Stück ca. 326 kcal/1366 kJ*
*6 g E, 15 g F, 38 g KH*

## *Buttermilchkuchen*
*(unten)*

Für ca. 20 Stücke

***Für den Teig***
360 g Mehl
1 Päckchen Backpulver
150 g Zucker
1 Päckchen Vanillezucker
200 ml Buttermilch
3 Eier
Butter für das Backblech

***Für die Mandelkruste:***
200 g Mandelblättchen
40 g Zucker, 100 g Butter
200 ml Sahne

**1.** Ein Backblech mit Butter ausstreichen, den Backofen auf 200 °C vorheizen. Mehl mit Backpulver mischen und zusammen mit allen anderen Teigzutaten ca. 2 Minuten zu einem glatten Teig rühren. Den Teig auf das Backblech gießen.

**2.** Die Mandelblättchen mit Zucker mischen und auf dem Teig verteilen. Alles ca. 25 Minuten backen. Butter mit Sahne aufkochen und die Mischung über den noch heißen Kuchen träufeln. Abkühlen lassen und servieren.

*Zubereitungszeit: ca. 20 Minuten (plus Zeit zum Backen und Auskühlen)*
*Pro Stück ca. 261 kcal/1091 kJ*
*6 g E, 14 g F, 26 g KH*

## Brombeer-Mascarpone-Torte

*(unten)*

Für ca. 16 Stücke

***Für den Boden:***

175 g Löffelbiskuits
125 g Walnusskerne
1 Prise Zimt
175 g Butter

***Für den Belag:***

2 Päckchen Aranca, Zitronen-geschmack
400 ml Apfelsaft
200 ml Sahne
250 g Mascarpone
500 g Brombeeren

***Für den Guss:***

1 Päckchen Tortenguss
20 g Zucker
250 ml Apfelsaft

**1.** Die Löffelbiskuits zerbröseln, die Walnüsse hacken, beides mit Zimt und Butter verkneten. Boden und Rand einer Springform (26 cm Ø) mit Backpapier auslegen, den Teig darauf verteilen, festdrücken und kalt stellen.

**2.** Für den Belag Aranca mit Apfelsaft nach Packungsanweisung, jedoch ohne Joghurt, zubereiten. Die Sahne steif schlagen und alles mit dem cremig gerührten Mascarpone mischen. Die Creme auf dem Kuchenboden verteilen und wieder kühl stellen.

**3.** Die Brombeeren waschen, trocken tupfen, verlesen und auf der Creme verteilen. Den Tortenguss mit Zucker und Apfelsaft nach Packungsanweisung zubereiten und über die Früchte gießen. Bis zum Servieren kühl stellen.

*Zubereitungszeit: ca. 30 Minuten (plus Kühlzeit)*
*Pro Stück ca. 304 kcal/1271 kJ*
*4 g E, 21 g F, 22 g KH*

## *Baiser-Eistorte*
*(links oben)*

Für 16 Stücke

1,25 l Sahne
5 Päckchen Sahnesteif
200 g Baiser
300 g Halbbitter-Schokolade
200 g Krokant
Rum, nach Geschmack

**1.** Die Sahne mit dem Sahnesteif schlagen. Die Baisers zerkrümeln, die Schokolade grob raspeln.

**2.** Die Baisers, die geraspelte Schokolade und den Krokant unter die Sahnemasse rühren. Nach Geschmack mit Rum aromatisieren.

**3.** Die Masse in eine mit Alufolie ausgelegte Springform (26 cm Durchmesser) füllen und mindestens 36 Stunden gefrieren lassen. Nach Belieben mit Sahnetupfern oder Baisers verziert servieren.

*Zubereitungszeit: ca. 20 Minuten*
*(plus Gefrierzeit)*
*Pro Stück ca. 461 kcal/1932 kJ*
*3 g E, 33 g F, 35 g KH*

**Tipp:** Versuchen Sie diese Torte auch mit einer anderen Schokoladensorte, zum Beispiel weiße Schokolade, Frucht- oder Nussschokolade.

## *Schokotörtchen mit Vanille*
*(unten)*

Für 10 Stück

100 g dunkle Schokolade
(70 % Kakaoanteil)
50 g Butter
2 Eier
2 Eigelb
100 g Zucker
Mark von 1 Vanilleschote
50 g Mehl
Puderzucker zum Bestäuben
Butter für die Förmchen

**1.** Schokolade und Butter im Wasserbad schmelzen, gut verrühren und abkühlen lassen. Den Ofen auf 200 °C (Umluft 180 °C) vorheizen.

**2.** Eier, Eigelb, Zucker und Vanillemark mit dem Rührgerät schaumig rühren, die Schokoladenbutter nach und nach dazurühren. Das Mehl über die Masse sieben und einarbeiten.

**3.** 10 kleine Weck-Gläschen gut einfetten, den Teig darauf verteilen und etwa 15 Minuten backen. Kurz auskühlen lassen, dann die Törtchen auf ein Kuchengitter stürzen und abkühlen lassen. Mit Puderzucker bestäubt servieren.

*Zubereitungszeit: ca. 15 Minuten*
*(plus Backzeit)*
*Pro Stück ca. 191 kcal/798 kJ*
*4 g E, 10 g F, 19 g KH*

## *Mango-Muffins*
*(rechts)*

Für 14 Stück

250 g Mango
250 g Mehl
1 Tl Backpulver
1/2 Tl Natron
1 Ei
225 g Zucker
1 Päckchen Vanillezucker
80 ml Pflanzenöl
225 g Naturjoghurt
75 g Schokostreusel
Minzeblättchen
12 Papier-Backförmchen

**1.** Den Backofen auf 180 °C (Umluft 160 °C) vorheizen. Die Mango schälen, halbieren, den Stein entfernen und das Mangofruchtfleisch würfeln. Etwas Fruchtfleisch in feine Streifen schneiden und für die Garnitur beiseite legen.



**2.** Mehl mit Backpulver und Natron mischen. Das Ei verquirlen und mit 125 g Zucker und Vanillezucker, Öl, Joghurt und den Mangowürfeln mischen. Das Mehl dazusieben und alles zu einem glatten Teig verarbeiten.

**3.** Die Papierförmchen in ein Muffinblech setzen und den Teig hineinfüllen. Im Ofen etwa 30 Minuten backen. Noch 5 Minuten ruhen lassen. Herausnehmen und etwas abkühlen lassen.

**4.** Den restlichen Zucker mit etwas Wasser zu einem Guss verrühren und die Muffins damit einstreichen. Mangostreifen und Schokostreusel darüberverteilen und mit Minzeblättchen verzieren.

*Zubereitungszeit:*
*ca. 25 Minuten (plus Backzeit)*
*Pro Stück ca. 244 kcal/1021 kJ*
*4 g E, 9 g F, 36 g KH*

## *Millirahmstrudel*
*(rechts unten)*

Für 8 Stücke

100 g Butter
105 g Zucker
6 Eier
500 g Quark
250 g Schmand
1 Prise Salz
1 Tl Vanillezucker
2 Fertig-Blätterteigrollen
250 ml Milch
Butter für die Form und
zum Bestreichen des Teiges

**1.** Die Butter mit 75 g Zucker verrühren. 4 Eier trennen. Eigelb mit dem Quark und dem Schmand mischen und mit dem Butter-Zucker-Gemisch verrühren.

**2.** Eiweiß mit 1 Prise Salz steif schlagen und ebenfalls unter die Quarkmasse heben. Den Backofen auf 160 °C (Umluft 140 °C) vorheizen.

**3.** Eine gefettete Springform (22 cm Durchmesser) mit dem Blätterteig auslegen. Die Quarkmasse darüberfüllen. Die Teigränder seitlich verschließen und mit zerlassener Butter bestreichen. Im Ofen etwa 15 Minuten backen.

**4.** In der Zwischenzeit die Milch aufkochen, restliche Eier und restlichen Zucker verrühren und in die etwas abgekühlte Milch geben. Den vorgebackenen Strudel mit der Eiermilch übergießen und etwa 55 Minuten fertig backen.

*Zubereitungszeit: ca. 20 Minuten*
*(plus Backzeit)*
*Pro Stück ca. 646 kcal/2703 kJ*
*20 g E, 44 g F, 37 g KH*

## Johannisbeer-Clafoutis

*(rechts)*

Für ca. 14 Stücke

500 g schwarze Johannisbeeren
1 Vanilleschote
3 Eier
120 g Zucker
Salz
100 ml Milch
4 El Mehl
1 Tl Backpulver
100 g gemahlene Haselnüsse
Butter für die Form
Puderzucker zum Bestäuben

**1.** Den Backofen auf 220 °C vorheizen, eine Tarteform (26 cm Ø) mit Butter einfetten. Die Johannisbeeren waschen, trocken tupfen und entstielen. Die Vanilleschote mit einem Messer aufschneiden und das Mark herauskratzen.

**2.** Die Eier mit der Hälfte des Zuckers, 1 Prise Salz und dem Vanillemark schaumig schlagen. Die Milch unterrühren. Mehl mit Backpulver mischen und mit den Haselnüssen ebenfalls darunterrühren.

**3.** Die Johannisbeeren auf dem Boden der Form verteilen, den Teig darübergießen. Im Backofen ca. 35 Minuten backen, in der Form abkühlen lassen und mit Puderzucker bestäuben. Der Kuchen kann schon lauwarm mit einem Klecks Crème fraîche serviert werden.

*Zubereitungszeit: ca. 30 Minuten*
*(plus Zeit zum Backen und Auskühlen)*
*Pro Stück ca. 150 kcal/627 kJ*
*4 g E, 6 g F, 19 g KH*

## Bethmännchen
*(oben)*

Für ca. 15 Stück

1 El Honig
200 g Marzipanrohmasse
100 g geschälte Mandeln
1 Ei

**1.** Den Honig gut mit der Marzipanrohmasse verkneten. Die Masse zu einer Rolle formen und in 15–20 Stücke schneiden. Die Stücke zu Kugeln rollen. Mit 3 Fingerspitzen die Kugeln zu Kegeln formen.

**2.** Marzipankegel auf ein mit Backpapier belegtes Backblech setzen. Jeweils 3 Mandeln mit der Spitze nach oben an einen Kegel setzen und leicht andrücken. Backofen auf 180 °C (Umluft 150 °C) vorheizen.

**3.** Das Ei mit 1 El Wasser verquirlen und die Bethmännchen damit einstreichen. Auf der 3. Einschubleiste von unten 12–14 Minuten backen, bis die Spitzen hellbraun sind.

*Zubereitungszeit: ca. 25 Minuten (plus Backzeit)*
*Pro Stück ca. 119 kcal/498 kJ*
*3 g E, 7 g F, 10 g KH*

## Zitrus-Käsekuchen
*(unten)*

Für 12 Stücke

150 g Löffelbiskuits
125 g Butter
600 g Doppelrahm-Frischkäse
300 g Joghurt
8 El Zitronensaft
1 Päckchen klarer Tortenguss
70 g Zucker
5 El Orangensaft
5 El Grapefruitsaft
Früchte zum Verzieren

**1.** Löffelbiskuits in einen Plastikbeutel geben und mit dem Nudelholz zerbröseln. Die Butter in einem Topf schmelzen und mit den Bröseln mischen.

**2.** Eine Springform mit Backpapier auslegen und die Masse hineingeben. Frischkäse mit Joghurt und 3 El Zitronensaft verrühren. Den Tortenguss mit Zucker und den restlichen Säften verrühren.

**3.** Anschließend aufkochen und unter die Käsecreme rühren. Die Creme über die Bröselmasse geben und mindestens 3 Stunden in den Kühlschrank stellen. Vor dem Servieren mit Früchten verzieren.

*Zubereitungszeit: ca. 20 Minuten (plus Kühlzeit)*
*Pro Stück ca. 384 kcal/1609 kJ*
*10 g E, 28 g F, 21 g KH*

## *Muffins mit Mascarponecreme*

*(rechts)*

Für 12 Stück

Butter für das Blech
1 Vanilleschote
85 g Zartbitterschokolade
225 g Butter
160 g Mehl
1 Tl Backpulver
160 g Zucker
1 Prise Salz
5 Eier
100 g Mascarpone
2 El geschlagene Schlagsahne
5 El Erdbeermarmelade
1 El Puderzucker

**1.** Den Backofen auf 180 °C vorheizen. Das Muffin-Blech einfetten. Das Mark aus der Vanilleschote kratzen. Die Schokolade in Stücke brechen und mit 150 g Butter im Wasserbad schmelzen und verrühren. Das Mehl mit Backpulver vermischen.

**2.** Den Zucker mit Salz, Eiern und Vanillemark cremig schlagen. Mehlmischung unterheben und rühren, bis alle Zutaten feucht sind. Schokoladenbutter unterrühren.

**3.** Den Teig gleichmäßig in die Vertiefungen des Muffin-Blechs füllen und auf der mittleren Einschubleiste ca. 20 Minuten backen. Die Muffins noch ca. 5 Minuten in der Form ruhen lassen, dann herausheben.

**4.** Aus dem Mascarpone, der geschlagenen Sahne, 3 El Erdbeermarmelade und dem Puderzucker eine Creme herstellen. Diese in einen Spritzbeutel füllen und die Muffins damit verzieren. Zuletzt je 1 Klecks Erdbeermarmelade auf die Creme geben.

*Zubereitungszeit: ca. 20 Minuten (plus Backzeit)*
*Pro Stück ca. 391 kcal/1636 kJ*
*7 g E, 25 g F, 31 g KH*

## Zitronenkuchen *(unten)*

Für ca. 10 Stücke

***Für den Teig:***

3 Eier
170 g Zucker
Salz
150 g Butter
160 g Mehl
1 gehäufter Tl Backpulver
50 g Mohn
Saft und Schale von
2 unbehandelten Zitronen
Butter und Mehl für die Form

***Für den Guss:***

200 g Puderzucker
Saft und Schale von
1 unbehandelten Zitrone

**1.** Den Backofen auf 180 °C vorheizen, eine kleine Kastenform (20 cm Länge) mit Butter einfetten und mit Mehl ausstäuben. Eier mit Zucker und 1 Prise Salz schaumig rühren. Die Butter in einer Pfanne zerlassen.

**2.** Mehl mit Backpulver mischen, zusammen mit dem Mohn zur Eiermischung geben und unterrühren. Die zerlassene Butter dazugießen, dann sehr fein gehackte Schale und Saft der Zitronen untermischen.

## Bananenküchlein

*(oben)*



Für ca. 10 Küchlein

125 g weiche Butter
160 g Zucker
1 Päckchen Vanillezucker
2 Bananen
1 Ei
200 g Mehl
1 Tl Natronpulver
60 g Walnusskerne, gehackt
120 ml Buttermilch

**1.** Den Ofen auf 180 °C vorheizen. Die Butter mit Zucker und Vanillezucker cremig rühren. Die Bananen schälen, in Stücke schneiden und zu der Butter-Zucker-Mischung geben. Das Ei unterrühren.

**2.** Das Mehl mit dem Natron mischen und zusammen mit den Walnüssen und der Buttermilch in die Bananenmasse rühren.

**3.** Aus Backpapier 10 Quadrate à 18 cm schneiden, in Tassen drücken und in jede Tasse 1,5 El Teig einfüllen.

**4.** Das Papier mit Küchengarn zusammenbinden und die Papiersäckchen mit Teig, aber ohne Tasse auf ein mit Backpapier ausgelegtes Backblech setzen. Im Ofen 30 Minuten backen.

*Zubereitungszeit: ca. 25 Minuten*
*(plus Zeit zum Backen)*
*Pro Küchlein ca. 316 kcal/1323 kJ*
*5 g E, 15 g F, 38 g KH*

**3.** Teig in die Kastenform füllen und alles ca. 40 Minuten backen, dann abkühlen lassen. Für den Guss den Puderzucker mit dem Zitronensaft und der klein gehackten Schale glatt rühren und den ausgekühlten Kuchen damit übergießen.

*Zubereitungszeit: ca. 20 Minuten*
*(plus Zeit zum Backen und Auskühlen)*
*Pro Stück ca. 381 kcal/1596 kJ*
*6 g E, 17 g F, 50 g KH*

## Quark-Kirsch-Kuchen

*(ohne Abb.)*

Für ca. 10 Stücke

500 g Kirschen aus dem Glas
3 Eier
250 g Quark (20 %)
60 g Grieß,
100 g Zucker
5 Tropfen Zitronenaroma
Butter für die Form

**1.** Den Backofen auf 180 °C vorheizen, eine Kastenform (30 cm Länge) mit Butter einfetten. Die Kirschen in ein Sieb geben und abtropfen lassen.

**2.** Die Eier verquirlen, dann Quark, Grieß, Zucker und Zitronenaroma unterrühren und alles zu einer glatten Masse rühren. Die Quarkmasse in die Form füllen und die abgetropften Kirschen in der Mitte längs verteilen. Den Kuchen ca. 30 Minuten backen. In der Form abkühlen lassen, dann stürzen.

*Zubereitungszeit: ca. 20 Minuten*
*(plus Zeit zum Backen und Auskühlen)*
*Pro Stück ca. 148 kcal/619 kJ*
*7 g E, 3 g F, 22 g KH*

## Preiselbeer-Muffins

*(oben)*

Zutaten für 12 Stück

250 g Preiselbeeren (TK)
12 Papier-Backförmchen
300 g Mehl
2 Tl Backpulver
1/2 Tl Natron
1/2 Tl Zimt
Schale von 1 unbehandelten Zitrone
1 Ei
140 g brauner Zucker
80 ml Öl
200 g Naturjoghurt
100 g Zartbitter-Kuvertüre
Zuckerperlen zum Garnieren

**1.** Die Preiselbeeren antauen lassen. Den Backofen auf 180 °C vorheizen. Die Backförmchen in das Muffin-Blech setzen.

**2.** Mehl, Backpulver, Natron, Zimt und Zitronenschale mischen. Ei mit Zucker, Öl und Joghurt gut verrühren. Mehlmischung und Preiselbeeren zufügen und unterrühren.

**3.** Den Teig in die Backförmchen füllen und alles auf der mittleren Einschubleiste ca. 25 Minuten backen. Muffins noch ca. 5 Minuten in der Form ruhen lassen, anschließend herausheben.

**4.** Die Kuvertüre im Wasserbad schmelzen und in einen kleinen Spritzbeutel geben. Die Muffins mit Kuvertüre und Zuckerperlen garnieren.

*Zubereitungszeit: ca. 20 Minuten*
*(plus Backzeit)*
*Pro Stück ca. 270 kcal/1131 kJ*
*5 g E, 11 g F, 37 g KH*

## Amarena-Kirschkuchen

*(unten)*

Für ca. 10 Stücke

ca. 5 cm Ingwerwurzel
150 g Butter
4 Eier, Salz
150 g Zucker
2 Päckchen Vanillezucker
150 g Mehl
1 Päckchen Backpulver
200 g Amarenakirschen
2 El Kirschlikör
Butter und Mehl für die Form
Mehl zum Bestäuben

**1.** Den Ofen auf 180 °C vorheizen, eine Kastenform (20 cm Länge) einfetten und mit Mehl ausstäuben. Ingwer schälen und sehr fein hacken.

**2.** Die Butter zerlassen. Die Eier trennen. Eiweiß mit 1 Prise Salz steif schlagen und kühl stellen. Eigelb mit Zucker und Vanillezucker zu einer schaumigen Masse rühren. Mehl mit Backpulver mischen und zu der Eigelbcreme sieben.

**3.** Die Butter zum Teig rühren. Die Amarenakirschen mit Mehl bestäuben und mit dem Ingwer hinzugeben. Den Eischnee in zwei Portionen unterheben, alles in die Form füllen, glatt streichen und ca. 40 Minnuten backen.

**4.** In den etwas abgekühlten Kuchen mit einem Holzstäbchen kleine Löcher pieksen und den Kuchen mit Kirschlikör tränken.

*Zubereitungszeit: ca. 20 Minuten*
*(plus Zeit zum Backen und Auskühlen)*
*Pro Stück ca. 279 kcal/1167 kJ*
*3 g E, 13 g F, 37 g KH*

## Tiramisu-Muffins

*(rechts oben)*

Für 12 Stück

400 g Sauerkirschen
(TK oder aus dem Glas)
12 Papier-Backförmchen
125 g Weizenvollkornmehl
2 Tl Backpulver
75 g Schokoladenflocken
125 g weiche Butter
110 g Zucker
1 Tl Zimt
3 Eier
2 El Kirschwasser
100 g Sahne
100 g Mascarpone
Espressopulver

**1.** Die Kirschen antauen bzw. abtropfen lassen. Den Backofen auf 180 °C vorheizen. Die Backförmchen in das Muffin-Blech setzen.

**2.** Mehl, Backpulver und Schokolade mischen. Die Butter mit Zucker und Zimt verrühren. Die Eier unterschlagen. Mehlmischung unterheben und rühren, bis alle Zutaten feucht sind. Kirschen unterheben. Kirschwasser unterrühren.

**3.** Den Teig in die Vertiefungen des Muffin-Blechs füllen. Anschließend alles auf der mittleren Einschubleiste ca. 25 Minuten backen. Nach Ablauf der Backzeit die Muffins ca. 5 Minuten in der Form ruhen lassen.

**4.** Die Sahne steif schlagen und mit dem Mascarpone vermengen. Großzügig auf die Muffins verteilen und mit Espressopulver bestäuben.

*Zubereitungszeit: ca. 20 Minuten*
*(plus Backzeit)*
*Pro Stück ca. 303 kcal/1269 kJ*
*6 g E, 18 g F, 25 g KH*

**2.** Den Backofen auf 160 °C (Umluft 140 °C) vorheizen. Eine Springform (26 cm Durchmesser) mit Backpapier auslegen. Den Schokoladenteig hineinfüllen und im Ofen etwa 40 Minuten backen.

**3.** Zum Garnieren aus Papier 1,5 cm breite Streifen schneiden, auf den Kuchen legen und alles mit Puderzucker bestäuben. Papierstreifen vorsichtig abnehmen.

*Zubereitungszeit: ca. 30 Minuten*
*(plus Backzeit)*
*Pro Stück ca. 335 kcal/1404 kJ*
*5 g E, 23 g F, 25 g KH*

**Tipp:** Eine Alternative zum Puderzucker: Den Kuchen außen mit heißer Fruchtmarmelade einstreichen und nach dem Festwerden mit Schokoladenkuvertüre überziehen.

## *Schokoladenkuchen*

*(rechts)*

Für 16 Stücke

200 g Schokolade
(70 % Kakaoanteil)
200 g Butter
200 g Zucker
200 g gemahlene Mandeln
1/2 Päckchen Backpulver
1 Päckchen Vanillezucker
1 Prise Salz
4 Eier
evtl. 3 El Mehl
Puderzucker zum Bestäuben

**1.** Die Schokolade grob hacken und mit der Butter im heißen Wasserbad schmelzen, dann etwas abkühlen lassen. Die restlichen Zutaten nach und nach unter die Schokoladen-Butter mischen. Wenn der Teig sehr flüssig ist, 3 El Mehl dazugeben.

4. Rhabarberstücke dicht auf den Streusel-Boden legen. Die restlichen Streusel mit den Mandeln mischen und darüberstreuen. Den Kuchen im Backofen etwa 25–30 Minuten backen.

*Zubereitungszeit: ca. 25 Minuten (plus Backzeit)*
*Pro Stück ca. 286 kcal/1198 kJ*
*4 g E, 13 g F, 36 g KH*

**Tipp:** Wenn Sie keine ofenfeste Form in dieser Größe haben, können Sie den Kuchen auch in einer Springform (24 cm Durchmesser) backen.

## Streuselkuchen mit Rhabarber

*(oben)*

Für 12 Stücke

375 g Mehl
190 g Zucker
150 g Butter
1 Eigelb
Saft von 1/2 Orange
1/2 Päckchen Backpulver
1 Päckchen Vanillezucker
500 g Rhabarber
40 g gehackte Mandeln



1. Das Mehl mit dem Zucker, der Butter, dem Eigelb, Orangensaft, Backpulver und Vanillezucker in einer Schüssel mischen und alles zu Streuseln verarbeiten. Den Backofen auf 175 °C (Umluft 155 °C) vorheizen.

2. Etwas mehr als die Hälfte der Streusel in eine mit Backpapier ausgelegte quadratische ofenfeste Form (22 cm Seitenlänge) geben und im Ofen etwa 20 Minuten backen. Den Boden abkühlen lassen.

3. Den Rhabarber waschen, trocken tupfen, schälen und in Stücke schneiden.

## Schokoladenmuffins mit Schmand

*(unten)*

Für 12 Stück

200 g Vollmilchschokolade
100 g Butter
100 g Schmand
1 Ei
200 ml Milch
250 g Mehl
1 El Speisestärke
3 Tl Backpulver
3 El ungesüßtes Kakaopulver
50 g brauner Zucker
1 Prise Salz
Puderzucker zum Bestäuben
Butter und brauner Zucker für die Form

1. Den Backofen auf 180 °C (Umluft 160 °C) vorheizen. Ein Muffin-Blech gut einfetten und mit dem brauen Zucker ausstreuen. 30 g Schokolade mit der Butter im Wasserbad schmelzen lassen, die übrige Schokolade grob hacken. Schmand mit dem Ei und der Milch verquirlen.

2. Das Mehl mit Speisestärke, Backpulver und Kakao vermischen, sieben und Zucker mit Salz untermischen. Mit einem Holzlöffel zuerst die flüssige, etwas abgekühlte Schokoladenbutter, dann die Eiermilch und die gehackte Schokolade locker unterheben. Dabei nur so lange rühren, bis die trockenen Zutaten feucht sind.

3. Den Teig auf die einzelnen Vertiefungen des Muffin-Blechs aufteilen und glatt streichen. Die Muffins 20–25 Minuten backen. Danach erst 5 Minuten in der Form, dann auf einem Kuchengitter ganz auskühlen lassen. Nach dem Erkalten mit Puderzucker bestäuben.

*Zubereitungszeit: ca. 25 Minuten (plus Backzeit)*
*Pro Stück ca. 308 kcal/1287 kJ*
*6 g E, 16 g F, 32 g KH*

## *Himbeer-Käseküchlein*

*(oben)*

Für 8 Souffléförmchen
à 200 ml Inhalt

125 g Butter
4 Eier
Salz
150 g Zucker
1 Päckchen Vanillepuddingpulver
1/2 Päckchen Backpulver
1 Päckchen Vanillezucker
Saft und Schale von 1 unbehandelten Zitrone
4 El Hartweizengrieß
1000 g Magerquark
200 g TK-Himbeeren
Butter und Mehl für die Förmchen
Puderzucker zum Bestäuben

1. Die Souffléförmchen mit Butter einfetten und mit Mehl bestäuben. Den Backofen auf 200 °C vorheizen. Die Butter in einer Pfanne zerlassen, die Eier trennen.

2. Eiweiß mit 1 Prise Salz steif schlagen und kühl stellen. Eigelb mit Zucker zu einer hellgelben, schaumigen Masse rühren. Die gerade flüssige Butter dazugießen und unterrühren.

3. Vanillepuddingpulver mit Backpulver, Vanillezucker, Zitronenschale und Hartweizengrieß dazurühren. Zum Schluss den Zitronensaft mit dem Quark hineingeben. Alles miteinander verrühren.

4. Eischnee in zwei Portionen sorgfältig unter die Quarkmasse heben. Die Hälfte der Masse in die Förmchen gießen, die aufgetauten und abgetropften Himbeeren darauf verteilen und alles mit der restlichen Masse bedecken.

5. In den Ofen geben und ca. 55 Minuten backen. Falls die Oberfläche zu viel Farbe bekommt, alles locker mit Alufolie abdecken. Die Küchlein in den Formen vollständig auskühlen lassen, dann vorsichtig herauslösen und mit Puderzucker bestäubt servieren.

*Zubereitungszeit: ca. 25 Minuten (plus Zeit zum Backen und Auskühlen)*
*Pro Küchlein ca. 403 kcal/1687 kJ*
*23 g E, 16 g F, 39 g KH*

## Winzerkuchen

*(rechts oben)*

Für 12 Stücke

250 g Mehl
1 Tl Backpulver
500 g Quark
175 g Zucker
6 El Öl
4 Eier
Salz
1 Tl abgeriebene Schale
von 1 unbehandelten Zitrone
50 g Grieß
250 g grüne Weintrauben
250 g blaue Weintrauben
Mehl zum Ausrollen
Butter für die Form

**1.** Mehl mit Backpulver mischen. 150 g Quark mit 75 g Zucker, Öl, 2 Eiern und 1 Prise Salz verrühren, das Mehl dazusieben und daraus einen Teig bereiten.

**2.** Die restlichen Eier trennen. Eigelb mit restlichem Zucker schaumig schlagen und die Zitronenschale unterrühren. Den restlichen Quark zusammen mit dem Grieß ebenfalls unterrühren. Eiweiß mit 1 Prise Salz steif schlagen und unter die Masse heben. Den Backofen auf 200 °C (Umluft 180 °C) vorheizen.

**3.** Den Teig auf einer bemehlten Arbeitsfläche ausrollen und eine gefettete Springform (24 cm Durchmesser) damit auslegen. Die Quarkmasse darübergeben.

**4.** Die Trauben waschen, trocknen, halbieren und auf der Quarkmasse verteilen. Den Kuchen im Ofen etwa 40 Minuten backen und auskühlen lassen.

*Zubereitungszeit: ca. 30 Minuten (plus Backzeit)*
*Pro Stück ca. 327 kcal/1368 kJ*
*11 g E, 12 g F, 41 g KH*



## Nussnougat-Kirsch-Muffins

*(oben)*

Für 12 Stück

400 g Sauerkirschen
(TK oder aus dem Glas)
12 Papier-Backförmchen
125 g Weizenvollkornmehl
2 Tl Backpulver
75 g Schokoladenflocken
125 g weiche Butter
110 g Zucker
1 Tl Zimt
3 Eier
2 El Kirschwasser
Nussnougat-Creme (FP),
Cocktailkirschen und geröstete
Mandelsplitter zum Garnieren

**1.** Die Kirschen antauen bzw. abtropfen lassen. Den Backofen auf 180 °C vorheizen. Die Backförmchen in das Muffin-Blech setzen.

**2.** Mehl, Backpulver und Schokolade mischen. Die Butter mit Zucker und Zimt verrühren. Die Eier unterschlagen. Mehlmischung unterheben und rühren, bis alle Zutaten feucht sind. Kirschen unterheben. Kirschwasser unterrühren.

**3.** Den Teig in die Vertiefungen des Muffin-Blechs füllen. Anschließend alles auf der mittleren Einschubleiste ca. 25 Minuten backen. Nach Ablauf der Backzeit die Muffins ca. 5 Minuten in der Form ruhen lassen.

**4.** Die abgekühlten Muffins dekorativ mit Nussnougat-Creme und Cocktailkirschen belegen und mit den Mandelsplittern bestreuen.

*Zubereitungszeit: ca. 20 Minuten (plus Backzeit)*
*Pro Stück ca. 330 kcal/1381 kJ*
*6 g E, 19 g F, 31 g KH*

## Schokokuss-Torte

*(unten)*

Für 12 Stücke

6 Eier
120 g Zucker
80 g Mehl
60 g Speisestärke
1 Tl Backpulver
12 Schokoküsse
500 g Quark
400 ml Sahne

**1.** Den Backofen auf 180 °C (Umluft 160 °C) vorheizen. Die Eier mit dem Zucker schaumig schlagen. Das Mehl mit der Speisestärke und dem Backpulver mischen, darübersieben und unterrühren.

**2.** Eine Springform (26 cm Durchmesser) mit Backpapier auslegen und den Teig hineinfüllen. Im Ofen etwa 45 Minuten backen. Dann herausnehmen und auf ein Kuchengitter stürzen. Das Backpapier vorsichtig abziehen und den Boden abkühlen lassen.

**3.** 6 Schokoküsse von den Waffelböden trennen und die Masse mit dem Quark verrühren. 400 ml Sahne steif schlagen und mit der Creme vermischen.

**4.** Den Biskuitboden auf eine Tortenplatte legen. Die restlichen Schokoküsse halbieren und auf dem Tortenboden am Rand im Kreis verteilen. In die Mitte die Quark-Sahne-Masse geben und glatt streichen. Die übrig gebliebenen Waffelböden halbieren und die Torte damit verzieren. Die Torte bis zum Servieren kalt stellen.

*Zubereitungszeit: ca. 30 Minuten*
*(plus Back- und Kühlzeit)*
*Pro Stück ca. 385 kcal/1610 kJ*
*11 g E, 18 g F, 42 g KH*

## *Torta alle mandorle*

*(oben)*

Für 16 Stücke

6 Eier
1 Prise Salz
250 g Puderzucker
1 Päckchen Vanillezucker
Saft und abgeriebene Schale von 1 unbehandelten Zitrone
1 Msp. gemahlener Zimt
1/2 Tl Backpulver
250 g gemahlene Mandeln
Puderzucker zum Bestäuben

**1.** Die Eier trennen. Eigelb mit Salz und Puderzucker schaumig schlagen. Vanillezucker, Zitronenschale, Zimt, Backpulver und Mandeln dazugeben.

**2.** Den Backofen auf 175 °C (Umluft 155 °C) vorheizen. Eiweiß mit einigen Tropfen Zitronensaft steif schlagen und unter die Mandelcreme heben.

**3.** Den Boden einer Springform (26 cm Durchmesser) mit Backpapier auslegen und den Teig hineinfüllen. Im Ofen etwa 55 Minuten backen. Abkühlen lassen und kurz vor dem Servieren mit Puderzucker bestäuben.

*Zubereitungszeit: ca. 20 Minuten (plus Backzeit)*
*Pro Stück ca. 204 kcal/856 kJ*
*6 g E, 11 g F, 19 g KH*

## *Schoko-Brombeer-Muffins*

*(unten)*

Für 12 Stück

Butter für die Form
250 g Mehl
2 1/2 Tl Backpulver
1/2 Tl Natron
2 El Kakaopulver
1 Ei
120 g Zucker
80 ml Öl
350 g Joghurt
1 P. Vanillinzucker
100 g Brombeeren

**1.** Den Backofen auf 180 °C vorheizen. Die Vertiefungen des Muffin-Blechs einfetten. Mehl, Backpulver, Natron und Kakaopulver mischen. Das Ei verquirlen. Zucker, Öl, 250 g Joghurt und die Mehlmischung unterrühren, bis die trockenen Zutaten feucht sind.

**2.** Den Teig gleichmäßig in das Muffin-Blech füllen und auf der mittleren Schiene ca. 20–25 Minuten backen. Die Muffins ca. 5 Minuten ruhen und anschließend abkühlen lassen.

**3.** Den restlichen Joghurt mit Vanillinzucker glatt rühren. Die Brombeeren putzen, waschen und trocknen. Die Muffins mit Joghurtcreme und Brombeeren garniert servieren.

*Zubereitungszeit: ca. 20 Minuten (plus Backzeit)*
*Pro Stück ca. 225 kcal/941 kJ*
*5 g E, 9 g F, 30 g KH*

## *Schneller Aprikosenkuchen*

*(ohne Abb.)*

Für ca. 24 Stücke

250 g Mehl
240 g Zucker
1 gehäufter Tl Backpulver
1 Prise Salz
250 g weiche Butter
20 Aprikosen
1 Vanilleschote
4 Eier
80 ml Milch
3 El Zucker zum Bestreuen
Butter für das Backblech

**1.** Den Backofen auf 160 °C vorheizen, ein Backblech einfetten. Mehl, Zucker, Backpulver und etwas Salz in eine Schüssel sieben, in der Mitte eine Mulde bilden. In diese Mulde die weiche Butter geben. Die Aprikosen waschen, trocknen, halbieren und entsteinen.

**2.** Die Vanilleschote aufschneiden, das Mark herauskratzen und dieses zusammen mit den Eiern und der Milch verquirlen. Die Eiermilch auf die Butter geben und alles zusammen mit dem Mehl und dem Zucker ca. 3 Minuten zu einem glatten Teig rühren.

**3.** Den Teig auf das Backblech gießen und gleichmäßig verteilen. Die Aprikosen mit der Schnittfläche nach oben gleichmäßig auf dem Teig verteilen und leicht in den Teig drücken. Den Kuchen ca. 40 Minuten backen. Nach der Hälfte der Backzeit mit Zucker bestreuen.

*Zubereitungszeit: ca. 30 Minuten*
*(plus Zeit zum Backen und Auskühlen)*
*Pro Stück ca. 186 kcal/776 kJ*
*3 g E, 10 g F, 20 g KH*

## *Apfel-Beignets*

*(unten)*

Für 4 Portionen

80 g Mehl
1 Messerspitze Backpulver
1 Ei
125 ml Milch
Mark von 1/2 Vanilleschote
1 Prise Salz
1 Prise Zucker
4 Äpfel, z.B. Cox Orange
500 ml Frittieröl
1/2 Tl Zimtpulver
4 El Zucker

**1.** Das Mehl, mit dem Backpulver mischen. Das Ei mit der Milch, dem Vanillemark, Salz und Zucker zu einem flüssigen Teig verrühren. Dann die Mehlmischung dazusieben und so verrühren, dass keine Klümpchen zu sehen sind.

**2.** Die Äpfel schälen und das Kerngehäuse entfernen. Die Äpfel in etwa 1 cm dicke Scheiben schneiden. Das Öl in einem großen Topf oder der Fritteuse erhitzen (es hat die richtige Temperatur, wenn sich an einem ins heiße Öl getauchten Holzlöffel kleine Bläschen bilden).

**3.** Die Apfelscheiben nacheinander in den Teig tauchen, etwas abtropfen lassen und im heißen Öl goldbraun ausbacken. Die Beignets auf Küchenpapier abtropfen lassen und mit Zimt-Zucker servieren.

*Zubereitungszeit: ca. 20 Minuten*
*(plus Frittierzeit)*
*Pro Stück ca. 591 kcal/2472 kJ*
*5 g E, 40 g F, 47 g KH*

**Tipp:** Apfelbeignets schmecken besonders gut, wenn Sie dazu Vanilleeis oder Vanillesauce servieren.

## *Pflaumenstrudel*

*(unten)*

Für ca. 14 Stücke

1 Paket Strudelteig (160 g)
60 g Butter
300 g Pflaumen
2 Eier
Salz
250 g Ricotta
50 g Marzipanrohmasse
70 g Zucker
abgeriebene Schale von
1/2 unbehandelten Zitrone
50 g Mandelstifte
Puderzucker zum Bestäuben

**1.** Den Ofen auf 180 °C vorheizen, ein Blech mit Backpapier auslegen. Den Strudelteig auf einem Küchentuch ausbreiten, die Butter in einer Pfanne zerlassen.

**2.** Pflaumen waschen, trocknen, entsteinen und vierteln. Die Eier trennen. Eiweiß mit 1 Prise Salz steif schlagen, kühl stellen. Eigelb mit Ricotta verquirlen, Marzipan klein hacken und mit dem Zucker und der Zitronenschale zur Eigelbcreme geben. Alles gut verquirlen, dann in zwei Portionen den Eischnee unterheben.

**3.** Den Strudelteig mit der Hälfte der zerlassenen Butter einpinseln. Die Ricottacreme auf dem Teig verteilen, dabei die Teigränder ca. 3 cm breit frei lassen. Die Früchte auf der Creme verteilen und mit den Mandeln bestreuen.

**4.** Strudel mithilfe des Küchentuchs aufrollen, mit der Naht nach unten auf das Blech legen. Strudel mit der restlichen Butter bepinseln und ca. 35 Minuten backen. Abkühlen lassen und mit Puderzucker bestäuben.

*Zubereitungszeit: ca. 20 Minuten*
*(plus Zeit zum Backen und Auskühlen)*
*Pro Stück ca. 201 kcal/842 kJ*
*6 g E, 14 g F, 13 g KH*



## *Schokoladenkuchen mit Kirschen*

*(rechts oben)*

Für 12 Stücke

370 g Sauerkirschen
(aus dem Glas)
100 g dunkle Kuvertüre
(60 % Kakaoanteil)
200 g weiche Butter
175 g Zucker
1 Päckchen Vanillezucker
1 Prise Salz
4 Eier
125 g Mehl
1 gestrichener Tl Backpulver
100 g gemahlene Mandeln
2 Tl Puderzucker
200 ml Sahne
1 Päckchen Sahnesteif
Schokoladenraspel nach Belieben
Butter für die Form

**1.** Die Sauerkirschen gut abtropfen lassen. Die Kuvertüre fein reiben. Den Backofen auf 180 °C (Umluft 160 °C) vorheizen.

**2.** Die Butter mit dem Rührgerät schaumig rühren, Zucker, Vanillezucker und Salz zugeben und eine gebundene Masse daraus rühren. Nach und nach die Eier einrühren, pro Ei etwa 30 Sekunden rühren.

**3.** Mehl und Backpulver mischen, über den Teig sieben und unterrühren. Schokolade und Mandeln unterrühren. Den Teig in eine gut gefettete Springform einfüllen und glatt streichen.

**4.** Die Sauerkirschen auf dem Teig gleichmäßig verteilen und den Kuchen 35–45 Minuten backen. Den Kuchen aus der Form lösen und auf einem Kuchengitter auskühlen lassen. Mit 1 Tl Puderzucker bestäuben.

**5.** Sahne mit Sahnesteif und dem restlichen Puderzucker steif schlagen und den Kuchen damit verzieren. Mit Schokoraspeln bestreuen.

*Zubereitungszeit: ca. 20 Minuten (plus Back- und Kühlzeit)*
*Pro Stück ca. 437 kcal/1827 kJ*
*6 g E, 28 g F, 36 g KH*

## *Mohn-Himbeer-Muffins*

*(rechts)*

Für 12 Stück

150 g Himbeeren (TK)
12 Papier-Backförmchen
250 g Mehl
2 Tl Backpulver
1/2 Tl Salz
150 g Zucker
125 g weiche Butter
2 Eier
125 ml Milch
150 g Frischkäse
50 g Mohn
250 g Schlagsahne
1 P. Vanillinzucker
1 P. Sahnesteif
Schokoröllchen zum Garnieren

**1.** Die Himbeeren auftauen und auf einem Sieb abtropfen lassen. Den Backofen auf 180 °C vorheizen. Die Papierförmchen in das Muffin-Blech einsetzen.

**2.** Mehl, Backpulver und Salz gut mischen. Zucker, Butter, Eier, Milch, Frischkäse und 30 g Mohn mit der Mehlmischung in die Küchenmaschine geben und zu einem glatten Teig verarbeiten.

**3.** Himbeeren vorsichtig unter den Teig heben. Anschließend den Teig in die Papierförmchen füllen und auf der mittleren Einschubleiste 25 Minuten backen. Herausnehmen und im Blech noch 10 Minuten ruhen lassen.

**4.** Die Sahne mit Vanillinzucker und Sahnesteif steif schlagen. Die ausgekühlten Muffins mit Vanillesahne, Schokostäbchen und dem restlichen Mohn garniert servieren.

*Zubereitungszeit: ca. 20 Minuten (plus Backzeit)*
*Pro Stück ca. 358 kcal/1496 kJ*
*6 g E, 22 g F, 32 g KH*

## *Schneller Traubenkuchen*

*(unten)*

Für ca. 16 Stücke

700 g kernlose Weintrauben (weiß oder blau nach Geschmack)
250 g Zucker
200 g Butter
4 Eier, 2 El Grieß
1 Päckchen Vanillepuddingpulver
1 kg Magerquark

**1.** Ein Backblech mit Backpapier auslegen, den Backofen auf 180 °C vorheizen. Die Weintrauben waschen, verlesen und trocken tupfen.

**2.** Zucker mit der weichen Butter ca. 10 Minuten schaumig schlagen, dann nach und nach die Eier, Grieß, Vanillepuddingpulver und Magerquark unterrühren.

**3.** Die Quarkmasse auf dem Backblech verteilen, glatt streichen und die Trauben gleichmäßig auf dem Teig verteilen. Leicht andrücken und alles ca. 40 Minuten im Ofen backen. Falls der Kuchen zu dunkel wird, mit Alufolie abdecken.

*Zubereitungszeit: ca. 30 Minuten (plus Zeit zum Backen und Auskühlen)*
*Pro Stück ca. 261 kcal/1094 kJ*
*11 g E, 12 g F, 25 g KH*

## *Amaretto-Muffins*

*(oben)*

Für 12 Stück

Butter für das Blech
1 Vanilleschote
85 g Zartbitterschokolade
225 g Butter
160 g Mehl
1 Tl Backpulver
160 g Zucker
1 Prise Salz
5 Eier
8 El Amaretto
250 g Puderzucker
12 Schoko-Bohnen

**1.** Den Backofen auf 180 °C vorheizen. Das Muffin-Blech einfetten. Das Mark aus der Vanilleschote kratzen. Die Schokolade in Stücke brechen und mit 150 g Butter im Wasserbad schmelzen und verrühren. Das Mehl mit Backpulver mischen.

**2.** Den Zucker mit Salz, Eiern und Vanillemark cremig schlagen. Mehlmischung unterheben und rühren, bis alle Zutaten feucht sind. Schokoladenbutter unterrühren.

**3.** Den Teig gleichmäßig in die Vertiefungen des Muffin-Blechs füllen und auf der mittleren Einschubleiste ca. 20 Minuten backen. Die Muffins noch ca. 5 Minuten in der Form ruhen lassen, dann herausheben.

**4.** Muffins noch heiß mit 3 El Amaretto beträufeln. Aus dem restlichen Amaretto mit dem Puderzucker einen Guss herstellen. Die Muffins damit überziehen und auf jeden Muffin eine Schokobohne setzen.

*Zubereitungszeit: ca. 20 Minuten (plus Backzeit)*
*Pro Stück ca. 377 kcal/1576 kJ*
*5 g E, 13 g F, 54 g KH*

## Blechkuchen mit Sahne und Biskotten

*(unten)*

Für 20 Stücke

5 Eier
300 g Butter
360 g Zucker
1 Päckchen Vanillezucker
1 Prise Salz
Saft und abgeriebene Schale von 1 unbehandelten Zitrone
300 g Mehl
1 Päckchen Backpulver
750 ml Orangensaft
2 Päckchen Vanille-Puddingpulver
600 ml Sahne
1 cl Rum
2 Packungen Kekse (Biskotten)
100 g Kuvertüre

**1.** Den Backofen auf 180 °C (Umluft 160 °C) vorheizen. Die Eier trennen. Butter, 300 g Zucker, Vanillezucker, Eigelb, Salz, Zitronensaft und -schale zu einer schaumigen Creme verrühren. Das Mehl mit dem Backpulver mischen und darunterrühren.

**2.** Eiweiß steif schlagen und den Eischnee unter den Teig heben. Den Teig auf ein mit Backpapier ausgelegtes Backblech geben und im Ofen 20–25 Minuten backen. Abkühlen lassen.

**3.** 500 ml Orangensaft mit dem restlichen Zucker aufkochen und das Vanille-Puddingpulver unter Rühren dazugeben. Einmal aufkochen. Die Creme abkühlen lassen und mehrmals umrühren, damit keine Haut entsteht. Den Orangen-Vanillepudding auf den Boden streichen.

**4.** Die Sahne steif schlagen und auf die Puddingschicht streichen. Restlichen Orangensaft mit Rum mischen. Die Biskotten auf einer Seite kurz in Orangensaft-Rum-Mischung tunken nebeneinander auf die Sahne schichten.

**5.** Die Kuvertüre schmelzen und mit einem Löffel diagonal über die Biskotten Fäden laufen lassen. Die Torte bis zum Servieren kühl stellen.

*Zubereitungszeit: ca. 35 Minuten (plus Back- und Kühlzeit)*
*Pro Stück ca. 590 kcal/2471 kJ*
*7 g E, 32 g F, 69 g KH*

## Möhrenkuchen

*(rechts)*

Für ca. 12 Stücke

165 g weiche Butter
1 Päckchen Vanillezucker
je 1/2 Tl Zimt, gemahlene Muskatnuss und Nelkenpulver
225 g brauner Zucker
3 Eier
250 g Möhren
50 g gemahlene Wal- oder Pecannüsse
100 g gemahlene Mandeln
175 g Mehl
50 g Speisestärke
1 Päckchen Backpulver
1 Prise Salz
Fett für die Form
40 g Kokosfett
100 g Frischkäse
250 g Puderzucker
1 Fläschchen Zitronenaroma

**1.** 125 g Butter mit Vanillezucker, den Gewürzen und dem braunen Zucker schaumig schlagen, die Eier nacheinander einrühren. Die Möhren waschen, putzen, schälen und raspeln. Zusammen mit den Nüssen unter den Teig heben. Zuletzt die Mandeln, das Mehl, die Speisestärke, das Backpulver und etwas Salz unter den Teig rühren. Ofen auf 175 °C (Umluft 155 °C) vorheizen.

**2.** Eine Springform (26 cm Durchmesser) einfetten, den Teig hineinfüllen, glatt streichen und im Ofen etwa 45 Minuten backen.

**3.** Für den Überzug die restliche Butter mit Kokosfett und Frischkäse verrühren, den Puderzucker dazusieben. Das Zitronenaroma unterheben. Alles gut miteinander verrühren und den ausgekühlten Möhrenkuchen damit bestreichen.

*Zubereitungszeit: ca. 25 Minuten*
*(plus Zeit zum Backen und Auskühlen)*
*Pro Stück ca. 440 kcal/1843 kJ*
*5 g E, 24 g F, 48 g KH*

## Bananen-Kokos-Muffins

*(rechts unten)*

Für 12 Stück

Butter für die Form
75 g Butter
250 g Mehl
2 Tl Backpulver
1 Tl Natron
1/2 Tl Zimt
50 g Kokosraspel
2 Eier
100 g brauner Zucker
150 g Naturjoghurt
2 Bananen
Puderzucker zum Bestäuben

**1.** Den Backofen auf 190 °C vorheizen. Die Vertiefungen des Muffin-Blechs ausfetten. Die Butter zerlassen, etwas abkühlen lassen.

**2.** Mehl, Backpulver, Natron, Zimt und Kokosraspel bis auf 2 El mischen. Eier verquirlen, Zucker, Butter und Joghurt dazugeben und gut verrühren. Bananen schälen, mit einer Gabel zerdrücken und unterrühren.

**3.** Mehlmischung unterheben und rühren, bis alle Zutaten feucht sind. Teig gleichmäßig in die Vertiefungen des Muffin-Blechs füllen, mit restlichem Kokos bestreuen und auf der mittleren Einschubleiste ca. 25 Minuten backen.

**4.** Die Muffins noch ca. 5 Minuten in der Form ruhen lassen. Herausheben und mit Puderzucker bestäubt servieren.

*Zubereitungszeit: ca. 20 Minuten*
*(plus Backzeit)*
*Pro Stück ca. 225 kcal/941 kJ*
*5 g E, 10 g F, 29 g KH*

## *Tarte Tatin*
*(rechts)*

Für ca. 12 Stücke

200 g Zucker
1 Prise Zimt
20 g Butter
3–4 Äpfel, je nach Größe
1 El Zitronensaft
1 Paket TK-Blätterteig
Mehl für die Arbeitsfläche

**1.** Den Backofen auf 220 °C vorheizen. Den Boden einer ofenfesten, flachen Pfanne mit Zucker und Zimt bestreuen. Die Butter in Flöckchen daraufsetzen. Die Äpfel schälen, das Kerngehäuse entfernen und das Fruchtfleisch in Spalten schneiden. Sofort in einer Schüssel mit Zitronensaft mischen.

**2.** Die Apfelspalten auf dem Zucker verteilen und bei mittlerer Hitze ohne zu rühren auf den Herd stellen. Den Blätterteig auf einer bemehlten Arbeitsfläche dünn ausrollen.

**3.** Sobald sich der Zucker bräunlich färbt, die Äpfel mit dem Blätterteig bedecken. Überstehenden Teig abschneiden, den Teigdeckel mehrmals mit einer Gabel einstechen und die Pfanne ca. 12 Minuten in den Backofen schieben. Herausnehmen, kurz ruhen lassen und noch warm auf eine Kuchenplatte stürzen.

*Zubereitungszeit: ca. 20 Minuten*
*(plus Zeit zum Backen und Auskühlen)*
*Pro Stück ca. 193 kcal/809 kJ*
*2 g E, 7 g F, 29 g KH*

## *Grieß-Schüttelkuchen*
*(ohne Abb.)*

Für 16 Stücke

250 ml Milch
2 Eier
250 g Zucker
1 Päckchen Vanillezucker
100 g Mehl
1 Päckchen Backpulver
1 El Kakaopulver
1 Prise Salz
100 g Grieß
250 g Haselnüsse
Puderzucker
Butter für die Form

**1.** Den Backofen auf 180 °C (Umluft 160 °C) vorheizen. Die Milch mit den Eiern in ein geschlossenes Gefäß geben und schütteln. Zucker, Vanillezucker, Mehl, Backpulver, Kakao, Salz, Grieß und Haselnüsse in ein zweites Gefäß mit Deckel geben und ebenfalls schütteln.

**2.** Die Milch-Eier-Mischung zu den trocken geschüttelten Zutaten geben und alles miteinander verrühren. Die Masse in eine gefettete Springform (26 cm Durchmesser) geben und im Ofen etwa 45–60 Minuten backen. Den Kuchen mit Puderzucker bestäuben.

*Zubereitungszeit: ca. 15 Minuten*
*(plus Backzeit)*
*Pro Stück ca. 244 kcal/1023 kJ*
*5 g E, 11 g F, 29 g KH*

**2.** 125 g Butter mit 100 g Zucker und dem Vanillinzucker schaumig rühren. 2 Eier einzeln hinzugeben. Mehlmischung zufügen und so lange rühren, bis ein glatter Teig entstanden ist. Den Teig gleichmäßig auf die Papierförmchen verteilen.

**3.** Restliche Butter, restlichen Zucker und restliches Ei schaumig rühren. Den Quark, das Saucenpulver, die Schale und den Saft hinzufügen, gut unterrühren und alles auf dem Teig verteilen. Auf der mittleren Einschubleiste ca. 20–25 Minuten backen.

**4.** Die Konfitüre durch ein Sieb streichen, mit 1 El Wasser aufkochen lassen und die Muffins damit bestreichen. Mit Obst und Melisseblättchen garniert servieren.

*Zubereitungszeit: ca. 20 Minuten (plus Backzeit)*
*Pro Stück ca. 317 kcal/1327 kJ*
*6 g E, 17 g F, 34 g KH*



## *Frucht-Muffins*
*(oben)*

Für 12 Stück

12 Papier-Backförmchen
100 g Mehl
50 g Speisestärke
1 Tl Backpulver
200 g weiche Butter
175 g Zucker
3 Eier
1 P. Vanillinzucker
250 g Speisequark
1 P. Saucenpulver Vanille
Saft und Schale von 1/2 unbehandelten Zitrone
100 g Aprikosenkonfitüre
Obststückchen und Zitronenmelisse zum Garnieren

**1.** Den Backofen auf 190 °C vorheizen. Die Papierförmchen in das Muffin-Blech setzen. Das Mehl mit Speisestärke und Backpulver gut mischen.

## Ingwer-Birnen-Kuchen *(links)*

Für 8 Stücke

200 g Butter
150 g Zucker
200 g Mehl
2 Tl Backpulver
3 Tl gemahlener Ingwer
3 Eier
500 g Birnen
1 Tl brauner Zucker
Butter für die Form

**1.** Die Butter weich werden lassen. 175 g weiche Butter mit dem Zucker schaumig schlagen. Mehl und Backpulver mischen und zur Butter-Zucker-Masse sieben. Ingwer und Eier hinzufügen und alles zu einem glatten Teig verarbeiten.

**2.** Eine Springform (22 cm Durchmesser) einfetten und den Teig hineingeben. Die Oberfläche glatt streichen.

**3.** Den Backofen auf 180 °C (Umluft 160 °C) vorheizen. Die Birnen waschen, trocknen, schälen, halbieren und die Kerngehäuse entfernen. Birnen in dünne Scheiben schneiden und fächerförmig auf dem Teig verteilen. Mit braunem Zucker bestreuen.

**4.** Die restliche Butter in Flöckchen auf den Birnen verteilen. Den Kuchen im Backofen etwa 55 Minuten backen. Der Kuchen schmeckt kalt oder warm mit Vanilleeis.

*Zubereitungszeit: ca. 20 Minuten (plus Backzeit)*
*Pro Stück ca. 440 kcal/1840 kJ*
*7 g E, 23 g F, 47 g KH*

**Tipp:** Sie können den Ingwer auch durch 2 Tl Zimt und den braunen Zucker durch Vanillezucker ersetzen.

## Fettfreier Blitzkuchen

*(links unten)*

Für ca. 10 Stücke

1 Vanilleschote
4 Eier
Salz
250 g Zucker
60 g Mehl
60 g Speisestärke
1 gehäufter Tl Backpulver
Butter und Mehl für die Form
Puderzucker zum Bestäuben

**1.** Den Backofen auf 160 °C vorheizen, eine Kastenform (20 cm Länge) mit Butter einfetten und mit Mehl ausstäuben. Die Vanilleschote aufschneiden, das Mark herauskratzen. Die Eier trennen.

**2.** Eiweiß mit 1 Prise Salz steif schlagen und kalt stellen. Eigelb mit Zucker zu einer hellgelben, schaumigen Masse verquirlen, dann das Vanillemark dazugeben. Mehl und Stärke mit Backpulver mischen und zur Eigelbcreme rühren.

**3.** Eischnee in zwei Portionen sorgfältig unter den Teig heben, alles in die Form füllen und glatt streichen. Im Ofen ca. 1 Stunde backen. Auskühlen lassen und vor dem Servieren mit Puderzucker bestäuben.

*Zubereitungszeit: ca. 20 Minuten (plus Zeit zum Backen und Auskühlen)*
*Pro Stück ca. 184 kcal/769 kJ*
*4 g E, 3 g F, 35 g KH*

## *Gewürz-Muffins mit Schokolade*

*(unten)*

Für 12 Stück

12 Papier-Backförmchen
250 g Mehl
2 Tl Kardamom
2 Tl Anis
2 1/2 Tl Backpulver
1/2 Tl Natron
1 Ei
130 g Zucker
80 ml Pflanzenöl
250 g Joghurt
75 ml kalter Kaffee
12 Stück Vollmilch-Schokolade
Puderzucker

**1.** Den Backofen auf 180 °C vorheizen. Die Papierförmchen in das Muffin-Blech setzen. Das Mehl mit Kardamom, Anis, Backpulver und Natron mischen. Das Ei verquirlen. Zucker, Öl, Joghurt und Kaffee dazugeben und alles verrühren. Die Mehlmischung unterrühren, bis die trockenen Zutaten feucht sind.

**2.** Die Hälfte des Teiges in die Förmchen verteilen. Je ein Stück Schokolade in die Mitte des Teiges geben. Mit restlichem Teig bedecken und auf der mittleren Einschubleiste 20–25 Minuten backen. Die Muffins noch 5 Minuten im Blech ruhen lassen. Mit Schokolade und Puderzucker garniert servieren.

*Zubereitungszeit: ca. 20 Minuten (plus Backzeit)*
*Pro Stück ca. 223 kcal/932 kJ*
*4 g E, 9 g F, 29 g KH*

## *Käsekuchen Elsässer Art*

*(rechts oben)*

Für 12 Stücke

250 g Zucker
125 g Butter, 3 Eier
1 Päckchen Vanillezucker
1 kg Quark
1 Päckchen Vanillepuddingpulver
5 El Grieß
1 Päckchen Backpulver
Saft und abgeriebene Schale von 1 unbehandelten Zitrone
Puderzucker zum Bestäuben
Butter für die Form

**1.** Den Zucker mit der Butter, den Eiern und dem Vanillezucker in einer Schüssel schaumig schlagen. Den Quark mit dem Puddingpulver mischen und den Grieß unterrühren.

**2.** Zuletzt das Backpulver, den Zitronensaft und die Zitronenschale hinzufügen. Mit der Eicreme mischen und alles zu einem glatten Teig verarbeiten.

**3.** Den Backofen auf 160 °C (Umluft 140 °C) vorheizen. Eine Springform (24 cm Durchmesser) einfetten. Den Teig hineinfüllen und im Ofen etwa 50–60 Minuten backen. In der Form abkühlen lassen. Vor dem Servieren mit Puderzucker bestäuben.

*Zubereitungszeit: ca. 15 Minuten (plus Backzeit)*
*Pro Stück ca. 285 kcal/1193 kJ*
*14 g E, 10 g F, 32 g KH*

## Feigenkuchen mit Mandeln

*(rechts)*

Für 12 Stücke

500 g TK-Blätterteig
200 g gemahlene Mandeln
150 g Zucker
2 Eier
500 g frische reife Feigen
Butter für die Form
Mehl zum Ausrollen

**1.** Den Blätterteig aus der Packung nehmen und auftauen lassen. Die Mandeln mit dem Zucker mischen. Die Eier trennen, das Eiweiß steif schlagen und mit dem Mandelzucker mischen. Weiterschlagen, bis sich der Zucker aufgelöst hat. Die Feigen waschen und den Stielansatz entfernen. Die Früchte schälen und halbieren.

**2.** Eine Springform (24 cm Durchmesser) einfetten. Den Blätterteig auf einer bemehlten Arbeitsfläche anderthalbmal so groß wie die Form ausrollen, die Form damit auslegen und einen etwa 3 cm breiten Rand formen. Teig mit einer Gabel mehrmals einstechen. Den übrig gebliebenen Blätterteig beiseitestellen. Den Backofen auf 220 °C (Umluft 200 °C) vorheizen.

**3.** Die Hälfte der Mandel-Eischnee-Masse auf den Teig streichen. Die Feigen mit der Schnittfläche nach unten darauflegen. Den restlichen Eischnee darübergeben. Den restlichen Blätterteig in etwa 1 cm breite Streifen schneiden und gitterartig auf den Kuchen legen.

**4.** Eigelb verquirlen und das Teiggitter zweimal damit bestreichen. Den Kuchen im Backofen 25–30 Minuten backen. Nach etwa 20 Minuten mit Alufolie abdecken, falls er zu dunkel wird. Den Kuchen warm servieren.

*Zubereitungszeit: ca. 30 Minuten (plus Backzeit)*
*Pro Stück ca. 381 kcal/1593 kJ*
*8 g E, 23 g F, 33 g KH*

## Beschwipste Kirsch-Muffins

*(links)*

Für 12 Stück

12 Papier-Backförmchen
250 g Mehl
3 Tl Backpulver
125 g Butter
120 g Zucker
2 Eier
200 g Vollmilchjoghurt
250 g Schattenmorellen
50 g Schokoraspel
5 El Kirschwasser
Schlagsahne, Cocktailkirschen und Schokostreusel zum Garnieren

**1.** Den Backofen auf 180 °C vorheizen. Die Backförmchen in das Muffin-Blech einsetzen. Das Mehl mit dem Backpulver mischen. Die Butter mit dem Zucker schaumig rühren.

**2.** Abwechselnd Eier und Joghurt unterrühren. Die Mehlmischung zugeben und so lange rühren, bis die trockenen Zutaten feucht sind. Die entsteinten Schattenmorellen und die Schokoraspel unterziehen.

**3.** Den Teig gleichmäßig auf die Förmchen verteilen und auf der mittleren Schiene etwa 20–25 Minuten backen. Herausnehmen und im Blech noch ca. 5 Minuten ruhen lassen.

**4.** Die noch warmen Muffins mit dem Kirschwasser beträufeln. Mit Schlagsahne, Cocktailkirschen und Schokoraspeln garniert servieren.

*Zubereitungszeit: ca. 20 Minuten (plus Backzeit)*
*Pro Stück ca. 304 kcal/1272 kJ*
*5 g E, 14 g F, 33 g KH*

## Aprikosen-Pistazien-Kuchen *(unten)*

Für ca. 12 Stücke

75 g Apfelkraut
700 g Aprikosen
3 Platten TK-Blätterteig
50 g gehackte Pistazien
50 g Honig
2 El Zitronensaft
Butter für die Form
Mehl für die Arbeitsfläche

**1.** Den Backofen auf 200 °C vorheizen, eine Quicheform (26 cm Ø) mit Butter einfetten und das Apfelkraut darauf verteilen. Die Aprikosen überbrühen, häuten, halbieren und entsteinen.

**2.** Blätterteig leicht antauen lassen und auf einer bemehlten Arbeitsfläche etwas ausrollen.

**3.** Die Aprikosen mit der flachen Seite nach unten auf dem Apfelkraut verteilen und die gehackten Pistazien darüberstreuen. Den Blätterteig mit einer Gabel mehrfach einstechen und locker über die Aprikosen legen.

**4.** Im Ofen ca. 30 Minuten backen und sofort auf eine Kuchenplatte stürzen. Honig mit Zitronensaft verrühren und über den noch heißen Kuchen träufeln. Warm oder kalt servieren.

*Zubereitungszeit: ca. 20 Minuten (plus Zeit zum Backen )*
*Pro Stück ca. 166 kcal/694 kJ*
*3 g E, 8 g F, 20 g KH*

## Jelänger-Jelieber
*(unten)*

Für ca. 40 Stück

140 g Schweineschmalz
140 g Butter
140 g Zucker
4 Eigelb
420 g Mehl
3 El gehackte Mandeln
je 25 g Erdbeer- und Aprikosenmarmelade
Mehl für das Blech

**1.** Schmalz und Butter schaumig rühren. Nacheinander Zucker und 3 Eigelb unterrühren. Zuletzt das Mehl unterkneten.

**2.** Den Ofen auf 180 °C Ober- und Unterhitze vorheizen. Ein Backblech mit Mehl bestäuben.

**3.** Aus dem Teig kleine Bällchen formen (ca. 2 cm Durchmesser), auf das bemehlte Blech setzen und mit den Fingern etwas flach drücken.

**4.** Die Plätzchen mit dem restlichen Eigelb bestreichen und mit den Mandeln bestreuen. Mit einem Kochlöffelstiel in die Mitte jeweils eine Mulde drücken und etwas Marmelade einfüllen. Im Ofen auf mittlerer Schiene 15–20 Minuten backen.

*Zubereitungszeit: ca. 15 Minuten (plus Backzeit)*
*Pro Stück ca. 131 kcal/546 kJ*
*2 g E, 8 g F, 12 g KH*

## Kirschwasser-Muffins
*(ohne Abb.)*

Für 12 Stück

12 Papier-Backförmchen
100 g ganze Mandeln
450 g Blätterteig (TK)
1 unbehandelte Orange
100 g Zucker
2 Eier
2 El süße Sahne
20 ml Kirschwasser
200 g gemahlene Mandeln
2 Tropfen Bittermandelöl
Puderzucker und dunkle Schokoladenglasur zum Garnieren

**1.** Den Backofen auf 200 °C vorheizen. Die Papierförmchen in das Muffin-Blech setzen. Ganze Mandeln mit kochendem Wasser überbrühen und häuten.

**2.** Den Blätterteig antauen lassen, auf einer bemehlten Arbeitsfläche dünn ausrollen und 12 Kreise ausstechen (14 cm Ø). Teigplätzchen in die Papierförmchen legen, der Teigrand soll leicht überlappen, den Teigboden mit einer Gabel einstechen.

**3.** Die Orange waschen, trocknen und die Schale abreiben. Zucker mit Eiern, Sahne und Kirschwasser schaumig schlagen. Gemahlene Mandeln, Orangenschale und Bittermandelöl unterheben.

**4.** Die Masse in die Förmchen füllen, je 3 Mandeln auflegen und auf der mittleren Einschubleiste 20–25 Minuten backen. Die Muffins noch ca. 5 Minuten in der Form ruhen lassen. Herausheben, dick mit Puderzucker bestäuben und mit Schokoladenglasur garniert servieren.

*Zubereitungszeit: ca. 20 Minuten (plus Backzeit)*
*Pro Stück ca. 362 kcal/1366 kJ*
*6 g E, 15 g F, 38 g KH*

## Rum-Karamell-Muffins
*(oben)*

Zutaten für 12 Stück

150 g Vollmilch-Schokolade
100 g Butter
12 Papier-Backförmchen
250 g Mehl
2 Tl Backpulver
1/2 Tl Natron
150 g Zucker
1 P. Vanillinzucker
1 Prise Salz
2 Eier
100 ml starker Kaffee
4 El Rum
200 ml Sahne
50 ml Karamellsauce
Karamellgitter zum Garnieren

**1.** Die Schokolade in Stücke brechen und mit der Butter im Wasserbad schmelzen lassen. Den Backofen auf 180 °C vorheizen. Papier-Backförmchen in das Muffin-Blech setzen.

**2.** Das Mehl mit Backpulver, Natron, geschmolzener Schokolade, Zucker, Vanillinzucker und Salz zügig verrühren. Die Eier verquirlen. Den Kaffee und den Rum unterrühren. Die Mehlmischung dazugeben und alles gut vermengen.

**3.** Den Teig gleichmäßig in die Vertiefungen des Muffin-Blechs füllen und auf der mittleren Einschubleiste ca. 20–25 Minuten backen. Die Muffins noch ca. 5 Minuten in dem Blech ruhen lassen. Die Sahne aufschlagen, vorsichtig die Karamellsauce unterrühren und auf die Muffins geben. Mit den Karamellgittern garniert servieren.

*Zubereitungszeit: ca. 20 Minuten (plus Backzeit)*
*Pro Stück ca. 292 kcal/1220 kJ*
*5 g E, 12 g F, 36 g KH*

## Eierlikörkuchen
*(rechts oben)*

Für ca. 16 Stück

***Für den Teig:***
125 g Mehl
125 g Speisestärke
4 gestr. Tl Backpulver
250 g Zucker
2 Päckchen Vanillezucker
250 ml Rapsöl
250 ml Eierlikör
5 Eier
Butter und Mehl für die Form

***Für den Guss:***
3 El Eierlikör
100 g Puderzucker

**1.** Eine Gugelhupfform (24 cm Ø) mit Butter einfetten und mit Mehl ausstäuben. Den Backofen auf 180 °C vorheizen. Mehl mit Speisestärke und Backpulver mischen. Zucker mit Vanillezucker und Rapsöl verquirlen, dann mit allen anderen Zutaten vermengen und zu einem glatten Teig rühren.

**2.** Den Teig in die Form gießen und ca. 1 Stunde backen. Falls der Kuchen zu dunkel wird, lose mit Alufolie abdecken.

**3.** Den Kuchen ca. 15 Minuten in der Form abkühlen lassen, dann auf ein Kuchengitter stürzen und erkalten lassen. Für den Guss Eierlikör mit Puderzucker glatt rühren und alles dekorativ über den Kuchen gießen. Erstarren lassen und servieren.

*Zubereitungszeit: ca. 20 Minuten*
*(plus Zeit zum Backen und Auskühlen)*
*Pro Stück ca. 352 kcal/1474 kJ*
*4 g E, 19 g F, 41 g KH*

## *Kirschenplotzer*

*(unten)*

Für 16 Stücke

1 kg Sauerkirschen
6 Eier
150 g Zucker
100 g Butter
100 g gemahlene Mandeln
1 Tl gemahlener Zimt
2 cl Kirschwasser
Salz
200 g Paniermehl
Butter für die Form

**1.** Die Kirschen waschen, trocknen und entsteinen. Die Eier trennen. Eigelb mit dem Zucker so lange schaumig rühren, bis sich die Zuckerkristalle aufgelöst haben und die Masse dickschaumig ist. Die weiche Butter unterrühren und Mandeln, Zimt und Kirschwasser unterheben.

**2.** Eiweiß mit 1 Prise Salz steif schlagen. Den Backofen auf 180 °C (Umluft 160 °C) vorheizen. Die Kirschen mit dem Paniermehl unter die Ei-Zucker-Masse mischen und den Eischnee unterheben. Eine Springform (26 cm Durchmesser) einfetten und die Kirschmasse hineingeben. Im Ofen etwa 45 Minuten backen.

*Zubereitungszeit: ca. 50 Minuten*
*(plus Backzeit)*
*Pro Stück ca. 247 kcal/1031 kJ*
*6 g E, 11 g F, 28 g KH*

## *Knuspermuffins*

*(oben)*

Für 12 Stück

12 Papier-Backförmchen
350 g Keksriegel
250 g Mehl
2½ Tl Backpulver
½ Tl Natron
1 Ei
125 g Zucker
1 P. Vanillinzucker
80 ml Pflanzenöl
300 g Buttermilch
2 El Crème de Coco
Kokosraspel zum Garnieren

**1.** Den Backofen auf 180 °C vorheizen. Die Papierförmchen in das Muffin-Blech setzen. Die Keksriegel in Stücke schneiden. Das Mehl mit dem Backpulver und dem Natron mischen.

**2.** Das Ei verrühren, den Zucker, den Vanillinzucker, das Öl und die Buttermilch mit der Crème de Coco dazugeben und vorsichtig unterrühren.

**3.** Die Mehlmischung zufügen und so lange rühren, bis die trockenen Zutaten feucht sind. Die Keksriegel, bis auf einen kleinen Teil, unter den Teig ziehen.

**4.** Den Teig in die Vertiefungen des Muffin-Blechs geben. Auf der mittleren Einschubleiste ca. 20 Minuten backen. Anschließend herausnehmen und weitere 5 Minuten in der Form ruhen lassen. Die Muffins mit den restlichen Keksriegelstücken und Kokosraspeln dekorieren.

*Zubereitungszeit: ca. 20 Minuten*
*(plus Backzeit)*
*Pro Stück ca. 313 kcal/1309 kJ*
*5 g E, 16 g F, 36 g KH*

## *Pfirsichkuchen mit Quark*

*(unten)*

Für 20 Stücke

1 kg Magerquark
250 g Butter
350 g Zucker
1 Päckchen Vanillezucker
abgeriebene Schale von
1 unbehandelten Limette
6 Eier
8 El Grieß
2 Päckchen Vanillepuddingpulver
1 Prise Salz
1,5 kg reife Pfirsiche
125 g Quittengelee
Butter und Paniermehl
für das Blech

**1.** Den Quark in einem Sieb über Nacht abtropfen lassen oder in einem Küchentuch gut ausdrücken. Die weiche Butter mit dem Zucker schaumig schlagen. Vanillezucker und abgeriebene Limettenschale dazugeben. Die Eier trennen. Eigelb nach und nach unter die Butter-Zucker-Masse rühren. Quark, Grieß und Vanillepuddingpulver unter die Eiercreme heben.

**2.** Eiweiß mit einer Prise Salz steif schlagen und vorsichtig unter die Quarkmasse heben. Ein Backblech einfetten und mit Paniermehl ausstreuen. Den Backofen auf 175 °C (Umluft 155 °C) vorheizen.

**3.** Die Pfirsiche mit kochendem Wasser überbrühen, häuten, halbieren und die Steine entfernen. Die Quarkcreme auf dem Backblech verteilen. Die Pfirsichhälften auf den Quark legen.

**4.** Den Kuchen im Backofen etwa 60 Minuten backen. 15 Minuten im ausgeschalteten Backofen ruhen lassen. Das Quittengelee erwärmen, glatt rühren und den noch warmen Kuchen damit bestreichen.

*Zubereitungszeit: ca. 30 Minuten (plus Backzeit)*
*Pro Stück ca. 324 kcal/1355 kJ*
*11 g E, 12 g F, 38 g KH*

## Beerenkuchen mit Mascarpone

*(rechts)*

Für 20 Stücke

250 g Butter
340 g Zucker
2 Päckchen Vanillezucker
1 Prise Salz
6 Eier
350 g Mehl
1 Päckchen Backpulver
30 g Kakaopulver
500 g Mascarpone
250 g Quark
Saft von 1/2 Zitrone
900 g gemischte Beeren (z.B. Himbeeren, Johannisbeeren, Brombeeren)
2 Päckchen roten Tortenguss
Butter für das Blech

**1.** Den Backofen auf 175 °C (Umluft 155 °C) vorheizen. Die Butter mit 200 g Zucker, 1 Päckchen Vanillezucker und dem Salz schaumig rühren. Die Eier nach und nach unterrühren. Das Mehl mit dem Backpulver und dem Kakaopulver mischen und auf die Eicreme sieben. Alles zu einem glatten Teig verarbeiten.

**2.** Ein Backblech einfetten. Den Teig darauf verteilen und glatt streichen. Den Teig im Backofen etwa 30 Minuten backen und abkühlen lassen. Den Mascarpone, den Quark, 100 g Zucker, 1 Päckchen Vanillezucker und den Zitronensaft miteinander verrühren. Auf den abgekühlten Boden geben und glatt streichen.

**3.** Die Beeren verlesen, waschen und abtropfen lassen. Auf die Creme geben. Den Tortenguss mit 40 g Zucker in einem Topf mischen, nach und nach 500 ml Wasser einrühren. Unter Rühren aufkochen. Den Guss mit einem Löffel gleichmäßig über die Beeren verteilen. Den Beerenkuchen etwa 60 Minuten ruhen lassen, dann in Stücke schneiden und servieren.

*Zubereitungszeit: ca. 30 Minuten (plus Backzeit)*
*Pro Stück ca. 411 kcal/1719 kJ*
*11 g E, 23 g F, 38 g KH*

## Brombeer-Pfirsich-Crumble *(unten)*

Für ca. 10 Stücke

***Für den Teig:***

120 g Mehl
1 Eigelb
1 Päckchen Vanillezucker
30 g Puderzucker
60 g Butter
Butter für die Form
Mehl für die Arbeitsfläche
Hülsenfrüchte zum Blindbacken

***Für den Belag:***

3 Pfirsiche
600 g Brombeeren
40 g Zucker
1 Prise gemahlene Muskatnuss
2 El Zitronensaft

***Für die Streusel:***

100 g Zucker
100 g Mehl
170 g Butter
1 Ei
60 g gemahlene Haselnüsse
1/2 Tl abgeriebene Schale
von 1 unbehandelten Zitrone
1 cl Cognac
40 g Pinienkerne

**1.** Alle Zutaten für den Teig zügig zu einem glatten Teig verkneten, in Folie wickeln und ca. 2 Stunden kühl stellen. Dann den Teig auf einer bemehlten Arbeitsfläche ausrollen. Den Backofen auf 180 °C vorheizen, eine Springform (30 cm Ø) mit Butter einfetten.

**2.** Den Teig in die Springform legen, diese vollständig damit auskleiden, dann den Teig mit Backpapier abdecken und Hülsenfrüchte darauf füllen. Im Backofen ca. 10 Minuten vorbacken. Herausnehmen, Backpapier und Hülsenfrüchte entfernen und den Boden abkühlen lassen. Die Pfirsiche waschen, überbrühen, häuten, entsteinen und in Spalten schneiden.

**3.** Die Brombeeren waschen, trocken tupfen, verlesen und mit den Pfirsichspalten, dem Zucker, Muskat und Zitronensaft vermengen. Die Früchte anschließend auf dem erkalteten Teigboden verteilen.

**4.** Für die Streusel alle Zutaten, bis auf die Pinienkerne, miteinander mischen und mit einem Messer hacken. Dann erst die Pinienkerne zugeben und alles kurz mit den Händen verkneten. Die Streusel auf den Früchten verteilen und ca. 25 Minuten backen. Crumble abkühlen lassen oder noch lauwarm verzehren. Sehr gut passt dazu etwas Crème fraîche.

*Zubereitungszeit: ca. 20 Minuten*
*(plus Zeit zum Backen und Auskühlen)*
*Pro Stück ca. 465 kcal/1944 kJ*
*6 g E, 27 g F, 45 g KH*

## Crunchy Erdbeertorte

*(rechts oben)*

Für ca. 12 Stücke

250 g weiße Kuvertüre
270 ml Sahne
100 g Cornflakes
100 g Mandelblättchen
750 g Erdbeeren und
12 schöne Erdbeeren mit Grün zum Verzieren
1 Päckchen Sahnesteif
1 Päckchen Vanillezucker
70 g weiße Schokolade
zum Verzieren

**1.** Eine Springform (26 cm Ø) mit Backpapier auslegen. Die Kuvertüre mit 2 El Sahne im Wasserbad schmelzen und mit den Cornflakes und den

Mandelblättchen mischen. Alles auf dem Springformboden verteilen und andrücken.

**2.** Die Erdbeeren waschen, trocken tupfen, putzen, halbieren und auf dem Schokoladenboden verteilen. Die Erdbeeren zum Verzieren nur vorsichtig trocken tupfen, den Stielansatz nicht entfernen und die Früchte nicht halbieren.

**3.** Sahne mit Sahnesteif und Vanillezucker steif schlagen. Auf den Erdbeeren verteilen und glatt streichen. Die weiße Schokolade im Wasserbad schmelzen, die Erdbeeren für die Dekoration zur Hälfte in die Schokolade tauchen und auf dem Kuchen verteilen. Alles bis zum Servieren kühl stellen.

*Zubereitungszeit: ca. 30 Minuten (plus Zeit zum Kühlen)*
*Pro Stück ca. 332 kcal/1390 kJ*
*6 g E, 20 g F, 30 g KH*

## Limoncello-Muffins

*(unten)*

Für 12 Stück

12 Papier-Backförmchen
450 g Blätterteig (TK)
150 g weiße Kuvertüre
175 g gemahlene Mandeln
1 Ei
1 P. Vanillinzucker
abgeriebene Schale von 1 unbehandelten Zitrone
9 El Zitronenlikör (z.B. Limoncello)
100 g Schlagsahne
Puderzucker und Zitronenzesten zum Garnieren

**1.** Den Backofen auf 190 °C vorheizen. Papierförmchen in das Muffin-Blech einsetzen. Blätterteig antauen, ausrollen und 12 Kreise ausstechen. Teigkreise in die Papierförmchen legen, der Teigrand soll leicht überlappen. Teigboden einstechen.

**2.** Kuvertüre schmelzen, mit Mandeln, Ei, Vanillinzucker, Zitronenschale und 5 El Likör verrühren. Masse auf den Teig verteilen und auf der mittleren Einschubleiste ca. 20 Minuten backen.

**3.** Muffins ca. 5 Minuten in der Form ruhen lassen, mit einem Holzstäbchen mehrfach einstechen und mit restlichem Zitronenlikör beträufeln.

**4.** Abkühlen lassen. Sahne steif schlagen. Muffins herausheben, mit Sahne, Zitronenzesten und Puderzucker garnieren und servieren.

*Zubereitungszeit: ca. 20 Minuten (plus Backzeit)*
*Pro Stück ca. 383 kcal/1604 kJ*
*8 g E, 27 g F, 25 g KH*

**2.** 1 cm Creme auf dem Boden der Form verteilen, dicht mit Butterkeksen belegen, wieder Creme einfüllen und so weiter verfahren, bis Creme und Kekse verbraucht sind. Entweder nun die Form ins Gefrierfach stellen, bis die Creme angefroren ist, oder die Torte über Nacht in den Kühlschrank stellen.

**3.** Restliche Sahne steif schlagen. Nach Geschmack noch etwas zuckern. Kuchen auf eine Tortenplatte stürzen, das Backpapier vorsichtig abziehen. Die Sahne in einen Spritzbeutel mit Sterntülle füllen und den Kuchen mit Sahne und Schokoraspeln verzieren.

*Zubereitungszeit: ca. 30 Minuten (plus Kühlzeit)*
*Pro Stück ca. 371 kcal/1554 kJ*
*7 g E, 25 g F, 27 g KH*

614

## Kalter Hund mit Eierlikör

*(oben)*

Für 12 Stücke

300 g dunkle Schokolade (70 % Kakaoanteil)
400 ml Sahne
6 Eier
75 g Puderzucker
100 ml Eierlikör
35 Butterkekse
125 ml Sahne
2 El Schokoladenraspel

**1.** Eine kleine Kastenform (25 x 11 cm) mit Backpapier auslegen. Kuvertüre bei geringer Hitze im Wasserbad schmelzen und handwarm abkühlen lassen. Die Sahne steif schlagen. Die Eier trennen. Das Eigelb mit dem Puderzucker zu einer weißlichen Creme schlagen, Eierlikör einrühren, dann löffelweise die Kuvertüre einrühren. Die Sahne unterheben.

## Birnenkuchen
*(links)*

Für 20 Stücke

10 Birnen
Saft von 3 Zitronen
100 g Butter
8 Eier
250 g Zucker
2 Päckchen Vanillezucker
je 3 El Mehl und Speisestärke
70 g Kakao
1 1/2 Tl Backpulver
100 g gemahlene Haselnüsse
100 g gehackte Haselnüsse
1 Tl Zimt
1/4 Tl Nelkenpulver

**1.** Die Birnen schälen, halbieren und das Kerngehäuse entfernen. Die Birnenhälften in 250 ml Wasser mit dem Zitronensaft etwa 5 Minuten köcheln und abtropfen lassen. Den Backofen auf 190 °C (Umluft 170 °C) vorheizen.

**2.** Die Butter zerlassen. Die Eier trennen. Eigelb, 125 g Zucker, Vanillezucker und zwei Esslöffel heißes Wasser schaumig schlagen. Die Butter unterrühren. Eiweiß und restlichen Zucker steif schlagen und mit der Eigelbmasse mischen.

**3.** Das Mehl mit der Speisestärke, dem Kakao und dem Backpulver mischen und auf den Eischnee sieben. Nüsse, Zimt und gemahlene Nelken daraufgeben und alles locker unterheben.

**4.** Den Teig auf ein mit Backpapier ausgelegtes Backblech geben. Die Birnenhälften darauflegen. Im Backofen etwa 30 Minuten backen.

*Zubereitungszeit: ca. 30 Minuten (plus Koch- und Backzeit)*
*Pro Stück ca. 267 kcal/1115 kJ*
*6 g E, 14 g F, 28 g KH*

## Salzgebäck-Muffins
*(links unten)*

Zutaten für 14 Stück

14 Papier-Backförmchen
150 g Mini-Salzbrezeln
250 g Mehl
2 1/2 Tl Backpulver
1/2 Tl Natron
1 Ei
125 g Zucker
80 ml Pflanzenöl
1 P. Vanillinzucker
300 g Buttermilch
ca. 30 Salzstangen und weiße Kuvertüre (FP)

**1.** Den Backofen auf 180 °C vorheizen und die Papierförmchen in das Muffin-Blech setzen. Die Mini-Salzbrezeln halbieren. Mit dem Mehl, dem Backpulver und dem Natron mischen.

**2.** Das Ei verquirlen, den Zucker, das Öl, den Vanillinzucker und die Buttermilch dazugeben und vorsichtig unterrühren. Die Mehlmischung zufügen und so lange rühren, bis die trockenen Zutaten feucht sind.

**3.** Den Teig gleichmäßig auf die Backförmchen verteilen. Auf der mittleren Einschubleiste ca. 20–25 Minuten backen, herausnehmen und weitere 5 Minuten in der Form ruhen lassen. Mit Salzgebäck und Kuvertüre garniert servieren.

*Zubereitungszeit: ca. 15 Minuten (plus Backzeit)*
*Pro Stück ca. 215 kcal/901 kJ*
*5 g E, 7 g F, 32 g KH*

## *Torta della Nocciola*
*(unten)*

Für 16 Stücke

300 g geröstete Haselnüsse
75 g Kakaopulver
5 Eier
200 g Zucker
100 g Butter
1 Prise Salz
Puderzucker und Kakao zum Bestäuben
Butter für die Form

**1.** Den Backofen auf 175 °C (Umluft 150 °C) vorheizen. Eine Springform (26 cm Durchmesser) einfetten. Die Haselnüsse mahlen und mit dem Kakaopulver mischen.

**2.** Die Eier trennen. Eigelb mit 125 g Zucker schaumig schlagen. Butter zerlassen, etwas abkühlen lassen und unter die Ei-Zucker-Masse rühren.

**3.** Eiweiß mit Salz steif schlagen, restlichen Zucker zugeben und eine feste Eiweißmasse herstellen. Die Kakao-Nuss-Mischung unter die Eigelbcreme heben. Dann den Eischnee unterziehen.

**4.** Masse in die Form füllen und den Kuchen im Ofen etwa 30 Minuten backen. Vollständig auskühlen lassen, dann aus der Form lösen und mit Puderzucker und Kakao bestäuben.

*Zubereitungszeit: ca. 20 Minuten (plus Backzeit)*
*Pro Stück ca. 265 kcal/1108 kJ*
*5 g E, 19 g F, 16 g KH*

## *Aprikosen-Muffins*
*(rechts oben)*

Für 16 Stück

Fett für das Blech
240 g Aprikosen (Dose)
90 g Vollkornmehl
210 g Weizenmehl
2 Tl Backpulver
1/2 Tl Natron
2 Tl gemahlener Zimt
1 Ei
140 g brauner Zucker
80 ml Öl
240 g Buttermilch
45 g weißer Zucker
65 g weiche Butter
200 g Puderzucker für den Guss

**1.** Den Backofen auf 180 °C vorheizen. Das Muffin-Blech einfetten. Die Aprikosen in einem Sieb abtropfen lassen. Einige Hälften für die Dekoration zur Seite legen, Rest in kleine Stücke schneiden.

**2.** Das Vollkornmehl, 140 g Weizenmehl, Backpulver, Natron und 1Tl Zimt mischen. Das Ei verquirlen, braunen Zucker, Öl, Buttermilch und Aprikosenstückchen dazugeben und vorsichtig unterrühren. Die Mehlmischung zufügen und rühren, bis alle Zutaten feucht sind.

**3.** Den Teig in das Blech füllen. Aus restlichem Mehl, restlichem Zimt, weißem Zucker und weicher Butter Streusel kneten und auf dem Teig verteilen. Auf der mittleren Einschubleiste 25 Minuten backen. Aus Puderzucker und etwas Wasser einen Guss rühren. Die Muffins damit garnieren und mit Aprikosen bedecken.

*Zubereitungszeit: ca. 20 Minuten (plus Backzeit)*
*Pro Stück ca. 261 kcal/1093 kJ*
*3 g E, 10 g F, 40 g KH*

## Muffins mit Smarties
*(unten)*

Für 12 Stück

Butter für die Form
250 g Mehl
2 1/2 Tl Backpulver
1/2 Tl Natron
75 g Smarties
1 Ei
60 g Zucker
60 ml Öl
200 ml Joghurt
Puderzucker zum Garnieren

**1.** Den Backofen auf 180 °C vorheizen. Die Vertiefungen des Muffin-Blechs einfetten. Mehl, Backpulver, Natron und 50 g Smarties mischen.

**2.** Das Ei verquirlen. Zucker, Öl und Joghurt dazugeben und gut verrühren. Die Mehlmischung unterheben und rühren, bis die trockenen Zutaten feucht sind.

**3.** Den Teig gleichmäßig in die Vertiefungen des Muffin-Blechs füllen und auf der mittleren Einschubleiste ca. 20–25 Minuten backen. Die Muffins noch ca. 5 Minuten in der Form ruhen lassen. Herausheben und mit den restlichen Smarties und Puderzucker garniert servieren.

*Zubereitungszeit: ca. 20 Minuten*
*(plus Backzeit)*
*Pro Stück ca. 176 kcal/739 kJ*
*4 g E, 8 g F, 20 g KH*

## Eierlikörkuchen mit Kirschen
*(ohne Abb.)*

Für 16 Stücke

500 g Süßkirschen
250 g Butter oder Margarine
180 g Zucker
1 Prise Salz
1 Päckchen Vanillezucker
4 Eier
250 ml Eierlikör
200 g Mehl
100 g Speisestärke
1 Päckchen Backpulver
2–3 El Kirschsaft
125 g Puderzucker
Fett für die Form

**1.** Die Kirschen waschen, trocknen und entsteinen. Die Butter mit dem Zucker, 1 Prise Salz und dem Vanillezucker schaumig schlagen. Nach und nach Eier und Eierlikör unterrühren.

**2.** 3 El Mehl abnehmen. Restliches Mehl, die Speisestärke und das Backpulver mischen und unter den Teig rühren. Die Kirschen mit den 3 El Mehl mischen und unter den Teig heben. (So bleiben die Kirschen gleichmäßig verteilt und sinken nicht auf den Teigboden.)

**3.** Den Backofen auf 180 °C (Umluft 160 °C) vorheizen. Den Teig in eine gefettete Napfkuchenform (25 cm Durchmesser) füllen. Im Backofen etwa 60 Minuten backen. Den Kuchen zum Ende der Backzeit hin mit Alufolie abdecken, damit er nicht zu dunkel wird.

**4.** Kuchen in der Form auf einem Gitter etwa 10 Minuten ruhen lassen. Dann auf das Gitter stürzen und ganz abkühlen lassen. Den Kirschsaft mit dem Puderzucker verrühren und als Guss über den Kuchen geben.

*Zubereitungszeit: ca. 25 Minuten*
*(plus Backzeit)*
*Pro Stück ca. 338 kcal/1414 kJ*
*4 g E, 16 g F, 43 g KH*

3. Anschließend die Eimasse kalt schlagen, dann die Schokoladenbutter einrühren. Das Eiweiß mit dem übrigen Zucker steif schlagen und unter die Masse heben. Die Förmchen bis zur Hälfte mit Teig füllen und 8–10 Minuten backen. Noch heiß servieren.

*Zubereitungszeit: 35 Minuten*
*(plus Backzeit)*
*Pro Stück ca. 352 kcal/1473 kJ*
*9 g E, 24 g F, 24 g KH*

## Limonadenkuchen

*(unten)*

Für 20 Stücke

4 Eier
170 g Zucker
3 Päckchen Vanillezucker
100 ml Öl
250 g Mehl



## Soufflé aus dunkler Schokolade

*(oben)*

Für 4 Portionen

60 g dunkle Kuvertüre
(80 % Kakaoanteil)
60 g zimmerwarme Butter
4 kalte Eier
60 g Zucker
Butter und Zucker für die Förmchen

1. Die Soufflé-Förmchen (à 125 ml Inhalt) gut fetten und mit Zucker ausstreuen. Anschließend in den Kühlschrank stellen. Den Backofen auf 220 °C (keine Umluft) vorheizen.

2. Die Kuvertüre im heißen Wasserbad schmelzen und etwas abkühlen lassen. Die Butter einrühren. Die Eier trennen und das Eigelb mit 40 g Zucker in einer Schüssel im Wasserbad schaumig schlagen, bis die Masse sich auf etwa 45 °C erwärmt hat.

1 Päckchen Backpulver
100 ml Orangenlimonade
500 ml Sahne
400 g Schmand
2 Päckchen Sahnesteif
Zimt und Zucker zum Bestreuen
Butter für die Form

**1.** Die Eier mit 150 g Zucker und dem Vanillezucker schaumig rühren. Das Öl mit dem Mehl und dem Backpulver verrühren und mit der Ei-Zucker-Masse mischen. Den Backofen auf 180 °C (Umluft 160 °C) vorheizen.

**2.** Die Orangenlimonade hinzufügen und alles zu einem glatten Teig verrühren. Auf ein gefettetes Backblech geben und etwa 20 bis 25 Minuten backen.

**3.** Die Sahne mit Sahnesteif steif schlagen, mit dem Schmand und dem restlichen Zucker mischen und auf den noch warmen Kuchen streichen. Den Kuchen mit Zucker und Zimt bestreuen.

*Zubereitungszeit: ca. 20 Minuten (plus Backzeit)*
*Pro Stück ca. 283 kcal/1183 kJ*
*4 g E, 19 g F, 22 g KH*

## Feine Apfel-Muffins
*(rechts)*

Für 14 Stück

14 Papier-Backförmchen
250 g Äpfel
2 El Zitronensaft
250 g Mehl
2 Tl Backpulver
1/2 Tl Natron
1 Ei
125 g Zucker
1 P. Vanillinzucker
80 ml Pflanzenöl
250 g Naturjoghurt

**1.** Backofen auf 180 °C (Umluft 160 °C) vorheizen. Die Backförmchen in das Muffin-Blech setzen.

**2.** Die Äpfel waschen, schälen, halbieren, entkernen und alles in Würfel schneiden. Mit Zitronensaft beträufeln. Das Mehl mit Backpulver und Natron vermengen.

**3.** Das Ei verquirlen. Zucker, Vanillinzucker, Öl, Joghurt und Apfelwürfel mit dem Ei zur Mehlmischung geben. Den Teig in die Förmchen füllen und glatt streichen.

**4.** Im Backofen auf der mittleren Einschubleiste ca. 30 Minuten backen. Anschließend die Muffins ca. 5 Minuten ruhen lassen, herausnehmen und abkühlen lassen.

*Zubereitungszeit: ca. 20 Minuten (plus Backzeit)*
*Pro Stück ca. 186 kcal/777 kJ*
*3 g E, 7 g F, 26 g KH*

## Birnen-Muffins

*(oben)*

Für 14 Stück

14 Papier-Backförmchen
250 g Birnen
2 El Zitronensaft
250 g Mehl
2 Tl Backpulver
1/2 Tl Natron
1 Ei
125 g Zucker
1 P. Vanillinzucker
80 ml Pflanzenöl
250 g Naturjoghurt

**1.** Backofen auf 180 °C (Umluft 160 °C) vorheizen. Die Backförmchen in das Muffin-Blech setzen. Die Birnen waschen, schälen, halbieren, entkernen und alles in Würfel schneiden. Mit Zitronensaft beträufeln. Das Mehl mit Backpulver und Natron vermengen.

**2.** Das Ei verquirlen. Zucker, Vanillinzucker, Öl, Joghurt und Birnenwürfel mit dem Ei zur Mehlmischung geben. Den Teig in die Förmchen füllen und glatt streichen.

**3.** Im Backofen auf der mittleren Einschubleiste ca. 30 Minuten backen. Anschließend die Muffins ca. 5 Minuten ruhen lassen, herausnehmen und abkühlen lassen. Nach Belieben mit Birnenspalten und Zitronenmelisse garnieren.

*Zubereitungszeit: ca. 20 Minuten*
*(plus Backzeit)*
*Pro Stück ca. 187 kcal/783 kJ*
*4 g E, 7 g F, 26 g KH*

## Frischkäseschnecken

*(rechts oben)*

Für 18 Stücke

225 g TK-Blätterteig, aufgetaut
120 g getrocknete Aprikosen
150 g Frischkäse
Zucker oder Vanillezucker
Mehl zum Ausrollen

**1.** Den Backofen auf 220 °C (Umluft 200 °C) vorheizen. 2 große Backbleche mit Backpapier auslegen. Den Blätterteig auf einer bemehlten Arbeitsplatte zu einem Rechteck von etwa 20 x 30 cm ausrollen.

**2.** Die getrockneten Aprikosen klein schneiden, mit dem Frischkäse gut vermischen und Zucker oder Vanillezucker nach Gechmack zufügen. Die Masse über den gesamten Blätterteig verstreichen.

**3.** Den Teig vom kürzeren Ende her aufrollen und mit einem scharfen Messer 18 etwa 0,5 cm dicke Scheiben schneiden. Die Schnecken mit 2–3 cm Abstand auf die Bleche legen. Falls nötig, in eine exakt runde Form bringen und etwas festdrücken. Die Schnecken im Ofen 12–15 Minuten backen. Abkühlen lassen oder warm servieren.

*Zubereitungszeit: ca. 20 Minuten*
*(plus Zeit zum Auftauen und Backen)*
*Pro Stück ca. 93 kcal/391 kJ*
*2 g E, 6 g F, 8 g KH*

**Tipp:** Wenn Sie die Schnecken nicht gleich servieren, können Sie sie für etwa 24 Stunden im Kühlschrank aufbewahren.

## Apfel-Quark-Kuchen

*(unten)*

Für ca. 16 Stücke

***Für den Teig:***

200 g Mehl
75 g Butter
75 g Zucker
1 Ei
Salz
Butter für die Form

***Für den Belag:***

750 g Äpfel
30 g Zucker
1 El Zitronensaft
3 Eier
Salz
250 g Magerquark
80 g Zucker
1 Päckchen Vanillezucker
30 g Rosinen
Puderzucker zum Bestäuben

**1.** Für den Teig Mehl, Butter, Zucker, Ei und Salz zügig zu einem Teig verkneten, in Folie wickeln und ca. 30 Minuten kühl stellen. Den Backofen auf 200 °C vorheizen, eine Springform (26 cm Ø) mit der Butter einfetten.

**2.** 2/3 des Teiges ausrollen und den Boden, nicht den Rand der Springform damit auslegen. Mehrfach mit einer Gabel einstechen, dann ca. 10 Minuten vorbacken. Herausnehmen und abkühlen lassen.

**3.** Die Hitze des Backofens auf 180 °C reduzieren. Den restlichen Teig zu einer Rolle formen und damit den Rand der Springform auskleiden. Die Äpfel schälen, das Kerngehäuse entfernen und das Fruchtfleisch in Stücke schneiden. Sofort mit Zucker und Zitronensaft vermengen.

**4.** 2 Eier trennen. Eiweiß mit 1 Prise Salz steif schlagen und kühl stellen. Eigelb und restliches Ei mit Quark, Zucker und Vanillezucker verrühren. Dann die Rosinen hineingeben, zum Schluss den Eischnee in zwei Portionen unterheben.

**5.** Die Äpfel auf dem Kuchenboden verteilen, die Quarkmasse darübergeben. Glatt streichen und ca. 1 Stunde backen. Falls der Kuchen zu dunkel wird, mit Alufolie lose abdecken. Den Kuchen in der Form abkühlen lassen und mit Puderzucker bestäubt servieren.

*Zubereitungszeit: ca. 30 Minuten (plus Zeit zum Kühlen, Vorbacken, Backen und Auskühlen)*
*Pro Stück ca. 261 kcal/1091 kJ*
*6 g E, 14 g F, 22 g KH*

## *Giotto-Torte*

*(unten)*

Für 16 Stücke

150 g Butter
150 g Zucker
4 Eier
200 g gemahlene Haselnüsse
50 g Mehl
1 Tl Backpulver
80 Giottokugeln
750 ml Sahne
2 Päckchen Sahnesteif
Butter für die Form

**1.** Eine Springform (26 cm Durchmesser) gut einfetten und den Backofen auf 175 °C (Umluft 150 °C) vorheizen. Die Butter mit dem Zucker cremig rühren, bis der Zucker sich aufgelöst hat. Nach und nach die Eier unterrühren. Gemahlene Haselnüsse, Mehl und Backpulver miteinander mischen und unterheben.

**2.** Den Teig auf den Boden der Springform geben, mit einer Gabel mehrmals einstechen und etwa 30–35 Minuten backen. Danach 10 Minuten in der Form abkühlen lassen und aus der Form lösen.

**3.** Die Giottokugeln bis auf 17 Kugeln zerdrücken. 700 ml Sahne mit Sahnesteif schlagen, etwas Sahne zum Verzieren beiseitestellen. Die übrige Sahne und die zerdrückten Giotti vorsichtig mischen. Die Giottosahne auf und um den Tortenboden verteilen. Nun mit der restlichen Sahne und den restlichen Giottokugeln verzieren.

*Zubereitungszeit: ca. 25 Minuten (plus Backzeit)*
*Pro Stück ca. 506 kcal/2118 kJ*
*8 g E, 41 g F, 24 g KH*

## *Himbeer-Walnuss-Muffins*
*(links oben)*

Für 12 Stück

12 Papier-Backförmchen
250 g Himbeeren (TK)
300 g Mehl
2 Tl Backpulver
1/2 Tl Natron
1/2 Tl Zimt
Schale von 1 unbehandelten Zitrone
1 Ei
140 g brauner Zucker
80 ml Öl
200 g Naturjoghurt
1 El Himbeerlikör
100 g Zartbitter-Kuvertüre
Walnüsse zum Garnieren

**1.** Die Himbeeren antauen lassen. Den Backofen auf 180 °C vorheizen. Die Backförmchen in das Muffin-Blech setzen.

**2.** Mehl, Backpulver, Natron, Zimt und Zitronenschale mischen. Ei mit Zucker, Öl und Joghurt gut verrühren. Mehlmischung und Preiselbeeren zufügen und unterrühren.

**3.** Den Teig in die Backförmchen füllen und alles auf der mittleren Einschubleiste ca. 25 Minuten backen. Muffins noch ca. 5 Minuten in der Form ruhen lassen, anschließend herausheben. Die Kuvertüre im Wasserbad schmelzen und in einen kleinen Spritzbeutel geben. Die Muffins mit Kuvertüre und Walnüssen garnieren.

*Zubereitungszeit: ca. 20 Minuten (plus Backzeit)*
*Pro Stück ca. 272 kcal/1140 kJ*
*5 g E, 11 g F, 38 g KH*

## *Ananaskuchen*
*(unten)*

Für 20 Stücke

5 Eier
250 g Zucker
260 ml Ananassaft
250 ml Öl
1 Päckchen Vanillezucker
500 g Mehl
1 Päckchen Backpulver
2 frische Ananas
2 El Puderzucker
Butter für das Blech

**1.** Die Eier mit dem Zucker schaumig schlagen. Den Ananassaft, das Öl und den Vanillezucker langsam hinzufügen und unterrühren. Das Mehl mit Backpulver mischen und unter die Ei-Zucker-Mischung heben. Ein Backblech einfetten. Dann den Backofen auf 200 °C (Umluft 180 °C) vorheizen.

**2.** Die Ananas vom Strunk befreien, mit einem Ausstecher den inneren harten Mittelteil entfernen. Die Ananas schälen, schwarze Augen entfernen und die Früchte in Scheiben schneiden. Den Teig auf das Backblech geben und glatt streichen.

**3.** Ananasscheiben im Abstand von 1–2 cm auf den Teig legen und ca. 30 Minuten im Ofen backen. Herausnehmen und etwas abkühlen lassen. Mit Puderzucker bestreut servieren.

*Zubereitungszeit: ca. 20 Minuten (plus Backzeit)*
*Pro Stück ca. 308 kcal/1289 kJ*
*5 g E, 14 g F, 38 g KH*

## Blaubeer-Muffins

*(rechts)*

Für 12 Stück

12 PapierBackförmchen
200 g Mehl
60 g Haferflocken
1 Tl Backpulver
1/2 Tl Natron
2 Eier
180 g brauner Zucker
3 Tl Bourbon-Vanillezucker
150 g weiche Butter
300 g saure Sahne
200 g Blaubeeren
Puderzucker zum Garnieren

**1.** Den Backofen auf 180 °C vorheizen. Die Papierförmchen in das Muffin-Blech einsetzen. Das Mehl mit Haferflocken, Backpulver und Natron gut mischen.

**2.** Die Eier verquirlen, Zucker, Vanillezucker, Butter und saure Sahne hinzufügen und alles vermengen. Die Mehlmischung dazugeben und alles gut verrühren.

**3.** Die Blaubeeren waschen und trocknen. Vorsichtig unter den Teig heben. Den Teig in die Vertiefungen des Muffin-Blechs verteilen und auf der mittleren Einschubleiste 20–25 Minuten goldgelb backen. Die Muffins noch 5 Minuten im Blech ruhen lassen, herausnehmen und mit Puderzucker bestäubt warm servieren.

*Zubereitungszeit: ca. 20 Minuten (plus Backzeit)*
*Pro Stück ca. 323 kcal/1350 kJ*
*5 g E, 16 g F, 36 g KH*

## Rhabarber-Baiserkuchen

*(rechts unten)*

Für 24 Stücke

1 kg Rhabarber
200 g Marzipan-Rohmasse
225 g Butter
375 g Zucker
2 Päckchen Vanillezucker
1 Prise Salz
6 Eier
375 g Mehl
1 Päckchen Backpulver
3 El Milch
4 Eiweiß
1 Tl Zitronensaft
Puderzucker zum Bestreuen
Butter für die Form

**1.** Den Rhabarber waschen, putzen, schälen und in Stücke schneiden. Marzipan klein schneiden. Butter, 125 g Zucker, 1 Päckchen Vanillezucker, Salz und Marzipan verrühren. Die Eier nach und nach unterrühren.

**2.** Mehl und Backpulver mischen und mit der Milch unter die Masse rühren. Den Backofen auf 175 °C (Umluft 155 °C) vorheizen. Die Fettpfanne des Backofens einfetten und die Teigmasse darauf verteilen, glatt streichen. Den Rhabarber daraufgeben und alles im Ofen etwa 20 Minuten backen.

**3.** Eiweiß mit Zitronensaft steif schlagen. Den restlichen Zucker mit dem zweiten Päckchen Vanillezucker zugeben und weiterschlagen, bis sich die Zuckerkristalle aufgelöst haben. Masse in einen Spritzbeutel mit großer Tülle füllen.

**4.** Kuchen aus dem Ofen nehmen und die Baisermasse daraufstreichen. Kuchen wieder in den Ofen geben und weitere 15 Minuten backen, bis das Baiser gestockt ist. Abkühlen lassen. Dann nach Belieben mit Puderzucker bestreuen.

*Zubereitungszeit: ca. 30 Minuten (plus Backzeit)*
*Pro Stück ca. 280 kcal/1170 kJ*
*6 g E, 12 g F, 35 g KH*

## Birnen-Rosmarin-Tarte *(oben)*

Für 8 Stücke

1 Zweig Rosmarin
400 g Birnen
4 El Puderzucker
2 El Öl
85 g Walnusskerne
1 frischer runder Blätterteig (aus dem Kühlregal), ø 32 cm

**1.** Den Backofen auf 220 °C (Umluft 200 Grad) vorheizen. Rosmarin abspülen und trocken tupfen. Die Nadeln abstreifen, fein hacken und 1 Tl abmessen. Die Birnen waschen, trocknen, halbieren und die Kerngehäuse entfernen. Die Birnenhälften in 1 cm dicke Spalten schneiden.

**2.** Den Puderzucker in einer ofenfesten Pfanne hellbraun karamellisieren lassen. Birnen, Rosmarin, Öl und Walnüsse in die Pfanne geben und unter Rühren von allen Seiten mit Karamell überziehen. Die Pfanne vom Herd nehmen.

**3.** Den Blätterteig auf den Pfanneninhalt legen und die Ränder an den Boden drücken. Die Tarte im Backofen 20–25 Minuten backen. Tarte herausnehmen und nur kurz abkühlen lassen. Vorsichtig auf eine Tortenplatte stürzen, bevor der Karamell hart wird. Tarte warm oder kalt servieren. Dazu Schlagsahne reichen.

*Zubereitungszeit: ca. 20 Minuten (plus Koch- und Backzeit)*
*Pro Stück ca. 200 kcal/835 kJ*
*3 g E, 13 g F, 16 g KH*

## Amarettokuchen *(unten)*

Für 16 Stücke

200 g Butter
200 g Zucker
1 Päckchen Vanillezucker
4 Eier
500 g Mehl
1 Päckchen Backpulver
200 g gemahlene Haselnüsse
125 ml Milch
125 ml Amaretto
Zitronensaft
Puderzucker zum Bestäuben
Butter für die Form

**1.** Die Butter mit dem Zucker, Vanillezucker und den Eiern schaumig schlagen.

## Krokant-Muffins
*(oben)*

Für 12 Stück

12 Papier-Backförmchen
50 g Mehl
40 g Nusskrokant (FP)
1½ Tl Backpulver
½ Tl Natron
1 Prise Salz
180 g Rum-Rosinen
1 Ei
160 ml Orangensaft
1 El Öl
Krokant zum Garnieren

**1.** Den Backofen auf 180 °C vorheizen. Die Backförmchen in das Muffin-Blech einsetzen. Mehl mit Nusskrokant, Backpulver, Natron, Salz und Rum-Rosinen mischen.

**2.** Das Ei verquirlen und mit Orangensaft und Öl verrühren. Die Mehlmischung unterheben und rühren, bis die trockenen Zutaten feucht sind.

**3.** Den Teig in die Backförmchen geben und alles auf der mittleren Einschubleiste ca. 25 Minuten backen. Die Muffins in der Form ca. 5 Minuten ruhen lassen. Muffins herausheben, abkühlen lassen und mit Sahne und Krokant verziert servieren.

*Zubereitungszeit: ca. 15 Minuten (plus Backzeit)*
*Pro Stück ca. 122 kcal/510 kJ*
*2 g E, 4 g F, 18 g KH*

**2.** Das Mehl mit dem Backpulver und 150 g gemahlenen Haselnüssen mischen und abwechselnd mit der Milch und dem Amaretto in die Eicreme rühren. Einen Spritzer Zitronensaft hinzufügen und einen glatten Teig herstellen.

**3.** Den Backofen auf 160 °C (Umluft 140 °C) vorheizen. Eine Spring- oder Gugelhupfform einfetten und mit den restlichen gemahlenen Haselnüssen ausstreuen.

**4.** Den Teig in die Form geben und im Ofen etwa 50 Minuten auf der mittleren Schiene backen. Nach dem Auskühlen mit Puderzucker bestäuben.

*Zubereitungszeit: ca. 20 Minuten (plus Backzeit)*
*Pro Stück ca. 403 kcal/1686 kJ*
*8 g E, 20 g F, 41 g KH*

## Basler Kirschenbrottorte *(rechts)*

Für ca. 12 Stücke

6 altbackene Milchbrötchen
500 ml Milch
1 kg Kirschen
4 Eier, Salz
60 g Zucker
1 Päckchen Vanillezucker
150 g gemahlene Mandeln
200 ml Sahne
2 El Kirschwasser
abgeriebene Schale von
1 unbehandelten Zitrone
1 Prise Zimt
Puderzucker Butter für die Form

**1.** Die Milchbrötchen in kleine Würfel schneiden und mit der lauwarmen Milch begießen. Ca. 10 Minuten einweichen, dann passieren oder mit dem Quirl zerkleinern. Eine Springform (24 cm Ø) mit Butter einfetten, den Backofen auf 175 °C vorheizen.

**2.** Kirschen waschen, trocknen, putzen und entsteinen. Die Eier trennen, Eiweiß mit 1 Prise Salz steif schlagen und kühl stellen. Eigelb nach und nach zu der Brötchenmasse rühren. Dann alle übrigen Zutaten zu den Brötchen rühren, bis auf die Kirschen und den Eischnee.

**3.** Die Kirschen unterheben, zum Schluss den Eischnee in zwei Portionen unterheben. In die Springform füllen und ca. 45 Minuten backen. In der Form auskühlen lassen und mit Puderzucker bestäubt servieren.

*Zubereitungszeit: ca. 30 Minuten (plus Zeit zum Backen und Auskühlen)*
*Pro Stück ca. 338 kcal/1412 kJ*
*9 g E, 16 g F, 36 g KH*

# *Register*

## Snacks & kleine Gerichte

## Salate

## *Pasta*

## *Blitzrezepte mit Fleisch*

## *Blitzrezepte mit Fisch*

## *Blitzrezepte mit Gemüse*

## Blitzschnell vorbereitet

## *Süße Blitzrezepte*

## *Partysnacks*

## Backen